本书是教育部人文社会科学重点研究基地华中师范大学中国农村研究院2016年基地重大项目
『海内外农村调查资料整理、翻译与研究』项目的成果（16JJD81005）

满铁农村调查

总第9卷

地方类第3卷

主编　徐勇　邓大才

主译　李俄宪

本卷译者　张成　李宏

广西师范大学出版社
GUANGXI NORMAL UNIVERSITY PRESS
·桂林·

满铁农村调查·地方类
MANTIE NONGCUN DIAOCHA DIFANGLEI

图书在版编目（CIP）数据

满铁农村调查. 地方类. 第 3 卷 / 徐勇，邓大才主编；李俄宪主译；张成，李宏译. —桂林：广西师范大学出版社，2020.5
ISBN 978-7-5598-2640-4

Ⅰ. ①满… Ⅱ. ①徐…②邓…③李…④张…⑤李…
Ⅲ. ①南满洲铁道股份公司－农村调查－调查报告
Ⅳ. ①D693.79

中国版本图书馆 CIP 数据核字（2020）第 031727 号

广西师范大学出版社出版发行
（广西桂林市五里店路 9 号　邮政编码：541004
网址：http://www.bbtpress.com）
出版人：黄轩庄
全国新华书店经销
广西广大印务有限责任公司印刷
（桂林市临桂区秧塘工业园西城大道北侧广西师范大学出版社集团有限公司创意产业园内　邮政编码：541199）
开本：787 mm × 1 092mm　1/16
印张：61.125　　字数：1 500 千字
2020 年 5 月第 1 版　　2020 年 5 月第 1 次印刷
印数：001~700 册　　定价：468.00 元

《满铁农村调查》编辑与翻译委员会

总　序

我们华中师范大学中国农村研究院是专门从事农村问题研究的机构,并以调查为基本方法。我们将满铁农村调查资料翻译成中文出版的设想已有10多年。

满铁农村调查资料是指20世纪上半期由日本"南满洲铁道株式会社"(简称"满铁")支持的对中国调查形成的资料。由"满铁"支持的中国调查长达近40年,形成了内容极其庞大的调查资料。"满铁调查"的开展是出于长期侵占中国的需要,但由这一调查形成的资料对于了解当时的中国有重要的参考价值,且调查方法也有其独特性。

中国是世界农业文明古国,也是世界农村大国,但从学理上对中国农村进行专门和系统的研究时间不长,有影响的论著还不多。10多年前,一系列由美国籍学者撰写的关于中国农村研究的专著被翻译成中文,在学界引起很大反响,随后成为专业领域研究的必读书。如黄宗智的《华北的小农经济与社会变迁》、《长江三角洲小农家庭与乡村发展》,杜赞奇的《文化、权力与国家:1900—1942年的华北农村》,马若孟的《中国农民经济:河北和山东的农民发展,1890—1949》等。这些书的共同特点是:它们均是在利用日本满铁调查资料基础上写成的。日本满铁调查也因此广泛进入当今中国学界的视野。一时间甚至有人表示:"中国农村在中国,中国农村调查在日本;中国农村在中国,中国农村研究在美国。"无论这一说法是否成立,但满铁农村调查的影响却是不可忽视的。只是满铁资料大多是日文的,中国学者在阅读和了解日文资料方面有困难。尽管有国内出版社出版了部分满铁调查资料,也主要是日文的影印版,仍然难以让更多学者使用。为此,我们有了将满铁农村调查资料翻译成中文,让更多学者充分阅读和使用这一资料的念头。

与此同时,我们华中师范大学中国农村研究院在整合过往的农村调查基础上,于2006年开启了"百村观察计划",对中国农村进行大规模调查和持续不断的跟踪观察。为了实施这一调查计划,我们邀请了国内外学者进行有关方法论的训练,同时也希望借鉴更多的调查资料和方法。日本满铁调查资料的翻译出版进一步进入我们的视野。在2006年启动"百村观察计划"时,我们甚至提出在农村调查方面要"达到满铁,超越满铁"的雄心勃勃的目标。翻译满铁调查资料的想法更加明晰。当本人将这一想法告知时任华中师范大学社会科学处处长的石挺先生时,得到他积极赞同。但这项工程的重点是日汉翻译,需要一个高水平的强有力的翻译团队,于是他引荐了华中师范大学外国语学院副院长、日语系主任李俄宪教授,同时还给了一定的经费支持。此事得到专门从事日本语言文学教学和研究的李俄宪教授的积极响应,并同意率领其团队参与这项工作。受华中师范大学中国农村研究院的委托,时任副教授的刘义强负责联系保存有满铁日文资料的国内相关机构,并得到支持。2010年,满铁资料翻译工作正式启动。由于原文资料识别困难,最初的翻译进展较为缓慢,几经比对审核。2012年,译文进入出版程序,得到了时任中国社会科学出版社社长的赵剑英先生的鼎力支持,该出版社的编辑室主任冯春凤女士特别用心,还专门请专家校订和核实。2014年,时任华中师范大学中国农村研究院执行院长的邓大才教授具体负责推进翻译出版联系工作。在各方面努力下,由华中师范大学中国农村研究院和黑龙江档案馆联合编译的《满铁调查》一书,于2015年1月由中国社会科学出版社正式出版。

100多万字的《满铁调查》出版后,中国学者得以从较大范围一睹满铁调查资料的真容,这在中国学界也是一件大事。2015年1月23日,由华中师范大学中国农村研究院与中国社会科学出版社共同主办的《满铁调查》中文版出版发行学术研讨及新闻发布会在北京召开。此次会议非常重要。来自中国农业博物馆、南开大学、北京交通大学等高校和科研机构的"满铁调查"研究专家参加了会议,并提了很好的建议。与会专家中,南开大学的张思先生长期利用满铁调查资料从事研究,并有丰硕成果;在中国农业博物馆工作的曹幸穗先生,长期从事满铁资料的整理和研究,并专门著有以满铁调查资料为基础撰写的《旧中国苏南农家经济研究》一书。在他看来,"满铁对农户的调查项目之详尽,可以说是旧中国的众多调查中绝无仅有的"。此次会议的重大收获是,曹幸穗先生建议我们主要翻译满铁农村调查方面的资料。

曹先生的建议引起我们高度重视。2015年1月26日,华中师范大学中国农村研究院专门召开了满铁调查翻译出版推进会,调整和重新确立了翻译的主要方向和顺序,形成了新的翻译计划。新的计划定位为"满铁农村调查",主要翻译"满铁调查"中有关农村方面的内容,并从著名的中国农村惯行调查资料翻译开始。这之后,我们又先后邀请曹幸穗和张思先生到华中师范大学讲学,他们对新的翻译计划提出了进一步的建议。曹先生还多次无私地向我们提供了相关资料目录和线索,供我们翻译出版使用。同时,我们也从整体上充实和加强了资料收集和翻译编辑的力量。

《满铁农村调查》翻译出版计划是在已出版的《满铁调查》一书基础上形成的,但已是全新的设计,资料来源更为广泛和直接,翻译出版的进展也大大加快。同时,它也是与由华中师范大学中国农村研究院主持的2015版大型中国农村调查工程相辅助的翻译计划。我们希望能够通过《满铁农村调查》的翻译为我们正在实施的中国农村调查及其学界提供有益的借鉴。

《满铁农村调查》的翻译出版是一个庞大的计划,付诸实施难度很大,特别是没有固定的经费支持。但我们认为,中国是一个正在崛起的大国,理应有相应的文化工程。好在主持与参与《满铁农村调查》翻译出版的人都有些许明知有难而为之的理想主义精神,愿意为此事作出贡献。特别是由华中师范大学日语系主任李俄宪教授担任主译的翻译团队在翻译方面作出了巨大贡献。李教授团队可以说是举全系师生之力,包括日籍教授,来从事这一工作。他们不是简单的翻译,而是将其作为一项事业。在翻译过程中,他们遇到了《满铁调查》中使用的语言、专业词汇、地名等大量难题,但本着对事业高度负责的精神,认真校核,精心推敲,力求准确。这项事业的推进凝聚了翻译团队的大量心血。目前,这一得到多方面支持和多人参与其中的浩大工程已步入快车道,现已翻译2千万字,计划为1亿字左右。

我们向参加这一工程的人员表示真诚的谢意和敬意!为这一工程作出任何贡献的人士都将镌刻在这一工程史册之中!

徐 勇

2015年7月15日

出版说明

华中师范大学中国农村研究院主持编译的《满铁农村调查·地方类》，系在我社整理影印日文原版《满铁调查报告》的基础上，辑录、翻译其中关于中国农村实时实地详情的调查报告总集。南满洲铁道株式会社（简称“满铁”）编写它们的初衷是为侵华服务的，然而时至世界反法西斯战争胜利70余年后的今天，其中有关中国广大乡村地区翔实的数据和调查记录，仍然可被视作20世纪前半叶中国乡村经济社会面貌的重要档案，其出版价值和研究价值将会得到越来越多的人关注。

这些档案资料原是日本侵华时期编写的，有以下问题需提请读者注意：

一、支那问题。支那是对中国的蔑称，除“印度支那”“交趾支那”等专有词汇外，专指中国的“支那”一词，均已改为中国。

二、伪政权问题。日本侵华期间在占领区扶植数个伪政权，其中以伪满洲国时间最久。以东北地区为主要调查对象的“满铁”调查材料中夹杂有大量的伪满洲国年号、官制、行政区划、货币、度量衡等制度方面内容，并且在叙述人口情况时，将满洲人与中国人、苏联人、日本人等并列视为异国国民，这显然是具有分裂中国的企图的。这些原始细节可以作为日本侵华罪证之一，同时为使研究者更好地了解档案原貌，所以我们未作删改，保留原用法。

三、侵华经济机构问题。日本侵华期间，有许多以经济组织形式成立的机构，诸如“南满洲铁道株式会社”“满洲劝业银行”“东亚劝业公司”“满洲拓殖公社”等，实际上都是为侵华服务的。这些原始细节可以作为日本侵华罪证之一，同时为使研究者更好地了解档案原貌，所以我们未作删改，保留原用法。

四、抗日问题。“满铁”调查报告站在日方立场对中国共产党、抗日武装、抗日将领均加蔑称，并将战争责任归向中方，此类问题除加注外，对蔑称业已匡正。

五、表格问题。原调查报告编成于20世纪前半叶，因种种原因表格多有不规范之处，为免曲解，今保留原貌，不擅作修改。

广西师范大学出版社

2018年3月

编译说明

第 3 卷

本卷共收录 18 篇调查报告书,其中 16 篇为满铁调查机构基于调查数据撰写,另外 2 篇则是满铁调查机构翻译的已公开发表的重要中文资料译文。本卷涉及的调查地域较广,包括东北、华北。我们大体按照调查地区的纬度,由北至南对它们进行了排列。

在编译过程中,我们发现了一些具体问题,如文字表述、表格处理、内容统一、立场问题等。经编译委员会商量,决定对本卷出现的问题进行如下处理:

1.调查报告书原文(以下简称"原文")不完整导致的问题

现存的部分报告书原文内容并不完整,导致它们的目录与正文无法完全对应,或是缺少相应的图片、表格等。为保证内容前后一致,我们删除了译文中无正文对应的目录项,以及缺少相应的图片、表格、注释等内容的过渡性文字。

2.原文表格出现的问题

(1)原文中有部分表格的排列顺序为从右至左。为符合现代读者的阅读习惯,我们在译文中将这类表格的排列顺序改为从左至右。

(2)部分原文属于速报,表格所提供的一些数据不够准确、严谨,但无法确认是单项数据不准,或是只有总和不准。经过细致核对原文后,我们未修改此类不准确的数据,而是在译文中的此类数据旁边加"#"标注,并在少数有数据问题之处加了注释说明。

3.原文印刷不清晰导致的问题

原文中有部分文字及数据印刷不清晰,导致译者和编者无法辨认。在译文中,我们统一用"＊＊＊"表示这部分内容。确属原文缺字、漏字,则用缺字符"□"表示。

4.原文前后不一致导致的问题

原文中有部分地名、人名前后不一致的现象。我们根据出现频率、当地语言习惯等,在译文中对此加以统一。作物名称、农具名、牲畜名的译法,我们也在译文中尽量保持统一。

5.原文撰写者导致的问题

(1)立场问题

①原文中出现有一些对中国、共产党、抗日武装、抗日将领等的污蔑之辞。对此,我们已进行了匡正。

②原文中诸如苏联与日本、中国的关系的相关内容,苏联对待白俄流亡者的态度、立场,“九一八事变”“七七事变”责任的归属问题,对伪满洲国的评价,对中国境内少数民族习俗和宗教的叙述等,仅代表日方调查员立场。为保持译文叙述逻辑的完整性,我们在译文中保留了原文内容。

③原文有部分段落宣扬“圣战”“王道”“大东亚共荣”及军国主义思想,且与调查无关,已在译文中删去相应内容。

(2)准确性问题

原文中有部分史实错误及其他不准确或含义不明的描述。我们保留了原文的相关叙述内容,但对此类译文加了注释说明。

6.对原文中印章的处理

原文中有部分报告书的封面上盖有印章,由于印章本身与报告内容并无直接联系,我们在译文删去了这些印章。

7.地名问题

原文中有一部分乡村地名未标注对应的汉字,而是用日语片假名来表示。经查询,我们找到了部分地名对应的中文,直接将片假名改为中文地名。针对查询后未能确认对应中文的地名(主要是蒙古语、俄语地名),我们标出了其罗马字读音,供读者参考使用。

8.植物名、人名问题

原文中有部分植物名、人名未能译出,译文中仅以日语罗马字读音或片假名标注,供读者参考使用。

9.各级标题问题

原文各篇报告书由满铁调查部的不同部门、不同调查员撰写,并无统一的格式,导致每篇报告书的各级标题编序格式不统一。译文保留了原文中的“第一章”“第一节”“第一”“一”等各级标题,但将原文中的“イロハ”顺序改为中文中与此对应的“一”“1”“(1)”,便于中文读者阅读。

10.纪年问题

原文的纪年方式混乱,在同一时期可能出现公元纪年、民国纪年、日本年号纪年、伪满纪年四种纪年方式。我们在译文中保留了原文的纪年方式,但对伪满洲国年号等加了注释说明。

11.单位问题

原文中使用了大量度、量、衡、面积等单位,其中包括较多日语单位,不方便中文读者阅读。我们在译文中将陌、瓲、瓩等公制单位直接改为公顷、吨和千克。因调查进行之时,中国各地的度、量、衡、面积单位较为混乱,调查报告中一般会附有中国单位与日制单位之间的换算,因而为每个单位添加注释是不必要的。在此我们列出了日制单位与公制单位之间的换算关系,读者可以此作为参考。

种类	日制	公制
长度单位	1 里=36 町 =36×60 间 =36×60×6 尺 1 尺=10 寸 =10×10 分	1 里≈3927.2 米 1 町≈109.09 米 1 间≈1.818 米 1 尺≈30.30 厘米 1 寸≈3.03 厘米
重量单位	1 贯=100 两 =100×10 匁 1 斤=160 匁 1 匁=10 分 =10×10 厘	1 贯≈3.759 千克 1 斤≈600 克 1 匁≈3.759 克
容积单位	1 石=10 斗 =10×10 升 =10×10×10 合 =10×10×10×10 勺	1 石≈180.39 公升 1 斗≈18.039 公升
面积单位	1 町=10 反(段) = 10×10 亩 =10×10×30 坪 =10×10×30×10 合	1 町≈9917 平方米 1 反≈991.7 平方米 1 亩≈99.17 平方米 1 坪≈3.306 平方米

12.转译问题

本卷有 2 篇报告书日文原稿译自民国时期中文资料,我们查找到它们的中文原稿,收录至本卷附录,供读者参考。

邓大才　张晶晶

2020 年 5 月

导 读

第 3 卷

自 1907 年创立至 1945 年日本战败，满铁调查机构在其首任总裁后藤新平的支持下，派遣调查人员深入中国(特别是东北地区)城乡开展实地调查。在近 40 年的时间里，满铁调查机构大量搜集我国的经济、社会等领域的情报，为日本政府、军部提供了制定侵华政策所需的参考资料。九一八事变前，满铁调查机构在华农村调查的重点是东北地区。在这一时期，调查尚缺乏经验，不够系统化、理论化，但调查活动已有相当大的规模。而九一八事变后，日本侵略者全面占领了中国东北，扶植了伪满洲国政府，并加快了侵华进程。与此同时，满铁调查机构在华农村调查也逐渐走向规范化、系统化。其调查地域广泛，重点调查地域为中国东北、华北的农村，此外也对华东、华中、西北、华南等地域的农村开展过调查。调查内容则可分为中国农村习俗调查及以农村经济调查为重点的系列调查两大部分。除实地调查外，满铁调查机构还组织翻译了当时中外学者撰写的关于中国经济的论文、著作等。

《满铁农村调查·地方类》系列丛书收录的报告书，便属于以农村经济调查为重点的系列调查组成部分，多以调查区域(县)为单位，简介当地的农村经济概况，探讨其殖民开发价值。编辑本系列译文，旨在深度开发满铁农村调查资料，为我所用。

一、本卷收录的调查报告书概况

本卷共收录了 18 篇满铁调查报告书。其中有 16 篇是满铁调查机构基于调查数据撰写的报告书，另外 2 篇则是满铁调查机构人员翻译的已公开发表的重要中文资料译文。本卷报告书覆盖的区域主要在今内蒙古、东北、华北范围。调查内容以农村经济、社会状况为主，调查方法以实地调查为主，所收集的资料主要是调查员通过实地测量、直接观察、访谈等方式收集的资料。除正式调查报告书外，也附有一些调查日志，记录了调查的路线、调查员的观察及感想等内容。

本卷收录的报告书多为内部资料油印件，大多属于当时的机密文件。内容涉及中国各地农村的资源及日本的相应开发计划等，旨在为日本的海外殖民服务。每篇报告书有相对固定的格式：封面上写明报告名称、编号及时间，在绪言或序中介绍资料来源、调查目标、调查概要、度量衡单位、中日度量衡换算比率等，正文则分章节或项目，详细介绍调查地区的情况。本卷收录报告书的写作时间从 1933 年延续至 1942 年，大多集中于 1933 年—1936 年。各篇报告书所描述的细节，可以在一定程度上反映七七事变前后中国农村的经济、社会状况，是研究近代中国农村区域社会史、中日关系等课题的重要资料。

二、各报告书概要

1.《兴安北分省三河地区调查报告》

该报告书完成于1934年,介绍了兴安北分省三河地区的经济概况。调查员是通晓俄语的俄国问题研究者,随同专家调查团于6月3日从海拉尔出发,走访了三河地区的12个村庄(当地共有17个村庄),参观并记录了该地区居民的生活状况,7月1日返回海拉尔。报告书简要介绍了三河地区概况、畜牧、农业、土地使用手续以及耕地税、耕作方法、农具及务农人员、蔬菜、野生大麻的工业价值、商业、物价、工业、林产、渔业、矿产、交通及通信、教育、行政(自治)、公安、财政、宗教、居民生活及调查员的感想等内容,并附有行动日志。

三河地区指哈乌尔河、得尔布尔河、根河三条河形成的流域范围,位于呼伦贝尔一带,地处伪满洲国与苏联之间的交界地区。当地散落着17个村庄,村民多为1918年后集体搬迁或越境逃亡的俄国人,包括以哥萨克为主的后贝加尔农民及少数俄化的其他民族,生活方式、宗教信仰等方面颇具特色。当地不允许土地私有,但土地开垦利用方面限制较少,且土地肥沃,适合发展农业和畜牧业。三河地区的农村经济以牧业为主,农业为辅,处于自给自足状态。商业不发达,大的村庄有商铺/杂货铺,商品以日本商品和苏联商品居多,也有俄国小贩到村中做生意。工业方面有黄油工厂、面粉厂和手工业小作坊。林业和渔业资源丰富,炼铁原料及建筑用材极有开发前景。交通及通信不够便利,居民受教育程度低。村庄采用类似哥萨克兵村制的自治体制,由村民选举产生村庄长(不一定是退役军人),任期一年。负责管理当地17个村的村庄总长也由选举产生。自治体由旗公署管理,由蒙古人担任长官。日本军队和伪满洲国边境警察均在当地一些村庄驻防。调查员评估了开战后遭遇当地居民反抗的可能性,认为三河地区居民中旧军人所占比例低,战斗力不值一提,暴露了日本侵略者扩张海外殖民地的野心。

2.《兴安北分省三河地区及牙克石附近基本经济调查报告》

该报告书完成于1934年,主要介绍额尔古纳左翼旗(三河地方)和牙克石街道各村庄的情况。报告书主要分为四部分,包括绪言、额尔古纳左翼旗(三河地方)各村庄情况、牙克石街道各村庄情况、针对白俄人的移民政策。调查由第一期第二次军用供水及资源调查队开展。该调查队从海拉尔出发,总行程370余千米。调查时间为1934年2月12日至3月8日,历时25天。与以往过于笼统的报告书相比,本报告书详细介绍了三河地方某些村庄的具体情况,并提供了此前极少受关注的牙克石站以北各村庄的情况。

本次调查区域内的主要居民是白俄移民,蒙古人、满人势力微弱。额尔古纳左翼旗是以三河地方为中心的行政区域,当地绝大部分居民是后贝加尔的哥萨克移民(白俄难民),延续了后贝加尔的生活习惯,于1918年后逐步定居当地。报告书详细介绍了额尔古纳左翼旗旱(根)河沿岸及附近5个村庄的户数/人口数、经济状况,以及额尔古纳左翼旗各村庄的农业、畜牧、畜产加工、工业、商业、劳动等内容。牙克石街道是指从三河地区南端到北铁西部线牙克石站的范围。报告书介绍了这段街道沿途各村庄的户口数/人口数、经济状况、农业、畜产、劳动等情况,预测了当地各产业的发展前景。牙克石附近的白俄人势力与三河地方相比略显薄弱,有来自伪满洲国其他地方的移民。最后,报告书比较了旧东北政权时期和伪满洲国时期政府对当地白俄移民的政策,认为旧东北政权时期地方政府对其没有确定、连贯的政策,滥用权力、干预村庄自治等,而伪满洲国时期的政策是不干涉自治、任用当地白俄人担任公职,有助于让该地区成为日本农业移民的候补地。报告书也指出,保护蒙古人的政策可能导致牙克石街道地区白俄人与蒙古人的族际冲突,并提出把额尔古纳左翼旗作为白俄人的移民收容地的主张。这种主张,看似在避免和调节冲突,实际是为日本的海外殖民计划做铺垫。

3.《满洲里扎赉诺尔方面调查报告书》

该报告书完成于1933年,内容为参加军需供水调查队的调查员五条为正撰写的旅行日志,记录了当年11月16—30日期间,他在满洲里和扎赉诺尔调查的所见所闻。

16—22日在满洲里调查期间,调查队员拜访了当地的领事馆、商务会、市政公所,并参观了沿途的农场、煤矿等地,通过访谈和查阅记录的方式了解当地的居民构成、税收、工业、农牧业、货币等基本情况。23—29日,调查队前往扎赉诺尔开展调查,途经三十里店,并描述了满洲里到扎赉诺尔的地形。扎赉诺尔以煤矿开采为主,当地居民约有2,700人,其中约300人是农民,多为山东、河北等地来的移民。调查队员以化学学者的身份拜访了当地的煤矿,由于语言障碍,收集到的访谈资料有限。随后,他们探访了达赉湖,拜访了国境警察队,经三十里店、满洲里回到海拉尔。

4.《以景星为中心的札赉特王府、苏鄂公爷府、阿立各图地方农业调查报告》

该报告书完成于1934年,介绍了札赉特王府、苏鄂公爷府、阿立各图的地方农业状况。调查队于1934年6月3日从齐齐哈尔出发,开展了历时40天的调查。调查地区包括龙江县、景星县、札赉特旗、科尔沁右翼后旗;该地区西部为山地,东部为平原;两边农业组织各异,西部多为旗人(蒙古人),东部多为汉人。调查队的主要任务是供水、地质调查,顺便收集地方农业经济方面的资料。由于遇到交通不便、行政单位不够统一、语言沟通不畅、缺少必要的文献资料等实际困难,调查员根据实地访谈的情况做了推测,报告内容可能有不准确的成分。

报告书由22节和结语组成,介绍了调查途经地点的地理概况、各县一般情况、气候和土壤、社会习惯、土地所有和利用、佃耕惯例、地价和土地买卖方法、租税、农村金融和副业、农业劳动状况、农作物的交易、主要农作物的种类和生产状况、农业生产时节、农具、农耕状况、家畜分布和买卖方法、主要物价和地理状况、居民的衣食住行、农家经营收支状况、主要作物栽培收支状况、景星县乌里根河流域水田可耕地的调查,以及作为适宜移民地点的价值。

调查地区的居民以汉人移民和蒙古人为主。蒙古游牧民本来过着移动式迁移生活,后来逐步改为半定居、定居。汉族农村的村庄分布不集中,以屯为单位,由饮用水决定村落位置。气候不利于种植蔬菜,土质肥沃,适合产粮。当地宗教种类繁多,居民文化程度低,缺乏卫生观念,卫生保健未脱离原始状态。地方治安较好,各村庄组织了自卫团。旗人村庄的土地由本族人占有,外旗人佃耕本旗和王府的土地。农业经营尚未脱离自然经济状态,有少量过剩农产品出售。旗人村庄没有土地买卖,汉人村庄则有,地价在九一八事变后下降一半。在蒙古人聚居地区未发现租税,汉人聚居地则有。当地农村金融借贷极少,农民没有任何副业,在农闲季节做杂工。农业劳动者大多数不占有土地,以长工的形式受雇。总体而言,调查地区各方面条件优越,且当地居民易于管理,具有非常高的农业移民地价值,可以大量接受外来移民。

5.《关于东安省农作物征收对策的调查报告书》

该报告书完成于1942年,由6章及附录组成,对当时东安省[①]的农产物征收提出对策分析。报告书首先介绍了其写作目的——促进农产物增产及上市率提升;然后介绍了东安农产物的上市状况,认为当地的实际情况不甚理想;接着提出扩充农地的建议,认为重点在于改良现有耕地;为此要合理分配劳动力,以保证开垦农田及耕地需要;随后点明解决政府与农民问题的关键在于兴农精神,要自然推动生产,发动农民阶层的力量,以便收购更多农产品;最后指出,粮食增产指导方案需要对不同人群(日本开拓团和两类原住民)采取针对性措施。此时已进入抗战后期,通过该报告书可知,日军后方的粮食供应情况已经不甚乐观。

6.《科尔沁左翼中旗第五区调查报告》

该报告书完成于1938年。本次调查活动由满铁产业部组织,调查时间从1937年3月7日持续至3月25日。调查地点位于内蒙古科尔沁左翼中旗第五区,通辽县北部。主要调查目的在于弄清当地的地区概况、农业及畜牧业资源,为建立内蒙古开发方略做基础。报告书由4节及附录组成,分别介绍了地区概况、农业情况、畜产情况和各村情况。

调查地点是一个重要贸易区,居民以蒙古人为主,汉人极少,但蒙古人已经相当汉化,全部以农业为生。自耕农占40%,全部是蒙古人。农作物以大豆、高粱、粟为主,耕作方式粗放。租税方面,本旗人和外旗人有所差别。租佃土地只借房屋,役畜、农具和种子全靠自己筹措,收成均分,秸秆归东家。当地农业劳动力严重不足,但通过互助大致可以解决。有供外销的农产品,没有特定金融机构。主要家畜是马、骡、驴、牛、羊、猪。当地没有流行性畜疫,牧场广阔,畜产方面可利用资源多,很有开发前景,但改善当地水量和水质问题十分紧迫。此外,报告书详细介绍了该区46个村庄的具体情况,包括每个村庄的地势、户口、交通、农业状况、畜产情况等详细信息。

7.《西乌珠穆沁调查报告》

本报告书完成于1933年。调查时间为1933年8月13日至8月24日,调查地点在西乌珠穆沁旗,主要调查目的是对旗内的地形进行实地观察和一般交通调查,以深入研究资源和开拓销路所需的交通路线的价值。调查报告由八部分组成,记录了调查概况,以及当地的地势、气象、交通、人口及户数、资源等情况。

该旗位于察哈尔东北部的锡林郭勒盟,地理位置重要。当地属于纯游牧地带,交通条件便利。居民多为蒙古族,人口稀少,僧侣、喇嘛占总人口的大半。但林西县多为汉人移民,生计方式也由半农半牧向全农化转变。该旗的资源有家畜、青盐,以及水、风等天然资源。调查员认为,由于当地人口过少、资源单一,没有铺设铁路、公路的价值。但此处畜牧业资源丰富,适合利用当地资源来发展这一产业,以便发展内蒙古,并为日本对苏战争提供资源。

8.《东乌珠穆沁地方调查报告书》

本报告书完成于1933年。调查时间为1933年8月3日至9月5日,调查地点为东乌珠穆

① 位于今黑龙江省东南部。1939年6月1日,日本侵略者为强化所谓伪满"国防",将三江省的饶河、宝清二县与牡丹江省的密山、虎林二县划出设置东安省,加新增设之林口县(密山、穆棱、勃利县各一部分)共辖五县,省会设在东安街。

沁旗。受天气、交通状况和日程安排等因素影响,实际在调查地点的时间仅为一周,因此调查队采用了多种调查方法,包括直接观察、访谈、区域比较等。调查目的在于了解当地情况,为产业开发和加强(伪满洲国的)国防做准备。报告书分为六部分,包括绪言、洮南至东乌珠穆沁沿路概况、东乌珠穆沁概况、当地历史沿革及基本政治情况、当地基本经济情况,以及洮南至东乌珠穆沁铁路的铺设及相关概况。

东乌珠穆沁旗位于锡林郭勒盟,地处大兴安岭和蒙古国之间的边境地区,是大兴安岭西麓的纯游牧地带,旗内蒙古王公的领地没有开放。由于交通闭塞,对外交流较少,当地历来受汉地方面影响很小,保持着纯蒙古式特征。主要居民为蒙古人,外来人口很少。旗内事务由旗长(札萨克)管理,司法制度不健全,居民信奉喇嘛教。当地不适合农耕,普通百姓主要以畜牧业为生,逐水草而居,生活方式及财富观念也与游牧生活相称,把家畜作为唯一的财产。旗内经济处于简单状态,没有本地工商业,商品贸易主要靠外来的行商,用兽毛、兽皮交换布匹、茶叶等生活物资。报告书分析了东乌珠穆沁旗与周边各地区的经济关系,把属于未开放地带的东乌珠穆沁旗的物品运至已开发的大兴安岭以东洮南、突泉,商贸成本相当高。由于当地地理位置重要,邻近地区有开垦农耕潜力,调查员认为很有必要铺设洮南至东乌珠穆沁的铁路,并提出由此可能产生的问题与解决方法。

9.《关于华北粮谷的调查报告》

本报告书完成于1940年。调查时间为1940年7月1日至8月17日。调查目的在于明确华北稻谷收成状况的实际情况和供求关系,以便解决华北地区粮食供求问题,为制定战时粮食政策提供依据。报告书由5章组成,分别是华北的稻谷种植、粮谷的生产、粮谷的集散和交易、华北的粮谷需给状况和摘要。

报告书首先回顾了人类栽培稻谷的历史,介绍了稻谷的分类和品种、种植稻谷的气候与土壤、栽培方法、病虫害,以及与种植稻谷相关的灌溉、排水的农业技术发展史。随后概括介绍了世界范围内、中国范围内、印度支那以及暹罗范围内、日本及满洲范围内、华北范围内的粮谷生产。之后从当地产米和外地米两方面介绍了华北粮食的集散和交易情况。此后,对比了七七事变前后华北大米的需求供给情况:由于事变后华北日侨数量增多,对大米的需求逐年增加,而当地的产量却没有跟上,反而在减少,大量依赖进口米,需要提高当地大米的产量。最后,概述华北的大米种植状况与供需情况,并提出相应建议。

10.《冀东地区乐亭县东桑园村调查》

本报告书发表于1936年,是中国学者刘东流所撰调查报告的译文。调查地点是河北省乐亭县的东桑园,与满铁调查部冀东地区农村实态调查的地点在同一地区,具有资料价值。报告由五部分组成,分别是序言、农村人口和农户的分析、土地问题和佃耕关系、农业经营和土地运用、农业劳动者和雇用习惯。

调查地点是一个村庄,经济来源主要靠村民在东北经商的收入,而非农业经营收入。村中有51户农户,拥有土地的农户多为地主和富农,自耕农有23户,无土地农户有17户。受重男轻女思想和迁入的单身男性多等因素影响,村中男性多于女性。离村农民约占全村总人口的六分之一,闯关东经商是其主要去向。由于靠近城市、交通便利,村内手工业已基本瓦解。村内土地分配不平均,土地集中的原因是土地买卖和借贷抵押。土地肥沃度低,耕地面积少。佃耕关系有缴纳地租和收成分益两种。除粮食作物外,村里也有商品作物。由于分家、借贷之故,村内耕地分散严重。劳动者报酬多用钱支付,劳动者的分类、地位和工资各不相同。

11.《晋、绥、察三省视察报告书》

本报告书完成于1935年。调查员于当年夏天利用三周时间走访了山西、绥远和察哈尔省部分地区,调查目的是为开展日本与上述地区的经济合作做准备工作。报告书由38个要点组成,分别介绍了当时我国山西、绥远和察哈尔省部分地区的基本经济状况,记录了视察旅行的情况和所见所闻,使用的数据资料来源于山西省政府。

报告书首先分析了支配山西、绥远两省的中心人物阎锡山及相关人物组成的权力结构,以及山西省十年建设计划与阎锡山的关系。随后阐述在山西铺设铁路解决煤炭运输问题的重要性,以及日本抓住这一机会的关键性。提出要派遣人员在太原、张家口常驻,以便扩展日本在当地的力量,从事有利于日本的各项工作。之后,分别介绍了山西的教育、卫生及治安、土地及耕地面积、各地区经纬度、气象观测报告、气温/降水量、水灾/水利、农林畜牧产业、棉花种植面积与产量、盐、矿业、矿区及其面积、正太铁路沿线著名物产、各种公司和工厂、公路与公共汽车线路及沿线植树情况、同蒲铁路和该省商贸等情况,以及绥远省简况、已开垦土地调查、矿业调查、平绥铁路沿线山西省内各站点著名物产、后套的情况、包头甘草工厂、山西与西北的商业往来、西北商业衰退的原因、西北地区骆驼运输情况、绥远省包头/宁夏/甘肃之间的交通状况及里程、张家口与外蒙古库伦之间的里程及沿线概况、山西省十年建设计划的优点与不足等,揭示了山西、绥远两省现有的资源及未来的经济价值,以及当地与西北、蒙古甚至西伯利亚的经济关系在国防方面的重要性。

12.《察哈尔省资源调查队张家口班报告书》

本报告书完成于1935年。调查时间为1935年4月22日至6月3日,调查地点为察哈尔省。主要调查内容是该省的基本状况,包括历史沿革和现状,以便判断当地的开发潜力。报告书由8章组成,介绍了察哈尔省的历史/地理/人口概况,及其交通、农业、工业、商业和财政方面的情况。

察哈尔省地处中国北方边防要地,有重要的政治、经济地位。该省管辖16个县、锡林郭勒盟、察哈尔部十二旗群。由于蒙旗辖地实行自治,省政府的实际管辖地区为16个县(即察哈尔省南部)。省内土地大半为蒙地,地广人稀,居民以蒙古人和外省汉人移民居多,社会经济状况比较落后。察哈尔南部交通不便,南京国民政府当时在规划建设公路。土地自明朝中期起逐步被开垦为农田。该省农村经济分为纯农业、半农半牧、纯游牧三类,中南部为纯农业和半农半牧类型。组织机构有省立的农村建设委员会和社/会等农村自治机构。该省工业落后,大部分工业为手工业,仅有少量机械工业。矿业以煤炭为主。商业以省城张家口为中心,各县几乎都有商会组织。主要贸易对象是内蒙古、外蒙古等地。贸易额和通商关系受政治因素影响较大,商业贸易的衰退直接影响了该省的财政收支。报告书最后指出,察哈尔省自然条件不利于发展农业,行政划分也应调整,开发当地相当困难,需要解决交通问题,完善水利事业。

13.《华北绥远省农业调查报告》

本报告书完成于1936年。调查由中国驻屯军司令部调查班的“绥远特别调查队”开展，共历时55天。调查地点以绥远省中部为中心，涉及该省北部、西部、东部各地的多个部门。报告书由3章组成，包括绥远省概况、当地农业和结论。

绥远是华北五省之一。原为蒙古旗地，清中叶以来被汉人移民开垦为农耕用地。居民绝大部分为汉人，有少量蒙古人。该省降水量少，基本属于干旱地区。农具种类少，农耕方法粗放。由于自然条件、管理方式等差异，在土地所有、土地借贷、佃耕惯例、地价、农业劳动者、副业、租税公课、农家经营收支方面，该省与中国内地农村的农家经济关系差异较大。尽管该省土地面积广阔，但发展有限，农作物产量尚未达到自给自足状态，导致离村农民增加。报告书认为，渠道荒废导致耕地灌溉困难，农村行政不完全加重了农民的贫困。而解决办法是修整渠道、开发搁置土地，对农民实行税制改革，设置必要的农业机关和新型指导教育农民的机关，以及铺设铁道、改善交通条件。

14.《绥远省分县调查概要(其一)五原县》

本报告书发表于1936年，是1934年版《绥远省分县调查概要》的译文。报告书由十七部分组成，具体包括五原县的沿革、位置、县界、面积、山脉、河流、地势、所属旗地、物产、区乡镇、交通、经纬、自治、农业、工商业、垦殖，以及水利和渠道。

五原县以黄河为界，黄河以北称套外(后套)，黄河以南称套内(前套)。地处绥远省西部，县内山少、平地多，尚有未开垦的旗地。农作物以糜、麦、豆类为主。交通与通讯方面，有道路、邮政、电报、电话。警卫方面则有公安局和保卫团。自治方面，分为区治和乡制。土地适合农作物生长。自耕农和佃农各占农民总数的一半，大地主甚多。后套适合发展畜牧业。工业方面，只有小规模手工业。商业繁荣，但与蒙古的贸易受阻。灌溉区域的水利主要依靠黄河。

15.《北部山西经济调查书》

该报告书完成于1935年，由中国驻屯军司令部负责调查。调查地点是山西省内的重要市县，主要目的是了解山西省整体的经济状况和经济资源。报告书共分为7章，分别介绍了山西省的农业、盐、工业、煤炭、畜产、商业和金融。使用的数据包括调查队实地收集的数据、中华民国公开发行的统计数据、中文报刊提供的数据资料等。

报告书的第一章从耕地、农民、农产品、棉花、地租、农村状况六个方面介绍了山西农业的情况，关注到了农民的生活和农村的恶习。第二章分类介绍了山西盐(河东盐和晋北土盐)的产地、产量、制作方法、销售情况等内容。第三章从工业概况、分类(纺织、制粉、火柴、烟草、造纸、制革、电力、蛋粉业、其他)、西北实业公司三方面介绍了山西的工业。第四章从储量、采煤量、煤炭质量、煤炭行业状况、运输、价格六个方面介绍山西的煤炭资源。第五章从畜产概况和交城毛皮两方面介绍山西畜产情况，特别提到了把当地毛皮作为日方军用资源的操作方法。第六章从商业机关、省内外商贸状况、计划经济三方面介绍商业情况，提到当地的商贸困境及山西省十年建设计划对经济、贸易的调控。第七章从近年金融状况、银行、金融从业人员近况、货币流通状况四个方面介绍山西的金融，关注了农村金融，突出政治权力格局和省内政策对金融的影响。

通过报告书内容可知,当时的山西是农业省份,但工业原料丰富,煤炭储量丰富,也适合发展畜牧业。当地商贸基础良好,但天灾人祸导致农村凋敝、经济不景气,不利于商业发展。金融行业受政治因素影响,也有较大起伏。总体而言,山西具有很好的资源禀赋,山西省政府的治理也有一定成效,但当地经济具有薄弱环节,农村经济活力不足。

16.《关于确立粮食自给自足的考察(以山东省为例)》

本报告书完成于1942年,由满铁华北经济调查所济南调查分所具体负责。写作目的是以山东省为例,从分配的角度解决战时华北粮食问题,确立粮食自给自足的方法论性见解。报告书由五部分组成,即解决粮食问题的基本思想、计算粮食绝对供求量的理论与方法、以山东省为例的粮食绝对供求量、确立粮食自给自足所需的规定/决定消费量,以及山东省各县粮食盈余或不足数量。

报告书首先提出,在推进粮食增产的同时,也要注重分配方法,才能解决粮食自给自足问题,认为应以县为单位确定粮食绝对供求量,由此实施粮食对策。随后介绍了计算粮食绝对供求量的理论与方法,包括统一农产品的产量调查数据、掌握影响粮食消费的各要素、明确粮食生产额并对粮食作物进行同质量换算、了解大豆消费量和粮食作物的播种量。之后,以山东省为例,展示粮食的绝对供求量计算方法,以及粮食不足时的分配方法。报告书认为,可以通过规定粮食消费量来获得粮食供求平衡,另外也可通过粮食增产政策、动用国家(日本)粮食储备的方式解决华北粮食问题。

17.《事变后胶济线沿线农业调查报告》

本报告书完成于1938年。调查时间为1938年2月23日至3月7日,调查目的是了解胶济铁路沿线各城市及农村事务在事变(日军占领胶济线)中受到的影响。报告书由五部分组成,分别是概况、农畜产部门的损失状况、事变对农耕的影响、流通机构的变化及其对农业造成的影响、食品以外生活必需品的供需状况。

报告书首先提出,由于济南的经济地位及其影响力,本次事变对胶济线的破坏影响了沿线农产品的上市,给本地及外省农民带来经济上的打击。随后列举山东省内的经济作物种类、生产和销售情况,以及家畜损失情况,推算事变给当地农民造成的经济损失。接着,介绍了日军占领胶济线对农耕的影响,指出控制经济作物种植、确立自给经济的重要性。之后,分别介绍了棉花、烟草、小麦、花生四种重要经济作物的流通渠道和生产状况在事变后所受的具体影响。最后,说明了食品以外生活必需品的供需情况。事变导致的商品流通渠道受阻,给胶济线沿线农村的粮食供应带来的影响小,但砂糖、石油、煤炭、纸、棉布等货品因短缺而涨价,给农民生活带来很大影响。

18.《山东省济南西部、河北省南部地区农业调查报告》

本报告书完成于1935年。调查时间为1934年10月18日至11月2日,调查地点主要在济南西部、北部及河北省南部地区。调查重点是棉花种植问题。报告书中的大部分其他调查数据参考的是建设局统计数据。在调查中,调查班隐瞒了真实身份,假扮成商人、中国南方人等,隐蔽地收集资料。因此,调查以急行军的方式开展,不可能长期、深入地调查。

报告书由11章组成。第一章概括介绍了山东省济南附近及河北省南部地区情况,包括位置/地势,农业情况和交通概况,分析了当地农村落后的原因,提出了解决方案。第二章至第七章介绍了调查地区各县的人口/户数/农家户数/车辆数、气候及土质概况、各县总面积及农耕面积、耕地面积及耕地比例、作物的亩均产量、农产品及农副产品状况。第八章介绍了调查地区的棉花种植状况,包括棉花的销路、各县棉花产量、发展前景、棉花品种比较、棉花交易途径等。第九章介绍了山东省两大特色农产品之一花生的生产、销售概况,以便与该省另一特色农产品棉花进行比较。第十章和十一章介绍了农产品价格和农耕法。

三、使用本卷资料时的注意事项

通过阅读本卷所收录的调查报告书,读者可以了解 20 世纪三四十年代我国北方农村的经济、社会概况及日本满铁农村调查资料的广泛性和丰富性。但仍有以下注意事项,需要提醒专业研究者在使用资料时特别留意:

1.日本与中国各地的关系影响了调查资料的详细程度和原创性。当时,在由日本势力控制的地方(如东北地区和华北部分地区)开展的调查,调查员有条件进村调查,搜集的资料相对细致,且以第一手资料为主。而在日本势力尚未控制或尚未完全控制的地方(如山西)开展的调查,调查员只能在城市周围活动,搜集的数据比较有限,多为概况性资料,需要或多或少地引用中国政府或各国学者公开发表的数据、调查报告等。

2.本卷绝大部分调查报告书是基于短期调查而撰写的。受当时的治安条件、行程安排、语言转译、调查对象配合程度等多重因素限制,日本调查员无法做到长期、深入中国各地,尤其是农村。各报告书所记录的村级地名的准确性难以考证,数据资料的可信度也有待商榷,需要参考其他同时代的资料进行比较分析。

3.受政治立场及个人观念的限制,报告书具有一定局限性。例如,部分撰写报告书的日本调查员用“原始”“远离文明”来描述当时尚未开放垦荒的大兴安岭西侧地区,看重蒙地待开发的自然资源,却忽略当地游牧文化的价值。读者在阅读和使用此类资料时,需保持客观、理性的态度。

张晶晶
2020 年 4 月 30 日

总

目录

昭和九年 12 月

经济资源调查报告书第　98　号
兴安　20　号经济第　17　号

兴安北分省三河地区调查报告

经济调查会一部六班

山崎维城

凡　例

一、本稿为昭和九年6月3日(1934年6月3日)到7月1日之间兴安北分省三河地区的一般经济调查报告书,在《呼伦贝尔三河地区情形》中添加了《行动日志》部分。

二、适用于三河地区的度量衡为俄国旧制,其主要单位如下:

俄里——1千米0668——9町7788

布度——6＊＊38049——4贯36814

俄斤——409克51241——109钱20339

俄町——＊1陌092488——1町101644

三、三河地区共有17个村落,笔者走访了整个三河地区除ポクロフカ(pokurofuka)、拉布大林、トロントウイ(torontoui)、カルカナ(karukana)、ポピライノ(popiraino)之外的十二个村落,调查了各个村落的户数、人口、家畜数目、各种作物的播种面积、商铺、工匠人数、车辆数目以及其他相关数据。额尔古纳左翼旗公署中村参事官已于早些时候公布了这些数据,且与笔者调查结果无显著差异,故本稿将其省略不述。

另外,调查期间每日的气温状况全部交由随行的一名下级士官负责,由于种种原因,具体数值在笔者日记中不予记录。

四、同行者(随行人员)如下:

狩谷少尉、堀江伍长及士兵数人,翻译一人

地质班——石川、吉泽、中谷、新谷、大塚

供水班——泽村及助手一人

物资班——坂本山崎、助手一人、翻译一人

目录

概说

北满洲的西部、兴安岭以西一带地区即所谓的呼伦贝尔，又名巴尔虎，其北部三条河流即哈乌尔河、得尔布尔河、根河的流域，大致相当于旧室韦县即现在的兴安北省额尔古纳左翼旗的地域，这一地域现称三河地区。因自古以来俄国人称其为トリヨフ・レチエ（toriyofu-rechie）【三河川地区（取三河汇集地区之意）】，这一称谓沿用至今。三河都注入苏满界河额尔古纳河，在河流的流域附近散落着几乎由俄国人组成的将近二十个村庄。由于这里的居民以及其生活状态与满洲国其他地方不同，这一地区很早以前便引起了一部分人士的兴趣。在满洲国成立之后，作为满洲国与苏联之间重要的交界地区，在政治、经济、军事上的重要性也越来越明显。

笔者于今年6月3日从海拉尔出发，走访了整个三河地区之后，于7月1日回到本市，历时近一个月。

其间笔者只是作为一名通晓俄语的俄国问题研究者，与地质、水质、畜产等方面的专家调查团同行，参观并记录了该地区居民的生活状况。

首先，简单地回顾下这个地区的沿革。从1918年至1920年即俄国十月革命爆发后不久到白军撤退到后贝加尔地区的这段时间，以哥萨克为主体的后贝加尔农民以及少数俄化的其他种族人（通古斯人、布里亚特人等）集体移民到此处，随后逐渐有越境逃亡过来的。刚开始他们都以为不久便可以回国，于是他们在木柴上面涂上泥做成临时性的简陋住房，现在在シチューチエ（sichuchie）地区依然可以看到这种临时性住房残留的痕迹。然而，时间一久，归国的希望日渐渺茫，他们开始建设半定居性质的房屋设备，形成了西伯利亚风格的村落外观。此地土壤肥沃，在短短的七八年间就由原来的无人之境变成了依靠农牧业发展而致富的地区。依据哥萨克村兵制而组织的自卫团使得此地成为北满唯一的马贼不敢侵犯的安全地带。1929年中俄纷争以前，该地俄国居民达8,000人以上，大大多于目前的5,700多人。毫无疑问，对他们来说这儿是曾经的乐土。

中俄纷争以来苏联方面的游击侵扰，导致哈乌尔河沿岸村庄蒙受重大损失，逐渐荒废。目前来看，俄居民还未受到上述的毁灭性破坏，然而，红色游击队出现后，大部分居民都恐慌至极，纷纷放弃财产四处逃亡，可见这一地区也遭受了巨大的经济打击。四年之后的1932年秋，苏炳文叛乱事件爆发，居民遭叛军洗劫，再度蒙受了经济上的打击。加上中俄纷争之后三河地区俄国居民的自卫权丧失，苏联扩大了对这一地区居民的迫害，通过收买、笼络旧中国方面派遣的官员、秘密派遣武装グペウ（格别乌）[①]人员、挑拨居民间的对立、绑架实力派人物等手段不断制造事端。满洲国建立之后这些不安因素才被扫清，安居乐业的生活才得以实现。

海拉尔以北140千米约35里处，方圆15,000平方千米中有一方圆15里的小天地，是为三河地区。定居居民有俄国人5,500人，满人250人，此外还有通古斯、布里亚特、鄂伦春、索伦、雅库特等游牧狩猎民族共计约500人。其中通古斯人已经俄化，定居在村庄里。满族人口

---

① 译者注：即苏联政治保安总局。

不计入狭义上三河地区总人口内。居住在额尔古纳河、哈乌尔河沿岸的居民约一千数百人。这样由17个俄国人村庄所组成的原三河地区截至今年6月共有5,750户,其中约960户为定居。不堪苏联暴政而越境逃亡过来的人数在最近一年达300人。此外土地开垦的优惠政策等因素也吸引了哈尔滨及其他北铁沿线的人口移居此地。这样此处人口急剧增加,这一趋势由各个村落人口与去年人口的对比中即可看出。另外,目前在哈乌尔河沿岸看不到俄国人的踪迹,可推断从这个地方来的移居者也是近年三河地区各村落人口增加的一大原因。

该地区不允许土地私有,但对于土地的开垦利用方面的限制较少,因此农耕、畜牧有较大的发展前景。目前,沿着チルブール(chiruburu)、根河两河流的上流方向出现了开垦的趋势,特别是在カブコーチ(kabukochi)温泉区域尚有农牧地扩张的余地,估计未来这一地区的人口能达到现在的3倍。

该地区产业为自给自足性质,牧业为主,农业为辅。村民通过合作组合将畜产品主要是黄油销往北满市场,用获得的钱财换取日用品。到目前为止农作物收获仅够自家所需。

呼伦贝尔地区在南北满来说是少有的黑土地带,即便是外行人也看得出此地土壤肥沃。因此海拉尔市场上除了洋葱外,几乎所有的谷物和蔬菜均有。虽然有如此肥沃宽广的土地,但大多未开垦,从海拉尔到三河沿途的草原便是最好的佐证。当然未开垦也是由于改牧为农是蒙古人的禁忌。这样的禁忌对保护蒙古人的游牧生活固然有相当的必要,但长期以来阻碍了该地农业的发展。所幸三河地区废除了这样的限制。然而,由于这一地区离北铁沿线地带有相当的距离且交通不便,再者沿线的经济生活处于一种停滞状态,且这种停滞状态是由于北铁运费太高以及列车运行周期太长而引起的,如来往列车一周三次。这使得三河地区的开发一直后劲不足。近期北铁转让之后,北铁沿线会繁荣起来,届时三河地区也将逐渐发展,从现在这种货币经济前的半开放状态中摆脱出来。

畜牧

三河地区居民赖以生存的主要是畜牧业特别是牛的养殖,农耕处于次要地位。从海拉尔到三河地区沿途都是如此。三河地区到处都是坡度很缓的丘陵,夏季会长出茂盛的牧草。单凭这一点便可推断畜牧业在将来会继续发展。

《农业之满洲》九年1月号中吉永先生有这样一段描写:山陵的大部分都被茂盛的野草所覆盖,很少能看见树木。因此,直到山顶都可作为牛、羊、马的放牧之地,也可作为割草之地加以利用。河流两岸的流石上生长着大量的白杨、白桦等树木。一般来说,河流流域相对湿润,夏季不利于放牧家畜,况且这里的草大多数也不适合作家畜的饲料,好像也很少将其作为割草地来使用。

距离村落最近的是放牧地,其次是割草地,再次是耕地。耕地一般位于距离村庄一里以上二三里左右的地方,当然也有耕地距离村落好几里。通常情况下村落与村落相距五六里,双方的耕地便位于村落与村落中间地带的缓坡山腰上。至于在山腰开垦的原因,将在后文中再述。耕地不在村落的旁边,几乎没有兼营畜牧和耕种的农家。这对见惯日本国内农业风光的人来说略感异样。也有人认为:由于放牧地的存在,村庄之间的距离已不能再缩短。单凭该地土壤肥沃就建议把重视农耕忽视畜牧的日本农业移民移入此地实在是大胆的想法。日本移民还在等待满洲国中央政府的指示,目前尚未得到解决。笔者等人认为不仅是三河地区,北铁沿线白俄人的乳制品生产也应利用该地的土地资源。

三河地区的家畜以牛、马、羊为主,猪以及家禽的数目很少。据1933年12月的调查显示,牛共有14,195头,其中母牛4,336头,公牛1,386头,种牛为122头,2岁牛1,997头,1岁牛2,802头,未满1岁的牛3,552头。

马共有4,246头,其中种马100头,骟马1,308头,成年母马1,375头,2岁马477头,1岁马471头,未满1岁的马515头。羊共有13,557头。不过在另外的调查中羊的总数为此次调查数的2倍以上。因为村民的呈报有夸张的成分,因此两个数据都不足取信。据关东军参谋部昭和八年(1933年)8月发布的调查中显示,奶牛7,000头,马2,400头,羊13,000头。

此地牛的饲养方法是:夏季放养,冬季圈在庭院中的木栅栏里,仔牛则放在有暖气的房间角落。一年四季从不用肥饲料,只用生草或干草。专家认为,该地牛的优良种较少,将来必须改良。该地村村都有奶酪生产合作社所属的牛奶收购站兼奶油工厂,居民早晚两次挤的牛奶满足自家需求后剩余的都送往该处记账。奶酪生产合作社是兼生产合作社与消费合作社于一体的合作组织,各个村落的大部分家庭都加入了其中。该合作社在小村庄里设分工厂,配备将牛奶分解成奶油的脂肪分离器。在几个邻近村落的中心村落里设置了黄油工厂,每天或是隔天便用马车把每个村落的分工厂里制作出的奶油运送到这里来制作成黄油。各个村的村民都会在黄油工厂附属的商店里买取所需的日用杂货。一直以来三河地区的十六七个村落中便分属奶酪生产合作社的三大系统。以ドラガツエンカ(doragatsuenka)村工厂为中心的几个村为一个系统,以韦尔斯克里村工厂为中心的几个村为第二系统,以チエロートウイ(chierotoui)村工厂为中心的几个村为第三系统系统。

该地区最早的牛酪工厂是由大名鼎鼎的北满洲林区所有者ウオンツオフ(uontuofu)开设的,于1924年投产,曾拥有压倒性的势力,在牙克石站等牙克石街道地区及三河地区的主要村庄均设置了工厂,收购村庄内外的所有牛奶。其间有两三位企业家也曾试图建立工厂,但都由于无法和ウオンツオフ(uontuofu)竞争而退出。1930年前后,ウオンツオフ(uontuofu)在三河地区的工厂关闭之后,当地居民便自己组织了合作社工厂。1931年末,韦尔斯克里工厂和ドラガツエンカ(doragatsuenka)工厂合并,1933年5月三河地区全部工厂合并得以实现。但在今年(1934年)春,由于集资困难,加之外贝加尔人寻衅滋事,好不容易建立好的合并就此破裂。除了合作社工厂外,目前在拉布大林村设有ウオロンツオーフ(uorotuofu)的小规模工厂,在拉贝克里村里有村民所有的牛奶收购站。合作社合并破裂之后,分成大小许多个合作社,产品依然是共同贩卖,但采购以及其他的事项独立进行。

三河地区的黄油和奶酪的生产总额在不同的书中有不同的记载。《农业之满洲》昭和九年(1934年)1月号中记载如下:三河地区最近一年的黄油和奶酪的生产总量大约为5,000布度,总价约为140,000元。《大连新闻》昭和八年(1933年)8月6日的三河情况报道中记载了关东军参谋部发布的三河地区扣除居民消费量后运出的物资状况,明细概况如下:

黄油、奶酪　　4,500布度

毛皮类　　10,000元
鱼类　　5货车
谷物　　300货车

《苏联现状资料》本年版中记载,黄油、奶酪的最大生产值为1万布度,最小生产值为5千布度,平均为七八千布度。笔者询问了三河地区奶酪生产合作社的负责人,了解到,1929年以前产量最大可以达到黄油7千布度,奶酪1千布度,然而1929年牛瘟蔓延以来产量开始减少,近年黄油、奶酪合起来是在6千布度左右。价格如下:海拉尔批发价(哈大洋)约为20元,哈尔滨批发价为26元;冬季价格上涨,哈尔滨批发价为30至32元,总价值为15万元到20万元(哈大洋)。再有,三河地区的奶酪价格略低于黄油的价格,如当黄油一俄磅为60钱的时候,奶酪才50钱。原来只有韦尔斯工厂生产奶酪,但今年停产了。

原材料牛奶的价格,昭和九年(1934年)5月份一百分点18分,三河地区平均3.5个百分点,因此年平均一布度65分。然而到了夏季,一布度降到了40—50分。

1布度黄油需要22布度的牛奶作为原材料,牛奶的价格为14.30元。产品上市之前的各项花费如下:

海拉尔税捐局规定的从价率是百分之五——也就是20哈元要交1哈元的税
哈尔滨的课税　　1布度15分
铁路运费　　1元半
从三河地区运送过来的马车费　　1布度50—60分
从海拉尔仓库到货物装进车站　　3分
各项费用合计　　3.18—3.28

以上的原料以及各项费用合计为17.48元,再加上制造费1元多,考虑到借入资金的高额利息,算下来,夏季的买卖基本上无利可图。由于资金不足,产品的贩卖无法支撑到产品涨价的秋冬季。如此一来合作社就只能依靠贷款,这样便会持续出现缺损。在这种情况下,只能用杂货店的收入来弥补这一损失。

海拉尔地区的苏联商务机关一方面作为乳产合作社的金融机构,另一方面也长期在ドシドシクレチット[①]出售伏尔加纺织品等苏联商品,因此三河地区的居民虽对苏联有所警惕,但也不得不依赖其商品。此外,也从美系犹太人的トリフト・コール(torifuto・kōru)银行分点及海拉尔的满人商铺等地方筹集高利贷的资金。10万到20万元的资金便可以完全控制北满市场的黄油,可以预见将来日本大公司会积极投资。

以韦尔斯·克里工厂为例,黄油工厂的设备如下:

设备	单价(哈大洋)	金额
分离器	2,400元	800元
搅拌器	1,300元	300元

① 译者注:地名。罗马字读音为doshidoshikurechitsuto。

续表

设备	单价(哈大洋)	金额
完成器①	1,200 元	200 元
其他容器		200 元
合计	1,500 元	

韦尔斯・克里奶酪生产合作社1933年度对该村及拉布大林、韦尔斯・库伦、拉贝・库伦各村的支部销售的商品总额为45,087.30,盈利6千,因黄油制造销售亏损7千,结果最终亏损1千。

ドラガツエンカ(doragatsuenka)村的黄油工厂由ドボワヤ(dobowaya)村、クリユチヨーワヤ(kuriyuchiyōwaya)村的牛奶收购站、シチューチエ(sichūchie)的分工厂及其下属的的ポヒライ(pohirai)村和カルガナ(karugana)村的牛奶收购站组成,为该地域系统的中心,与韦尔斯・克里共同经营到1933年4月,目前只有产品销售方面还在共同进行。ドラガツエンカ(doragatsuenka)工厂的厂房价值哈大洋1千元,设备价值1千5百元。1933年度这一系统的合作社商店总体营业额为38,725元,减去商业经费以及其他的全部支出35,923元,盈利2,802元。然而黄油工厂在这一年度亏损457元。

泌乳量最多的是在六、七、八、九月份,因此黄油制造量最多的也是从五月到十月的这段期间。笔者试着收集了チエロートウイ(chierōtoui)合作社工厂最近几个月的黄油生产量,其奶源地为チエロートウイ(chierōtoui)村、ラブツアゴール(rabutuagōru)村、スウエトロコール(suuetorokōru)村。具体如下:

1933年

5月——17布度08俄磅②

6月——93布度34半俄磅

7月——99布度26半俄磅

8月——95布度39半俄磅

9月——82布度16俄磅

10月——26布度33半俄磅

11月——13布度21半俄磅

12月——10布度29俄磅

1934年

1月——7布度29半俄磅

2月——6布度6半俄磅

3月——10布度05俄磅

---

① 译者注:原文为“仕上器”。

② 译者注:1俄磅约合409.51克。

4月——8布度13俄磅

满洲国成立以来,家畜税与其他税种一样,保持低水平。具体如下:

牛(大)——3岁以上1年6角国币

牛(小)——2岁3角

未满1岁免税

马　同上　同上

羊　7头羊等1头大家畜。最低一头8钱5厘

骆驼　7角

干草税(收割许可税,为预付)——每1千布度10元

干草的收割数量,各个村都有统计。1933年12月调查的18个村合计898,145布度。

马主要用于拉马车,农耕主要使用牛。同时也饲养比赛用马,但这只是一部分好事者的投机行为。有的调查书中记载,乳产品以外的畜产品如羊皮、兽皮、狩猎得到的野兽毛皮等的价格加起来与奶油价值相当,但是因为畜产品主要供自家所用,销往外地的极少。以前,乳产品除运往哈尔滨之外还包括天津、上海等地,满洲事变(九一八事变)后中国提高关税,往这些地方的输出就没有了。

家畜的价格被海拉尔市场所操纵。村民们过着简朴的生活,极少宰杀生牛用于食用。只有在需求很多的情况下才宰杀之后分给村民,日后用实物偿还。夏季由于储存困难,更加控制宰杀量,在ドラガツエンカ(doragatsuenka)这样的小村里也有中国人开肉店。居民在入冬之际杀猪,然后以小片晾干冷藏,偶尔取出来吃,但是更多的是吃鸡蛋、乳产品、鱼类。上述干燥过的猪肉被称作ウヤーレノエ・ミヤーソ(uyārenoe-miyāso)。

此地居民的卫生观念本来就很落后,当然顾不上家畜的卫生。

数十年来,家畜的粪便堆积在院子的栅栏里面,而牛马也喂养在当中。更令国人(日本人)费解的是,在俄国的村落里面,到处都找不到大小便的地方,猪的头部、腿部的骨头搁置在庭前等不讲卫生的状况令人瞠目结舌。因此到了夏季,蛹真是惊人的多。北铁沿线地区为了强化家畜卫生管理,制定了罚款制度。而在三河地区,目前尚未有任何管理政策。也是由于这一原因,家畜的疫病频繁发生。1929年牛瘟流行时,牛大量死亡。天花、鼠疫、炭疽病等基本上每年都会流行。事实上,今年6月调查之时,ドウポワヤ(doupowaya)村里疑似炭疽病的瘟疫发生之后已有2头牛倒毙,スウエトロ・コールイ(suuetoro-kōrui)村在今年5月以来天花开始流行并一直持续到现在。

农业

三河地区从气候、土质、降水量各方面来看都要比北铁沿线地区以及额尔古纳河沿岸地区更适合发展农业,这点从作物的收成上就可以明显看出。

三河地区的农业发展是俄国居民在发展畜牧业的同时、主要为满足自家需求而经营的。如前所述,畜牧业的发展对农业产生的限制以及旧中国政府对农业的重税,严重阻碍了农业的发展。满洲国成立以后,由于政府放宽土地借贷及课税政策,此处的耕地面积明显增加。

中村先生在《额尔古纳左翼旗情况》(《满铁调查月报》昭和九年[1934年5月])中记载,耕地面积为2,820俄亩[①],这个数据应该是1933年12月调查的结果。而兴安总署的《三河地区产业调查报告书》中记载同年9月的调查为3,637.5俄亩。如同满铁的原先生调查报告中所指出的一样,中村先生的调查没有包括韦尔斯·克里村的耕地,加上这部分的耕地总共为3,100俄亩。另外,原先生《三河地区经济情况·苏联情况志》5卷5号中记载:中村先生调查的2,820俄亩的耕地面积当中,开垦第二年的耕地面积为1,073.5俄亩,即占到了总面积的38%。这主要是进入满洲国之后初次开垦的耕地面积,真可谓让人惊叹的开垦状况。

种植的谷物种类主要包括小麦、燕麦、春播黑麦、大麦、荞麦,其中小麦种植最多,占耕地总面积的一半以上,其次是燕麦,种植面积约占二成,黑麦约占九分。顺便说下,当地名为ヤーリツア(yāritua)又名ヤローワヤ·ロージ(yarōwaya-rōji)的植物即是春播黑麦,而日本人普遍认为黑麦即是裸麦,这种认识是完全错误的。裸麦是我国(日本)特有的大麦中的一种。这一误解由《英和辞典》的误译所导致,专家认为对于这一误译需要逐次订正过来。记录三河地区情况的书籍里面更多的还是记载为裸麦。

土地使用手续以及耕地税

与呼伦贝尔的其他地方一样,三河地区的土地也不允许私有,但只要提交土地使用许可申请书,即可获得一年的土地使用权。耕地税即可看作是土地使用费。并且获得使用许可的在开垦的三年间具有使用同一片土地的优先权。

第一年的新开垦未播种闲置地是免税的,第二年的新耕地每俄亩需要缴税国币2元半,耕作第三年以后的熟耕地每俄亩需缴税5元。

与农民相关的租税如下所示:

干草税(收割许可税,为预付)——每千布度10元

柴——1サジエン5角(1クボ1元5角)

木殖税

圆木——1根2角

铁轴车(ハドーク)——1年3角

马车税

木轴车(テレーガ)——1年2角

耕作方法

耕作方法主要采用从后贝加尔传来的山腰开垦法,这里所说的山也不过是坡度极为缓和的丘陵。此地由于存在着永久冻结层,越往高的地方寒气来得越迟,再加上比起平地这里土地也要肥沃,所以选择耕地的时候一般是选择东西面或是南面的山腰部日照较好的地区,当然这也是由于放牧地以及割草地都选择在平地的缘故。

① 译者注:1俄亩为1.09公顷。

开垦两年内的新开地被称作ザローグ(zarogu)。第一年这里什么都不播种,作为闲置地任杂草腐烂成为肥料。第三年以后的熟地被称为ミヤーコチ(miyakochi)。由于此地沃土遍布,一般在开垦数年之后便放弃已开垦地再开垦别的新地。

据中村先生的调查,每俄亩三河地区各种农作物的产量(单位为布度)如下:

农作物	最大产量	最小产量	平均产量	各种类收获量总数
小麦	200	100	120	195,360
大麦	200	120	180	34,560
燕麦	180	80	150	80,400
黑麦	160	80	100	25,500
荞麦	150	110	120	25,200

而据兴安总署方面的调查,平均产量(单位为布度)如下:

小麦 85

大麦 80

燕麦 100

黑麦 80

荞麦 70

每俄亩播种量(单位为布度)如下:

农作物	原先生调查	兴安总署调查
小麦	手播 15 机器播种 12	13
大麦	9	12
燕麦	16	10
黑麦	9	13
荞麦	8	11

农具及务农人员

只要想开垦便有充分可供利用的土地。尽管如此,由于人手不足,加上对岸苏联的机械化农业的影响,以及外国农具公司的销售竞争,三河地区的俄国人之间的大农业式农具的普及程度令那些尚未习惯大农业式耕作方法的普通日本人非常意外。

农具除了拖拉机,即农具牵引车外,还有9种,各个名称以及当地的持有量如下所示。由于名字一般是用英文音译的,下表也用英文名字表述。

拖拉机在ドラガツエンカ(doragatsuenka)村里只有1台,农具的牵引主要是依赖牛。

日文名	英文名	俄文名	(截至 1933 年 12 月)
犁	plough	プルーグ(purūgu)	357
耙	harrow	ボローナ(borōna)	246
割草机	mower	セノカシールカ(senokasīruka)	246
播种机	drill	セーヤルカ(sēyaruka)	16
集草机	Hayrake	グラブリ(guraburi)	270
收获机或割麦机	reaper	ジヤートカ(jiyātoka)	24
束草机或割捆机	binder	スナバウヤザールか(sunabauyazāruka)	13
脱谷机		モロチールカ(morochīruka)	15
风力选谷机或吹散机		ウエーヤルカ(uēyaruka)	45
合计			1,236

上表中的耙这一项中,包括圆盘耙 10 个,也有把圆盘耙和播种机结合起来的机器,叫做ヂスコワヤ・セーヤルカ(jisukowaya-sēyaruka),属于播种机一类。拖拉机在三河地区只有 1 台,是由两三个人合起来以低价购买的,修理费花了 500 元,在石油价格高的时候使用。近来北满劳动力不足,要搞清楚大农业式农具在全满洲使用多少才划算就有必要研究三河地区的农具使用现状。三河地区的农具主要来自德国、美国、加拿大、苏联等国,且都是以极其低的价格买进的。去年以 2 万 5 千元的低价买进苏联造的拖拉机和一套重要农具。

归途中调查了美国万国农具公司哈尔滨分店,主要农具的价格(单位为美元)如下:

犁	11.50、13.50、16、37、65、145、185
割草机	115
集草机	62.50
束草机或割捆机	330
耙	77.50、87.50、97.50、110、115、195
播种机	165、190、385、950
圆盘机	(8 盘)165、(10 盘)190、(20 盘)385、(49 盘)950
拖拉机	1,475

注:来源于满铁农事试验场报告中有关于昭和八年(1933 年)度大农业式农具的记载。

当地农民大部分都为下表所示的自耕农。新来的没有财力的人暂时作为佣工寄居在他人家里。由于土地利用的手续很简单,再加上也不需要很多的资金,很多人很快就形成了自己独立的一家。

农耕从业者人数(1934年6月,额尔古纳左翼旗公署调查)

村	家庭	雇工	合计
韦尔斯上くり(kuri)	134	44	178
拉贝下くり(kuri)	58	5	63
ドラガツエンカ(doragatsuenka)又名奈勒木图	102	37	139
クリユチヨワヤ(kuriyuchiyowaya)	113	22	133
拉布大林	45	3	48
チエロトウイ(chierotoui)	65	8	73
ボビライ(bobirai)	40	13	53
トロントウイ(torontoui)	83	23	106
カルガナ(karugana)	29	7	36
スウエトロコルイ(suuetorokorui)	15	6	21
ポクロフカ(pokurofuka)	44	6	50
ラブツアゴル(rabutuagoru)	10	2	12
シチユーチエ(sichiyuchie)	43	9	52
バルジヤコン(barujiyakon)	15	5	20
上库伦	178	27	205
下库伦	36	11	47
ドボワヤ(dobowaya)	76	17	93
合计	1,086	245	1,331

农业工人的工资在韦尔斯·克里村包吃每月20元(日币)。据村民介绍,年平均能赚180元,还有50布度的谷物(半俄亩的收成)的伙食补助、鞋、冬季外套,便衣要自己买。除长工以外,在农忙季节也会雇佣短工。他们的工资较高,每月可达到25元。

蔬菜

菜园设在后院里,规模很小。由于气候的关系,一般到6月末都没有新鲜蔬菜,只有储存的马铃薯和腌的白菜。居民不吃蔬菜这一现象,就连从海拉尔那边过来的俄国人也感到吃惊。菜园很少,一是由于种在后院里容易被家畜糟蹋,二是由于种得远又容易被偷。就像蒙古人一样,这里的居民偏食乳产品,一直到6月末新鲜蔬菜长出来之前,都是用牛奶来补充维生素,否则很可能得坏血病。因此,驻扎在此地的我国(日本)军队,应充分留意这一点,要么考虑从海拉尔方面调集蔬菜,要么鼓励本地栽培,要么充分利用一直以来忽视的乳产品。此外,马铃薯一般不是种在后院,而是大量种植在田间。遗憾的是无法得到整个地区的收成数量的统计数据。

针对当地是否适合种植亚麻这一问题,《巴尔虎(呼伦贝尔)的经济概况》第 316 页中说到:在三河地区也进行了亚麻以及烟草的试种植,种植的结果良好。调查中在某村听说,去年ドラガツエンカ(doragatsuenka)村不知从哪里弄到好几布度的试种用亚麻种籽,后来我们尽力想调查这些种籽的分配以及种植成果,但最终没弄清楚。

野生大麻的工业价值情况

据俄国村民说,当地能见到野生的亚麻以及中国麻。我们留心观察之后没弄清楚到底是不是亚麻,但发现三河地区几乎所有的山野里面,野生麻都与杂草夹杂着,而且生长得十分茂盛。俄国人一直以来都不怎么关注中国麻的利用价值,当地的调查报告中也没有看到有关这方面的记载。笔者是外行,不知道野生的麻到底有没有工业上的利用价值,只是把采集到的叶部和茎给专业人士鉴别,发现是野生麻无疑。

麻在根河的河谷地带尤多,6 月末甚至有高 2 尺 7 寸、叶的直径为 6—7 寸的麻,但一般都没有这么高。6 月末,麻会长出像谷子一样、簇生的淡红色的花蕾。从拉贝库伦村翻山到ドラガツエンカ(doragatsuenka)村去的山路的两旁也有很多的麻,6 月 20 日左右高度大约为七八寸左右,顶上的叶子呈红褐色,只要稍微留心便可在一坪以内的地方发现几株。

其次,甜菜在当地很有前景,听说专家正认真研究在北满地区发展甜菜糖工业的问题。

一直以来燕麦只是供居民自家所用,并没有剩余的燕麦供买卖。由于可供海拉尔骑兵集团作军用马饲料使用,因此在海拉尔市场上的需求量非常大。今年旗公署颁布了奖励燕麦种植的公告,可以想象,燕麦的种植将会有所增加。军队里的人认为,在当地买入燕麦之后利用国际运输或是军队自身的运输工具运往海拉尔会便宜些。这也是由于农民走这么远的路自己把燕麦运送到海拉尔非常麻烦。

商业

三河地区是自给自足的农牧地区,资本主义经济的成分较少所以商业不发达。经过此地的旅行者偶尔想用钱买居民的面包、牛奶或是鱼类,但是通常情况下居民都不知道价格。当然,村民给合作社供奶后记账并以之领取生活日用品是要用到货币的价格表示。

而且随着用现金购买必需品的这种都市文化的普及,货币的需求也开始增加,再加上纳税时货币也是必需的,因此,该地区并不是与货币隔绝的社会。一般都是用牛奶换取日用品,需要资金的时候就卖掉家畜和谷物,换取货币。

一般而言商铺在大的村庄里都有,也有完全没有商铺的小村落。最普遍的是奶酪生产合作社附属的商店,大部分的村落里都会有一间,俄国人、满人个体经营的商店数间,三河制粉公司的商店数间,共计数十间。主要商品有酒精、伏特加、食盐、砂糖、茶、麦类、面粉、黄油、奶酪、香肠、罐装点心等食品,以及木棉、鞋、袜、帽、衣服、火柴、蜡烛等日用杂货和香烟。一间商店的资本为 300 元到 1,000 元,一般大约为 500 元。合作社的销售价比一般的商店要便宜 10%,再加上大部分村民都是合作社社员,因此合作社商店的生意一天天地超过一般的商店。销售方法一般是记账赊销,也可以用现金购买。一头家畜值四五元。

物价

进入三河地区的商品中以日本商品和苏联商品居多,双方处于竞争状态。苏联方面的商品不断地使用赊账销售是它的一大长处。在ドラガツエンカ(doragatsuenka)村,日本产纺织物品占六分,苏联产占四分左右。三河地区虽然交通不便,但当地的物价比起海拉尔来说不算高。这主要是由于商店的竞争非常激烈的缘故。但是在不同的村落,商品的价格差异很大。

哈尔滨方面,哈大洋流通期限再延长一年。与之相比,三河地区总村庄长事务所决议从本年度6月1日起,率先在商品交易及其他支付方面采用国币。

听说在上クリ(kuri)村,饮料酒精一坛子国币6角,在里面兑水便成了两坛半的伏特加 * * 酒精需求量最大。伏特加海拉尔制第50号在ドラガツエンカ(doragatsuenka)村一坛7角,牛肉一布度1角5分。在海拉尔卖3角5分左右的苏联制作的沙丁鱼罐头在下クリ(kuri)村卖5角,鸡蛋在下クリ(kuri)村十个3角。上クリ(kuri)村十个鸡蛋2角,砂糖一俄斤(109钱)1角5分,香烟比起哈尔滨一根贵2—4钱。一俄斤砂糖在海拉尔卖1角4分,而在クリユチヨワヤ(kuriyuchiyowaya)村满人开的店里卖2角。

作为参考,下面介绍一下三河地区的中心,即ドラガツエンカ(doragatsuenka)村黄油工厂所属商店的零售价格。

1934年6月9日改正

产品	单位	价格(日元)
针织品		
毛丝二等品	1俄尺(2尺3寸4分)	0.30
粗布		0.30
府绸		0.35
府绸		0.40
繻子		0.45
棉织 shatoranka		0.40
零碎物品		
手帕	1条	0.15
铅笔		0.05
同上		0.10
角梳(片侧齿)		0.15
同上		0.20
梳(两侧齿)女用		0.15
小孩用		0.10

续表

产品	单位	价格(日元)
女式袜子	2 双	0.80
橡胶吊袜带	1 双	0.10
男式袜子		0.40
袖扣		0.10
男式吊袜带		0.40
毛巾		0.70
丝绸手帕		1.80
小孩帽子		0.15
同上		0.20
绢网卓子掛		1.50
同上		1.80
腰带男用丝绸		0.80
同上　止金付		0.20
同上		0.25
同上		0.40
英国制大头针		0.12
编织针		0.05
真＊＊纽扣		0.06
同上		0.10
涂虫漆的腰带		0.15
外套纽扣		0.50
同上		0.20
各种丝带		0.15
同上		0.10
鞋类		
男用短靴及拖鞋		1.00
女用		1.00
小孩用		0.80
Ichigi(没有＊的外行做的长靴)①		

① 译者注:原文印刷不清晰,“イチギ”含义不明,其罗马字读音如上所示。

续表

产品	单位	价格(日元)
男用		5.40
同上		4.40
女用		3.80
食品		
牛奶糖(含有水果)	1俄斤	0.40
上等水果糖		0.30
烟卷儿虎印		0.10
同上　碟印		0.10
同上　美人印		0.18
葡萄酒	1*	0.80-1.80
酒精96度		
烧酒		
黑色、褐色帆布鞋		0.70

除了差不多各个村落里都有的上述小杂货店外,俄国人的小贩也会不时地从海拉尔转到当地的村落里来,主要是物物交换,也可以用金钱交易。平均算起来连一个月一次都不到,但是在秋收到冬季的这段时间内小贩会来得很频繁,而且人数在10人左右。居民用谷物、家畜换取商品或现金。

商店分为1到5级,各级商店的月租税如下:

1级5元

2级4元

3级3元

4级2元

5级1元

工业

三河地区的工业除了黄油工厂和ドラカツエンカ(dorakatuenka)村的面粉厂外,其他全是手工业小作坊,有砖厂、皮革作坊、陶器作坊、木工作坊、锻冶作坊。包括以水力、畜力为动力的面粉厂在内,整个三河地区共有60多家工厂和手工作坊。

三河制粉公司是一家日本人与俄国人合办的公司,注册资本为7万5千圆。制粉机器75马力,一昼夜最大生产能力可达到900布度,现在一小时可生产57布度。生产的面粉满足三河地区的需求之后,剩余的部分运往吉拉林方向。由于公司生产过剩,今年夏天停工了半个月。三河地区的小麦属于俄国南部的クバン[①]类。不知道是由于土质的原因还是气温的原因,在制作成面包的时候膨胀效果不好,只有混入其他的麦粉才行。这是该地区小麦的一个缺点。据说把麦种换成适合当地气候的加拿大种可能会有好的结果,公署方面目前正在准备进行品种改良。不论是水力还是马力,面粉作坊是根据其规模大小征税的,大作坊收 30 元,中等作坊收 18 元,小作坊收 9 元。

林产

当地三大河川的上游地区、距离村庄 10 里左右的地方密林丛生,产落叶松及其他优质木材,因此当地有丰富的建筑用材料。如前面所说的一样,只要一根圆木交 2 角的税,谁都可以去采伐。然而由于劳力、马车运送等原因,今年夏天,ドラガツエンカ(doragatsuenka)村里长 24—25 尺、尾端为 1 尺的圆木(电线杆粗)卖到了 2 元 5 角。上游的村落里价格更低。在クリユチヨーワヤ(kuriyuchiyowaya)村,松树木材 21 尺、尾端 6 寸的圆木为 1 元 5 角。三河村庄附近的丘陵南面到处都可以看见白桦林,主要是用作燃料的。据说旧室韦县的森林面积为3,000平方米,将来该区林业有较大的发展前景。

渔业

根河注入额尔古纳河,而额尔古纳河是黑龙江的一大支流,所以在根河能捕获大马哈鱼。根河是山地急流,水量也很丰富,再者水质稍微有点浑浊,所以鱼类丰富。最好的鱼是属于大马哈鱼一类的タイメン[②]、レノーク[③],味道非常好。还可以捕获到シチューカ[④]、鲇鱼等,前者 3 尺左右,后者 2 尺左右。根河里有很多与鲹属很像的叫ガリヤン[⑤]的小鱼,透过水流便可以看见它们排成队上下游动,当地居民也会将其作为食品食用。上述的大马哈鱼用一种叫作オストロガー[⑥]的鱼叉在夜间刺插捕获,或用钩针。デルブール(deruburu)、哈乌尔两河由于水流很少,不值得一说。由于满洲国的鱼类都是依靠大量进口,倘若开发此地一直以来忽视的渔业资源,相信会得到非常好的发展。听说有人曾向政府递交了开设附属于伏特加工厂的鱼罐头工厂的计划,但是目前无法确定这一传闻是否属实。由于北铁一直以来运费都很高,当地渔业振兴尚需时日。

矿产

矿物、地质方面的调查,同行的几位专家应该做了详细的调查,虽然没有发现铁矿、煤炭、石油,但也无法断定完全就没有石油。萤石等炼铁原料非常丰富,而且到处都有可以作建筑用

---

① 译者注:植物类别的一种。罗马字读音为 kuban。
② 译者注:鱼名。罗马字读音为 taimen。
③ 译者注:鱼名。罗马字读音为 renōku。
④ 译者注:鱼名。罗马字读音为 shicyūka。
⑤ 译者注:鱼名。罗马字读音为 gariyan。
⑥ 译者注:鱼叉名。罗马字读音为 osutorogā。

材的优质安山岩、玄武岩,所以将来不会为建筑的原材料为难。

交通及通信

三河地区与其他地区的交通主要是靠徒步和运货马车,与北铁沿线的交通主要是靠以下四条天然道路。

1.拉布大林—上克里ヤケシ(yakeshi)站

2.拉布大林—海拉尔

3.ウルントハイ(uruntohai)—头站—海拉尔

4.ウルントハイ(uruntohai)—满洲里

第二条道路尽管很方便,但我们这个调查队没有取道拉布大林,而是和去的时候一样经由拉贝·克里的渡口通往ドラガツエンカ(doragatsuenka)村。这条路线也不算坏。左翼旗公署以及ドラガツエンカ(doragatsuenka)的警察总署里有轿车,偶尔能见到国际运输公司的货物汽车作为军用等出入于三河村庄。

从韦尔斯库仑到海拉尔有快行运货马车。笔者请求司机搭乘一日本人前往,最后商定价格为15元,跑完全程大概用了三天三夜。听说如果是专程把人载到那边一般要稍微贵一点,18元左右。

今年夏天在メルゲル(merugeru)河及海拉尔河上架了桥,可通汽车。在根河、哈乌尔河也有相应计划。得尔布尔河上的桥应该只是翻修。根河一进入雨季就泛滥,河宽一下扩展到1里左右,导致交通中断,因此该河被称为三河地区的恶性肿瘤。考虑到以上的问题,今年夏天正在设计建造特殊桥梁。

在ドラガツエンカ(doragatsuenka)警察署里有无线电通讯,但由于经常出现故障,而无法使用。韦尔斯·克里村里也有无线接收机。无线电通讯主要在北方边境的吉拉林和海拉尔之间进行。在ドラガツエンカ(doragatsuenka)村里有唯一的邮局,一直以来邮件都是每月运三次,今后会增加到每月五次。各个村落的邮件都是通过村庄长(被称作アタマン①)来投递。在三河地方,翻过没有树木的缓坡丘陵之后,即使没有道路也可以根据地图所指自由地任马车驰骋。另外,木轴的马车比铁轴的马车要便宜很多,而在牢固性方面也不输给铁轴车。

教育

并不是每个村落都有小学,即便是有小学,由于冬季以外的季节都是农忙期,一般有半年的时间都在休学。教科书等非常缺乏。成人居民的受教育程度非常低,文盲占了大部分,知识阶层只有少数的退伍军人、牧师、官吏。

行政——自治制

三河地区在满洲国成立之前就采用了类似后贝加尔地区的哥萨克兵村制的自治体制。旧

① 译者注:意即村庄长,此为原文。罗马字读音为ataman。

中国政府也认为这一制度非常方便,满洲国成立之后沿用这一自治制度。由各个村民选举产生村庄长(アタマン),任期一年。管辖三河地区 17 个俄国人村落的行政单位称スタニーツア[①](乡),村庄总长称スタニーチヌイ・アタマン[②],也是由选举产生。总村庄长有单独的办公室,各个村落的村庄长以自家作为办公地点,每个村庄长都配有一名秘书,负责村委会事务。本来哥萨克兵村的村庄长应该是由军人来担任的,现在三河地区的村庄长大多不是退役军人,只是一介农夫。其中甚至有不识字的,这种情况下主要是秘书辅佐帮助。秘书主要负责租税的征收、各种统计调查,各村的家畜数目、耕地面积等都是用一目了然的几页表格显示。这一点恐怕是我国(日本)的村公务无法匹敌的。而且调查的记入格式一直以来就在整个三河村庄固定下来了。由于此地以畜牧业为主,关于家畜的调查尤为详细。正因为如此,来到当地调查的人觉得非常方便,耕地的相关数据好像夸大了一成。姑且不论记下来了的调查结果,向居民询问各种数字材料的时候,他们凭记忆所回答的数字非常不准确。因为该地生活悠闲,不用数字生活也无大碍,导致村民先天性的数字观念淡薄,所以问村民数字方面的事也问不出什么结果。地方政府中在自治体之上的是旗公署。在兴安各省,采取的是以蒙古人为长官的方针,旗长也是如此。署员里面除了日系的参事官外,还有满人和俄国人。

公安

治安维持方面,今年 7 月以前在ドラガツエンカ(doragatsuenka)村、现在是在韦尔斯・克里村驻扎有一个日本中队,此外满洲国边境警察也在该村驻防。三河地区分成 6 个区域,ドラガツエンカ(doragatsuenka)村里设置有总署,奇乾、吉拉林警察署从属于这一总署,在主要村落以及国境各地设置有分驻所。分驻所设置所长一名、巡查一到两名,除了一名日系总署长及奇乾、吉拉林署长公*以外,其他全部是白俄人。一直到本年度夏,边境警察不属于各旗公署管辖,而直属于兴安北分省警察局。今年夏天这一地区的国境线非常平静。当地的政治事件主要是昭和八年(1933 年)发生过放逐有通红色俄国嫌疑的腐败分子事件。此外,额尔古纳左翼旗公署于去年 9 月左右从韦尔斯・克里转移到了ドラガツエンカ(doragatsuenka),地方的行政机关也由此集中到了ドラガツエンカ(doragatsuenka)村。因此,三河地区的中心转移到了南边的这一说法是不正确的。

财政

除了前述的租税,还有居住证明费。一直以来都是对有劳动能力的男子征收 3 元,但由于居民的货币收入有限,拖欠的居民非常多,实际上没有征收。然而不清楚地方实情的中央颁布了新的指令,要求从今年夏天开始把税额提高到 6 元,并且对 18 岁以上的女子也要征税。旗内禁止种植鸦片,同时也禁止赌博。只有在吉拉林地区有妓捐税,一个月 2 元。一般来说此地的税率要比其他地方的低很多。

---

① 译者注:“乡”的另一种说法。罗马字读音为 sutanītsua。

② 译者注:同上。罗马字读音为 sutanīchinui・ataman。

此地的地方预算收入如下表所示：

额尔古纳左翼旗公署康德元年[①]度地方预算书

项目	数量	税率(元)		税收额(元)	备注
大马	3,205	每头	0.60	1,923.00	
小马	1,621	同上	0.30	486.30	
大牛	6,188	同上	0.60	3,712.80	
小牛	8,541	同上	0.30	2,562.30	
羊	13,685	每7头	0.60	1,173.00	
木柴	1,213	每クポ[②]	1.50	1,819.50	
木植	671	每棵	0.20	134.20	
木轴车	1,107	每台	0.20	221.40	
铁轴车	223	同上	0.30	66.90	
新田	1,571	每晌	2.50	3,927.50	
旧田	1,770	同上	5.00	8,850.00	
干草	803,705	每布度	0.01	8,037.05	
旱	9	台	15.00	135.00	
水	4	*	18.00	72.00	
商捐	—	—	—	3,072.00	
居留热照	1,320	每人	3.00	3,960.00	
合计				40,152.95	

此外，收税法规定除用货币缴税外也可用劳务及物品缴税。

宗教

东正教当然是俄国人传来的正统派。此地除了既已存在的三个教堂之外，被苏联方面收买了的旧中国官员不允许再建立教堂。在满洲国成立之后，这种限制没有了。今年夏天调查时韦尔斯·库伦村一栋壮丽的教堂竣工了。

后贝加尔方言研究的必要性

本来俄语是一种方言极少的语言，由于后贝加尔地区是偏僻的乡村，再加上俄居民与蒙古人及其他民族杂居在一起，因此方言非常多，这一状况令人吃惊。比起滨海边疆区、萨哈林地

① 译者注：康德为伪满洲国年号，元年为1934年。

② 译者注：此为原文，不明其意。罗马字读音为kubo。

区方言要丰富得多。用正规的俄语交流的时候,我方所说的话基本上对方能理解,然而对方所说的话我方并不能完全理解,往往需要说明。像这样的词差不多有二三百个,仔细调查之后发现实际比这一数量多。因此,万一日苏之间出现什么事,不仅是为了当地的军事行动,也是为了越境到对岸的后贝加尔地区的行动之便,有必要从现在开始调查一下后贝加尔地区的情况。所幸往来于海拉尔地区的俄国人中后贝加尔出身的人也很多,因此让他们说明白词义应该也不是什么难事。

笔者也稍微记录了一些当地的方言,但由于时间仓促,并没有收集得很充分。

居民的生活以及其他的感想

由于冬季取暖的原因,农家都尽量建造小规模的平房,营舍能力非常有限。

如果是夏天很多人一起旅行,与其借宿在不干净的农家,不如露宿野外。

居民的食用盐大都是灰色的粗制湖水盐,从海拉尔地区买入。这些盐与饮用酒精一样质量都不好,对居民的健康有害,今后当局需要加强监管。

下面来看看一旦开战,居民能否立即组织反抗。满洲国成立后,居民们在丧失了自卫武装权的同时,他们组织任何政治团体的权利也被剥夺了,表面上是什么都不存在了。警察方面认为白俄各派的运动只会造成相互的排挤而没有任何作用,所以也对他们加以镇压。三河地区俄国居民之中退役军人的比重,并未有准确的调查。不论怎么说,1917 年革命俄军解体到现在已经过去 17 年,1921 年、1922 年的远东白军到现在也有十二三年了,估计帝政时期军人的数量不会超过 300 人。如果把正规军解体后,到 1921—1922 年这段时间,那些没有经过充分训练而散乱地编入白军里的人员,应该会达到这个数量的 2 倍之多。这样看来,三河地区的旧军人数量占到 6 千居民的一成到一成半之间,战斗力当然是不值得一提了。当然,如果在各个村落进行详细的户籍调查,必然能弄清旧军人的数目,不过没有进行过这样的统计。

以前居民们普遍认为战争的结果就是推翻共产党政权后回国,在饱经战争之苦后,居民们已经放弃了这种想法。一些已在本地有了财产的居民希望能在三河地区永久居住,尽管他们并不希望战争发生,但他们仍然意识到战争是不可避免的,因此并没有主动向我们说起与战争有关的事。当然,贫富状况不同,回国观念也有差距。后贝加尔出生的的俄国人,从各个方面得到的评价都不好。

三河地区的山林地带和湿地在 6 月 20 号之后,蚊、虻等变多,到了人马通行困难的程度,因此调查旅行等活动赶在这之前进行。最后值得一提的是呼伦贝尔地区美丽的风景。它不像满洲其他平原那样单调,也不像内陆山地穷屈,其山姿畅达、明朗,雄伟的景象堪称一绝。再加上这些朴实的农村,更加引人入胜。

参考文献

《满铁调查月报》“呼伦贝尔三河地区概说”,昭和八年(1933 年)5 月号

《满铁调查月报》“额尔古纳左翼旗(三河地区)情况”,昭和九年(1934 年)5 月号

俄罗斯经济调查丛书《巴尔虎(呼伦贝尔)的经济概况》

兴安总署劝业处调查资料第二辑《产业调查报告书》

兴安总署劝业处调查资料第一辑《兴安北分省三河地区及吉拉林的概况》

苏联情况《三河地区及牙克石白俄村庄经济情况》,昭和九年(1934年)8月号

《农业之满洲》"呼伦贝尔三河地区的畜产",昭和九年(1934年)1月号

《苏联现状资料》昭和九年(1934年)版

附录:行动日志

第一天(6月3日)阴　上午8点从海拉尔出发

1.由于海拉尔位于盆地,能很好地遮风,非常地温暖,与周围的高原温差很大。即便是现在这个时候也要带着大衣去当地旅行。蒙古通建议南行队伍(今天出发)也要带上毛里外套和冬衬衫。

傍晚7点半,在メルゲル(merugeru)·ボスタヤール(bosutayaru)(头站)露营。

途中的草原是清新、广阔的新天地。虽说是6月,但白天还是能感受到寒冷。途中豹脚蚊很多,但都是叮在马的身上,不怎么叮人。给马涂上フマキラー[①]液之后,蚊子也不再咬它们了。

途中经过海拉尔河的两个地方时,徒步涉水花费了很多时间。先用浮囊舟把行李运到河对岸,再在渡口用渡船载马车过河,每条船载三台马车。用河水煮饭。

第二天(6月4日)　雨

上午9点出发。一部分行李用浮囊舟运送。到了下午雨下得很大。(雨中蚊子飞到了车篷里面)因此下午3点半于蒙古人称作カンダカトウイ(kandakatoui)的无人区露营。用积在河床上的水煮饭。总之,如果不前进到有水的地方是无法露营的。

1.四张报纸大小的中国油纸,在海拉尔卖10钱,事先备好油纸在雨天有很大的作用。贴了一张莎草席的马车开始一点点地漏雨。再有,旧报纸和麻绳不论对什么都很方便。

2.根河在降雨两天后发大水。

途中望见了在坡度很缓的山腰有二三处蒙古包集中的村庄。烟雨笼罩的缓山坡上到处都是吃草的羊群。

第三天(6月5日)

上午8点从カンダカトウイ(kandakatoui)出发。出发的时候气温8度,正午时气温12度。今天没有蚊子。下午4点半,在ハジー(hajī)冬舍露营。在满洲国政府的关照下,有最近刚建起来的土坯小屋的冬舍一间。听在海拉尔居住的同行俄国人说,从旧俄历6月1日(比阳历迟13天,即6月14日)开始,当地便开始变热,俄历6月17日开始到俄历8月份是最炎热

① 译者注:药物名。罗马字读音为fumakirā。

的时期，夜间也不需要外套。6 月以前、8 月以后的时间都像现在一样，白天需要穿外套。

第四天（6 月 6 日） 万里无云

上午 7 点 45 分由ハジー（hajī）出发。在コンクール（konkūru）吃完午饭。5 点到达ナルマクチ（narumakuchi）村，露营。此村的入口处有一处很大的沼泽地。

上午 4 点的温度为零下 1 度，下午 11 点的温度为 9 度。コンクール（konkūru）冬舍（冬舍即在像当地这样酷寒之地为方便冬季通行者，由满洲国中村参事帮忙在ハジー（hajī）及其他地方花费 800 元而建立的供行人休息投宿的土坯小屋）旁的清水清澈无比。

1.从海拉尔到这里，山野里竟然没看到一棵树，真是不可思议。好像是由于黑土的缘故，一直都未有树生长。总的来说，山姿畅达明朗，景色清爽，百看不厌，不像内地的山河那样狭小。

2.ナルマクチ（narumakuchi）以东 5 千米左右的地方，以前是不允许农业开垦的，现在政策改变之后，多多少少有新开拓者进入了。ナルマクチ（narumakuchi）附近由于是放牧区，仍然不允许发展农业。

ナルマクチ（narumakuchi）村的大部分村民都是已经俄化了的通古斯人，一般是不划作三河地区俄国人的村庄的。由于这个村的特殊性，关于该村哥萨克的统计，还是纳入三河地区的统计范围。

チエールヌイフ（chiērunuifu）和チユカーフキン（chiyukāfukin）共同经营的奶酪工厂于 1933 年 6 月建立。他们在アッアン（atuan）村里也拥有一工厂，生产的产品卖给金融融资主ウオロンツオーフ[①]。仅有 10 人左右加入了村里的奶酪合作社，工厂业绩不好。调查的时候听说村里最近 8 个月间由于猩红热及チフチリヤ[②]感染，已经有 13 人死亡。

第五天（6 月 7 日） 晴、傍晚阴

上午 8 点从ナルマクチ（narumakuchi）村的露营地出发。在拉贝·克里村前的沼泽地吃了午饭。修理当地小河上的坏了的土桥用了三四十分钟。没经过拉贝·克里村。下午 3 点到达根河渡口。渡一次河、每两台马车需要 10 分钟，7 点半左右终于渡河完毕。我队先渡过河到达对岸，到达对岸之后便马上着手准备露营。行程约 6 里。再有，今天上午 4 点半，外面气温为 2 度，到 6 点时上升到了 12 度。还真是大陆性气候，变得真快，令人吃惊。途中远望右方的拉贝·克里村。

1.目前为止马车行进的平均速度为一小时 4 千米，即 1 里。

2.作为对苏战争的道路向导，鞑靼人比较合适。

出兵西伯利亚的时候，很难看到俄国人翻译。至少在海拉尔地区，在内地卖呢绒后回来的鞑靼人垄断了俄语翻译这一行业。事实上，他们能以纯种俄国人无法匹敌的速度记住日文。

① 译者注：推测为人名。罗马字读音为 uorontsuōfu。

② 译者注：疾病名。罗马字读音为 chifuchiriya。

这是由于鞑靼语为乌拉尔—阿尔泰语系,与日语的文脉相似,而且在人种、历史方面与日本亲近。

3.此渡口根河河谷的最大宽度为2千米,即半里。

4.从海拉尔出发以来没看见一棵树(连灌木也没有),来到根河右岸之后才第一次看到杨柳、阔叶树。在我们所经过的地方树木到底能否生长,还是需要做植树试验。

5.根河是山岳性河流,水流很急,降雨时河水泛滥,雨停后水量减少得也很快,听说1天或者1天半基本上就能恢复原来的样子。

第6天(6月8日) 晴

上午7点45分从渡口露营地出发,下午2点半到达ドラガツエンカ(doragatsuenka)村,在民宅投宿。

第7天(6月9日) 晴

在ドラガツエンカ(doragatsuenka)村休整逗留。

第8天(6月10日)星期日 晴

在ドラガツエンカ(doragatsuenka)村逗留。

第9天(6月11日) 晴

上午8点半出发,马车减到约以前的一半,于是改用双驾马车。但是途中屡次休息。与地质班汇合,4点左右到达クリユチヨーワヤ(kuriyuchiyōwaya)村边。听说村里有炭疽病,不敢进村,在村外露营。但是队长和我们二三人拜访了村庄长的住处。デルブール(derubūru)河谷构成了辽阔的放牧地(宽为1千米半),穿过其中间的道路也很好。出了河谷远远就能看见トロントウイ(torontoui)村,不久便可以看见クリユチヨーワヤ(kuriyuchiyōwaya)村。来到クリユチヨーワヤ(kuriyuchiyōwaya)村之后,上游便可以看见ドボワヤ(dobowaya)村。这样看来三河地区也还比较狭小。ドラガツエンカ(doragatsuenka)和クリユチヨーワヤ(kuriyuchiyōwaya)之间相隔16千米,仅仅4里。下午10点的温度下降得很厉害,为7度半。

这个村子以前有十户人家,后来被野火全部烧毁,于1926年再建。家畜的炭疽病怀疑是从邻村的ドボワヤ(dobowaya)村传过来的,但到底是不是如此,不甚清楚。村里的奶酪生产合作社分工厂里有23名合作社组员,目前还在逐渐增加。6月份以来的4个月间收购牛奶,制成奶油之后隔天送到ドラガツエンカ(doragatsuenka)村工厂。目前牛奶的收购价格是合作社组员一布度5角国币,非组员4角。

第10天(6月12日)

8点左右从クリユチヨーワヤ(kuriyuchiyōwaya)村的露营地出发,我们满铁经济调查会的四人与中心部队分开行动,乘着3台马车到韦尔斯・库伦。行驶了6千米之后到达ドウボワヤ(doubowaya)村,向人询问是否有炭疽病,只说2天前暴毙了2头牛。看样子炭疽病只是传闻,从スウエトロ・コールイ(suuetoro-kōrui)村来的原兽医下级士官正好在场,却不对牛进行验尸,所以什么都无法判断。他们还真是不慌不忙。果真好像是天花。后来向アタマン(村庄长)及合作社组员询问了村里的情况。1点15分出发,沿着第一ドウボワヤ(doubowaya)谷,取道韦尔斯·库伦(即上库伦)。途中迷路,便往回走了半里,在距ドボワヤ(dobowaya)13千米左右的山中野营。下午7点,行经沼泽地,道路不好。由于担心有狼出没,便燃起了篝火。卧在马车上,偶尔会有极似犬吠的声音。那是猫头鹰的叫声。

第11天(6月13日) 晴、凉爽

上午8点于ドウボワヤ(doubowaya)谷野营地起床。10点出发,经过四处沼泽湿地。下午3点到达上库伦村,在民宅投宿。拜访了警察署长,也询问了村落的情况。

第12天(6月14日) 晴

我与队员分开,只身一人坐马车到了韦尔斯·克里村,准备下午在拉贝·库伦村与中心部队汇合。上午10点离开韦尔斯·库伦,用了3个小时的时间,于下午1点到达拉贝·库伦,投宿在アタマン家中。听说里程有12俄里,我觉得应该有15俄里左右。该村肺结核患者很多,这一情况几乎无人不知。

第13天(6月15日) 晴

上午8点半从拉贝·库伦村出发。途中并不着急赶路,越过渡口,吃过午饭,下午5点到达拉贝·克里村。在吃饭的地方,由于马夫不小心把马放走了,这花费了一些时间。当地的俄国人不用绳子系马,而是用脚镣捆住它的前腿,让它只要稍微跳一下就能移动到有草的地方去。途中根河右岸的道路有一部分在涨水时被水漫过了,但是如果这个天气这样持续下去,道路也不算坏。

第14天(6月16日) 微阴

上午7点半,从拉贝·克里村的村庄长家出发,据说是行驶了15千米之后(我觉得没这么远,差不多3里左右),10点左右到达韦尔斯·克里村。由于今天恰好是端午节,县公署放假。明天是星期天,准备访问中村县参事官。

第15天(6月17日) 阴,下午开始有细雨

在韦尔斯·克里村逗留。虽说是星期天,但承蒙中村先生的好意,我们在额尔古纳左翼旗公署得到了调查材料;之后中村先生在家中设午餐招待我们,交谈到3点多回来。

第16天(6月18日) 雨

在三河总村庄长的事务所里调查了统计数据;访问了旗公署、乳产合作社等地方。等雨停

了之后,3点从韦尔斯·克里村出发,到达拉贝·克里村,并在当地投宿。

第17天(6月19日) 晴

从拉贝·克里村出发,经过根河渡口到达拉贝·库伦村,与中心部队汇合。

第18天(6月20日)

从拉贝·克里村出发,翻越山岭向ドラガツエンカ(doragatsuenka)村行进,途中露营。

第19天(6月21日)

上午8点从露营地出发向ドラガツエンカ(doragatsuenka)村行进,上午11点到达。

第20天(6月22日)

在ドラガツエンカ(doragatsuenka)村逗留、休整。访问了日系官吏警察署长。

第21天(6月23日) 雨雪

从ドラガツエンカ(doragatsuenka)村出发,途经バルチエンコ(baruchienko)村,到达シチユーチエ(sichiyuchie)村并在此投宿。村庄长不在。有很多把灌木结实地缠绕之后再涂上泥的房子。至少比中国农户的泥巴小屋要好些。村里的人家分散在在各处。这个村落距离苏联领地很近,又有红色分子和中国方面的恶官吏,因此总觉得没有人气。

第22天(6月24日) 微阴、傍晚阵雨

从シチユーチエ(sichiyūchie)村出发到达ラブツアゴール(rabutsuagōru)村,在村中露宿。我和车夫所乘的3台马车稍晚出发,途中经过得尔布尔河的支流的时候,车有两次都嵌入了泥潭里,行驶很困难。马车只有相互合作才能前行。从シチユーチエ(sichiyūchie)到ラブツアゴール(rabutsuagōru)说是只有10公里,我觉得至少有这个距离的两倍。这个村的房子全部是用灌木编好之后再在上面涂上泥所做成的。这些房屋都是赶制的,是因为很难弄到圆木才做成这样的。从シチユーチエ(sichiyūchie)出发,越过山,穿过草原上一条车印很少的道路,依据地图是很容易弄错到达此村的道路的,所以应该注意,当然如果有蒙古包就好了,一般情况下都是需要人指路的。今天别的队也有其他行动,是最为困难的一天。队长等从シチユーチエ(sichiyūchie)到カルガヌイ(karuganui),然后又返回,到达ラブツアゴール(rabutsuagōru)时已经是天黑以后了。这个村是1930年,即俄中纷争之后才建立起来的,由原来在デルブール(derubūru)沿岸的拉贝·ラブザゴール(rabuzagōru)及从小河子移居的难民组成。在十万分之一的地图上显示的ラブツアゴール(rabutsuagōru)在デルブール(derubūru)的岸上,这其实是把以前的拉贝·ラブツアゴール(rabutsuagōru)错误地当做了ラブツアゴール(rabutsuagōru)。

第 23 天(6 月 25 日) 晴

从ラブザゴール(rabuzagōru)村出发,沿ラブザゴール(rabuzagōru)谷而下,到达デルブール(derubūru)河谷,穿过山路到达根河河谷,在景致明朗的水边露营。河谷呈南北走向,南部靠近与额尔古纳河的合流的地方,河谷坐北朝南,呈东西走向的山岭并不是很高,流量大的根河水流从它前面穿过。天空中挂着一轮满月,就是蚊子多得惊人,特意点起了篝火驱蚊。

第 24 天(6 月 26 日) 晴

カリエール(kariēru)山靠近额尔古纳河和根河交汇的地方,海拔 615 米,我们登上了这座山。由于四周为平地,四顾无遮挡物,眺望的景致很开阔,简直就像是全景画一样,在内地很难见到。在差不多 5 里远的额尔古纳河畔,用望远镜可以看见苏联领地的スタロ・トルハイトウイ(sutarotoruhaitoui)村的房屋。在我们的下方可以更清楚地看到一个村庄,应该是ウラントハイ(urantohai)这个满人村庄。也看到了比我们先登上来的陆地测量部的人所做的纪念标识。在这座山上第一次看见了叫作チエルノ・スリーフ[①]的野生梅子,用它来解渴了。下山之后在马车停靠的地方吃了午餐,之后便穿过根河谷的草原,到达了スウエトルイ・コールイ(suuetorui-kōrui)村。这个村仿佛是位于河流之中的岛一般。在这个村里野营。村庄长コクーヒン(kokūhin)为了表示欢迎之意,在家中招待此行的各位干部。和十五中秋的月亮一样又大又黄的月亮挂在小河边上。村名コールイ(korui)在后贝加尔方言中指从河中泉水流出的支流、小河。

第 25 天(6 月 27 日) 晴

スウエトルイ・コルイ(suuetorui-korui)村出发,向チエロートウイ(chierōtoui)村进发。在我们出发的时候,アタマン让一位少女给我们送来了鸡蛋。大概是昨天我们送他们玩偶的答礼吧。因此队长便赠送了菠萝以及其他的罐头。对于这个初次见到日本人的村落来说,菠萝恐怕也是第一次尝到吧。チエロートウイ(chierōtoui)村是一个富裕的村落。只是听说俄国人养的狗咬到一位满族军人,该军人遂射杀了那只狗,双方便起了冲突。村里的年轻男女集合在一起的手风琴舞蹈例会在附近举行。

第 26 天(6 月 28 日) 阴、一时雨

出发之前在制酪生产合作社收集资料。总的来说,要想从俄国人那里得到资料,口气好是不行的,由于他们总是想办法回避,因此必须威胁、哄骗。从チエロートウイ(chierōtoui)村出发,向ラブッアソゴール(rabutsuasogōru)行进,在能够远眺见ラブッアソゴール(rabutsuasogōru)的地方吃午饭。本来是想在这个村落投宿的,但是为了尽早地赶到ドラガッエンカ(doragatsuenka)村,于是准备野营。由于下雨,再加上得知已经离ドラガ(doraga)村很

① 译者注:梅子的名称。罗马字读音为 chieruno・surīfu。

近了,于是便准备回到ドラガツエンカ(doragatsuenka)村。于7点半过后到达。到此这次的调查就告一段落。准备后天出发回到海拉尔。

第27天(6月29日) 微阴

在ドラガツエンカ(doragatsuenka)村逗留、休整。

第28天(6月30日)

上午8点从ドラガツエンカ(doragatsuenka)村出发,经过拉布大林渡口,到达コンクール(konkuru)投宿点,在此露营。行程12里。傍晚准备宿营时,从海拉尔过来一辆接我们的卡车。后来又刮风又下雨,到了半夜帐篷眼看就要倒了,终于修好了。

第29天(7月1日) 雨

在雨中,调查员一行坐上了大型卡车,留下了马车和马夫,向海拉尔行进。非常不痛快的是防水帐篷漏雨。11点半,车轮在过了ハジー(hajī)的湿地下陷,借了蒙古人的牛来拉车,绳子却拉断了。花费了4个半小时,在下午4点才出发,所幸1点左右雨就停了。

9点终于到达海拉尔,至此调查旅行结束。不在的这段时间里开始的＊＊工程呈现出盛况,总觉得有种紧张的氛围。

经济资源调查报告书第 83 号

兴安 18 号经济第 6 号

兴安北分省三河地区及牙克石附近基本经济调查报告

满铁经济调查会第一部第六班

原龙三

骑兵集团

调查员　筱原齐　山本真　原龙三　土居传三郎　永山龙介
　　　　坂本弥直　阿部达夫
助　手　马场仪三　小岛升　山下宽　鬼村政次　神保庄吾
翻　译　平山稔　宗殿君　于致广　殷录铭

度量衡及货币换算表

1 布度(40 斤)= 4.36814 贯
1 俄亩 = 1.101644 町步
国币 1 元 = 日本货币 1.10 圆
哈大洋 1 元 = 日本货币 0.91 圆
江洋 1 元 = 日本货币 0.93 圆
（以上三项：昭和九年 2 月）

目录

① 译者注:地名。罗马字读音为 uerufukurī。
② 译者注:地名。罗马字读音为 usuchikurī。
③ 译者注:地名。罗马字读音为 doragotsuenka。
④ 译者注:地名。罗马字读音为 narumakuchi。
⑤ 译者注:地名。罗马字读音为 naijinburaku。
⑥ 译者注:地名。罗马字读音为 aaan,chinkeru。
⑦ 译者注:地名。罗马字读音为 toinihe。

一、绪言

我们第一期第二次军用供水及资源调查队的调查行程为：自海拉尔出发，向着北方齐拉林沿途而行到达头站，于头站右转经过在＊＊＊的桥本、哈记、协和的驿站，再自三河地方南端的村庄拉布大林启程，并以拉布大林为基点调查其周边的数个村庄。此后，从三河地方出发向北铁西部线的牙克石驿站行进，经驿站沿街南下，跨越兴安北分省的额尔古纳左翼旗、陈巴尔虎旗、索伦旗，行程全长 370 千米有余。调查时间为今年 2 月 12 日至 3 月 8 日，总计 25 天。时值严寒时刻，调查绝非在舒适条件下进行。

自海拉尔到三河地方南端几乎都是无人高原地带，这样花费一周对我们欲进行经济调查的目的相违背，虽为此深感遗憾，但若考虑到与供水调查员一行人的合作行动却也无奈。

虽然现存关于三河地方的调查报告已有数份，但都过于概括。在调查范围局限于该地区这几个村庄的前提下，我们必须超越迄今为止过于笼统的报告，更为详尽地进行记录。因此本报告并非对三河地方全貌概括，而是致力于部分情况的具体阐述。

与此同时，既存的关于牙克石站以北各村庄的调查报告甚为稀少之故，世人极少注目于此。本报告将阐明该地区情况，相信能为未来的研究略尽薄力。

如上所述，我们的调查范围虽横跨兴安北分省三旗，但当地居民绝大多数为白俄人（后贝加尔哥萨克、通古斯），蒙古人、满人势力极为薄弱。

因此虽然行政区域不同，各区域间社会经济状态的差异不明显。但唯独历来在三河地方广为人知的额尔古纳左翼旗过去是以白俄人为主的呼伦贝尔特殊区域，有强大的经济潜力。与之相反，考虑到牙克石附近的白俄人势力和前者相比略显薄弱，以及此后的命运很可能受到政策性打压这一点，决定在报告中将两者区别开来。由此，本报告将分三河地方与牙克石街道两部分进行记录。

二、额尔古纳左翼旗（三河地方）各村庄

概述

额尔古纳左翼旗是以三河地方为中心的行政区域。满洲国成立后，白俄难民（主要为后贝加尔哥萨克人）向东渐行时，在同苏联红军抗争失败后，因担忧谢苗诺夫军的破坏行动，为躲避战祸而跨越作为国境线的额尔古纳河，集体移居到此。后来坚定永居于此的决心开始经营农牧业，此地逐渐发展成为广为人知的呼伦贝尔特殊区域。

依旧东北政权时代的行政区域划分，此地应为呼伦县与室韦县的分界处。但伴随满洲国成立、呼伦贝尔施行旗制，三河地方被纳入额尔古纳左翼成为其行政区。然而继续在此地实行以白俄人为中心的政治统治是因为，俄罗斯人于此定居已久，且已在过去的 15 年中坚持不懈付出努力，奠定了牢固的经济基础。出于对这些俄罗斯人的尊重，当权者将此地授予他们作为安居之地，这同时也彰显了当局的王道政治准则。采取这一方针，也是考虑到当地的蒙古人与满人势力过于薄弱，俄罗斯人的发展却对前者的利益并无抵触，实施该种政策还可避免在呼伦

贝尔地区爆发民族对立问题。

此地招致白俄人集体移民的直接原因是俄罗斯爆发革命战争,加上此地与后贝加尔人民有着莫大渊源。可以认为,没有上述前提作为条件,集体移民就不会如此轻易取得成功。关于上述情况在《巴尔虎(呼伦贝尔)的经济概况》(满铁庶务部调查课编)(73页)中有如下记录:

> 由于后贝加尔哥萨克移民,此地(三河地方)变得为人所知。他们与中国很久以前就有工商业方面的往来。
>
> 早在欧洲大战爆发之前,哥萨克等已在中国领土的额尔古纳河、旱河、得尔布尔河、哈乌尔河流域放养家畜、调制干草、进行狩猎等活动。
>
> 当时在上述地方,已经建有简易小屋及冬舍。随着内乱爆发国境线附近的居民率先将家畜和仆人送往中国。不安全时自身也会越过国境来到中国。

白俄难民当初并不打算久居此地。他们想在本国战乱平息后还乡。因此,移住之初,他们在旧的简易小屋周围建一两个临时小屋以供居住。然而,内乱平息并不是易事,加之苏联政权成立后对农民实施的苛政,甚至有新的难民移居过来。在这种情况下,他们只得决定永住此地。"——为经济生活奠定坚实基础,他们开垦荒地,播种谷物,把临时用的简易小屋或小土屋换成更为坚固的圆木小屋。另外还建筑了一些附属建筑物。"(同上。《巴尔虎的经济概况》,74页)

十余年来,难民们延续了后贝加尔的生活习惯,忍受着中国官吏的秕政与苏联的压迫,苦心经营自己的经济至今。

本报告中所述内容仅限于额尔古纳左翼旗旱(根)河沿岸及其附近的5个村庄,即ウエルフクリー、ウスチクリー、ドラゴツエンガ、拉布大林、ナルマクチ[①],得尔布尔河与哈乌尔河沿岸的其他村庄因在调查范围外将不予详述。但毫无疑问,目前三河地方的经济中心在逐渐向旱河沿岸各村庄集中,其中ウエルフクリー和ドラゴツエンカ[②]两村庄事实上已成为该地政治与经济中心。笔者坚信,在观察上述中心村庄的同时,通过了解略逊一级的村庄如拉布大林与ウエチクリー[③]有助于对三河地方全貌的推断把握,更以便于预测将来的情势走向。

关于政治经济中心向旱河沿岸集中的原因:最初迁移到此的俄罗斯难民原本在距国境更近的哈乌尔及得尔布尔两河沿岸定居,然而由于是两国交界之处,又常常遭受盘踞在森林的红色游击队的越境侵犯。难民屡遭侵袭,始终难于安居乐业,不得已远离国境线附近、逐渐向南方旱河沿岸向北铁沿线迁移。加上三河地方居民的经济文化水平日趋发展,与铁路沿线的联系变得更为频繁,因此,中心向交通便利的南方移动是自然而然的。

根据额尔古纳左翼旗公署中村先生的调查,居住于三河地方白俄人的户口数为761户(17村庄),总计5,340人(摘自《额尔古纳左翼旗情况》——《满铁调查月报》昭和九年3月号)。

---

① 译者注:地名。罗马字读音为uerufukurī,usuchikurī,doragotsuenga,narumakuchi。

② 译者注:地名。罗马字读音为uerufukurī,doragotsuenka。

③ 译者注:地名。罗马字读音为uechikurī。

全部居于旱河、得尔布尔两河流域，曾存在于哈乌尔河沿岸的村庄已被空置，而过去居住在额尔古纳河流域的俄罗斯人虽多达201户总计1,029人(《巴尔虎的经济概况》,79页)，但基本已朝北铁沿线及上述两河流域地带迁移四散，此处再无他们的身影。由此亦可看出，苏联方面针对难民的压迫与其后的中俄纷争对三河地区产生极大的影响。

中俄纷争前与现今三河地方居民分布状态如下表所示(中俄纷争前的情况援引自1928年出版的《巴尔虎的经济概况》，现今情况援引自《满铁调查月报》今年5月号的《额尔古纳左翼旗情况》，粗略推算前者是1926年，后者则是1933年)。

过去与现在三河地方居民分布状态比较

村庄名	中俄纷争前		中俄纷争后		备注
	户数	人口	户数	人口	
ウエルフクリー[1]	67	391	90	761	アヂノーガヤ、カンダカトイ、イリガチ[11]等村庄可能改名，具体不详
拉布大林	48	244	38	222	
			(1)	(2)	
ナルマクチ[2]	22	120	57	277	
ウスチクリー[3]	18	99	47	332	
ウスチウルガ[4]	9	68	33	244	
アシノーガ[5]	12	55	—	—	
ワエルフウルガ[6]	15	97	80	724	
ボクロフカ[7]	—	—	35	196	
チヤロートイ[8]	—	—	49	324	
カンダカトウイ[9]	4	28	—	—	
イリガチ[10]	7	28	—	—	
以上均属旱河流域					

① 译者注：地名。罗马字读音为uerufukurī。
② 译者注：地名。罗马字读音为narumakuchi。
③ 译者注：地名。罗马字读音为usuchikurī。
④ 译者注：地名。罗马字读音为usuchiuruga。
⑤ 译者注：地名。罗马字读音为ashinōga。
⑥ 译者注：地名。罗马字读音为waerufu'uruga。
⑦ 译者注：地名。罗马字读音为bokurofuka。
⑧ 译者注：地名。罗马字读音为chiyarōtoi。
⑨ 译者注：地名。罗马字读音为kandakatoui。
⑩ 译者注：地名。罗马字读音为irigachi。
⑪ 译者注：地名。罗马字读音为ajinōgaya，kangakatoi，irigachi。

续表

村庄名	中俄纷争前		中俄纷争后		备注
	户数	人口	户数	人口	
シチュチエ[1]	58	308	34	212	シチューチエ[11]以南10千米
ラブッアゴール[2]	20	133	9	73	
クリチエワヤ[3]	8	38	82	535	
カラガーヌイ[4]	9	52	15	110	
エージェイ・エウントイ[5]	8	57	49	324	
ドウホーワヤ[6]	8	46	67	562	
スウエトロコールイ[7]	8	41	12	71	
ドラゴウエンカ[8]	32	190	66	454	
バルヂヤコン[9]	—	—	19	113	
ボビライ[10]	—	—	42	268	
以上均为得尔布尔河流域					
アレウチ[12]	5	20		—	
イワノフカ[13]	9	50	—	—	
チエルノウジハ[14]	3	19	—	—	
エルニチナヤ[15]	5	46	—	—	
以上均属哈乌尔河流域					
合计	375	2130	761	5340	

注:(1)、(2)为本次调查结果。

① 译者注:地名。罗马字读音为 shicyuchie。
② 译者注:地名。罗马字读音为 rabuaagōru。
③ 译者注:地名。罗马字读音为 kurichiewaya。
④ 译者注:地名。罗马字读音为 karagūnui。
⑤ 译者注:地名。罗马字读音为 ējei · euntoi。
⑥ 译者注:地名。罗马字读音为 douhōwaya。
⑦ 译者注:地名。罗马字读音为 su'uetorokōrui。
⑧ 译者注:地名。罗马字读音为 doragouenka。
⑨ 译者注:地名。罗马字读音为 barujiyakon。
⑩ 译者注:地名。罗马字读音为 bobirai。
⑪ 译者注:地名。罗马字读音为 shicyūchie。
⑫ 译者注:地名。罗马字读音为 areuchi。
⑬ 译者注:地名。罗马字读音为 iwanofuka。
⑭ 译者注:地名。罗马字读音为 chierunoujiha。
⑮ 译者注:地名。罗马字读音为 erunichinaya。

如上表所示,虽然哈乌尔流域人家已被放弃,但旱河、得尔布尔两河流域各村庄人口在过去七八年内仍呈显著膨胀态势。然而值得注意的是,只有シチューチエ、ラブツアゴール[①]及拉布大林三村庄的户数及人口数相反呈减少态势。若是考虑到下述事实的存在,户口减少也不难理解。シチューチエ作为三河地方旧政权时代的行政部门所在地,拉布大林作为其外派部门所在地,如后文所述,两地官吏为中饱私囊对当地居民竭尽所能进行压榨,当地居民疲于苛政,为远离官吏压迫被迫向离村庄一带更远的地方迁移。

随着满洲国国威传到此地,上述压迫现象已被根除,外敌侵扰如红色游击队的侵犯、苏联官员的越境骚扰也已杜绝。虽然经济还不富裕,文化水平极为低下,但同旧政权时代相比,如今此地被建设成人民期盼已久的乐土,难民们在建设的路上勇敢奋进。

ウエルフクリー[②]

【户数、人口数】该村庄最初是由1918年集体移民的难民所建立,建立当时的户数、人口数已无资料可考。通过对现在居民(户主)居住年数的调查,居住13年以上(1921、1922年移居此地)的居民有90人,推算其所在家庭则可得出结论:1922年时该村庄人口至少在300人左右。此外,居住年数9至12年的有4户,6年的有15户,不满3年的有8户,年数不详的有2户。居住6年的家庭有15户的主要原因是,1929年由于中俄纷争,国境附近许多村庄后撤到此地避难造成移民增加。

有关过去户数、人口数动态的资料过于欠缺,仅《巴尔虎的经济概况》对1926年前后的户数、人口数情况略加概述。以上述材料为基础进一步分析如下。这也是能与现今状况相比较的唯一数据。

户数67,人口390

ウエルフクリー

本次调查所得俄罗斯人户数、人口数如下所示(1934年1月至今):

户数119,人口735(详细:成年男性338,成年女性187,未成年男性157,未成年女性153)。

如上所述,此地人口在过去8年内增长率约为88%。人口增加和外地移民的流入显然密不可分,而本地居民人口也在自然而然地高速膨胀之中。基于上文对居住年数的分析,1926年以后迁居到此的家庭数不会超过23户。假设每户家庭平均5名成员,过去8年内新增移民人口则为115人,占前文所言88%人口增长率的29.5%,其余59.5%即本地居民8年内的自然人口增长率。由此可见,本地自然人口增长带来的人口增加是移民人口增长的两倍多。不仅是ウエルフクリー,我们在其他村庄调查时,亦目睹一户家庭育有3到6名儿童,并不宽广的房屋内随处可见儿童的身影。这也从侧面反映当地出生率之高。

---

① 译者注:地名。罗马字读音为 shicyūchie,rabuaagōru。

② 译者注:地名。罗马字读音为 uerufukurī。

【经济状况】ウエルフクリー是三河地方最富裕的村庄。根据各户资产状况可将居民划分为富农、中农、贫农及纯无产阶级四大类。从各个级别所占比重亦可看出在我们本次调查的区域中该村庄无疑是最为富裕的。

前文提到的资产分类乃是以现今各村庄居民的资产主体——家畜作为基础。各家持有的家畜中,以牛马数量作为基本标尺,拥有牛马总数50头以上者为富农,10头以下者为贫农,数量介于中间者为中农。由于羊和骆驼是富人才可能拥有的家畜,所以将其忽略,仅以牛马作为分类基础更加妥当。

耕地面积的多寡一般而言也与每户家庭的劳动力数量成正比。每户农具整备程度、雇佣劳动力的有无也可作为推断其资产状况的参考资料。但即使将其纳入分类考虑范围内,调查结果亦显示,除却极少例外,但凡持有家畜数多的家庭耕地面积相对也更多。基于这一事实,没有把耕地面积考虑进分类标准的必要。

虽然房产和搬运工具等也是资产的重要组成部分,但鉴于此类资产大部分都是家庭内部劳动力用极为廉价的材料随意构筑而成,无需太过重视。

居民很少持有货币,必要的经济活动均通过家畜、谷物的商品交换实现。

综上所述,用家畜数的多少衡量资产状况已经足够。下面将对各村庄居民的贫富状况按上述方法进行区别分类。

ウエルフクリー贫富状况如下所示:

富农19、中农55、贫农29、无产16,总计119

下文以表格形式展现各家庭具体情况:

分类	家庭数	大人(可劳动者)		耕地(俄亩)		牛		马		羊	
		总数	每户平均	总面积	每户平均	总数	每户平均	总数	每户平均	总数	每户平均
富农	19 (16.0)	111 (26.1)	5.8	257.25 (48.7)	13.54	1,562 (55.2)	28.2	429 (55.3)	22.6	1,792 (67.3)	94.32
中农	55 (46.4)	195 (45.9)	3.5	247.1 (46.8)	4.5	1,168 (41.3)	21.2	229 (40.9)	6.0	872 (32.7)	15.85
贫农	29 (24.4)	84 (20.0)	2.9	23.42 (4.5)	0.8	98 (3.5)	3.4	47 (5.8)	1.6	—	—
无产	16 (15.2)	33 (8.0)	2.2	—	—	—	—	—	—	—	—
总计	119	425	—	527.8	—	2,828	—	805	—	2,664	—

备注:①括号内的数字为该项占村庄总数百分比(%)。

②大人包括同居人、常雇劳动者、佣人。

列入富、中农之列的居民大多居住年数在13年以上,居住未满10年者多为贫农。最初迁移到此的难民大多搬来了家畜、农具,当时就以自给自足为目标。近年迁居到此的则大多是一无所有者,依附于先行入住此地的难民们勉强糊口。现在村庄里的雇佣关系不明确,佣人成为雇主寄食者的情况较多,这也侧面反映和解释了上述现实。

然而空无一物迁居到此的新难民,在正常条件下,只要不甘于艰难处境也不至于历经10年还是贫农。造成他们长年贫困的直接原因是来自旧地方官吏的压迫、受苏联的威胁,这些原因间接上造成他们长久陷入不安状态、丧失希望,这才是贫农始终贫穷的最大原因所在吧。

所谓无产者多为官吏、事务员等可以领取俸禄的人以及劳动者,故不予一概而论。

总之,该村庄和ドラゴツエンカ[①]同为三河地方一流的村庄。由于该村庄在三河地方各村庄与北铁沿线都市交通枢纽处建立制酪工厂,周边更有肥沃的土地有利于农业发展,加上极少受旧官吏的迫害,综合以上因素才使该村庄经济文化方面发展能位居前列。

在拥有最完备制酪工厂的同时,统领三河地方制酪业的*****。

ナルマクチ[②] 户数57人,口277

此处的各村庄受地理条件制约自动集结在ウエルフクリー[③]麾下组成经济联盟。即指,ウエルフクリー集合上文提到过的各村庄生产的牛奶作为制酪原料,在工厂中生产奶酪干酪,在面向市场销售的同时,也把消费品作为制造这些乳制品时其他村庄提供牛奶原料的补偿分配下去。

与此相比,现今谷物的组织性贩卖则很少进行。在当地居民向市场大量供给谷物之时,显然也需要联系紧密的集团性经济模式。

即便为该地最为发达的村庄,其居民对金钱的欲望却极为薄弱。对富农们而言,自己的财产就是家畜、农具、谷物、什物家具等实物,存现金是闻所未闻之事。换而言之现状就是,他们几乎没有现金储蓄。这是因为他们和市场明显相隔开来,感觉不到金钱的必要性。实际上必须用现金交易的也仅是在铁路沿线地带,此外的情况下,日用必需品只需在村庄内进行物物商品交换即可取得,连税金也可以实物形式支付,可以说在该地区无需使用现金进行经济活动。

同时出于计数观念的单薄,当地人对自己拥有的家庭财产也缺乏数量上的明确认知。

ウスチクリー[④]

ウスチクリー位于ウエルフクリー西北约10千米处的旱河左岸。因为当时当地的严寒气候,调查采取了直线路程,和夏季为规避湿地而采取迂回线路相比实际距离有所缩小。

本村庄建于1920年,比ウエルフクリー晚两年。

---

① 译者注:地名。罗马字读音为doragotsuenka。

② 译者注:地名。罗马字读音为narumakuchi。

③ 译者注:地名。罗马字读音为uerufukurī。

④ 译者注:地名。罗马字读音为usuchikurī。

ウスチクリー的农家

【户数、人口数】调查当时(1934年2月)本村庄户数、人口数如下所示:

俄罗斯人　家庭数　82　　人口　哥萨克288(详细:男154　女134)

　　　　　　　　　　　　　　　通古斯40(详细:男23　女17)

满人　　　家庭数　不详　人口　11(详细:男9　女2)

总计　　　家庭数　不详　人口　339(详细:男186　女153)

同《巴尔虎经济概况》中记载的1926年户数、人口数(18户99人)相比有3.2倍的人口激增。现在该村庄人口数在三河地方位居第六。

【经济状况】该村庄与ウエルフクリー、ドラゴツエンカ[①]相同,和市场没有直接联系,居民基本靠自给自足维生,通过将本地唯一的产品——牛奶作为商品送至ウエルフクリー来换取供当地居民需要的少量杂货类商品。

基本没有货币流通。只有哈大洋和江洋作为商品交换的价值体现被使用。村庄居民的资产状况一般,贫农和无产者占据绝大多数。详细数字如下所示:

富农3、中农26、贫农35、无产者18,总计82。

各家庭具体情况如下表所示:

分类	家庭数	家畜数		耕地(俄亩)		牛		马		羊	
		总数	每户平均	总面积	每户平均	总数	每户平均	总数	每户平均	总数	每户平均
富农	3 (3.7)	27 (8.2)	9	24.65 (19.4)	8.2	195 (25.5)	65	41 (15.4)	15.4	220 (38.0)	38
中农	26 (31.7)	142 (43.3)	5.5	70.85 (55.6)	2.7	459 (60.0)	17.7	162 (60.7)	6.2	352 (60.8)	13.5
贫农	35 (42.7)	128 (39.0)	3.7	31.85 (25.0)	0.9	111 (14.5)	3.2	64 (23.9)	1.8	7 (1.2)	—
无产	18 (21.9)	31 (9.5)	1.7	—	—	—	—	—	—	—	—
总计	82	328	—	127.35	—	765	—	267	—	579	—

备注:①满人除外。

②括号内数字为对应的百分比(%)。

18户无产者大部分为单身,从事被雇佣劳动、外出打工等劳动。

耕地面积稀少,其产量还不能满足所有者自家的消费需求。

① 译者注:地名。罗马字读音为uerufukurī,doragotsuenka。

概括而言,本村庄是除高度发达村庄如ウエルフクリー、ドラゴッエンカ之外,能称得上三河地方拥有代表性风貌的村庄。

ドラゴツエンカ[①]

ドラゴッエンカ位于距ウスチクリー[②]西北方向约30千米、得尔布尔河与旱河的中间地带。由于位于三河地方历来形成的环状村庄分布的中心,四面八方的道路都汇集于此,可谓交通要塞。然而由于夏季湿地和河川洪涝,公路网也有难于使用的时候。届时只能从海拉尔方向的奇拉林街道进行迂回。

虽有上述不利条件,该村庄周围亦有相当肥沃的黑土,这种极为罕见的适合农业的用地,提升了该村庄的经济价值。

ドラゴッエンカ

【户数、人口数】可以推得,本村庄和ウエルフクリー[③]几乎同时建立,相较而言发展略为滞后。据资料所述此处1926年户数32、人口190(《巴尔虎的经济概况》78页)。现在当地居民多数是新迁入的移民。特别是1931年以后迁移到此的移民多达30户,和其他村庄相比而言异常之多。这恐怕是由于中俄纷争前后的混乱时期从额尔古纳河沿岸撤出的移民,又或中国官僚残暴的统治迫使难民从シチューチエ[④]及附近地区迁移到此地。

1934年1月现在的户数、人口数如下所示:

俄罗斯人　家庭数87　人口488(详细:成年男155　女140　未成年男110　女83)

满人　家庭数4　人口18(详细:成年男5　女4　未成年男5　女4)

总计　家庭数91　人口506

上述之外还有经营商铺的满人若干名,及三河制粉公司满人劳动者40人左右,同公司还有日本从业员数名,日本国境警察队员若干名,笼统算来总人数为550名。

【经济状况】由于新迁入的居民占多数,本地贫民是主流人群。贫富比例如下所示:

富农8、中农29、贫农45、无产者9,总计91

贫富差距悬殊,少数富农拥有数量庞大的耕地和家畜,具体如下:

分类	家庭数	大人(可劳动者)		耕地(俄亩)		牛		马		羊	
		总数	每户平均	总面积	每户平均	总数	每户平均	总数	每户平均	总数	每户平均
富农	8 (8.8)	47 (15.5)	5.9	194.75 (44.5)	24.3	671 (53.5)	83.9	144 (37.9)	18	1,194 (69.4)	149.3

① 译者注:地名。罗马字读音为doragotsuenka。
② 译者注:地名。罗马字读音为usuchikurī。
③ 译者注:地名。罗马字读音为uerufukurī。
④ 译者注:地名。罗马字读音为shicyūchie。

续表

分类	家庭数	大人(可劳动者)		耕地(俄亩)		牛		马		羊	
		总数	每户平均	总面积	每户平均	总数	每户平均	总数	每户平均	总数	每户平均
中农	29 (31.8)	122 (40.1)	4.2	209.3 (47.9)	7.2	484 (38.6)	16.7	155 (40.8)	5.4	518 (30.1)	18.1
贫农	45 (49.4)	117 (38.5)	2.6	33.2 (7.6)	0.74	99 (7.9)	2.2	81 (21.3)	1.8	7 (0.5)	—
无产	9 (10.0)	18 (5.9)	—	—	—	—	—	—	—	—	—
总计	91	304	—	437.25	—	1,254	—	380	—	1,719	—

备注:括号内数字为对应村庄总数的百分比(%)。

该村庄也与ウエルフクリー[①]一样,与周边村庄有着经济联系,通过收集各村庄生产的牛奶制成牛酪再向市场供给以换取物资进行再分配。以ドラゴッエンカ[②]为中心的经济集团范围比ウエルフクリー更为宽广,涉及村庄如下所示。

バラジヤコン[③] 户数 19 人口 112

カラガーヌイ[④] 户数 15 人口 110

クリチエーワヤ[⑤] 户数 82 人口 535

トルントイ[⑥] 户数 49 人口 324

ドウボーワヤ[⑦] 户数 67 人口 562

ボヒフイ[⑧] 户数 42 人口 268

シチューチエ[⑨] 户数 34 人口 212

只要具备三河地方情况的基础知识,就不难想象该地区畜产中心为ウエルフクリー,农耕业中心为ドラゴッエンカ。

鉴于ウエルフクリー[⑩]庞大的畜牧规模,占据畜产加工业重要地位也无可厚非。而ドラゴッエンカ虽遭受河川洪涝之苦,相反也拥有异常肥沃的黑土而能成为耕种业的中心。该村

① 译者注:地名。罗马字读音为 uerufukurī。
② 译者注:地名。罗马字读音为 doragotsuenka。
③ 译者注:地名。罗马字读音为 barajiyakon。
④ 译者注:地名。罗马字读音为 karagānui。
⑤ 译者注:地名。罗马字读音为 kurichiēwaya。
⑥ 译者注:地名。罗马字读音为 toruntoi。
⑦ 译者注:地名。罗马字读音为 doubōwaya。
⑧ 译者注:地名。罗马字读音为 bohifui。
⑨ 译者注:地名。罗马字读音为 shicyūchie。
⑩ 译者注:地名。罗马字读音为 uerufukurī。

庄大部分耕地为10户左右的富农所有,与人口相比耕地面积也不算多。但周边村庄的大部分耕地仍集中在ドラゴツエンカ[1]附近,自然具备作为农业集散地的优渥条件。该村庄通过调剂获得最先进的农具,如亚不利加和苏联制造的手动及畜力牵引农具。部分富农已在考虑施行机械农耕。我们调查期间,就有一富农和在海拉尔居住的企业家共同引进了＊＊。

富农的住房与农具

三河制粉公司的工厂在此地开工时间并不长。通过购买当地的小麦,制粉后卖到市场上,它给当地农业振兴带来了巨大影响。

苏炳文在呼伦贝尔期间认同该村庄为农业中心的行为,就招致粮秣强制征发的事态。村庄居民也受到相当程度的损害,满洲国发布威令后才逐渐建立相对公正的商业交易秩序。农民也可以为其劳动索取正当报酬,在促进企业发展的同时,倾注全力进行耕地扩张。如果将来以该地谷物为目标,向市场买出机构进发,此地成为基点也是预料之中的。该村庄农业收益只会增加,不会降低。

该村庄设有国境警察署,署长以下有数名日本人负责治安。此地警备力量和旧官吏时代的有名无实情况相比可谓是极为充实,该地居民的安全感也因此大为提高。这也会成为该村庄未来发展的重要保障因素。

拉布大林

该村庄位于旱河左岸,ウエルフクリー以西12千米处。是沿着贯穿海拉尔到三河地方之间的桥本、大河、协和驿馆的道路向北挺进时第一个遇到的村庄。该村庄是从三河地方到北铁沿线直线距离最短的村庄,可谓交通要塞。但,冬季毋庸置疑,夏季由于其背后是旱河湿地的数条交错水路,形成了与内地交通连接的障碍。

【户数、人口数】现在该村庄和过去繁荣的景象相比,相当缺少活力。1926年此地户数、人口数在三河地方位居第三位,总计48户244人(《巴尔虎的经济概况》,77页),地位几欲凌驾于ドラゴツエンカ之上。然而此处由于设有旧政权时代呼伦第二警察署分局,屡受苛政之苦的居民被迫四散。即使近年人口自然增加也难以回复到1926年的高水平。

1934年1月的户数、人口数如下所示:

家庭数48　人口224(详细:成年男76　女56　未成年92)

经济状况贫富比重如下所示:

富农6、中农13、贫农26,总计45

上述各户具体情况如下表所示:

分类	家庭数	大人(可劳动者)		耕地(俄亩)		牛		马		羊	
		总数	每户平均	总面积	每户平均	总数	每户平均	总数	每户平均	总数	每户平均
富农	6 (12.3)	25 (19.0)	4.2	2.50 (36.2)	4.2	319 (53.6)	63.2	74 (41.4)	12.3	193 (68.0)	32.2

① 译者注:地名。罗马字读音为doragotsuenka。

续表

分类	家庭数	大人(可劳动者)		耕地(俄亩)		牛		马		羊	
		总数	每户平均	总面积	每户平均	总数	每户平均	总数	每户平均	总数	每户平均
中农	13 (29.0)	35 (26.5)	2.7	28.0 (40.6)	2.2	187 (31.4)	14.4	62 (34.6)	4.8	81 (28.5)	6.2
贫农	26 (57.7)	72 (54.5)	2.8	16.0 (23.5)	0.6	89 (15.0)	3.4	43 (24.0)	1.7	10 (3.3)	—
无产	—	—	—	—	—	—	—	—	—	—	—
总计	45	132	—	69.0	—	595	—	179	—	284	—

备注:括号内数字为对应百分比(%)。

由于旧政权时代官吏压迫的深刻影响,至今居民仍无法摆脱贫困的生活。经营着和自家劳动力不成比例的小规模耕地,收获也只够自家用。只有夏季通过将唯一的商品——牛奶贩卖给ウエルフクリー[①]以换取一定数量的消费品作为补偿。

ナルマクチ[②]

ナルマクチ位于从ウエルフクリー到牙克石的必经之路上,在ウエルフクリー西南13千米处。三河地方到牙克石的道路虽相当好,然而鉴于交通流量稀少,并没有很大的经济价值。沿线村庄因故缺乏活力,该村庄就是其中一个例子。

【户数、人口数】推算是1920年建成的村庄,1926年前后户数22人口120,比ウスチクリー[③]还要大一些。

1934年现在户数、人口数如下所示:

家庭数57,人口277(详细:成年男88,女77,未成年男50,女62)。

此地哥萨克人很少,仅有上文所述15户54人,其余42户225人均为通古斯人。但这些所谓的通古斯人完全俄化,与哥萨克人没有任何差别。

【经济状况】按村庄居民资产状况进行分类,结果如下:

富农7、中农20、贫农26、无产者4,总计57

下表具体展示资产状况:

---

① 译者注:地名。罗马字读音为uerufukurī。

② 译者注:地名。罗马字读音为narumakuchi。

③ 译者注:地名。罗马字读音为usuchikurī。

分类	家庭数	大人(可劳动者)		耕地(俄亩)		牛		马		羊	
		总数	每户平均	总面积	每户平均	总数	每户平均	总数	每户平均	总数	每户平均
富农	7 (12.3)	25 (15.1)	3.6	28.25 (40.0)	4.00	391 (46.2)	55.9	161 (56.3)	23.0	193 (89.0)	27.6
中农	20 (35.2)	68 (41.2)	3.4	27.1 (83.3)	1.55	373 (44.1)	18.6	85 (29.7)	4.3	24 (11.0)	1.2
贫农	26 (45.5)	63 (38.2)	2.4	15.3 (21.7)	0.59	82 (9.7)	3.2	40 (14.0)	1.5	(-)	—
无产	4 (7.0)	9 (5.5)	2.3	—	—	—	—	—	—	—	—
总计	57	165	—	7,065	—	846	—	286	—	217	—

备注:括号内数字为对应百分比(%)。

村庄居民主要依靠自给自足生活,而杂物类商品的获得则是依靠前文提到过的用牛奶和自家生产产品如牛酪的贩卖来换取。农产品还没有被列入交换的范畴内。

关于额尔古纳左翼旗各村庄的调查情况分类简述如上。下文以各区域内的经济部门为分类标准进行分析。

农业

【土地使用手续】和呼伦贝尔其他地区一样,三河地方禁止土地私有化。因此,使用土地必然需要办理手续。手续和以往相比多少有些变化,不过一直以来都采取许可制。

三河地方的土地开垦始于俄罗斯难民迁居到此的1920年前后。到1926年为止,使用土地只需向中国地方官员申请许可证即可。该许可证名为"土地作付用劳动者雇用条件",表面上土地使用者,即借地人是耕作官方所有地的劳动人员,但事实上将收获的一部分上缴换取为期一年的耕作权。1926年后,由于呼伦贝尔道尹令的颁布,土地使用条件有所变更。俄罗斯移民只有入中国籍,或成为租用政府管辖下三河地方土地的中国人的"雇佣劳动者",才能居住在此并进行农业生产。上述条件是仅能在呼伦贝尔的三河地方看到的特例。这就造成"三河地方移民经过深思后决定成为雇佣劳动者"(《巴尔虎的经济概况》,311页)。但,其中也有人对雇佣劳动者的定位感到不安,急于入籍。即使当时急于入籍的占相当大的比重,但笔者认为从地方官员的态度来看,绝非易事。

随着满洲国成立,上文所述条件均被废止,借地手续变得更为简易。换而言之,年初农民通过各村庄长向额尔古纳左翼旗公署提交申请,说明希望借地面积,并交纳一定数额的借地税,就可以获得为期一年的耕地使用权。

【借地税】粗略了解过去借地税的具体情况。

“三河地方和额尔古纳河沿岸地区没有规定固定的耕地用土地的借地税。借地税是可以变动的,因此只能按照当年的情况算。”

1925年的调查显示,1俄亩耕地对应的课税额如下所示:

上缴物品	旱河右岸	旱河左岸
货币形式	1.20元	1.20元
现货形式	22.00元	15.00元

注:1927年三河地方的课税总额,旱河右岸各村庄达到了25元,左岸是20元。

“到1924年为止都要求以小麦的形式缴纳租税,额度从98到213公斤(6—13布度),上缴的小麦必须运抵距三河地方160—190千米处的室韦县城。”

“在征税时,中国官员考虑到其收成,遂应用收成好的时候税率相应提高的浮动政策。所以如前表所述税率有所不同。

但无论收成有多好,在税率始终严苛的这一事实基础上,移民经济始终难以发展。这一借地税和其他租税一同,其总额庞大,成为当地居民的巨大负担。”(以上援引《巴尔虎的经济概况》,328—329页)此外,据《从经济方面看呼伦贝尔的情况》(满铁哈尔滨事务所编,192页)所载,借地税情况如下所示:

得尔布尔河、哈尔乌河流域:

中国人每俄亩需大洋12元

俄罗斯人每俄亩需大洋18元

旱河流域:

中国人每俄亩需大洋15元

俄罗斯人每俄亩需大洋22元

总之,在中国政权时代由于高额的借地税住民过得非常艰苦,收成不好的年份他们经常不堪重负,不得不逐渐减少耕地。1925年之后,在シチュウチエ①及拉布大林开始有地方官吏进驻,不再需要像前面所说的那样,把交付的现货搬运到很远的地方。但,因为在官府的眼皮子下,官吏们除了征收固定的借地税外肆意增加各种税金的征收。其结果导致住民只得选择在离官府比较远的村庄进行隐秘的耕作。

“在三河地方比起农耕,对住民来说增加牛奶产出量更有助于减轻税负,经济上来说也安逸,于是大家都开始这样做。因此,如官府不改变现有的赋税制度,耕地面积绝不会增加。”(《从经济方面看呼伦贝尔的情况》,69页)这段话说明了旧政权时代的实情。

在满洲国成立以后,不仅改定了不恰当的课税,也废除了像旧政权时代那样对俄罗斯人不

① 译者注:地名。罗马字读音为shicyu' uchie。

公平的税收政策。

大同二年[①]度的额尔古纳左翼旗地方税规定上写道：

1.未垦地每俄亩需国币 2.50 元

2.已垦地每俄亩需国币 5.00 元

比起旧政权时代，税额明显降低。旧政权时代播种税和收获税是分开来收，收获税根据收成不同来定，没有一定的定额，而现在那些烦恼都没有了。

而且规定在未开垦地初次耕作时税额为规定的一半。开始开垦的年度为了不让农民的负担过重而做了如上考虑，这在旧政权时代是绝对不会有的恩典。

虽然借地税要求以现金形式上缴，但农民缺少获得现金的机会，于是农民在公署的监督下，以公正的市场价格将价值相当于税金金额的谷物（主要是小麦和燕麦）售出，然后将所得收入充作税金。这可以说是考虑到农民实际情况的一种好办法。

【耕地面积】在过去，由于地方官吏的秕政，三河地方居民基本不从事农耕，或是只能在官僚不太留意的偏远区域进行小规模耕种。基本情况如前文所述，三河地方全境实际现存耕地面积如下所示：

1926 年度种植面积（单位：俄亩）

小麦 372　春播黑麦 135　燕麦 54　大麦 34　荞麦 67　大麻及亚麻 13

合计 675

（《巴尔虎的经济概况》，315 页）

最近该地耕地面积（单位：俄亩）如下所示：

小麦 1,628（1,908）　燕麦 536（646）　黑麦 255（290）　荞麦 210（258）　大麦 191（240）

合计 2,820（3,100）

（《满洲调查月报》昭和九年 5 月号《额尔古纳左翼情况》）

注：以上的数字是根据额尔古纳左翼旗公署中村严先生的调查，推测为 1933 年现在。不知为何调查中并未包括ウエルフクリー[②]的统计数据。因此以本次我们的调查报告为基础，将ウエルフクリー的耕地面积数据添加在括号内。

从上面的数据看，三河地方的耕地面积跟过去七年相比增加了 4.5 倍以上。这说明尽管处于地方官吏的压迫下，当地居民仍以异常顽强的精神逐年扩大耕地面积。同时值得注意的是，最近一两年来，也就是在满洲国的统治下完成了耕地面积飞跃性的增长。

根据上文提及的中村严先生的调查，耕地面积 2,820 俄亩中未满两年的耕地占了 1,073.5 俄亩（38%），这是自满洲国统治开始首次被开垦的土地面积，实为令人震惊的飞跃性的进展。

现在仍然规划着如上述那样急速扩大耕地面积，这也是从旧政权时代不自然的压迫下开放之后的反动现象，所以早晚都会到达极限。

这是因为，当地劳动力已出现不足。同时对现存农具的利用显然也已达到极限，再无法发挥更大的效率。此外对激增农作物需求研究亦有所欠缺。

---

① 译者注：大同为伪满洲国年号，二年即 1933 年。

② 译者注：地名。罗马字读音为 uerufukurī。

以下是本次调查时(1934年1月)各村庄的耕地面积,如下所示:

(单位:俄亩)

村庄名	ウエルフクリー①	ウスチクリー②	ドラゴツエンカ③	拉布大林	ナルマクチ④
小麦	283.1	69.7	275.5		25.65
燕麦	111.95	15.05	101.95		4.4
大麦	49.55	15.05	24.85		7.15
黑麦	35.05	15.85	11.00		10.45
荞麦	48.15	11.7	21.2		22.0
合计	527.8	127.35	434.5	69.0	70.65

按作物种类来看,小麦所占耕地面积最多,这也体现了当地一直以来的惯例。而其他的作物所占比重则每年多少有所变动。再看看1926年度和近期的比较:

年度	小麦	黑麦	燕麦	大麦	荞麦	大麻及亚麻
1926	55%	20%	8%	5%	10%	2%
1933	57.7%	9%	19%	6.8%	7.5%	

注:1926年摘自《巴尔虎的经济概况》(316页),1933年的由以前文提到过的《额尔古纳左翼旗情况》中提及的耕地面积推算得出。

根据村庄不同情况多少有出入,总体上来看现在的通常情况是,小麦第一位、燕麦第二位。然而比较有趣的是,随着市场与村庄的联系紧密度下降燕麦的占比也会减少,相反黑麦和荞麦的占比却会增加。这是和市场的关联很深的村庄在直接反映目前需要大量燕麦的市场现状,与之相反,可以想象与市场联系较少的村庄还在进行以自用为主的种植方案。

【产量及播种量】三河地方每俄亩的收成根据土地的不同有所差异,大体如下所示,在过去的调查中也有同样的记录。(单位:布度)

小麦起耕年度80　第二年度及以后150

燕麦 130

大麦 120

黑麦 120

荞麦 100

① 译者注:地名。罗马字读音为uerufukurī。

② 译者注:地名。罗马字读音为usuchikurī。

③ 译者注:地名。罗马字读音为doragotsuenka。

④ 译者注:地名。罗马字读音为narumakuchi。

根据本次调查每俄亩的播种量(单位:布度)如下所示:

小麦手种 15　机械播种 12

燕麦 16

大麦 9

黑麦 9

荞麦 8

因为用机械播种的人很少,只限于富有的农民使用。

【耕作方法】该地的耕作方法沿用自俄罗斯领土后贝加尔地方的传统,是迁移式的。具体说来就是,可耕地现在随处可见,在土地适合作物生长时大量使用,收成下降就放弃,转而开垦新的土地。

新开垦的土地在最初的三年种植小麦,之后的两年种植燕麦、黑麦、大麦,最后种植荞麦。而完全没有使用肥料。

【产品消费状况】收获的农产品除了满足自家需求,还能有剩余的富农家庭会把剩余部分自费运送到海拉尔地方或是卖给三河制粉工厂,所得收入则用于购买消费品、农具、什物家具等,或是填补临时支出。中农以下可以满足自家需求的情况下,剩余产品去充作课税后几乎不会余下。贫农家庭一边要忙于自家的耕种,一边还要为了换取自家用的谷物而向富农出卖劳动力。

粗略计算,假设是每户五人,拥有成年牛 15 头,成年马 3 头,耕地 3 俄亩的本地代表性中农家庭,谷物支出量如下所示:

食用小麦	每人每月 2 布度	五人份 120 布度
借地税	国币 15 元	用小麦支付 13 布度
家畜税	国币 10.80 元	用小麦支付 9 布度
其他的课税	国币 20 元	用小麦支付 17 布度

小麦合计:159 布度

马饲料:一年一头用燕麦或大麦 65 布度,合计 195 布度。

如想从 3 俄亩耕地收获上述所需产量(种子除外),则需 40%的耕地种小麦,其余 60%种燕麦、大麦及其他。这样才够自家用,还可余出少量谷物。这说明,这种中农耕种 3 俄亩时,收获的谷物只能满足自给自足,剩下能够商品化的产物微乎其微。实际这种中农大多耕中 3 俄亩地,达到 5 俄亩的非常少。

可以预见,劳动力有限,对于只会简单耕种方法的中农来说,农耕只要满足基本需求就可以,相比之下将劳动力用于经济回报更为客观的畜牧业会是更好的办法。

【谷物价格】三河地方产的谷物每布度调查当时的价格(单位:哈大洋)如下所示:

小麦 1.25—1.35 元　燕麦 0.80 元

大麦 0.80 元　荞麦 0.60 元

大麦、黑麦、荞麦并无实际交易,所以只推算了可能的价格。调查当时因为海拉尔驻屯的日本军在海拉尔以每布度1.10邦币的价格买入了燕麦,这是决定当地交易市场价的基准。

1932年、1933年当地谷物价格异常高涨,达到小麦2.20、燕麦1.50、大麦1.50、荞麦0.80的价格。去年秋天开始价格出现跳水,回落到上表记载的水平。这是因为,一方面1932年苏炳文大量征收地方谷物,另一方面北铁沿线由于事变,兴安岭以东的谷物无法运入此地,造成地方疯狂收购谷物,使得价格上涨。******三河地方农民的生产力受到极大压迫,因此商品生产至今没有得到有效发展。

从当地农民建设企业的野心在扩张看,当地小麦、燕麦等主要农产品明显增产。虽然由于交通不便,当地处于相对孤立的地位,农民可能出现暂时性生产过剩的危机,但从长远来看必定能成为呼伦贝尔地区主要农产品供应地。

畜牧

一直以来三河地方以畜牧业著称,此地生产的乳制品以卓越的品质美名远扬。

三河地方的移民大部分都是后贝加尔居民,在故土就经营畜牧业,迫于战祸移居到此也是携家畜同行。这片人口稀少、牧草丰沃的土地可谓具备了发展畜牧业的最好条件,此地畜牧业的迅猛发展可以说是预料之中的事。

【家畜数】在过去和现在的家畜数比较问题上,过去的数据只能参考《从经济方面看呼伦贝尔的情况》中记录的情况。虽然资料原文并未明确指出统计年份,但可以推断是1926年左右。

	成年牛	未成年牛	牛总计	马	羊
三河地方	5,768	11,525	17,293	2,178	25,400

其中将本次调查村庄的家畜数摘录表如下:

村庄	成年牛	未成年牛	牛总计	马	羊
ドラゴツエンカ①	500	1,200	1,700	200	2,000
拉布大林	900	2,000	2,900	350	7,000
チルマクチ②	400	450	850	60	300
ワエルフクリー③	900	2,000	2,900	250	4,500
ワスチクリー④	500	1,000	1,500	150	1,000

① 译者注:地名。罗马字读音为doragotsuenka。
② 译者注:地名。罗马字读音为chirumakuchi。
③ 译者注:地名。罗马字读音为waerufukurī。
④ 译者注:地名。罗马字读音为wasuchikurī。

作为对比,从《额尔古纳左翼旗情况》摘取了近几年的数据,虽然《额尔古纳左翼旗情况》中并未详细记述具体年份,但可以推断为1933年。

	成年牛	未成年牛	牛总计	成年马	未成年马	马总计	羊
三河地方	5,844	8,351	14,195	2,783	1,463	4,246	31,998

这其中与本次调查有关的数据按村庄不同列表如下:

村庄	成年牛	未成年牛	牛总计	成年马	未成年马	马总计	羊
ドラゴツエンカ①	603	781	1,384	281	127	408	1,639
拉布大林	272	442	714	109	76	185	611
ワエルフクリー②	1,078	1,733	2,811	524	256	780	2,635
フスチクリー③	287	611	898	194	113	307	760

上述数字即本地现在家畜数。可以看出和1926年的没有很大差别,情况并没有如我们所期盼的那样有所进展。马的数量约翻了一番,牛羊数目相反有所减少。

三河地方的畜牧业虽然自始至终在原地踏步,但当地居民对畜牧业的发展也做了努力。由此可以推断,有客观原因阻碍了畜牧业的发展。具体原因如下所示:

1.家畜瘟疫

2.中国官吏的压迫和掠夺

3.苏联方面的威胁

关于家畜流行病的资料十分匮乏,现场调查也没能获得确切情报,然而据一些当地居民所言,1929年左右出现过凶猛的牛疫大流行,导致大量牛病死。可以说,这应该是造成现在牛的数目比六七年前更少的主要原因。

关于中国官吏的压迫已经没有赘述的必要,以课税为名向居民榨取花样繁多的税金是昭然若揭的事实。

根据上文各村庄的情况,官吏驻扎地拉布大林1926年前后原有牛2,900头,骤减至714头,原有马350头,骤减至185头,原有羊7,000头,骤减至611头。调查区域外的シチワチエ④(因为此地不在调查范围内,所以没有载入本文中)也出现了牛总数由2,150头骤减至561头,马由250骤减至157,羊由4,500骤减至307的情况。这些地方的减少率比其他村庄远高出许多,可见官吏压迫的影响之大。

而提到官吏压迫掠夺就不得不说1932年苏炳文的强制征收。由此产生的损失虽然没有

---

① 译者注:地名。罗马字读音为doragotsuenka。

② 译者注:地名。罗马字读音为waerufukurī。

③ 译者注:地名。罗马字读音为fusuchikurī。

④ 译者注:地名。罗马字读音为shichiwachie。

详细记录,但从强征谷物对农民生活造成威胁这一事实看应该是相当残酷。

苏联方面的威胁与1929年中俄纷争时红色游击队袭击牙克石街道附近有关。即使三河地方的居民没有直接蒙受袭击,由于恐慌他们纷纷放弃财产前往铁路沿线、哈尔滨或者较近的山林中避难,因而造成丧失为数不少的家畜之结果。与其相比造成更严重影响的是,居民害怕再次袭击,因而无法全副精力投入经济生活这一事。

本次调查显示,各村庄1934年1月的家畜数如下所示,大体与上文提及的1933年度数据一致。

村庄	成年牛	未成年牛	总计	成年马	未成年马	总计	羊
ドラゴツエンカ①	718	536	1,254	287	93	380	1,719
拉布大林	285	310	595	129	50	179	284
ワエルフクリー②	1,110	1,718	2,828	509	296	805	2,664
ワスチクリー③	375	394	769	174	96	270	579
チルマクチ④	534	312	846	206	80	286	217

各村庄将猪、鸡等作为自家用饲养少许,数目不多,由于离市场远,饲养此类家畜超过自家需求数目以上也是浪费。在ドラゴツエンカ、ナルマクチ⑤可以看到饲养劳役用途的骆驼,但数目相当稀少,亦非每户都饲养。

【饲养管理方法】青草繁茂的夏秋两季将牛放牧,春冬季则在房屋附近的围栅内用干草饲养。奶牛、劳役用牛也喂草,不使用大麦、燕麦等高级饲料。

养马除使用牧草外,也会使用少量燕麦、大麦、麸子等谷物,对牲畜劳动量需求较少的时期则尽可能使用牧草饲养。据调查显示,一年总计需要上述高级饲料65布度。麸子的需求量也约65布度。

羊则一整年都在离村庄较远的地区放牧,雇用蒙古人进行饲养管理。

栅内之马

一般没有畜舍,大多是在外面,幼小的牲畜夜间则转移到简易棚子中,也有把刚出生的幼崽放在屋里的。

---

① 译者注:地名。罗马字读音为doragotsuenka。
② 译者注:地名。罗马字读音为waerufukurī。
③ 译者注:地名。罗马字读音为wasuchikurī。
④ 译者注:地名。罗马字读音为chirumakuchi。
⑤ 译者注:地名。罗马字读音为narumakuchi。

【家畜价格】据本次调查,各地家畜价格(单位:哈大洋元)如下所示:

种牛	150.00	乳牛	50.00	阉牛	80.00
2 岁牛	23.00	1 岁牛	12.00	不满 1 岁牛	7.00
种马(后贝加尔种)	300.00	骟马	100.00	牡马	100.00
2 岁马	70.00	1 岁马	30.00	不满 1 岁马	15.00
绵羊	10.00	山羊	8.00		
成年猪	20.00				
骆驼	100.00				

在这些家畜中,牛不仅是当地居民资本,更是主要财产,所以不会轻易放手。富农将牛运至铁路沿线进行贩卖的例子屡见不鲜,中农以下的农民则多是没办法的情况下将牛充抵债务而让出。

ナルマクチ[①]的小赛马

然而,养马则另有他用。有人出于投机目的饲养赛马。但若非富农很难做到。他们购入优良种马,令其交配以获得优良的下一代,再调教成赛马。然后再和地方同样的马进行比赛,如能证明其优良性,便到海拉尔寻买家。这些赛马运往上海,偶尔会有高达 1,000 元以上的优良马。无论哪个村庄的富农都一半是出于兴趣对饲养这种优良马十分热衷。

当地很少杀家畜,一家杀一头时肉很难处理,所以在村庄内进行协商,直接将屠宰所得的肉进行分配。肉价如下所示:

牛 每布度 哈大洋 5.00

猪 每布度 哈大洋 10.00

羊 每布度 哈大洋 4.50

【家畜税、割草税】家畜税在中国政权时代,呼伦县成年牛马每头 1.45 元,未成年牛马每头 0.62 元,室韦县成年牛马 1.30 元,未成年牛马 0.65 元。现在对成年牛马征收国币 0.60 元,未成年牛马 0.30 元,相对以前减少了一半。

旧政权时代羊征税每头 0.25 元,现在每 7 头 0.60 元。

割草税以前是每 1,000 布度征收 22.00—25.00 元,现在是国币 10.00 元,还不到以前的二分之一。

畜产加工业——制酪业

【概略】《巴尔虎的经济概况》(264 页)中关于呼伦贝尔的制酪业创始时的情况记述如下:

---

① 译者注:地名。罗马字读音为 narumakuchi。

巴尔虎(呼伦贝尔)的制酪业由俄罗斯移民即后贝加尔哥萨克人首创,时间为1910年—1920年。

他们移民时刚好碰上满洲奶酪不足的时期。多年来为满洲提供奶酪的俄罗斯边境地区(沿海州、西伯利)因为通商被封锁,引起了奶酪不足,因此移民中小规模的制酪业开始了。

此时,(东)中国铁道管理局也再次关注制酪业,在当地土地科畜产部门的帮助下,10个アルチエーリ[①]组织的制酪工厂在铁道沿线地带建立起来。巴尔虎制酪业就是在那时开始发展起来的。

另外,从经济方面来看,呼伦贝尔当时的情况陈述如下(114页):

牙克石及三河地区的奶酪生产被ウオロンツオフ[②]企业化了。1920年后,难民来到此地,开始他们个人的奶酪生产。1924年ウオロンツオフ在各地设立奶酪工厂,1923年在牙克石附近设立奶酪工厂并进行生产。

为使企业家ウオロンツオフ的事业得到扩张,(东)中国铁路局通过对工厂设备的完善,对奶酪的生产提供了相当大的援助。因此在这方面,ウオロンツオフ的势力是压倒性的。其工厂始于牙克石,设立在牙克石街道及三河地区的主要村庄里,工厂所在地的村庄自不必说,附近地区的牛奶也被收购过来,所以小家庭工业式制酪业的影子很快消失了。

鉴于ウオロンツオフ工厂取得好成绩,但一年后有两三个企业家在牙克石、三河地区开设工厂,开始了竞争。因他们的势力无法与前者匹敌,所以渐渐地败退了。

上述的状态持续到中俄纠纷前,伴随着中俄纠纷爆发,呼伦贝尔陷入混乱期之后,上述状况发生了变化。即由于中国铁路局的紧缩政策,失去了旧时后援的ウオロンツオフ鉴于整个奶酪市场的不景气,1930年前后关闭了三河地区的工厂并退出市场,取而代之的是三河居民自己的联合工厂的崛起。

地方居民的联合工厂的设立最初是1926年在ウエルフクリー[③]这个地方,据说联合工厂的设立是由有关人士发起,目的是对抗ウオロンツオフ的利润垄断。当时由于ウオロンツオフ正处于全盛期,所以他们的业绩并不理想。

既然ウオロンツオフ从三河地区败退下来,理所当然地联合工厂在这个地区不得不作为主要角色登场。因此在1930年后,联合工厂进行工厂设备的改善、工厂的联合等,产品买卖统一管理得到发展。但是,由于这是缺乏企业经营策略的农民组合,因此没有取得预期的业绩,资金枯竭,这次调查的时候他们陷入了很大的困境。

---

① 译者注:地名。罗马字读音为aruchiēri。

② 译者注:人名。罗马字读音为uorontsuofu。

③ 译者注:地名。罗马字读音为uerufukurī。

关于联合工厂的现状陈述如下：

【联合制酪工厂】1926 年以 1,000 元资金创立ウエルフクリ一联合工厂，当时拥有 30 名左右成员，在ナルマクチ[①]开设分厂，同年，处理 8,500 布度的牛奶生产 30 布度的奶酪（ウエルフクリ一总产额的 22%强）。虽然力量薄弱，但总算是踏出了农民自发式联合事业辉煌的第一步。

之后，在ドラゴツエンカ[②]开设了同样的工厂，甚至在ウオロンツオフ的其他工厂从三河地区败退下来后，联合工厂垄断了那些地区，由当初偶然定下了目标的制酪业农民实现了垄断经营。然后，鉴于在与市场分离的地区搞工厂分立是不利的，首先，1931 年末，ウエルクリ一、ドラゴツエンカ这两个原始工厂合并起来，并且在 1933 年 5 月实现了三河地区全部工业的合并。这被称为“三河地区制酪业合并”，ウエルフクリ一作为其总部。

组合的组织方面就这样顺利推进，但实际上业绩并未随之上升。联合工厂在经营上不管是过去还是现在，最大的难点是，资金能力的薄弱。为了积累资本，联合工厂员在交付牛奶时每 1 布度就扣除哈大洋 2—5 分这样积累起来的。据说，ウエルフクリ一工厂就是这样积累了 20,660 元（1934 年 1 月），其金额分别用于工厂设备、未收的居民买消耗品钱或积压货上，完全没有可流动资金。工厂设备固定费用是不得已，然而居民的赊账是每个联合工厂烦恼的根源。他们为了回收欠款费尽心机。回收欠款的方法只有两种：扣押未能偿还欠款者的财产（家畜、农具等），在他们清算完之前都停止供给消费品；令其只上缴牛奶。虽然只有这两种方法，但停止供应居民需要的物资和让其上缴牛奶是不可能的，因此，自然而然难以期望存在扣押财产以外的快速解决方法。

在这样的状态下，流动资金枯竭常常成为联合工厂的烦恼，一到夏季的生产期不从他处得到融资，便难以进行操业，即在生产期前，在哈尔滨、海拉尔等寻找同时期的产品的买家，为了居民需求的日用品的购入而不得不接受融资。联合工厂的烦恼是：如果对于满足居民需求没有准备的话，那么回收原料牛奶就会变得困难。为了筹措所需的准备资金，就要忍受不利的条件，而不得不签署预售合同。

上述情况之外，在哈尔滨还通过自己的制酪业合并的销售店在市场上出售产品，由于其没有大量资金，所以不允许手中持有商品，不得已要在夏季价格最低的时期快速卖出。

据说，在奶酪市场景气的时期，上述的方法不会带来很大的障碍，在如今奶酪供给过多的时期，融资者很少，今年，未能寻求到融资是理所当然的，可以预料到，没有期限可持续三四个月以上的融资者。

如今，该地的制酪业陷入困境的原因是如上述所说的资金短缺。

据闻，到今年夏天为止，围绕如论如何打开困境作了各种考虑，结果发现，除了强行回收居民的赊账外别无他法，在必要的时候，不得不扣押居民的财产。

组合总部由于资金短缺而煞费苦心地想要打开困境，其强硬的意见招到居民一方的反感，

---

① 译者注：地名。罗马字读音为 narumakuchi。

② 译者注：地名。罗马字读音为 doragotsuenka。

好不容易于去年5月合并的地方制酪业在这次调查时面临分裂的危险。居民一方把以上的结果归咎于联合工厂总部干部的经营不善及无能。虽然对他们表示不信任,但实际上是由于组合所蒙受的损失在合并合同上没有差别的叫全体成员分担损失,被强行要求承担债务等,笔者认为这些利害问题是诱发他们心中的反感的原因。

就这样,调查时不断有成员退出,加入联盟的ウスチクリー、ナルマクチ、ナイチンブラク[①]等各村庄纷纷扬言要独立,使联盟陷入了最混乱时期。3月在海尔拉,关于此问题的联盟代表会议得以召开,这次会议可能审议了关于联盟存续的问题,但不知问题结果的详情。

我们认为,三河地区的制酪业组合如果没有强有力的资金援助的话,就难以摆脱困境。如果奶酪市场呈现不出景气的话,便不会有资金进入。

1933年制酪业的业绩:制酪业的高潮是每年的5月至10月,冬季挤奶量少,要饲养牛犊,空余牛奶不多,所以除了工厂所在地,其他地方不会生产乳制品。1933年的原料牛奶处理量及奶酪、干酪生产量如下所示,为了与往年作比较,附上1926年的制酪量(单位:布度)。(《从经济方面看呼伦贝尔的情况》,117页)

生产工厂	原料供给村庄	1933年度			1926年度
		牛奶接受量	奶酪生产量	干酪生产量	奶酪生产量
ウエルフクリー[②]	ウエルフクリー	23,915.9			
	ボクロフカ[③]	3,245.2			
	拉布大林	6,376.5			
	ウスチクリー[④]	6,206.9			
	合计	39,744.5	1,481.0	993.9	
ウエルフウルガ[⑤]	ウエルフウルガ				
	ウスチウルガ[⑥]				
	合计	6,017.1	294.8		2,000.0

① 译者注:地名。罗马字读音为 usuchikurī, narumakuchi, naichinburaku。
② 译者注:地名。罗马字读音为 uerufukurī。
③ 译者注:地名。罗马字读音为 bokurofuka。
④ 译者注:地名。罗马字读音为 usuchikurī。
⑤ 译者注:地名。罗马字读音为 uerufu'uruga。
⑥ 译者注:地名。罗马字读音为 usuchiuruga。

续表

生产工厂	原料供给村庄	1933 年度			1926 年度奶酪生产量
		牛奶接受量	奶酪生产量	干酪生产量	
ドラゴツエンカ[①]	ドラゴツエンカ	5,957.6			
	トルントイ[②]	4,144.8			
	クリチエワヤ[③]	3,264.7			
	ドウホーワヤ[④]	1,713.4			
	シチユチエ[⑤]	5,145.1			
	ホピライ[⑥]	8,177.1			
	バルジヤコン[⑦]	1,111.6			
	カラガーヌイ[⑧]	2,496.3			
	合计	32,028.6	1,449.8	—	1,200.00

干酪生产只有ウエルフクリー[⑨]工厂在进行,其他工厂不生产这个。

生产一布度奶酪需要大概 22 布度的牛奶。

在牛奶工厂里,报销价格随季节变化变动,在夏季挤奶量多的时期价格高,冬季价格低,价格在哈大洋 0.80—1.20 元之间上下浮动。

如把该地夏季一布度奶酪拿到哈尔滨卖,其价格大体如下:

原料牛奶 22 布度价格	0.80 元/布度	共 17.60 元
生产费及杂费	2.00 元	
运费	3.65 元	
合计	23.25 元	

据称,联盟于 1933 年在哈尔滨的售价为夏季一布度 19.75 元,秋季 25.75 元,如这是事实,实际上蒙受的损失额相当大。

调查ドラゴツエンカ[⑩]工厂得知,该工厂去年奶酪的销售蒙受了哈大洋 880 元的损失。虽

① 译者注:地名。罗马字读音为 doragotsuenka。
② 译者注:地名。罗马字读音为 toruntoi。
③ 译者注:地名。罗马字读音为 kurichiewaya。
④ 译者注:地名。罗马字读音为 douhōwaya。
⑤ 译者注:地名。罗马字读音为 shichiuchie。
⑥ 译者注:地名。罗马字读音为 hopirai。
⑦ 译者注:地名。罗马字读音为 barujiyakon。
⑧ 译者注:地名。罗马字读音为 karagānui。
⑨ 译者注:地名。罗马字读音为 uerufukurī。
⑩ 译者注:地名。罗马字读音为 doragotsuenka。

然这个损失可以用日用品销售部的利润2,500元去补偿,但在这个事件中可以知道联合工厂的事业是非常不健全的。

【畜产业的未来】说三河地区畜产业的未来与制酪业的盛衰息息相关一点也不为过。如前面所说的,如果制酪业没能像以前一样需求旺盛的话,是不能期待有很大的发展的。

大众认为,三河地区的农民恐怕将来不会只把畜产业作为经济的基础,以前只是具有辅助意义的耕种业,如果一点也不能与现在的畜产业匹敌的话,就不能说居民的经济变得稳定。

工业

三河地区作为工厂工业的只有制酪业和制粉业两种。这其中的制酪业在前章已经叙述过了,在此只介绍制粉工业。所谓制粉工业,这里不关注畜力、水力这些原始的东西。现在就唯一拥有近代工厂设备的ドラゴッエンカ的三河制粉工厂作叙述。

【三河制粉公司】该公司是由在海尔拉居住的日本人辻本繁、一名犹太人、一名白俄人合资创建的公司。据称,创业当时的资本金为90,000元,其中75,000元用于工厂设备的投入,剩下的15,000元投入到杂货销售部。出资比例是:辻本氏50%、犹太人25%、白俄人25%。由于现在的资本比当初的金额大大地增加了,所以之前的比例也随之变化。

工厂开张的时间是1933年11月,但由于工厂建筑建于苏炳文事变以前的混乱期,工厂设备无法运行,所以开张时间比预定的要晚。

据称,工厂的制粉能力是一年21万布度(1布度(40斤)= 4.36814贯),大概可以匹敌1933年度全三河地区的小麦生产量。调查时,为配合产品的推销速度,也就勉强发挥了三分之一的能力。

工厂一直倾注力量生产三等面和四等面的制粉,并在奇拉林和海拉尔两地出售。对奇拉林的制粉需求量抱着很大的期望,在海拉尔尝试牺牲成本进行倾销,但由于当地业者的地域保护强大,所以似乎没有期望会取得很大的成果。我们可以看到将来的目标是80%的产品会销往奇拉林,20%的产品会销往海拉尔。

除了销售用的麦粉生产外,受居民委托主要生产粗面(ラズモート)[①],向他们收取捣米的工钱,一布度征收哈大洋0.25元。

原料小麦不仅在当地的ドラゴッエンカ附近,而且在ウエルフクリー、ウエルフウルガ[②]等地也进行采购。采用现金支付和用杂货店商品交换这两种付款方式。后者在小额贸易中难免繁琐,但在杂货销售的利益上来看,对所有工厂有利。(参考商业篇)

三河制粉公司在与市场孤立的地区、作为唯一的农作物采购者,在原料采购上占有明显的有利位置。另一方面要受到旗公署的监管,并且其他地方的农民也拥有相当的抗争力,所以出位的价格操纵是不可能的。

---

① 译者注:地名。罗马字读音为razumōto。

② 译者注:地名。罗马字读音为uerufukurī,uerufu' uruga。

商业

说三河地区的商业以物物交换为基础也不为过。以金钱作为媒介进行买卖的例子极少，价格单位是哈大洋。就算用江洋，很多时候毕竟它只作为物物交换时的价格表现手法而已。

居民在购买必需品时主要用于货款支付的是牛奶、谷物，有时用家畜。居民拿着客户的账簿用于随时购买日用品，其货款记在账簿的贷方处，持有牛奶、谷物时，其货款记在借方处。

任何大的村庄都有商店，但偏僻的小村也有没有的。因此这样的村庄不得不到邻近的村庄去。在三河地区拥有最广的商店网群的是制酪业联盟，三河制粉公司在它之后。最后，满人经营的商店只存在于大村庄里。接下来为其内容稍作简单的叙述。

三河制酪工业联盟销售部

在ウエルフクリー[①]设有总部，在ドラゴツエンカ、クリチエワヤ、シシチユチエ、ナルマクチ[②]各设有一家商店。可以推算，其年度贸易额合计856,900元。(1933年)

把在本次调查中看到的其中一村庄销售部的内容写出，作为供了解其部分情况的材料。

ウエルフクリー销售所

调查时(2月下旬)正好是销售淡季，所认为这是一年里手持商品的种类和数量最匮乏的时候。但是，其他村庄的店内乍一看像被抢夺过一样，与之相比，ウエルフクリー销售所里收拾整齐、商品充足。商品中最丰富的是肥皂、缝纫机棉线、香烟、烧酒、红茶、柠檬汽水、砂糖、罐头等，明显不足的是棉布、器具、五金等。

ウエルフクリー联合销售所

难以处理、销售的物品是皮制钱包、安全剃刀、手镜、导管、刀等劣质品。

一个月的平均销售额是300元左右，夏季平均每户每月的购买额是20元左右的样子。

ウスチクリー[③]销售所

虽然由于时间不充裕未能亲眼目睹，但可以推算知道，该所的商品在库额为500元左右，其大部分是把ウエルフクリー销售所的剩货以八折买来的。所以可以推测出其内容。由于同一村庄的制酪工厂要在本年三月退出联盟，正在为独立作准备，所以接受上述所说的商品的转让。

ドラゴツエンカ销售所

店内杂乱无章而且不整洁，可以看到的商品是火柴、石油、盐、砂糖、烧酒、肥皂、红茶、砖

---

① 译者注：地名。罗马字读音为 uerufukurī。

② 译者注：地名。罗马字读音为 doragotsuenka, kurichiewaya, shishichiuchie, narumakuchi。

③ 译者注：地名。罗马字读音为 usuchikurī。

茶、袜子等,任何商品的数量都很少。据称,商品现存量的金额是2,500元,但感觉这显然是高估了,所以不得不在心里打了很大折扣。一般来说,在我的印象里任何一家制酪工厂的附属销售店都会夸大手持商品,从这观察得出,计算销售店利润时的数字都必须打相应的折扣。

以对应海拉尔原价的八折作为当地的售价,其他村庄的售价也大概是这样。

拉布大林销售所

陈列商品有少量的肥皂、蜡烛、鞋、茶等,勉强维持着店铺的模样,乍一看像被抢过一样。

ナルマクナ[①]销售所

任何商品的数量都很少,不能接受像售货员所说的有500元的手持商品。商店里放有几件不同颜色的女性夹克衫。

三河制粉公司销售店

总店设在ドラゴツエンカ,在ウスチクリー、ウエルフクリー、クリチエワヤ、ウエルフウルガ[②]设有分店。我们所看到的是ドラゴツエンカ及ウエルフクリー这两处店,但任何一家店都处在谷物采购的重要地方,因此销售店的商品特别充实。不愧是设立时投入了15,000元,相比于资金极其短缺的制酪联盟的购买部,它拥有无法比拟的丰富的商品。

ドラゴツエンカ销售店

不是新建的店,面积10坪左右,店内商品摆放整齐,在店里放不下的农具类的商品摆放在户外。商品种类很多,其中摆放着丰富的农民用的棉布、衣服等。从咸鱼、通心粉、罐头等食用品到普通的必需品都毫无遗漏地摆放着。农具小到犁,大到播种机都摆放着。虽然默许如火柴、洗衣皂、石油、卷烟草、罐头、犁等苏联品的售卖,但被对苏联反感的农民们所质疑。但由于价格便宜,大家都需要这些商品,这也是毫无办法的。

例如犁,美国制造的价格是38.80元,苏联制造的是25.00元,存在着这样的价格差。手持商品的金额约为15,000元,刚好是贸易量最多的时候,所以必须要做好相应的准备。现在由农民包销的商品是谷物,仅限小麦和燕麦,其中在调查时,小麦的采购价是1.35元,燕麦的是0.70元(哈大洋)。

ウエルフクリー销售店

这也不是新建的店。据称,手持商品额为4,000元,其种类与ドラゴツエンカ的相等,陈列出来的苏联制造的セパレーター[③](60元)以及手摇机器(100元)惹人注目。

据称,冬季一个月的销售额是800元,冬季,村庄民众一个月的购买额多则50元少则5元

① 译者注:地名。罗马字读音为narumakuna。

② 译者注:地名。罗马字读音为doragotsuenka,usuchikurī,uerufukurī,kurichiewaya,uerufu' uruga。

③ 译者注:地名。罗马字读音为separētū。

不等。

这里集买的谷物是要运到ドラゴツエンカ工厂的。

满人商店

在ウエルフクリ一有2家，在ドラゴツエンカ有5家，这其中任何一家都出售棉布、日常用品、食具、食用品等简单的必需品。虽然也有现金交易的买卖，但大部分是物物交换，能接受的是谷物、兽毛皮、家畜等大部分具有融通性特征的物品。

据称，交易的旺季是冬季，这个时期自持400—600元的商品，夏季是淡季，勉强够一家子糊口。推算一年的利润总额为150—300元。

货源都从海拉尔的满人商品来，从他们那里可以得到本金一倍以上的商品。

劳动

【农业劳动者】大部分无产者和一部分贫农为了满足富农的需要而从事雇佣劳动。分为长工和临时工，对于前者，既提供伙食也能拿到每月江洋20元工钱。大多数情况下，工钱不以现金结算，而是以衣服、柴薪、家里的食品等现物结算。临时工与长工基本相同，只是一个月的工钱为20—30元。作为工人，如果用自己的马来劳动的话就可以从雇主那儿得到干草。另外，也有在农忙时雇佣临时工的工资是一天2元。在农忙时，有耕地14.5デシヤン[①]的富农雇佣七八个这样的临时工是很普遍的。

另外，为了管理家畜，富农也会雇佣一两个长工。

农业劳动者的月收入总共是40元左右，用它可以维持一家两三口人的生活。

【工业劳动者】在这个地区，劳动力成为问题的除了制酪业和制粉业以外就没有其他了。但这个问题在这里没必要详细叙述。

制酪业的工人大概有10名，每人月收入大概是40元（哈大洋）。制粉业的工人都是满人，大约有40名，每人月收入35元（江洋）左右。

【靠工资生活的人】官吏、工厂技工、商店员工的月收入如下：

俄罗斯人	
警察局副署长	200元
村庄首领（スタニーチヌイ・アタマン[②]）	100元
制酪工厂秘书	70元
制粉工厂技师	120元
下级警察官	40元（整个三河地区约70名）
制酪工厂负责人	80元

① 译者注：地名。罗马字读音为deshiyan。

② 译者注：人名。罗马字读音为sutanīchinui · ataman。

续表

俄罗斯人	
制酪工厂技师	60元
制粉工厂机械工	60元
满　人	
满人商店雇佣者	10—15元(伙食费由雇主支付)

三、牙克石街道的各村庄

【牙克石街道】这里所说的牙克石街道是从三河地区的南端ナルマクチ[①]开始,贯穿ナイジンブラク、チンケル、トイニヘ[②]各村庄。到北铁西部线牙克石站的街道倾斜、弯曲的地方有很多,但这从古到今都是重要的交通枢纽。不知道具体该称为什么,所以暂且称其为牙克石街道。

道路的宽度适合汽车通行,但由于倾斜厉害的地方有很多,所以决不能说它的条件良好。交通流量极少,这一周就我们的调查队看到的通行者的次数不过是两次。虽然大道作为木材运输道路,但沿道的树木在过去已经被采伐完了,在我们的视线范围内,没有看到一棵像样的树木,只看到低矮的小树零星地分布在山丘上。

沿道各村庄的情况

感觉街道本身如同道路,沿道的各个村庄也缺少生气,感觉很贫困和死气沉沉。

各村庄概况叙述如下:

ナイジンプラク

【户口数、人口数】ナルマクチ的南部约40公里,估计是1920年建立的村庄。这次调查时的户数、人口数如下:

户数66,人口301(包括大人:男99,女65;小孩:男72,女65)。

试看,1926年的户口数是49,人口是230(《巴尔虎的经济概况》,79页),七八年间明显增加了很多。

【经济状况】以三河地区为例,本村庄的贫富比例及其内容如下:

富农7、中农21、贫农23、无产者15,合计66。

分类	富农	中农	贫农	无产	合计
户数	7 (10.6)	21 (31.8)	23 (34.8)	15 (22.8)	66

① 译者注:地名。罗马字读音为narumakuchi。

② 译者注:地名。罗马字读音为naijinburaku,chinkeru,toinihe。

续表

分类		富农	中农	贫农	无产	合计
大人（有劳动能力）	总数	39（23.8）	62（37.8）	46（28.0）	17（10.4）	164
	每户平均	5.6	3.0	2.0	1.1	—
耕地（俄亩）	总面积	114.75（54.1）	10.25（37.6）	2.25（8.3）	—	127.25
	每户平均	2.10	0.49	0.10	—	—
牛	总数	545（54.5）	383（38.2）	73（7.3）	—	1,001
	每户平均	7.79	18.2	3.2	—	—
马	总数	135（38.8）	153（44.0）	60（17.2）	—	348
	每户平均	14.3	7.0	2.6	—	—
羊	总数	225（75.3）	66（22.1）	8（2.6）	—	299
	每户平均	32.1	3.1	—	—	—

【农业】这里引人注意的是本村庄的家畜数量比例很多，但耕地面积明显很少，可以直接看到耕种业不景气。

认为其原因是本村庄的居民中，布里亚特人所占的比例很大（现在这个比例已经不那么明显了，但 1920 年，俄罗斯人与布里亚特人的比例是 3 ∶ 7）。但这里也与三河地区的一样对耕种业的关心日益增强。只是如果看此处（或这个地区）有没有发展农耕业的可能性时，我们不能说有这个可能性，甚至有悲观的预期。其原因首先是此地区在为白俄人提供一切优越条件的额尔古纳左翼旗范围以外。在此处（陈巴尔虎旗）俄罗斯人地位没有蒙古人高。因此，在这个地方俄罗斯人威胁着蒙古人的经济生活，或者他们做怎样的打算都会遭到蒙古人的反对。

耕作业的发展肯定会带来耕地面积的扩大，耕地面积的扩大遭到了来自游牧民族蒙古人最顽强的反对。现在俄罗斯人经营极小规模的农耕业也会受到来自蒙古人的干扰，因此想要比现在发展得好的话，这个地方的民族间的纷争就必然会不断地重复。就算围绕土地的纠纷频发，但由于这个地方没有指望有对俄罗斯人一方有利的解决方法，因此，现在俄罗斯人的农耕业不可能有更加显著的发展。认为能够推进农产品的自给自足是最好的结果了。

虽然最近可以公开从事耕作，但直到 1932 年为止都受到来自地方官员和蒙古人的压迫而不能公开经营耕地，只能秘密地种植少量的自家用的谷物，但其产量还是不够自家用，所以要从海拉尔购买麦粉。为了得到购买麦粉的资金，他们冬季时有三四个月要到兴安岭去狩猎，但也就只能获得300元左右的猎物。

据称,这个地方平均一俄亩的产量与三河地区的比起来还是不足的,只有100布度左右的小麦、75布度左右的燕麦。

【畜产】因为本村庄的家畜数相当多,所以制酪工厂有村民联合经营和ウオロンツオフ[①]经营两种。前者由成员21人共有,拥有房屋、机器、杂器等总值1,830元(哈大洋)的财产,1933年度处理了4,727布度的牛奶,生产了大约190布度的奶酪。虽然加入了三河制酪业联盟,但由于对联盟的损失负连带责任的不满,所以他们对联盟表示不信任,正在计划从今年开始独立起来。

虽然组合为村庄民众提供日用品,但在调查时其商品拥有量甚少,处于停业状态。

ウオロンツオフ工厂有工厂和商店各一间,工厂设备估值有890元,商品(杂货)大约有1,500元,由一名从事人员同时管理工厂和商店。1933年度处理牛奶量为4,638.6布度,生产奶酪179布度。

アツアン、チンケル[②]

アッアン位于ナイジンブラク[③]东部10多公里处,户数有十二三户,是通古斯人的新兴小村庄。

チンケル位于牙克石街道上,户数5户,居民有30名左右,是过着自给自足的原始生活的小村庄,没有特别需要记载的特征。

トイニヘ[④]

"トイニヘ"是在俄中纷争(1929年1月10日)中受到红色游击队袭击,死亡69人、重伤数人,全村的男子、家畜、房屋全部遭到被毁灭的厄运而出名的村庄。虽然现在该村庄沿用旧称,但是是一个全新的村庄,迁移到旧的トイニヘ西南方20多公里之外、ナイジンブラク南边50公里附近的位置。

调查时,此处的户数是49、人口245。村庄的经济状况如下:

耕地总面积7.1俄亩(小麦3.25、燕麦2.65、大麦1.2)

家畜——牛526头(大牛375、牛犊151)、马227匹(大马187、幼马40)、羊307只。

贫富比例是:富农4、中农18、贫农27,合计49户。虽说是富农,在这个地方也不过是有60头牛、19匹马、130只羊,是这村庄里最大的一户,经营着1俄亩多的耕地而已,其水平远比其他村庄的富农低。其他家庭都在其下,因此这是一个有代表性的贫农大村庄。

没有常设的牛奶采购点,大概在夏季会由ウオロンツオフ[⑤]临时开设。

---

① 译者注:地名。罗马字读音为uorontsuofu。

② 译者注:地名。罗马字读音为atsuan,chinkeru。

③ 译者注:地名。罗马字读音为naijinburaku。

④ 译者注:地名。罗马字读音为toinihe。

⑤ 译者注:地名。罗马字读音为uorontsuofu。

牙克石

【概略】牙克石是北铁西部线的一个小站，在小站的北方有一个相当大的村庄。居民大多数是白俄人，但满人也有不少。其他人当中有少数是苏联籍。居民多从事畜牧业、农业、狩猎、林业劳动。

【户口数、人口数】最多的白俄人的户数、人口如下：户数 275、人口 1,313（包括大人：男 381、女 349；小孩：男 296、女 287）。

大部分是后贝加尔哥萨克人，但在革命时期定居在此地的人并不多，俄中纠纷以后从三河地区或北铁西部线其他站来到此地定居的人占多数。1926 年在此地的俄罗斯人的户数是 80 户（《从经济方面看呼伦贝尔的情况》，107 页），可以看到，七八年来增加了 3 倍多。

满人的户数 46、人口 511（男 496、女 15），苏联籍的俄罗斯人有 17 户、人口 63（男 31、女 32）。

以上总计户数（一个家庭代表一户）338 户、人口 1,887（男 1,204、女 683）。根据《巴尔虎的经济概况》，1927 年此处的总人口约 700 人，因此，过去的 7 年内人口大约增加了 2.8 倍。

白俄人经济状况

耕地面积及家畜数量总计如下：

耕地面积 122.35 俄亩、牛 1,754 头（成年牛 980、牛犊 774）、马 892 匹（成年马 685、幼马 270）、羊 1,330 只。

贫富比例：

富农 3、中农 82、贫农 128、无产者 62，合计 275。经济能力不算富有。根据以上的分类，在下表中表示各户的内容。

分类		富农	中农	贫农	无产	合计
户数		3 （1.1）	82 （29.8）	128 （46.6）	62 （22.5）	275
大人 （有劳动能力）	总数	6 （0.8）	292 （40.0）	306 （41.9）	126 （17.3）	730
	每户平均	2.0	3.6	2.4	2.0	—
耕地 （俄亩）	总面积	1.0 （0.8）	100.3 （82.0）	21.05 （17.2）	—	122.35
	每户平均	0.33	1.2	0.16	—	—
牛	总数	181 （10.4）	1,246 （71.0）	327 （18.6）	—	1,754
	每户平均	60.3	15.2	2.6	—	—

续表

分类		富农	中农	贫农	无产	合计
马	总数	43 (4.8)	568 (63.7)	281 (31.5)	—	892
	每户平均	14.3	6.9	2.2	—	—
羊	总数	650 (49.0)	638 (48.0)	42 (3.0)	—	1,330
	每户平均	216.6	7.8	0.3	—	—

备注:括号内的数字是与总计相比的百分比(%)。

【农业】由于这个地方北方受海拉尔河沿河湿地的阻挡,东西两边受到山地阻隔,连仅存的在南方的平地也由于是蒙古人的游牧地带而受到限制,剩下的耕地很少,加上其土质不好,所以农业发展不景气。就算是拥有最大的耕地面积的农户,耕地面积也不超过3.5俄亩。由于大部分人耕作着不到1俄亩的耕地,这里的农民单靠农业是难以维持生计的。

产量与三河地区的相比是很少的,平均一俄亩的产量是:小麦100布度、燕麦120布度、大麦80布度左右。而且,由于土质的关系屡次遭到旱灾的祸害。

即使是农户,产量也不能满足自家的消费需求,所以他们从商店购买不足的麦粉。例如,这次调查时调查到了他们的生计状况,一农户家里有6口人,经营着面积为2俄亩的耕地,一年的粗面购买量是150布度。另外,另一农户家里有8口人,耕地面积3俄亩,但一年的粗面购买量是7.80布度。

这个伙食补给的费用是由畜产、劳动、狩猎的收益来偿付的。

【畜产】如同之前所提到的居民的经济能力,这个地区居民每一户的家畜拥有量远远少于三河地区的居民。然而,三河地区的家畜数量与过去相比没有很大的增加,但可以看到这个地区的家畜数量大体上还是不断增加的。

在《巴尔虎的经济概况》(204页)中取得的1925年度家畜数量的数据,其与现在的数量对比如下:

家畜种类	1925年	1933年
牛	700头	1,754头
羊	4,000只	1,330只
马	300匹	1,892匹

这个地区的自然条件正如ナイチンブラク[①]那章所提及的,在三河地区以外,俄罗斯人的

① 译者注:地名。罗马字读音为naichinburaku。

农耕业发展是不受欢迎的。对照这一实际情况来看,此地,俄罗斯人的经济最终只能把畜产业放在重要位置上。但畜产加工业如今变得越来越不景气,原料的需求量不明显,家畜所有者夏季不得不以工厂指定的极便宜的价格出售牛奶,用这些钱高价购买日用品。这种现状不得不说畜产业只能作为副业。

畜产加工业在这个地方还是比较早发展起来的。1923年,ウオロンツオフ[①]商会在这里开设制酪工厂,这成为三河地区制酪业崛起的开端。1925年后在这个地方开设了与ウオロンツオフ同等规模的工厂ユトーウイチ[②]。虽然两者竞争激烈,但由于前者受到(东)中国铁路的援助,在根据地牙克石设置了能够贮藏7千布度奶酪的冷藏室,显出非常积极地打入内地市场的样子,它与内地间的运输工具是卡车,显示了其雄厚的财力。后者经常被压倒克制着。

但是由于俄中纷争的关系给此地的事业带来了不少变化。从现状来看,虽然ウオロンツオフ工厂依然占重要地位,但它把内地的工厂关闭,在牙克石附近艰辛地经营勉强保持着以前的面貌,难以掩盖其实力衰退的苗头。另外,ユトーウイチ工厂把其地位要让渡给"エイマン"工厂[③]销声匿迹了。此外,现在有一间叫"プロスコビエフ[④]"的工厂,但规模小,不足与前两者相比。

在ウオロンツオフ商会的事业方面,虽然基于奶酪市场的不景气而采用了消极对策是理所当然的,但失去了始终实施紧缩政策的北铁这个后援和苏炳文事件,这是导致商会蒙受损失的原因。

1933年度ウオロンツオフ和エイマン这两工厂的牛奶采购量和奶酪以及其他生产量(单位布度)如下:

工厂	牛奶采购量	奶酪生产量	干酪生产量	酸奶油生产量
ウオロンツオフ	11,347.5	293.5	355.3	182.2
エイマン	16,367.7	749.6	17.5	—

【劳动】因为工厂劳动和三河地区的大同小异,所以在这里就不叙述了,接下来就与俄罗斯人关系密切的林业劳动作叙述。

从事林业劳动的俄罗斯人不仅在此地,在北铁西部线各站、牙克石街道各村庄、三河地区都能看到他们的身影,所以下面的叙述和以上任何一个俄罗斯人都有关。

俄罗斯人在农闲的时候携带自己的车马到海敏采木公司林区和永利公司林区去打工。打工者一般组织成组合到林区去,每一组分摊一定比例的造材地区。与林区经营者就林区的分摊、租金的磋商、物资供给等问题进行交涉的是各组的代表,劳动者个人是不进行这样的交涉的。每组的代表者从经营者那里拿到账本,并且对该组领到的粮食、马粮、衣服等货款和该组

① 译者注:地名。罗马字读音为uorontsuofu。
② 译者注:企业名。罗马字读音为yutōuichi。
③ 译者注:企业名。罗马字读音为eiman。
④ 译者注:企业名。罗马字读音为purosukobiefu。

的造材工资进行记账。

造材的工资用现场的条件、劳动者用的粮食的价格做参考而决定，最近的单价(单位：哈大洋)如下：

并列枕木一挺	0.18—0.25
分岔枕木一米	0.10—0.12
桥梁枕木一米	0.18—0.25
坑木一根	0.15—0.25
电线杆(长8.5米)一根	0.20—0.30
电线杆(长11—17米)一根	0.75—1.50
薪柴一立方米	1.50—2.00

据称，劳动者从林区经营者那里取得的粮食额是一个月15—18元。

由于造材单价高，所以就算分到的地区条件好，造材季节(11月—3月)一过，劳动者下山时所取得的工资还是很低的。理由是，林区所在地很偏僻，不仅是粮食、马粮，有时就连衣服、器具都只能以不合理的价格从林区经营者那里购买。

满人经济状况

农民的人数不是很确定，但大部分居民都经营着或多或少的农耕业。耕地面积是一户2俄亩以下，通常种植自家用的谷物和销售用的马铃薯、白菜和其他蔬菜。每户都有数头牛和马，全部加起来数量应该相当多，因此短时间内不能调查这方面，从政府那里也没能取得资料。

有15家商店向俄罗斯人和满人这些居民提供食用品、杂货，但最大的客户是林业劳动者。每家商店的商品存货额有500元到1,000元左右，商品多数从哈尔滨和海拉尔进货，食物和饮料等是满洲产的，香烟、罐头是苏联产的，食具、织物多数是日本产的，总体上有70%以上是日本货。

附表

各村庄其他俄罗斯人的户数、人口、财产表(1934年1月)

村庄名称	户数	家族				
		大人		小孩		总计
		男	女	男	女	
ウエルフクリー[①]	119	238	187	157	153	735
ウスチクリー[②]	82	—	—	—	—	328

① 译者注：地名。罗马字读音为uerufukurī。

② 译者注：地名。罗马字读音为usuchikurī。

续表

ドラゴツエンカ[1]	87	155	140	110	83	488
拉布大林	45	76	56	92	—	224
ナルマクチ[2]	57	88	77	50	60	277
ナイジンブラク[3]	66	99	65	72	65	301
トイニヘ[4]	49	—	—	—	—	不详
牙克石	275	381	349	296	287	1,313

村庄名称	耕种面积(单位:俄亩)					
	小麦	燕麦	大麦	黑麦	荞麦	合计
ウエルフクリー	283.1	111.95	49.55	35.05	48.15	527.8
ウスチクリー	69.7	15.05	15.05	15.85	11.7	127.35
ドラゴツエンカ	275.5	101.95	24.85	11.00	21.2	434.5
拉布大林	—	—	—	—	—	69.00
ナルマクチ	25.65	4.4	7.15	10.45	23.00	70.65
ナイジンブラク	—	—	—	—	—	27.25
トイニヘ	3.25	2.65	1.2	—	—	7.1
牙克石	—	—	—	—	—	122.35

村庄名称	家畜头数						
	牛			马			羊
	成	幼	合计	成	幼	合计	
ウエルフクリー	1,110	1,718	2,828	509	296	805	2,664
ウスチクリー	373	392	765	171	96	267	379
ドラゴツエンカ	713	527	1,240	281	88	369	1,716
拉布大林	285	310	595	129	50	179	284
ナルマクチ	534	312	846	206	80	286	217
ナイジンブラク	667	334	1,001	296	52	348	299
トイニヘ	375	151	526	187	40	227	307
牙克石	980	774	1,754	685	207	892	1,330

① 译者注:地名。罗马字读音为 doragotsuenka。
② 译者注:地名。罗马字读音为 narumakuchi。
③ 译者注:地名。罗马字读音为 naijinburaku。
④ 译者注:地名。罗马字读音为 toinihe。

续表

村庄名称	农具					驮马车		备注
	犁	割草机	收草机	风力选谷机	脱谷机	铁轴	木轴	
ウエルフクリー	59	58	56	7	5	65	136	男177 女151
ウスチクリー	21	14	17	3	1	10	43	
ドラゴツエンカ	45	26	29	6	1	17	118	
拉布大林	—	—	—	—	—	14	36	
ナルマクチ	—	—	—	—	—	3	66	
ナイジンブラク	—	—	—	—	—	—	—	
トイニヘ	—	—	—	—	—	—	—	
牙克石	33	70	65	—	1	82	328	

新旧各种税金比较表

税目	旧政府时代(单位:元)		现在(单位:国币元)
	呼伦县	室韦县	额尔古纳左翼旗
旅游执照	7.10	7.10	3.00
房屋税	6.00—60.00	6.00—12.00	—
房屋建筑税(1根圆木)	0.15	0.15	0.20
薪柴(1クボニ付)①	2.00—3.00	2.00—3.00	1.50
割草税(1千布度)	22.00	25.00	10.00
家畜税成年牛马(1头)	1.30	1.45—1.60	0.60
家畜税未成年牛马(1头)	0.65	0.72	0.30
家畜税羊(1只)	0.25	0.25	0.60(2)
家畜税猪(1头)	0.30	0.30	—
播种税(1俄亩)	1.20	1.20	(A)5.00(3) (B)2.50
收获税(1俄亩)	18.00	22.00	
狩猎税(1把手枪)	1.30	1.30	—
战时税	30.00	30.00	—

注:①依据满铁经济调查资料第96号及《呼伦贝尔三河地区概述》(《满铁调查月报》昭和八年5月)。

②每7头。

③耕作税分为已耕地耕作税(A)、未耕地耕作税(B)两种。

① 译者注:此处意思不详。罗马字读音为kuhoni。

四、对白俄人的移民政策

以上大体上是对这次调查区域的居民的经济状态的说明，尽管简单，但对其将来的预测做了叙述。最后，对俄罗斯移民的政策变迁作记述。特别地，记述范围只针对白俄人是因为我们这次调查的区域是白俄移民的区域，蒙古人、满人的势力极其微弱，因此不作特别问题来处理。另外，呼伦贝尔对蒙古人的政策众所周知，所以并不在这里叙述。

中国政权时代

从1918年开始的对三河地区、(东)中国西部线的白俄移民，旧东北政权没有确定的、一贯的政策。多数是交由当地政府来处理。也就是，此处地方偏僻，由于与中央政府利害关系不大，不必要对其持太大的关心。虽然处处压迫俄罗斯难民是中央和地方共同采取的态度，但并不是政策性的根据，只是在蔑视非法入境的无国籍的难民罢了。

【行政机关】遵循旧东北政权时代的行政区划，我们这次的调查区域是以旱河为边界，其左岸以南属于呼伦县，其右岸以北属于室韦县，相信这种区域划分没有太大的政治意义。

和三河地区移民有直接关联的官厅于1920年由呼伦贝尔道尹设立，是这个地方的区警察局，它的总署设在シチユチエ[①]，在拉布大林设有分署，整个三河地区的行政就交给它来管理。这个行政机关被设立的同时，公布了针对居民的各种课税项目。

到1923年，区的警察局局长公布对以前各村庄的村庄长，不仅要进行选举，还需要警察局长的确认。另外，公布了村庄长的职责是辅佐地方官员，完全把村庄长置于警察的支配之下。村庄长的职责项目归纳如下：

1.提供中国官员旅游时用的车马，修建官衙官舍，为官吏的农耕伐柴提供劳动力。

2.调查村庄的户籍财产。

3.解决该村庄的纠纷。

4.拘留、逮捕、监视刑事犯人、盗贼、行动可疑的外来者。

虽然村庄长上面有难民团长，但是这个任命也要得到警察署长的认可。

【官厅的秕政】首先以上的组织是无可厚非的，但地方官员把这个地方的独立性视为良机独裁统治，滥用权力，没完没了地课税和赋役，专横霸道，使地方居民陷入了疲惫的局面。下面揭示其具体的事实。

“征收所有东西的税金，免税的只有空气和水而已。”对居民来说压力最重的是为官员无偿提供赋役和物资。在シチユチエ、拉布大林的官厅驻地，居民被强制修建官舍，无偿提供食物、马粮，只要他们一要求就要为其无偿提供车马，有时也不得不为与警察关系密切的人提供同样的服务。过中国节日那天招待官员和送礼是必不可少的。据说，这些供奉给官员的税金、

① 译者注：地名。罗马字读音为 shichiuchie。

服务、赠品等合起来相当于地方中农一年250至300元的收入。

税金的催征方法也异常混乱。例如,如果在三河地区内要转移商品的话,在商品出发地要缴纳税金,到新的地方还要缴纳双重税金。从道厅来的税务官员来收税的话,他们开的收据上的金额就会比实际收到的金额要少,在检察官来检查的时候,人们就不得不重新缴纳所有的不足的税金。另外,这其中有携税款潜逃的税务官员,如果这样的话,居民又得再多交一次税金。

经时间推移,地方官员的秕政更加严酷。终于,居民从一个村庄移居到另一村庄的自由也被剥削掉。虽然只有贿赂官员的人才得到许可,但是这样的时候也禁止卖掉所有的不动产,其自然而然就为警察所有了。另外,也禁止把耕地的租地权让渡给别人,这个权利就自然失去了。

对于居民来说最不幸的一件事是,官员对村庄长、难民团长的选举进行干涉。本来应该是村庄民众相互选举,现在是以官员的意愿来任命,因此由得不到大家的信任、没有声望的人来担任此职。结果,村庄长作为官员的走狗来压榨居民。对把视村庄融合为生命的哥萨克兵村制原封不动地移到这里的移民来说,上述不利干涉成为村庄民众意想不到的苦恼。

难民团长的其中一项职责是对居民的财产进行调查。他们作为官员的走狗,居民如想避免苛刻的税金就必须博取其欢心。因而此地区行贿是司空见惯的事了。现在的富农在当时拥有相当多的财产,因为不断行贿,所以才积攒下一点财产,但是即使想行贿也没有多余的钱的中农、贫农成为了绝好的榨取目标,进一步加深了贫困。而且,警察在维持治安方面是完全无能的,经常是,如果遇到匪贼来袭的话就交给居民自卫团防卫,自己就躲避起来。尤其是中俄纷争的时候,从额尔古纳河到三河地区一带都没有看到警备兵警察的身影。

中俄纷争后,虽然在三河地区配置了中国警备兵,他们不但没有维持治安,反而擅自做出抢夺这样的暴行,居民变得更加恐慌。中俄纠纷的结果是,完全把中国官厅对外的无能暴露无遗,国境警备变得有名无实,从苏联公然越境过来的ゲペウ[①],到三河地区来绑架居民屡次发生。(以哈尔滨スコエ·ウレーミヤ[②]纸、其他白俄字纸为根据。)

以上主要是额尔古纳河沿岸到三河地区旧政权时代的实际状况。牙克石街道各村庄的情况又是如何呢,这里没有记录,但通过现在随处可见的贫穷的状况来看,我想大体和上述的差不多。可以这么说,旧政权时代在呼伦贝尔的白俄人一步一步地沦为中国官员的奴隶。

满洲国成立以后

满洲国成立的同时,正确来讲应该是苏炳文一伙被铲除后,白俄人从常年的秕政中得到解放,可以看到建设乐园的光明。

观察满洲国对在呼伦贝尔的白俄人的政策发现,给予了他们不会与原居民的利益有冲突

---

① 译者注:指苏联情报机构"格别乌"。

② 译者注:报刊名。罗马字读音为sukoe·urēmiya。

的土地让他们独自经营农耕业，三河地区不管从自然环境来看还是从经济环境来看，都具有可以实现上述政策的条件。现在这个地方属于在兴安北分省管辖内的额尔古纳左翼旗的行政区域内，旗长是蒙古人。这里面设置辅佐官的参事官，由日本人担任，村庄长制和以前一样。避开无谓的干涉、尊重居民的自治，还有，警察除了作为领导的日本人外，全部采用俄罗斯人出任。这些政策都是以上述政策作为基础的具体措施。

额尔古纳左翼旗内的俄罗斯人经济增长这件事并没有损害到原居民一丝利益。因为此地本来就是蒙古人游牧的地域以外的地区，自古以来俄罗斯人的迁移没有遇到任何妨碍。另外，现在才作为日本的农业移民候补地罕有地成了被别人谈论的话题，可耕地充足，日本人和俄罗斯人可融洽相处，所以，将它作为白俄人的移民地再好不过了。

然而，现在拥有相当多人口的牙克石街道地区（陈巴尔虎旗、索伦旗）的白俄人的立场又如何？在这个地方的白俄人的无限制发展恐怕会压迫着蒙古人，可以看到，将来其发展必受到抑制。在呼伦贝尔最大的政治问题是对于蒙古人的保护，因此作为少数民族的俄罗斯人在这个小区域以外的自由发展受到阻碍也是迫不得已的。对于遭受到如同在旧政权时代无容身之所这样的压迫的白俄人来说，就算在这个地方能够安乐生活也是意外的幸福。

据说满洲国政府计划在这个地方以外的墨尔根附近设置白俄人的移民地，但这个地方需要重新开发，对于没有资金力量的俄罗斯人来说大量的移民是不可能的。自然而然地，作为最简易的移民收容地，额尔古纳左翼旗备受注目是理所当然的事了。

参考文献

满铁调查资料第九十六号《从经济方面看呼伦贝尔的情况》，（满铁哈尔滨办公室）昭和四年3月

俄罗斯经济调查丛书《巴尔虎（呼伦贝尔）的经济概况》，满铁庶务部调查科

《呼伦贝尔三河地区旅行记》（桥本欣五郎）——昭和八年6月

《满铁调查月报》，“呼伦贝尔三河地区概说”，（满铁资料科信息系）昭和八年5月

《满铁调查月报》，“额尔古纳左翼旗（三河地区）情况”，（满铁哈尔滨办公室）昭和九年5月

满洲杂志＊＊＊＊＊＊＊＊，1934年5月

满洲里扎赉诺尔方面调查报告书

经济调查会第一部

五条为正

我参加了第十三班军需供水调查队，关于满洲里扎赉诺尔方面的经济概况，调查后做报告时采取以下方法：

一、旅行日志

二、当地的经济概况调查

三、照片资料

在旅行日志中，有很多应该添加到经济概况调查里的事项，此外，像三十里店那样只有5户农户的地方，在日志中用经济概况调查的形式记录了下来。

满洲里扎赉诺尔方面

经调一部

五条为正

一、旅行日志

11 月 5 日我们从大连出发来到新京,从部队领到了发放物品,9 日到达海拉尔,由于商量事情及其他准备工作,比预期多花了几天,过了一段时间,16 日上午 9 点从海拉尔出发前往满洲里。共有工作人员 12 名,叫做第十三班军需供水调查队,目的是对满洲里及扎赉诺尔进行调查。我自己作为经济概况调查员,参加了这个调查队。以下日志主要记录的是我个人的行动。

备注:昭和八年 11 月 16 日,我们离开了海拉尔,对满洲里和扎赉诺尔进行了调查,于当月 30 日返回了海拉尔。

11 月 16 日

我们下午很早就到了满洲里站。本来应该在满洲里饭店自己做饭,但由于粮食、薪炭还没有送到(昨天从海拉尔邮寄过来的),于是就决定在日本军队兵营(原俄罗斯兵营,日俄战争之时俄军就在这里整备武装。蒙古军兵营紧挨着日本军兵营)留宿。班长(满铁地质调查员原口九万先生)作为代表对各公署进行了问候。

我去了五道街的朝日洋行(日本人的杂货店),询问了街上的商业情况。

备注:朝日洋行只销售日本商品,且在海拉尔有分店。

邮到满洲里站的所有货物都被征税。货物仅仅在有特别证明的时候,才会被视为满洲国品,以防止走私。

11 月 17 日　上午 9 点的气温为零下 15 度　大晴天

上午,拜访了特务机关长小原大尉,饶有兴趣地听他讲豪言壮语。

我们到达领事馆,会见了副领事泉先生,泉先生是个俄罗斯通。接着和领事馆警察署长国岛吉與先生面谈,向他问了日本人的状况,得知日本人和朝鲜人一共 370 人,其中,日本本土人有 285 人,主要是官吏及他们的雇员,我把这个情况记载在别的调查报告书上了。日本人平岛福助先生经营着满洲里到扎赉诺尔之间的公共汽车事业,但表中之所以没有与其相对应的职务名称,是因为平岛先生也开当铺,故而只对那方面的数据进行了统计。关于劳动者的资料,由于这年 3 月满洲人劳动者的相关调查似乎能作为参考,所以就把其中的工资部分记录了下来,然后就回去了。回去的途中,本来想拜访在满洲里居住的日本建筑工人,但是,他好像去了海拉尔。当地的工人好像基本上都被海拉尔的兵营工程吸收。如果拜访旅行者办事处事务所的三浦先生的话,也许会了解到一些有关当地劳动者的情况,于是,我怀着这个期望,拜访了三道街的旅行者办事处,但是没有人,只有一个看起来像佣人的人在,不得已,只就交通问题做了笔记。

备注:传闻办事处的三浦先生,非常了解当地实际情况,所以我们去拜访了他好几次,但是,一次也没见到过他。调查牲畜的坂本君也拿着介绍信去拜访了三浦先生,但终究没有见过面。在海拉尔,松本组花了 40 万元承包了兵营的建设,目前正在建设中。当地的劳动者大多被这个工程吸收。

11月18日 零下14度(上午9点的气温),上午有少许降雪

从海拉尔运来的粮食、薪炭、机械材料都邮到了,于是我们移到了满洲里饭店。那天,我们访问了商务会。满洲里的商务会于大正初年成立,会员有150名,当地的商人主要是山东人。据说,没有那种有联号关系的商人,或出拨子[①]的商人。我们询问了街上的情况,但也没问出什么来;询问了商务会的收支情况,9月到10月的收入为358元,支出为486元,去年一年的收入为7,800元,支出为8,900元,不管什么时候支出总是多些。当问他们为什么会这样的时候,他们说很怕掠夺。大概在军阀统治时期,商务会有过被索要金钱充当军费的经历吧。每年入不敷出的那部分,在当年的12月份,附上"加倍捐"补充上来。"加倍捐"因商业买卖的大小而各不相同:特级10元,甲级8元,乙级6元,丙级4元,丁级2元,戊级1元5角,已级1元,庚级6角。但没有规定区分这些等级的标准。

满洲里市内有劳动者200人,马车夫100人。木匠、泥瓦匠的工资每天3元,搬运工的工资每天2元,夏季工资是这个数额的一半。

当地的小商人很多,这些小商人大多只拥有200元到300元的小资本,但是其中也有资本达5,000到6,000元的大商人。当地普通成人每人每月的生活费为15元,关于这方面,我们也没有归纳总结,问完就回去了。

为了调查有关当地的税金情况,我们拜访了北满特别区满洲里市的市政公所。市政公所就在消防署的旁边。很庆幸,那里有一个叫于祥云的男日文翻译,所以,当我们解释来意后,他就把财政科长介绍给我们认识了。

科长给我们看了账簿,我们把有关税金的记录抄写了下来。

税目	征收方法	等次	数目
营业捐	每年2回	1等	每年收200元
营业捐	每年2回	2等	每年收169元
营业捐	每年2回	3等	每年收136元
营业捐	每年2回	4等	每年收112元
营业捐	每年2回	5等	每年收88元
营业捐	每年2回	6等	每年收72元
营业捐	每年2回	7等	每年收56元
营业捐	每年2回	8等	每年收44元
营业捐	每年2回	9等	每年收32元
营业捐	每年2回	10等	每年收24元
营业捐	每年2回	11等	每年收16元

① 译者注:即货郎。

续表

税目	征收方法	等次	数目
营业捐	每年 2 回	12 等	每年收 11 元 5 角
营业捐	每年 2 回	13 等	每年收 8 元
营业捐	每年 2 回	14 等	每年收 4 元 8 角
建筑估价捐	每年 2 回		征收 30%
地皮估价捐	每年 2 回		征收 35%
房产进款捐	每年 2 回		征收 35%,但是不足 96 元不征收
汽车捐	每年 2 回		每年收 40 元
马车捐	每年 2 期		每年收 7 元 2 角
载重马车捐	每年 2 期		每年收 4 元
外埠马车捐	每年 2 期		每年收 8 角
马尔车捐	每年 2 期		每年收 4 元
脚踏车捐	每年 2 期		每年收 1 元 6 角
慈善捐	每年 2 期		征收 10%
医院捐	每年征收 1 次		征收 8 角

对俄罗斯人的课税:

进款捐　　每月 100 圆里征收 5 圆

地皮捐　　每年 20 圆

以上是针对赤系。

居留申请:

赤系　　20 圆/年

白系　　7 圆/年

据说,实际上是按照这个标准执行的。关于营业捐,没有划分等级的标准,就连市政公所税捐局也不清楚去年的征税额。关于这一点,他们答应日后为我们调查。

在回去的路上我们敲了两三家商店的门,问了其营业捐的情况,但那几家商店没有一家交过。今天一整天都没有收获。

11 月 19 日　上午 9 点的气温为零下 14 度　大晴天

我们坐马车去了市区东面半邦里的岩见农场(以前的小出农场)。虽说是马车,其实不过是拉货的车而已。街上的风很冷,马的鼻子下悬着很长的冰柱。

我们试着去问了朝鲜工人一些情况,但也没问出什么重要内容。于是决定见岩见先生再问,视察就到这里中止了(后来,在海拉尔见到了岩见先生)。来到当地(岩见农场),朝鲜人也在吃小米。进入一个农户家看了看,是两间外面仅仅用泥土加固的房子。

里边的房间兼做客厅和卧室,前面的房间是厨房。在卧室里只有两张榻榻米铺贴木板上铺着蕉草席。里面只住着3个男人,他们用牛粪做燃料(1布度[①]牛粪15钱)。

农业调查员篠原先生挖了点土壤装进了袋子里。我们来到了屠场,在看守的小屋子里取暖,吃了午饭,下午参观了屠杀工作现场。被带到屠杀场的羊,正像人们平时所说的那样,在被砍掉脑袋前,没发出任何叫声或呻吟声。

牲畜被直接牵来,脑袋一下子被砍掉,然后把内脏拿出来,把皮和肉分离。这个过程仅仅用了三四分钟,周围弥漫着血腥味。

这个屠场由市里直接运营。附近的羊、牛、猪都在这里宰杀。我去的时候,只有羊。看了看最近4年的宰杀头数,如下:

(单位:头)

年次	雌	雄	犊	幼犊	猪	羊	小羊
1930	705	258	22	11	316	11,889	1,864
1931	822	232	20	206	648	10,159	1,776
1932	598	186	25	146	575	7,256	2,360
1933	524	199	16	208	288	6,325	1,242

到11月为止

我们从屠场来到在市北方约半邦里的小北屯。小北屯在小原山的山脚下,但属于满洲里市。这里有少数的满洲农户,他们全部是山东人。这个地区大部分是白系俄罗斯人。当我们一行人挥舞着日本国旗,在シユメリフ[②]的皮革工厂拦住运货的马车时,一群人说着我们听不懂的语言聚集过来,很稀奇地看着我们。我们见了主人シュメリフ。

中国人中有懂俄语的,又有将中国语给我们译成日语的,我们就通过这样的两次翻译,和シュメリフ进行会谈。

这个工厂已成立11年,满洲里只有这1家皮毛工厂。这个工厂用牛羊的皮做马鞍,此外,也加工毛毡的长靴、皮靴。据说,资本在1万元左右,生产额在2万元左右。做这些工作的人有7个俄罗斯人,23个满洲人,使用22马力的电力。

劳动者的工资从1元2角到2元左右。关于税金,1年交纳100元左右。了解到这些情况之后我们就回去了。傍晚时分,寒气逼人。

① 译者注:1布度约合日本4贯383匁。

② 译者注:人名。罗马字读音为 syumerifu。

11 月 20 日　上午 9 点的气温为零下 20 度，今天也是今年的气温最低达到零下 24 度

我们拜访了西新巴旗驻满洲里办事处。在那里我们和科长刘直进行了笔谈。刘直说，他们在这里的任务是"做与本旗有关的一切行政事务，但是没有司法警察"，据说旗长是巴嘎边 * * 。刘直还让我们看了不同工作的负责人员表，上面也有工资情况，但是，很可惜，没有抄下来。

职别	人名	年龄
递长	金	50
科长	刘金	44
办事官	善吉密图普	42
科员	高建锦	32
一等雇员	周广德	32
二等雇员	敬顺	47

除此之外，还有差役 2 名，劳务 1 名，厨师 1 名。这里对除满洲里外，其他属于西新巴旗进行征税。据说旗内的鸦片种植面积为 591 日亩，1 亩的税金 3 圆。西新巴旗内的放牧头数如下所示：

牛 23,647 头　马 26,146 匹　羊 253,367 头　山羊 9,597 头
骆驼 2,110 头(海拉尔蒙古政调查)

对这些放牧家畜征收的税金(国币)：
牛、马 1 头 20 钱　2 岁的牛、马 1 头 10 钱
当年出生的牛、马 1 头不征税
两岁及两岁以下的骆驼 1 头 20 钱
7 头羊相当于 1 头牛、马

以上是与放牧家畜有关的地方税，这些税缴纳给西新巴旗。

岩见先生还没有从海拉尔回来。在市政公所，我们会见了对方的各位委托人员及财政科长。满洲里的商家中，俄罗斯人的商店有 81 户，满洲人的商店有 21 户，纳税最多的是煤炭商和铁路职员购买协会，1 年纳税 1,600 元以上。在银行方面，有中央银行和商业银行，商业银行是俄罗斯人经营的银行，现在没有经营任何业务。

据说，通用货币有哈大洋、国币、金票，哈大洋的流通很广，税金用国币定，用哈大洋征收。

备注：苏炳文事件以后，一般不对小商人征税，只对收入多的企业进行征税。

11 月 21 日　上午 8 点的气温为零下 22 度

去蒙古スキー[1]煤矿,本来打算借辆卡车去,但是卡车发生了故障,0 时 15 分坐马车从兵营出发。马车越过缓缓起伏的丘陵,驰骋在野草茫茫、绵绵延伸的高原上。寒风凛凛,大约两点到达了蒙古スキー煤矿。这个煤矿在满洲里西南约 3 邦里处,宣统三年被来タルバカン[2]狩猎的意大利人发现,宣统四年开始开采,但由于入不敷出,就被中止了。

据说,现在的挖煤场所从 3 年前开始挖煤,但不是以前的挖煤场所。

现在的挖煤场所由满洲人王济舟和尹星三共同经营。有一个矿工模样的瘦弱男子出来给我们领路。

这个人就是尹星三。掩护的士兵们很惊讶竟然有这样的掌柜。恐怕他们到现在依旧认为尹星三是个矿工吧。矿工的工作就是用洋镐敲打大块儿的煤,再用箩筐捞取,最后装进货车。现在有矿工 80 名,都是满洲人。

他们分成 6 班作业,每班有 6 人,每班每次 2 人挖煤。冬夏的采煤量相同,都是 50 吨(?)。煤炭用货车运到满洲里,1 辆货车的载重量为 50 布度,运费为 1 布度 4 钱或 5 钱。由于到满洲里的道路上有很多湿地,再加上气候的关系,困难重重,所以根据不同情况支付运费。货车全都由骆驼牵引,骆驼有 40 头。

据说骆驼的价格从 100 圆到 150 圆不等。煤炭运到满洲里,每吨批发 12 圆,零售 15 圆。

据地质调查员说,此地煤矿的埋藏量有 1,500 万吨,煤质是泥煤,煤层有 3 层,上层、中层大约 1ササヂレ[3],下层 1.5ササヂレ。关于该煤矿的情况,我们之后又去了西新巴旗,做了以下的记录:

远大煤矿

负责人	王济周、尹星三	纳税	民国十九年 356 元 3 角 8 分
地点	满洲里察罕敖拉		民国三十年 578 元 7 角 2 分
矿区面积	6 方里		大同元年 7 月到大同三年 2 月 685 元 4 角 2 分
矿种	低级褐煤	每月产出	1,300 甫
		价格	1 甫大洋 1 元 8 角
开始	民国十九年 11 月 15 日	总额	234 元

我们在煤矿参观学习了大约 1 个小时,3 点半就回去了。

① 译者注:煤矿名。罗马字读音为 suki(本意为滑雪)。
② 译者注:地名。罗马字读音为 tarubakann。
③ 译者注:量度单位。罗马字读音为 sasajire。

在途中我们看到了两只麋鹿(鹿的一种),有四五个想开枪的掩护兵说要把这当成最后的演习,所以当鹿站在那里不动,伸着脖子回头看的时候,他们就瞄准并向那两只鹿开了枪,但是麋鹿一溜烟地逃跑了,只剩下灰尘飞起。

夜色渐渐笼罩了旷野,归程中马车急匆匆地奔跑着,前后什么都看不到。因为很冷大家都蜷缩在马车里没有说话。不久我们看到了街上的灯光,马的脚步突然加快了。回到满洲里旅店时是 5 点 40 分,虽然仅仅 2 个小时的行程,但是我们却感到像是过了很久一样。

10 月 22 日　上午 9 点的气温为零下 22 度

岩见先生还没有从海拉尔回来。我们在领事馆访问了清水忠藏先生。我们想要拜访清水书记生是有理由的。我们一行人住宿的满洲里饭店的前主人是志水固太郎,我们读他在甘珠尔庙所写的日记时,想起了驻北京外务省的学生清水忠藏的事情,所以才去拜访他的。志水是一家报纸的特派员,苏炳文事件发生时,被中国兵杀害了。清水认为志水去甘珠尔庙旅行是在大正二年,那时那个地方还没有日本人的足迹。当年那个在北京的日本留学生清水先生现在以满洲里领事馆文书的身份,积极地活动着。在领事馆,我们和清水先生闲谈了一会儿。

从清水那里我们得知,有个中国商人和东支铁路列车的列车员勾结,用无税的邮寄包裹将达半磅的货物运到新京(即长春市),逃了东支的高额运费。有个在国境割草的男人将 1 个 10 钱的烟草以 10チユルボネル[①]的价格卖给了俄国士兵,在满洲里换算一下的话,10チユルボネル仅仅相当于 7 钱(10チユルボネル在俄罗斯为 10 圆左右)。

除此之外,还有割草的事情,以前走私的事情等等,我们就这样在闲聊中打发了时间。我们拜托他回去后,帮我们调查一下有关当地人口和流通货币的事情。当晚,清水先生把调查来的情况给我们送到了满洲里旅店。

10 月 23 日　新尝祭　上午 8 点的气温为零下 23 度

上午 9 点 30 分我们在兵营前集合,然后去扎赉诺尔。

我们首先沿铁路南侧前进,尔后又沿北侧前进,约 2 个小时后到了一个叫三十里店的小村落。这里是满洲里和扎赉诺尔之间最高的地方。从这里远远地可以看到扎赉诺尔煤矿的烟囱。在这里稍微介绍一下三十里店。

三十里店的实际情况

三十里店位于扎赉诺尔和满洲里之间,但稍偏向扎赉诺尔方向,且比满洲里高 30 多米,比扎赉诺尔高 50 多米。住在这里的人几乎全是从山东来的,其中,有 1 人娶俄罗斯人为妻,有 1 人娶日本人为妻。这里的人主要经营农业,他们冬天移到满洲里居住,等到播种期再回来。人口有 15 人,马车 2 辆,马 6 匹,猪 2 头,村落比较富裕。

一、人口　三十里店的人口一共有 15 人。其中有男人 11 人,是在山东出生的满洲人。女

① 译者注:计量单位。罗马字读音为 cyuruboneru。

人有俄罗斯人、满洲人、日本人各1人。此外,还有1个看起来五六岁的女孩,是俄罗斯人和满洲人的混血儿。

二、户数 5户,其中3户住1栋,另外2户住1栋。一栋住3户的人家中有1户兼营旅店。据说,旅店的经营方式很奇怪:提供食宿1晚上10钱,如果旅客没有钱就不收其费用,如果还是很为难的话还可以送给旅客些路费。等到什么时候有钱了,如果有心再还回去。

三、职业 把农业作为主业,把割草、收集牛粪作为副业。

A.把农业作为主业,种植蔬菜和鸦片。但是,据说今年由于强(大)风的缘故,鸦片歉收。旱地一共有18天地。关于地方税,种植蔬菜,1日亩缴纳30钱;种植鸦片,1日亩缴纳3圆。

关于今年蔬菜的收获状况,白菜1天地300布度,萝卜200布度,马铃薯也是200布度。蔬菜类全在满洲里出售。

关于销售价格,白菜、萝卜1布度30钱,当地的作物,白菜、洋白菜之类价格都一样。

白菜包含洋白菜,马铃薯1布度30到35钱。据说,本年的销售额为170圆甚至180圆。

B.副业有割草及收集牛粪。

今年的割草收成是1,600布度,其中480布度作为税收上缴了。

草的价格是1布度15钱到20钱不等,把这些草运到满洲里就成了25钱。

关于割草作业,若是用机械割草1个人1天能割草80布度;若是手工割草,则可割85布度左右。(割草机、拾草机各1台)

蒙古人和农户都用牛粪作燃料。

冬季,他们的农闲期很长,拾捡和收集牧地的牛粪就是他们的副业。把干燥的牛粪装入袋子里,1袋干的牛粪重量大约1布度。据说,1个人1天能捡牛粪10袋。(牛粪1布度的价格是15钱。)

四、三十里店奇闻

刚才在人口的那部分,写到三十里店有一个日本女人。这个女人嫁给了一个满洲人,在事变中她没有逃跑,居然得救了。大家都觉得附近满洲里扎赉诺尔的日本人很不可思议。当中国兵来的时候,这个女人就挂上中国的旗子,当日本兵来的时候,就挂上日本的旗子,满洲国的兵来的时候,就挂上满洲国的旗子。这样,她看形势变换策略,成为各方的友军,因而得救了。我去的时候是11月,旱地的收割也已经结束,那个女人不在那里,但人们对她的评价很高。

备注:农民一般吃美国面粉。

我们一行人在三十里店吃完午饭,1点半出发,2点半多点到达目的地扎赉诺尔。然后,我们立即借了满洲国警察的一间房子住在那里。

在这里,简略记录一下满洲里和扎赉诺尔之间的地形。

满洲里扎赉诺尔间附近的地形

满洲里扎赉诺尔附近一般海拔600米左右,跟金州的和尚山差不多一样高。满洲里位于四面环山的盆地里。沿满洲里向东去的铁路延伸29千米就到了扎赉诺尔。满洲里和兴安之间的最低部分(海拔530米)有一条ムッチヤ[1]河,这条河沿岸的村落就是扎赉诺尔。贯通两者之间的车马道,向铁路线的北侧延伸着。道路比较平坦,土壤是沙砾壤。

线路以南是海拔700米到800米的丘陵,坡度很缓,没有树木,丘陵延绵不绝。北侧是稍稍隆起的草原地带。向额尔古纳河行进,地势越来越低,最低处湿地很多。山顶看到的小块的岩石是安山岩。从满洲里到扎赉诺尔之间18千米的一带,是高原的分水岭,三十里店村落就在这里,从这里隐隐约约能看到东方扎赉诺尔煤矿的烟囱。铁路以南蒙古包有很多,丘陵的南面山麓因有水流,芳草茂盛之处随处可见。

11月24日　上午9点的气温为零下12度　大晴天

在扎赉诺尔居住最久的日本人大概是当铺的小岛先生了吧。大概在16年前,这条街随着煤矿的开采而出现。在日俄战争期间,小岛先生是军队的俄语翻译。现在他已经很老了,但精神矍铄,他好像从这个街区建成起就生活在这里。他的儿子在满洲国警察署里供职,同样精通俄语。我们访问了小岛先生,向他询问了这个地方的大致情况。

扎赉诺尔有2,700人左右,日本人有9人,即邮局局长久米先生、当铺的小岛先生、一个开饮食店的人、2个成为中国人妾的女人以及他们的家人。从地图上可以看到在当地附近,有一个叫菜园子的地方,那里的蔬菜地非常多。下午我们拜访了当地的农户。

在扎赉诺尔,农民大约有300人。大多数是从山东、河北省来的满洲人,单身的人很多,他们住的地方,有的1户能住7人左右。有妻子的大概30人到40人。那里种植了鸦片、白菜、马铃薯、黄瓜、卷心菜、云豆、辣椒、茄子、蒜、甜瓜、西瓜等,鸦片和蔬菜的种植比例大概是2/3对1/3。据说当年鸦片栽培地为300天地,所以蔬菜地应为150天地(耕作地共450天地),鸦片地1日亩的税金为3圆,蔬菜地为30钱。本年鸦片的销售总收入为12,000元左右。

蔬菜用1,200辆载重量为40布度的车运到满洲里销售。关于各种蔬菜1日亩的收成,白菜、卷心菜是200布度,马铃薯50布度,其他蔬菜不太清楚。

关于这些蔬菜1布度的销售价格,卷心菜25到30钱,白菜60到80钱,马铃薯春天90钱、冬天30钱。据说割草主要是由农民进行,本年的割草量为10,000多布度,其中三成交税;用手割草的话每天可割30布度,用机械割草的话每天可割400布度。1布度草的价格是34钱至35钱。农夫的主食为美国面粉。大人平均1天1人吃3斤,大约30钱到40钱。从农夫那里打听来的内容如上所述。

我们去了邮局久米先生那里。邮局事务只有通信业务,没有现金业务。流通货币是哈大洋、江大洋、国币,金票没有流通。

据说,关于它们的流通比例,哈大洋为60%,江大洋30%,国币10%。本年草的收成为15,000布度左右,1布度大概20到27钱不等。草的价格原本为1布度17钱,但是要花装车费,所以涨到了20钱到27钱左右,且草的税收为三成。

---

① 译者注:俄语河的名字。罗马字读音为mutsuchiya。

下午,在满洲国警察署[①]调查了各种各样的事情。

扎赉诺尔的人口,不包括日本军、警察员,按本年8月做的调查,如下所示:

国籍	职业	户数	人口		统计
			女	男	
满洲国人	商业	111	430	140	570
	日佣	169	447	189	636
	农业	109	312	125	437
苏联人	日佣	58	151	109	260
	工人	15	29	27	56
白系俄罗斯人	日佣	74	173	99	272
	农业	80	227	194	471
日本人	商业	3	3	5	8
	合计	709	1,771	888	3,659

工人指的是在铁道上工作的人;日佣包括煤矿的土砂搬运夫及工作不明的贫民;农业包括放牧业。实际上完全没有俄罗斯农民,但却有白系俄罗斯农民471名被计算入内。

关于本年5月,扎赉诺尔放牧头数的调查:

马342　牛329　骡马4　羊854　猪44　鸡824

对放牧家畜的征税(上缴至公所):

马、牛、骆驼各1头36钱(哈大洋)

7只羊相当于马1匹、牛1头

对在札的居民的贫困者调查:

在扎赉诺尔,需要别人帮助的贫困者中,大多是白系俄罗斯人,他们家庭的劳动力多被苏联拉去卷入了苏中纷争。关于贫困人数,男13人,女20人,80岁以上的有2人,60岁以上80岁以下的有4人,40岁以上60岁以下的有3人,20岁以上30岁以下0人,10岁以上20岁以下有4人,10岁以下的有10人。他们主要是靠给人跑腿,挣得一点钱,或者是靠给别人洗衣服来度日。并不是像＊＊那样,得到近邻的帮助。

除此之外,我们还调查了各种各样别的事情。例如,运客马车1辆,货物马车195辆,煤炭搬运车140辆,牛车65辆,半圆筒形的运客马车4辆,雪橇24辆。货车装载20布度的东西,走1里半行程,运费为国币1圆50钱。雇1个工人1天的话,哈大洋2元5角左右等等。而且,扎赉诺尔的煤炭一般不卖,煤矿工人能从煤矿分得一些,所以那些困难居民或者拜托煤矿工人从而得到一些,或者是自己偷偷挖一些,除此之外没有别的办法。实际上也有人提着马穴[②]偷煤。

① 译者注:原文没有"署"字,疑为缺失。

② 译者注:马穴,指铅皮桶,铁桶。上部开口的圆筒形容器,带有搬运用的提梁。

11月25日　上午8点的气温为零下10度　阴天　风很大,很冷

在煤矿,满洲人必须在赤系里上户口,否则不会被录用,赤系的奸细就在煤矿里调查着日本人的动态。在目前的形势下,我们的任何行动都可能成为纷争的火种,所以我们连一张照片都没照。如果照了,仅仅没收照片是不够的,笔记也会被没收。听到这样吓人的话我很烦,但是听说地质调查员原口九万先生带着他的助手去煤矿,我就跟他们二人一起去了煤矿。我们在煤矿事务所拜访了副煤矿长顾振权。因听说日本的军服太刻板,所以我们就穿着满洲国警察员的衣服去了。在事务所,苏联人紧盯着我们,让我们感到害怕。顾振权待人亲切,亲自来迎接了我们三人。但是,他好像是苏联国籍,正受人监视。

因为原口九万先生说自己一行人是化石学者,所以,那里的人让我们看了从煤矿挖出来的鹿角。我很紧张地用不规范的英语说自己在俄罗斯的大学学过地质。我们拜托那人介绍煤矿后,他就自己走在前面,拾起贝壳说了些什么。因为风大,我们没有听到。

煤上的土和沙子由马夫驾马车运走。马夫的数量很多,而且动作很快。用这样的小车子搬运沙子,1天推五六回。这样的工作,1辆车需要两个人,一个人把沙子装到车子上,另一个人搬运,1天的工作结束后,两个人能得到3圆。

将所采的煤用小车运进煤池,再用货车将煤池里的煤运出。煤池里面煤炭的碎屑疯狂地燃烧着,这是因为煤炭上面覆盖着的沙子冻住了,要先解冻再挖煤,里面的人在拼命用洋镐挖着。那些人全是满洲人,没有看到俄罗斯人。这里大概有300人吧。

寒风刺骨,再加上完全不得要领的对话交流,而且借来的满洲国警察员的外套是羊皮的,还透着血腥味,于是我们也没多待就赶紧回去了。

下午我们沿着有3里路左右的国境大河,乘马车出去了。因为没有时间,所以我们只去了国境警备宿舍,然后就回去了。他们的宿舍里有蒙古族人和满洲人,一个昨天丢了马的蒙古族人无精打采,听他说马向国境的方向跑去了。所以大概跑到俄国领地了吧。警察巡查都骑马。

14号,有俄罗斯人从苏联イルスカタ[①]逃到这里,被警察抓住。回到宿舍后,我们就把那个俄国人带出来问话。他说,他在キユルミスキー[②]一边做买卖,一边务农,有人说他攒了钱,当地官员就把他的钱没收了,自己还被关进监狱,他自己是趁着午饭时没人看管的间隙逃出来的;在那里,所有的食物都是放了藁的面,1天仅仅给半斤,1天强迫劳动8小时,工作多了、工作少了都要受罚;行动也受监视,不能离开自己住的地方,所以他不清楚国内的事情。晚饭后还想问一些情况,但是由于需要从中国人里找懂俄语的人,再从日本人里找懂中国语的人进行两次翻译,这两重翻译很麻烦,最后就作罢了。

---

① 译者注:地名。罗马字读音为 Irusukata。

② 译者注:地名。罗马字读音为 kyurumisukii。

11月26日　星期日　上午8点的气温为零下23度　大晴天

由于到了此地,离达赉湖也就近了,再加上今天是星期天,所以大家决定去达赉湖。我们8点坐马车前往。中途看到了两三个地方有钻探石油的痕迹。这附近,有个稍微高点的小山,叫户山。这个名字是为了纪念满铁社员户山先生。户山先生为了调查石油,乘坐板仓机战斗机从齐齐哈尔飞往满洲里的时候,正赶上苏炳文叛乱爆发,因此无法在满洲里着陆,不得已就返回了齐齐哈尔,但是齐齐哈尔近在眼前时汽油用完了,飞机紧急迫降。这样,遭了劫匪的毒手,户山先生就这么倒下了。这里离达赉湖很近,我们11点多一点儿就到了那里。冻结了的湖水显得是那样的寂寥无助,似乎从遥远的远古时代就像现在这样一直横卧着。我们点火做午饭,1点半返回。很多很大的沼泽地在地图上没有记载,沼泽地的周围能看到疑似蒙古族人放牧的痕迹。我们5点回到了宿舍。

我们在宿舍里又聊了一会儿达赉湖。说起了有个小兵错把援护兵长高桥伍长当成狐狸射击的故事,还说起了有个人让狐狸逃掉就像丢了100圆钞票似的故事。

11月27日　上午9点的气温为零下22度　大晴天

今天拜访了国境警察队扎赉诺尔分遣队长野英治先生。在这里抄写的扎赉诺尔的课税率如下:

扎赉诺尔税捐分局课税率

(单位:哈大洋)

种类	课税单位	课税额
营业税	1元	0.50
面粉	每普特	1.00
烟草零售	甲一期	12.00
	乙一期	8.00
	丙一期	4.00
	丁一期	2.00
	戊一期	1.00
酒类零售	甲一期	8.00
	乙一期	4.00
	丙一期	2.00
	丁一期	0.50

续表

种类	课税单位	课税额
烟草制造批发零售	甲一期	100.00
	乙一期	40.00
	丙一期	20.00
酒类制造批发零售	甲一期	32.00
	乙一期	29.00
	丙一期	16.00
放牧家畜销售税	每 100 元	5.00
烟叶	每 100 元	23.00
杂货落地税	未定	

酒税烟税 1 年分 4 期,规定如上表所示,但目前无法按上述规定征税,满洲里也同样是处于不纳税的状态。

虽然成立了税务局,但是事务员尚未到岗。估计,早晚这个课税率会成为课税基础。我们明天要回满洲里,所以下午要做回去的准备。

11 月 28 日　上午 8 点的气温为零下 21 度　风很大,很冷

我们 8 点从扎赉诺尔出发,9 点半到达三十里店,稍微暖和一下身体,然后一口气驶进了满洲里,11 点半到达满洲里饭店。听清水文书说,昨天在小蒿子的附近,高波集团长乘坐的国际列车被袭击了。今天下午好好地休养,篠原君在写在满洲里调查到的物价等情况。

11 月 29 日　上午 8 点的气温为零下 23 度　大晴天

今天是在满洲里的最后一天,我们终究没能见到岩见先生,没有办法,我们专门拜访了看管这个农场的朝鲜人金先生。金先生是个难得的外交家,他很开心地迎接了我们。语言虽然有点难懂,但是内容很清楚。

我们询问了岩见农场的概况并做了记录。金先生得意地让我们看了小仓库里的蔬菜。农场里好像试种了洋葱,有很多很小的洋葱。

明天我们就要返回了,所以下午到司令部告别。把机械材料运到车站,万事准备妥当。

11 月 30 日

本应上午 11 点 25 分出发的火车推迟发车,到下午 4 点才发车。这天,满洲里的部分退伍兵也同行,我们在海拉尔一起等剩下要来的人,然后一起去大连。在火车站,小原特务机关长

清水文书、佐藤军曹来为退伍兵送行。岩见农场的金先生,把我们送到了车站。中途,在此干[①]我们和第十二班的人们汇合了。那些人非常精神,7点半我们到了海拉尔,然后立即入住了松花江旅馆。

我们一起谈了各班在行程中的稀罕事。

后 记

到这里,调查行动的概述就结束了。我觉得上述记载的调查情况多少有漏掉的部分,但由于是我凭着记忆写下来的日志,所以就请谅解。

30日的晚上我们到达海拉尔,12月25日从海拉尔出发踏上归程。在海拉尔滞留期间,为了确认调查的情况和对军队方面的善后问题,我们拜访了安北分省公署、蒙古政府。经由哈尔滨、新京,9日到达大连。

① 译者注:“此干”为地名。

昭和九年6月

经济资源调查报告书第	号
号 第	号

以景星为中心的札赉特王府、苏鄂公爷府、阿立各图地方农业调查报告

满铁经济调查会

调查员 局　岩

助　手 佐藤芳太

翻　译 岳同明

序　言

本调查是同齐齐哈尔驻屯第十六师团兵要供水调查第十一调查队于昭和九年(1934年)6月3日从齐齐哈尔出发,历经40天,对从景星到札赉特王府、苏鄂公爷府、阿立各图各地的地方农业状态进行的调查。

由于调查队的行动以供水地质调查为主要任务,因此在各地停留的场所和天数就会不同。尽管最高效率地利用了所需时间,但由于交通不便,又恰逢雨季,道路泥泞之处甚多,治安也是好不容易才稳定下来的,毫无经验的我们之所以能够顺利完成资料不完备地区的地方调查,正是因为军队给予了我们极大的方便。对此,我们表示衷心的感谢。

当地不仅行政单位很不统一,还有很多不通满语的蒙古人部落。他们的首领很多都是文盲,对部落的事情不甚了解,也完全没有文字记录。所以我们通常直接根据从农户那里听来的情况进行推测,虽然中间不乏遗漏内容和杜撰成分,我们还是把事实忠实地记录了下来。

调查队构成

队长	步兵第三三联队第一大队 步兵少尉	丸山善助
调查员	水质调查班 关东厅	佐藤熊男
	地质调查班 满铁地质调查所	池田早苗
	资源调查班 满铁经济调查会	局岩
	随行助手	佐藤芳太
	随行翻译	岳同明

此外还有下士和士兵共30名。

途经地点和调查日程

6月3号,搭乘发自齐齐哈尔的北铁西部线,在腰库勒站下车—腰库勒屯(停留一日)—兰色拉可(停留一日)—前七可奈(停留一日)—景星(停留一日)—白庙子(停留一日)—刘家子(停留一日)—铁棍子(停留一日)—札赉特王府(停留六日)—霍伦哈(ホルンハ)屯(停留二日)—曼哈(マンハ)屯(停留一日)—博腾恰拉尕(ボテンチヤラガ)(停留一日)—苏鄂公爷府(停留三日)—霍路斯太(ホロスタイ)(停留二日)—阿立各图(停留二日)—武呀站(停留三日)—五家子(停留二日)—7月12号,搭乘平齐线经泰来返回齐齐哈尔下表为用日本度量衡表示的各地度量衡：

度量衡		景星	前色拉克	札赉特王府	苏鄂公爷府	阿立各图
一、长度(尺)	裁尺	1.14	1.15	1.01	1.10	—
	木尺	1.03	1.05	1.05	—	—
	大布尺	1.71	—	1.62	—	—
二、容积(石)	斛	2.75	2.63	1.77	2.07	1.83
三、重量(文目)	斤	131.4	—	151.5	129.9	129.9
四、面积(段)	弓数	2,880	3,200	2,880	2,880	2,880
	晌	7.07	8.16	7.07	7.07	7.07

目 录

第一节　经由地的地理概况

本次调查的地区从北铁西部线腰库勒到景星、札赉特王府往西南下行并往东前进阿立各图到泰来，这一路线以略嫩江为中心轴，相当于圆的左半边。以县区分的话就是龙江县、景星县、札赉特旗、科尔沁右翼后旗。西部横跨大兴安岭山脉西南部，嫩江的南北流西部、北部和东部自然地界定，南部有一个狭窄的开口处，地势呈现自然的口袋状。

将该地区的经济组织，依照预想中的地理上的粗放式来区分的话多少存在一些困难。区分为西部山地和东部平原地区不仅因为农业组织各异，还因为西部多为旗人，东部多为汉人这一行政角度考虑的，但是原本这些地域的区分是按照研究目的或者按照研究该地方的时期而变化的，虽然无法做到无条件地确切地解决问题。我们从农业的角度分为东西二区。

换言之西部山区作为以畜牧业为主的农业，虽然自然条件非常好，但所耕种的农作物只够提供口粮。因为本旗和外旗分开，外旗人向本旗人租用土地，本旗人仰赖向外旗人收取的地租和粮食，家禽是他们唯一的生活物资。

日俄战争之后骤然从南方北上的中国移民废除了他们的旗人制度，变为中国一般的统治方式，逐水草而居，作为游牧民定居，但是也导致了不断将受到大自然恩惠的放牧地——广漠的大草原中的一部分用作耕地吧。

东部平原地区主要为汉族人居住，拥有相对肥沃的平原，经营农作物生产与畜产相结合的农业，农耕方法也与其他地方差别不大，各农户的家禽数量比南满等其他地区多。

家禽在满洲的农业构成中原本是不可或缺的，但基于该地原野广阔，牧草丰富，耕种面积普遍广阔，交通不便，离市场的距离较远等原因，从耕种到农作物的搬运，甚至与邻村的联络等不得不全都要依靠牲畜。于是各农户在饲养相当数量的牛、马、骡子、驴子之余，也共同拥有山羊、绵羊、猪等家禽，不仅用作劳役和食用，还将家禽的排泄物用作唯一肥料——土粪的原料。

概括一下途经地区沿路的地理状况的话，腰库勒到景星之间的地方有一些湿地和起伏，但总的来说是平坦的平原，也可以看见四处分散的农户。

景星以西三十华里白庙子附近山岳连绵，即进入了所谓的山岳地带，人口稀少，大部分为无人的旷野，原封不动的被放任在那里。

北、西、南三方向是大兴安岭的支脉，蜿蜒起伏，构成了绰尔河和哈达罕河的分水岭。因为山川之间流淌着溪水，于是就有了像札赉特、海逸洛塔这样比较广阔的山谷地。

该地的地质如果用一句话总结的话，说成是由第四纪古土壤层形成的都不为过。山岳地带中分布最广的应该是玄武岩、石灰岩、硅质石灰等。平原地区的河流每年形成新的河床，改变其河床，但山岳地带变化相对较少。从与气候的关系来看，主要是夏季的降雨量影响水量。

夏季的开始和结束即干燥炎热的季节上流完全干涸见底,但到了雨季和融冰期水量急增,到处形成湿地,交通被截断。

阿立各图、武呀站地区为广阔的平原,但含有大量盐分,野草丛生的湖泊、沼泽、湿地占了很大面积,农业价值很小。

位于北纬46度到47度之间,从气温上来看五月到九月的五个月适合从事农业生产。降雨量也在四月前后渐渐增多,无论向大兴安岭西部的这一地理走势,还是从湿地的状况和房顶倾斜的角度来推算,总体上降雨量较多。

如上所述,由于该地在地理上呈口袋状地势的关系,被认为温度有点低。

完全没有交通机关,只是依靠马和马车,公路到了夏天因为湿地多导致不少地方通行困难,通往东部北铁与平齐铁路,国道附属设备的施工进展明显,王爷庙、苏鄂公爷府之间有汽车车道连接各满洲交通网。景星县西边乌拉痕河流域有可能成为肥沃的水田,有望成为移民候补地。该地区人口稀少,农业天然条件良好,若确保治安则今后可接纳大量人口,可为满洲开发做出贡献。

第二节　经由地县一般情况

一、龙江县

只对其中两三个村庄进行了实地调查,加之县况资料不足,所以略去普遍情况介绍,只陈述实地调查的村庄的情况。根据县衙门所提供的资料,总面积为27,555平方华里,耕地面积为191,063晌,户籍数为31,578户,人口为179,967人。(统计时间为1932年)

二、景星县

该县在1914年(民国三年)景星镇设治局(原县佐统辖的龙江县的一部分)设立之前是蒙古人的放牧地,很少受到关注,设治局设立之后作为耕地受到了关注。1929年(民国十八年)设治局被整改之后成为了景星县,现在的县衙在景星。县内主要的市场是景星和塔子城。根据县衙提供的数据大同二年[①]的总户数是6,734户,总人口是42,678人,全县总面积是63,620平方里,286,300晌。

耕地面积　　48,400晌(17%)

可耕但未耕地　　158,900晌(55%)

不可耕且未耕地　　79,000晌(27%)

耕种面积和总产量见下表:

① 译者注:大同为伪满洲国年号,二年即1933年。

各作物种植面积和产量

作物	种植面积(晌)	总产量(石)	每晌产量(石)	种植比率(%)
高粱	10,000	14,000	1.4	26.85
大豆	6,000	6,600	1.1	16.11
粟	7,000	10,500	1.5	18.79
包米	4,500	8,100	1.8	12.08
荞麦	1,500	1,800	1.2	4.03
小豆	1,600	1,440	0.9	4.30
黍	900	1,260	1.5	2.42
*	500	700	1.4	1.34
绿豆	1,100	660	0.6	2.95
水稻	400	1,200	3.0	1.00
小麦	500	400	0.8	1.34
蔬菜	750	—	—	2.01
其他	2,500	1,750	0.7	6.71
总计	37,250	48,410		

蔬菜种植面积和产量

蔬菜名	种植面积(晌)	总产量(斤)	每晌产量(斤)
白菜	420	4,200,000	10,000
甘蓝	5	30,000	6,000
白萝卜	130	240,000	1,600
胡萝卜	21	210,000	10,000
蒜	15	20,000	1,000
葱	120	660,000	5,000
茄子	40	—	—
*	25	25,000	1,000
总计	776	5,385,000	

本县交通和通信状态:考察北铁、富拉尔基和景星之间 100 华里需要 2 天,齐齐哈尔和景星之间 140 华里需要 3 天。县的设立时间尚短,居民少再加上该地经济不景气使得该地没有电报和电话局。城内有一所不完备的三等邮局,一名邮递员,三天在县城和富拉尔基之间每两天走一个来回。

关于本县一般行政的意见如下：

1.本县的居民大约有42,100人,大部分是从外省迁移过来的。因此这个杂居地的风俗和习惯各异,知识和文化也尚未开化,所以有必要设立体育馆、报社、通俗讲坛。首要任务就是增长愚民的知识。

2.如上所述,本县四周被山包围,往南到泰来的途中有绰尔河和乌尔根河,往东到北铁到富拉尔基的途中有雅鲁河,交通不便,水量大的时候完全无法通行。从商越来越不方便。开设道路和架设桥梁是产业开发的当务之急。

3.本县河流多,不仅有良好的水资源,而且有成为肥沃水田的可能性,可向居民介绍一般水田耕作的利益和方法。近年来零星地出现了水田经营者,但因经营方法不得当导致无法达到收支平衡,很多都暂被搁置了。无论是从居民生活安定,荒地开发,还是从增加税收的角度来说,都应当提倡水田经营。

4.根据地质调查员的调查,南方六九山(山名)一带有铁矿。现在民智未开化,缺乏采矿知识,而且没有开采资金,待时机成熟有望设立采矿公司。

三、札赉特旗

本旗与杜尔伯特旗都在泰来县的行政管辖之下,后来成为札赉特旗,居民大部分为蒙古人。地势上多为未开垦的土地,人口少,畜牧业繁荣,以前都是游牧民,没有固定的居民。但日俄战争之后从南到北驱逐了很多移民,达到了比移民政策更好的效果,仿佛成了在蒙古扶植中国势力的根据地,结果是游牧民受到冲击。其中的代表人物(即不得不成为新政策牺牲品的各王)以游牧民闹事为借口反对新政策,这或许是大势所趋吧。

大部分农民利用冬天,花费5到7天的时间来搬运谷物,购买生活必需品。现在旗衙门设在札赉特王府。根据旗衙门提供的数据(大同三年)中等耕地面积为21,358晌,下等耕地面积为35,785晌,总耕地面积为57,142晌。

总户籍数为4,095户,人口为35,753人。以下内容为各族情况表：

种族	户数	人口	性别
蒙古人	3,658	29,614	男13,481
			女16,133
满人	347	5,747	男3,330
			女2,417
朝鲜人	90	392	男217
			女175

四、科尔沁右翼后旗

本旗原先属于索伦县设治局(索伦山)的行政管辖之下,后来成为札萨克,王府设在大喜伯图,因大喜伯图的大火灾而全被烧毁。1926年(民国十五年)改称并转移到现在的苏鄂公爷府。

1929 年，张学良军屯垦军第 3 团兵 700 人和一些汉族农民来此，驱赶蒙古官吏，掌握行政，抢夺该地土著民的耕地，让同行的汉人农民耕种，充军粮，用五分之一或十分之一的价格征收家禽。由此充分可见他们是何等粗暴。

据说 1931 年(民国二十年满洲事变爆发的那年)离开此地。中村震太郎遇难事件也是在此时此地发生。我们在吊慰安葬于县衙门内山的少佐的灵魂时，回想了当时的情景。

第三节　气候和土壤

一、气候

本调查地区没有气象统计，无法准确显示。根据该地居民的说法综合推断出气温是从阴历四月上旬开始快速上升，七月达到最高，从九月中旬开始快速下降。冬季土地冷却和北风、西北风造成低温。但地势上由这种风势强弱变化引起的所谓三寒四温的现象并不明显，夏季白天的暑气也有所缓和。此地区与北满洲的其他地区一样，夏天也会突如其来。降雨量完全不清楚，能推断出大约七月到八月初的降雨量为年降雨量的三分之一。这一时期无论是气温还是降雨量都达到最大值。作物是在雨季生长的，这是使满洲成为世界产粮地最好的条件，其他地方也完全一样。

冷热、干湿的强烈变换使所有植物的品质不好，特别是给蔬菜种植带来了障碍。这也是在移民时需要考虑的问题。

以下是根据当地居民提供的口头资料制成的气象表：

(所示日期为阴历)

气象	景星地区	札赉特地区	苏鄂公爷府地区	阿立各图地区	备注
初霜	八月中旬	八月上旬	八月上旬	八月上旬	
终霜	九月上旬	八月下旬	九月上旬	九月上旬	
霜灾	八月上旬，来临时减产 30%	不详	两年一次，减产 40%	极少，减产二分之一	
初雪	十月上旬	九月中旬	十月上旬	九月下旬	
终雪	二月上旬	三月中旬	三月上旬	三月下旬	
深雪	平均 2 尺	3 尺	1 尺 5 寸	2 尺	
雨灾	几乎每年都有水灾，减产 30%	不详	斜坡多，山腰地区灾害较多	多雨的年份湿地长期积水，有灾害	

续表

气象	景星地区	札赉特地区	苏鄂公爷府地区	阿立各图地区	备注
冰雹灾害	五年一次，减产70%	—	—	—	
旱灾	不详	无	五六年遭一次旱灾、推迟发芽	无	
风灾	几乎每年都受害减产40%	民国十八年受害面积为种植面积的三分之一	无	无	* 状地带、受风灾程度有所不同
季节风	春季西北风 夏季南风 秋季西南风 冬季北风	春季西南风 夏季西风 秋季西南风 冬季西北风	春季西南风 夏季南风 秋季东北风 冬季北风	春季西北风 夏季南风 秋季西南风 冬季西北风	居民的说法较含糊
结冰	八月中旬	九月上旬	九月上旬	九月上旬	
融冰	三月上旬	三月下旬	四月上旬	三月上旬	
地下深度	平均5尺	平均5尺	平均6尺	平均6尺	

调查中实测气温表

日期顺序	场所	调查时间						摘要
		上午2点	上午6点	上午10点	下午2点	下午6点	下午10点	
6.4	腰库勒	12.0	21.00	28.0	29.0	25.0	—	晴天
6.5	前色拉可	15.0	16.0	17.0	—	—	—	不确定湿地的温度
6.6	前七可宗	—	14.0	18.0	27.0	—	—	阴天
6.7	景星	—	19.0	23.0	24.0	23.0	17.0	晴天
6.8	景星	17.0	21.0	24.0	28.0	—	20.0	晴天
6.9	景星	—	18.0	21.0	24.0	19.0	17.0	晴天、傍晚雷阵雨
6.10	景星	13.0	17.0	19.0	21.0	—	—	阴天
6.11	城泡子沿	零下3.0	13.0	14.0	19.0	16.0	13.0	雨天
6.12	景星	10.0	13.0	17.0	22.0	18.0	15.0	雨
6.13	景星	10.0	14.0	26.5	—	—	—	雨
6.14	白庙子	9.0	15.0	25.0	22.0	—	—	晴天
6.15	刘家子	13.0	16.0	22.0	28.0	—	—	晴天

续表

日期顺序	场所	调查时间						摘要
		上午2点	上午6点	上午10点	下午2点	下午6点	下午10点	
6.16	铁棍子	11.0	18.0	21.0	—	—	—	阴天
6.17	札赉特王府	13.0	15.0	17.0	18.5	18.0	18.0	雨天
6.18	札赉特王府	17.0	18.0	20.0	22.0	21.0	18.0	晴天
6.19	札赉特王府	16.0	19.0	20.0	24.0	22.0	14.0	晴天
6.20	札赉特王府	12.0	16.0	23.0	28.0	25.0	20.0	晴天
6.21	札赉特王府	19.5	19.0	26.0	30.0	27.0	22.0	晴天
6.22	札赉特王府	20.0	21.0	25.0	28.0	23.0	22.0	晴天
6.23	合论哈希	20.0	23.0	24.0	30.0	25.0	18.0	晴天
6.24	合论哈希	16.0	17.0	21.0	27.0	19.0	—	傍晚雷阵雨
6.25	曼哈吞	11.0	18.0	26.0	33.0	24.0	—	晴天
6.26	薄田查拉哈	19.0	16.0	—	—	—	—	晴天
6.27	苏鄂公爷府	22.0	21.5	35.0	36.0	31.0	27.0	晴天
6.28	苏鄂公爷府	25.0	23.0	26.0	28.0	25.0	23.0	傍晚雷阵雨
6.29	苏鄂公爷府	22.0	25.0	34.0	35.0	27.0	—	晴天
6.30	和伦斯太	18.0	23.0	26.0	31.0	25.0	22.5	晴天
7.1	和伦斯太	20.0	19.0	23.0	27.5	22.0	14.0	晴天
7.2	和伦斯太	13.0	20.0	26.0	32.0	—	—	晴天
7.3	阿立各图	15.0	19.0	28.5	—	—	—	晴天
7.4	阿立各图	20.0	23.0	28.0	30.0	27.0	—	雨天
7.5	武呀站	18.0	22.0	25.0	32.0	26.0	25.0	雨天
7.6	武呀站	23.0	24.0	31.0	29.5	27.0	23.0	晴天
7.7	武呀站	22.0	23.0	24.0	24.0	24.0	—	雨天
7.8	五家子	23.0	23.0	26.0	26.5	26.0	23.0	雨天
7.9	五家子	22.0	23.0	24.0	24.0	—	—	雨天
平均		16.6	19.9	24.0	27.1	23.5	19.5	

二、土壤

被调查地一带的土质是多沙质土,一般的有机物即氮的含量不足,磷酸钾、石灰等看上去很丰富,コンボラヵ、阿立各图附近的湿地中有称为盐碱地的碱性土壤,大约属于第四纪古土层即所谓的黑土地带,可以说是土质肥沃。

札赉特王府、苏鄂公爷府附近的山地上暴露着很多石英粗面岩、石灰岩、花岗岩。这些石头被风化腐蚀之后导致此地排水不便,雨季的时候还出现在泥泞没过膝盖的湿地,以车马为唯一搬运工具的当地农民除了进行谷物交易外,冬季地表结冰时出行会出现通行困难,因此耕地都在土质较好,表土较浅的山腰。

以下为各地的大致情况:

景星附近

表土	黑色
0.10 米	褐色砂质粘土
0.70 米	砾层

札赉特附近

表土	
0.10 米	经风化的花岗岩
2.00 米	砾层
3.00 米	

阿立各图附近

表土	
0.40 米	黄色砂质粘土
1.00 米	黄色砂层
1.50 米	含水层

武呀站附近

表土	
0.40 米	含砾黏土层
2.70 米	白色砂层
2.00 米	砂砾层

第四节 社会习惯

一、聚落形式和大小

集居地可以根据人类生活和土地的关联区分为固定的集居地和不固定的集居地。前者是暂时的,农家也很简陋,是移动式的,从政治、经济的活动力来看这种聚落民族缺乏持久性,反而是后者对土地耕更执着。本地的蒙古族的游牧民原本是移动性的,现在几乎完全脱离了不定式的集居,大部分变成了固定、半固定的集居。移动式的集居地只是山中的一两间,零星可见。札赉特王府的西方有很大的喇嘛庙,举行法会的时候会形成由朝拜者和商人组成的临时村落。

被调查地的村落全都为农村,形态不规则的村落很多。村庄的单位为屯,大约五六户为一个单位,区分各家族。各家族由家族长管辖。这些屯或者村落主要由饮用水决定其位置。

如下统计明确显示了男子数量多于女子数量。

原本殖民地的男子人数不论多少都比女子人数多,此地统计也如此。该地男女比例是1,000比828,同以前各县800人左右差不多,较之新殖民县的700人等等,可以说该地居民是固定的。

由于关于年龄的调查资料欠缺,所以无法得出结论。根据殖民地区的一般情况可推测出男子数量多,同样青壮年劳动力也多。

各村庄户籍数人口一览表

县名	屯名	户数	人口			备注
			男	女	总计	
龙江县	腰库勒	80	310	268	578	只调查了6个屯
	前库勒	50	270	150	320	
	水哈拉	70	220	180	400	
	特鲁本钦	280	1,100	900	2,000	
	罕伯代	200	550	450	1,000	
	前色拉可	100	437	363	800	
景星县	城内	501	1,554	1,006	1,560	
	马家窝堡	193	711	459	1,170	
	潘家户	127	475	317	792	
	兴隆泉	120	421	289	710	
	大泉子沟	365	1,003	667	1,670	
	金山堡	276	1,051	708	1,759	
	大肚川	149	520	346	866	
	聚宝盆	181	628	337	965	
	干家街	409	1,400	1,323	2,723	
	长发屯	529	1,927	1,482	3,409	
	辽阳街	268	935	804	1,739	
	镇西	285	1,025	736	1,761	
	靠山	380	1,327	947	2274	
	柳树泉眼	335	1,276	935	2,212	
	关门山	179	706	482	1,188	
	三合	262	886	617	1,503	
	六九山	222	789	611	1,400	
	六家子	548	2,270	1,779	4,049	
	头站	495	2,017	1,712	3,729	
	华山	165	661	525	1,186	
	西仙人洞	610	2,248	1,840	4,088	

续表

县名	屯名	户数	人口			备注
			男	女	总计	
景星县	东仙人洞	165	554	421	975	
	合计	6,764	24,384	18,343	41,728	
札赉特旗	札特王府	29	102	85	187	无该旗全部人口总计
	白庙子	16	50	45	95	
	刘家子	7	113	87	200	
	东王家霜窝	12	38	32	70	
	黑七沟	15	52	48	100	
	西王家霜窝	6	25	20	45	
	伦铜米	10	27	18	45	
	托尔侃托博	10	31	29	60	
	带空思	14	38	32	70	
	那林查拉卡	20	35	25	60	
	阿曼特	18	48	52	100	
	河路嗯哈	50	270	230	500	
	曼哈屯	4	15	12	27	
科尔沁右翼后旗	察尔森	94	294	245	539	
	东巴达戈	21	70	53	123	
	酥金屯	3	12	8	20	
	呼拉戈尔	14	53	47	100	
	吗呢园	3	19	13	32	
	和利野哈达	7	28	14	42	
	大五棵树	7	22	17	39	
	小五棵树	7	32	25	57	
	窖红少尔	9	39	29	68	
	好屯爱里	8	32	25	37	
	宝丁札拉戈	4	17	10	27	
	海里吐	10	32	31	63	
	哈达酥	5	21	13	34	
	三家子	5	29	21	50	

续表

县名	屯名	户数	人口			备注
			男	女	总计	
科尔沁右翼后旗	福顺套卜	4	10	13	23	
	西巴拉戈	25	61	13	74	
	好屯加拉戈	10	39	27	66	
	南沙拉戈	25	89	56	145	
	鸣丹加拉戈	9	43	28	71	
	宝地加拉戈	25	92	70	162	
	乌力雅斯台	18	60	44	104	
	戈海吐	30	101	77	178	
	巴彦套海	6	13	6	18	
	阿圭红少尔	18	53	54	107	
	阿拉坦套卜齐	23	87	90	177	
	黛合屯	39	98	108	206	
	毛什改	20	80	70	150	
	查戈爱里	5	20	17	37	
	下二十家子	120	482	375	857	
	哈拉戈吐	11	31	26	57	
	上二十家子	18	66	47	113	
	乌篮楚鲁	7	20	10	30	
	索伦他来	12	37	28	65	
	阿立各图	73	228	168	396	
	哈旦营子	64	201	168	364	
	道尔吉套卜	9	45	38	83	
	五家子	8	34	23	57	
	乌牙站	23	44	37	81	
	大民昭	48	163	117	280	
	德宝窝堡	16	48	38	86	
	跑不了屯	24	80	65	145	
	新爱里	44	167	132	299	
	小札大酥	43	162	113	275	

续表

县名	屯名	户数	人口			备注
			男	女	总计	
科尔沁右翼后旗	酥根爱里	34	120	95	215	
	五站爱里	17	71	53	124	
	拉马仓	10	26	36	62	
	戈查各熟	10	51	42	93	
	六家子	53	82	147	346	
	却音套卜	10	35	23	58	
	寿老爷窝堡	14	30	24	54	
	合计(51村)	1,124	3,779	3,029	6,909	

二、各职业人口组成

居民从事的职业因各县和各年代的不同而有区别,只进行了片面的中国式调查。从事农业和非农业的居民数量与该县城市生活的发展情况有很大关系。如上所述,除了景星以外该地居民全部为农业从事者,没有工商业从事者。

可是,像札赉特王府、苏鄂公爷府等地一样,在旗衙门的所在地也能见到拿薪水的人和商人。

以下为景星地区不同职业的人口构成:

不同职业区分	户数	户主		人口		占总户数的比例(%)
		男	女	男	女	
农	6,535	6,513	20	23,739	18,225	96.54
商	102	102	—	306	42	1.51
工	50	50	—	105	50	0.74
政	25	25	—	54	34	0.37
医	32	32	—	42	31	0.47
军	20	20	—	38	29	0.30
交通	3	3	—	9	6	0.04
娱乐	2	2	—	2	6	0.03
合计	6,769	6,749	20	24,295	18,423	100.00

如表所示,能得知就连被认为是商人和靠工资生活的人较多的景星县,农户数量也压倒性的多达97%,即农业是该地居民生活的基础产业,经济基础扎根于农村。

三、教育及宗教

观察本地教育状况,因为地处偏远,村庄分布不够集中,而且居民文化水平很低,教育部门不完备。和村庄分开的村子里只有两三间房子的简陋私塾式的学校,像县分局所在地一样人口多有学问的人也相对较多的村子里,有这样的小学校。在建立满洲国的同时加紧完善的各县小学,现在的很多学校也在加紧建造容纳离校距离远的儿童的宿舍。

现在儿童的就学率从八十分之一变为了八分之一,绝对不能说很好,但会逐年递增吧。

除了复式教授外,教师的学历不能一概而论,很多是师范学校、专修学校、中学毕业的。

科目上各县有少许不同,在龙江县是学习算数、书法、语文、修身、手工、作文、体操、自然、谈话、唱歌,现在用的是南满洲教育会发行的教科书。

在科尔沁右翼后旗除有算数、国语(满洲国)、地理、历史、修身、体操、美术等科目外,作为偏远地区比较特别的是拥有网球、篮球等设备,在体育上当局者自然不用说,当地居民也有所觉悟,这是值得高兴的吧。

以下是各县学校职员和儿童的数量:

县名	校名	职员数量	儿童数量	房间数量	备注
龙江县(腰库勒)	县立第十八初级小学	1	40	3	康德元年四月建校
景星县	县立第一初级小学	3	64	12	
景星县	县立第二初级小学	1	37	3	
景星县	县立第三初级小学	1	28	3	
景星县	县立第四初级小学	1	22	5	
景星县	县立第五初级小学	1	42	3	
景星县	县立第六初级小学	1	24	3	
景星县	县立第一女校	1	36	5	
札赉特旗	旗立学校	2	60	10	
札赉特旗	湖河河屯乡立小学	1	20	5	
札赉特旗	杏化绍卜屯乡立小学	1	25	3	
札赉特旗	泉集屯乡立小学	1	20	3	
札赉特旗	仁德屯乡立小学	1	15	2	
札赉特旗	诺和园屯乡立小学	1	20	3	
札赉特旗	乌珠尔屯乡立小学	1	30	3	
札赉特旗	十家户乡立小学	1	30	6	
札赉特旗	户鸦站乡立小学	1	20	2	
札赉特旗	都本新乡立小学	1	30	5	

续表

县名	校名	职员数量	儿童数量	房间数量	备注
札赉特旗	八理阁屯乡立小学	1	15	3	
札赉特旗	文达固乡立小学	1	20	3	
札赉特旗	六家子乡立小学	1	20	3	
科尔沁右后旗	旗立第一初级小学	4	55	10	康德元年四月建校

以下为学校一年内所需的经费：

景星县

区别	学校数量	职员数量	经费总额	备注
县立	8	11	2,497 元	经费总额是县立各学校的职员的工资，由县公署支付。现在暂无杂费的预算，不列入其中
私立	3	3	912 元	私立学校有慈善会立、关门山村立、柳树泉眼村立；经费由各慈善会、各村支付

科尔沁右翼后旗

区别	学校数	职员数	经费总额	备注
旗立	1	5	500 元	学习用品及备用品等经费由旗立公署每年发放 300 元，剩下的 200 元作为职工工资

以下为目前职员素质和薪水情况：

区别	姓名	年龄	履历	薪水
校长	陶景春	38	镇东县天兴地局长 科尔沁右翼后旗警务科长	65 日元
职员	刘剑	26	安广县立师范讲习科老师	45 日元
老师	张树春	25	梨树县立第三小学校老师	35 日元
老师	谭文湲	24	科右翼后棋公署警务科员	35 日元
勤杂工	王春林	37	—	15 日元

该地宗教种类繁多，很多不详之处，但都以道教和天主教为根源，详细情况见下表。

蒙古村庄有喇嘛庙，这是当地居民的信仰对象。各村庄有多则十四至十五，少则五至六名的血气方刚的青年喇嘛僧，和禁止鸦片一样，采取方法援助这一现象是当务之急。

以下为景星地区的宗教状况：

景星县各宗教调查表

宗旨	教旨	信教者	教法	僧侣数量	备注
天主教	博爱	1,719	劝道	不详	大同元年8月成立
基督教	博爱	30	劝道	不详	
道教	清静无为	不详	劝道	6	
回教	—	42	—	1	
慈善会	道德慈善	263	劝道	—	大同元年7月成立
在礼	戒烟酒	201	劝道	—	民国十五年成立

四、卫生

由于土著居民的文化程度低,缺乏卫生观念,不止是本地多传染病,满洲很多地方都是如此。

从腰库勒到景星的蒙古村庄,有些甲状腺肿患者,即甲状腺看上去肿得像鸡蛋或是比鸡蛋还要大。哪个村庄都可以看到很多眼病患者。患有先天性梅毒(头上长白癣可能为梅毒)的儿童整个蒙古村庄都有。

各地都很少看到医生,就算有也都是没有执照的即所谓的本土"数医"。

居民由于贫困而从不就诊,病人等待着依靠喇嘛僧念诵的经文自然康复,因此卫生保健尚未脱离原始状态。

以下是现在关于景星县卫生事项的具体数字:

(康德元年1月至5月)

月份	传染病	药店	中医	卫生水桶	澡堂	猪圈
一月	19	5	6	—	1	6
二月	23	6	7	—	1	6
三月	30	6	7	—	1	11
四月	20	6	8	8	—	15
五月	10	6	8	25	—	18
总计	102	6	8	25	—	18
备注		二月新添1家	二月、四月各新添1名	五月新添17个	三月中止	四月、五月新添3个

注:传染病显示的是各月的总数,其他疾病则显示该月数量。

以下分别为县内各警察署管辖的卫生事项:

类别		县城警察署	干家山警察署	靠山屯警察署	仙人洞警察署	杏山警察署	头站警察署	辽阳街警察署	泉子钩警察署	合计
种牛痘医生人数		4	2	2	3	1	1	1	1	17
接种人数	男	145	474	44	86	24	14	25	25	837
	女	93	238	33	69	21	12	16	18	500
	合计	238	712	77	155	45	26	41	43	1,337
饮用井数		95	134	151	33	9	80	81	55	638

五、治安状况

与其他地区相比,该地可以说匪贼之患较少,但据说景星在民国五年大集团来袭击时一时间变成了贼匪的地盘,到了完全见不到普通商人的程度。

大同元年为止有少数残余的匪贼,但到大同二年开始逐渐看不到匪贼的影子。

景星到塔子城之间的旷野和札赉特到苏鄂公爷府之间因为匪贼变成了废墟的地方,而且牲畜也被抢夺所以甚至要休耕苦心经营的耕地。可想而知,当时遭受了相当大的损失。

现在各村县公署给各村配备了自卫团,而且各村庄也组织了自卫团,完全可以维持治安。

第五节　土地所有和利用

一、耕地面积

各县的情况已经分别做了陈述,以下是各调查村庄的情况:

县名	村庄名	面积(晌)
龙江县	腰库勒	230
	水哈拉	250
	特鲁本钦	1,300
	前色拉可	300
	长发屯	310
景星县	辽阳街	230
	镇西屯	225
	三合屯	90
	靠山屯	172
	干家街	310
	聚宝盆	178

续表

县名	村庄名	面积(晌)
景星县	大肚川	116
	六九山	50
	西仙人洞	320
	六家子	85
	东仙人洞	10
	头站	310
	华山屯	140
	马家窝棚	200
	潘家炉	90
	泉子沟	300
	兴隆泉	100
	柳树泉眼	510
	金山堡	350
	关门山	25
	总计	4,111
札赉特旗	白庙子	120
	刘家子	200
	东王家霜窝	200
	西王家霜窝	420
	伦铜米	600
	* * *	130
	* * *	60
	札赉特王府	—
	* * *	50
	* * *	20
	* * *	30
	* * *	100
	总计	1,930
科尔沁右后旗	察尔森	551
	东巴达戈	103

续表

县名	村庄名	面积(晌)
科尔沁右后旗	苏金屯	20
	呼啦戈尔	131
	马呢园	60
	和利野哈达	58
	大五裸树	50
	小五裸树	55
	窑红少尔	75
	好屯爱里	30
	*丁拉札戈	35
	海里吐	21
	哈达苏	15
	三家子	30
	福顺领卜	15
	西巴拉戈	17
	好屯加拉戈	246
	南沙拉戈	152
	鸣丹加拉戈	55
	后西拉戈	30
	宝地加拉戈	138
	乌力雅斯台	100
	戈海吐	154
	巴彦领海	23
	阿圭红少尔	60
	阿拉垣领卜齐	175
	黛合屯	141
	毛什改	145
	查戈爱里	42
	下二十家子	481
	哈啦戈吐	38
	上三十家子	115

续表

县名	村庄名	面积(晌)
科尔沁右后旗	乌蓝楚鲁	19
	索伦他来	49
	阿立各图	399
	哈亘营子	394
	道尔吉领卜	80
	五家子	80
	乌牙站	72
	大民昭	400
	德宝窝堡	120
	跑不了屯	77
	新爱里	404
	小札大苏	148
	苏根爱里	300
	五站爱里	95
	拉乌仓	40
	戈查各熟	40
	六家子	349
	却音领卜	67
	寿老爷窝堡	65
	总计	6,794

二、耕地所有状况

以下为关于景星县大、中、小三村庄的土地所有情况。

如上所述,札赉特旗、科尔沁右翼后旗等旗人村庄的土地所有者都是本族人,无土地所有权的外旗人不过是租用本旗和王府的土地进行佃耕。

因此该地区耕地占有比率是由该村庄本旗和外旗的比率所决定的。

种类	辽阳街		三和屯		镇西屯		平均	
	户数	比率	户数	比率	户数	比率	户数	比率
无地	178	66.4	170	64.9	130	45.9	159	59.0
不到 10 晌	20	7.5	29	11.1	72	24.9	40	14.3

续表

种类	辽阳街		三和屯		镇西屯		平均	
	户数	比率	户数	比率	户数	比率	户数	比率
10~20晌	34	12.7	26	9.9	42	14.5	34	12.4
20~30晌	17	6.3	15	5.7	10	3.5	14	5.2
30~50晌	11	4.2	14	5.3	19	6.6	15	5.3
50~100晌	3	1.2	7	2.7	10	3.6	7	2.5
100晌以上	5	1.5	1	0.4	3	1.0	3	1.0
合计	268		262		289			100
极数	最大	最小	最大	最小	最大	最小		
	235	5	227	2	107	2		

由这些数据可见,没有土地的人为大多数,占总数的60%,有土地的也大部分只有不到10晌。但是也有拥有200晌以上的大面积土地的人。并非像一部分人说的那样,此地一律由"无产"的多数人来进行农耕,所有地的大小依靠各种复杂的组织分配,而且这些对象还必须视所拥有土地的面积情况而定。

三、经营规模

该地区的经营面积和土地占有面积大约一致。在治安混乱的事变前后,由于贼匪对牲畜的抢夺,导致苦心经营的熟地被荒废、休耕,因此没有进行大规模经营。

如下表所示,不到10晌的经营者占大多数,10晌以上不到20晌的经营者数量明显减少,20晌以上为极少数。因此像这种经营规模,不运用大型农具,完全依靠自家劳动力,即尚未脱离所谓的自给经济。

以下为经营面积:

经营面积

屯名	不到10晌	10~20晌	20~50晌	50~100晌	100晌以上	总计
辽阳街	170	43	25	11	2	251
三合街	125	38	17	6	1	187
镇西屯	132	52	30	9	1	224
阿立各图	50	17	4	2	—	73
武呀站	12	5	2	1	—	20

续表

屯名	不到 10 晌	10~20 晌	20~50 晌	50~100 晌	100 晌以上	总计
合计	489	155	78	29	4	755
	64.8%	20.5%	10.3%	3.8%	0.5%	

注:在札赉特、苏鄂公爷府等旗人村庄即以畜牧业为主的地区,土地所有者和经营者完全不同,造成调查困难。

以下为有关经营规模的大小和家族构成的内容:

景星地区

号码	男			女			常佣	总计	经营面积	自耕、佃耕区分
	60 岁以上	壮年	15 岁以下	60 岁以上	壮年	15 岁以下				
1	1	3	1	1	4	6		21	20	自
2	1	3	1		1			6	15	自
3		1			1	1		3	20	自
4		3	2		2			7	13	佃
5		2	3		3	2		10	13	自
6		4	1		1	1	1	8	35	佃
7		1			1			2	10	自
8	1	2	3		2	2		10	10	佃
9	1	3	1	1	2	2	1	11	12	自
10	1	3	4		2	3		13	9	佃
11	2	2	2		1			7	13	佃
12	1	2	1		4	4	6	18	150	自
13		2			2	4		8	15	佃
14	1	1	2	1	1	1		7	5	佃
15		2	6	1	3	1		13	13	佃
平均	0.6	2.2	2.1	0.1	2.0	1.8	0.5	9.6	25	

武呀站地区

号码	男			女			常用	合计	经营面积	自耕佃耕区别
	60岁以上	壮年	15岁以下	60岁以上	壮年	15岁以下				
1		3		1	1	1		6	20	佃
2		3	4	1	2	1		11	3	佃
3		3	2	1	1			7	5	佃
4		1			1			2	15	自
5		1	1		1			3	9	佃
6		5	2	1	1	2		11	20	自
7		3	2		2	1	2	10	20	自
8		2	4		2	2	2	12	25	自
9	1	2	6		2	3		14	30	佃
10	1	2	1	2	1	2	2	11	20	自
11	1	2	1		2	2	2	10	30	自
12		1	2		1	1	2	7	20	自
13	1	3	2				3	9	27	自
14		2	1		2	1	1	7	15	自
15	1	3	2	1	2	1	3	13	40	自
平均	0.3	2.4	2.0	0.5	1.4	1.1	1.1	8.8	20	

阿立各图地区

号码	男			女			常用	合计	经营面积	自耕佃耕区别
	60岁以上	壮年	15岁以下	60岁以上	壮年	15岁以下				
1		1	1		1	1	4	8	50	自
2		2			2	1	1	6	20	佃
3		3		1	2	1		8	18	佃
4	1	1			1	1		4	15	自
5	1	3	2		2	1		9	25	佃
6		1			2	2		5	20	自
7	1	1	2		2	2		8	15	自
8		2	2	1	1	2		8	30	自
9	1	1	1		1			4		佃

续表

号码	男			女			常用	合计	经营面积	自耕佃耕区别
	60岁以上	壮年	15岁以下	60岁以上	壮年	15岁以下				
10		2	3		1	1		7	20	自
平均	0.4	1.8	1.1	0.2	1.5	1.2	0.5	6.7	21.3	

就经营规模和家畜数量而言，一般情况下，多数农户并不认可应该遵循的规定标准。如上所述，因为此地离集市距离远，交通不便，除了夏季农耕，远距离运输谷物也使用马车，因为这是唯一的交通工具。所以在农用牛马的比例上，马占多数。在东部平原地区，使用马的较多；在西部山岳地区，使用牛的较多。

如上所述，如景星地区等汉人部落和苏鄂公爷府地区等旗人部落的农作方式有所不同。跟前者的有畜农业地区相比，后者的主畜农业地区中牲畜的数量也占了绝对多数。

根据经营规模大小来看家畜的数量如下所示：

景星地方		阿立各图地方	
经营120晌	马　18头	经营70晌	马　24头
	牛　5头		牛　17头
经营50晌	马　8头	经营50晌	马　15头
	牛　4头		牛　4头
经营10晌	马　4头	经营10晌	马　4头
	牛　2头		牛　2头

四、佃农的情况

根据两项情况可以推断出自佃农的比例，无土地的人占绝大多数，和该地区多自然佃农一样的道理，旗人村庄几乎全都是佃农，下面所示为大同二年景星县的比率。

农户总数6,535户：
- 地主625户
- 自耕农2,602户
- 佃农2,588户

但是需要注意的是这组数字只体现了基本的情况，必须清楚既是地主又拿工资，既是商人又是农户的人也包括在内，又有自耕兼佃农实际上包括地主兼耕佃农等情况。如上所示，土地所有面积，经营面积，自耕农与佃农比率非常明确该地大部分耕作者不拥有土地所有权，剩下的大部分只有少量土地，只能租用他人土地进行佃耕。而且几乎全部的耕地属于55%的人，这种现象在西部旗人村庄中更严重，他们支付高昂的地租使得贫困的农民生活更加困难。中国农民虽然不厌劳苦，但生活水平极其低下、生活窘迫这一矛盾非常明确。大多数人认为普通农户的土地分配是毫无悬殊的平均的，看了这个表就知道这种见解是多么不正确。

“中产阶级”在此地只是一个计算性的词,是在拥有数十数百晌土地的大地主和属于无产阶级的无数贫困农民这两个极端之间,只不过是拥有少量耕地,在农忙期为地主提供劳动力的人。作为必然的结果,附近的市场被这些地主占有,最贫困的阶级渐渐失去经营家政的能力,加入到无产分子的行列,成为土匪增多的原因。

综合以上各种情况考虑,与其耗费大量资本讨伐可能对地方经济造成不良影响的匪贼,倒不如花费精力来关注这些贫困而勤劳的民众,尤其是应该关注他们最关心的土地问题。这应是当务之急吧。

第六节 佃耕惯例

关于该地佃耕惯例,也叫租地条件,大致可以分为以下三类:

一、平分租地

地主提供房屋、土地、家禽、农具、种子等劳动力以外的全部农业资本,将收获一分为二的方法。除了旗人村庄以外的很多地区都能见到这种方法,近似于地主提供生产资料的二分之一雇佣佃农。

二、分配租地

地主只提供房屋和土地,佃农用自己的家禽、农具、其他资本从事耕种。这种情况下报酬的分配取决于地主对土地的需要程度,分配20%到40%。这种方法只在景星县和武呀站的部分地区实行,在该地区是极少的部分。

三、租地

跟字面意思一样,地主只提供土地,佃农上交一定的地租,和日本内地完全一样。

如上所述,在札赉特旗、科尔沁右旗的旗人村庄,外旗人租用本旗人和王府的土地耕种。这种形式在景星的一些地区也能见到。

地租根据时间或土地价格等不定,各地差异较大。景星地区是一交6斗,札赉特、苏鄂公爷府的旗人村庄规定为不论面积大小,交谷物10石和猪1头(40到50公斤)。

交使用费的情况很少,缴纳高粱、玉米、粟子等谷物的情况较多。

札赉特旗的两三个村庄,虽然是很少的地区,还是能见到未耕地的租地用这种二分法,即租用土地的人开垦一定的未耕地,并得到其中的一半。

以下为景星县的佃耕合约习惯。

1.佃耕期限:佃农自行决定,无一定年限。

2.地租:每晌6斗,缴纳粟子、高粱、玉米。

3.上缴时期和方法每年收获后即11月左右,一般由地主进行征收。

4.税金:国税由地主负担,地方税(县税)由地主和佃农各负担二分之一。

5.特殊借贷:佃农春季向地主借谷物的时候每晌交三斗,同年 11 月收获的同时归还,无利息。

6.其他:本县地租几乎不存在以现金方式收取的情况。如果佃农签订契约的时候每晌向地主上缴 10 元、8 元、5 元等现金,则不需要地租,但是如果地主事后将这些钱归还的话还是要缴纳地租。

该县的农民无法达到财政富裕,但未上缴地租的人比较少,只有不到全数的五分之一。

第七节 地价和土地买卖方法

以下为关于各调查村庄民国十九年和大同三年的地价。

但跟前面提到的一样,旗人村庄对本旗人王府的每一名男子发放 45 晌土地,外旗人租用这些土地耕作,完全不进行土地买卖。在汉人村庄,受事变的影响,农民的土地购买力急转直下,导致地价完全无法评定。伴随着治安的确保、该地区农民的经济能力的恢复,地价也会自然地升高。

景星地区地价表

(每晌用江洋表示,通货率是 1 元国币比 1.4 元江洋)

年代	类别	水田	旱田	未耕地(适宜耕地)
时价	上等	80	30	20
		0	0	0
	中等	60	20	15
		0	0	0
	下等	30	16	10
		0	0	0
民国十九年	上等		80	50
			0	0
	中等		70	40
			0	0
	下等		50	30
			0	0

注:水田是民国二十年由朝鲜人开始耕种的,事变前的地价无法评估。

由此可见,地价在事变之后急降了一半,其原因可能是多年生产萎缩导致特产价暴跌。由贼匪的掠夺引起的该地农民的购买力下降也是一个重大原因。导致无论价格多低的土地都没有人买的状态。

土地买卖的方法是在朋友熟人的介绍和引导下进行,没有类似契约一样的东西,而且这个作中介的朋友熟人只在当场负责,事后完全没有责任。

存在在契约成立的时候买方招待中介者和卖地者的例子。

第八节　租税

札赉特旗、科尔沁右翼后旗等至今尚未发现课税。

下面把从龙江县、景星县的县公署和税务局得到的资料原封不动地罗列出来。

龙江县		景星县	
税种	税率	税种	税率
地租	上5角、下3角	每晌税金	4角2分
每晌税金	3角6分	营业税	率5分
车牌税	5头5元 2—4头3元 1头1元	车牌税	5头5元 2—4头4元 1头1元
粮食税	1.6%	屠宰税	牛3角、猪2角、羊2角
鹅卵税	5%	牲畜税	每元3分
鱼税	15%	羊草税	每束3厘
羊草税	3%	粮石税	每元2分5厘
木植税	22%	鱼税	每元6厘
木炭税	11%	鱼网	年50元
骨殖税	5%	马站税	每匹马1分
白条猪税	3%	妓税	每人每月1元
出境牛肉税	5%	木炭税	每元2分
猪羊肠税	5%	植树附加税	每元4分
牲畜税	5%		
屠宰税	牛1元、猪3角、羊2角		
烟税	百分之一		
渔网税	大每季50元 小每季20元		

除此之外，地方的居民共同分担了自警团的维持费。其中大地主负担两三人份的金额，两三户农民共同分担一人份的金额。根据地区或财产状态金额有所不同。

附录资料(其一)

景星税务局调查

大同三年四月末为止征收国税数目一览表		五月份实收各类税款数目	
征税项	征收额	征税项	征收额
生产税	2,824.76	粮食税	32.19
粮食税	2,565.69	狩猎税	5.97
其他	259.07	鱼税	1.24
营业税	2,066.45	豆油税	18.54
牲畜税	1,478.02	麻油税	3.60
酒税	4,349.81	豆饼税	6.99
* 税	3,928.45	木炭税	2.61
烟酒税	421.36	营业税	206.60
统税	69.01	牲畜税	150.17
印花税	576.80	屠宰税	5.78
罚款	92.37	烟酒税	2.86
		统税	29.14
		印花税	76.39
		罚款	3.00
合计	11,457.22	合计	545.08

第九节　农村金融和副业

根据本调查，该地方农村村庄几乎不进行金融活动，随之不存在当铺、高利贷等特别金融机构，仅在亲朋好友间的极小范围内进行金融活动。

因此是无息贷款且只限于短期的信用贷款。

对那些因常年歉收而导致无力购买种子和农具的贫农，县公署可以根据屯长的申请而提供农耕资金，但这种用于通融的资金数额是十分少的。而且农民中的大部分都是贫民，比起买种子他们首先要解决生活费。

在佃农中已经成为惯例的事情是，佃农在春天食物不够的时候，可以从地主那里以无息的方式每晌借 3 斗以内的谷物。

没有任何副业,农民到了冬天就跟他们的家畜一样什么都不做。但该地的农民并没有像无事可做的家畜,而是用自己的劳力从事体力劳动,比如从事附近新修道路的施工,或在地主的谷物市场搬运货物。他们得到的收入,大概只有跟过度劳动的家畜得到的多于平日的饲料费,马车、马具等的消耗费大致持平的金额。

大村庄附近山间的农民则利用冬天去割枯草或者挖掘枯木的根茎作为柴草拿去附近的市场进行买卖。

第十节　农业劳动状况

如前所述,该地有很多人并不拥有土地,且有很多农业劳动者,尤其在旗人村庄外旗氏族几乎全部是劳动者。这部分人大概占到整个村庄的一半以上。

中农生活水准之下的农户在农闲期跟家畜一起参与附近新修公路的工地的劳动或者为地主家搬运粮食。他们通过这些工作得到一定的货币收入。这些与在副业之节中已叙述过的内容一样,是依赖于自给自足的农业经济,因货币收入不足而形成的自然趋势。

景星县专业劳动者统计

类别		农业劳动者			农业以外的其他农业劳动者			总计	备注
		长工	短工	合计	工商业	其他	计		
户数		1,266	873	2,139(84.2%)	350	50	400(15.8%)	2,539	
人口数	男	2,899	1,273	4,172	1,070	116	1,186	5,358	
	女	2,126	1,746	3,872	680	154	834	4,706	
总计		5,025	3,019	8,044	1,750	270	2,020	10,064	

由此可见,劳动者中的84%即大多数是农业劳动者,他们以年工(长工)的形式被雇佣。

年工是指衣食住所有的生活必需品都由雇主提供,跟户主住在一起的一种雇佣形式。月工跟日工则住在自己的家中,并分为雇主提供食物与不提供两种。

结定雇佣契约并不是以契约书,而大多是以熟人之间的口头约定为准。

工资因农忙期跟农闲期而有所区别。一般情况下月工比年工的工资高,日工比月工的工资高。

各地的农业劳动者的工资如下表所示:

地名	工资	长工	月工	小工	木匠	车
景星	平时	60.00	8.00	0.40	0.80	2.00
	忙时	100.00	20.00	0.70	1.20	3.00
札赉特		60.00	—	0.30	0.60	1.20

续表

地名	工资	长工	月工	小工	木匠	车
阿立各图		40.00	8.00	0.30	0.90	1.50
ホルスタイ[①]		70.00	—	0.40	0.60	1.00

备注:由雇主供给长工、月工的食宿等;工资包括马车、三匹马、车夫一人份。

第十一节　农作物的交易

一、作为主要交易的谷物的自家消费和销售额

该地方所生产的过剩农产品,首先用于供给本地没有足够耕地的人的食物供给,然后剩余的农产品将被运往北铁西部线富拉尔基、平齐线泰来及洮索线怀远镇的市场。如上所述,两个地方都是自给自足为原则的农业经济,因此市场上出现的农作物只占该区的极少部分,且仅限于地方消费范围。

作物中作为该地人民的唯一的食物的粟子最多,紧跟其后的是高粱,然后就是作为北满的重要的交易谷物的大豆、小麦等,像荞麦、大麦是仅限于地方消费范围的罕见粮食。

在这个自给自足的原则上发展的该地方,他们的农业经济发展到了什么地步呢?取自景星县的中等农家的数据如下所示:

各项农作物的自家消费量与贩卖价格

所有面积	经营面积	男	女	长工	合计	家族劳动者	牛	马
50 晌	20 晌	10	9	3	22	5	2	1

注:佃耕土地面积为 3 晌。

以下为经营者自家消费及贩卖量:

种类	大豆	粟子	小豆	稗子	麻子	苏子	绿豆	土豆
经营面积(晌)	5.0	3.5	3.0	2.0	2.0	1.0	0.5	1.0
收获量(斤)	13.5	8.7	3.9	4.0	6.0	1.2	0.5	13 斤
消费量(斤)	3.5	8.7	1.9	4.0	5.0	0.7	0.3	8 斤
贩卖量(斤)	10.0	—	2.0	—	1.0	0.5	0.2	5 斤
备注								

注:①不到 24 石不收取地租。

②提供给农业劳动者的报酬含在自家消费中。

① 译者注:地名。罗马字读音为 horusutai。

农户类别	粟子	高粱	玉米	糜子
富农(比例%)	77.73	—	—	22.27
中农(比例%)	33.34	13.33	33.33	20.00
贫农(比例%)	33.34	13.33	33.33	20.00

(一)自家消费值

种类	长发屯	达阳街	镇西屯	三合屯	靠山屯	干家屯	聚宝盆	大肚川	六九山	西仙人洞	六家子
大豆(石)	520	650	300	10	50	100	100	110	60	360	500
高粱(石)	330	480	300	100	260	300	150	100	50	500	150
粟子(石)	1,000	100	350	380	350	700	400	200	100	480	100
玉米(石)	720	500	200	350	100	600	200	200	60	480	—
种类	东仙人洞	头站	华山屯	马家窝棚	潘家炉	泉子沟	兴隆泉	柳树泉眼	金山堡	关门山	合计
大豆(石)	100	260	100	150	100	300	50	200	150	30	4,300
高粱(石)	—	500	300	250	100	200	150	900	600	30	5,750
粟子(石)	—	480	150	500	100	500	300	1,550	630	150	8,520
玉米(石)	—	480	250	95	160	200	50	500	400	20	5,565

(二)贩卖值

种类	长发屯	达阳街	镇西屯	三合屯	靠山屯	干家屯	聚宝盆	大肚川	六九山	西仙人洞	六家子
大豆(石)	180	30	450	20	150	600	180	250	50	450	—
高粱(石)	270	20	200	100	260	300	150	300	40	340	—
粟子(石)		300	250	20	250	300	400	200	50	300	—
玉米(石)	180	100	200	50	300	200	200	200	100	300	—
种类	东仙人洞	头站	华山屯	马家窝棚	潘家炉	泉子沟	兴隆泉	柳树泉眼	金山堡	金门山	合计
大豆(石)	—	450	110	300	200	700	100	250	600	50	4,350
高粱(石)	—	340	150	250	100	300	30	600	1,200	30	4,370
粟子(石)	—	300	130	400	100	300	200	550	1,250	150	4,890
玉米(石)	—	300	200	—	60	300	50	500	400	20	3,240

二、交易方法

本地农家的谷物售卖有两种方式,较为普遍的是第一种,卖掉成熟并脱壳的谷物,第二种是售卖未成熟的水稻,或者收割后不脱壳的谷物。第二种的卖青苗的做法只能在极少的村庄里看到。

让人意想不到的是,谷物商人把这种适用于贫农的卖青苗法几乎都用在大地主身上。其原因从各个方面综合来观察的话,也就是贫农家庭都是用自家的劳动力处理收成物,与此相反大地主家需要相当多的人力。

为了节约人力费,大地主尽量把刚刚成熟的谷物未收获完就卖掉,或者节省脱壳、调制所需要的人力费。

中国货币的市价激烈变动,而且基础很不稳定,农家就有直接把货币用来购买家畜或者农具一类的物品的习惯。虽说是大地主,但怎么也无法一下子备齐这么多的人力费(康德元年六月改正)。谷物都是使用农家自己的马车来搬运。如上所述本地到中心市场的距离远,加之路况恶劣,搬运一次要耗费 25 日或者 27 日之久,与谷物搬运的同时买回一年的日用品。

在兴安南分省、札赉特和苏鄂公爷府附近的内地旗人村庄的人们将牲畜类和毛皮类拿到市场,与市场商人交换衣服以及其他杂货,进行物物交换。

一般都是把谷物从农家运到地方各县的中心市场的商人手里,再从商人手里运到驿站为原则,也有极少农夫自己直接运到驿站的情况。

三、运载谷物的马车的输送季节和道路

冬天河水结冰路面冻结之前,对于输送来说尚未形成便利的坚固的地面,因此搬运谷物的数量比较少。十一月收获后的几个月中,依据买卖契约或迫于家里的金钱需要,将少量的谷物搬运到较近的市场上销售。真正的运送谷物是在结冰后即十一月到第二年开春繁盛。

谷物的价格一般是在刚收获后较高一些,结冰后路况良好就会短暂降价然后再逐渐高涨。在农家的立场上考虑,在冬天结束前价格偏高的时候卖掉是有利的。但近几年的市价不稳定,春天市价也不一定上涨,所以他们也不等这个时期了。

也就是说,不只是贫穷的农家,所有的人都是在收获时留下一些自家需要的数量,其余的都在十一月、十二月、正月这几个月处理。

与交易相关的用一句话来说就是路。为了搬运到地方各县的中心市场或者从驿站附近的各村庄搬运到各驿站,有很多小的村路或被随意开辟的田间小道。本地河流很多,不仅有通行困难的湿地,而且还没有在河上架桥。这样的小路会根据时节多次被限制通行,对搬运来说非常不便。当然该地因地质原因而没有修筑。

目前的任务是通过在这些河上架桥,泥泞的地方铺上木头,修筑堤坝等的改善工作来促进该地方产业开发。

附录资料(其二)

各村庄大车牛车的数量

车类	腰库鲁屯	水哈拉屯	特鲁本钦屯	前色拉可屯	辽阳街屯	景星城内	石家店屯
大车数量	4	—	20	80	30	2	—
牛车数量	20	12	13	50	45	4	3
车类	****	****	****	****	城泡子沿屯	白庙子屯	刘家子屯
大车数量	—	—	—	不明	—	8	1
牛车数量	2	—	2	不明	2	12	3
车类	东王家霜窝屯	西王家霜窝屯	****	****	前哈达屯	二家子屯	云家子屯
大车数量	3	3	7	1	1	—	—
牛车数量	12	7	不明	5	8	—	12
车类	武呀站屯	****	****	苏鄂公爷府屯	阿立各图屯	五家子屯	
大车数量	—	—	2	—	3	—	
牛车数量	10	1	17	4	11	3	

第十二节　主要农作物的种类和生产状况

本地主要农作物有粟子、大豆、高粱、玉米、荞麦。景星附近的平原,也就是汉人居住地区主要种植大豆,札赉特内部地区种植粟子、小麦。

以县为单位的种植面积和生产统计的情况,如第二节所叙述的一样,各调查村庄调查结果如下表所示:

景星县各村庄的生产值

(单位:石)

地名	大豆		高粱		谷子		玉米		备注
长发屯	700	22.6%	600	19.3%	1,000	32.3%	800	25.8%	
辽阳屯	700	31.8%	500	22.7%	400	18.2%	600	27.3%	
镇西屯	750	33.3%	500	22.2%	600	26.7%	400	17.8%	
三合屯	30	3.2%	100	10.8%	400	43.0%	400	43.0%	
靠山屯	200	11.6%	520	30.2%	600	34.9%	400	23.3%	
干家街	700	22.6%	600	1.94%	1,000	32.2%	800	25.8%	

续表

地名	大豆		高粱		谷子		玉米		备注
聚宝盆	280	15.7%	300	16.9%	800	44.9%	400	22.5%	
大肚川	360	31.0%	400	34.5%	200	17.2%	200	17.2%	
六九山	110	21.6%	90	17.6%	150	29.4%	160	31.4%	
西仙人洞	810	25.2%	840	26.2%	780	24.3%	780	24.3%	
六家子	500	58.8%	150	17.6%	200	23.5%			
东仙人洞	100	100%							
头站	710	22.8%	840	27.0%	780	25.1%	780	25.1%	
华山屯	210	14.9%	450	31.9%	300	21.3%	450	31.9%	
马家窝棚	450	23.1%	500	25.7%	900	46.3%	95	4.9%	
潘家炉	300	33.4%	200	22.2%	200	22.2%	200	22.2%	
泉子沟	100	4.8%	500	23.8%	1,000	47.6%	500	23.8%	
兴隆泉	150	15.8%	200	21.1%	500	52.6%	100	10.5%	
柳树泉眼	450	8.9%	1,500	29.7%	2,100	41.6%	1,000	19.8%	
金山堡	600	17.4%	1,200	34.8%	1,250	36.2%	400	11.6%	
关门山	50	20.0%	30	12.0%	150	60.0%	20	8.0%	
合计	8,260		10,020		13,310		8,485		

各村庄情况如下表所示：

腰库勒屯

作物名	耕种面积(晌)	面积比率(%)	产量(石)	每晌收获(石)
大豆	20	10	40	2
高粱	20	10	60	3
玉米	13	10	40	3
谷子	45	24	135	3
小麦	18	6	36	2
荞麦	15	8	30	2
地瓜	40	10	80	2
蔬菜及其他	不详	13	—	10,000 斤
合计	200		421	

水哈拉屯

作物名	耕种面积(晌)	面积比率(%)	产量(石)	每晌收获(石)
大豆	30	15	30	1
高粱	40	20	40	1
玉米	30	15	30	1
谷子	120	60	120	1
小麦	—	—	—	—
荞麦	—	—	—	—
地瓜	—	—	—	—
蔬菜及其他	—	—	—	—
合计	220		220	

特鲁本钦屯

作物名	耕种面积(晌)	面积比率(%)	产量(石)	每晌收获(石)
大豆	300	20.9	600	2
高粱	169	20.0	338	2
玉米	65	10.0	130	2
谷子	400	20.9	800	2
小麦	10	2.3	21	2
地瓜	—	—	—	—
荞麦	不详	—	—	—
蔬菜及其他	30	3.0	—	—
合计	1,300		1,889	

前色拉可屯

作物名	耕种面积(晌)	面积比率(%)	产量(石)	每晌收获(石)
大豆	100	25.3	200	2
高粱	25	6.3	50	2
玉米	70	17.7	100	1.5
谷子	150	38.0	300	2
小麦	50	12.7	100	2
荞麦	不详			

续表

作物名	耕种面积(晌)	面积比率(%)	产量(石)	每晌收获(石)
地瓜	不详			
蔬菜及其他	不详			
合计	395		750	

白庙子屯

作物名	耕种面积(晌)	面积比率(%)	产量(石)	每晌收获(石)
大豆	25	21	63	2.5
高粱	20	17	50	2.5
玉米	20	17	50	2.5
谷子	26	21	65	2.5
小麦	—	—	—	—
荞麦	10	8	25	2.5
地瓜	10	8	25	2.5
蔬菜及其他	9	8		
合计	120		278	

刘家子屯

作物名	耕种面积(晌)	面积比率(%)	产量(石)	每晌收获(石)
大豆	40	20	160	4
高粱	36	15	180	5
玉米	30	15	180	6
谷子	40	20	240	6
小麦	—	—	—	—
荞麦	32	15	160	5
地瓜	30	15	160	6
蔬菜及其他				
合计	208		1,080	

东王家霜窝屯

作物名	耕种面积(晌)	面积比率(%)	产量(石)	每晌收获(石)
大豆	40	20	100	2.5
高粱	20	10	60	3
玉米	20	10	60	3
谷子	53	27	160	3
小麦	—	—	—	—
荞麦	—	—	—	—
地瓜	40	20	60	1.5
蔬菜及其他	27	13		
合计	200		440	

西王家霜窝屯

作物名	耕种面积(晌)	面积比率(%)	产量(石)	每晌收获(石)
大豆	60	20	120	2
高粱	17	6	50	3
玉米	30	10	120	4
谷子	90	30	360	4
小麦	—	—	—	—
荞麦	40	13	80	2
地瓜	60	20	180	3
蔬菜及其他	3	1	—	—
合计	300		900	

ノントミートン①

作物名	耕种面积(晌)	面积比率(%)	产量(石)	每晌收获(石)
大豆	50	8	200	4
高粱	—	—	—	—
玉米	100	17	400	4
谷子	200	35	900	4.5

① 译者注:地名。罗马字读音为 nontomīton。

续表

作物名	耕种面积(晌)	面积比率(%)	产量(石)	每晌收获(石)
小麦	—	—	—	—
荞麦	80	13	240	3
地瓜	150	25	450	3
蔬菜及其他	20	2	—	—
合计	600		2,190	

トルカントヲボール屯①

作物名	耕种面积(晌)	面积比率(%)	产量(石)	每晌收获(石)
大豆	20	13	30	1.5
高粱	—	—	—	—
玉米	—	—	—	—
谷子	80	54	160	2.0
荞麦	20	13	40	2.0
小麦	—	—	—	—
地瓜	30	20	60	3.0
蔬菜及其他				
合计	150		290	

铁棍子屯

作物名	耕种面积(晌)	面积比率(%)	产量(石)	每晌收获(石)
大豆	10	14.3	20	2
高粱	—	—	—	—
玉米	—	—	—	—
谷子	30	42.9	60	2
小麦	—	—	—	—
荞麦	10	14.3	30	3
地瓜	15	21.4	45	3
蔬菜及其他	5	7.1	—	—

① 译者注:地名。罗马字读音为 torukanto' obōru。

续表

作物名	耕种面积(晌)	面积比率(%)	产量(石)	每晌收获(石)
合计	70		155	

ネリンテャカ[①]

作物名	耕种面积(晌)	面积比率(%)	产量(石)	每晌收获(石)
大豆	5	10	10	2
高粱	—	—	—	—
玉米	15	30	30	2
谷子	20	40	40	2
小麦	—	—	—	—
荞麦	10	20	20	2
地瓜	—	—	—	—
蔬菜及其他	—	—	—	—
合计	50		100	

アメ屯[②]

作物名	耕种面积(晌)	面积比率(%)	产量(石)	每晌收获(石)
大豆	20	20	60	3
高粱	—	—	—	—
玉米	—	—	—	—
谷子	30	30	60	2
小麦	—	—	—	—
荞麦	20	20	40	2
地瓜	30	30	60	2
蔬菜及其他	—	—	—	—
合计	100		220	

① 译者注:地名。罗马字读音为 nerinteyaka。
② 译者注:地名。罗马字读音为 ame。

マンハ屯[1]

作物名	耕种面积(晌)	面积比率(%)	产量(石)	每晌收获(石)
大豆	7	23.3	21	3
高粱	—	—	—	—
玉米	3	10.0	8	3
谷子	10	33.3	40	4
小麦	—	—	—	—
荞麦	2	6.6	6	3
地瓜	5	16.7	15	3
蔬菜及其他	3	10.0		
合计	30		90	

ホテンジャラカ[2]

作物名	耕种面积(晌)	面积比率(%)	产量(石)	每晌收获(石)
大豆	5	10	10	2
高粱	—	—	—	—
玉米	5	10	15	3
谷子	20	40	40	2
荞麦	10	20	30	3
地瓜	5	10	10	2
小麦	—	—	—	—
蔬菜及其他	5	10		
合计	50		105	

イロタ屯[3]

作物名	耕种面积(晌)	面积比率(%)	产量(石)	每晌收获(石)
大豆	—	—	—	—
高粱	—	—	—	—
玉米	24	12	120	5

① 译者注:地名。罗马字读音为 manha。
② 译者注:地名。罗马字读音为 hotenjiyaraka。
③ 译者注:地名。罗马字读音为 irota。

续表

作物名	耕种面积(晌)	面积比率(%)	产量(石)	每晌收获(石)
谷子	105	50	420	4
小麦	—	—	—	—
荞麦	30	12	120	4
地瓜	50	20	200	4
蔬菜及其他	—	—	—	—
合计	260		860	

苏鄂公爷府屯

作物名	耕种面积(晌)	面积比率(%)	产量(石)	每晌收获(石)
大豆	27	14.2	80	3
高粱	—	—	—	—
玉米	37	19.5	148	4
谷子	48	25.3	190	4
小麦	—	—	—	—
荞麦	18	9.5	72	4
地瓜	25	13.2	83	3
蔬菜及其他	—	—	—	—
合计	190		573	

阿立各图屯

作物名	耕种面积(晌)	面积比率(%)	产量(石)	每晌收获(石)
大豆	54	16.6	80	1.5
高粱	108	30.9	160	1.5
玉米	—	—	—	—
谷子	150	42.9	300	2.0
荞麦	—	—	—	—
小麦	—	—	—	—
地瓜	—	—	—	—
蔬菜及其他	—	—	—	—
合计	350		540	

前哈达屯

作物名	耕种面积(晌)	面积比率(%)	产量(石)	每晌收获(石)
大豆	30	20	90	3
高粱	40	27	120	3
玉米	—	—	—	—
谷子	60	40	180	3
荞麦	—	—	—	—
小麦	—	—	—	—
地瓜	—	—	—	—
蔬菜及其他	—	—	—	—
合计	150		380	

二家子屯

作物名	耕种面积(晌)	面积比率(%)	产量(石)	每晌收获(石)
大豆	10	20.0	20	2
高粱	15	30.0	45	3
玉米	—	—	—	—
谷子	16	32.0	48	3
小麦	—	—	—	—
荞麦	3	6.0	9	3
地瓜	4	8.0	13	3
蔬菜及其他	2	4.0		
合计	50		135	

六家子屯

作物名	耕种面积(晌)	面积比率(%)	产量(石)	每晌收获(石)
大豆	50	20	40	0.8
高粱	60	30	60	1.0
玉米	—	—	—	—
谷子	80	40	80	1.0
小麦	—	—	—	—
荞麦	10	10	5	0.5

续表

作物名	耕种面积(晌)	面积比率(%)	产量(石)	每晌收获(石)
地瓜	—	—	—	—
蔬菜及其他	—	—	—	—
合计	200		185	

武牙站屯

作物名	耕种面积(晌)	面积比率(%)	产量(石)	每晌收获(石)
大豆	15	18.8	30	2
高粱	15	18.8	45	3
玉米	2	2.5	6	3
谷子	2.0	25.0	60	3
小麦	—	—	—	—
荞麦	4	5.0	12	3
地瓜	15	18.8	30	2
蔬菜及其他	9	11.1	—	—
合计	80		183	

五家子屯

作物名	耕种面积(晌)	面积比率(%)	产量(石)	每晌收获(石)
大豆	63	63.0	100	1.6
高粱	9	9.0	18	2.0
玉米	—	—	—	—
谷子	20	20.0	40	2.0
小麦	—	—	—	—
荞麦	—	—	—	—
地瓜	—	—	—	—
蔬菜及其他	8	8.0	—	—
合计	100		158	

第十三节　农业季节

各个地方农业生产季节如下表：

一、景星地区

作物	播种日期(阳历)	播种季节	收获日期(阳历)	收获季节
水稻	5月14日	立夏	10月10日	寒露
小麦	4月20日	谷雨	8月20日	立秋
荞麦	7月10日	小暑	10月10日	寒露
大豆	5月6日	立夏	10月10日	寒露
小豆	5月10日	芒种	10月10日	寒露
蚕豆	5月12日	立夏	8月20日	立秋
豌豆	5月2日	谷雨	8月10日	立秋
绿豆	6月8日	芒种	10月4日	秋分
稗子	6月22日	夏至	9月10日	白露
粟子	5月16日	夏至	10月1日	秋分
地瓜	5月25日	立夏	9月26日	秋分
玉米	5月15日	小满	9月16日	秋分
高粱	5月15日	立夏	9月11日	秋分
芝麻	4月30日	立夏	9月10日	白露
甜瓜	5月1日	谷雨	8月8日	立秋
黄瓜	5月1日	立夏	7月24日	大暑
萝卜	7月1日	夏至	10月11日	寒露
胡萝卜	5月10日	立夏	9月26日	秋分
葱	8月26日	处暑	9月22日	秋分
白菜	7月15日	小暑	10月9日	寒露

二、苏鄂公爷府地区(阴历)

作物	播种期	收获期	备注
粟子	三月中旬	八月中旬	
大豆	三月中旬	八月中旬	

续表

作物	播种期	收获期	备注
稗子	五月中旬	八月上旬	
蚕豆	四月下旬	八月上旬	
玉米	三月下旬	八月中旬	
苏子	三月下旬	七月上旬	
荞麦	五月中旬	七月中旬	

第十四节 农具

该地使用的农具虽然同其他地方一样都十分原始,但是种类繁多且非常简单便利。

而且农具的结构简单,大多可在自家加工,只须购入铁制或石制的部分。农具非常实用且坚固,且价格也便宜,因此农具中投入的资本较少。

札赉特旗东王家霜窝屯从其旗公署借来叫作洋犁的开垦农具(参考加拿大制的照片制造的)用于土地的开垦。这种农具很明显是从哈尔滨的外国公司买来的。

各地区农具如下所示:

景星地区

名称	拥有面积数量		单价	制作	修缮
	20 晌	50 晌			
种犁	1	5	5.00		
锡犁	—	6	5.00		
铁锹	1	6	0.80		
刨子	—	—	—		
铁钉耙	—	—	—		
铁耙子	—	—	—		
木头棍子	1	1	1.50		
铁棍子	—	—	—		
镐头	2	—	1.00		
二齿钩	1	3	0.80		
粪筐	1	4	0.30		
耱耙	1	2	3.00		
拉子	1	2	0.20		

续表

名称	拥有面积数量		单价	制作	修缮
	20 晌	50 晌			
蛋儿棍子	—	—	—		
点葫芦	1	4	0.40		
把斗子	1	4	0.50		
木锨	1	3	0.50		
锄头	3	19	1.00		
镰刀	3	15	0.50		
扫帚	1	4	0.70		
木抗子	2	10	0.50		
赏耙	1	4	0.40		
扬锨	2	6	0.40		
*	1	1	10.00		
筛子	1	2	0.60		
箩子	1	1	0.40		
簸箕	1	2	0.90		
碾子	1	1	25.00		
石磨	—	1	12.00		
垛叉	1	2	0.40		
垛钩	1	2	0.20		
镊子	1	2	0.60		
竹扒子	—	2	0.50		
牛车	1	2	20.00		
大车	—	4	100.00		
筐	—	3	0.10		
扁担	1	—	0.40		
推草车	—	1	3.00		
锄刀	1	2	5.00		
马槽	2	3	3.00		
抬帘子	—	3	0.70		
备注					

续表

名称	苏鄂公爷府地区			阿立各图地区		
	拥有面积数量		单价	拥有面积数量		单价
	20 晌	60 晌		20 晌	50 晌	
种犁	1	3	5.00	1	2	2.50
锡犁	—	—	—	—	—	—
铁锨	2	3	1.00	3	3	0.30
狍子	1	3	1.00	2	2	0.50
铁齿耙子	2	5	0.30	2	3	0.40
铁耙子	1	1	1.00	—	—	—
木头棍子	1	1	自制	1	1	0.60
石头棍子	1	—	1.00	—	—	—
二齿锯	1	3	0.80	1	2	0.50
耲耙	—	—	—	1	1	2.50
拉子	—	—	—	1	1	0.50
点葫芦	1	3	自制	1	2	0.50
把斗子	1	2	自制	—	—	—
木锨	2	2	0.50	1	2	1.80
锄头	3	8	1.00	4	5	0.70
镰刀	3	10	0.30	4	6	0.30
铁叉子	—	2	0.30	1	2	0.20
木把子	1	3	0.70	2	2	0.20
扫帚	1	2	0.70	—	—	—
木扒子	1	2	0.40	1	1	0.35
扇车	—	—	—	1	1	30.00
筛子	2	2	0.50	2	1	0.40
箩子	1	1	1.00	1	1	0.50
簸箕	2	1	1.00	2	1	0.50
碾子	1	1	30.00	1	1	15.00
石磨	—	—	—	—	1	6.00
*	1	2	1.00	1	2	0.80
镊子	1	1	0.80	1	1	0.80

续表

名称	苏鄂公爷府地区			阿立各图地区		
	拥有面积数量		单价	拥有面积数量		单价
	20 晌	60 晌		20 晌	50 晌	
牛车	4	2	12.00	3	1	6.00
马车	—	—	—	1	1	40.00
扁担	1	2	1.00	1	1	0.15
推车	—	—	—	1	1	1.00
镰刀	—	1	5.00	1	1	3.00
马槽	1	1	3.50	2	2	2.00
备注						

第十五节　农耕状况

该地的耕地方式极为原始,几乎不施肥,实行掠夺农耕法。兴安南分省则是如前所述,主要依靠畜牧业,所以很多人都不懂农耕法。

一、肥料

如上所述,该地虽然不大使用肥料,但像景星地区这样人口众多的城市街区,肥料对于蔬菜培育等集约型农业来说是非常重要的。在其他新开垦地以外处培育地方消费的农作物时也是非常重要的。完全不使用肥料,而是使用土粪。也就是在动物粪便中混入其他杂物,做成杂粪。这种杂粪可叫作土粪。

在住房附近的道路、菜园里能看到由动物的粪便、泥炭、杂草、人类粪便堆成的小山。通过询问札赉特地区的一个农夫说,建成这样一座山需要三四年。至少经过一年以上,才能很好地腐烂,然后再运到田地里去播撒。

这种施肥方法分为律粪和扬粪两种。律粪的施肥量大概是 15 车(一车约 1,000 斤);扬粪大概是 18 车。

二、耕锄和播种

耕地分春耕和秋耕。一般进行春耕,秋耕主要是在景星地区播种小麦,且较少见。播种方法有反种和耰种两种。种植小麦、大麦时用反种方法,其他的作物则用耰种方法。

工作程序

反种:三人(扶犁、播种、犁种)每晌地三匹马

耰种:三人(扶犁、播种、插秧)每两晌地两匹马

播种方法有用手或者是用点葫芦。种植粟子、高粱的时候常常使用这种工具,但是种植大豆、玉米时一般用手。在景星县可以看到手动的播种器,但尚未普及。

播种量(每晌)

大豆一斗二升　玉米七升

粟子二升　小麦三升

高粱五升　荞麦二升

没有明确的轮作关系,但一般隔一年耕作一次。

第一年	第二年	第三年
大豆(施肥)	高粱	粟子
玉米(施肥)	高粱	粟子
大麦(施肥)	高粱	糜子

播种后要进行压土。这项工程每四晌地需要一个人、一匹马。

三、畦(五十亩为一畦)间和株间

在平原田埂的方向要调整好,要防止每年春季的强风将种子吹走。在小高地为了防止雨季的水灾会筑起田垄。一般田埂间为2尺3寸至2尺4寸(木尺)。玉米、大豆等以8至9寸或1尺2寸至1尺3寸的株间播种。

四、除草、中耕和培土

除草一般在每年5月中旬进行,作物的芽长到三四寸的时候进行第一次除草,六月中旬进行第二次除草。大豆一般要进行三次除草,其他的作物大多进行两次除草。

其步骤如下所示(每日每晌地所需人数):

作物品种	第一次除草	第二次除草	第三次除草
大豆	4人	4人	3人
高粱	5人	3人	
粟子	3人	8人	

中耕及培土每种作物都要进行三次,一般两晌地每天平均需要一个人、两匹马。

五、收割、调制和储藏

收割工作从阴历八月中旬开始逐次开始展开。九月起,开始收割荞麦、高粱、大豆、粟子等。收割后的大豆并不马上捆扎起来,而是干燥十天后搬运的时候再进行捆扎。但是粟子、高粱则是收割的同时捆扎,放置数天后,适当地分组干燥。

收割大豆每人每天完成四晌(不含捆扎工作)。粟子、高粱则每人每天完成三晌。高粱只搬运切下的高粱穗,农闲期再搬运高粱秆。搬运每晌地每日需要两人、四五匹马。

收割的谷物被运到脱谷场的时候,在家畜身上挂上脱谷专用的石磨进行脱谷皮。平均三四个人、四五匹马要完成20—25 石(约两晌至四晌)的谷物的脱皮工作。完成脱皮后的谷物很干净,要运去有圆形仓库或者圆筒状房顶的谷物保管所,也就是在仓库内进行储藏。

仓库的造型也因地域而有所不同。一般架起又粗又圆的骨架,周围用细枝编制而成,用野草围住,并在内外两面涂上泥土而制成。

六、病虫害和灾害

对于该地区的虫害,地方居民尚未掌握到有效的灭虫要领。一般是在阳历六月下旬到中旬期间,作物长到四到五寸的时候,会有被称为黑虫的害虫来侵蚀大豆、土豆的叶子。苏鄂公爷府附近甚至出现了被啃食干净的惨状。

我们并没有亲眼见过害虫,但从地方居民的叙说中推断出可能是マメハンメウ[①]一类的害虫。

各地都备受水害威胁地区,景星县尤为严重,甚至有因为洪灾而颗粒无收的村庄。冰雹危害等在气象之节中已有介绍,局部地区遭到了惨重的损失。

第十六节　家畜分布和买卖方法

虽然景星地区的家畜仅仅是农耕农业的附属品,但家畜作为农业资源的一部分价值非常高,一天都不可缺少。

札赉特、苏鄂公爷府的旗人村庄里,有很多农家以家畜养殖为主业谋生,其数量也较多。此地在19 世纪为蒙古王侯的领地(如今大部分地区仍是这样),在天然的大牧场上自由地放牧。但在日俄战争后,由南向北急速出现了一批农业移民搬到这片牧场上开始生活。他们发现这里有广阔且肥沃的平原后,每年都带着他们的农具开垦这片土地。结果可想而知,富裕的游牧民驱赶着他们的家畜迁移到了内地,而贫困的蒙古族把蒙古包改装成中国式的房子,从游牧民族变为了耕作农民。

虽然外来移民征服了这片土地,但绝不是说畜牧业就因此而灭亡了。畜牧业的形式发生了很大的改变,由在平原上放牧牛马的形式变为了在农家养殖家畜的方式。也就是说,由放牧养殖变成了厩舍养殖。

种类主要是马、牛、羊、猪、鸡。马除了景星区外基本上是蒙古族马。马的身躯较小,习性也好。各村庄的马的品质都较好。这些马如果用来做乘车工具的话跑得比较慢。在平原上看到的用来拉车的多是蒙古牛,在山区的汉人村庄里零星地看到满洲牛。

---

① 译者注:昆虫名。罗马字读音为 mamehanmeu。

牛马多被用于农业中,用于肉跟牛奶的则比较少见。旗人将牛作为拉车工具之外,还用于奶类及奶制品以及肉类。将牛屠宰后食用的情况非常少见,仅有食用死牛的现象。

景星地区附近的满洲羊在逐步退化,品质变得不良。躯干偏低,四肢虚弱,由于冬天被饲养在不完善的暖气设备笼子里,体质虚弱也是难免的。与之相反,内陆蒙古地区的羊则体质健壮。是否是由于管理状态及气候的变化而产生的影响有待研究。

为了将羊与山羊区分,因此把羊叫作绵羊。几乎是蒙古原有的品种,春天和秋天剃两次毛,出产量一年约有 300—400 * ,品质均良好。

山羊在该地区只占全部家畜的5%左右,只不过是以绵羊为主,顺带一起养殖而已。据说,山羊本来就不能用于农业生产,山羊的肉不合当地人的口味,乳汁也少,据说每年只有 3 斗到 3.5 斗。

山羊的皮跟毛作为蒙古人制作衣物的特殊材料,几乎不用于出口,没有交易的价值。

猪是满洲原有的品种。不知道猪应该属于大、中、小型动物中的哪一型。但是勉强把猪列入大型动物的行列的话,又有身体扁平、肉质不好的缺点。

各地家畜分布情况如表所示:

县别	马	牛	羊	猪	骡子	驴
景星县	2,573	801	396	4,615	84	347
札赉特旗	1,897	2,936	19,360	不详	不详	不详
科右后旗	847	3,150	1,896	不详	不详	不详

注:对于家禽的分布完全不详,家禽数量极少。各村庄家禽数如下表所示。

景星县各警察局管辖区家畜数量表

地区	马	骡	驴	牛	猪	羊
县城内	47	3	30	8	448	25
干家街	637	10	52	72	504	29
靠山屯	237	15	54	98	571	—
仙人洞	776	27	73	91	624	34
马家窝铺	179	4	20	80	343	250
杏山	14	—	21	14	346	—
头山	42	7	19	9	308	—
辽阳街	135	8	25	111	498	32
泉子沟	291	5	22	141	367	26
柳树泉眼	168	3	15	119	402	—
关门山	45	2	12	58	204	—

续表

地区	马	骡	驴	牛	猪	羊
合计	2,573	84	343	801	4,615	396

科尔沁右翼后旗各村庄家畜数量表

地区	马	牛	羊	备注
察尔森	83	367	147	对于鸡和鸭等家禽没有可查证的资料,但从调查村庄的情况来看,其数量极少
东巴达戈	15	135	—	
苏金屯	—	17	20	
呼啦戈尔	3	80	30	
吗尼图	2	8	—	
和利野哈达	2	23	—	
大五棵树	2	23	—	
小五棵树	5	14	—	
窖红小尔	5	34	—	
好屯爱里	—	4	—	
宝丁札拉戈	1	—	—	
海里吐	2	14	—	
哈达苏	—	13	—	
三家子	5	6	—	
福顺套卜	—	6	—	
西巴拉戈	15	135	—	
好屯加拉戈	10	27	50	
南沙拉戈	7	78	2	
呜丹加拉戈	4	5	—	
后西拉戈	4	4	—	
宝地加拉戈	4	66	—	
乌力雅思台	9	66	—	
戈海图	1	137	—	
巴彦套海	1	9	—	
阿奎红少尔	5	86	116	
阿拉坦套卜齐	27	88	22	

续表

地区	马	牛	羊	备注
黛合屯	13	155	165	
毛什改	7	63	—	
查噶爱里	1	26	—	
下二十家子	76	463	—	
哈拉戈吐	3	27	—	
上二十家子	25	58	—	
乌兰楚鲁	4	20	—	
荣伦他来	3	40	—	
阿立各图	76	134	650	
哈大阴子	56	150	206	
道甬吉套卜	15	27	120	
五家子	3	26	—	
乌牙站	4	29	—	
大民昭	49	81	40	
德宝窝堡	15	32	10	
跑不了屯	39	15	—	
新爱里	61	96	80	
小札大苏	31	39	30	
苏根爱里	41	48	20	
五站爱里	16	23		
拉乌仓	16	21	70	
戈查各热	6	23	45	
六家子	41	72	12	
却音套卜	12	16		
寿老爷窝	22	21	30	
合计	847	3,150	1,896	

各调查村庄家禽数量

地名	马	驴	骡	牛	羊	猪	鸡	鸭
腰库勒	30	15	—	60	30	50	20	20
水哈拉	10	12	40	—	—	40	50	7
特鲁本钦	160	40	20	60	10	260	50	20
前色拉可	50	40	—	100	80	300	60	30
辽阳街	135	25	8	111	32	515	30	20
景星	47	32	7	8	25	448	20	15
石家店	37	24	—	—	—	22	30	12
城泡子沿	10	1	1	—	—	50	25	12
白庙子	40	16	—	60	—	200	80	30
刘家子	15	25	2	40	—	120	30	—
东王家霜	25	15	—	20	60	50	45	25
西王家霜	5	18	—	20	—	25	30	10
ノントミー①	7	18	—	35	40	15	20	不明
トルカントヲボー②	3	20	—	35	25	140	2	4
テーコンズ③	4	32	—	65	—	85	40	12
札赉特府	128	22	7	225	495	53	44	25
ネリンチャラカ④	3	20	—	70	25	7	不明	—
アメトン⑤	30	10	—	100	40	—	30	20
ホルンハト⑥	200	—	—	300	2,000	90	50	30
マンハトン⑦	2	—	—	10	—	30	15	3
ボテンチャラカ⑧	1	12	—	3	—	30	5	3
ヘイロク⑨	40	20	—	85	—	250	30	—
苏鄂公爷府屯	83	—	—	267	147	70	—	—

① 译者注:地名。罗马字读音为 nontomī。
② 译者注:地名。罗马字读音为 torukanto'obō。
③ 译者注:地名。罗马字读音为 tēkonzu。
④ 译者注:地名。罗马字读音为 nerinchiyaraka。
⑤ 译者注:地名。罗马字读音为 ameton。
⑥ 译者注:地名。罗马字读音为 horunhato。
⑦ 译者注:地名。罗马字读音为 manhaton。
⑧ 译者注:地名。罗马字读音为 botenchiyaraka。
⑨ 译者注:地名。罗马字读音为 heiroku。

续表

地名	马	驴	骡	牛	羊	猪	鸡	鸭
阿立各图屯	76	35	40	134	650	150	—	4
前哈达	20	30	—	90	80	80	55	12
* * *	15	9	—	15	50	20	15	2
* * *	20	20	—	70	90	130	80	15
* * *	2	16	—	30	—	50	15	—
五家子屯	40	30	12	—	50	40	50	20

家畜类的买卖非常简单,没有保证人或收据,依靠双方的协定进行。

农闲期由农夫亲自拉着牲畜去市场进行买卖,或者有专门收购牲畜的人上门来购买。一般来说,牛跟马的价格都是国币四十到五十元。

第十七节　主要物价和地理

各地主要农产品及商品价格如下表所示:

星景地区主要物价及变动表

品种	单位	民国十九年	大同元年	大同二年	大同三年
高粱	一石	10.00	5.20	3.50	4.00
大豆	同上	22.00	12.00	6.00	7.00
玉米	同上	10.00	5.50	3.50	3.50
精米	同上	15.00	9.00	8.00	7.00
地瓜	同上	18.00	15.00	8.00	4.50
荞麦	同上	10.00	5.00	3.50	3.50
小豆	同上	15.00	10.00	7.00	9.00
绿豆	同上	25.00	15.00	12.00	10.50
小麻子	同上	11.00	8.00	5.00	
大麦	一石	35.00	49.00	35.00	30.00
豆油	一斤	0.30	0.30	0.25	0.13
石油	同上	0.24	0.25	0.20	0.17
香油	同上	0.50	0.40	0.20	0.20

续表

品种	单位	民国十九年	大同元年	大同二年	大同三年
面粉	同上	0.20	0.20	0.15	* * *
盐	同上	0.20	0.20	0.15	* * *
粉条子	同上	—	—	—	—
棉布	一尺	0.22	0.20	0.15	3.20
猪肉	一斤	0.35	0.30	0.25	0.15
羊肉	同上	0.38	0.35	0.28	0.20
牛肉	同上	0.30	0.28	0.22	0.15
酒	同上	0.24	0.15	0.12	* * *
棉花	同上	—	—	—	0.70

苏鄂公爷府及阿立各图地方物价表(大同三年6月)

苏鄂公爷府			阿立各图			备注
类别	单位	价格	类别	单位	价格	
马	一头	35.00	马	一头	40.00	苏鄂公爷府的市场为王爷庙,阿立各图的市场为镇东、泰来
牛	同上	15.00	牛	同上	25.00	
羊	同上	4.00	羊	同上	2.00	
猪	同上	10.00	猪	同上	10.00	
山羊	同上	3.00	山羊	同上	2.00	
粟子	一石	5.00	驴	同上	6.00	
大豆	同上	10.00	绵羊	同上	0.15	
稗子	同上	8.00	粟子	一石	2.00	
玉米	同上	7.00	精米	同上	3.00	
荞麦	同上	6.50	大豆	同上	5.00	
苏子	一石	20.00	玉米	一石	3.00	
小豆	同上	9.00	高粱	同上	3.00	
绿豆	同上	12.00	糜子	同上	3.00	
盐	一斤	0.05	荞麦	同上	4.00	
白面	同上	0.15	小豆	同上	5.00	
豆油	一石	0.15	绿豆	同上	6.00	
猪肉	同上	0.15	粟子秆	百斤	0.6	

续表

苏鄂公爷府			阿立各图			备注
类别	单位	价格	类别	单位	价格	
牛肉	同上	0.10	盐	一斤	0.05	苏鄂公爷府的市场为王爷庙,阿立各图的市场为镇东、泰来
布	一尺	3.20	布	一尺	3.00	
棉花	一斤	1.00	石油	一罐	4.50	
			砂糖	一斤	0.10	
			酒	一斤	0.15	

第十八节 居民的衣食住行

一、衣服

衣服大多是棉衣,除此之外,其他防寒用的外套多使用羊皮或者山羊皮或者其他的皮类。各地区被褥服装及其价格如下所示:

札赉特地区

季节	服装类	男	女	合计	单价	价格
春秋	小棉袄	1	1	2	1.30	2.60
	棉裤	1	1	2	1.20	2.40
	大棉袄	1	1	2	2.50	5.00
	帽子	1		1	0.60	0.60
	棉鞋	1	1	2	自制	自制
夏	小布衫	1	1	2	0.80	1.60
	单裤	1	1	2	0.80	1.60
	大布衫	1	1	2	1.70	3.40
	棉鞋	1	1	2	自制	—
冬	棉袄	1	1	2	2.60	5.20
	棉裤	1	1	2	2.40	4.80
	棉袍	1	1	2	4.20	8.40
	羊皮褂子	1		1	6.00	6.00
	羊皮袄	1	1	2	12.00	24.00
	棉鞋	1	1	2	自制	自制

苏鄂公爷府各地区

季节	衣服名	男	女	合计	单价	总价
春	小棉袄	1	1	2	1.30	2.60
	棉裤	1	1	2	1.20	2.40
	大棉裤	1	1	2	2.80	5.60
	薄棉袄	1	—	1	2.20	2.20
秋	薄棉裤	1	—	1	2.10	2.10
	帽子	1	—	1	0.70	0.70
	棉鞋	1	1	2	自制	—
夏	小布衫	1	1	2	0.80	1.60
	单裤	1	1	2	0.80	1.60
	大布衫	1	1	2	1.70	3.40
	对襟鞋	1	1	2	自制	—
冬	棉袄	1	1	2	2.70	5.40
	棉裤	1	1	2	2.70	5.40
	棉袍	1	1	2	4.30	8.60
	羊皮袄	1	1	2	12.00	24.00
	棉鞋	1	1	2	自制	—

阿立各图地区

季节	衣服名	男	女	合计	单价	总价
春秋	小棉袄	1	1	2	1.40	2.80
	棉裤	1	1	2	1.30	2.60
	大棉裤	1	1	2	2.80	5.60
	帽子	1	—	1	0.70	0.70
	棉鞋	1	1	2	自制	—
夏	小布衫	1	1	2	0.80	1.60
	单裤	1	1	2	0.80	1.60
	大布衫	1	1	2	1.70	3.40
	棉鞋	1	1	2	自制	—

续表

季节	衣服名	男	女	合计	单价	总价
冬	棉袄	1	1	2	2.50	5.00
	棉裤	1	—	1	2.50	2.50
	棉袍	1	1	2	4.30	8.60
	羊皮褂子	1	—	1	5.00	5.00
	羊皮袄	1	1	2	13.00	26.00
	棉鞋	1	1	2	自制	自制

二、食物

主食为小米、玉米,副食品则主要是蔬菜、油、盐等。景星地区主要食用的肉类是牛肉、猪肉,其他地区则主要是羊肉、猪肉。

以畜牧业为主的旗人村庄里,食用生乳类和奶制品、豆制品,但量非常少。

各地区的主、副食如下所示:

景星地区

阶层	早饭	午饭	晚饭
富农	主食:小米干饭 副食品:蔬菜、肉、盐、马铃薯、萝卜腌菜	主食:地瓜窝窝头 副食品:豆粉、豆芽、酱汤、菜籽油、萝卜腌菜	主食:小米干饭 副食品:蔬菜汤、腌菜
中农与贫农	主食:高粱干稀饭 副食品:蔬菜酱腌菜、油	主食:地瓜窝窝头、小米干饭 副食品:豆粉、白菜汤、生菜枯酱	主食:玉米稀饭 副食品:生菜枯酱

注:从10月至1月每日两餐,其他每日三餐。当地人将库酱叫作生菜枯酱。

苏鄂公爷府地区

早饭	午饭	晚饭
主食:小米饭 副食品:蔬菜(白菜、萝卜、葱)、酱、盐、油	主食:糜子窝窝头 副食品:白菜、萝卜、酱、油	主食:玉米稀饭 副食品:白菜汤、油

阿立各图地区

早饭	午饭	晚饭
主食:小米、高粱饭 副食品:蔬菜、盐、豆油	主食:小米饭 副食品:白菜、土豆、油	主食:高粱饭 副食品:白菜、油

注:本表所示的是中农家庭。富农除这些食物以外还食用奶制品和豆制品以及肉类。

景星地区成人一个月的食用量如下表所示：

<table>
<tr><th>食物</th><th>富农</th><th>中农</th><th>贫农</th><th>单价(钱)</th><th>备注</th></tr>
<tr><td>粟子</td><td>一斗九升二合</td><td>九升二合</td><td>九升二合</td><td>2.6</td><td rowspan="6">量度是用日本单位换算的。
粟子是精白过的。
白面在节日用。
酱是自制的</td></tr>
<tr><td>高粱</td><td></td><td>三升七合</td><td>三升七合</td><td>1.5</td></tr>
<tr><td>玉米</td><td></td><td>九升二合</td><td>九升二合</td><td>1.5</td></tr>
<tr><td>糜子</td><td>五升五合</td><td>五升五合</td><td>五升五合</td><td>1.7</td></tr>
<tr><td>大豆</td><td>二升五合</td><td>二升五合</td><td>二升五合</td><td>2.6</td></tr>
<tr><td>小豆</td><td>二升五合</td><td>三升七合</td><td>三升七合</td><td>3.2</td></tr>
<tr><td>白面</td><td>15 斤</td><td>6 两</td><td>5 两</td><td>15</td><td rowspan="3">酱多为自制</td></tr>
<tr><td>酱</td><td>3 斤</td><td>5 斤</td><td>5 斤</td><td>12</td></tr>
<tr><td>盐</td><td>3 斤</td><td>1 斤</td><td>1 斤</td><td>15</td></tr>
</table>

三、住宅和光热

住宅大多是按照满洲一直以来延续的方式,用石头或者木材做房屋脊梁,然后涂抹石灰做墙壁。因为要应对冬季的严寒,因此保暖成了要务。因此采取了天花板较低且窗户较少的这种采光通风不良的构造。在卫生的角度来看也是十分不适合的。

房子的大小因贫富程度或家庭人口状况而不同。一般四五口之家拥有两三间房屋。房间周围一般有有制粉舍、粮食舍、牲畜舍兼用的房间,因此住宅一般呈长形。

使用石油灯、豆油(含香油)灯的各占一半。石油灯比较普及。

作为炊事和取暖用的材料,常见的是谷物的秆、枯草。蒙古村庄则由于作物秆比较少,因而利用冬季农闲期去山地采挖树根或者使用牛粪代替作物秆用于炊事和取暖。

第十九节　农家经营收支

农家经营情况

一、调查农家的概要

地名:景星县三合屯

姓名:邵万良

农家地位:中农

家畜:牛 2 头、马 1 匹、猪 4 头

耕地:20 晌自耕地(中等熟地),另外还拥有 30 晌荒地

建筑物:住宅 5 间房子,另外有 18 间外租房

家庭人口:男10人,女9人

务农者:3人

月工:1人

二、收支计算

1.收入部分

类别	耕种面积	每晌地收入	总收成	单价	总价	贩卖数量	收入	备注
大豆	5	2.7	13.5	7.00	94.50	10石	70.00	价格单位都是国币
粟子	3.3	2.5	8.8	3.00	44.00			
小豆	2	1.3	3.9	9.00	35.10	2	18.00	
稗子	2	2.0	4.0	8.00	32.00			
糜子	2	3.0	6.0	4.50	27.00	1	4.50	
苏子	1	1.2	1.2	20.00	24.00	0.5	10.00	
绿豆	0.5	1.0	0.5	10.10	5.05	0.2	2.00	
土豆	1	13.00	13.00	5.00	65.00	5.00	25.00	
卷心菜					25.00		25.00	
房租收入	18间房子			7.10	7.10		127.80	
合计					358.75		282.30	

2.支出部分

<table>
<tr><th colspan="2">种类</th><th>数量</th><th>单价</th><th>价格</th><th>现金支出</th><th>参考</th></tr>
<tr><td colspan="2">租税</td><td></td><td></td><td>20.00</td><td>20</td><td>作为农会费支出</td></tr>
<tr><td colspan="2">农具支出</td><td></td><td></td><td>5.00</td><td>5</td><td>锄头、镐头</td></tr>
<tr><td colspan="2">肥料、种苗费</td><td></td><td></td><td></td><td></td><td>单价不定</td></tr>
<tr><td colspan="2">饲料费</td><td></td><td></td><td>20.00</td><td></td><td>供给稗子、小米秆</td></tr>
<tr><td colspan="2">月工</td><td>2</td><td>8.00</td><td>96.00</td><td></td><td>月工6个月</td></tr>
<tr><td colspan="2">日工</td><td>20</td><td>0.40</td><td>8.00</td><td></td><td>20人</td></tr>
<tr><td colspan="2">谷子</td><td>6.0石</td><td>5.00</td><td>30.00</td><td>15</td><td>因不足而购入</td></tr>
<tr><td rowspan="4">主食</td><td>谷子</td><td>1.0</td><td>4.00</td><td>4.00</td><td></td><td></td></tr>
<tr><td>高粱</td><td>2.0</td><td>3.50</td><td>7.00</td><td></td><td></td></tr>
<tr><td>糜子</td><td>1</td><td>5.00</td><td>5</td><td></td><td></td></tr>
<tr><td>大豆</td><td>0.5</td><td>7.00</td><td>3.50</td><td></td><td></td></tr>
</table>

续表

种类	数量	单价	价格	现金支出	参考
面粉	2袋	4.10	8.20	8.20	
豆油	30斤	0.15	4.50	2.00	一部分用大豆交换
盐	150斤	0.15	22.50	22.50	
粉条	50	0.10	5.00	5.00	
鱼	30筐	0.05	1.50	1.50	
布	3尺	3.20	9.60	9.60	
衣服			5.00	5.00	
石油	15斤	0.17	2.55	2.55	
交际费			40.00	40.00	
医药			5.00	5.00	
合计			302.35	141.35	

3.**收支差额**

条目	总收入	现金收入
收入	358.75	282.30
支出	302.35	141.35
收支差额	56.40	140.95

第二十节　主要作物栽培收支

一、粟子栽培收支计算

地名:黑龙江省景星县镇西屯

户主名:李湖

耕种面积:30晌

支出部分

种类	数量(人、匹)	单价	总价	每晌数量	每晌价格	备注
整地	人15.0 马30.0	0.50 0.70	7.50 21.00	0.5人 1.0匹	0.25 0.70	

续表

种类	数量(人、匹)	单价	总价	每晌数量	每晌价格	备注
播种	人 45.0 马 30.0	同上	22.50 21.00	1.5 1.0	0.75 0.70	
翻耕	人 7.5 马 7.5	同上	3.75 5.25	0.25 0.25	0.13 0.18	
除草	人 330.00	同上	165.00	11.00	5.50	3次
中耕	人 45.00 马 90.00	0.50 0.70	22.50 63.00	1.50 3.00	0.75 2.1	3次
收获	人 99.00	0.50	49.50	3.30	1.65	
搬运	人 90.00 马 165.00	同上	45.00 115.50	3.0 5.5	1.50 3.85	
脱壳	人 96.00 马 75.00	同上	48.00 52.00	3.2 2.5	1.60 1.75	
贩卖	人 96.00 马 120	同上	34.50 84.00	2.3 4.0	1.15 2.80	
租税	30 晌	1.6 元/晌	48.00	—	1.60	
斗捐	75 石	0.18 元/石	13.50	2.5	0.45	
合计			821.50		27.41	

收入部分

种类	数量	单价	总价	每晌数量	每晌价格(元)
谷子	75 石	3.50 元/石	262.50	25.0	8.75
粟秆	90,000 斤	0.60 元/百斤	540.00	3,000	18.00
合计			802.50		26.75

收支计算

收入(元)	支出(元)	赤字(元)	每晌收入(元)	每晌支出(元)	每晌赤字(元)
802.50	821.50	19.00	26.75	27.41	0.66

二、高粱栽培收支计算

地名:黑龙江景星县镇西屯

户主:李湖

耕种面积:15 晌

支出部分

种类	数量(人、匹)	单价	总价	每晌数量	每晌价格	备注
整地	人 7.5 马 16.5	0.50 0.70	3.75 11.55	0.5 人 1.1 匹	0.25 0.77	
播种	人 22.5 马 15.0	同上	11.25 10.50	1.5 1.0	0.75 0.70	
翻耕	人 3.75 马 3.75	同上	1.875 2.625	0.25 0.25	0.125 0.175	
除草	人 120.00	同上	60.00	8.00	4.00	2 次
中耕	人 15.0 马 30.0	同上	7.50 21.00	1.0 2.0	0.50 1.40	2 次
收获	人 49.50	同上	24.75	3.3	1.65	
切穗	人 37.50	同上	18.75	2.5	1.25	
搬运	人 63.00 马 97.50	同上	31.50 68.25	4.2 6.5	2.10 4.55	包含秆的搬运
脱壳	人 19.50 马 22.50	同上	9.70 15.75	1.3 1.5	0.65 1.05	
贩卖	人 34.50 马 60.00	同上	17.25 42.00	2.3 4.0	1.15 2.80	
租税	15 晌	1.60 元/晌	24.00	—	1.60	
斗捐	37.5 石	0.18 元/石	6.75	2.5 石	0.45	
合计			388.80		25.92	

收入部分

种类	数量	单价	总价	每晌数量	每晌价格(元)
谷子	37.50 石	4.00 元/石	150.00	2.5 石	10.00
秆	105,000 把	0.70 元/百把	73.50	700 把	4.90
合计			223.50		14.90

收支计算

收入	支出	赤字	每晌收入	每晌支出	每晌赤字
223.50 元	388.80 元	165.30 元	14.90 元	25.92 元	11.02 元

三、大豆栽培收支计算

地名:黑龙江省景星县镇西屯

户主名:李湖

作物面积:50 晌

支出部分

种类	数量(人、匹)	单价	总价	每晌数量	每晌价格	备注
肥料	60 车	0.50 元/车	300.00	12 车	6.00 元	一车约 1,000 斤黄粪
搬运施肥	人 300 马 400	0.50 0.70	150.00 280.00	6.0 人 8.0 匹	3.00 5.60	
播种	人 150 马 150	同上	75.00 105.00	3.0 3.0	1.50 2.10	
翻耕	人 12.5 马 12.5	同上	6.25 8.75	0.25 0.25	0.125 0.175	
除草	人 550	同上	275.00	11.0	5.50	3 次
中耕	人 75 马 150	0.50 0.70	37.50 105.00	1.5 3.0	0.75 2.10	3 次
收获	人 175	同上	87.5	3.5	1.75	
搬运	人 75 马 18.5	同上	37.5 129.5	1.5 3.7	0.75 2.59	
脱壳调制	人 115 马 85	同上	57.50 59.50	2.3 1.7	1.15 1.19	
贩卖	人 115 马 200	同上	57.50 140.00	2.3 4.0	1.15 2.80	到富拉尔基为止的搬运
租税	50 晌		80.00	—	1.60	
斗捐	90 石	0.18 元/石	16.00	1.8 石	0.32	
合计			2,007.50 元		40.15 元	

收入部分

数目	数量	单价	总价(元)	每晌数量	每晌价格(元)	备注
谷物	90 石	7.00 元/石	630.00	1.8 石	12.60	
豆秆	100,000 斤	0.25 元/百斤	250.00	2,000 斤	5.00	
合计			880.00		17.60	

收支计算

收入	支出	赤字	每晌收入	每晌支出	每晌赤字
880.00 元	2,007.00 元	1,127.00 元	17.60 元	40.15 元	22.55 元

第二十一节　景星县乌里根河流域水田可耕地的调查

如再三所述的那样,景星县河流众多,水利便利,并且乌里根河流域有大量肥沃的水田可耕地,但并未使用。只有一部分被朝鲜人和满人所经营。

从汗大罕河到北方第三关门山为止的长 80 华里,宽 7—8 华里或 3 华里,面积为 13,500 晌地无人耕作。现在耕作的水田面积为 8,500 晌,可耕但尚未耕作的地有 13,000 晌以上。

地价虽然是由状况所定并非恒定的,但根据该地的住民所说,每晌地约为 2 元 50 钱或者更低。土地所有者都在寻求买主。

第二十二节　作为移民适宜地的价值

综合以上该地调查结果,可以说该地作为农业移民地价值是非常高的。特别是景星地区有肥沃的水田可耕地,人畜也稀少。该地区富饶的天然条件,在维持治安的同时,可大量接受外来移民,借此而开发该地的农业资源。

土地虽然广阔,但是由于碱性土质的问题,有可以直接作为耕地使用的,也有开垦后才能使用的。让集团移民能在这遥远的地方安居乐业,要建立特殊的农业经济模式,而需要解决的问题有近百种,例如交通设备、房屋建设、粮食燃料的准备及加入畜牧业等等。以自给自足为原则,首先确立起经营的基础,让其产生剩余产品。其次扩大商品生产的部分,追求营利主义原则。在偏远地区雇佣农业劳动者,把追求企业盈利当做目标。这种做法似乎预示着,过去的农业移民将会失败。

结　语

综上各方面所述来考虑该地的开发利用价值,该地土壤富饶,土地广阔,气候适宜,居住条件也绝不恶劣。人数稀少的本地人和外来的未开化的移民,都采用原始的农业方式。农业改良、良种选择、家禽的淘汰,这些行为全都未采取,墨守掠夺式农业的成规,进行着辛苦的自给自足小农经济,没有刺激,没有发展,保持苟且偷生的维生方式,幼稚地活着。这与长期由于统治者的治国策略,而无法接触到国外的先进文明有关。他们理所应当地信任统治者,依照统治者的指导,因此未能改进耕作、放牧的方法和品种及加工方式,未能提高收益,未能使贩卖方式更加合理化。但追求利益是人的天性,他们萌发了改良的欲望,改变懒惰的习惯,勤奋地工作,在生产的增加、改良、加工等方面有显著的提高,作为资源的宝库提高了国家的福利。

因此,刺激人们的发展动力是必需的。如果把集约型的精耕细作的方法介绍给有着多年耕作经验的祖国的淳朴勤劳的农民,让他们看到迁移并开垦荒地的实例,能让他们觉醒,经过数年努力之后,千里的沃野终将能成为无尽的宝藏。

但是无需深思就可发现一个显而易见的问题。那就是,让习惯了设施完备、土壤富饶这种优异环境的我国(日本)农民,突然搬到穷乡僻壤的地方,这比我们想象的难度要超出很多。

把交通、医疗、教育、金融等基础设施的完整作为前提,让人们意识到,这是一片乐土,来这里经营农牧业绝对不是吃苦。例如明年会建立学校,后年会建立教堂,总而言之,让人们觉得这里是充满期待的。很多去北美垦荒的日本人,每天都像家畜般地辛勤劳作,收获数千元的积蓄,最终毫无顾虑地回国。像去北美的人一样,要对蒙古的月亮怀着感恩之情,要相信这里的瑞雪将兆来丰年。

像这样,依靠引进日本农业移民开垦无垠的沃土,蒙古人受到这种方式的启发并学习,与移民相互依靠相互扶持,共存共荣,共同富裕的繁荣景象的出现也绝对不是空中楼阁,终将实现。

昭和十七年3月29日

关于东安省农作物征收对策的调查报告书

满铁调查部

目录

凡 例

本调查的成员有关东军授权的津田薰先生、满铁调查部田冈调查员、宫田调查员以及永井调查员。报告书由田冈调查员负责撰写。

第一章　概要
——走向增产之路

东安省位于东经130°至134°,北纬45°至47°,总面积为84,772,570公顷,占整个满洲面积的3%。东安省的总耕作面积为193,731公顷,是全省面积的4%。东安省位于满洲东北边境处,境内有兴凯湖,东边与苏联接壤。完达山脉由中央向东北延伸,就像是骨架一样,由北部而来的乌苏里江在这里一分为二,一支与原野紧紧相连,另一支向远处延伸,穿过虎林、密山的低湿地,到达鸡宁县内。牡丹江从完达山脉的山脚向南流出,穿过丘陵地,通过勃利、林口,为各县的耕地提供水源。

大体来说,该地区属于东部山间气候地带,以密山为例,6个月平均气温为16.2℃,降水量535毫米。另外该地区的温度效率为59,降水效率为68,比其他地区略高。本次调查自2月11日起至23日止,为期13天,调查县村的数据是由各省县协助提供的。当时全省生产总量中有32%的农作物上市,各县农作物的上市情况如表1所示。其中上市量最多的是鸡宁县,占生产量的48%,上市量最少的是镜河县,占生产量的12%。此外还有一些县镇比较特殊,比如人口和土地利用情况变化显著的密山县,兴农意识旺盛的鸡宁县。从这两个县各选择了常受天气影响的半戴河(密山县)、二人班、永安(鸡宁县)和富农代表村庄平阳镇(密山县)、曲家屯、平阳(鸡宁县)进行调查。大家在百忙之中抽出时间接受调查,对此笔者不胜感激。

当时正好是第三次农作物收购监督鼓励工作期间(2月7日至2月最后一天),因此很幸运地对收购工作进行了详尽的调查。上市情况直接反映省内收购工作的开展状况,因此即使是刚过完农历年,工作人员也不敢对监督工作有所懈怠,为了完成自己负责的收购量,不眠不休地工作。虽说是节假日,省、县本部的人也要不间断地进行电话联络,而当地的监督员直到深夜还要继续说服村、屯相关人员,以此让大家明白这是为了大东亚战争的胜利而做出贡献,工作人员为了激发大家的这一觉悟,正努力站好最后一班岗(注1)。

康德九年制定的农作物收购政策内容繁多,涉及的领域也比较广泛,但是最主要的内容有以下几点:第一,佃租的现金缴纳制度(也称为现金缴纳制)。第二,采用集体发货的方法。第三,优先分配农村所需的生活用品。第四,取缔黑市交易。除此以外还有其他条例,这里不一一说明(注2)。另外康德六年开始实施"重要特产专管法",到今年已经实行了三年,该法律逐渐渗透到了当地民众当中。重要特产价格、分配额的管理与上市情况有着唇齿关系,因此政府将出台新的政策。为了有利于日本今后的发展,以及在粮食战争中保持优势,政府将会进一步调整政策。

通过本次调查可以知道,东安省制定了相应的政策,也开展了监督鼓励工作,为了完成任务不遗余力。但是直至今天(2月5日),只完成了规定上市量的64%(注3),还没有完成上市目标。因此笔者认为想要完成预期目标,光靠政策还远远不够,必须以政策为导向,采取能够实现进一步增产的有效方法(注4)。

第二章　上市状况

中央政府规定的东安省农作物分配额为96,000吨。按明细划分,其中大豆36,000吨,水稻24,300吨,高粱、玉米300吨,其他5,800吨。对此省政府经过了多次的考量,认为水稻、大麦、燕麦在上市量上还有余力。最后,省政府在中央政府所定分配额的基础上,又增加了水稻5,700吨,大麦、燕麦2,200吨的上市量。因此分配总额达到了104,300吨,省政府又把这一分配额下放到了各县。从生产量与规定上市量的比率来看,中央政府要求的大豆分配额为80%,小麦和稻谷各68%,加上其他农作物,平均要负担51%的分配额(参考第2表)。

然而现在(2月5日)上市量只有62,000吨,其中大豆27,000吨,水稻17,000吨,高粱、玉米、小米等三种粮食共13,000吨,大麦、燕麦1300吨,加上其他农作物也只完成了中央政府规定分配额的64%、省政府规定分配额的59%(参考第3表)。加上正月后的上市量(预计16,000吨,参考第4表),本年度总上市量大约也只有78,000吨——即使是这个数字,也需要付出很大的努力才能实现,因为本年度预付金协议上的上市量为72,000吨,占生产总量的38%,单单这一数额,已经在很大程度上牺牲了农户们的食物。

上面已经提到过,从生产量与规定上市量的比率来看,中央政府要求东安省的平均分配额为51%。把这一比率放大到全满洲地区农作物的范围来看,分配额为37%。东安省因为收成不好,所以农户每人平均生产量只有480公斤,相对地全满农户每人平均生产量是549公斤(注6)。如果以农户每人平均消费量380公斤计算的话(注5),那么从东安省剩余下来可供给其他地区的量只有生产量的22%。这和全满平均值31%相比,就能看出东安省无论在能力上还是可能性上都比较薄弱。

如此看来,如上所述中央对全满农作物的分配量与全满生产率之比为37%,东安省上市量保守估计为72,000吨,与东安省生产量之比为38%,这两者在能力及难易度上都是不可同日而语的。即,在全满,超过剩余部分6%的需要自己抑制,而在东安省是超过16%。更何况本年度中央分配率达到了51%。可以感觉到两者的平衡还相差甚远。换言之,如果全满剩余量为31%,而中央的分配为37%的话,其自我抑制量为6%。而如果东安省剩余量为22%,为视公平,将其自我抑制量定为6%,则中央对其的分配应该为28%,这种标准分配量与最开始处理的是不是最适当的呢?要是如此,2月5日至今上市的62,000吨与省生产量之比为33%,上市状况取得了5%的上升,是不是应该被评判为获得了良好的成绩呢?

本年度中央对东安省的分配量为96,000吨,于是对当地的调查出现了两种处理方法论,即:第一,照现在的事情来看绝对不可能;第二,在未来这是必须要实现的,因此应加快实现的步伐。究其原因,第一,现在不可能是因为96,000吨对农家而言相当于其48%的口粮,而农家粮食,一可以保全国家生产力,二可以保持农业劳动力,三还能确保人民的口粮,它是国家的储备,是绝对不能草率行事的贵重物品。第二,将来应尽早实现是为了强化战力,尤其是东北部的,以期早日结束铁桶粮食战争,为此需要生产量剩余量为31%,则31万吨需要1万晌每晌收获一吨的耕地。与康德十年的耕作面积及上市量联系来看,这个计划是东安省计量厅制定的,如表5所示。

第三章 农田的扩充

农田的扩充可分为两个内容:第一,基于土地扩张的农田开发;第二,通过改良现有耕地而充实农田。如前所述,想要完成政府规定的上市量分配额,东安省就需要有 310,000 公顷的耕地,然而现在的耕地面积仅为 190,000 公顷。需要新开发 120000 公顷的农田是不言而喻的,不但如此现有耕地也要进行进一步改良。如果不以此来发展生产力,那么完成政府规定量的日子将遥遥无期。如前所述,农业是国家活力的源泉,发展农业可以保全国家生产力,保持农业劳动力,确保国民的口粮。从这个意义上来看,不言而喻农田的扩充起到至关重要的作用。然而在东安省扩充农田,还在国防上有着重要的意义:第一,可以加强边境地区的人口密度;第二,可以分配劳动力;第三,可以强化交通能力。为了加强上述战斗力,也需要把扩充农田的提议进一步具体化。

我们再看一下东安省的土地利用情况,如果说总面积的 60%—65%为不可耕地(注 7),那么至少还有 35%的可耕地。然而这些可耕地中还有相当面积的土地不被允许使用。假设政府将来委托开发 20%的耕地,那么这对开拓团来说并不是不可能完成的任务。按照这个计划进行的话,477 万公顷的东安省就会有 95 万公顷的可耕地。需要扩充的 31 万公顷农田占上述东安省可耕地面积的 1/3。

那么要在什么样的地方开发 120,000 公顷的农田呢?主要可以开发买回地、形成村落时出现的荒地,以及其他类型的土地。但最具生产性且可持续开发的土地,就东安省来说应该是可排水开垦的湿地。

第一,可排水开垦的湿地。据估算,东安省有数十万公顷的湿地,不仅土地粘性很高,而且也完全没有进行排水,大多分布在宝清、虎林、密山等位于乌苏里江水域的各县。如果对这些排水不良的土地进行排水开垦的话,就可以在保证土地含有适当水分的同时,提高土地温度。这个方法预计会获得比较显著的农业效益。值得一提的是,在小兴凯湖地区正在推进这一计划。

第二,买回地。满洲开拓事业中购买了当地居民的土地,而一部分卖出土地的原所有者希望重新耕种农田,因此满洲开拓团会再把土地卖给原所有者。这些土地就叫买回地。一般这类土地都在不太方便的地方,而且将来也很难实施开拓工作。虽说在生产量上不可能有太大的收获,但是在解决现今粮食紧缺问题,以及给原住民提供安定的环境这一点来说,确实是一个两全的方法。

第三,形成村落时出现的荒地。村落形成导致二荒地,这是无可避免的趋势。但是因为以下几个原因,很多人都期望能把这个荒地改造为农田。注:二荒地专指废耕后未满三年的土地。

①有开垦痕迹的土地具备基本的农耕自然条件。②现在政府正花费很多时间、人力、财力去开拓湿地。③农民以及希望耕作的人都盼望拥有农耕地。

第四,其他。东安省的开拓活动是在本世纪突然增多的,不难看出开垦还没有深入进行。近年因为一些客观原因出现了很多废弃耕地。康德六年有29万公顷的耕地面积,到康德九年减少到19万公顷(注8),这些耕地是最容易开垦的废弃耕地。另外还有很多土地只要稍加人手就可以使用,因此对于那些肯努力开垦的人来说,至今还有很大一片等待开垦的原野(注9)。

改良农田是应该在现有的19万公顷农田进行的。改良不仅仅是为了增强土地生产力,需要通过改良解决的迫在眉睫的问题是阻止土地生产力衰退现象继续蔓延下去。以往东安省产量较高的一些农作物,近年来产量逐渐减少,这已成为随处可见的严重问题(参考第6表)。减产的原因很多,但是最主要的有以下几点:第一,人为因素;第二,气象原因。这两个虽然有所影响,但并不是最根本的原因。最根本的原因是第三,土壤性质改变导致产量减少。农田改良就是要解决这一土壤性质问题,下面列举几个在调查中遇到的改良方法。

第一,灌溉。今年冬天降雪量较少,因此土地比较干燥。笔者亲眼目睹了鸡宁县田埂间数百米长的地缝。近年来提倡提早播种,但是如果在播种期遇到这样的情况,那么实际效果又会如何呢?幸运的是,该省受惠于乌苏里河和牡丹江两条河流,因此才能有今天这样的灌溉设施。

第二,排水。该地区土质粘性较重,因此水和空气不易流通。加上地处较高河床地区,所以排水就更加困难了。到当地进行本调查的时间是农历二月,而去年夏天积的雨水在调查当时也没有退去。调查人员看到因为气温很低,积水冻成冰留在土壤上。笔者认为,应该用排水的方法调节土壤水分,同时还可以提高地表温度。这两点正是这一地区农业上所需要的条件。

第三,肥料。据东安省老一辈住户们反映,此处已经有数十年没有看到森林了。也就是说,土壤中原本含有丰富的有机物质残渣,因此目前还不需要使用肥料。但是据观察应该也到了极限。近几年生产量减少,也如实地反映了以上问题。笔者认为,该地区农作物栽培需要引进相当数量的肥料,从而解决土壤养分消耗殆尽的问题。

第四,家畜。使用动物粪便栽培农作物是近年来被提倡的。然而无论在数量上,还是在资源运用上都存在问题。如果不加强家畜饲养管理,那么动物粪便是无法用于栽培农作物的。家畜数量增加的话,畜力使用上马上就会有正面的影响。以鸡宁县为例,其牛马**头,去年最高时候车马征用数每日**,如果按三畜拉一车来计算有**。以上可以知道家畜的增加及管理是非常重要的问题。

第五,设置试验场。这里指的是应用试验场,也可以成为农民指导场,还可以称为辅助土地改良用的种子培育场。现在分发的是优良的种子,但是听说早期播种会有不发芽的现象,长出后也会有枯萎的现象。其原因有可能是因为把南满地区的种子拿到北满地区种植。笔者认为,为了解决诸如此类的问题,也应该设置试验场进行改善。

第四章　合理分配劳动力

现在正在扩张农田,那么扩张农田后,应怎样填补劳动力空白呢?还有,扩张农田本身也需要劳动力,那么开拓劳动力又从何而来呢?即使不看遥远的未来,只看现有农耕面积中的农活,就已经存在农忙时期劳动力不足,导致除草、中耕不能及时完成的现象。这一问题的解决方案又应该怎样制定?综合考虑以上问题,分配劳动力时应注意以下两点:第一,怎样才能找到劳动力?第二,怎样才能充分发挥劳动力的作用?

从数量上考虑,可以举出以下六个劳动力来源:第一,失去耕地的原农业劳动力;第二,应当从城市疏散出来的流动人口;第三,寄生在农村的流浪人;第四,农业主力军即现有农业劳动力;第五,农户随带人口;第六,其他。劳动力来源的性质及环境不一,很难总结出一定的规律及特点,但是可以大致总结为以下几点。

第一,失去耕地的原农业劳动力。东安省这一劳动力的特点是,依然停留在省内。因此可以说如果能合理利用这一劳动力,就可以不用分散省内现有农业劳动力。这一劳动力(一)居住在当地或附近的乡镇,而且依然爱好农业。但这样的现状,很容易引起现有农田的分散化。(二)一部分劳动力停留在当地或附近的乡镇,他们失去了农耕对象,被归为农户附带人口。(三)时局产业[①]需要大量的劳动力,所以也有一部分人转为时局产业劳动力。(四)最应该担心的是落后村落。其中最严重的问题是,原农业劳动力转变成扰乱自农精神,诱发黑市交易的农村流浪人。

第二,应当从城市疏散出来的流动人口。应从城市强制疏散的流动人口中包含(一)适合农耕的农业适合人口,(二)不适合农耕的农业不适合人口。东安省有边境地区特殊性,用于农业的土地以不改变其性质为前提,鉴于这一原因,必须拒绝农业不适合人口务农。

第三,农村流浪人。一般是指虽然在农村,但是对农业不感兴趣,且因为没有工作而到处游荡的人。现在正是政府强化统制期间,而一些不法流浪人趁这个机会钻空子,抓住人性弱点,诱发助长黑市交易。即使是城市疏散劳动力中的农业适合人口,如果在回乡务农期间结识不良农村流浪人,那么也会导致可怕的劳动弊端滋生。因此必须在这些问题发生之前严格把关斩除后患。对农业土地结构逐渐改善的东安省来说,这更是一个值得注意的问题。

第四,现有农业劳动力。农业主力军即现有农业劳动力,是肩负着领导东安省 40 万农业人口的责任、奋斗在国家农业最前线的人群。他们关系着国家的利益,是劳动力的主干,因此是劳动力分配问题上最重要的部分。

---

① 译者注:所谓“时局产业”指服务于日军侵略战争的军工、机械制造、冶金、石油、矿业等产业。

第五,农户随带人口。即跟随现有农业劳动力,可以从事纯农业活动的全部男女老少。这一人群在智力、体力和意志力上有相当大的差别,因此希望他们能够运用自己的能力,进行与能力相符的劳动。

第六,其他。这里要特别介绍的是,全国性(满洲)组织"勤劳奉公队"这一主要由省外劳动力构成的组织。东安省的劳动力需求很大,而且有季节性的特点。例如每年农忙时期,除了农业劳动力以外其他劳动力需求也同样增加。因此光靠省内劳动力是很难满足所有劳动力需求的。"勤劳奉公队"的存在意义就在于此。笔者认为该组织有很大的潜力,将来一定能发挥良好的作用。

下面我们看一下劳动需求方面的问题。农田扩张及现有农业劳动力关系中存在以下特殊劳动需求。甲、农田的扩张;乙、在扩张后的农田上进行耕种;丙、农田的改良;丁、在改良后的农田以及现有农田上进行耕种;戊、交纳军队所需的野生干草;己、其他所有的劳动征用。观察特殊劳动需求和上述劳动力来源之间的关系,该省呈现出以下的联系。

甲、农田的扩张。应从城市疏散出来的流动人口(上述第二),特别是这里面的农业不适应人口。农村流浪人(上述第三)以及成为农村流浪人的原有农业劳动力(上述第一)。

乙、在扩张后的农田上进行耕种。原有农业劳动力中仍然从事零散规模农业劳动的人,以及被归为农户附带人口的人(上述第一)。应从城市疏散出来的流动人口(上述第二)中农业适合人口。

丙、农田的改良。现有农业劳动力(上述第四)。农户随带人口(上述第五)。

丁、在改良后的农田以及现有农田上进行耕种。同丙。

戊、交纳军队所需的野生干草。以甲为准。

己、其他所有的劳动征用。以甲为准。

通过以上内容可以知道,能分配到劳动需求上的各种劳动力数量都很少。如果这是省内的全部劳动力,再没有其他劳动力的话,就只能等省外劳动力的补给了。"勤劳奉公队"能在甲至己的广泛范围内补充劳动力,担负全省开发的一部分重任,并在劳动需求调节方面起到积极的作用。

为了能让劳动力在各自的岗位上充分发挥作用,应采取以下方法:第一,强调尽其职责;第二,常常进行激励及反省,培养与职责相应的能力与意志。本调查期间的调查结果如下所示。

第一,强调尽其职责。东安省的农业劳动力在康德九年收割野生干草并交纳给军队,而且在结冰期之前提供了被征用的劳动力。然而为此没能完成农业劳动力的本分,错失除草和中耕的良机,导致杂草丛生,随之收获量也减少了。笔者认为这是不明智之举。为了巩固国家以及国防基础,即使是强制也要完成粮食生产目标。

第二,常常进行激励及反省,培养与职责相应的能力与意志。为此需要不断研究,磨练。通过共进会、博闻会,或者通过戏剧、广播等,耳濡目染地进行激励和反省。但是对于他们来说这些只是曲艺节目,除此以外没有任何意义,恐怕看完听完之后并没有咀嚼其含义。在这里亲人的苦口婆心和知己的话语容易被接受。因此国家及省、县在表彰农业生产功绩时,应把生产时间定为一年,选择至少五个村落,并在务农的亲朋好友最多的地方进行表彰。费用由国家担负。让事迹口口相传,以此提高农业水平。让激励和反省在倾听者的心中回荡,这样不但可以提高职业能力,也可以强化其意志。

合理分配劳动力,有效利用劳动力,会带来农业生产水平的提高。劳动力的有效利用,再加上土地改革、机械与畜力的活用,三个因素相辅相成可以解放一部分劳动力。这样解放的劳动力又可以补充其他劳动需求。然而就现在的情况来看,劳动力还达不到充裕。

第五章 发扬兴农精神

今年的收购政策是"努力生产,完成收购计划"。也就是说生产与收购,政府与农民,就像齿轮一样,只有组合牢固,才能天衣无缝。生产剩余收益不足以满足政府规定的分配额,因此今年需要加大动员工作的力度。能说明两个之间关系的就是兴农思想。政府认为需要通过强化兴农思想,提高生产热情,发挥广大农民阶层的力量,从而完成收购任务。通观收购工作,特别感觉到的是战争背景下的三个主要工作:(一)集合所有力量;(二)扩大业务范围;(三)节约不必要的支出。节约不必要的支出是指节约物质上的不必要支出,把剩余的部分提供给国家。具体有以下三点:

(一)行政机关不参与实际的收购工作;

(二)农民应培养自力更生的兴农思想;

(三)国家国防体制的基础是坚定不移地进行粮食战争。

粮食战争不仅仅是指在收购方面取得成果,还要在生产、收购、供给、分配、贮藏等各方面取得成果。

我们必须要知道自力兴农的基础是什么。很明显,在这里实际进行工作的下属组织是否真正发挥作用是最关键的。那么最高政府部门到下属组织的上下体系是否牢固?实际进行工作的下属组织是否已经确立?能回答这些问题的关键还是在于村屯领导人的素质。随之培养村屯领导人是确立兴农思想的前提条件。换言之,村屯领导人是下属组织的核心,起到最高政府部门的传话筒作用。是否准确无误地传达了最高政府部门的思想?村民是否跟着这个思想走?下属组织的责任,工作要点在于此。该工作的难点在于,要和政府或行政官厅协同整顿,才能打开解决问题的突破口,特别是经济问题中存在很多突破口。

以下列举几个本调查中切实感受到的问题。

第一,特别配给和生产挂钩。也就是说需要让特别配给和生产之间产生联动作用,而这是需要提前规划的。从今年的特别配给情况就可以看出两者的关系(注10)。另外从生产收获中也可以看到这一迹象(参考第7表)。这里简单说明以下几点。

一、特别配给一定要分发到农业劳动者手中。棉布并没有发到所有农民手中,而发到了没有进行生产的农产品所有者手中。例如,为了缴纳农产品,长工努力工作,但是却不能得到配给品。如果特别配给是为所有农业劳动者设的福利,那么就应该让每个人都收到配给品。

二、利用雇主进行监督。特别配给要在被雇佣者当中均衡进行,雇主可以利用监督的地位,推进一些可以增产的活动。例如,发给长工棉布交换券,但是交换券的30%必须有积分券才能兑换。积分券交给雇主,让雇主按照生产时的劳动表现发给长工,而雇主本人不可以用积分券。

三、特别配给引导农民的生产劳动。例如，第一年分发棉布，第二年可以分发絮棉，一起使用的话，有利于干农活。现在早上天不亮的话就不能干农活，而晚上又要在天黑之前结束工作回家吃饭，无论是从时间上还是在心情上都无法全力投入到农业工作中。因此希望尽量配给点灯用的汽油或者其他代用品。

第二，曝光黑市交易。

一、让地方民众理解黑市交易的弊端。现在一部分地方民众的一半粮食是从黑市买来的。黑市交易没有任何益处。有些人偷偷把农产品卖到黑市，因此需要的人也只好到黑市去买。明确指出这一恶性循环，让民众从心底里厌恶黑市。如果民众心中对黑市有厌恶的心情，那么他们就会协助取缔黑市，不允许黑市潜伏在身边。

二、宣传农作物应提供给公家。国家应该引导农民，使其带头把粮食提供给公家。为此应让农民了解国家的本意（特别要大力宣传国家的关怀），并让农民们感受到关怀。如东安省物资动员计划所示，农村提供总量的5%，由中央分发给地方民众。这个计划不只是书面上的，而是真真正正地让地方民众以及农民看到、拿到这些物资，并让他们了解这是由国家提供给大家的实际物资。通过自动向有关部门提供粮食，向众人展示，要自动自觉地向公家缴纳粮食。

三、不能发布有可能让民众在黑市徘徊的政策。也就是说，国家发布的政策应该是完善的，发布后不会有农民在黑市附近游移的现象，至少不让农民想起黑市。

就农民向国家缴纳粮食而言，国家应该排除万难，补偿相等的价格或者交换物。例如农民缴纳大米，政府就用小米来补偿，或者根据收购的大米价格补偿等价的小米。大米以收购价购买，却以市场价补偿小米（注11），如果这样做的话，那么由谁来保障农民的利益呢？农民拿着他们一年辛苦的结晶，能去哪里寻求他们的安定生活呢？

四、预防早熟农作物的市场流出。黑市最容易兴于新旧农作物交替的时期。只要坚持度过这个时期，库存量就会发生变化，民心也会大致稳定，因此也比较容易呼吁他们进行冷静的判断。也就是说取缔黑市最重要的是，早期严格彻底的执行（注12）。

第六章　结束语

——东安省制定康德十年征收粮食纲要

东安省康德十年农作物种植计划面积以及上市量是东安省开荒厅制定的。种植计划面积是161,600公顷,上市量为73,010吨。然而增产指导方案又是怎么样的呢?大致可以从开拓团、原住民两个方面看。要点如下所示。

第一,开拓团。截止到康德九年12月,进入垦荒地区的日本开拓团有56个,其中转移的开拓团有23个。其耕作面积为35,000公顷,相当于东安省全部耕作面积的18%。该地区具有边境农业的特殊性,因此军用蔬菜的栽培原来全部是由沿线开拓团进行的。到后来又增加了以经营商业性蔬菜为专业的业者。但是现在这个情况反而成了毒瘤,因为粮食并不能自给自足,而且有人还从鲜农或者佃户那里买蔬菜。

然而,结合省政府的指导及本年度收购工作(注13),获得了反省及转变的机会。各开拓团团员齐心协力,一是确保了食物及饲料的供给,二是交纳了生产总量的三分之一。增产对策要领如第8表中所示。如此,开拓团的努力,让实现省政府倡导的增产目标踏出了坚实的一步。

第二,原住民包括(甲)满洲开拓团的佃户和(乙)一般民众。该要点如下所示。

甲、满洲开拓团的佃户。满洲开拓团佃户耕种的土地现有400,001,000公顷。他们租用的土地有一个缺点,就是佃户契约全部以一年为期限。因此完全没有闲暇去改善施肥、培育、管理、农耕等的方法。因此在省增产对策上将佃户期限延长至三年,以此让佃户在使用土地的同时,注意维持土地质量。

乙、一般民众。对于一般民众,采取尽量让其发挥实力的方法。在增产方面,特殊地区则采用不同的方法。例如(1)在鸡宁县年初签订供给量协议,(2)在密山县虽说是商家,但是也自己耕种粮食等。

(1)年初签订供给量协议。年初就签订协议,明确当年的缴纳量,让农民们根据自己需缴纳的量,计算要租赁的土地面积。这样不但可以确保上市量,而且农户自家消费量也会比较稳定。作为县政府,不拘泥于生产剩余利益,按照年初契约征收粮食,并杜绝中途追加征收量的行为。

(2)粮食作物的自给自足。即便是非农户家庭,也要自己耕种家人所需要的粮食。在密山县半戴河地区,获得军队的协助,计划在不妨碍军队的情况下,租用军用地进行耕种。

以上对东安省将要进行的粮食生产及收购进行了简单的说明。最后观察东安省各市县农田的自然增减。康德十年勃利县设定了军用土地,因此农田减少24,000公顷。以此为开端,到现在减少了 42,000 公顷,即大约减少 22%。而省政府想要把这一数字控制在 30,000 公顷以内。像本调查中显示的那样,康德十年的耕种面积为 160,000 公顷,而且出产量与今年的实际成绩 73,000 吨比肩。在这儿我们可以看出作为地处边境的省,东安省政府付出了很多努力,也能感觉到他们的干劲。

附录

第一部　注解

第二部　图表

注1

○东安省的出货督促工作按照以下日程进行:

第一次　从康德九年11月5日到11月29日

第二次　从康德十年1月8日到1月23日

第三次　从康德十年2月7日到2月末

战时农产品责任收购完成特别工作时间是从康德十年1月13日到2月5日为止。

注2

○随着战时农产品物产对策的实施,康德九年11月6日总务厅提出的特别注意事项如下:

一、日满职员同心协力推进物产收购工作。

二、军队协助物产收购工作。

三、协和会协助收购工作。

四、兴农合作社、农产公社,以及签订合同的收购方对收购工作的协助。

五、发放给农村的生活必需品和收购物产的关系。

六、对富农与在外地的地主彻底实施收购工作。

七、进行集团发货。

八、嘉奖对收购工作做出贡献的人。

九、取缔不良官吏。

十、对出货农民的优惠政策。

十一、调整强制出货和预付款协议问题。

注3

○东安省特别制定了"战时农产品责任收购完成工作时间"(从康德十年1月13日到旧历正月即2月5日),而出现农产品上市情况不好的原因如下所述:

一、康德八年农作物收成不好,农村从去年4月左右开始就进入了青黄不接的时期,食品严重不足,但是几乎都没有拿到政府分发的粮食。特别是在青黄不接的时候,玉米等能食用的粮食很快就被消费完了,因此严重影响了出货量。

二、在上述经济环境下，社会上出现了为应对将来会出现的粮食短缺问题，以及为了便于雇佣劳动力，而尽可能地储存粮食的现象。

三、调查生产量的过程中发现不能获得精确的单位面积收获量，生产者本身对收获量也不太明确，因此可上市的农作物数量可能会出现一些偏差。

四、农民需要供出马车用于运输军用物资，因此所需的饲料量也随之增加。政府分配的豆粕数量极少，所以农民们为了确保自家饲料，用一部分粮食来充当。

五、去年的粮食短缺导致了相当数额的粮食流入黑市。有一些不良分子为了获得更多利益，存储较多粮食，或是隐藏一些粮食在家中。

注 4

○总务厅次长对“农产品的紧急增产对策”进行了解释，对策的概要如下所示：

（康德九年 11 月 6 日全满洲国次长会议）

一、兴农思想的目的是振兴农业，并为增设及培养自兴村做好准备。

二、配备实验研究机关、劝农机关，普及并奖励负责劝农事项的综合机关。

三、发展农业技术，扩大农业技术指导网，特别要培养有行动力的满洲技术人员及指导人员。

四、改善农业技术及经营方式。

五、改善农田，特别是通过治水、利水等工程，积极改良农田。

六、通过佃户制度的改善政策，确立耕地的安定性。

七、进行兴农合作社的改组，发挥合作社的职能作用。

八、整顿农业金融体质，扩充农村金融机关。

九、将各种农产物分为普通作物、特殊作物，合理增加生产量。

十、加大生产、消费的调查力度。

注 5

○以农户每人平均消费量 380 公斤计算的话，大致的消费量如下所示：

种类	每人平均（公斤）	合计（吨）	备注
食品	300	9,579,000	以农户人口 83,193 万人计算（昭和十六年满洲农产统计数据）
种子	25	798,000	
饲料	55	1,757,000	
计	380	12,134,000	

注 6

○农户每人平均生产量的估计值如下所示：

区域	生产量（吨）	农户人口（人）	每人平均生产量（公斤）
全满洲国	17,480,000	31,930,000	549
东安省	188,000	392,000	480

注 7

○根据“满洲农业统计(昭和十年)数据”计算,东安省的不可耕地面积占所有土地面积的62%。

注 8

○原住民弃耕抛荒,以及丧失农耕地的主要原因如下所示:

一、边境地区的特殊情况所致。

二、日本开拓团导致一部分农民丧失农耕地。

三、组成村庄导致废耕现象。

注 9

○原住民倾向于耕作丘陵地带,因此很多较低的平原没有用于耕种。平原不用于耕种的原因是为了防备水患。因此只要建设好排水设施,就可以既快又简单地把较低的平原用于农耕地。

注 10

○为了促进农产品发货工作,密山县需要以下生活必需品:

(一)棉制品

棉线、毛巾、袜子、军用手套、军袜、弹好的棉花

(二)橡胶靴类

平民布袜子、五眼靴、防寒袜子、防寒五眼靴、自由靴、朝鲜靴、橡胶长靴

(三)专卖商品

盐、火柴、石油

(四)日杂用品

蜡烛、安瓶、香皂、肥皂

注 11

○东安省小米内部收购价格和销售价格之差如下所示(单位为100公斤):

收购价格　　12元18钱

销售价格　　14元48钱

差额　　2元30钱

注 12

○东安省一般食品消费中,推算在黑市交易的粮食数量约有16,500吨。大概内容如下所示:

生产量188,000吨

详细内容

<table>
<tr><td rowspan="5">一</td><td rowspan="2">规定数量</td><td>农户食品(六个月)
饲料(五个月)
种子(全年)
发货量(含估计)</td><td>60,000 吨
9,000 吨
10,000 吨
73,000 吨</td></tr>
<tr><td>小计</td><td>152,000 吨</td></tr>
<tr><td rowspan="3">估计量</td><td>农作物早熟地区消费的玉米量
农户手中的其他存货</td><td>10,000 吨
9,500 吨</td></tr>
<tr><td>小计</td><td>19,500 吨</td></tr>
<tr><td>总计</td><td>171,500 吨</td></tr>
<tr><td rowspan="2">二</td><td></td><td>给没能分配到粮食的人发的补助
接受分配人员当年没能领取到的数量</td><td>9,000 吨
7,500 吨</td></tr>
<tr><td></td><td>从黑市买到的全部数量</td><td>16,500 吨</td></tr>
</table>

注 13

○指导省内开拓民的要点如下所示：

一、蔬菜要按照规定的量缴纳给军队,缴纳后剩下的部分可用于耕种粮食,以此扩展农耕规模。

二、尽可能整顿办公人员,其冗员转任耕作方面的工作。

三、4 月到 9 月,团长应亲自参与耕作。

四、废除以往与中央官厅谈判的习惯,尽量直接与县政府进行联络。

○第 1 表　上市量在生产量中所占的比例

(东安省开拓厅制)

市县	东安市	密山县	鸡宁县	林口县	勃利县	宝清县	饶河县	虎林县	省计
比例	20%	27%	48%	32%	27%	29%	12%	29%	32%

注:①生产量的依据是中央核定的"康德九年第二次收获量预测调查数据"。

②上市量是现在即康德十年 1 月末的数据。

○第 2 表　东安省生产量与规定上市量的比例

(东安省开拓厅制)

项目	大豆	小麻子	高粱、玉米、小米等三种粮食	大麦、燕麦	杂粮	小麦	稻谷	计
生产量	25,206	2	89,885	6,318	5,502	5,899	25,526	188,338

续表

项目	大豆	小麻子	高粱、玉米、小米等三种粮食	大麦、燕麦	杂粮	小麦	稻谷	计
发货量	26,000	50	30,300	1,500	3,000	4,000	24,300	96,450
比例(%)	0.80	25.0	0.34	0.24	0.05	0.68	0.68	0.51

注:①出产量的依据是中央核定的"康德九年第二次收获量预测调查数据"。

②单位吨。

○第3表 实际上市量与政府规定上市量的比例

(调查时间为2月5日,满洲农产公社东安办事处制)

县	东安市	密山县	鸡宁县	林口县	勃利县	宝清县	虎林县	饶河县	平均
各县实际上市量与政府规定上市量的比例	149%	47%	79%	80%	50%	61%	76%	33%	59.5%

农作物	大豆	小麻子	稻谷	高粱、玉米、小米等三种粮食	杂粮	小麦	大麦、燕麦	计
各农作物实际上市量与中央规定上市量的比例	75%	26%	68%	42%	5.91%	52%	1.32%	64.4%

○第4表 各市县正月之后的上市目标

(东安省制)

市县名	市	密山	勃利	鸡宁	林口	计
稻谷	1	2,000	700	320	100	3,120
粮谷三品	1	3,000	3,800	800	200	7,800
大豆	1	1,500	3,000	300	200	5,000
计	1	6,500	7,500	1,420	500	15,920

备注:东安市、饶河、虎林、宝清等县应尽力完成目标,确保责任量万无一失。

○第5表 康德十年省合计农作物耕种面积及上市量计划表

(东安省开拓厅生产发展科制定)

农作物	康德十年耕种面积	上市量
大豆	34,520	20,560
其他豆类	3,000	1,191

续表

农作物	康德十年耕种面积	上市量
高粱	16,060	22,140
粟	26,480	
玉米	31,200	
小麦	9,700	2,940
水稻	16,700	24,295
大麦	4,150	1,005
燕麦	3,970	573
黍	1,540	273
稗	920	
荞麦	560	
苏子	105	34
亚麻	1,300	
线麻	355	92
马铃薯	4,030	
其他蔬菜	7,010	
总计	161,600	73,010

备注:上市量总计中不包含苎麻的上市量。

○第 6 表　密山县各种农作物的产量累计表

(满铁北满经济调查所在外调查班制)

年份	大豆	其他豆类	粟	玉米	高粱	小麦	水稻	其他杂粮
昭和十二年	1,445	936	1,566	1,767	1,719	797	2,665	1,330
昭和十三年	836	664	1,182	1,285	1,298	487	1,523	804
昭和十四年	897	762	1,239	1,365	1,516	620	2,538	1,063
昭和十五年	855	829	1,288	1,605	1,305	626	2,163	1,052
昭和十六年	718	569	618	860	621	441	1,046	527

注:①昭和十七年还没有结束,因此没有把数据列入表中。

②单位:公斤。

○第7表 东安省康德八年、九年农作物上市月份的上市量对照表

(东安省开拓厅制)

年份	10月	11月	12月	1月	计
康德八年	149	3,893	24,746	11,407	40,195
康德九年	2,868	16,326	6,731	30,954	56,879

注:单位:吨。

说明:康德九年11月的上市量增加,是因为当时的特别分配政策。另外12月正是强化农作物上市政策的时期,因此农作物上市时间有点耽误。1月开始进入到督促期,因此农作物上市量又开始呈现快速增长的趋势。

○第8表 康德十年东安省日本开拓团增产对策要领

耕种上市目标(计划)

(东安省开拓厅制)

年度	平均每户的耕地面积(公顷)	平均每户的上市量(吨)
第4至第5年度	8—10	3—4
第6年度	6—8	2—3
第7至第9年度	5	1.5
第10至第12年度	3	0.5

备注:调查当时以上目标还是计划。

昭和十二年3月

科尔沁左翼中旗第五区调查报告

满铁产业部

前　言

内蒙古地区是满洲国的主要畜牧地带，然其畜产资源并不明朗。历来虽进行过各种调查，但其报告结果甚为粗陋，不足为信。蒙古地区的畜产开发不仅仅是由于蒙古民族复兴的必要，对满洲国产业振兴也是极为重要的。因现在资源状况不明，故无法确立切实可行的方略。为开发兴安南省，公司设置了达尔汗种畜场，通过不断实行种羊种牛的培育分配及绵羊畜牛的寄存，首先弄清楚了种畜场所在旗科尔沁左翼中旗的真实情况。昭和十一年3月与蒙政部合作调查了同旗中的第一区、第三区、第五区，主要目标是了解畜产情况，同时也调查了地区概况、农业状况。本报告仅为第五区调查书，当然并不全面。虽然仍有许多需要再调查的地方，但也足够把握地区概况、农业情况和畜产状况的真实状态。本报告作为今后建立蒙古开发方略的基础资料，我深信其具有充分的价值。

昭和十二年3月

产业部农林科畜产系　下山多次郎

凡　例

一、本报告中所用满语的日语译文如下：

满语	日文意思
东家	地主
辨赌	佃农
辨外赌	只能从地主那借到房屋，借不到牲畜、农具等东西的佃农
票钱	纳税手续费
谷草	谷子（粟）脱粒后的秆
羊草	野干草[①]
晌	和“天地”一样，10 亩地为 1 晌，大约相当于日本的 6 反步
天地	意思同“晌”
豁种	用镬子在畦田上刨出垄沟，往里面撒上种子的播种方法，也叫做豁沟儿种
马棚	搭连在主房上的马房
圈	关家畜的地方，如牛圈、羊圈等
甸子	低洼地
砂坨子	沙丘

二、此次调查活动始于昭和十一年 3 月 7 日，同年 3 月 25 日结束。

三、调查员长谷川桢藏负责地区概况和农业情况的调查，调查员友靖繁男和西村重雄负责畜产情况的调查。

① 译者注：多年生草本，根壮茎长，为固定沙丘的先锋植物，也是很好的牧草。

目录

附表(缺)

第一表　地区概况

第二表　农业概况

第三表　各村庄主要作物的耕种面积及产量

第四表　各村庄家畜数量

附图(缺)

第一图　地图

第二图　耕地面积分布图

第三图　牛的分布图

第四图　位于各驿的内地贸易区

第一节　地区概况

一、位置

本区位于通辽县北部，东邻本旗第三区及第四区，北接本旗第七区，西接本旗第六区，呈不规则四边形，是大郑线通辽、钱家店、大林三驿在北边的重要贸易区。

二、地势

沿着北部边界线向东流去的新开河是本区唯一的河流，其流域一带地势平坦、土壤肥沃、耕地众多，因而成为了本区的谷仓。此外，在腰力毛头、敖奔台、保很召、得力很各勒等地区的东西两边界附近也有相当多的耕地。虽然如此，本区总体上还是多丘陵，中部的满金敖一带及东西南部都是广大的丘陵地区。也就是说，北部河岸地方的土地大体上地势较低，越往南走地势逐渐增高，成为丘陵地带。丘陵地区总体上说是多沙土、少耕地，并且夹杂在丘陵间的甸子地也由于土壤碱性强而不适合耕作。

三、面积

就地图计测，本区总面积大约有 30 万垧。但现在实际使用的面积里，农耕地仅有 18,140 垧（约占 6%），牧场（各个村庄的使用范围定为平均半径 3 华里）的面积约 58,500 垧（约占 19.5%），合计起来也不过大约是 76,640 垧（占 25.5%）而已。

将来，随着居住人口的增加，耕地面积也必然会随之增多。依据土地状况，耕地增多的最大限度应该也不过是现有面积的 2 到 3 倍而已。剩余的广大部分是丘陵地带，牧草生长可说是较为稀落的，但作为牧场来说仍可充分利用，畜产发展还存有很大的余地。

四、户口

本区内的总户数是 1,758 户，其中本旗人有 1,148 户（占 65.3%），外旗人有 601 户（占 34.2%），汉人有 9 户（占 0.5%）。

总人口是 10,989 人，其中蒙古人有 10,948 人（占 99.6%），汉人仅有 41 人（占 0.4%）。即如下所示：

性别	蒙古人			汉人			总计
	大人	孩子	总计	大人	孩子	总计	
男	3,793	2,222	6,015	17	6	23	6,038

续表

性别	蒙古人			汉人			总计
	大人	孩子	总计	大人	孩子	总计	
女	2,808	2,125	4,933	12	6	18	4,951
总计	6,601	4,347	10,948	29	12	41	10,989

居住的房子几乎都是土平房,草房仅有3栋,蒙古包一个也没有。

另外,房屋围有土墙的可看作较富裕阶层的人家有195户,相当于总户数的11.1%。

蒙古人中通晓满语的共计2,500人,占22.8%。

由上可推出如下结论:尽管本区内居住的汉人很少,但蒙古人已相当汉化。没有一户人家以畜牧为生计,全区都依存于农业。因为这样,村庄也偏重分布在北部河流流域地方及其他2.3%土地较肥沃的地区,南方丘陵地带则人烟稀少。

在这些耕地多的地区,农户的生活就稍富裕些,而在丘陵地带,特别是南边的勿图忙哈附近,甚至穷得连饭都吃不饱。

第二节 农业情况

一、农户数

本区居民都务农,所以全部农户数和总户数相同,是1,758户。其中自耕农704户(占40%)、佃农1,022户(占58.2%)、农业工人32户(占1.8%)。自耕农全部是蒙古人,特别以本旗人居多。

二、可耕地

本区已耕地面积总计18,140垧,其中有上等地1,050垧(占5.8%)、中等地4,460垧(占24.6%)、下等地12,470垧(占68.7%)、沙丘地160垧(占0.9%)。耕地不均匀地分布在北边地区以及东西两边界附近,其中腰拉毛头和新开河流一带地方就占去了总耕地面积的大半。

在土质方面,北方河岸及腰拉毛头一带以植质壤土、沙质壤土以及壤质沙土等为主,地力比较良好;其他地方的土质以沙土为主,地力贫瘠,甚至连壤质沙土也很少见。另外,夹杂在南方丘陵间的甸子是碱性地。

灾害以沙害和干旱为主,特别是在多沙土的丘陵地带更为严重。北方河岸地区几乎没有蒙受过水灾。

另外,耕地所有面积的分配比例为每户农家10.3垧,每户自耕农25.7垧。

三、各作物耕种面积及产量

本区的主要作物及其耕种面积、产量如下所示。各村庄各自的详细数字记录在其他表格里。

作物类别	耕种面积(垧)	每垧产量(石)	总产量(石)
大豆	1,954.6	2.6	5,141.06
高粱	5,365.3	2.4	13,045.1
粟	3,618.3	2.6	9,235.1
玉蜀黍	530.2	1.8	943.55
荞麦	1,533.4	1.2	1,861.36
蓖麻	606.6	1.3	774.2
小麻子	2.0	0.7	1.4
黍	1,978.0	1.2	2,470.42
绿豆	79.8	1.7	138.34
黍#	12.0	0.5	6.0
大麻	20.0	0.9	18.9
苏子	2.0	0.6	1.2

如上表所示,大豆、高粱、粟这三种作物占全体作物的大半,其次是农民的主要食物黍、荞麦等,极少种植经济作物。另外,本区中只有保很召一个地方拥有蔬菜园。

各种作物的耕种面积根据当年的气象状况进行增减。如果春季降雨量少、太过干燥的话,就要减少不耐旱的大豆、高粱的种植量,而增加种植黍、荞麦。降雨多的情况下则正好相反,应增加大豆、高粱的种植量。但作物总的耕种面积并不随气象状况变化。

四、耕作方法

总体上说经营的是粗放式农业。除了在东他拉营子会对大豆、高粱进行施肥以外,全区的耕地都完全不施肥。除良田外,通常大多数耕地都是2—3年就进行一次变换。

各种作物都采用镬沟儿种的播种方法,畦径是42—52厘米宽。在德家窝堡和腰拉毛头有时一年会除3次草,多数地区是一年2次,但只有黍、荞麦两种作物是一年除草1次。通常在第一次除草的时候就顺带完成疏苗的活儿。作物的中耕和培土一般是每年2次,但荞麦和黍是每年1次或是不进行中耕和培土。

本区所用的特殊农具只有覆土时使用的小盖楂子。

此外作物到收获、加工通常都使用传统方法,没有什么不同。

五、租税

在租税方面,本旗人和外旗人是有差别的。前者的税率一般较低,且通常可以交纳现金。后者的税率高,且还需要缴纳谷类和纳税手续费。

根据村庄和土地的情况不同,税率也多少不可避免地多少存在差异。本旗人要上等地每垧交1圆20钱、中等地每垧交60—80钱、下等地每垧20—40钱、沙丘地每垧30钱。而外旗人上等地每垧交谷类1石、中等地6—8斗、下等地2—6斗、沙丘地2.5斗,外加纳税手续费10—20钱。东四家子是个例外,对外旗人,下等地每垧收现金30钱,并征收2升谷类作为纳税手续费。

租税负担者通常是地主。但在排乃拉,是由地主和佃农平摊租税。

纳税方法是分春秋两次交纳。外旗人一般在春季交纳票钱而在秋季交纳谷物。

六、佃耕惯例

本区内的佃农采取的是所谓的只借房屋,役畜、农具和种子等全靠自己筹措的佃耕形式,分益方法通常是收成均分,稻草秆之类的归东家所有。

另外,佃农向地主借用谷类的话,每年需付3分的利钱,借用耕牛的话,每头牛每年需支付谷物2.5石。

七、农业劳动力

就各个村庄的情况来看,农业劳动力严重不足,但通过相互帮助,本区全体的供需情况大致平衡。只有在收成特别好的年份里,有两三个村庄需要在除草期间从通辽雇佣临时劳力。其雇佣期多是一个月,工资多是按月支付,每月15圆。

八、农产品贸易

除了人畜的粮食外,本区的农产物都被外销到通辽、钱家店、大林三驿中的任一地方。外销期从10月下旬到第二年1月上旬,11月份是旺季。一般都是通过大车来进行搬运。一辆车的承载量是4石左右,一天大约往返三四十华里,每辆车每天的租金大约是3圆50钱。

下图所示的是今年各外销地的市价。

(一)通辽谷物市场价(每斗)

粮食种类	11月			12月			1月			摘要
	上旬	中旬	下旬	上旬	中旬	下旬	上旬	中旬	下旬	
高粱	* *	* *	* *	* *	* *	* *	1.20	* *	* *	* *
大豆	1.69	1.69	1.62	1.58	1.65	1.60	1.70	1.75	1.80	
莫石豆	1.45	1.41	1.37	1.36	1.43	1.39	1.40	1.50	1.60	
绿豆	2.00	2.00	2.00	1.91	2.00	2.02	2.00	2.00	2.00	
粟	1.05	1.08	1.10	0.95	1.12	1.04	1.15	1.20	1.25	
玉米	1.04	1.03	0.92	0.85	0.95	0.96	1.00	1.00	1.00	

续表

粮食种类	11月			12月			1月			摘要
	上旬	中旬	下旬	上旬	中旬	下旬	上旬	中旬	下旬	
荞麦	0.98	0.95	0.91	0.80	0.85	0.95	0.95	0.95	0.95	
黍	1.04	1.05	1.00	0.95	1.00	1.00	1.05	1.10	1.10	
蓖麻	1.74	1.70	1.68	1.40	1.60	1.82	1.85	1.90	1.90	
大麻	1.13	1.00	1.00	0.94	0.95	0.95	0.96	0.96	0.96	
小豆	1.60	1.51	1.50	1.45	1.50	1.50	1.70	1.70	1.70	

(二)钱家店粮食市价(每斗)

粮食种类	11月			摘要
	上旬	中旬	下旬	
大豆	1.59	—	—	
高粱	1.10	—	—	
粟	0.95	—	—	
荞麦	0.88	—	—	
玉米	0.94	—	—	

(三)大林谷物市场价(每斗)

谷物类别	11月			摘要
	上旬	中旬	下旬	
大豆	—	1.59	—	
高粱	—	1.12	—	
粟	—	0.98	—	
荞麦	—	0.85	—	
玉蜀黍	—	0.97	—	
蓖麻	—	1.60	—	

买卖谷物时,每斗要付10钱乃至15钱的粮食税,由卖家承担。但本区的蒙古人通常建立粮食供销社承担粮食税,因此实际售价比上表中的价格还要低10—15钱。

九、每垧主要作物的收支计算

在本区的敖奔台和西四家子这两个村庄,试算每垧主要作物的收支如下,劳役费结算根据依照下表:

每垧地劳役费结算根据

工种	摘要	大豆		高粱		粟		黍	
		所需量	金额	所需量	金额	所需量	金额	所需量	金额
播种	2个人夫、3头牛、1台犁,一天1.5垧地	$\frac{2}{3}$	1.50	$\frac{2}{3}$	1.50	$\frac{2}{3}$	1.50	$\frac{2}{3}$	1.50
培土	同上,一天2垧	$\frac{1}{2}$	1.00	$\frac{1}{2}$	1.00	$\frac{1}{2}$	1.00	—	—
除草	一年两次,每个人夫50钱	7	3.50	7	3.50	7	3.50	7	3.50
调理收作	每匹马1圆,每个人50钱	$\frac{1}{3}$	0.33	$\frac{1}{2}$	0.5	$\frac{1}{2}$	0.5	$\frac{1}{3}$	0.33
		1.7	0.85	2	1	2	1	2	1
		共计	1.18		1.5		1.5		1.33#
输送费	一辆车载重4石,每天往返市场一次,3.50圆。即相当于每石粮食87.5钱	敖奔台							
		1.3	1.14	1.8	1.58	2.0	1.75	1.5	1.31
		西四家子							
		1.0	0.88	1.2	1.05	1.2	1.05	1.0	0.88
总计	敖奔台		8.32		9.08		9.25		7.64
	西四家子		8.06		8.55		8.50		7.21

每垧主要作物的收支计算

作物类别	收入							支出					差额	摘要
	果实			茎秆			总计	种苗费			劳役费	总计		
	数量	单价	金额	数量	单价	金额		数量	单价	金额				
1.敖奔台														
大豆	斗 13	圆 1.48	圆 19.24	车 2	圆 0.80	圆 1.60	圆 20.84	斗 1.0	圆 1.40	圆 1.40	圆 8.32	圆 9.72	圆 11.12	
高粱	18	0.90	16.20	束 1,200	100束 0.50	6.00	22.20	0.3	0.90	0.27	9.08	9.35	12.85	

续表

作物类别	收入							支出					差额	摘要
	果实			茎秆			总计	种苗费			劳役费	总计		
	数量	单价	金额	数量	单价	金额		数量	单价	金额				
粟	20	0.85	17.00	斤 700	100斤 0.50	3.50	20.50	0.2	0.80	0.16	9.25	9.41	11.09	
黍	15	0.85	12.75	车 3	0.50	1.50	14.25	0.3	0.85	0.26	7.64	7.90	6.35	
2.西四家子														
大豆	10	1.94	14.90	车 1	0.90	0.90	15.80	1.0	1.40	1.40	8.06	9.46	6.34	
高粱	12	1.00	12.00	束 1,000	100束 0.30	3.00	15.00	0.3	0.90	0.27	8.55	8.82	6.18	
粟	12	0.85	10.20	斤 500	100斤 0.50	2.50	12.70	0.2	0.70	0.14	8.50	8.64	4.06	
黍	10	0.84	8.40	车 2	0.50	1.00	9.40	0.3	0.80	0.24	7.21	7.45	1.95	
蓖麻	8	1.54	12.32				12.32	1.0	1.20	1.20	9.64	10.84	1.48	

也就是说，在主要作物中，每垧地收益最大的是大豆和高粱，其次是粟、黍，收益最小的是蓖麻。

而且所调查的村庄都属于所谓的下等地。敖奔台地势平坦，以壤质沙土为主，地力比较肥沃，而与之相反的西四家子却是以沙土为主的丘陵地带，地力极其贫瘠，每垧地的产量很少。前者的产量是后者的2—3倍。

十、农村金融

本区内并没有特别设置的金融机构，不过是从粮食供销社或是其他熟人那里进行信贷而已，利钱通常是每月3分到5分。

十一、其他

在本区的丘陵地带有野生的甘草、麻黄草、大飞燕草等药草，生长茂盛。几年前还是可以采摘的，之后被旗公署禁止。

第三节 畜产情况

一、家畜数量

种类	成年家畜				仔畜	合计	摘要
	母	公	阉割	合计			
牛	1,457	59	1,228	2,744	872	3,616	
马	262	22	435	719	103	822	
绵羊	1,204	58	271	1,533	656	2,189	
山羊	676	35	88	799	413	1,212	
猪	902	67	310	1,279	4,135	5,414	
驴	1,053	693		1,746	500	2,246	
骡	34		44	78		78	
合计						15,577	

备注:①两岁以下的是仔畜,其比例大致为:2岁的牛占40%,1岁的占60%;2岁的绵羊、山羊占30%,1岁的占70%。

②难以凭年龄来区别猪,所以只要目测有100斤以上的即为成猪。

在满洲事变中,约有50%的绵羊和山羊成为匪贼的食物;昭和八年,牛疫肆虐,损失了约60%的家畜,一时之间,家畜数量骤减。但这之后繁殖逐渐增多,只要今后没有匪袭或流行传染病,再过两年就能大致恢复到之前的数量。

二、主要家畜的特征

1.马

马用作乘骑和劳作。乘骑用马大多外貌良好,特别是在当地,整年都供给它们丰富的饲料,所以那种大腹便便的马很少,营养也适中。

多数拉车用马都长得很壮硕,且眼睛和四肢多有缺损。通常是头部粗大,乍看之下颇有笨重之感,普遍中躯稍长、后躯渐高、臀部多歪斜、四肢较短、身材短粗,前躯大体上比后躯发育得好。

毛色以芦毛、月毛较为常见,很少有栗毛、鹿毛、川原毛等毛色。

2.骡

骡子差不多都只用于劳作,体格中等,尤其没有像在沿线附近看到的那样的大体型的骡子。

3.驴

驴子用于乘骑和劳作。无论公母,都是头部粗大、额头高隆、臀部显得极度歪斜,大多后躯较高,大耳朵,后躯甚为瘦弱,长着一条形似牛尾的细小尾巴。

毛色以灰色最为常见,也有黑褐色和白色等。灰驴的身体各部分的颜色也有差异。口唇、球节部、尾部、耳鬓等处毛色较深,下腹、下胸以及四肢表面呈浅色或白色,也有不少驴有斜斑和螺线。黑褐色的驴全身大致同色,只有口唇部位是淡色。白驴非常少,本次调查中仅发现两头。

4.牛

阉牛通常用于劳作,母牛用来产奶。毛头营子一带有时也使用母牛劳作。

阉牛体格最大,* * 极高。一般来说,蒙古牛的前躯和后躯通常发育得甚为离隔,但本区内多数阉牛外貌良好、体形适称。

公牛身躯矮小,但其头部短而肥、颈部短粗,呈雄性相貌。中躯长度中等,后躯高且有一定的腰身,所以外形还可以。

母牛多数体型矮小,颈部低而平,胸部窄得与头不相称且前塌,臀部歪斜,体形不适称。

毛色以褐色最多,接着依次按黑色、花斑、糟、帘等顺序递减。

5.绵羊、山羊

主要供作食用,其次是产毛,此外也有用来产羊奶的,但非常少。

比起身体来,绵羊的头不太大。母羊的鼻梁隆起明显。在毛色方面,通过对约有 300 只羊的羊群所进行的调查,头部和颈部有黑斑的羊占 60%,同时也有褐色斑的羊占 25%,纯白羊 10%,黑白斑羊 5%。有角的母羊占 12%左右。山羊的体形与绵羊相比通常较小。在约有 100 只羊的羊群中对毛色进行了调查,淡褐色的山羊占 20%,黑糟毛的占 15%,黑褐色的 5%,黑白斑的 7%,白羊占 53%。

6.猪

猪都供作食用。体型一般都不大。成猪通常以 80 斤左右的较为常见,极少有 100 斤以上的。鼻梁几乎是条直线,耳朵下垂,体表褶皱。

三、饲养管理

1.马和骡

通常都是拴养在马棚或屋外拴养场。前者就是所谓的搭连在主房上的耳房马厩,多是利用院内土墙建成,横宽有 2 间房,能拴养 4 匹马。后者是在屋外用 3 根小圆木搭起拴马桩,把马拴在桩上,马槽固定在小圆木搭成的架子上或是土围上。

通常整年都供给丰富的饲料。但那些用作繁殖或只是用来乘骑的母马,仅在冬季供给其厚料,在青草茂盛的时候,只实行放牧。喂饲料的次数是每日 2 次,在青草茂盛期是每日 1 次。

饲料的种类根据各村庄不同也多少有所差异。一般是高粱、大豆或大豆粕以及谷草,大豆有黄豆、黑豆、莫石豆三种,都很常用。给水次数是夏季每日数次,最少 2 次;冬季通常每日 2 次,水量不足的村庄是每日 1 次。

2.牛

一般都圈养在苇草围成的临时牛圈里。也就是说,在地面上挖一个略圆形的宽3尺深3尺的沟,挖出来的土堆积在沟外围,造成土墙,冬季时在土墙上绕上苇草。通常一个直径50尺左右的牛圈可圈养约30头牛。* * 是另外在牛圈的旁边用扁篱笆或苇子围建成的。一般来说牛是常年放养的,只在冬季刮大风、下雪的时候,喂少量羊草。至于阉牛,通常是劳作时喂厚料,但在有的地方虽说是处于劳作期,也仅仅是延长放牧时间而完全不给与厚料。

饲料的种类有高粱、玉米粉、散米子、大豆、羊草等。喂食次数具有地区差异性,但通常是每天1次乃至2次。

牲畜饮水通常是每天1次,但使役用牛是每天2次。

3.绵羊和山羊

羊舍有两种。一种是利用院子一隅建成的差挂式[1]羊圈,一种是在屋外用苇草或野榆树围成的圆形羊圈。后者较为常见。一个直径40尺左右的羊舍可圈养约80只羊。

几乎是全年放牧。冬季是每天放牧1次,只在晚上补充些羊草。但有的村庄为了让分娩的羊多产奶,也给与其高粱、大豆粕等好饲料。

喂水是每日1次乃至2次。

4.猪

围绕4—5尺高的土墙建造起来,在其一角敲出约2尺平方大的孔来作为进出口。这样的猪圈是最常见的,分为有盖和无盖两种。

一般是常年放牧,早晚两次喂些混合了残渣的糠类,对育肥猪通常还要再混合少量的谷类粉。

5.驴

不需要什么特别的设施,只需放养在院子里或拴在附近的树木桩上即可。

四、繁殖

各种家畜都是自由交配,交配高峰期是3、4、5月份,9、10月份交配的很少。但是绵羊和山羊在饲养数量多的情况下,通常会把母羊和公羊分开来放牧,一般是到了9月份再实行混牧,让其自由交配。

猪的繁殖是两年三次或一年两次。

按家畜种类算年龄的话,马是三岁,牛和驴子是三岁,绵羊和山羊是一岁半,猪是5—7个月时进行繁殖。

五、培育

牛犊在生下来后就和母牛分开,只在早晚两次挤奶之前有极短时间的哺乳,剩余的牛奶都被挤完。产奶期冬季有80天,夏季有120天,在这之后就让它自由地给牛犊喂奶。

---

① 译者注:搭连在主房上的耳房,披屋,单坡檐屋。

极少会对绵羊和山羊挤奶。不会特意把小羊和母羊分开，挤奶量也就很少了。

其他家畜大都是靠自由哺乳成长。

出生以后的仔畜被和母畜一起放牧，马、驴和骡子是20天，绵羊、山羊是20乃至30天，牛是15乃至20天。或是在附近牧场只放牧仔畜，在育成期间并不特别补给厚料。

家畜的断奶期一般是：马、骡子和驴在出生以后6—10个月，牛在3—4个月后，绵羊2个月后，猪30—40天后。

一般是在春季四月中旬的时候给家畜进行阉割，通常是各家自由进行，也有的是让有技术的人来阉割。特别是给马阉割的比较多。一头大牲口通常要付1—1.5斗谷类作为阉割费。

家畜应施行阉割的年龄是不同的。马和骡子是在4岁、牛是2岁、羊是1个月、猪是一两个月。

阉割方法一般有三种，即精系结扎割去法、精系无结扎割去法以及精系拔去法。阉马用的是前两种方法，阉割绵羊和山羊用的是后一种方法。

六、卫生

1.畜疫种类和受灾情况

昭和八年牛疫肆虐，损失了60%的畜牛；此外猪霍乱每年大肆蔓延，今年在敖本台和其他地方也爆发了猪霍乱并不断蔓延开来。除此之外并没有流行性畜疫。而在单发畜疫中，有鼻疽、炭疽、牛肺疫、巴贝虫病、猪瘟、僵直症、狂犬病等。

2.一般家畜的疾病及其受灾情况

并非是传染病，连普通病症都很少。去年一年发生的主要疾病是下痢症、疥癣、日射病、蹄病、产科病等，因病死亡的家畜也是极少数。

七、牧场

本区内没有山地，河流也只有一条新开河。从总面积中除去耕地面积，剩余的部分大致上都可看作是牧场地。也就是说，以本区约30万垧的总面积，除去18,140垧耕地，剩余的223,360垧面积就是现在的牧场地面积。

事实上，北方河岸地方以及其他平原地带多耕地，牧场面积并不大。从东部的沙巴扎拉营子经满金敖到敖奔台为止，这一带丘陵地带都是广阔的牧场地。并且，穿插在丘陵间的甸子地，由于土壤碱性强，所以其作为耕地的价值并不大，作为牧场地则应该能得到利用。仅这一带面积就有约10万垧，将来足够放牧两三万头家畜。

由于各村庄的家畜数量都不太多，所以现在近的牧场使用范围就是四周1华里左右，远的不超过5华里，通常都是两三华里。在收割野干草这方面，考虑到在干草储藏中家畜侵入和纵火等危险，一般都选择收割较远地方的牧场。

北部河岸地区的土质最肥沃，以植质壤土、沙质壤土为主，但越往南土壤中的含沙量就越多，变成壤质沙土，到丘陵地带就变成了沙土地。

地方不同，草种也不一样。在平原地带，90%是羊草，其他的是苇草、芒草等。在丘陵地带,80%是狗尾草,其他的是野艾草、豆科类野草及甘草、麻黄草等。通常平原地带草类生长茂盛,丘陵地带稍显稀疏,因此北部一带的好地每垧地干草产量是2,000斤乃至3,000斤,而中部的丘陵地带则是800斤乃至1,000斤。

八、家畜饮用水

基本上给家畜只喂井水。本区内共有水井227眼,一个村庄5眼左右,也就是说相当于每7户人家用1口井,水井数量非常少。尤其是很多都是浅水井,通常只有2.5—3.5米深,只有一两眼水井深4米。水深通常也只有0.2—0.6米,极少有1米深的井。直径也只有0.7—1.3米,各村庄的水量不足也是不难推测的。在不少村庄都是这种情况:每户人家在早上就汲取好所需的水,然后直到傍晚都处于缺水状态。家畜给水量的不足也就很自然。如前面所提到的那样,通常是每天喂水1次,只对劳作家畜每天喂2次水,甚至有的村庄不得不是三天2次、两天1次。

这种给水量并不能让家畜完全解渴。与其考虑家畜的个头,倒不如从井水状态来考虑给水,这种给水方法不得不谓之极其粗暴。

水井的构造也极其不完备。最多的是用苇草围成内框,其次是小柳枝围成的,用木板围成里框的水井在全区内不过一两眼而已。

水质大都呈碱性,各村庄有碱性微、弱、强之分,但都称不上水质良好。尤其是浅水井,因为井口没有加盖子,所以水中多混入灰尘杂质。不少水井甚至都很难供作饮用。

这样一来,水量严重不足、水质污染等情况给人畜卫生造成极大影响,所以我认为改善井水问题的措施已迫在眉睫。

九、畜产经济

1.畜产物价格

种类	价格(圆)	种类	价格(圆)	种类	价格(圆)
母牛	20.00	驴	10.00—15.00	牛皮	3.50
阉牛	40.00	绵羊	3.00	羊皮	0.80—1.00
乘用马	80.00	山羊	2.50	驴皮	1.00—1.50
车用马	50.00	不到100斤的猪	0.10(每斤)	马皮	2.00—2.50
骡子	120.00	超过100斤的猪	0.13(每斤)	猪鬃	1.80—2.50
羊毛	0.22—0.28(每斤)	山羊毛	0.15—0.20(每斤)		

当然,上表所示价格仅是本地的大体情况,而第五区中东部的产品会外销至大林,中部的外销至钱家店,西部的外销至通辽,根据地方的不同,价格也多少会有些变化。总体来说,外销至通辽县的价格较高。

2.畜舍设备费

家畜类别	畜舍样式	容纳数量	设施费(圆)	明细	摘要
马	马棚	3—4	14.30	饲槽 1 个,3.00 圆;檩子 5 根,6.00 圆;秫秸 200 束,1.20圆;6 个人夫,3.60 圆;土 1 方,0.50 圆	
马	屋外栓养场	3—4	7.15		
牛	芦草搭建的临时牛圈	40	8.00	10 个人夫,5.00 圆;芦草 3 车,2.40 圆;小圆木(门)0.75圆	
犊	扁篱笆围成的牛圈		3.15	2.5 张扁笆,2.00 圆;0.5 车芦草,0.4 圆;1.5 个人夫,0.75圆	
绵羊、山羊	野榆树搭的羊圈	80	15.40		野榆树可以随意采伐,所以只计算搬运费和人力费
绵羊、山羊	芦草围成的羊圈	80	7.70		
绵羊、山羊	耳房式羊圈	80 只成羊和 50 只仔羊	43.40	17 丈土墙,造价 20.40 圆;3 车芦苇,2.10 圆;13 根檩子要 15.60 圆;350 束秫秸,1.80圆;5 个人夫,2.50 圆;2 方土,1.00 圆	羊舍是 5×3 丈的芦草圈;土墙高 8 尺,宽 2 尺
猪	土墙围成的无盖猪圈	8—10	4.00	4 丈土墙,造价 4.00 圆	土墙高 5 尺,宽 2 尺;猪舍是 1×1 丈
猪	土墙围成的有盖猪圈	8—10	4.80	4 丈土墙,造价 4.00 圆;蒿秆和人力费 0.80 圆	

3.每头家畜的饲料费

家畜类别	时期	喂饲料天数	饲料费	每天的饲料费	摘要
马、骡	使役时	150	29.10	1 升高粱,0.110;4.4 合黑豆,0.044;8 斤谷草,0.040,总计 0.194	

续表

家畜类别	时期	喂饲料天数	饲料费	每天的饲料费	摘要
马、骡	休养时	215	20.86	7合高粱,0.077;4斤谷草是0.020,总计0.097	
	合计	365	49.96		
牛	使役时	130	10.01	3合散米子,0.027;3合莫石豆,0.030;10斤羊草,0.020,共计0.077	
	休养时	150	1.50	5斤羊草,0.010	
	合计		11.51		
绵、山羊	冬季	160	0.32	1斤羊草,0.002	
驴	使役时	150	10.20	2合黑豆,0.020;3合高粱,0.033;3斤谷草是0.015,共计0.068	
	休养时	150	1.20	4斤羊草,0.008	
	合计		11.40		
猪	一年	365	6.00	一年间3石糠,6.00	
肥育猪	肥育时	一整期(40—50)	1.65	一整期需1.5斗高粱或玉米面,1.65	

附:各饲料单价(每斗)

品名	价格(圆)	品名	价格(圆)	品名	价格(圆)
高粱	1.10	莫石豆	1.00	糠	0.20
黄豆	1.30	玉米	0.80	羊草	每100斤是0.20
黑豆	1.00	散米子	0.90	谷草	每100斤是0.50#

4.家畜管理费

在当地,会雇佣家畜管理人管理马、牛和绵羊,其他的家畜主要由自家人管理。另外村庄中每户人家也只拥有1—2头家畜,各家轮流着实行共同放牧。雇主包伙食,签管理合约。家畜死亡、被盗的话,管理人要赔偿损失,若是受匪贼之害则无需赔偿,此外因野兽造成的损失则根据当时的情况适当处理。

家畜回圈舍后,夜间的责任在值夜班的人,与管理人无关。没有及时察觉家畜发病或者明显迟延报告家畜死亡情况的话,会视情况让其进行赔偿。

雇佣管理人多是在阴历的二月到十一月之间,在耕作期的6个月里只需进行纯粹的放牧工作。耕作期前后的3—4个月间,除放牧外,还要做些打扫清理牛圈里的牛粪及打水等杂活。

马

5月到10月这5个月间,每匹马付1.00＊＊,一个人管理40—50匹马。

牛

10个月间,每头牛要付谷物1.2斗,1.00—1.20,此外付现金0.30,＊＊1.50。

2岁以上的可看作成年牛,一个人管理40—60头牛。

绵羊

一年需付＊＊50.00—75.00,金额根据羊的数量有所变化。通常一个人管理80到150只左右,要是达不到这个数量,就和畜牛混牧。这种情况下按照前面提到的每头畜牛的管理费来看,一只成羊估计与0.5头牛花费相等。

猪

情况不详。

5.役畜劳动力

本区内各种家畜的单个耕作力比率是,阉牛10%,马和骡13%,驴是6%,一头阉牛可以耕作的面积是8垧。

但本地用于耕作的主要劳动力还是阉牛,也有使用母牛进行耕作的,但这种情况非常少。只有10%左右的马会被用来耕作。

现在本区的总耕地面积是18,140垧,役畜劳动力严重不足。阉牛的总数是1,228头,每头阉牛的耕种面积是14.8垧。根据前面所提到的比率,把马、骡和驴的劳动力换算成阉牛的话,相当于1,048头阉牛。役畜劳动力的总量相当于2,380头阉牛,而每头牛可耕地7.5垧,因此对照前面所提到的可耕地面积,还有0.5垧的剩余量。

也就是说,根据各村庄各自的情况来看,役畜劳动力严重不足,但通过彼此相互帮助,全区整体上供给充分。

6.粪尿生产量的利用情况及其估价

人们对家畜的粪尿基本上没有进行利用,第五区中只有一部分地区(在东他拉营子)将其作为肥料用于耕地,此外没有别的地方对其加以利用。

牛粪一般被用作燃料,它的使用量根据各地方的状况有所不同,或者是附近有很多野生的小柳树或苇子的地方,牛粪的使用量就较少。各家各户的使用量也是根据家里畜牛的数量和村庄里畜牛的数量而有所不同。畜牛所有者大多只使用自家牛圈里的牛粪,其他住民则在牧场地里拾取牛粪。据说一个村庄一户人家的牛粪使用量是5—10车、有300—500斤。

用作燃料的牛粪根本不出售,所以没法估出价额。据说通常是在歉收的年份里,会贴补一部分牛粪作为借用食料和耕作劳动力的补偿。

这种情况的估价通常是一车300斤左右的牛粪,0.50—0.80。

从秋季10月份到来年5月份期间拾取牛粪,牧草茂盛期不拾。

十、畜产贸易情况

1.设施

无。

2.贸易期及贸易方法

贸易时间完全没有规定。尤其是死亡家畜的毛皮在一年中随时被拿出来贩卖,牲口多是在秋收结束、11月份以后才外销。

3.贸易价格以及货款结算方法

与来蒙古行商的中国人采用的是物物交换的方式。此外在通辽、大林基本上采用当场付现金的方式。

大多数情况下,牲口被寄存在牛马店里,通过经纪人来协商双方价格。

付给经纪人的手续费视牲口而定,并没有规定。通常是0.20到1.00不等,由买卖双方来承担。此外买主还要支付所谓的保证金,多是用来作为牛马店主人为卖主的家畜立证的手续费,无多少之分,通常是1.00。买卖税由买主负担。

4.家畜及生产物的外销状况

要想知道本地外销状况的实情相当的困难,当然也很难期待其正确性。本次调查的情况大体如下所示。

外销量会受当年丰收与否及家畜传染病的流行情况等影响。由已知事实而明显产生差异。就像近年来,家畜传染病不流行蔓延时,外销的畜产物应该非常少。据调查,去年一年死亡的家畜是(相对于现在的总数量来说):畜牛3%以上,马不到3%,驴不到1%,绵羊、山羊3%(其中山羊很少患病的)左右。死亡率非常低。

绵羊和山羊除了病死外,还有像屠宰以供作食用的情况。特别是那些罹患疾病、没有希望恢复的羊,会被直接屠宰食用,因此实际上可以明确其死亡率在3%以上。

一年中被屠宰以供食用的家畜比率是现在数量的6%还要多,其中大部分是阉羊。

这些病死、被屠宰的家畜的毛皮就自然地成为了外销的产品。实际上,也有不少毛皮被拿来供自家使用。根据调查,数据间有很大差别,虽然说是有50%的毛皮被拿做自家使用,但实际上只有10%左右,90%的毛皮都被外销到了市场上。

绵羊和山羊所产的羊毛(绵羊一年剪两次毛,山羊一年剪一次毛)通常是成年绵羊为2—3斤、山羊为1斤左右。现在的总数量中以成年羊为主。只看成年羊估算的话,绵羊产毛10,000斤左右,山羊产毛1,000斤左右。蒙古人所使用的绒毯中,羊毛是必不可少的原料,所以羊毛的使用量比较多,占20%—30%。剩余的羊毛就拿到市场上出售。此外,猪鬃作为刷子的原料也被外销出去,但大多是到了商人手上,并没有直接进入市场。猪原来深受满人喜爱,满人的农家都养猪,但是蒙古人不像满人那样重视猪,甚至有很多人完全不喜欢猪,所以猪的数量非常少。

另外在牲口的贩卖中,驴卖得最多,值得注意。去年一年外销的活驴占总数的6%以上。这些驴被外销到通辽、大林这些市场,之后主要卖往法库、康平县等地方。

每年的晚秋到来年春天,在来通辽和大林市场的牛马商人中,来自法库和康平县的商人主要是来购买驴子的。

马的外销量据了解仅有2—3头,数据不明确。通辽和郑家屯的市场中使用的马车用马或是从タラハン[①]旗,或是从大林方面购入的,但这些马匹中有的也是由本地区销出来的。每年有多少马是外销来的都很清楚,从马匹的总数足以推测出其数量之少。

从来没听说过有贩卖畜牛的事,虽说那些年龄大而不堪继续使用或是由于身体缺陷而不能继续放牧、使用的牲畜有时也会被牵到市场上出售,但毕竟是极少的。

对于一个一直以来相比金钱,更把家畜看成是财产的民族来说,尤其反感买卖作为主要财产的畜牛的行为。特别是昭和八年的牛疫,畜牛遭受很大打击。直至今日也无法恢复到当初的数量。

第四节　各村状况

一、北乃木各拉

1.地势

本村庄地处与通辽县的接壤地带,北部丘陵连绵,南部是宽达4华里的甸子地。

2.户口

(1)户数

房屋样式	蒙古人	汉人	合计	摘要
蒙古包	—	—	—	
中式	18	6	24	
总计	18	6	24	

备注:①含外旗人15户。

②房屋全都是土砌平房。

(2)人口

性别	蒙古人		汉人		合计	摘要
	成人	儿童	成人	儿童		
男	28	19	9	3	59	
女	26	21	8	4	59	
合计	54	40	17	7	118	

备注:男子全都通晓满语。

① 译者注:地名。罗马字读音为tarahan。

3.交通

本村庄距离通辽县有60华里,购买日用品及贩卖农畜产品都要往来通辽。

4.农业状况

(1)农户户数

自耕农5户,佃农19户,共24户人家。

(2)可耕地

已耕地散落在村庄东北部4华里以内的范围内,约220垧。另外还租种有官产处所管的40垧地,官产处在接壤地带属于通辽县。

(3)耕种面积及产量

作物种类	耕种面积(垧)	每垧产量(石)	总产量(石)	摘要
大豆	22.0	1.5	33.0	
高粱	66.0	1.8	118.8	
粟	55.0	1.5	82.5	
玉蜀黍	22.0	1.0	22.0	
荞麦	17.6	1.0	17.6	
其他	37.4			
合计	220.0			

(4)租税

耕地都是下等地,本旗人每垧地交40钱,外旗人每垧地交谷类2斗及票钱20钱。

(5)佃耕惯例

收成均分,麦秆之类的归地主所有。

(6)水井及农具

本村庄有水井3眼、碾子3个、大车8辆。

(7)其他

附近沙丘地上有很多地方都是麻黄草丛生。

5.畜产情况

(1)家畜数量

家畜	成年家畜				仔畜	合计	摘要
	母	公	阉割	合计			
牛	5		6	11	4	15	
马		1	4	5		5	

续表

家畜	成年家畜				仔畜	合计	摘要
	母	公	阉割	合计			
骡			1	1		1	
驴	5	7		12	5	17	
猪	8	2		10	80	90	
合计	18	10	11	39	89	128	

备注:除上表所示数量以外,还有满铁托管的 80 头牛和 80 只羊。

(2)饲养管理

畜舍设施是:圈养牛的只有临时牛圈,役使牛时喂其黄豆和野干草,休养时则放牧;马、骡和驴在使役时喂高粱、谷草、大豆渣,休养时也实行放牧;给猪喂的是糠之类的东西。各种家畜都由自家劳力进行管理。

(3)卫生

去年春天因猪瘟死亡成猪、仔猪数头,此外还因肺炎和下痢死了 2 头满铁托管的牛。

(4)畜力的利用

所有家畜的可耕作能力是 150 垧左右,家畜的劳动力不足,但本村庄还有两群满铁托管的牛,所以畜力供给充分。

(5)家畜饮用水

家畜每日饮井水 1—2 次。井深 *.5 米,水深 0.6 米,水微有碱性,水量不足。

(6)牧场

牧场主要是西南方 3 华里的范围。草种有羊草、狗尾草等,每垧地可收干草 2,200 斤。

二、德家窝堡

1.地势

本村庄也处在和通辽县接壤的地带,位于前面所介绍的北乃木各拉的西边,北部有 2 华里的丘陵地带,东部是连绵的甸子地,南部约 1 华里外是小丘陵地带,西北部 1.2 华里的地方是低洼地,从中发源出宽 5.5—7.0 米的水沟,流向东边。

2.户口

(1)户数

房屋样式	蒙古人	汉人	合计	摘要
蒙古包	—	—	—	
中式	23	2	25	外旗人 24 户
总计	23	2	25	房子全是土平房

(2)人口

性别	蒙古人		汉人		合计	摘要
	成人	儿童	成人	儿童		
男	35	25	5	3	68	
女	25	23	3	1	52	
合计	60	48	8	4	120	

备注:男子都通晓满语。

3.农业状况

(1)农户数

自耕农10户,佃农15户,共计25户。

(2)可耕地

已耕地分布在西北部4华里以内的范围中,约有300垧。其中上等地、中等地、下等地各100垧左右。未耕可耕地几乎都是下等地,约有600垧。

(3)耕种面积及产量

作物种类	耕种面积(垧)	每垧产量(石)	总产量(石)	摘要
大豆	45.0	3.0	135.0	
高粱	120.0	4.0	480.0	
粟	60.0	4.0	240.0	
黍	24.0	2.5	60.0	
荞麦	24.0	2.5	60.0	
蓖麻	15.0	2.0	30.0	
其他	12.0	—	—	
合计	300.0			

(4)土质

本村庄一带的耕地多腐蚀质,地力肥沃,良田呈黑色乃至黑褐色,每垧地产量高。

(5)耕作方法

各种作物的畦宽都是45—52厘米,采用豁种的播种方法,实行比较集约型的农业经营方式,每除3次草就中耕培土2次,不进行施肥和休耕。

(6)租税

外旗人每垧上等地交谷类1石、中等地交8斗、下等地交6斗。此外还要交票钱10—20钱。

(7)佃耕惯例

收成均分,麦秆之类的归地主所有。

(8)井口数量及农具类别

本村庄有水井6眼、碾子2个、大车7架。

(9)其他

前面提到的水沟里长有茂盛的野芦苇,村庄居民的燃料充足;降雨过多时也没有值得特别记载的水灾。

4.畜产情况

(1)家畜数量

家畜	成年家畜				仔畜				合计
	母	公	阉割	合计	母	公	阉割	合计	
牛	2		5	7					7
马	2		2	4					4
猪	3	1		4				15	19
驴	6	6		12				4	16
合计	13	7	7	27				19	46

备注:除上表所示数量以外,还有满铁托管的170头牛和230只绵羊。

(2)饲养管理方法

各种家畜都没有畜舍设施。牛在役使时喂黑豆、苞米和羊草,休养时进行放牧;马和驴在役使时喂高粱、谷草,休养时也是放牧;给猪喂的是自家产的谷类和糠。各种家畜的管理都由自家劳动力完成。

(3)家畜饮用水

人畜基本上都是喝井水。井深4.5米,水深0.9米,水呈强碱性。前面提到的水沟水量过少不能利用。

(4)牧场

主要是利用村庄南方2华里以内的范围。牧草生长状况和草质都相当好,尤其是豆科类的牧草就占了40%,每垧地可收干草2,200斤。但牧场范围变小的话,就不能放牧超过现有数量的家畜。

(5)畜产物贸易

去年在通辽以每头驴12—15圆的价格卖掉成年驴子3头。

(6)其他

只有满铁托管牛的受托者每年每户可以拾取平均10车左右的牛粪,供作燃料。

5.交通

本村庄距通辽县有60华里,购买日用品及贩卖农畜产品都是往来通辽县。

三、东敖奔台

1.地势

本村庄位于前面提到的北乃木各拉的北边8华里处,东部是甸子地,南部是丘陵。

2.户口

(1)户数

房屋样式	蒙古人	汉人	合计	摘要
蒙古包	—	—	—	
中式	25	—	25	
总计	25	—	25	

备注:①含外旗人15户。

②房子有土围墙的人家7户。

③房屋全都是土砌平房。

(2)人口

性别	蒙古人		汉人		合计	摘要
	成人	儿童	成人	儿童		
男	110	57	—	—	167	
女	90	53	—	—	143	
合计	200	110	—	—	310	

备注:有8人通晓满语。

3.农业状况

(1)农户数

自耕农15户,佃农10户,共25户人家。

(2)可耕地

已耕地散落在西部约5华里以内的范围中,约300垧,全是下等地。

未耕可耕地也全都是下等地,约有600—900垧。

(3)耕种面积和产量

作物类别	耕种面积(垧)	每垧产量(石)	总产量(石)	摘要
大豆	12.0	0.6	72.0	
高粱	105.0	1.6	168.0	
粟	90.0	1.5	135.0	

续表

作物类别	耕种面积(垧)	每垧产量(石)	总产量(石)	摘要
黍	39.0	0.6	23.4	
荞麦	21.0	0.8	16.8	
蓖麻	15.0	0.5	7.5	
绿豆	9.0	0.4	3.6	
玉蜀黍	4.5	1.0	4.5	
其他	4.5	—	—	
合计	300.0			

(4)土质

本村庄一带的耕地都是沙土和壤质沙土,地力贫瘠,并且附近原野有20%是碱性地。

(5)租税

本村庄的耕地都是下等地,本旗人每垧耕地交租税40钱,外旗人每垧地交谷类2斗及票钱10钱。

(6)佃耕惯例

收成均分,麦秆之类的归地主所有。

(7)水井及农具

本村庄有水井6眼、犁杖15台、碾子5个、大车11辆。

(8)草药采集状况

附近原野上有野生的甘草、麻黄草、大飞燕草。

(9)其他

有很多低洼地,在降雨多时积滞雨水,土壤含碱性,多野生芦苇。

4.畜产情况

(1)家畜数量

家畜	成年家畜				仔畜				合计	摘要
	母	公	阉割	合计	母	公	阉割	合计		
牛	40	3	45	88				30	118	
马	8	1	15	24				3	27	
绵羊	45	2	5	52				40	92	
山羊	30	2	1	33				25	58	
猪	11	1		12				70	82	
驴	25	10		35				15	50	

续表

家畜	成年家畜				仔畜				合计	摘要
	母	公	阉割	合计	母	公	阉割	合计		
骡	1		2	3					3	
合计	160	19	68	247				183	430	

(2)饲养管理

牛关在用小土墙和苇草搭成的牛圈里,役使时每头牛喂玉米末3合、黄豆3合、羊草或谷草6斤,休养时只放牧;马、骡和驴拴养在马棚里或屋外,役使时每头牲口喂高粱1升、黄豆(有时用大豆渣代替)4—5合、谷草8斤,休养时放牧;绵羊和山羊关在芦草围成的羊圈里,主要实行放牧,不特意喂饲料;给猪喂的是糠。

(3)家畜饮用水

家畜每日饮井水1次。水量并不充足,井深1.8米,水深0.36米,水呈强碱性。

(4)卫生

屡次爆发猪瘟,眼下也正在蔓延。另外在畜牛中也有因疥癣变得削瘦死亡的,也有患急性鼓胀症的。

(5)牧场

放牧使用的是村庄四周3华里左右的范围。甸子地的草种是芦苇、羊草,丘陵地的是狗尾草等,每垧地可收干草1,000—1,800斤。

(6)畜产经济

畜舍设备费是:可以容纳20头牛的牛圈要4.00—5.00圆,容纳20只羊的羊圈要2.50圆,可以容纳6匹马的马棚要2.00圆。

饲料(每斗)的价格是:高粱1.10圆,玉米末0.80圆,黑豆1.20圆,黄豆是1.00圆,每100斤谷草0.50圆,每100斤羊草0.30圆。

家畜管理费是:一头畜牛10个月间需要谷类1斗及精白米1升;绵羊和山羊是共同放牧的,每一群(100只以内)每年60.00圆左右。

每户人家每年的牛粪利用量平均不过4—5车而已。

(7)畜产物贸易

去年一年生产的畜产物中,羊毛总产量80多斤,其中30多斤供自家使用,贩卖掉50斤。山羊毛的总产量是25斤多,全都用于自家消费。

屠宰以供食用的绵羊和山羊有15只,半数毛皮被贩卖掉。贩卖畜牛皮3—6张。

贩卖地都是在通辽。

5.交通

本村庄距通辽县70华里,日用品购买和其他买卖都是与通辽县往来。

四、敖奔台

1.地势

本村庄的东南部是小丘陵,南部是东西5华里、南北2华里的甸子地。

2.户口

(1)户数

房屋样式	蒙古人	汉人	合计	摘要
蒙古包	—	—	—	
中式	39	—	39	
总计	39	—	39	

备注:①房子有土围墙的人家5户。

②房屋全都是土砌平房。

③含外旗人9户。

(2)人口

性别	蒙古人		汉人		合计	摘要
	成人	儿童	成人	儿童		
男	70	39	—	—	109	
女	50	41	—	—	91	
合计	120	80	—	—	200	

备注:有12人通晓满语。

3.农业状况

(1)农户户数

自耕农22户,佃农17户,共计39户人家。

(2)可耕地

已耕地分布在西边及西北部10里以内的范围中,约480垧,全是下等地。

未耕可耕地也都是下等地,约有960垧。

(3)耕种面积和产量

作物类别	耕种面积(垧)	每垧产量(石)	总产量(石)	摘要
大豆	19.2	1.3	24.96	
高粱	144.0	1.8	259.20	
粟	168.0	2.0	336.00	

续表

作物类别	耕种面积(垧)	每垧产量(石)	总产量(石)	摘要
黍	33.6	1.5	50.40	
荞麦	72.0	1.5	108.00	
蓖麻	19.2	1.0	19.20	
绿豆	14.4	0.6	86.40	
其他	9.6	—	—	
合计	480.0			

(4)土质

本村庄一带的耕地是沙质壤土,属于下等地中地力比较良好的。

(5)租税

耕地都是下等地,每垧地的租税是40钱。

另外在贩卖谷类时,要征收作为粮谷税的公捐2分、税捐5厘。也就是说,谷类售价10圆的情况下,征收公捐20钱、税捐5钱,共计25钱。

(6)佃耕惯例

收成均分,麦秆之类的归地主所有。

(7)水井及农具

本村庄有水井5眼、犁杖24台、碾子5个、大车6台。

(8)农产物市价

谷类都是运到通辽贩卖,故下表所示的是通辽市街粮食供销社的购买价格。

谷物类别	11月			12月			1月			摘要
	上旬	中旬	下旬	上旬	中旬	下旬	上旬	中旬	下旬	
高粱	1.20	1.21	1.12	1.00	1.16	1.14	1.20	1.28	1.30	
大豆	1.69	1.69	1.62	1.58	1.65	1.60	1.70	1.75	1.80	
莫石豆	1.45	1.41	1.37	1.36	1.43	1.39	1.40	1.50	1.60	
绿豆	2.00	2.00	2.00	1.91	2.00	2.02	2.00	2.00	2.00	
粟	1.05	1.08	1.10	0.95	1.12	1.04	1.15	1.20	1.25	
玉蜀黍	1.04	1.03	0.92	0.85	0.95	0.95	1.00	1.00	1.00	
荞麦	0.98	0.95	0.91	0.80	0.89	0.94	0.95	0.95	0.95	
黍	1.04	1.05	1.00	0.95	1.00	1.00	1.05	1.10	1.10	
蓖麻	1.74	1.70	1.68	1.40	1.60	1.82	1.85	1.90	1.90	
大麻	1.13	1.00	1.00	0.94	0.95	0.95	0.96	0.96	0.96	

续表

谷物类别	11月			12月			1月			摘要
	上旬	中旬	下旬	上旬	中旬	下旬	上旬	中旬	下旬	
小豆	1.60	1.51	1.50	1.45	1.50	1.50	1.70	1.70	1.70	

备注:所示的是每斗谷类的单价。

(9)每垧收支结算

	作物名		大豆	高粱	粟	黍
收入	果实	数量(斗)	12	18	20	15
		单价	1.48	0.90	0.85	0.85
		金额	19.24	16.20	17.00	12.75
	茎秆	数量	2车	1,200束	700斤	3车
		单价	0.80	100束0.50	100斤0.50	0.50
		金额	1.60	6.00	3.50	1.50
	总计		20.84	22.20	20.50	14.25
支出	种苗费	数量(斗)	1.00	0.03	0.02	0.03
		单价	1.40	0.90	0.80	0.85
		金额	1.40	0.27	0.16	0.26
	肥料费		—	—	—	—
	劳役费	数量				
		单价				
		金额	8.32	9.08	9.25	7.64
	总计		9.72	9.35	9.41	7.90
差额			11.12	12.85	11.09	6.35

备注:①不需要肥料费。

②劳役费的结算根据依照下表(每垧地)。

作业类别	摘要	大豆	高粱	粟	黍	备注
播种	2个人、3头牛、1台犁杖,每日1.5垧	1.50	1.50	1.50	1.50	
培土	同上,每日2.0垧	1.00	1.00	1.00	—	
除草	一年2次,每人每天50钱	3.50	3.50	3.50	3.50	
加工收获	每匹马每日1圆,每人每天50钱	1.18	1.50	1.50	1.33	

续表

作业类别	摘要	大豆	高粱	粟	黍	备注
搬运收成	一车装4石运到通辽,3圆50钱	1.14	1.14	1.14	1.14	
合计		8.32	8.64	8.64	7.47	

(10)耕作方法

各种作物的畦宽都是44厘米,除草2次,培土1次,黍和荞麦一般不培土。

甸子里的耕地持续每年耕种,丘陵上的耕地则因为多沙害而在耕作2—3年后就得放弃耕种。

(11)草药采集状况

附近原野上有很多野生甘草,沙丘上有很多野生麻黄草,眼下正不断禁止采摘。

(12)农业劳动力

主要是自家劳力。只在有时收成好且杂草特多时,才会偶尔从通辽雇佣临时工。临时工按月雇佣,月工资15圆左右。

(13)其他

耕地一般很少有旱灾、水灾。

度量衡全都和通辽市街是一样的。

4.畜产情况

(1)家畜数量

家畜	成年家畜				仔畜				合计	摘要
	母	公	阉割	合计	母	公	阉割	合计		
牛	40	2	20	62				20	82	
马	2	3	3	8					8	
绵羊	11		1	12				8	20	
山羊	14			14				10	24	
猪	10	2		12				60	72	
驴	20	15		35				11	46	
合计	97	22	24	143				109	252	

(2)饲养管理

牛关在小土墙和芦草围成的牛圈里,使役时喂苞米、黄豆和羊草,休养时放牧;马、驴关在马棚里,使役时喂给高粱、谷草,休养时除了喂高粱、谷草外,还要放牧;绵羊和山羊圈在芦草搭的羊圈里,主要是放牧;给猪喂的是糠。

(3)家畜饮用水

干活的家畜每日饮井水2次,其他家畜是每日1次。水量并不充沛,井深4.5米,水深0.6米,水呈弱碱性。

(4)卫生

屡次爆发猪瘟和牛肺疫,眼下猪瘟还正在流行蔓延中。另外还有畜牛的瘦削死、子宫脱,夏季里绵羊的下痢症和犊下痢等疾病。

(5)牧场

放牧使用的是到村庄东南方3华里左右的范围。牧草生长良好,每垧地可收干草约2,000斤。

(6)畜产经济

和前面提到的东敖奔台的情况一样。

(7)畜产物贸易

生产的羊毛和山羊毛全都供自家使用,被屠宰掉和病死的绵羊山羊的毛皮,大半被卖掉,平均每张卖价1圆20钱。

另外卖掉2—3张畜牛皮。

贩卖地都是在通辽。

5.现金收支概况

姓“那须那”的一户人家里,有成年男性3人、女性2人和2个孩子,有20垧地,其中有14垧地租给佃农耕种。现将这户人家的现金收支概况表述如下:

收入项目	数量(斗)	单价(圆)	金额(圆)	摘要
高粱	45	0.90	40.50	
大豆	25	1.48	37.00	
蓖麻	10	1.30	13.00	
合计	80		90.50	

备注:另外再除去自家一年的消费量,未卖掉的谷物还有35斗。

支出项目	数量(垧)	单价(圆)	金额(圆)	摘要
租税	20	0.40	8.00	
附记生活必需品			77.00	参照下表
喇嘛(赠送)			4.00	
医药费			3.00	
农具类			12.00	
合计			104.00	

品名	数量	单价	金额(圆)	摘要
衣服类			30.00	
食物类			35.00	白面、盐和其他都是在过年时购入大半
什器			8.00	
其他			4.00	火柴、线香、其他
合计			77.00	

6.交通

本村庄距通辽80华里,购买日用品及贩卖农畜产物主要是与通辽往来。

五、西敖奔台

1.地势

本村庄地势非常平坦,只有南边是丘陵。

2.户口

(1)户数

房屋样式	蒙古人	汉人	合计	摘要
蒙古包	—	—	—	
中式	36	—	36	
总计	36	—	36	

备注:①含外旗人18户。

②房子有土围墙的人家3户。

③房屋全都是土砌平房,本村庄共计约有50间房屋。

(2)人口

性别	蒙古人		汉人		合计	摘要
	成人	儿童	成人	儿童		
男	70	35	—	—	105	
女	40	35	—	—	75	
合计	110	70	—	—	180	

备注:有10人通晓满语。

3.交通

本村庄距通辽80华里、距敖奔台15华里、距木头营子7华里,农畜产品贩卖及日用品购买都是与通辽往来。

4.农业情况

(1)农户数

自耕农 20 户,佃农 16 户,共计人家 36 户。

(2)可耕地

已耕地多分布在南边 5 华里的范围内,约 400 垧,均属下等地。

(3)耕种面积及产量

作物种类	耕种面积(垧)	每垧产量(石)	总产量(石)	摘要
黄豆	12.0	0.8	96.0	
高粱	100.0	1.3	130.0	
粟	100.0	1.5	150.0	
黍	80.0	1.0	80.0	
荞麦	32.0	0.8	25.6	
蓖麻	28.0	0.7	19.6	
苏子	12.0	0.5	6.0	
玉米	8.0	1.0	8.0	
其他	28.0	—	—	
计	400.0		515.2	

(4)土质

本村庄一带的耕地是壤质沙土,均属下等地,地力贫瘠。

(5)租税

本旗人每垧耕地交租税 40 钱,外旗人则是交谷物类 2 斗和票钱 20 钱。

(6)佃耕惯例

米粒子类和地主平分,稻草秆全部归地主所有。

(7)水井及农具

本村庄中有水井 4 眼、犁杖 20 张、碾子 6 个、大车 4 辆。

(8)耕作方法

虽然使用的农具与接近通辽县的满人农户相同,但耕作方法比之较为粗放。

(9)药草采集情况

附近原野有很多野生的甘草、麻黄草、大飞燕草。

(10)其他

耕地很少受水旱灾害。

5.畜产情况

(1)家畜数量

家畜	成年家畜				仔畜				合计	摘要
	母	公	阉割	合计	母	公	阉割	合计		
牛	10	1	20	31				9	40	
马	2		2	4					4	
绵羊	3	1		4				2	6	
山羊	4	1		5				2	7	
猪	6			6				20	26	
驴	25	15		40				12	52	
合计	50	18	22	90				45	135	

(2)饲养管理

家畜都没有畜舍,牛在役使时候喂羊草和谷草,休养时放牧;马和驴役使时候喂高粱和谷草,休养时除了喂谷草外还要放牧;绵羊山羊主要是进行放牧;给猪喂的是糠。

(3)家畜饮用水

本村庄东边约3华里处有一个水深0.7米的较大的水泡子。水井深4米、水深0.6米,水呈弱碱性,水量不充足,家畜每日饮水1次。

(4)卫生

刚入今年就猪瘟盛行,死亡成年猪20头、小猪仔40头,此外去年夏天仅有2头驴因为衰老和肺炎死亡。

(5)牧场

放牧是在村庄北边2华里左右的范围内,牧草生长状况一般,每垧地可收干草约1,400斤。

(6)畜产物贸易

贸易地在通辽县。去年卖驴皮1张(1圆50钱)及驴数头。

屠宰阉羊两三只供自家用,绵羊毛和山羊毛全都用于自家消费。

六、东毛头营子

1.地势

本村庄地势非常平坦,只在南边是丘陵。

2.户口

(1)户数

房屋样式	蒙古人	汉人	合计	摘要
蒙古包	—	—	—	

续表

房屋样式	蒙古人	汉人	合计	摘要
中式	30	—	30	
合计	30	—	30	

备注:①含外旗人 18 户。
②房子围有土墙的人家有 10 户。
③房屋都是土平房。

(2)人口

性别	蒙古人		汉人		合计	摘要
	成人	儿童	成人	儿童		
男	50	30	—	—	80	
女	45	35	—	—	80	
合计	95	65	—	—	160	

备注:懂满语者很多。

3.农业情况

(1)农户数

自耕农 22 户,佃农 8 户,共计 30 户。

(2)可耕地

已耕地分布在东南部 6 华里以内,约 450 垧,均属下等地。

未耕可耕地比已耕地的地力稍显低劣但面积是其数倍。

(3)耕种面积及产量

作物种类	耕种面积(垧)	每垧产量(石)	总产量(石)	摘要
大豆	22.5	1.0	22.5	
高粱	135.5	2.0	270.0	
粟米	112.5	2.0	225.0	
黍米	72.0	1.0	72.0	
荞麦	54.0	1.0	54.0	
蓖麻	9.0	1.2	10.8	
玉米	13.5	1.3	17.55	
其他	31.5	—	—	
计	450.0			

(4)土质

耕地是壤质沙土和沙质壤土,土层较厚。

(5)租税

耕地都是下等地,本旗人每垧缴纳租税40钱,外旗人需交谷类2斗外加票钱15钱。

(6)佃耕惯例

收成均分,稻草秆之类的归地主所有。

(7)水井及农具

本村庄内有水井4眼、犁杖25台、碾子5个、大车7辆。

(8)耕作方法

本村庄不对土地进行施肥,而是每过两三年变换一次耕地,但良田可以连续耕种十多年。

(9)药草采集情况

附近原野有野生的甘草、麻黄草和其他草药,但现在无人采集。

(10)其他

没有值得特别记载的水害。

4.畜产业情况

(1)家畜数量

家畜	成年家畜				仔畜				合计	摘要
	公	母	阉割	合计	公	母	阉割	合计		
牛	15		25	40				10	50	
马	4		3	7					7	
猪	10	3		13				40	53	
驴	20	15		35				13	48	
合计	49	18	28	95				63	158	

(2)饲养管理

畜舍只有1个用小土墙围成的牛圈,牛在使役时喂黑豆、散米子及羊草,休息时放牧;马和驴在使役时喂高粱、谷草,休息时喂谷草和放牧;给猪喂的是糠和谷类,并且也实行放牧。

(3)家畜饮用水

家畜每日饮井水2次。水量充足,井深3.3米,水深1.3米,水呈弱碱性。

(4)卫生

去年夏季至秋季猪瘟流行,死亡家畜约40头。另外每年因牛肺病死亡家畜一两头。此外,消化器官疾病及蝇蛆症也有发生,但没有家畜因此死亡。

(5)牧场

牧场范围是村庄南边2华里以内,草种有羊草、狗尾草等,每垧地可收干草1,500斤。

(6)畜产经济

从10月至来年5月中旬,一头牛大约可生产牛粪3车。牛粪主要用作自家燃料,偶尔也会在当地居民间交换谷物。这时候一车牛粪大约估价50钱到80钱。

畜舍设备费是:能关20头牛左右的牛圈1个,大约2圆50钱。

家畜管理费是:在集体放牧的情况下,从阴历五月一日至九月三十日这5个月间,阉牛每头付谷类半斗和精白米1升,母牛每头付谷类1斗和精白米1升。其他家畜也是同样标准,但未满一岁的幼畜则不需交管理费。

七、前毛头营子

1.地势

本村庄东部是甸子地,南部及西部是丘陵,北部约5华里外是丘陵地带。

2.户口

(1)户数

房屋样式	蒙古人	汉人	合计	摘要
蒙古包	—	—	—	
中式	24	—	24	
合计	24	—	24	

备注:①含外旗人5户。

②房子围有土墙的人家有1户,围有小土壁的人家有13户。

③房屋大都是土平房。

(2)人口

性别	蒙古人		汉人		合计	摘要
	成人	儿童	成人	儿童		
男	70	55	—	—	125	
女	70	45	—	—	115	
合计	140	100	—	—	240	

备注:通晓满语者很多。

3.交通

本村庄距离通辽80里,农产物贩卖和日用品购买都是在通辽进行。

4.农业情况

(1)农户数

自耕农14户,佃农10户,共24户。

(2)可耕地

既耕土地分布在南方及北方5华里以内,约280垧。

(3)耕种面积及产量

作物种类	耕种面积(垧)	每垧产量(石)	总产量(石)	摘要
大豆	8.4	1.0	8.4	
高粱	84.0	1.5	126.0	
粟	70.0	1.5	105.0	
黍	56.0	0.9	50.4	
荞麦	42.0	0.7	29.4	
蓖麻	5.6	0.7	3.9	
玉米	5.6	0.8	4.5	
其他	8.4			
合计	280.0			

(4)租税

耕地都是下等地,本旗人每垧交租税40钱。

(5)佃耕惯例

收成均分,稻草秆之类的归地主所有。

(6)水井及农具

本村庄内有水井3眼、犁杖14张、碾子4个、大车10辆。

(7)耕作方法

农耕地中比较肥沃的土地会连续耕种约10年。

(8)药草采集情况

附近原野有很多野生的甘草。

5.畜产情况

(1)家畜数量

家畜	成年家畜				仔畜				合计	摘要
	公	母	阉割	合计	公	母	阉割	合计		
牛	30	1	20	51				20	71	
马	3		4	7				3	10	
绵羊	13	1		14				9	23	
山羊	4	1		5				3	8	
猪	7	1		8				45	53	

续表

家畜	成年家畜				仔畜				合计	摘要
	公	母	阉割	合计	公	母	阉割	合计		
驴	30	10		40				15	55	
骡	1		2	3					3	
合计	88	14	26	128				95	223	

(2)饲养管理

公牛、母牛关在小土壁围成的牛圈里,阉牛养在院子一隅,使役时每头牛喂黑豆2合、高粱2合、散米子2合、羊草或谷草7斤,休养时进行放牧;马和骡子收容在没有屋盖的马棚里,驴拴在院子里,使役时每匹马和骡子喂高粱1升、黑豆4合、谷草7斤,驴在役使时喂玉米或高粱5合、谷草3—4斤,休养时进行放牧;绵羊和山羊收容在芦草围成的羊圈里,主要是放牧;猪收容在与主房搭连而建的猪圈里,喂的是糠和谷类。

(3)家畜饮用水

家畜每日饮井水2次,井深3.6米,水深0.6米,水呈弱碱性,水量充沛。

(4)卫生

今年流行猪瘟,导致家畜死亡30余头。此外也发生少数牛肺疫。另外也有犊下痢和急性鼓胀症等疾病。

(5)牧场

牧场在本村庄四周2华里左右的范围内,牧草生长状况一般,但丘陵地带稍显疏落。

(6)畜产经济

饲料的价格(每斗)是:高粱1圆10钱,散米子90钱,玉米90钱,黑豆1圆20钱,谷草100斤40钱,羊草100斤20钱。

牛粪被用作燃料,平均每户需要3—4车。

畜舍设备费为:能容纳20头牛的一个牛圈,费用2圆;能容纳30只羊的羊圈一个,2圆左右。

在家畜管理方面,畜牛的管理和前面提到的东毛头营子采取同样的方法,实行集体放牧,但绵羊和山羊都是靠自家劳力进行管理。

(7)畜产物贸易

去年在通辽县卖出驴5—6头、绵羊和山羊皮5—6张、畜牛皮8—9张。全部畜产物中半数用来贩卖,半数供作自家使用。屠宰绵羊和山羊5—6只供自家用。

(8)其他

耕作时不仅役使阉牛,也使用母牛,但母牛的劳作天数大约是阉牛的1/2。

八、西毛头营子

1.地势

本村庄一带都很平坦,只有东边是丘陵。

2.户口

(1)户数

房屋样式	蒙古人	汉人	合计	摘要
蒙古包	—	—	—	
中式	48	—	48	
合计	48	—	48	

备注:①含外旗人33户。

②房屋围有土墙院子的人家有6户。

③房屋都是土平房。

(2)人口

性别	蒙古人		汉人		合计	摘要
	成人	儿童	成人	儿童		
男	170	75	—	—	245	
女	150	65	—	—	215	
合计	320	140	—	—	460	

备注:有1/3的男子懂满语。

3.交通

本村庄距离通辽80多华里,农产物贩卖及日用品购买都是与通辽往来。

4.农业情况

(1)农户数

自耕农20户,佃农28户,共计48户。

(2)可耕地

已耕地散落在村庄四周10华里的范围内,约400垧。

未耕可耕地有400到800垧。

(3)耕种面积及产量

作物种类	耕种面积(垧)	每垧产量(石)	总产量(石)	摘要
大豆	20.0	1.0	20.0	
高粱	140.0	2.0	280.0	

续表

作物种类	耕种面积(垧)	每垧产量(石)	总产量(石)	摘要
粟	80.0	2.0	160.0	
黍	60.0	1.0	60.0	
荞麦	40.0	0.9	36.0	
绿豆	16.0	0.8	12.8	
蓖麻	20.0	0.8	16.0	
玉米	16.0	1.5	24.0	
其他	8.0	—	—	
计	400.0			

(4)土质

本村庄一带的耕地主要是沙质壤土,地力比较良好。

(5)租税

耕地都是下等地,本旗人每垧地交租税 40 钱,外旗人交谷类 2 斗及票钱 15 钱。

(6)水井及农具

本村庄内有水井 3 眼、犁杖 200 张、碾子 5 个、大车 9 辆。

(7)耕作方法

甸子里的耕地每年持续耕种,丘陵上的耕地因多沙害而只能耕种数年。

各种作物均不施肥,畦宽都是 44 厘米。

(8)其他

附近原野有很多野生的甘草。

5.畜产情况

(1)家畜数量

家畜	成年家畜				幼年家畜				合计	摘要
	公	母	阉割	合计	公	母	阉割	合计		
牛	13		25	38				9	47	
马	1			1					1	
猪	8			8				55	63	
驴	25	18		43				11	54	
合计	47	18	25	90				75	165	

(2)饲养管理

牛收容在用小土壁围成的牛圈里,牛在役使时喂黑豆、羊草,休养时进行放牧;马和驴役使时喂养高粱、谷草,休养时进行放牧;给猪喂的是谷类和糠。

(3)家畜饮用水

家畜每日饮水2次。井深3米,水深1.2米,水呈弱碱性,水量充足。另外本村庄北边2华里的地方有个小水泡子。

(4)卫生

目前正流行猪瘟。

(5)牧场

牧场在东北边2华里地的范围内。

(6)畜牧业经济

牛粪被用作燃料,平均每户需要3车。

家畜实行共同放牧,由村庄里的人轮流放牧。

(7)畜产物贸易

去年在通辽卖掉驴数头。

(8)其他

耕作时不仅役使阉牛,还使用母牛进行劳作。

九、东苏各营子

1.地势

本村庄就像它的地名——苏各的底部——那样,是低洼地,四周都是丘陵。

2.户口

(1)户数

房屋样式	蒙古人	汉人	合计	摘要
蒙古包	—	—	—	
中国式	10	—	10	
合计	10	—	10	

备注:①房屋围有土墙的人家1户。

②房屋都是土平房,总建筑面积大约20间房子。

(2)人口

性别	蒙古人		汉人		合计	摘要
	成人	儿童	成人	儿童		
男	18	11	—	—	29	
女	12	12	—	—	24	
计	30	23	—	—	53	

备注:有1人通晓满语。

3.交通

本村庄距离通辽90华里、距西苏各营子15华里，日用品购买和其他买卖都是在通辽进行。

4.农业状况

(1)农户数

自耕农4户，佃农6户，总共10户。

(2)可耕地

已耕地分布在村庄东南边及西北边二三华里之间，约有80垧。

未耕可耕地约160垧。

(3)耕种面积及产量

作物种类	耕种面积(垧)	每垧产量(石)	总产量(石)	摘要
大豆	4.8	1.0	4.8	
高粱	24.0	2.0	48.0	
粟	20.0	2.0	40.0	
黍	14.4	1.3	18.72	
荞麦	9.6	1.1	10.56	
蓖麻	2.4	1.0	2.4	
绿豆	3.2	0.7	2.24	
其他	1.6	—	—	
计	80.0			

(4)土质

耕地因为相对地在丘陵地带较多，碱性不强。甸子地土壤碱性强。

(5)租税

耕地都属下等地，租税为每垧40钱。

(6)水井及农具

本村庄内有水井3眼、犁杖4张、碾子3个、大车3辆。

(7)佃耕惯例

收成均分，稻草秆之类的归东家所有。

(8)耕作方法

耕地较多在丘陵地带，所以容易遭沙害，每耕种2—3年更换一次土地。

(9)药草采集状况

附近沙丘上野生的麻黄草长得非常繁茂，但尚未有人采摘。

(10)其他

很多甸子地在雨季会积滞雨水。丘陵上的耕地多旱灾。甸子里野生苇草长势繁茂。

5.畜产情况

(1)家畜数量

家畜	成年家畜				仔畜				合计	摘要
	公	母	阉割	合计	公	母	阉割	合计		
牛	15	1	14	30				10	40	
马	1			1					1	
猪	7		4	11				29	40	
驴	13	5		18				7	25	
合计	36	6	18	60				46	106	

(2)饲养管理

牛收容在小土墙围成的圆形牛圈里,使役时候喂黑豆、羊草,休养时进行放牧;牛犊收容在特别用扁笆搭成的犊舍里;马和驴在役使时喂高粱、谷草,休养时除了喂高粱、谷草以外还进行放牧;给猪喂的是糠之类的东西。

(3)家畜饮用水

井深5.4米、水深0.6米,水质呈强碱性,水量充足。

(4)卫生

因此次猪瘟流行而导致死亡家畜60余头,此外在夏天有两三头家畜因下痢症死亡。

(5)牧场

牧场范围在村庄四周2—3华里以内,放牧主要是在北边丘陵地带。甸子地里95%是羊草,丘陵地带90%是狗尾草,牧草生长稀落,每垧地可收干草1,000斤左右。

(6)畜产经济

主要用野生芦草做燃料。平均每户人家只能用牛粪2—3车。

家畜设备费为:能容纳30头牛的牛圈一个,2圆40钱;

能容纳5头牛犊的犊舍一个,1圆50钱。

家畜管理是实行共同放牧。雇佣一个牧童,牲口的主人时不时地来监督放牧情况,牧童的年纪是13岁,每10个月得报酬15圆,不需承担家畜死亡丢失的责任。

(7)其他

没有贩卖畜产物。

十、腰拉毛头

1.地势

本村庄一带地势极其平坦,南边约3华里处是丘陵。

2.户口

(1)户数

房屋样式	蒙古人	汉人	合计	摘要
蒙古包	—	—	—	
中国式	405	—	405	
合计	405	—	405	

备注:①含外旗人83户。

②房屋都是土平房,合计约500间。

(2)人口

家畜	蒙古人		汉人		合计	摘要
	成人	儿童	成人	儿童		
男	800	460	—	—	1,260	
女	600	450	—	—	1,050	
合计	1,400	910	—	—	2,310	

备注:①男子都懂满语。

②25%的人有**。

3.交通

本村庄距离通辽100华里、距大林120华里,农畜产品贩卖和日用品购买和其他买卖活动主要是在通辽县进行,只有10%是在大林。

4.农业情况

(1)农户数

自耕农120户,佃农225户,农业劳动者30户,共计405户。

(2)可耕地

已耕地散落在村庄四周,约3,700垧,未耕的可耕地约300垧。

(3)耕种面积及产量

作物种类	耕种面积(垧)	每垧产量(石)	总产量(石)	摘要
大豆	1,000	1.8	1,800	
高粱	1,200	3.5	4,200	
粟	600	3.5	2,100	
黍	250	1.5	375	
荞麦	300	1.5	450	

续表

作物种类	耕种面积(垧)	每垧产量(石)	总产量(石)	摘要
玉米	100	3.0	300	
蓖麻	50	2.5	125	
其他	200	—	—	
计	3,700			

(4)土质

本村庄一带和新开河流域一样,都拥有第五区中最肥沃的耕地。3,700 垧已耕地中有 1/4 属于中上等地、2/4 属于中等地、1/4 属于下等地,土质以沙质壤土为主,另外也有植质壤土、壤质沙土等。

(5)租税

本旗人每垧上等地交租税 1 圆 20 钱、中等地交 80 钱、下等地 40 钱;外旗人每垧上等地交谷类 1 石、中等地交谷类 8 斗、下等地交谷类 6 斗、沙丘地交谷类 2.5 斗及票钱 20 钱。

(6)佃耕惯例

收成均分,稻草秆之类的归东家所有。

(7)耕作方法

都是采用豁种的播种方法,畦宽 42—45 厘米,除草 2—3 次,培土 1 次,不施肥。

比较特殊的农具是覆土时使用的小盖楂子。

(8)水井及农具

本村庄内有水井 27 眼、犁杖 185 张、碾子 23 个、大车 32 辆。

(9)农业劳力

本村庄内的农业劳力可以自足。只有在收成很好且杂草生长繁茂时才偶尔从通辽方面雇佣临时工,临时工主要是按月雇佣,每月 15 圆左右。

(10)金融

本村庄内没有特别设置金融机构,金融活动也仅是从熟人和通辽的粮食供销社那里进行信贷而已,每月 3 分到 5 分的利钱,佃农向东家借谷类则要付 3 分左右的利钱。

(11)农产物贸易

农产品的贩卖地 90%都在通辽,10%在大林。

每年的交易时间主要集中在 11 月至 12 月这两个月间,用大车进行搬运。

(12)药草

附近原野有野生的甘草、麻黄草、大飞燕草等,但无人采集。

(13)其他

本村庄内的佃农都是外来户(原词是“外青”)。

农耕地在春季常遭受旱灾。

5.畜产情况

(1)家畜数量

家畜	成年家畜				仔畜				合计
	公	母	阉割	合计	公	母	阉割	合计	
牛	80	2	40	123				30	152
马	40	2	80	122				10	132
绵羊	200	12	80	292				80	372
山羊	15	2	4	21				8	29
猪	250	15	50	315				1,000	1,315
驴	120	50		170				80	250
骡	10		8	18					18
合计	715	83	262	1,060				1,208	2,268

(2)家畜管理

牛收容在用小土墙和苇草搭成的牛圈里,使役时每头牛喂莫石豆3合、散米子2合、谷草7斤,休养时进行放牧;马、驴及骡子拴在马棚或院子里,役使时每头骡子和马喂高粱1升、黑豆5合、谷草7斤,每头驴喂高粱5合、谷草3斤,休养时都只喂高粱,同时也进行放牧;绵羊和山羊收容在差挂式羊圈里,主要是放牧,但对分娩的羊可以喂少量高粱和麸子;猪被关在小土墙围成的猪圈里,喂的是糠和残渣。

(3)家畜饮用水

井深3米,水深0.5米,水质呈弱碱性,水量不充沛。

(4)卫生

鼻疽、炭疽、牛肺疫、猪瘟等疫情屡屡发生,特别是去年因猪瘟流行导致死亡家畜100头左右。眼下猪瘟也正在流行蔓延中。

另外疥癣、下痢症、日射病、急性鼓胀症、疝痛等疾病也有发生。去年因这些疾病而死亡的家畜有10头牛、45匹马、5头驴、15只绵羊山羊(生产时死掉的羊崽除外)、100头猪。

(5)牧场

家畜的放牧范围在南边丘陵地带的4华里以内、北部2华里地内。这些地方牧草生长良好,草种有羊草、狗尾草、犬茅等,每垧地可收干草2,000斤。

(6)畜产经济

饲料的价格(每斗)是:高粱1圆10钱,莫石豆1圆,黄豆1圆40钱,黑豆1圆,谷子1圆,散米子1圆10钱,谷草100斤50钱,草100斤20到25钱。

每头牛每年可产牛粪1车,用作燃料。1车牛粪的是80钱。

畜舍设备费为:能收容30余头的牛圈一个,9圆左右(小工12人,每人50钱,共计6圆;苇草3车,每车1圆,共3圆;合计9圆);建在院中、长5丈、前面用苇草搭成、搭连一间主房的羊圈一个,大约12圆;能收容4—6匹马的马棚一个,16圆左右(马槽子6圆、房子10圆,共计16圆),但公马收容在4尺高的小土壁围成的4丈平方大的马棚里,这种的建筑费是13圆左右。

家畜管理费为:马实行共同放牧,放牧时间为5月至10月或11月的5—6个月间,每匹马要支付1圆到1圆50钱,一个牧夫能管理50匹马左右;牛也实行共同放牧,时间为10个月到1年,每头成年牛需付谷类1斗至1斗2升及现金30钱,未满2岁的仔牛不需要报酬;绵羊山羊也和前两者一样实行共同放牧,雇佣牧童和牧夫两个人管理,报酬大多是包伙食牧夫每年为75圆、牧童为25圆,秋天时候还会用谷类支付;其他的家畜全都靠自家管理。

(7)畜产贸易

畜产品的交易大部分都是在通辽进行,有少数是拿到钱家店贩卖或是和从通辽及平齐县衙门台来的汉人贩子进行物物交换。

去年全年本村庄卖出牛皮8张(每张3圆50钱)、绵羊山羊皮30张(每张80钱至1圆)、驴皮5张(每张1圆20钱)、马皮3张(每张2圆50钱)、绵羊山羊毛600斤(绵羊毛每斤26钱、山羊毛每斤20钱),另外还卖掉10余头驴。

绵羊每年剪毛2次,一只羊平均产毛2斤左右,山羊每年剪毛1次,每只羊平均产毛1斤左右,产毛总量为700余斤,自家消费100多斤,剩下的拿出去卖掉。

去年屠宰了绵羊山羊20只左右供自家用。

前年庄稼歉收时卖掉了2/3的驴,据说是换成了粮食。

十一、后他拉营子

1.地势

北部整体稍高,南边逐渐变低。

2.户口

(1)户数

房屋样式	蒙古人	汉人	合计	摘要
蒙古包	—	—	—	
中式	21	—	21	
合计	21	—	21	

备注:①含外旗人4户。

②房屋围有土墙的人家有4户。

③房屋都是土平房,总计约40间。

(2)人口

性别	蒙古人		汉人		合计	摘要
	成人	儿童	成人	儿童		
男	84	71	—	—	155	
女	70	71	—	—	141	
合计	154	142	—	—	296	

3.交通

农产品贩卖及日用品购买有60%是在通辽进行,40%在大林进行。

4.农业情况

(1)农户数

自耕农17户,佃农[①]

(2)可耕地

已耕地散布在村庄四周半径5—6华里的范围以内,约600垧;中等地200垧,下等地400垧。

(3)耕种面积及产量

作物种类	耕种面积(垧)	每垧产量(石)	总产量(石)	摘要
大豆	90.0	2.0	180.0	
高粱	150.0	2.0	300.0	
粟	150.0	2.5	375.0	
黍	90.0	1.5	135.0	
荞麦	60.0	1.0	60.0	
玉米	24.0	1.5	36.0	
蓖麻	24.0	2.0	48.0	
其他	12.0	—	—	
计				

(4)土质

本村庄一带的耕地是壤质沙土,地力中等。

(5)租税

本旗人中等地每垧交租税80钱,下等地每垧交40钱。

① 译者注:原文有阙。

(6)耕作方法

各种作物的畦宽都是43厘米,除草2次、培土1次。

(7)水井及农具

本村庄内有水井3眼、犁杖20张、碾子7个、大车11辆。

5.家畜产业情况

(1)家畜数量

家畜	成年家畜				仔畜				合计	摘要
	公	母	阉割	合计	公	母	阉割	合计		
牛	30	2	25	57				20	77	
马	2			2					2	
绵羊	11	1		12				6	18	
猪	20	1	15	36				70	106	
驴	30	20		50				10	60	
合计	93	24	40	157				106	263	

(2)饲养管理

牛收容在土墙及苇草搭成的牛圈里,使役时喂散米子、莫石豆、羊草,休养时进行放牧;马和驴收容在马棚里或是拴在院子一角,使役时喂高粱、谷草,休养时进行放牧;绵羊收容在院子一角,主要是实行放牧;给猪喂的是糠之类的东西。

(3)家畜饮用水

井深3米、水深0.6米、直径1米左右。水质含碱性、水呈白色。每天中午家畜饮水1次,水量不足,傍晚缺水。

(4)卫生

今年因猪瘟流行而死亡家畜50余头,此外还发生有鼻疽、炭疽、牛肺疫等疾病。

另外也有急性鼓胀症、胃虫症、下痢症、撞伤#等疾病发生。

(5)牧场

位于南边的东西3华里长的甸子和前他拉营子南部的甸子可供放牧,距本村庄4华里左右的范围也用做牧场。这些地方的牧草生长情况整体一般。

(6)畜产经济

牛粪的使用量为平均每户每年5车左右。

除了绵羊靠自家管理外,其他家畜的管理费用都与腰拉毛头相同。

(7)畜产贸易

去年全年在通辽县卖出牛皮4张、驴皮及马皮4张、驴数头,羊毛全部用于自家消费。

十二、马尹各勒

1.地势

本村庄位于新开河流域,南边稍有些丘陵。

2.户数

房屋样式	蒙古人	汉人	合计	摘要
蒙古包	—	—	—	
中式	56	—	56	
合计	56	—	56	

备注:①含外旗人 20 户。

②房屋围有小土墙的人家有 12 户。

③房屋都是土平房,合计约 100 间。

人口

性别	蒙古人		汉人		合计	摘要
	成人	儿童	成人	儿童		
男	170	120	—	—	290	
女	120	110	—	—	230	
合计	290	230	—	—	520	

备注:有数人通晓满语。

3.交通

本村庄距离通辽 120 华里,距大林 120 华里,日用品购买和农产品贩卖主要是在通辽进行。

4.农业情况

(1)农户数

自耕农 26 户,佃农 30 户,共计 56 户。

(2)可耕地

已耕地多位于北边河岸,中等地 250 垧、下等地 500 垧,共计 750 垧。

(3)耕种面积及产量

作物种类	耕种面积(垧)	每垧产量(石)	总产量(石)	摘要
大豆	150.0	2.5	375.0	
高粱	225.0	3.0	675.0	
粟	150.0	3.0	450.0	

续表

作物种类	耕种面积(垧)	每垧产量(石)	总产量(石)	摘要
玉米	37.5	1.5	56.3	
黍	60.0	1.2	72.0	
蓖麻	15.0	2.0	30.0	
荞麦	37.5	1.2	45.0	
其他	75.0	—	—	
计	750.0			

(4)土质

本村庄的西北部是沙质壤土,南部是壤质沙土,土地肥沃。

(5)租税

本旗人中等地每垧交租税80钱,下等地交40钱;外旗人中等地每垧需交谷类8斗,下等地交谷类6斗外加票钱20钱。

(6)佃耕惯例

收成均分,稻草秆之类的归东家所有。

(7)耕作方法

各种作物的畦宽都是42—43厘米,除草2次、培土1次。春季太干燥时增加黍、荞麦的种植量,减少种植大豆、粟。

(8)水井及农具

本村庄内有水井6眼、犁杖30张、碾子6个、大车12辆。

5.畜产情况

(1)家畜数量

家畜	成年家畜				仔畜				合计	摘要
	母	公	阉割	合计	母	公	阉割	合计		
牛	48	2	30	80				40	120	
马	3		10	13				1	14	
猪	30	1	15	46				120	166	
驴	40	30		70				15	85	
骡子			2	2					2	
合计	121	33	57	211				176	387	

(2)饲养管理

牛收容在用土墙和苇草搭成的牛圈里,在役使时喂黑豆、玉米、羊草等,休养时进行放牧;

马、骡子和驴拴在院子里,役使时喂高粱,休养时进行放牧;猪收容在小土墙围成的猪圈里,喂的是糠之类的东西。

(3)卫生

目前正在流行猪瘟,另外狂犬病、牛肺疫等疾病也屡次发生,肺炎、急性鼓胀病、下痢症等疾病也不少。

(4)家畜饮用水

井深3—4米、水深0.5米、直径1.5米。水质含碱性,水呈白色,水量不充分。

北边2华里外是新开河。

(5)牧场

村庄四周都可以放牧,特别是在西南部放牧范围长达4华里。牧草生长状况和草质都很好,河岸地区的良田每垧地可收干草3,000斤左右。

(6)畜产经济

与前面提到的后他拉营子一样。

(7)畜产物贸易

交易地点基本上都是在通辽。去年贩卖牛皮2—3张、驴皮2张、驴数头。

生产的牛皮半数左右被卖掉,剩下的供自家使用。

十三、敖木罕茶敢

1.地势

本村庄与前面提到的马尹各勒相连,地势平坦,北部稍高有沙丘,南部是丘陵。

2.户口

(1)户数

房屋样式	蒙古人	汉人	合计	摘要
蒙古人	—	—	—	
中式	56	—	56	
合计	56	—	56	

备注:①含外旗人20户。

②房屋都是土平房,合计约85间。

(2)人口

性别	蒙古人		汉人		合计	摘要
	成人	儿童	成人	儿童		
男	85	58	—	—	143	
女	60	59	—	—	119	

续表

性别	蒙古人		汉人		合计	摘要
	成人	儿童	成人	儿童		
合计	145	117	—	—	262	

备注:大约10人通晓满语。

3.农业情况

(1)农户数

自耕农22户,佃农34户,共计56户。

(2)可耕地

已耕地多位于新开河岸,约240垧。

(3)耕种面积及产量

作物种类	耕种面积(垧)	每垧产量(石)	总产量(石)	摘要
大豆	36.0	2.5	90.0	
高粱	48.0	2.5	120.0	
粟	72.0	2.5	180.0	
玉米	10.0	2.0	20.0	
荞麦	24.0	1.5	36.0	
黍	12.0	1.5	18.0	
蓖麻	7.2	1.0	7.2	
大麻	9.2	1.0	9.2	
绿豆	4.8	0.6	2.9	
其他	16.8	—	—	
计	240.0			

(4)土质

耕地是壤质沙土,地力中等。

(5)租税

本旗人中等地每垧交80钱,下等地40钱;外旗人中等地每垧需交谷类8斗,下等地交谷类6斗外加票钱20钱。

(6)佃耕惯例

收成均分,稻草秆之类的归东家所有。

(7)耕作方法

各种作物的畦宽都是45厘米左右,除草2次、培土1—2次,第一次除草时顺便疏苗。

(8)水井及农具

本村庄内有水井4眼、犁杖12张、碾子4个、大车4辆。

4.畜产业情况

(1)家畜数量

家畜	成年家畜				仔畜				合计	摘要
	母	公	阉割	合计	母	公	阉割	合计		
牛	30	2	25	57				25	82	
马	5		18	23				4	27	
绵羊	25	1	3	29				16	45	
猪	8	1	5	14				35	49	
驴	15	20		35				10	45	
骡子	4		2	6					6	
合计	87	24	53	164				90	254	

(2)饲养管理

牛收容在用小土墙、苇草和柳条搭成的牛圈里,使役时喂黑豆、散米子、羊草等,休养时进行放牧;马、骡和驴拴在马棚和院子,使役时喂高粱、谷草,休养时除了喂这些饲料外还进行放牧;绵羊收容在柳条搭成的羊圈里,主要是放牧;给猪喂的是糠类和食物残渣。

(3)卫生

眼下猪瘟正在流行。急性鼓胀症、子宫脱等疾病也有发生。

(4)家畜饮用水

井深3—4米、水深1.3米,水含碱性、呈白色。家畜每日饮水2次,水量充足。北边4—5华里处是新开河流。

(5)牧场

牧场分布于村庄的四周,放牧范围为3华里左右。

(6)其他

北边沙丘里有小水沟,附近的小柳树枝叶茂盛。

十四、哈拉乌苏

1.地势

本村庄位于和腰苏吐及前他拉营子相连的甸子地里,南部是丘陵。

2.户口

(1)户数

房屋样式	蒙古人	汉人	合计	摘要
蒙古包	—	—	—	
中式	38	—	38	
合计	38	—	38	

备注:①含外旗人10户。

②房屋围有土墙的人家有7户,其中2户有炮"台。

③房屋都是土平房,共计70间。

(2)人口

性别	蒙古人		汉人		合计	摘要
	成人	儿童	成人	儿童		
男	71	20	—	—	91	
女	30	15	—	—	45	
合计	101	35	—	—	135	

备注:有10人通晓满语。

3.交通

本村庄距瓜毛头7华里,距东他拉营子12华里,距腰力毛头20华里,距通辽120华里,距大林110华里,与通辽往来最多。

4.农业情况

(1)农户数

自耕农18户,佃农20户,共计38户。

(2)可耕地

已耕地分布在村庄四周5华里左右的范围内,约360垧。

(3)耕种面积及产量

作物种类	耕种面积(垧)	每垧产量(石)	总产量(石)	摘要
大豆	36.0	1.5	54.0	
高粱	72.0	1.5	108.0	
粟	106.0	1.5	159.0	
黍	36.0	1.0	36.0	
玉米	18.0	1.2	21.6	

续表

作物种类	耕种面积(垧)	每垧产量(石)	总产量(石)	摘要
蓖麻	18.0	1.0	18.0	
大麻	10.8	0.9	9.7	
荞麦	25.2	1.0	25.2	
其他	38.0	—	—	
计	360.0			

(4)租税

耕地都是下等地,本旗人每垧地交租税35钱。

(5)佃耕惯例

收成均分,稻草秆之类的归东家所有。

(6)耕作方法

各种作物的畦宽都是45厘米。

前面所记的大豆中约有1/4是莫石豆,用作家畜饲料,栽种比较粗放。

(7)水井及农具

本村庄内有水井5眼、犁杖18张、碾子5个、大车9辆。

(8)农业劳力

作物收成良好且杂草繁茂时,有时会从通辽雇佣临时工。雇佣期间大概是夏季除草期的1个月,月工资15圆左右。

5.畜产情况

(1)家畜数量

家畜	成年家畜				仔畜				合计	摘要
	母	公	阉割	合计	母	公	阉割	合计		
牛	70	3	50	123				60	183	
马	5		10	15				2	17	
绵羊	30	1		32				15	47	
山羊	20	1		21				12	33	
猪	20	1		21				80	101	
驴	20	10		30				8	38	
骡	2			2					2	
合计	167	17	60	244				177	421	

(2)饲养管理

牛收容在小土墙和苇草围成的牛圈里,使役时喂散米子、黑豆、羊草,休养时进行放牧;马、驴、骡子拴在马棚里或屋外,使役时喂高粱、黑豆、谷草,休养时除喂高粱以外还进行放牧;绵羊山羊主要只进行放牧;给猪喂的是谷类和糠。

(3)卫生

因巴贝虫病的流行,去年夏天死亡7头2—4岁的牛。此外每年都有鼻疽、炭疽等疾病。其他如下痢症、口蹄疫、疝痛等疾病也发不少。

(4)家禽饮用水

家畜每日饮井水1—2次。井深2.5米、水深1米,水呈碱性,水量不充足。

(5)牧场

放牧主要是在村庄的西南方及北方3华里的范围内。

东南部的甸子地碱性强,牧草生长稀疏,但西北方的甸子牧草生长颇为良好。草种有羊草、狗尾巴草、犬茅等,每垧地可收干草2,500斤。

(6)畜产经济

同瓜毛头一样。

(7)畜产物贸易

每年和到这边来的通辽的贩子进行1—2次物物交换。去年只贩卖羊毛皮数张(单价80钱)和牛皮数张。

羊毛全供自家使用;牛皮半数供自家使用,半数卖掉。

十五、腰苏吐

1.地势

本村庄一带地势大都平坦,形成一个东西长3华里、南北长4华里的甸子。

2.户口

(1)户数

房屋样式	蒙古人	汉人	合计	摘要
蒙古包	—	—	—	
中式	20	—	20	
合计	20	—	20	

备注:①含外旗人3户。

②房屋是用小土墙围成的有3户

③房屋大都是土平房,合计约60间。

(2)人口

性别	蒙古人		汉人		合计	摘要
	成人	儿童	成人	儿童		
男	60	38			98	
女	30	32			62	
合计	90	70			160	

备注:没有懂满语的人。

3.交通

本村庄距通辽125华里,距哈拉乌苏3华里,距瓜拉毛头4华里,与通辽往来最多。

4.农业情况

(1)农户数

自耕农12户,佃户8户,共计20户。

(2)可耕地

已耕地分布在村庄四周七八华里以内的范围中,约240垧,都是下等地。

(3)耕种面积及产量

作物种类	耕种面积(垧)	每垧产量(石)	总产量(石)	摘要
大豆	24.0	1.0	24.0	
高粱	48.0	1.5	72.0	
粟	72.0	1.5	108.0	
黍	48.0	1.5	72.0	
荞麦	24.0	1.0	24.0	
其他	24.0	—	—	
计	240.0			

(4)租税

耕地都是下等地,本旗人每垧地交租税30钱。

(5)佃耕惯例

收成均分,稻草秆之类的归东家所有。

(6)水井及农具

本村庄内有水井8眼、犁杖12张、大车4台、碾子2个。

5.畜产情况

(1)家畜数量

家畜	成年家畜				仔畜	合计	摘要
	母	公	阉割	合计			
牛	50	3	40	93	27	120	
马	3		1	4	1	5	
绵羊	45	3	3	51	28	79	
山羊	50	4	8	62	35	97	
猪	8	1	3	12	60	72	
驴	20	10		30	16	46	
合计	176	21	55	252	167	419	

(2)饲养管理

牛收容在用小土墙及榆树搭成的牛圈里,使役时喂玉米、莫石豆、羊草,休息时进行放牧;马和驴拴在马棚里或户外,使役时喂高粱、谷草等,休息时进行放牧。绵羊和山羊主要是放牧,冬季喂羊草;给猪喂的是谷类和糠。

(3)卫生

去年因流行绵羊疥癣和猪瘟,各种家畜都死亡数头。另外急性鼓胀症、犊下痢等疾病也有发生。

(4)家畜饮用水

家畜每日饮井水1次。井深3.5米、水深0.6米,水含弱碱性、呈白色,水量不足,黄昏时缺水。

(5)牧场

主要是在南方的甸子里。土壤碱性强,土质贫瘠,牧草生长稀疏。草种主要是羊草。

(6)畜产经济

牛粪被用作燃料,平均每户需要3—4车(没有饲养畜牛的人家就从附近的牧场里拾牛粪)。

畜舍设备费和家畜管理费与瓜毛头相同。

(7)畜产物贸易

交易地都是在通辽。去年全年卖出绵羊山羊毛皮10张(单价1圆20钱)、牛皮3—4张、羊毛及山羊毛约100斤(山羊毛每斤15钱、绵羊毛每斤20钱)及老朽无用的牛数头。

自家消费的畜产品有绵羊山羊十五六只、绵羊山羊毛皮10张。

十六、瓜毛头

1.地势

本村庄位于距新开河流10华里的地方,小丘陵随处可见,比较平坦。

2.户口

(1)户数

房屋样式	蒙古人	汉人	合计	摘要
蒙古包	—	—	—	
中式	49	—	49	
合计	49	—	49	

备注:①含外旗人8户。

②房屋围有土墙的人家有5户。

(2)人口

性别	蒙古人		汉人		合计	摘要
	成人	儿童	成人	儿童		
男	140	60	—	—	200	
女	90	60	—	—	150	
合计	230	120	—	—	350	

备注:懂满语的人很多。

3.交通

本村庄距通辽120里,距大林120里,农产品买卖及日用品购买都是去通辽。

4.农业情况

(1)农户数

自耕农30户,佃农19户,共计49户。

(2)可耕地

已耕地分布在村庄四周6华里范围以内,约720垧,都属于下等地。

(3)耕种面积及产量

作物种类	耕种面积(垧)	每垧产量(石)	总产量(石)	摘要
大豆	66.0	1.5	99.0	
高粱	264.0	1.5	396.0	
粟米	264.0	1.5	396.0	

续表

作物种类	耕种面积(垧)	每垧产量(石)	总产量(石)	摘要
黍米	33.0	1.3	42.9	
荞麦	30.0	1.0	30.0	
蓖麻	30.0	1.2	36.0	
其他	33.0	—	—	包括约5垧的菜园子
计	720.0			

(4)租税

耕地都属下等地,本旗人每垧地交40钱。

(5)佃耕惯例

收成均分,稻草秆之类的归东家所有。

另外佃农向东家借用谷类的话,要付3分的利钱。借一头牛的话,一年要付谷物2.5石。

(6)耕作方法

普通耕作只需用2头成年牛拉着犁杖翻耕,开荒的话则需要4头牛拉着开荒犁翻土,一天可以开垦大约1垧地。

比较肥沃的耕地10—15年都连续耕种,沙丘上的耕地则在耕种数年后就弃耕。一般不进行施肥。

有一个大约5垧地大的菜园子,主要种白菜、葱,施的是有机肥。

(7)水井及农具

本村庄内有水井9眼、碾子8个、大车25辆。

(8)农产物的贸易

农产品都是运往通辽进行贩卖。下面所示的是通辽的市价。货物运送期一般是从10月下旬到来年1月上旬,这里显示的是11月下旬的市价(每斗的单价):

大豆1.62圆 高粱1.12圆 小豆1.50圆 蓖麻1.68圆

粟米1.10圆 荞麦0.91圆 玉米0.92圆 吉豆2.00圆 大麻1.00圆

粮谷税由通辽粮食供销社代替作为卖主的蒙古人承担,因此实际售价要比上表便宜10—15钱。

(9)药草采集状况

没有野生甘草。

5.畜产情况

(1)家畜数量

家畜	成年家畜				仔畜	合计	摘要
	母	公	阉割	合计			
牛	42	2	79	123	35	158	
马	25	9	25	59	13	72	
绵羊	53		2	55	20	75	
山羊	48	1	6	55	25	80	
猪	35	4	33	72	185	257	
驴	39	98		137	12	149	
骡	6		8	14		14	
骆驼	1	2		3		3	
合计	249	116	153	518	290	808	

另外还有满铁托管的羊 80 只。

(2)饲养管理

牛收容在小土墙或野榆树围成的牛圈里,使役时喂莫石豆、玉米、散米子、羊草、谷草,休养时主要进行放牧;马、驴及骡子拴在马棚里或屋外,使役时喂高粱、大豆渣、黑豆、谷草,休养时除了喂高粱、谷草外还进行放牧;绵羊和山羊收容在野榆树围成的羊圈里,主要是放牧,冬季时喂羊草;给猪喂的是谷类和糠。

(3)卫生

眼下猪瘟正流行,另外去年因鼻疽及炭疽死亡马 2 匹、驴 1 头,绵羊及畜牛因疥癣死亡数头。另外还因日射病、急性鼓胀症、外伤及犊下痢等疾病死亡畜牛 4—5 头、绵羊 2—3 只。

(4)家畜饮用水

家畜每日饮井水 1—2 次。井深 3 米、水深 1 米,水呈弱碱性,水量不充足。

(5)牧场

南方牧场东西长 2 华里、南北长 2 华里,北方牧场东西长 5 华里、南北长 3 华里,放牧主要是在南方牧场,放牧范围达八九华里,都到了后他拉营子西南边的甸子地。

牧草生长良好,甸子里多为羊草,丘陵上多为狗尾巴草。

(6)畜产经济

牛粪主要供作燃料。

畜舍建设费是:用小土墙围成的大约能收容 40 头牛的牛圈一个,8 圆左右,而用榆树板(冬季还要再铺上苇草)搭成的同样大的牛圈一个,要 25 圆;附带饲料槽的能容纳 4—5 匹马的马棚一个,25 圆,拴在屋外的话,能够供四五匹马使用的饲料槽和拴马桩等,也要 12 圆左右;

用榆树板(冬天还要再铺上苇草)搭建能够容纳50只的羊圈一个,15圆左右;用小土墙围成的搭连在主房上的可容纳10头猪左右的猪圈一个,3圆50钱。

家畜管理费是:每匹马5个月间付1圆50钱;绵羊山羊是雇佣牧夫共同放牧,一年65圆。

(7)畜产物贸易

交易地点都是在通辽。去年一年卖出马皮3张、驴皮2张、绵羊山羊皮10张及驴十四五头。

牛皮在通辽鞣软(鞣皮价格为2圆一张)后供自家使用。去年一年中有10余头绵羊山羊为自家屠宰,生产的皮毛半数供自家使用,半数进行贩卖。

十七、七家子

1.地势

本村庄一带地势大致平坦,只有南方是丘陵。

2.户口

(1)户数

房屋样式	蒙古人	汉人	合计	摘要
蒙古包	—	—	—	
中式	32	—	32	
合计	32	—	32	

备注:①含外旗人12户。

②房屋围有土墙的人家有3户。

③房屋都是土平房,总计约50间。

(2)人口

性别	蒙古人		汉人		合计	摘要
	成人	儿童	成人	儿童		
男	64	36	—	—	100	
女	46	30	—	—	76	
合计	110	66	—	—	176	

备注:有数人通晓满语。

3.交通

农产物贩卖及日用品购买70%是在大林进行,30%在通辽。

4.农业情况

(1)农户数

自耕农6户,佃农26户,共计32户。

(2)可耕地

已耕地多位于新开河河岸,约200垧。

(3)耕种面积及产量

作物种类	耕种面积(垧)	每垧产量(石)	总产量(石)	摘要
大豆	30.0	1.5	45.0	
高粱	70.0	2.5	175.0	
粟	40.0	2.0	80.0	
玉米	20.0	2.0	40.0	
荞麦	10.0	1.0	10.0	
黍	10.0	1.5	15.0	
其他	20.0	—	—	
计	200.0			

(4)租税

耕地大多属于下等地,本旗人每垧地交租税30钱。

(5)佃耕惯例

收成均分。

(6)水井及农具

本村庄内有水井4眼、碾子3个、大车4辆。

(7)耕作方法

各种作物的畦宽都是43—48厘米。

甸子里的耕地很少休耕,但沙丘地里的耕地则是在耕作3—4年后就弃耕。

5.畜产情况

(1)家畜数量

家畜	成年家畜				仔畜	合计	摘要
	母	公	阉割	合计			
牛	18	1	20	39	13	52	
马	1		4	5		5	
绵羊	2			2	2	4	
猪	15	1	3	19	60	79	
驴	15	10		25	6	31	
骡			1	1		1	
合计	51	12	28	91	81	172	

(2)饲养管理

牛收容在小土墙及苇草围成的牛圈里,使役时喂黑豆、玉米、羊草,休养时进行放牧;马、骡及驴没有特别建造厩舍,使役时喂黑豆、高粱、谷草,休养时除了喂高粱、谷草以外还进行放牧;绵羊主要是放牧;给猪喂的是糠之类的东西。

(3)卫生

虽然猪瘟蔓延,但仅死亡家畜数头。此外也发生有撞伤、蹄病,但无牲畜死亡。

(4)家畜饮用水

家畜每日饮井水2次。井深2.5米、水深1.2米,水含碱性、呈白色,并且含沙粒较多,但水量充分。

(5)牧场

家畜的放牧范围在村庄四周3华里左右,多是在南方的丘陵地带。每垧地可收干草2,000斤左右。

(6)其他

役畜劳动力稍有剩余但没有被利用起来。

十八、特沙各花

1.地势

本村庄的北部是丘陵地带,南部是东西长4华里、南北长2华里的甸子。

2.户口

(1)户数

房屋样式	蒙古人	汉人	合计	摘要
蒙古包	—	—	—	
中式	68	—	68	
合计	68	—	68	

备注:①含外旗人32户。

②房屋都是土平房,共计约40间。

(2)人口

性别	蒙古人		汉人		合计	摘要
	成人	儿童	成人	儿童		
男	105	75	—	—	180	
女	90	70	—	—	160	
合计	195	145	—	—	340	

备注:通晓满语者有数人,懂蒙文者有2人。

3.交通

本村庄距瓜毛头 4 华里,距七家子 3 华里,距通辽县 130 华里,距大林 120 华里,日用品购买和其他买卖活动主要是在大林进行。

4.农业情况

(1)农户数

自耕农 28 户,佃农 40 户,共计 68 户。

(2)可耕地

已耕地主要分布在新开河岸地区,有中等地 420 垧、下等地 140 垧,共计 560 垧。

(3)耕种面积及产量

作物种类	耕种面积(垧)	每垧产量(石)	总产量(石)	摘要
大豆	84.0	2.5	210.0	
高粱	168.0	3.0	504.0	
粟	112.0	3.0	336.0	
玉米	56.0	2.0	112.0	
黍	44.8	1.2	53.8	
绿豆	22.4	1.0	22.4	
蓖麻	22.4	1.5	33.6	
其他	50.4	—	—	
合计	560.0			

(4)土质

耕地大体上以位于新开河流域的砂质壤土、壤质砂土为主,土地比较肥沃,碱性强。

(5)租税

本旗人中等地每垧交票钱 80 钱,下等地每垧交 40 钱;外旗人中等地每垧交谷类 6 到 8 斗,下等地交 2.5 斗和票钱 20 钱。

(6)佃耕惯例

收成均分,稻草秆之类的归东家所有。

(7)耕作方法

各种作物的畦幅均为 43—46 厘米宽。

耕地肥沃,无需变换作物耕种。

(8)水井及农具

本村庄内有水井 10 眼、碾子 7 个、大车 9 辆。

(9)药草采摘情况

有野生的甘草,但不可以采摘。

5.畜牧状况

(1)家畜数量

家畜	成年家畜				仔畜	合计	摘要
	母	公	阉割	合计			
牛	70	3	50	123	50	173	
马	20		35	55	10	65	
绵羊	30	1	5	36	20	56	
山羊	5	1		6	3	9	
猪	70	2	20	92	280	372	
驴	50	15		65	27	92	
骡	2		2	4		4	
合计	247	22	112	381	390	771	

(2)饲养管理

牛在役使时喂黑豆、玉米、羊草、谷壳,不干活时实行放养;马、骡子和驴在役使时喂高粱、黑豆、谷壳,不干活时除了喂高粱外,也实行放养;绵羊山羊专一放养;给猪喂糠、谷壳之类的。

(3)卫生

去年一年因猪瘟的流行而死亡猪约20头,此外因骡马鼻疽和牛炭疽也死亡数头。另外,由于牛疥癣和下痢症等疾病,仅死亡牛两三头、绵羊4只。

(4)家畜饮用水

井深2.5米,水深0.6米,水带有白色,呈碱性。

北边约5华里处即是新开河。

(5)牧场

北部丘陵地带草木生长不良,南部甸子草木生长良好,但以其仅仅东西2华里、南北1华里左右的范围,相对于饲养的家畜头数来说,草量不足,放牧用的野草都被啃噬殆尽。丘陵地带的草种以狗尾草为主,南部甸子多羊草;野干草主要是在新开河岸,每垧可收割2,000乃至2,500斤。

(6)畜产物贸易

交易地点主要是在通辽,其次是大林。去年一年卖出毛皮数张和驴七八头。

(7)其他

耕畜尚有余力。可耕作200垧的土地,能借给附近村庄使用。

十九、哈拉干吐

1.地势

本村庄位于新开河流北岸,地势普遍平坦,北部地区是小丘陵。

2.户口

(1)户数

房屋样式	蒙古人	汉人	合计	摘要
蒙古包	—	—	—	
中式	25	—	25	
合计	25	—	25	

备注:①含外旗人3户。

②围有土墙的房屋的有4户。

③房屋大体都是土平房,合计有大约50间房子。

(2)人口

性别	蒙古人		汉人		合计	摘要
	成人	儿童	成人	儿童		
男	45	15	—	—	60	
女	35	15	—	—	50	
合计	80	30	—	—	110	

备注:没有人懂得满语。

3.交通

主要是与大林往来。

4.农业情况

(1)农户数

自耕农8户,佃农17户,共计25户。

(2)可耕地

已耕地处于村庄四周,特别是以河岸边上为多。有中等地80垧、下等地80垧,共计160垧。

(3)耕种面积及产量

作物种类	耕种面积(垧)	每垧产量(石)	总产量(石)	摘要
大豆	80.0	2.0	160.0	
高粱	48.0	3.0	144.0	

续表

作物种类	耕种面积(垧)	每垧产量(石)	总产量(石)	摘要
粟	32.0	3.0	96.0	
黍子	24.0	1.5	36.0	
荞麦	16.0	1.0	16.0	
玉米	8.0	2.0	16.0	
其他	24.0	—	—	
合计	232.0			

(4)土质

耕地位于新开河流域,以砂质壤土为主,土地肥沃。

(5)租税

本旗人中等地每垧交票钱60钱,下等地交40钱。

(6)佃耕惯例

收成均分,稻草秆之类的归东家所有。

(7)耕作方法

各种作物的畦幅均为44厘米宽,每年除草2次,培土1次。

(8)水井及农具

本村庄中有水井4眼、犁杖8张、碾子4个、大车5辆。

5.畜牧状况

(1)家畜数量

家畜	成年家畜				仔畜	合计	摘要
	母	公	阉割	合计			
牛	25	1	6	32	11	43	
马			4	4		4	
绵羊	20	1		21	14	35	
山羊	5	1		6	2	8	
猪	8	1		9	30	39	
驴	25	18		43	10	53	
合计	83	22	10	115	67	182	

(2)饲养管理

牛收容在小土墙围成的牛圈里,役使时喂黑豆、碎米子、糠、羊草、谷草,不干活时放牧;马和驴就系养在院子里,役使时喂高粱和谷草,不干活时就实行放牧;绵羊和山羊收容在用野榆树造的圆型羊圈中,主要是放牧;给猪喂的是糠、谷壳之类的。

(3)卫生

当前猪瘟正流行。另外去年还有胃虫症、肺炎、急性鼓胀症和削瘦死等疾病,死亡猪数头。

(4)家畜饮用水

家畜每日饮井水1次。井深4.5米,水深1米,水量不充分,水呈弱碱性。

(5)牧场

放牧是在北部小丘陵地带和东南部的甸子,草种以羊草为主,牧草生长状况颇为良好,放牧范围就只在这附近的1—2华里内。

(6)畜产经济

耕畜劳动力没有过于不足。使用牛粪做燃料。

圈舍设备费有:可收容20头牛的临时牛圈一个,花费2圆(人工费为5个人,每人40钱);用野榆树围造羊圈一个,可收容羊40头,花费12圆(野榆树不要钱,但需要付砍树和搬运的费用,建一个羊圈需要砍运3车树;而且还有人工费)。

在家畜管理上对各家的家畜实行共同放牧,不特地雇人,而是根据情况轮流放牧。

(7)畜产物贸易

交易地点主要在大林。去年生产的畜产物基本上全都供自家使用,没有贩卖。

二十、车家窝堡

1.地势

本村庄位于新开河流域,地势概为平坦。

2.户口

(1)户数

房屋样式	蒙古人	汉人	合计	摘要
蒙古包	—	—	—	
中式	63	—	63	
合计	63	—	63	

备注:①包含外旗人28户。

②房屋大体上都是土平房,共计约250间。

(2)人口

性别	蒙古人		汉人		合计	摘要
	成人	儿童	成人	儿童		
男	122	81	—	—	203	
女	86	65	—	—	151	
合计	208	146	—	—	354	

备注:懂得满语约有10人。

3.交通

本村庄距离通辽120华里,距大林100华里,距哈拉乌苏15里,其中与大林间的道路状况良好。日用品购买和农产物买卖等主要是与大林往来。

4.农业情况

(1)农户数

自耕农27户,佃农36户,共计63户。

(2)可耕地

已耕地分布在新开河河岸,有中等地250垧、下等地250垧,共计500垧。

(3)耕种面积及产量

作物种类	耕种面积(垧)	每垧产量(石)	总产量(石)	摘要
大豆	50.0	2.0	100.0	
高粱	150.0	2.5	375.0	
粟	50.0	2.8	140.0	
黍子	125.0	1.5	187.5	
荞麦	50.0	1.5	75.0	
玉米	35.0	2.0	70.0	
其他	40.0	—	—	
合计	500.0			

(4)租税

本旗人中等地每垧交票钱60钱,下等地交40钱。外旗人中等地每垧交谷类6斗,下等地交谷类3斗和票钱20钱。

(5)佃耕惯例

收成均分。

(6)水井及农具

本村庄内有水井8眼、犁杖25张。

(7)耕作方法

各种作物的畦幅均为43厘米宽。

(8)药草采集情况

附近原野上有很多野生的飞燕草和甘草。

5.畜产状况

(1)家畜数量

家畜	成年家畜				仔畜	合计	摘要
	母	公	阉割	合计			
牛	65	2	50	117	40	157	
马	15	1	30	46	10	56	
猪	50	2	10	62	220	282	
驴	40	30		70	25	95	
骡	1		2	3		3	
合计	171	35	92	298	295	593	

(2)饲养管理

牛收容在临时搭建的牛圈中,役使时喂玉米、碎米子、莫石豆、黑豆、羊草等,不干活时就实行放牧;骡马及驴子系养在马圈(只有母马)里和拴马桩上,马圈是在院子一角用土墙围成的,役使时喂高粱、黑豆、谷草,不干活时除了放牧外还要喂高粱;给猪喂的是糠、谷壳之类的。

(3)卫生

当前猪瘟正流行。另外去年还有犊下痢、急性鼓胀症、难产、外伤等疾病,死亡成牛3—4头、牛犊5—6头。

(4)家畜饮用水

井深3米,水深1米,水呈弱碱性。

(5)牧场

在村庄东边及南边的甸子放牧家畜,在这2—3华里范围内的牧草都被啃噬殆尽,甚至根本都看不到牧草生长。

(6)畜产经济

村庄内的耕畜尚有余力,可耕作500垧土地。

牛是雇用牧人进行集体放牧。

(7)畜产贸易

交易主要是在通辽和大林进行,两地的交易额大略相等。另外有少数交易是与从大平川、衙门台、通辽等地每年一次过来这边的贩子进行的物物交换。

去年一年贩卖的有牛皮、驴皮和骡子2—3头。

二十一、大拉吉改

1.地势

本村庄位于新开河河岸,地势平坦。

2 户口

(1)户数

房屋样式	蒙古人	汉人	合计	摘要
蒙古包	—	—	—	
中式	31	—	31	
合计	31	—	31	

备注:①包含外旗人约20户。

②围有土墙的房屋有3户。

③房屋大体上都是土平房,合计约有60间。

(2)人口

性别	蒙古人		汉人		合计	摘要
	成人	儿童	成人	儿童		
男	46	48	—	—	94	
女	30	42	—	—	72	
合计	76	90	—	—	166	

备注:懂满语的约有10人。

3.交通

本村庄距离大林100华里,距通辽130华里,日用品购买和农产物买卖等专与大林往来。

4.农业情况

(1)农户数

自耕农8户,佃农23户,合计31户。

(2)可耕地

已耕地大体都分布在新开河流域,有中等地80垧、下等地80垧,共计160垧。

(3)耕种面积及产量

作物种类	耕种面积(垧)	每垧产量(石)	总产量(石)	摘要
大豆	24.0	2.5	60.0	
高粱	48.0	3.0	144.0	
粟	32.0	3.0	96.0	
黍子	16.0	1.0	16.0	
荞麦	16.0	1.0	16.0	
蓖麻	6.3	1.0	6.3	

续表

作物种类	耕种面积(垧)	每垧产量(石)	总产量(石)	摘要
玉米	8.6	1.5	12.9	
其他	9.1	—	—	
合计	160			

(4)土质

耕地主要是壤质砂土,因为邻近新开河,所以地力肥沃。

(5)租税

本旗人中等地每垧交票钱60钱,下等地交40钱。外旗人中等地每垧交谷类6斗,下等地交谷类3斗及票钱20钱左右。

(6)佃耕惯例

收成均分。

(7)耕作方法

各种作物的畦幅都是43厘米宽。黍子、荞麦都只需要培土,其他作物在除草时耕2次、培土2次。

(8)水井及农具

本村庄内有水井3眼、犁杖8张、碾子4个、大车6辆。

5.畜产情况

(1)家畜数量

家畜	成年家畜				仔畜	合计	摘要
	母	公	阉割	合计			
牛	17		7	24	6	30	
马	2		2	4		4	
猪	15	1	10	26	60	86	
驴	15	10		25	5	30	
合计	49	11	19	79	71	150	

(2)饲养管理

牛收容在临时牛圈里,役使时喂玉米、羊草,不干活时实行放牧;驴和马无需特别建圈舍,役使时喂高粱、谷草,不干活时放牧;猪收容在土墙围成的有顶的猪圈里,除了喂给糠、谷壳之类的以外,还实行放养。

(3)卫生

去年夏天因猪瘟流行而死亡猪约30头,此外还因鼻疽病而死亡驴子1头。在同期由于急性鼓胀症而死亡牛2头。

(4)家畜饮用水

家畜饮水为每日1次或三日2次。井深3.5米、水深1米,水呈弱碱性。

(5)牧场

东西两边都有牧场,但放牧主要是在东边,其放牧范围有2华里左右。牧草生长情况和草质都较为良好,每垧可收干草2,000到2,500斤。

(6)畜产经济

耕畜劳力刚好。家畜管理由自家劳动力决定,或是实行共同放牧来轮流管理。

(7)畜产贸易

交易地点大体都是在大林。去年一年卖牛皮2张得钱2圆、卖驴皮1张。

二十二、东他拉营子

1.地势

本村庄从西边到瓜毛头都很平坦,东边、北边及南边是丘陵。

2.户口

(1)户数

房屋样式	蒙古人	汉人	合计	摘要
蒙古包	—	—	—	
中式	23	—	23	
合计	23	—	23	

备注:①包含外旗人8户。

②有4户房屋是围有土墙的。

③房屋大体上都是土平房,总计65间。

(2)人口

性别	蒙古人		汉人		合计	摘要
	成人	儿童	成人	儿童		
男	50	25	—	—	75	
女	40	25	—	—	65	
合计	90	50	—	—	140	

备注:懂满语的有1人。

3.农业情况

(1)农户数

自耕农10户,佃农13户,共计23户。

(2)可耕地

已耕地多在村庄北边6—7华里处,约有240垧,全部属于下等地。

(3)耕种面积及产量

作物种类	耕种面积(垧)	每垧产量(石)	总产量(石)	摘要
大豆	24.0	1.0	24.0	
高粱	60.0	1.3	78.0	
粟	60.0	1.2	72.0	
黍子	48.0	1.2	57.6	
荞麦	24.0	1.0	24.0	
玉米	12.0	1.0	12.0	
蓖麻	4.8	1.0	4.8	
其他	7.2	—	—	
合计	240.0			

(4)土质

本村庄一带与西北方河岸地方相比土壤贫瘠,土壤中含碱多。

(5)租税

耕地全都属于下等地,因此本旗人每垧耕地交租税30钱的票钱。

(6)佃耕惯例

收成均分,稻草秆之类的归东家所有。

(7)耕作方法

除了沙丘地以外,大豆、高粱每垧地需施肥2—3车。

(8)水井及农具

本村庄内有水井3眼、碾子4个、大车5辆、犁杖12张。

4.畜产情况

(1)家畜数量

家畜	成年家畜				仔畜	合计	摘要
	母	公	阉割	合计			
牛	70	2	50	122	20	142	
马	3		7	10	2	12	
绵羊	15	1	2	18	10	28	
山羊	8	2		10	5	15	
猪	20	1	10	31	60	91	

续表

家畜	成年家畜				仔畜	合计	摘要
	母	公	阉割	合计			
驴	20	10		30	8	38	
骡	1			1		1	
合计	137	16	69	222	105	327	

(2)饲养管理

牛收容在用芦草围成的临时牛圈里,役使时每头牛提供给碎米子3合升、莫石豆3合升、羊草8斤,不干活时实行放牧;马、驴及骡子养在屋外,役使时每头骡提供给黑豆3合升、高粱1.5升、谷草8斤,每头驴供给高粱3合升、莫石豆1合升、谷草3斤,不干活时除了都喂高粱和谷草外,还实行放牧;绵羊山羊收容在用芦草围成的羊圈里,主要是放牧;猪收容在土墙围成的有顶的猪圈里,除了喂给糠、谷壳之类的外,还实行放养。

(3)卫生

去年因猪瘟流行死亡仔猪30余头,此外牛也因肺疫死亡2—3头。另外由于日射病、下痢症、急性鼓胀症、蹄病等疾病而死亡牛2头、绵羊3头。

(4)家畜饮用水

井深3—5米,水深1—2米,直径1.2米,水质较好,水量充分,井沿用木板铺设。

(5)牧场

放牧主要是在西边平地及南边丘陵地带,其范围有4—5华里。丘陵地带牧草生长情况和草质都较为良好,80%都是狗尾巴草。

(6)畜产经济

饲料的价格是:高粱每斗1.1圆,玉米每斗0.9圆,黑豆每斗1.2圆,莫石豆每斗1圆,散米子每斗1圆,谷草每百斤0.6圆,羊草每百斤0.2圆。

耕畜劳力明显过剩,但没有被利用起来。

牛粪用作燃料,其他的粪尿用作肥料。

畜舍设备费:羊圈一个花费将近5圆(芦草3车,1.8圆;小圆木3根,1.2圆;杂工3人,1.2圆;门,0.7圆)。

家畜管理费与瓜毛头完全相同。

(7)畜产贸易

交易地点主要是在大林。去年一年本村庄没有贩卖物品。

绵羊春秋两季剪毛2次,每只羊约产毛2斤;山羊每年剪毛1次,每只产毛约1斤;合计约产毛40斤,全都供自家使用。

再就是去年花费120圆从通辽购入农耕用骡子1头。

5.交通

日用品购买和其他的买卖活动是去通辽或大林。

二十三、白菜

1.地势

本村庄一带多为平地。

2.户口

(1)户数

房屋样式	蒙古人	汉人	合计	摘要
蒙古包	—	—	—	
中式	70	—	70	
合计	70	—	70	

备注:①包括外旗人10户。

②房屋总占地有大约210间房子。

(2)人口

性别	蒙古人		汉人		合计	摘要
	成人	儿童	成人	儿童		
男	100	90	—	—	190	
女	75	85	—	—	160	
合计	175	175	—	—	350	

3.交通

本村庄距离瓜毛头20华里,距东他拉营子15华里,距大林100华里,距通辽125华里,主要与大林进行往来。

4.农业情况

(1)农户数

自耕农60户,佃农10户,合计70户。此外还有居住在其他村庄的佃农30户。

(2)可耕地

已耕地多在北边,有中等地530垧、下等地270垧,合计800垧。

(3)耕种面积及产量

作物种类	耕种面积(垧)	每垧产量(石)	总产量(石)	摘要
大豆	160.0	2.0	320.0	

续表

作物种类	耕种面积(垧)	每垧产量(石)	总产量(石)	摘要
高粱	240.0	3.0	720.0	
粟	160.0	3.0	480.0	
黍子	80.0	1.5	120.0	
荞麦	80.0	1.5	120.0	
蓖麻	40.0	1.3	52.0	
其他	40.0	—	—	
合计	800.0			

(4)土质

耕地主要在北边新开河河岸,地力较好。南边丘陵地带土地碱性强,有的地方不长牧草。

(5)租税

本旗人中等地每垧交票钱60钱,下等地交40钱。

(6)耕作方法

各种作物都采用豁种的方法播种,不需施肥,并且除了沙丘地外,多数耕地都不实行换耕。

(7)水井及农具

本村庄内有水井10眼、犁杖40张、碾子10个、大车5辆。

(8)其他

村庄西边2华里多的地方有一个水泡子,面积约有2垧地大,碱性很强。

5.畜产情况

(1)家畜数量

家畜	成年家畜				仔畜	合计	摘要
	母	公	阉割	合计			
牛	60	3	70	133	35	168	
马	15	1	40	56	5	61	
绵羊	30	1	6	37	12	49	
山羊	15	1	—	16	6	22	
猪	65	2	40	107	260	367	
驴	40	25	—	65	15	80	
骡	2	—	4	6		6	
合计	227	33	160	420	333	753	

(2)饲养管理

牛关在芦草围成的临时牛圈里,役使时喂玉米、散米子、莫石豆、谷草等,不干活时实行放养;马、驴及骡子在役使时喂高粱、豆糟、莫石豆、谷草,不干活时放养;绵羊山羊专一放养;给猪喂的是散米子、高粱、糠。

(3)卫生

每年都流行猪瘟,眼下也正在盛行。另外去年发生了急性鼓胀、日射病、肺炎、下痢症等疾病,死亡耕牛4—5头。

(4)畜产经济

耕畜劳力没有过于不足。牛粪的利用量为平均每户每年3—4车。畜舍设备费和家畜管理费都与烟登吐一样。

(5)家畜饮用水

井深4.5米,水深1米,水呈碱性,水量不充分,傍晚时没水。

(6)牧场

村庄四周的东西8华里、南北6华里都是牧场,放牧主要是在西北方,其范围有3华里左右。因为靠近北边的河岸,所以牧草生长良好,河岸南边每垧地可收干草1,200斤,而北边每垧地的产草量达到了2,000斤。

(7)畜产贸易

交易地点主要是在大林,只有买卖驴子时去通辽。

去年卖出牛皮数张、驴10头。

所产羊毛全都用于自家消费,另有数头绵羊山羊用于食用。

二十四、敖蓝窝堡

1.地势

本村庄处在新开河河岸,地势非常平坦。

2.户口

(1)户数

房屋样式	蒙古人	汉人	合计	摘要
蒙古包	—	—	—	
中式	24	—	24	
合计	24	—	24	

备注:①包括外旗人16户。

②有7户房屋围有土墙。

(2)人口

性别	蒙古人		汉人		合计	摘要
	成人	儿童	成人	儿童		
男	45	35	—	—	80	
女	40	40	—	—	80	
合计	85	75	—	—	160	

备注:懂得满语的约有20人,懂蒙古文的有2人。

3.交通

主要是与大林往来。

4.农业情况

(1)农户数

自耕农1户,佃农22户,农工1户,共计24户。

(2)可耕地

已耕地总的来说在河岸地区,有中等地150垧、下等地100垧,共计250垧。

(3)耕种面积及产量

作物种类	耕种面积(垧)	每垧产量(石)	总产量(石)	摘要
大豆	45.0	2.5	112.5	
高粱	62.5	3.0	187.5	
粟	62.0	3.0	186.0	
黍子	7.5	2.0	15.0	
荞麦	50.0	3.0	150.0	
玉米	10.5	2.0	21.0	
蓖麻	5.0	2.0	10.0	
其他	7.5	—	—	
合计	250.0			

(4)土质

耕地位于新开河岸地区,主要是壤质砂土,地力较肥。

(5)租税

本旗人每垧中等地缴纳租税票钱80,下等地交40钱。

(6)耕作方法

各种作物的畦宽都是48厘米左右,采用豁种的播种方法,除草2次、培土1—2次,不实行施肥和休耕。

(7)佃耕惯例

收成均分,稻秆之类的归东家所有。

(8)水井及农具

本村庄内有水井3眼、碾子4个、大车5辆。

5.畜产情况

(1)家畜数量

家畜	成年家畜				仔畜	合计	摘要
	母	公	阉割	合计			
牛	—	—	6	6	—	6	
马	—	—	2	2	—	2	
猪	10	1	—	11	70	81	
驴	15	10	—	25	8	33	
合计	25	11	8	44	78	122	

(2)饲养管理

各种家畜都没有圈舍。牛在役使时喂黑豆、羊草,马和驴在役使时喂高粱、谷壳,不干活时牛马驴都实行放养。

(3)耕畜劳力

耕畜劳力约有100垧的不足,每年耕种时期都要从保很召和烟登吐运送耕畜过来。

(4)牧场

从东南边的白菜到西边的大拉吉改,牧草生长良好,可以放牧。但因为家畜头数少,所以放牧范围只有1—2华里。

(5)家畜饮用水

井深2.5米,水深0.3米,水含碱性、呈白色。

二十五、道蓝他堡

1.地势

本村庄处在新开河流域,地势非常平坦。

2.户口

(1)户数

房屋样式	蒙古人	汉人	合计	摘要
蒙古包	—	—	—	
中式	25	—	25	
合计	25	—	25	

备注:①包括外旗人20户。
②房屋共计约25间。

(2)人口

性别	蒙古人		汉人		合计	摘要
	成人	儿童	成人	儿童		
男	60	20	—	—	80	
女	35	15	—	—	50	
合计	95	35	—	—	130	

备注:懂得满语的有十多人。

3.交通

本村庄主要是与大林往来。

4.农业情况

(1)农户数

有佃农25户,东家都居住在白菜。

(2)可耕地

已耕地多在村庄北边的新开河河岸,有中等地260垧、下等地140垧,共计400垧。未耕可耕地有800到1,200垧。

(3)耕种面积及产量

作物种类	耕种面积(垧)	每垧产量(石)	总产量(石)	摘要
大豆	40.0	2.0	80.0	
高粱	120.0	3.0	360.0	
粟	120.0	3.0	360.0	
黍子	40.0	1.5	60.0	
荞麦	20.0	1.3	26.0	
蓖麻	20.0	1.5	30.0	
其他	40.0	—	—	
合计	400.0			

(4)租税

本旗人中等地每垧需缴票钱60、下等地缴40,都由东家缴纳。

(5)佃耕惯例

粮食收成均分,副产品归东家所有。

(6)水井及农具

本村庄内有水井3眼、大车3辆、碾子3个。

(7)其他

在地势低的地方土壤稍含碱性。耕地往往遭受旱灾。

5.畜产情况

(1)家畜数量

家畜	成年家畜				仔畜	合计	摘要
	母	公	阉割	合计			
牛	5			5	5	10	
马	1		3	4		4	
猪	8	1	3	12	50	62	
驴	25	20		45	8	53	
骡	1		1	2		2	
合计	40	21	7	68	63	131	

(2)饲养管理

牛关在院子一角,役使时喂黑豆、羊草,休养时实行放养;骡马和驴子养在马棚,役使时喂高粱、谷草,休养时放牧;给猪喂的是糠、谷壳之类的。

(3)卫生

去年晚春因为猪疫,仔猪死亡50%。

(4)家畜饮用水

家畜每日饮井水1次。井深3米、水深0.4米,水含强碱性、呈白色,水量不充分。

(5)牧场

放牧是在西边、南边、东边仅1华里左右的范围。90%都是羊草,芦草和其他草种占10%,每垧地可收干草1,500斤到2,500斤。

(6)畜产经济

耕畜劳力非常不足,每年耕种时期都要从保很召和烟登吐运送耕畜过来。

牛粪的使用量非常少。

家畜都是由自家劳动力进行管理。

(7)畜产贸易

交易地点在大林和通辽。驴子多是在通辽贩卖,其他东西都是去大林买卖。

去年秋天在通辽卖驴子5—6头。

二十六、光力根窝堡

1.地势

本村庄处在新开河流域,地势平坦。

2.户口

(1)户数

房屋样式	蒙古人	汉人	合计	摘要
蒙古包	—	—	—	
中式	23	—	23	
合计	23	—	23	

备注:①含外旗人12户。

②有5户人家的房屋是围有土墙的。

③房屋总体来说都是土平房,合计约55间。

(2)人口

性别	蒙古人		汉人		合计	摘要
	成人	儿童	成人	儿童		
男	35	35	—	—	70	
女	25	31	—	—	56	
合计	60	66	—	—	126	

备注:没有人懂满语。

3.交通

主要是和大林往来。

4.农业情况

(1)农户数

有佃农23户。东家居住在保很召。

(2)可耕地

已耕地大体都在新开河河岸,有中等地100垧、下等地60垧,共计160垧。

(3)耕种面积及产量

作物种类	耕种面积(垧)	每垧产量(石)	总产量(石)	摘要
大豆	13.2	2.0	26.4	
高粱	48.0	3.0	144.0	
粟	40.0	3.0	120.0	

续表

作物种类	耕种面积(垧)	每垧产量(石)	总产量(石)	摘要
黍子	24.0	1.5	36.0	
荞麦	16.0	1.0	16.0	
其他	18.8	—	—	
合计	160.0			

(4)租税

每垧中等地缴票钱60,下等地缴40。

(5)耕作方法

各种作物的畦宽都是44厘米。

(6)水井及农具

本村庄内有水井2眼、碾子3个、大车5辆。

(7)药草采摘情况

附近原野长有甘草、麻黄草、飞燕草,但不可以采割。

5.畜产情况

(1)家畜头数

家畜	成年家畜				仔畜	合计	摘要
	母	公	阉割	合计			
牛	6		4	10	4	14	
马	2			2		2	
猪	6	1		7	40	47	
驴	20	15		35	10	45	有2头纯白色的
合计	34	16	4	54	54	108	

(2)饲养管理

各种家畜都没有圈舍。牛在役使时喂莫石豆、碎米子、羊草等,不干活时放牧;马和驴子在役使时喂高粱、谷草,不干活时放牧;给猪喂的是糠、谷物之类的。

(3)卫生

去年夏天因流行猪瘟而死亡猪20余头。

(4)家畜饮用水

家畜每日饮水1次。井深2.5米,水深0.4米。水呈白色、含碱性。水量不充分。

(5)牧场

可放牧地区在东边、西边、南边,牧草生长情况总的说来良好,因为家畜较少,所以放牧只使用了1—2华里的范围。90%都是羊草。

(6)畜产经济

耕畜劳力没有过于不足。

把牛粪用作燃料。

畜舍设备费和家畜管理费与海拉金包相同。

(7)畜产贸易

交易地点主要是在通辽,去年卖驴子6头。

二十七、海拉金包

1.地势

本村庄位于新开河南岸,地势平坦,与东南边的疙茶索口相连成甸子。

2.户口

(1)户数

房屋样式	蒙古人	汉人	合计	摘要
蒙古包	—	—	—	
中式	10	—	10	
合计	10	—	10	

备注:①包括外旗人5户。

②房屋总体来说都是土平房,共计有18间房子。

(2)人口

性别	蒙古人		汉人		合计	摘要
	成人	儿童	成人	儿童		
男	20	8	—	—	28	
女	13	4	—	—	17	
合计	33	12	—	—	45	

备注:懂满语的有3人。

3.交通

主要是与大林往来。

4.农业情况

(1)农户数

自耕农1户,佃农9户,共计10户。

其中有4户佃农租种的是别的村庄(烟登吐)的耕地。

(2)可耕地

已耕地总体位于新开河河岸,是下等地,约有200垧。

(3)耕种面积及产量

作物种类	耕种面积(垧)	每垧产量(石)	总产量(石)	摘要
大豆	30.0	1.2	36.0	
高粱	70.0	2.0	140.0	
粟	60.0	2.0	120.0	
黍子	10.0	1.0	10.0	
荞麦	10.0	1.0	10.0	
蓖麻	10.0	1.0	10.0	
其他	10.0	—	—	
合计	200.0			

(4)租税

耕地总体上都属于下等地。本旗人每垧地缴租税40钱。

(5)水井及农具

本村庄内有水井2眼、碾子2个、大车1辆。

5.畜产情况

(1)家畜数量

家畜	成年家畜				仔畜	合计	摘要
	母	公	阉割	合计			
牛	2		11	13	2	15	
猪	4	1	6	11	35	46	
驴	10	8		18	6	24	
合计	16	9	17	42	43	85	

(2)饲养管理

各家的家畜都没有圈舍。牛在役使时喂碎米子、莫石豆、玉米、谷草,不干活时放养;驴在役使时喂玉米、高粱、谷草,不干活时放养;给猪喂的是糠、谷物之类。

(3)卫生

去年因鼻疽和肺炎死亡驴子2头,因咽喉肿胀死亡牛1头。

(4)家畜饮用水

井深4.5米,水深1米。水含碱性、呈白色。水量不足,傍晚时缺水。

(5)牧场

东西长达8华里多的范围都可放牧,而实际使用范围只有2华里左右。

(6)畜产经济

与疙茶索口相同。

(7)畜产贸易

交易地点在大林。去年卖驴皮2张、牛皮1张。

二十八、疙茶索口

1.地势

本村庄地势平坦,村庄南边是一个东西4华里、南北8华里大的甸子。

2.户口

(1)户数

房屋样式	蒙古人	汉人	合计	摘要
蒙古包	—	—	—	
中式	22	—	22	
合计	22	—	22	

备注:①包括外旗人10户。

②围有土墙的房屋有3户。村庄内共有约50间房子。

(2)人口

性别	蒙古人		汉人		合计	摘要
	成人	儿童	成人	儿童		
男	54	34	—	—	88	
女	48	44	—	—	92	
合计	102	78	—	—	180	

备注:懂满语的有2人。

3.交通

农畜产物和日用品购买都主要是与距本村庄80华里的大林往来。

4.农业情况

(1)农户数

自耕农8户,佃农14户,共计22户。

(2)可耕地

已耕地大体都在河岸地区,有中等地90垧、下等地350垧,共计440垧,其中有200垧是由居住在烟登吐的人耕作。

(3)耕种面积及产量

作物种类	耕种面积(垧)	每垧产量(石)	总产量(石)	摘要
大豆	88.0	1.5	132.0	
高粱	110.0	2.5	275.0	
粟	110.0	2.5	275.0	
黍子	44.0	1.5	66.0	
蓖麻	22.0	1.5	33.0	
荞麦	22.0	1.3	28.6	
玉米	22.0	1.5	33.0	
其他	22.0	—	—	
合计	440.0			

(4)土质

河岸附近的耕地地力良好,随着距离的拉开,土质也变得贫瘠,土壤碱性也增强。

(5)租税

本旗人每垧中等地缴60钱,下等地缴40钱。

(6)佃耕惯例

收成均分,稻草秆之类的归东家所有。

(7)耕作方法

除草2次,培土1次,土地不休耕。

(8)水井及农具

本村庄内有水井4眼、碾子5个、大车6辆。

(9)农产物贸易

与保很召相同。

(10)其他

度量衡与通辽一样。

5.畜产情况

(1)家畜数量

家畜	成年家畜				仔畜	合计	摘要
	母	公	阉割	合计			
牛	25	1	25	51	15	66	
马	2			2	1	3	
猪	10	1	5	16	60	76	

续表

家畜	成年家畜				仔畜	合计	摘要
	母	公	阉割	合计			
驴	25	15		40	7	47	
合计	62	17	30	109	83	192	

(2)饲养管理

牛关在临时牛圈里,役使时喂玉米、碎米子、羊草,休养时放牧;马和驴子在役使时喂高粱、谷草,休养时放牧;给猪喂的是糠、谷物之类的。

(3)卫生

去年一年除了流行猪瘟外,还有急性鼓胀、下痢症等疾病,死亡牛2—3头。

(4)家畜饮用水

井深3米,水深0.6米。水呈白色、含碱性。村庄北边2华里处是新开河。

(5)牧场

放牧主要是在南边的甸子,其放牧范围不超过3华里。

牧草生长良好的地方每垧地可收干草达1,200斤。

(6)畜产经济

耕畜劳力稍有不足,需要从别处借用。

牛粪的使用量为平均每户2车左右。

家畜是共同放牧,由村庄居民轮流进行。

(7)畜产贸易

交易地点在大林。去年一年卖掉成年驴子六七头,据说前年庄稼歉收的时候卖掉了大部分驴子。

二十九、烟登吐

1.地势

本村庄普遍是低湿地,到处散布着小丘陵。

2.户口

(1)户数

房屋样式	蒙古人	汉人	合计	摘要
蒙古包	—	—	—	
中式	53	—	53	
合计	53	—	53	

备注:①包括外旗人3户。

②有2栋房屋共6间是草房,除此之外全都是土平房,共计约60间房子。

(2)人口

性别	蒙古人		汉人		合计	摘要
	成人	儿童	成人	儿童		
男	80	50	—	—	130	
女	65	55	—	—	120	
合计	145	105	—	—	250	

3.交通

本村庄距离大林70华里,日用品购买和农畜产物出售等都是和大林往来。

4.农业情况

(1)农户数

自耕农12户,佃农41户,共计53户。

(2)可耕地

已耕地分布在村庄四周,总体来说都是下等地,约有300垧。

基本没有未耕可耕地。

(3)耕种面积及产量

作物种类	耕种面积(垧)	每垧产量(石)	总产量(石)	摘要
大豆	30.0	0.5	15.0	
高粱	90.0	1.0	90.0	
粟	75.0	0.4	30.0	
黍子	45.0	0.9	40.5	
蓖麻	15.0	0.4	6.0	
荞麦	30.0	0.8	24.0	
其他	15.0	—	—	
合计	300.0			

(4)土质

由于地势低的地方土壤中含碱性,并且淤积雨水,所以耕地大体都在小丘陵上,多是砂土,土地贫瘠。

(5)租税

耕地总体都属下等地,故本旗人每垧地缴票钱30,外旗人每垧地缴纳谷类2.5斗及票钱20。

(6)佃耕惯例

收成均分。

(7)耕作方法

除草2次、培土1次,耕地两年左右进行一次换耕(轮作)。

(8)水井及农具

本村庄内有水井8眼、碾子4个、大车13辆。

5.畜产情况

(1)家畜数量

家畜	成年家畜				仔畜	合计	摘要
	母	公	阉割	合计			
牛	120	5	110	235	70	305	
马	10		15	25	5	30	
绵羊	70	2	20	92	30	122	
山羊	50	2	15	67	20	87	
猪	25	2	10	37	120	157	
驴	30	20		50	10	60	
合计	305	31	170	506	255	761	

(2)饲养管理

各家的家畜都没有圈舍。牛在役使时每头喂碎米子2合升、玉米3合升、莫石豆2合升、羊草5斤,休养时放牧;驴在役使时供给高粱1升、莫石豆5合升、谷草7斤,休养时放牧;马在役使时供给高粱5合升、谷草3斤,休养时放牧。

(3)卫生

去年一年除了因牛肺疫死亡家畜2—3头、鼻疮死亡家畜3—4头、水血症死亡家畜数头以外,还因急性鼓胀症、疥癣、老瘦、下痢等疾病死亡牛数头、绵羊3—4只、仔猪数头。

(4)家畜饮用水

家畜每日饮水1次。井深四五米,水深0.4米。水呈强碱性,且水量不足,傍晚时大多缺水。

(5)牧场

放牧是在村庄四周4华里左右的范围,每垧牧地可收干草量达1,200斤。

(6)畜产经济

每斗饲料的价格是:高粱90钱、黑豆1圆20钱、碎米子90钱、玉米70钱、莫石豆1圆10钱;谷草每百斤60钱、羊草每百斤25钱。

耕畜尚有余力,可耕田地700垧,可借与其他村庄使用。

其他项目都与茶敢花相同。

(7)畜产贸易

交易地点主要是大林,还有少数物品出售给了从衙门台过来的贩子。

去年本村庄内自家屠宰的绵羊山羊有40余只,由此所得的毛皮以及由其他死亡羊只身上所得的毛皮,其大部分都被拿到大林出售,一部分卖给了衙门台过来的贩子。另外还在大林卖掉驴马7头。

三十、茶敢花

1.地势

本村庄一带是小丘陵地带,北边及西边是甸子。

2.户口

(1)户数

房屋样式	蒙古人	汉人	合计	摘要
蒙古包	—	—	—	
中式	33		33	
合计	33		33	

备注:①有4户房屋是围有土墙的。

②1栋房屋是草房,有4间;除此之外大体都是土平房,共计约60间房子。

(2)人口

性别	蒙古人		汉人		合计	摘要
	成人	儿童	成人	儿童		
男	95	85	—	—	180	
女	60	75	—	—	135	
合计	155	160	—	—	215	

备注:懂满语的有4人,懂蒙文的有1人。

3.交通

本村庄距离大林75华里,日用品购买和农畜产物出售都主要是与大林往来。

4.农业情况

(1)农户数

自耕农16户,佃农17户,共计33户。

(2)可耕地

已耕地分布在村庄东边及南边10华里以内,约有500垧,总体来说都属于下等地。

(3)耕种面积及产量

作物种类	耕种面积(垧)	每垧产量(石)	总产量(石)	摘要
大豆	50.0	1.0	50.0	
高粱	150.0	2.0	300.0	
粟	150.0	1.5	225.0	
黍子	40.0	1.0	40.0	
荞麦	40.0	0.9	36.0	
蓖麻	10.0	1.0	10.0	
玉米	20.0	1.3	26.0	
其他	40.0	—	—	
合计	500.0			

(4)土质

本村庄一带的耕地都是砂土,土地贫瘠。

(5)租税

耕地大体都是下等地。本旗人每垧地缴税40钱。

(6)佃耕惯例

收成均分。

(7)水井及农具

本村庄内有水井4眼、犁杖25张、碾子4个、大车10辆。

5.畜产情况

(1)家畜数量

家畜	成年家畜				仔畜	合计	摘要
	母	公	阉割	合计			
牛	70	3	50	123	40	163	
马	10	0	15	25	7	32	
绵羊	30	2	5	37	18	55	
山羊	20	1	—	21	15	36	
猪	10	1	7	18	70	88	
驴	15	10	—	25	8	33	
骡	—	—	1	1	—	1	
合计	155	17	78	250	158	408	

(2)饲养管理

牛关在芦草搭建的临时牛棚里,役使时喂碎米子、羊草,休养时放牧;马、骡和驴养在屋外或土墙围子里、马棚里,役使时喂高粱、谷草,休养时放牧;绵羊山羊关在芦草围的羊圈里,实行放养;给猪喂的是糠之类的东西。

(3)卫生

去年因鼻疽(或是＊＊疫)死亡马4匹、驴子2头。由于急性鼓胀、马虻症、下痢症等疾病,死亡牛2头、羊3只。

(4)家畜饮用水

家畜每日饮水2次。井深2.5米,水深0.6米。水呈弱碱性。水量充分。

(5)牧场

北边及西边的甸子可供放牧,牧草生长良好,90%都是羊草,放牧是在村庄北边的3华里左右的范围内进行。

(6)畜产经济

耕畜劳力没有过于不足。牛粪的利用量为平均每户每年5车左右。

家畜管理费是:绵羊山羊属于一家所有,雇佣1个牧人,包伙食一年需支付其现金30圆及谷类2石,且夏季时要另外再付＊＊钱;牛是共同放牧的,每头成牛一年供给谷类1斗2升,每头阉牛7个月供给谷类1斗及精白米1升;马是共同放牧的,从5月到10月的5个月间每匹马需支付牧人2圆钱。

畜舍设备费与扎巴沙拉营子相同。

(7)畜产贸易

交易地点在大林。去年一年卖马皮4张,得2圆20钱。

三十一、保很召

1.地势

本村庄地势平坦,北部及东南部都是连绵的小丘陵。

2.户口

(1)户数

房屋样式	蒙古人	汉人	合计	摘要
蒙古包	—	—	—	
中式	18	—	18	
合计	18	—	18	

备注:①包括外旗人5户。

②围有土墙的房屋有4户。

(2)人口

性别	蒙古人		汉人		合计	摘要
	成人	儿童	成人	儿童		
男	127	47	—	—	174	
女	78	50	—	—	128	
合计	205	97	—	—	302	

备注:懂满语的有10人,懂蒙古文的有3人。

3.交通

本村庄距离大林60华里,距通辽120华里。日用品购买和农畜产物出售大体都是与大林往来。

4.农业情况

(1)农户数

自耕农8户,佃农10户,共计18户。

(2)可耕地

已耕地分布在村庄西边3—4华里处,约有700垧,大体都属下等地。

(3)耕种面积及产量

作物种类	耕种面积(垧)	每垧产量(石)	总产量(石)	摘要
大豆	126.0	1.0	126.0	
高粱	210.0	1.3	273.0	
粟	175.0	1.0	175.0	
黍子	70.0	0.8	56.0	
荞麦	70.0	0.7	49.0	
玉米	21.0	1.2	25.2	
蓖麻	14.0	1.0	14.0	
其他	14.0	—	—	
合计	700.0			

(4)土质

耕地主要是壤质砂土,土地瘠薄,碱性稍强。

(5)租税

耕地大都是下等地,本旗人每垧地纳税40钱。

(6)水井及农具

本村庄内有水井5眼、碾子6个、大车11辆。

(7)佃耕惯例

收成均分,稻草秆之类的归东家所有。

(8)农产物贸易

贩卖农产物的旺季在每年的11月中旬,用自家或东家的大车运输,贩卖地专在大林。下表显示了11月中旬大林的谷类市价。

名称	大豆	高粱	粟	荞麦	玉米	蓖麻
每斗的价格(圆)	1.59	1.11	0.98	0.85	0.97	1.60

但若是粮食供销社负担了粮谷税的话,实际价格可比上述价格便宜10钱乃至15钱。

5.畜产情况

(1)家畜数量

家畜	成年家畜				仔畜	合计	摘要
	母	公	阉割	合计			
牛	70	2	60	132	40	172	
马	20	1	30	51	8	59	
绵羊	200	10	80	290	80	370	
山羊	70	5	10	85	40	125	
猪	15	1	10	26	60	86	
驴	30	15		45	20	65	
骡	1		2	3		3	
合计	406	34	192	632	248	880	

(2)饲养管理

牛关在芦草搭成的临时牛棚里,役使时喂玉米、散米子、莫石豆、谷草,休养时放牧;马、骡和驴子系养在马棚或屋外,役使时喂高粱、大豆渣、莫石豆,休养时放牧;绵羊山羊关在土墙围成的无顶羊圈里,专一实行放养,对那些怀崽的羊喂少量的玉米面和糠;给猪喂的是糠和谷物之类的东西,并且对育肥猪还要混合着喂玉米和高粱粉。

(3)卫生

去年因猪瘟流行死亡成猪仔猪约60头,此外,还因疥癣死亡羊10余只,因马疽死亡马2匹、驴1—2头。其他的还有急性鼓胀、下痢症、难产等疾病的发生,死亡牛及绵羊各10余头。

(4)家畜饮用水

家畜每日饮井水2次。井深4米,水深0.7米,水质良好,水量充分。

(5)牧场

村庄北边及东南边丘陵地带都可以放牧,放牧主要是在北部地方,范围有3华里左右,牧草生长良好。

(6)畜产经济

耕畜劳力稍有剩余,可借与附近村庄使用。作为燃料,牛粪的使用量为平均每户每年7车。

畜舍设备费为:可收容3—4头骡马的马棚一个,14圆30钱(3寸深的六尺槽子1个,3圆;圆檩子5根,6圆;高粱秆200束,1圆20钱;临时工6人,3圆60钱;土1方,50钱;共计14圆30钱)。土墙围成的没有顶的羊圈一个,可收容羊300余只,39圆10钱(3尺高的土墙建造费和泥土费按照每丈1圆70钱的价格,共计23丈,有23圆10钱);芦草搭的临时牛棚一个,可容牛三五头左右,花费7圆55钱(8个人,4圆80钱的人工费;2.5车芦草,1圆75钱;门1个,1圆;共计7圆55钱)。马槽深2.5尺、宽3尺。羊圈的门是用小圆木做的。

家畜管理费为:400多只绵羊山羊全部属一家所有,雇佣大小两个牧人放牧,其报酬是包伙食在内,大人1年40圆、小孩25圆。

(7)畜产贸易

交易地点大体是在大林。去年卖绵羊山羊羊毛350斤,每斤价格是18钱,还卖掉成年驴子5—6头。

另有绵羊山羊毛皮30余张,其中大半都用在了自己消费,极少一部分以平均1张毛皮相当于1斗谷物的价格分售给了附近村庄。

自家消费的绵羊山羊羊毛在100斤左右。

三十二、札巴沙拉营

1.地势

本村庄地势平坦,北部地方是丘陵。

2.户口

(1)户数

房屋样式	蒙古人	汉人	合计	摘要
蒙古包	—	—	—	
中式	14	—	14	
合计	14	—	14	

备注:①包括外旗人1户。

②围有土墙的房屋有3户。

③房屋总体来说都是土平房,共35间房子。

(2)人口

性别	蒙古人		汉人		合计	摘要
	成人	儿童	成人	儿童		
男	21	11	—	—	32	
女	17	15	—	—	32	
合计	38	26	—	—	64	

备注:没有懂满语的人。

3.农业情况

(1)农户数

自耕农 3 户,佃农 11 户,共计 14 户。

(2)可耕地

已耕地多在村庄东边,约有 70 垧,大体上属下等地。

(3)耕种面积及产量

作物种类	耕种面积(垧)	每垧产量(石)	总产量(石)	摘要
高粱	16.0	1.5	24.0	
粟	6.0	1.5	9.0	
黍子	24.0	1.0	24.0	
荞麦	12.0	1.0	12.0	
其他	12.0	—	—	
合计	70.0			

(4)土质

耕地主要是砂土,土地贫瘠。

(5)租税

耕地大体属于下等地,因此本旗人每垧缴纳租税 30 钱。

(6)水井及农具

本村庄内有水井 3 眼、碾子 2 个、大车 2 辆。

(7)其他

地势高而干燥,不能种植大豆。

4.畜产情况

(1)家畜数量

家畜	成年家畜				仔畜	合计	摘要
	母	公	阉割	合计			
牛	30	1	10	41	15	56	
马	6		3	9	2	11	
绵羊	40	3	5	48	30	78	
山羊	40	2	5	47	20	67	
猪	10	1	1	12	60	72	
驴	10	5		15	3	18	
合计	136	12	24	172	130	302	

(2)饲养管理

牛关在芦草搭的临时牛棚里,马和驴子就在屋外或关马棚里,绵羊山羊关在芦草搭的羊圈中,猪养在土墙围成的猪圈里。各种家畜都只是全年放牧,但对于马和驴子,在耕作时喂给少量的莫石豆和高粱。

(3)卫生

去年一年除了猪的传染病流行外,还有夏季下痢症,因此死亡绵羊山羊7—8只。因为日射病(或是焦虫亚纲?)而死亡牛4—5头。

(4)家畜饮用水

家畜每日饮井水1次。井深四五米,水深1米。

(5)牧场

村庄北边的丘陵地带及西边的甸子可供放牧。放牧使用的是村庄四周1华里左右及西边甸子3华里左右的范围。草种是羊草、狗尾草、芒草等,牧草生长比较良好。

(6)畜产经济

耕畜劳力尚有余力耕作100垧田地。

家畜管理费是:牛实行的是共同放牧,每头牛支付谷物1斗5升。绵羊山羊是雇佣牧人放牧,报酬是一年现金40圆及谷物1.5石。

畜舍设备费及粪尿利用方法和沙巴吐相同。

(7)畜产贸易

交易地点专在大林。去年生产的200余斤绵羊山羊羊毛全都以2斤谷物换10斤羊毛的比例与谷物进行了交换。

自家屠宰的绵羊山羊有10余只,所得毛皮和死亡家畜的毛皮合计有20多张,全部都用于自家消费。

5.交通

主要是与大林往来。

三十三、沙巴吐

1.地势

本村庄的西北方是丘陵,东南方是甸子。

2.户口

(1)户数

房屋样式	蒙古人	汉人	合计	摘要
蒙古包	—	—	—	
中式	27	—	27	
合计	27	—	27	

备注:①包括外旗人1户。

②房屋大体都是土平房,共有房子80间。

(2)人口

性别	蒙古人		汉人		合计	摘要
	成人	儿童	成人	儿童		
男	42	33	—	—	75	
女	30	30	—	—	60	
合计	72	63	—	—	135	

3.交通

本村庄距离大林50华里,与大林往来最频繁。

4.农业情况

(1)农户数

自耕农8户,佃农19户,共计27户。

(2)可耕地

已耕地主要分布于村庄的东部以及西部的4-5华里范围内,约160晌,均属于下等地。

(3)耕种面积及产量

作物种类	耕种面积(垧)	每垧产量(石)	总产量(石)	摘要
大豆	16.0	1.0	16.0	
高粱	48.0	1.8	86.4	

续表

作物种类	耕种面积(垧)	每垧产量(石)	总产量(石)	摘要
粟	48.0	1.8	86.4	
黍	16.0	1.0	16.0	
荞麦	8.0	1.0	8.0	
蓖麻	8.0	1.0	8.0	
其他	16.0	—	—	
合计	160.0			

(4)土质

耕地多为沙土且土质贫瘠。

(5)租税

耕地均为下等地,本旗人每垧耕地交租税30钱。

(6)佃耕惯例

收成均分,麦秆之类的归地主所有。

(7)耕作方法

各种作物的畦宽都是48厘米,耕作方法极其粗放。

(8)水井及农具

本村庄有3口井、4台碾子、9台大车。

5.畜产情况

(1)家畜数量

家畜	成年家畜				仔畜	合计	摘要
	母	公	阉割	合计			
牛	40		10	50	10	60	
马	2		5	7	1	8	
绵羊	30	2	5	37	20	57	
山羊	35	1	5	41	20	61	
猪	8	1	3	12	50	62	
驴	10	3		13	2	15	
合计	125	7	28	160	103	263	

(2)饲养管理

与札巴沙拉营子相同。

(3)卫生

发生有急性鼓胀、疥癣等疾病,去年只有2头牛因此死亡。

(4)家畜饮用水

家畜每日饮井水1次。井深2米,水深0.3米。井水含碱性、呈白色。

(5)牧场

主要用西部的丘陵地作为牧场,其范围只不过2—3华里。

(6)畜产经济

役畜劳力不足的话,从保很召借用。牛粪的使用量为平均每户每年1—2车。

畜舍设备费为:可收容50头牛的苇草搭的临时牛圈一个,6圆40钱(人力费为10个人5圆,芦苇2车要1圆40钱,共计6圆40钱)左右。

由于是牛羊混牧,所以支付雇佣的牧夫的家畜管理费为50只绵羊10个月30圆现金,还有成牛一头付散米子1斗、精白米1升。

(7)畜产贸易

交易地点主要是在大林,但去年没有交易。

三十四、勿吐忙哈

1.地势

该村庄西部为甸子,东部为丘陵。

2.户口

(1)户数

房屋样式	蒙古人	汉人	合计	摘要
蒙古包	—	—	—	
中式	22	—	22	
合计	22	—	22	

备注:①包括4户外旗人。

②房屋围有土墙的人家有3户。

③房屋都是土平房,总建筑面积约为45间房子。

(2)人口

性别	蒙古人		汉人		合计	摘要
	成人	儿童	成人	儿童		
男	28	24	—	—	52	
女	23	23	—	—	46	
合计	51	47	—	—	98	

备注:有4人懂得满语。

3.交通

主要是与大林有货物运送往来。

4.农业情况

(1)农户数

自耕农5户,佃农17户,共计22户。

(2)可耕地

已耕地多分布在丘陵上,约110垧,但均属下等地。

(3)耕种面积及产量

作物种类	耕种面积(垧)	每垧产量(石)	总产量(石)	摘要
高粱	22.0	1.5	33.0	
粟	22.0	1.5	33.0	
黍	33.0	1.5	49.5	
荞麦	16.5	1.0	16.5	
蓖麻	2.2	1.0	2.2	
大豆	5.5	1.0	5.5	
其他	8.8	—	—	
合计	110.0			

(4)土质

耕地为沙土,土质贫瘠。

(5)租税

耕地均为下等地,租税为本旗人每垧地30钱。

(6)耕作方法

耕地由于每年都会遭遇旱灾,所以不能种植大豆。

通常是除草2次、培土1次,但黍和荞麦有时并不培土。

(7)水井及农具

本村庄里有3口水井、2个碾子、3辆大车。

5.畜产情况

(1)家畜数量

家畜	成年家畜				仔畜	合计	摘要
	公	母	阉割	合计			
牛	20	1	10	31	10	41	

续表

家畜	成年家畜				仔畜	合计	摘要
	公	母	阉割	合计			
马	2		1	3		3	
绵羊	60	3	5	68	30	98	
山羊	20	1	1	22	15	37	
猪	10	1	10	21	60	81	
驴	30	10		40	10	50	
合计	142	16	27	185	125	310	

(2)饲养管理

各种家畜均无畜舍设施,且基本上是实行全年放牧,不过在耕作期,会给马、驴喂少量的高粱和谷草,猪则是全年喂谷类及糠。

(3)卫生

去年只因中毒症死亡绵羊10余只、畜牛4头,并没有其他需要特别记录的疾病。

(4)家畜饮用水

家畜饮水是两日1次或三日2次。井深3.5米,水深0.6米,水呈弱碱性。

(5)牧场

牧场主要是在西部的甸子以及东部的丘陵地带,但其使用范围仅为3华里左右。牧草生长状况一般,每垧地可收干草2,000斤左右。

(6)畜产经济

役畜劳动力还有剩余,还可以耕作100余垧土地。

粪尿的利用、畜舍设备费、家畜管理费与西勿吐忙哈相同。

(7)畜产贸易

贸易地是大林。去年卖出4—5头驴、羊毛若干。

自家屠宰的绵羊山羊有6—7只。

三十五、西勿吐忙哈

1.地势

本村庄的周围4—5华里为甸子,南北有丘陵。

2.户口

(1)户数

房屋样式	蒙古人	汉人	合计	摘要
蒙古包	—	—	—	

续表

房屋样式	蒙古人	汉人	合计	摘要
中式	20	—	20	
合计	20	—	20	

备注:①包括3户外旗人。

②房子围有土墙的人家有4户。

③房子均为土平房,总建筑面积有45间房子大小。

(2)人口

性别	蒙古人		汉人		合计	摘要
	成人	儿童	成人	儿童		
男	29	24	—	—	53	
女	22	21	—	—	43	
合计	51	45	—	—	96	

备注:通晓满语的有2人。

3.交通

主要与大林往来。

4.农业情况

(1)农户数

自耕农4户,佃农16户,共计20户。

(2)可耕地

已耕地多分布于南部丘陵上,约100垧,均属沙丘地。

基本上没有未耕可耕地。

(3)耕种面积及产量

作物种类	耕种面积(垧)	每垧产量(石)	总产量(石)	摘要
高粱	20.0	1.5	30.0	
粟	18.0	1.5	27.0	
黍	30.0	1.5	45.0	
荞麦	10.0	1.0	10.0	
大豆	5.0	1.0	5.0	
蓖麻	3.0	1.0	3.0	
其他	14.0	—	—	

续表

作物种类	耕种面积(垧)	每垧产量(石)	总产量(石)	摘要
合计	100.0			

(4)土质

耕地几乎都是沙土,土质贫瘠。

(5)租税

耕地都是沙丘地,租税为本旗人每垧地30钱。

(6)耕作方法

各种作物的畦幅都是43厘米宽。易遭受旱灾,所以不能种植大豆。

(7)水井及农具

本村庄里有水井4眼、碾子3个、大车2辆。

5.畜产情况

(1)家畜数量

家畜	成年家畜				仔畜	合计	摘要
	公	母	阉割	合计			
牛	15	1	5	21	10	31	
马	3		2	5		5	
绵羊	15	1		16	5	21	
山羊	5			5	1	6	
猪	5	1	1	7	20	27	
驴	10	5		15	6	21	
合计	53	8	8	69	42	111	

(2)饲养管理

与勿吐忙哈一样。

(3)卫生

猪瘟目前正在流行。另外去年由于急性鼓胀、蝇蛆症、肺炎、下痢症等疾病死亡2头牛、1只绵羊、2头驴。

(4)家畜饮用水

家畜饮水为两日1次甚或是三日2次。井深3.5米,水深0.6米,水呈弱碱性。

(5)牧场

主要是在周围的甸子地放牧。草种方面羊草占了过半,其次是狗尾草。牧草生长状况良好,每垧可收干草2,000斤左右。

(6)畜产经济

役畜劳动力没有过于不足。家畜由自家劳力进行管理。

(7)畜产贸易

本村庄生产的畜产品中,有半数是与来自大林的商贩子进行物物交换,剩下的则是卖掉或者与附近村庄的居民进行谷物交换。

三十六、白兴吐

1.地势

本村庄一带总体平坦,但是西北部丘陵居多。

2.户口

(1)户数

房屋样式	蒙古人	汉人	合计	摘要
蒙古包	—	—	—	
中式	20	—	20	
合计	20	—	20	

备注:①包括8户外旗人。

②房子围有土墙的人家有12户。

③房子均为土平房,总建筑面积有60间房子大小。

(2)人口

性别	蒙古人		汉人		合计	摘要
	成人	儿童	成人	儿童		
男	45	18	—	—	63	
女	30	17	—	—	47	
合计	75	35	—	—	110	

备注:有不少人懂得满语。

3.交通

本村庄距离大林40华里,农畜产品卖出以及日用品购入都是与大林往来。

4.农业情况

(1)农户数

自耕农15户,佃农5户,共计20户。

(2)可耕地

已耕地分布在村庄四周5华里以内,约375垧,均属下等地。

(3)耕种面积及产量

作物种类	耕种面积(垧)	每垧产量(石)	总产量(石)	摘要
大豆	37.5	1.0	37.5	
高粱	93.8	1.5	140.7	
粟	93.8	1.5	140.7	
黍	56.2	1.0	56.2	
蓖麻	38.0	0.8	30.4	
荞麦	20.0	0.8	16.0	
玉米	20.0	1.0	20.0	
其他	15.7	—	—	
合计	375.0			

(4)土质

耕地主要是沙质壤土,地力中等。

(5)租税

耕地为下等地,本旗人每垧交租税 40 钱,外旗人每垧交 2 斗谷物及票钱 20 钱。

(6)佃耕惯例

收成均分,麦秆之类的归地主所有。

(7)耕作方法

各种作物的畦幅都是 44 厘米宽,除草 2 次、培土 1 次。耕地耕作 2—3 年后换耕。

(8)水井及农具

本村庄里有 4 口水井、6 个碾子、11 辆大车。

5.畜产情况

(1)家畜数量

家畜	成年家畜				仔畜	合计	摘要
	公	母	阉割	合计			
牛	10		20	30	4	34	
马	1		3	4		4	
绵羊	10	1	1	12	8	20	
山羊	25	1	3	29	15	44	
猪	20	1	10	31	120	151	
驴	35	20		55	10	65	
合计	101	23	37	161	157	318	

(2)饲养管理

家畜均无畜舍设备。牛在使役时每头提供2合莫石豆、1.5合玉米、1.5合散米子、8斤羊草,休养时放牧。马在使役时每匹马提供1升高粱、3—5合大豆渣或莫石豆、7斤谷草,驴在使役时每头提供3合莫石豆、2合高粱、3斤谷草,休养时马、驴都实行放牧。绵羊终年实行放牧。给猪喂的是谷类和糠,同时也进行放牧。

(3)卫生

没有需要特别记录的传染病。去年只发生过撞伤、急性鼓胀病等疾病,死亡绵羊2只。

(4)家畜饮用水

家畜三天饮井水2次。井深3米,水深0.6米,水量不足。

(5)牧场

牧场分布于北部丘陵地带,东西6华里、南北5华里,南边的平地也有些零散的牧场,草长情况中等,但实际使用范围仅为北部的1华里内、南部的3华里内。

(6)畜产经济

每斗饲料的价格为:高粱1圆,玉米90钱,散米子90钱,莫石豆1圆10钱;100斤谷草50钱,100斤羊草20钱。

役畜劳动力没有过于不足。牛粪使用量为每户每年平均2车,1车60钱。

家畜由自家劳力进行管理。

畜舍设备费与得力很各勒相同。

(7)畜产贸易

贸易地点都是在大林。去年卖掉驴子数头,绵羊山羊的毛皮全部供自家使用。

三十七、得力很各勒

1.地势

北部为丘陵,东部及南部则为甸子。

2.户口

(1)户数

房屋样式	蒙古人	汉人	合计	摘要
蒙古包	—	—	—	
中式	63	—	63	
合计	63	—	63	

备注:①包括10户外旗人。

②房子围有土墙的人家有8户。总建筑面积约为75间房子大小。

(2)人口

性别	蒙古人		汉人		合计	摘要
	成人	儿童	成人	儿童		
男	150	70	—	—	220	
女	130	70	—	—	200	
合计	280	140	—	—	420	

备注:男子大都懂得满语。

3.交通

本村庄距大林 35 里,距钱家店 35 里,农畜产品贩卖和日用品购买主要是与大林往来。

4.农业情况

(1)农户数

自耕农 25 户,佃农 38 户,共计 63 户。

(2)可耕地

已耕地分布在村庄周围 10 华里范围内,中等地 40 垧,下等地 560 垧,共计 600 垧。

(3)耕种面积及产量

作物种类	耕种面积(垧)	每垧产量(石)	总产量(石)	摘要
大豆	120.0	1.8	216.0	
高粱	180.0	2.0	360.0	
粟米	180.0	2.0	360.0	
黍米	30.0	1.5	45.0	
蓖麻	42.0	1.5	63.0	
荞麦	18.0	1.0	18.0	
其他	30.0	—	—	
合计	600.0			

(4)土质

耕地主要是沙土,地力中等。

(5)租税

本旗人每垧中等地交租税 60 钱,下等地则交 40 钱。

(6)佃耕惯例

收成均分,麦秆之类的归地主所有。

(7)水井及农用工具

本村庄内有 6 口水井、6 个碾子、15 辆大车。

5.畜产情况

(1)家畜数量

家畜	成年家畜				仔畜	合计	摘要
	母	公	阉割	合计			
牛	30	2	50	82	20	102	
马	3		5	8	2	10	
绵羊	20	1	3	24	10	34	
猪	14	3	10	27	70	97	
驴	40	20		60	15	75	
合计	107	26	68	201	117	318	

(2)饲养管理

牛关在芦草围成的临时牛圈里,使役时提供黑豆、羊草,休养时放牧;马和驴拴在马棚里或者屋外,使役时喂高粱、谷草,休养时放牧;绵羊山羊关在院子一角,主要是实行放牧;猪关在土墙围成的猪圈里,喂的是谷物和糠。

(3)卫生

猪瘟当前正在流行。另外去年有3头驴死于鼻疽,还因急性鼓胀症、肺炎、犊下痢等疾病死亡驴1头、牛犊3头。

(4)家畜饮用水

家畜每日饮井水1次。井深2米,水深0.2米,水呈弱碱性;水量极其不足。

(5)牧场

牧场为东北部的甸子以及丘陵地带,使用范围在6华里内。草种方面羊草、狗尾草等占半数以上。牧草生长情况尚属中等,每垧可收干草1,800斤左右。

(6)畜产经济

役畜劳动力有剩余,还可耕地100垧。牛粪被用作燃料,每户平均需要2车左右。

一个可容纳30余头牛的用芦草搭建的临时牛圈,其设备费为3.75圆左右(人工费为6个人3圆,1.5车芦苇75钱,合计3.75圆)。

家畜管理费为:牛实行共同放牧,一头阉牛管理5个月需支付谷物1斗及现金0.30—0.40圆;其他的成牛一头管理一年需支付1斗谷物;绵羊由自家劳力管理。

(7)畜产贸易

交易地点在大林。去年卖掉1匹马、15头驴及5—6张驴皮。

生产的牛皮全供自家使用。

三十八、斜不大

1.地势

本村庄与通辽接壤,北部为丘陵,普遍地势低而潮湿,南方有东西5华里、南北5华里的甸子。

2.户口

(1)户数

房屋样式	蒙古人	汉人	合计	摘要
蒙古包	—	—	—	
中式	18	—	18	
合计	18	—	18	

备注:①包括2户外旗人。

②房子均为土平房,总建筑面积约为30间房子大小。

③房子围着土墙的人家有2户。

(2)人口

性别	蒙古人		汉人		合计	摘要
	成人	儿童	成人	儿童		
男	31	22	—	—	53	
女	22	18	—	—	40	
合计	53	40	—	—	93	

备注:1/3的男子懂得满语。

3.交通

均与钱家店进行往来。

4.农业情况

(1)农户数

自耕农2户,佃农16户,共计18户。

(2)可耕地

已耕地分布于村庄的周围,约有40垧地,均属于下等地。

(3)耕种面积及产量

作物种类	耕种面积(垧)	每垧产量(石)	总产量(石)	摘要
大豆	5.0	1.5	7.5	
高粱	15.0	2.0	30.0	

续表

作物种类	耕种面积(垧)	每垧产量(石)	总产量(石)	摘要
粟	10.0	2.0	20.0	
蓖麻	4.0	1.5	6.0	
黍米	4.0	1.5	6.0	
其他	2.0	—	—	
合计	40.0			

(4)土质

耕地为沙土,土质恶劣。

(5)租税

耕地均属下等地,本旗人每垧地交租税40钱。

(6)水井及农具

本村庄里有3口水井、2台大车、2个碾子。

(7)耕作方法

各种作物的畦幅均为43厘米宽,2次除草、1次培土,但荞麦和黍米不进行培土。

5.畜产情况

(1)家畜数量

家畜	成年家畜				仔畜	合计	摘要
	公	母	阉割	合计			
猪	4			4	23	27	
驴	8	3		11	4	15	
合计	12	3		15	27	42	

(2)家畜饮用水

井深3米,水深0.6米,水呈弱碱性。

(3)牧场

南方甸子的一部分作为牧场使用。

(4)畜产贸易

产品贸易地在大林及钱家店。去年卖出驴7头。

三十九、六家子

1.地势

本村庄也处在与通辽县接壤的地带,北边是丘陵,南边有甸子。

2.户口

(1)户数

房屋样式	蒙古人	汉人	合计	摘要
蒙古包	—	—	—	
中式	14	—	14	
合计	14	—	14	

备注:①包括 11 户外旗人。

②房子围有土墙的有 4 户,总建筑面积约为 15 间房子大小。

(2)人口

性别	蒙古人		汉人		合计	摘要
	成人	儿童	成人	儿童		
男	35	18	—	—	53	
女	30	7	—	—	37	
合计	65	25	—	—	90	

备注:一半以上的男子懂得满语。

3.交通

主要是与大林及钱家店进行贸易往来。

4.农业情况

(1)农户数

自耕农 5 户,佃农 9 户,共计 14 户。

(2)可耕地

已耕地多分布于北方的 6—7 华里以内,约 75 垧,均属下等地。

(3)耕种面积及产量

作物种类	耕种面积(垧)	每垧产量(石)	总产量(石)	摘要
大豆	10.0	1.5	15.0	
高粱	20.0	2.5	50.0	
粟	15.0	2.0	30.0	
黍	15.0	1.5	22.5	
荞麦	8.0	1.5	12.0	
蓖麻	4.0	1.5	6.0	
其他	3.0	—	—	

续表

作物种类	耕种面积(垧)	每垧产量(石)	总产量(石)	摘要
合计	75.0			

(4)租税

耕地均属下等地,本旗人每垧地交租税40钱,外旗人每垧交6斗谷物及20钱票钱。

(5)佃耕惯例

收成均分,麦秆归地主所有。

(6)水井及农具

本村庄里有1口水井、2个碾子、3辆大车。

(7)耕作方法

各种作物的畦幅均为43厘米宽,除草2次,培土1次,但黍和荞麦不进行培土。

5.畜产情况

(1)家畜数量

家畜	成年家畜				仔畜	合计	摘要
	母	公	阉割	合计			
牛			10	10		10	
马			1	1		1	
猪	6	1		7	35	42	
驴	13	3		16	4	20	
合计	19	4	11	34	39	73	

(2)饲养管理

家畜均无畜舍设备,整年实行放牧,但是马和驴实行放牧时,给它们提供谷物、糠及谷草,提供给猪的是谷物及糠。

(3)卫生

去年雨季时,有1头牛死于年迈。

(4)家畜饮用水

也使用姚乃拉的水井,家畜每日饮水2次,水量充足。本村庄的水井井深3米,水深1米,水呈弱碱性。

(5)牧场

北方的丘陵地带是牧场,狗尾草占90%,生长良好,但是其使用范围仅为2华里。

(6)畜产贸易

产品贸易地为钱家店及大林。去年卖掉10头驴。

四十、姚乃拉

1.地势

本村庄北方为丘陵,南部为甸子。

2.户口

(1)户数

房屋样式	蒙古人	汉人	合计	摘要
蒙古包	—	—		
中式	14		14	
合计	14		14	

备注:①包括2户外旗人。
②房子围有小土墙的人家有4户。
③房子均为土平房,总建筑面积约为30间房子大小。

(2)人口

性别	蒙古人		汉人		合计	摘要
	成人	儿童	成人	儿童		
男	33	18	—	—	51	
女	26	21	—	—	47	
合计	59	39	—	—	98	

备注:1/3的男子懂得满语。

3.交通

本村庄距大林40华里,距钱家店30华里,主要与钱家店进行货物运送往来。

4.农业情况

(1)农户数

自耕农5户,佃农9户,共计14户。

(2)可耕地

已耕地较多地分布于北方3华里内,有40垧中等地,60垧下等地,共计100垧。

(3)耕种面积及产量

作物种类	耕种面积(垧)	每垧产量(石)	总产量(石)	摘要
大豆	10.0	2.0	20.0	
高粱	28.0	3.0	84.0	
粟米	15.0	2.0	30.0	

续表

作物种类	耕种面积(垧)	每垧产量(石)	总产量(石)	摘要
黍米	20.0	1.5	30.0	
荞麦	12.0	1.5	18.0	
蓖麻	6.0	1.5	9.0	
其他	9.0	—	—	
合计	100.0			

(4)租税

本旗人每垧耕地缴纳40钱,外旗人中等地缴纳8斗谷物,下等地缴纳6斗谷物及票钱20钱,分春秋两次缴纳,租税均为地主及佃户对半承担。

(5)佃耕惯例

收成与地主对半分,副产品为地主所有。

(6)水井及农具

本村庄里有4口水井、3台大车、2个碾子。

(7)耕作方法

各种作物的畦宽均为45厘米,锄草2次,培土1—2次。

5.畜产情况

(1)家畜数量

家畜	成年家畜				仔畜	合计	摘要
	母	公	阉割	合计			
牛			8	8		8	
马			2	2		2	
猪	10	1	5	16	50	66	
驴	15	5		20	5	25	
合计	25	6	15	46	55	101	

(2)家畜饮用水

家畜每日饮水2次。井深3米,水深0.6米,水呈弱碱性。

(3)牧场

与六家子的情况完全相同。

(4)畜产贸易

产品贸易地为钱家店及大林。去年卖掉10头驴。

四十一、坭路特

1.地势

本村庄位于通辽县边界,北部为丘陵,南方为甸子。

2.户口

(1)户数

房屋样式	蒙古人	汉人	合计	摘要
蒙古包	—	—	—	
中国式	26	—	26	
合计	26	—	26	

备注:①含22户外旗人。

②房子围有土墙的有4户。

③房子均为土制平房,总建筑面积有40间房子大小。

(2)人口

性别	蒙古人		汉人		合计	摘要
	成人	儿童	成人	儿童		
男	48	16	—	—	64	
女	32	14	—	—	46	
合计	80	30	—	—	110	

备注:约有30人懂得满语。

3.交通

本村庄距通辽县60里,距钱家店25里,主要与钱家店进行货物运送往来。

4.农业情况

(1)农户数

自耕农10户,佃农16户,共计26户。

(2)可耕地

已耕地分布于村庄的南方及北方的5—6华里范围内,约250垧,上等地、中等地和下等地、沙丘地的面积大体相同。

(3)耕种面积及产量

作物种类	耕种面积(垧)	每垧产量(石)	总产量(石)	摘要
大豆	45.0	2.0	90.0	
高粱	75.0	2.0	150.0	

续表

作物种类	耕种面积(垧)	每垧产量(石)	总产量(石)	摘要
粟	75.0	2.0	150.0	
黍	15.0	1.5	22.5	
荞麦	13.0	0.9	11.7	
绿豆	10.0	0.8	8.0	
大麻子	6.0	1.5	9.0	
玉米	6.0	1.5	9.0	
小麻子	2.0	0.7	1.4	
苏子	2.0	0.6	1.2	
其他	1.0	—	—	
合计	250.0			

(4)土质

耕地主要是壤质沙土,地力中等。

(5)租税

本旗人每垧下等地缴纳40钱(分春秋两次缴纳),外旗人每垧上等地缴纳10斗谷物、中等地缴纳8斗、下等地6斗、沙坨子地缴纳2.5斗及票钱10钱;谷类秋季缴纳,票钱在春季时缴纳。

(6)佃耕惯例

收成与地主对半分,麦秆归地主所有。

(7)水井及农具

本村庄里有3口水井、3个碾子、6辆大车。

(8)耕作方法

春季多雨的时候,随着沙坨子的耕地面积的增加,大麻子、荞麦、小麻子、黍子等的耕种面积也增加。

各种作物都不施肥,播种方式采取豁种,使用小盖楂子覆土。

下等地、沙坨子地的耕地,耕种2—3年就更换一次。

(9)药草采集情况

沙坨子里有野生的麻黄草、甘草,但未被人采集。

(10)其他

农作劳动力过于缺乏,副业仅为养猪、养鸡、狩猎等。

5.畜产情况

(1)家畜数量

家畜	成年家畜				仔畜	合计	摘要
	母	公	阉割	合计			
牛	14		15	29	6	35	
马	2		8	10		10	
猪	7	1	1	9	40	49	
驴	20	15		35	8	43	
合计	43	16	24	83	54	137	

备注:此外还有满铁托管的56头牛及88只绵羊。

(2)饲养管理

牛被关在用芦草围成的临时牛圈里,耕作时提供给黑豆、羊草、谷草,休耕时实行放牧;马和驴拴养在院子里,耕作时提供给高粱、谷草,休耕时实行放牧;山羊整年实行放牧;提供给猪谷物及糠。

(3)卫生

由于猪瘟盛行,已有60余头家畜死亡;另外去年由于急性鼓胀、牛肺疫死的牛有3头,因肺炎、中暑、削瘦等而死的有2匹马、2头驴。

(4)家畜饮用水

家畜每日饮井水1次。井深3米,水深0.8米,水呈弱碱性,水量不充足。

(5)牧场

北部及西部有牧场分布,但是西部作为主要的牧场地其使用范围仅为2华里。草长情况中等,每垧干草产量为2,000斤左右。

(6)畜产经济

役畜劳动力有剩余,还可耕地50—60垧。

根据对预托牛的调查,饲养的46头2岁以上的牛去年生产36车牛粪,但这只是从牛圈中拾集的牛粪,而且从6月上旬到9月中旬的青草期间牛粪软化,也不予拾集。

可收养40头牛牛圈的畜舍设备费为一个8圆左右(芦苇3车2圆40钱,人工费10人5圆,门一个60钱,共计8圆),牛圈是用芦苇搭成的临时性牛圈;牛犊畜舍约可关养10头牛犊左右,3圆15钱(编笆2.5张2圆、芦苇半车40钱、人工费1.5人75钱,合计3圆15钱)。

(7)畜产贸易

产品贸易地是在钱家店。去年卖出马皮2张(单价2圆50钱)、驴皮2张(单价1圆30钱)。但牛皮的话,因为畜主住在通辽,所以都是运往通辽贩卖。

四十二、西四家子

1.地势

本村庄一带为甸子,南部有少量丘陵。

2.户口

(1)户数

房屋样式	蒙古人	汉人	合计	摘要
蒙古包	—	—	—	
中式	20	—	20	
合计	20	—	20	

备注:①包括11户外旗人。

②房子围有土墙的有8户,总建筑面积约为35间房子大小。

(2)人口

性别	蒙古人		汉人		合计	摘要
	成人	儿童	成人	儿童		
男	46	18	—	—	64	
女	27	19	—	—	46	
合计	73	37	—	—	110	

备注:有多人懂得满语。

3.交通

本村庄距钱家店35华里,距通辽80华里,主要与钱家店进行货物运送往来。

4.农业情况

(1)农户数

自耕农10户,佃农10户,共计20户。

(2)可耕地

已耕地分布于西部6华里范围以内,约200垧,均属于下等地。

(3)耕种面积及产量

作物种类	耕种面积(垧)	每垧产量(石)	总产量(石)	摘要
大豆	20.0	1.0	20.0	
高粱	60.0	1.2	72.0	
粟米	60.0	1.2	72.0	

续表

作物种类	耕种面积(垧)	每垧产量(石)	总产量(石)	摘要
黍米	20.0	1.0	20.0	
荞麦	10.0	1.0	10.0	
蓖麻	10.0	0.8	8.0	
其他	20.0	—	—	
合计	200.0			

(4)土质

耕地主要为沙土,土质低劣。

(5)租税

耕地均为下等地,本旗人每垧地缴纳20钱,外旗人缴纳20钱及2斗谷物。

(6)佃耕惯例

收成与地主对半分,麦秆为地主所得。

(7)水井及农具

本村庄有3口水井,2个碾子,4辆大车。

(8)农产品贸易

产品贸易地均为钱家店,交易旺季为每年10月下旬到11月上旬。下表表示了11月上旬钱家店的谷物市价。另外,通辽的市价比这个通常要贵10钱。

物品名	价格	物品名	价格
大豆	1.59	玉米	0.94
高粱	1.10	吉豆	1.90
粟	0.95	小豆	1.50
荞麦	0.88	蓖麻	1.64

(9)收支计算(1垧)

收入

作物类别	果实			茎秆			合计(圆)
	数量	单价(圆)	金额(圆)	数量	单价(圆)	金额(圆)	
大豆	10	1.94	14.90	1车	0.90	0.90	15.80
高粱	12	1.00	12.00	1000束	100束 0.30	3.00	15.00

续表

作物类别	果实			茎秆			合计(圆)
	数量	单价(圆)	金额(圆)	数量	单价(圆)	金额(圆)	
粟	12	0.85	10.20	500斤	100斤 0.50	2.50	12.70
黍	10	0.84	8.40	2车	0.50	1.00	9.40
蓖麻	8	1.54	12.32				12.32

支出

作物类别	种苗费			肥料费			劳役费	合计	差额
	数量(斗)	单价	金额	数量	单价	金额			
大豆	1	1.40	1.40				8.06	9.46	6.34
高粱	0.3	0.90	0.27				8.55	8.82	6.18
粟米	0.2	0.70	0.14				8.50	8.64	4.06
黍米	0.3	0.80	0.24				7.21	7.45	1.95
蓖麻	1	1.20	1.20				9.64	10.84	1.48

5.畜产情况

(1)家畜数量

家畜	成年家畜				仔畜	合计	摘要
	母	公	阉割	合计			
牛	5	1	20	26	4	30	
马	2		3	5		5	
猪	6		3	9	25	34	
驴	6	6		12	2	14	
合计	19	7	26	52	31	83	

(2)饲养管理

各家畜均无畜舍设备。耕时,提供给牛黑豆、高粱、谷草、羊草,休耕时放牧;马和驴耕作时提供给高粱、黑豆、谷草,休耕时提供给高粱且放牧;给猪提供谷物及米糠。

(3)卫生

猪瘟目前正在盛行,已经导致15头家畜死亡。另外,去年由于疝痛及瘦削等疾病死亡马有1匹、牛有2头。

(4)畜产经济

役畜劳动力没有过于不足。其他的与东四家子的相同。

(5)家畜饮用水

家畜每日饮井水1次。井深4.5米,水深1米。水呈弱碱性。水量不充足。

(6)牧场

牧场主要分布在北部,但是其使用范围仅为2华里。草种方面,高地里狗尾草占90%,甸子里羊草占90%,长草情况中等。

(7)畜产贸易

产品贸易地为钱家店。去年卖掉病死马1匹(3圆)及1—2头驴。

四十三、东四家子

1.地势

本村庄南部为甸子而西北部为丘陵。

2.户口

(1)户数

房屋样式	蒙古人	汉人	合计	摘要
蒙古包	—	—	—	
中式	20	—	20	
合计	20	—	20	

备注:①包括5户外旗人。

②房子围有土墙的有5户。总建筑面积约为30间房子大小。

(2)人口

性别	蒙古人		汉人		合计	摘要
	成人	儿童	成人	儿童		
男	26	11	—	—	37	
女	24	14	—	—	38	
合计	50	25	—	—	75	

3.交通

主要与钱家店进行货物运送往来。

4.农业情况

(1)农户数

自耕农8户,佃农11户,农业劳动者1户,共计20户。

(2)可耕地

可耕地分布于村庄的东部及北部5华里范围以内,约200垧,均属下等地。

(3)耕种面积及产量

作物种类	耕种面积(垧)	每垧产量(石)	总产量(石)	摘要
大豆	40.0	2.0	80.0	
高粱	70.0	2.0	140.0	
粟米	40.0	1.5	60.0	
黍米	20.0	1.0	20.0	
荞麦	10.0	1.0	10.0	
蓖麻	16.0	1.0	16.0	
其他	4.0	—	—	
合计	200.0			

(4)土质

耕地高而干燥,多为沙土,土地质量贫瘠。

(5)租税

耕地均为下等地,本旗人每垧交租税30钱,外旗人缴纳30钱,之外还要缴纳3升谷物。

(6)佃耕惯例

收成与地主对半分,麦秆类归地主所有。

(7)水井及农具

本村庄内有2口水井、4个碾子、3台大车。

(8)耕作方法

各种作物的畦宽均为52厘米。

5.畜产情况

(1)家畜数量

家畜	成年家畜				仔畜	合计	摘要
	母	公	阉割	合计			
牛	15	1	12	28	10	38	
马			2	2		2	
猪	14	1		15	35	50	
驴	5	3		8	2	10	
骡子	1		1	2		2	
合计	35	5	15	55	47	102	

(2)饲养管理

牛收养在芦草搭成的临时牛圈里,耕时提供黑豆、米糠、羊草,休耕时放牧;马、骡子和驴养在房子外,耕作时提供给高粱、大豆、谷草,休耕时提供给高粱且放牧;给猪提供谷物及米糠。

(3)卫生

猪瘟目前正在盛行,导致20余头家畜死亡。另外,由于中暑及瘦削而死的马有2匹。

(4)家畜饮用水

家畜每日饮水1次。井深2.5米,水深0.4米。水呈弱碱性。水量不充足。

(5)牧场

西北部丘陵地带及南部甸子里虽有牧场,但可用范围仅为2华里。草种主要为狗尾草。每垧干草收获量为1,500斤左右。

(6)畜产经济

役畜劳动力约有50垧左右不足,向其他村庄借用。牛粪的使用量为每户每年平均10车。牛粪不只是在牛圈里收集,2月开始至次年5月在开放牧地里也收集。一般一车平均定价为40钱到50钱。

家畜实行共同管理,交替放牧。

畜舍设备费与坭路特的一样。

(7)畜产贸易

产品贸易地主要为钱家店。去年卖掉1张马皮(3圆),1张供自家使用。

四十四、前也那嘎吐

1.地势

周围丘陵较多。

2.户口

(1)户数

房屋样式	蒙古人	汉人	合计	摘要
蒙古包	—	—	—	
中式	8	—	8	
合计	8	—	8	

备注:①含1户外旗人。

②房子围有小土墙的人家有6户。

③房子均为土制平房,总建筑面积有24间房子大小。

(2)人口

性别	蒙古人		汉人		合计	摘要
	成人	儿童	成人	儿童		
男	31	12	—	—	43	
女	20	13	—	—	33	
合计	51	25	—	—	76	

3.交通

本村庄距钱家店45华里,距大林60华里,主要与钱家店进行货物运送往来。

4.农业情况

(1)农户数

自耕农6户,佃农2户,共计8户。

(2)可耕地

已耕地分布于村庄四周10华里的范围以内,约150垧,均属下等地。

(3)耕种面积及产量

作物种类	耕种面积(垧)	每垧产量(石)	总产量(石)	摘要
大豆	7.5	0.6	4.5	
高粱	15.0	1.0	15.0	
粟米	15.0	1.0	15.0	
黍米	52.5	1.0	52.5	
荞麦	45.0	0.8	36.0	
蓖麻	4.5	0.6	2.7	
其他	10.5	—	—	
合计	150.0			

(4)土质

耕地主要为沙土,土地质量低劣。

(5)租税

耕地均为下等地,本旗人每垧地交租税30钱。

(6)佃耕惯例

收成与地主对半分,麦秆归地主所有。

(7)水井及农具

本村庄里有2口水井、3个碾子、6台大车。

(8)耕作方法

一般除草2次,培土2次;黍、荞麦不进行培土。各种作业一般都较粗放。耕地2—3年更换一次。

(9)药草采集情况

附近的原野里野生的甘草、麻黄草、飞燕草较多。

5.畜产情况

(1)家畜数量

家畜	成年家畜				仔畜	合计	摘要
	母	公	阉割	合计			
牛	15	1	9	25	8	33	
马	6			6	1	7	
绵羊	16	1		17	13	30	
山羊	3			3	1	4	
猪	2	1		3	13	16	
驴	4	2		6	3	9	
合计	46	5	9	60	39	99	

(2)饲养管理

各家畜都有畜舍设备。牛耕时,提供散米子、羊草、谷草,休耕时放牧;马和驴耕作时提供高粱、谷草,休耕时提供高粱且放牧;山羊只放牧;提供给猪米糠。

(3)卫生

去年因鼻疽死亡马1匹。此外由痢疾、肺坏疽、肠炎而死的羊3只、牛1头。

(4)家畜饮用水

井深7.5米,水深1.3米。水呈弱碱性。水量充足。

(5)牧场

村庄四周是牧场,草长良好,但是其可用范围仅为东北部的2华里以内。每垧干草收获量为2,500斤左右。

(6)畜产经济

役畜劳动力约有50垧地的不足,需从后也那嘎吐借用。

其他的项目与后也那嘎吐相同。

(7)畜产贸易

产品贸易地为钱家店及大林。去年在钱家店卖掉病死马1匹,售价2.50圆。生产的羊毛及毛皮全部为自家消费使用。

四十五、后也那嘎吐

1.地势

周围散布着丘陵。

2.户口

(1)户数

房屋样式	蒙古人	汉人	合计	摘要
蒙古包	—	—	—	
中式	15	1	16	
合计	15	1	16	

备注:①含5户外旗人。

②房子围有土墙的人家有4户。

③房子均为土制平房,总建筑面积有30间房子大小。

(2)人口

性别	蒙古人		汉人		合计	摘要
	成人	儿童	成人	儿童		
男	29	10	3	0	42	
女	21	10	1	1	33	
合计	50	20	4	1	75	

备注:蒙古人中懂满语的有5人。

3.交通

本村庄距大林70华里,距钱家店50华里,货物运送往来次数两地参半。

4.农业情况

(1)农户数

自耕农10户,佃农6户,共计16户。

(2)可耕地

已耕地多分布于村庄的西部及南部7华里范围以内,约220垧,均属下等地。

(3)耕种面积及产量

作物种类	耕种面积(垧)	每垧产量(石)	总产量(石)	摘要
大豆	11.0	1.5	16.5	
高粱	33.0	1.5	49.5	
黍米	66.0	1.0	66.0	

续表

作物种类	耕种面积(垧)	每垧产量(石)	总产量(石)	摘要
荞麦	44.0	0.6	26.4	
蓖麻	22.0	0.8	17.6	
其他	11.0	—	—	
合计	220.0			

(4)土质

耕地主要为壤质沙土及沙土,土地质量低劣。

(5)租税

耕地均为下等地,本旗人每垧地缴纳30钱的租税。

(6)佃耕惯例

收成与地主对半分,麦秆类归地主所有。

(7)水井及农具

本村庄里有4口水井、4个碾子、8辆大车。

(8)耕作方法

本村庄在春季多雨时增加种植高粱、大豆,干燥时荞麦、黍米的种植增加。一般除草2次、培土1次,对荞麦、黍米只进行1次除草。

(9)药草采集情况

很多野生的飞燕草。

5.畜产情况

(1)家畜数量

家畜	成年家畜				仔畜	合计	摘要
	母	公	阉割	合计			
牛	70	2	30	102	40	142	
马	15	1	16	32	5	37	
绵羊	100	3	15	118	80	198	
山羊	70	2	10	82	50	132	
猪	8		3	11	45	56	
驴	10	8		18	4	22	
骡子			2	2		2	
合计	273	16	76	365	224	589	

(2)饲养管理

各家畜都没有畜舍等设备,全年实行放牧,但耕作时提供给羊草;马、骡子及驴耕作时提供给高粱、谷草,休耕时放牧;山羊只用来放牧。

(3)卫生

猪瘟目前正在流行。去年因瘦弱、疥癣、鼓胀、中暑等而死的有4头牛、10只山羊。

(4)家畜饮用水

家畜每日饮井水1次。井深四五米,水深1米。水呈弱碱性。水量不足。

(5)牧场

牧场主要使用东北部的丘陵地带,其范围为5华里左右。草长良好且每垧干草收获量为1,500斤至2,000斤。

(6)畜产经济

役畜劳动力有剩余,还可耕作150垧地,可借与附近村庄使用。

其他项目与满金敖相同。

(7)畜产贸易

产品贸易地为大林及钱家店。去年有4张牛皮上市到大林;200斤单价22钱的羊毛、70斤单价15钱的山羊毛、20张绵羊山羊毛皮上市到钱家店。

绵羊山羊毛皮约生产30张,供自家用的有10多张。

约屠宰绵羊山羊20只供自家用。

四十六、满金敖

1.地势

本村庄西北部丘陵连绵,南部为甸子。

2.户口

(1)户数

房屋样式	蒙古人	汉人	合计	摘要
蒙古包	—	—	—	
中式	30	—	30	
合计	30	—	30	

备注:①含8户外旗人。

②房子围有大土墙的人家有7户,围有小土墙的人家有7户。

③房子均为土制平房,总建筑面积有70间房子大小。

(2)人口

性别	蒙古人		汉人		合计	摘要
	成人	儿童	成人	儿童		
男	120	60	—	—	180	
女	80	60	—	—	140	
合计	200	120	—	—	320	

备注:本旗人中有多人懂得满语。

3.交通

本村庄距大林80华里,农产物的卖出及日用品的购入均与大林进行货物运送往来。

4.农业情况

(1)农户数

自耕农18户,佃农12户,共计30户。

(2)可耕地

已耕地多分布于南部5华里范围以内,约400垧,均属下等地。

(3)耕种面积及产量

作物种类	耕种面积(垧)	每垧产量(石)	总产量(石)	摘要
大豆	80.0	0.9	72.0	
高粱	100.0	1.2	120.0	
粟米	80.0	1.5	120.0	
黍米	40.0	0.5	20.0	
荞麦	36.0	0.5	18.0	
蓖麻	16.0	1.0	16.0	
玉米	32.0	1.0	32.0	
其他	16.0	—	—	
合计	400.0			

(4)土质

耕地普遍是壤质沙土,少数是沙土,土地质量低下。

(5)租税

耕地均为下等地,本旗人每垧地缴纳租税30钱。

(6)佃耕惯例

收成与地主对半分,麦秆类归地主所有。

(7)水井及农具

本村庄里有2口水井、15台大车、9个碾子。

(8)耕作方法

各种作物的播种方式均为豁种,高粱、大豆除草、培土各2次,其他作物各是1次。无论种植什么,每三四年都要换耕(轮作一次)。

(9)药草采集情况

附近原野里野生的甘草、麻黄子较少。

5.畜产情况

(1)家畜数量

家畜	成年家畜				仔畜	合计	摘要
	母	公	阉割	合计			
牛	50	2	31	83	35	118	
马	13	2	20	35	7	42	
绵羊	80	2	15	97	50	147	
山羊	120	3	20	143	80	223	
猪	6	1	4	11	50	61	
驴	9	5		14	5	19	
骡子	1		3	4		4	
合计	279	15	93	387	227	614	

(2)饲养管理

牛收养在野榆树围成的临时牛圈里,全年实行放牧,牛耕时,提供给羊草;马、驴和骡拴在院子里,耕作时提供给高粱、谷草(一匹马一天的量为高粱1升、谷草8升),休耕时提供给高粱、谷草之外还放牧;绵羊圈养在芦苇或是野榆树围成的圆形羊圈里,只用来放牧;猪圈养在用土墙围成的有遮盖的差挂式猪舍里,提供给谷物及米糠。

(3)卫生

去年由于猪瘟盛行而死的有70余头成猪和仔猪。此外由于体内寄生虫、痢疾、鼓胀等而死的有2头驴、34只绵羊山羊、2头牛。

(4)家畜饲用水

家畜每日饮井水2次,水量不足。井深5.5米,水深1米,水呈弱碱性。

(5)牧场

村庄的周围,特别是西北部丘陵地带有相当面积的牧场,但其可用范围仅为周围的5华里内而已。

草种主要为狗尾草,普遍草长状况不良,每垧干草产量为700斤至1,000斤。

(6)畜产经济

役畜劳动力没有过于不足;不只在牛圈里收集,冬季也会去牧场里拾取牛粪,一户一年平均使用3—5车。

饲料价格为(每斗):高粱1圆、散米子1圆、莫石豆1圆10钱。

畜舍设备费为:可容纳20头左右临时牛圈一个,5圆,野榆树围成的则要20圆左右。一个可供3—4匹马进食的饲槽10圆左右;一个容纳6—7头猪的猪圈3圆;一个容纳100头左右羊的羊圈,若是芦苇围成的8圆,野榆树围成的15圆。

牛马都实行共同放牧,一头成牛的家畜管理费为1斗谷物及1升精白米;5月份到9月份5个月间一匹马的管理费为1圆;绵山羊放牧时,如果和牛混牧,牧夫的收入为40头一年30圆,只有绵羊进行放牧时,150只羊一年80圆。

(7)畜产贸易

产品贸易地均为大林,去年卖掉羊毛200斤(单价25钱),山羊毛150斤(单价18钱)及绵山羊毛皮18张。

绵羊一年剪毛2次,一只平均产毛3斤,去年有350斤,但其中150斤为自家消费使用;山羊一年剪毛1次,一只平均产毛2斤,去年生产300斤,其中150斤为自家消费;去年自家用而屠宰的绵羊山羊约有50只,生产的毛皮1/3卖掉,剩下的供自家用。

附:农家现金收支一例

调查的农家是在敖奔台经营中等收入家庭的“那须那”家,该家庭有3男2女,2个孩子,拥有的耕地为20垧,其中的14垧租给佃户耕作。

收入各个组成部分:

收入项目	数量(斗)	单价(圆)	金额(圆)	摘要
高粱	45	0.90	40.50	
大豆	25	1.48	37.00	
蓖麻	10	1.30	13.00	
总计	80		90.00	

备注:除此之外,除去自家一年内的估计消费,未卖的谷物还有3石5斗。

支出的各个组成部分:

支出项目	数量(垧)	单价	金额	摘要
租税	20	0.40	8.00	
附记生活必需品			77.00	
喇嘛(赠送)			4.00	
医药钱			3.00	

续表

支出项目	数量(垧)	单价	金额	摘要
农具类			12.00	
总计			104.00	

生活必需品明细:

物品名称	数量	单价	金额(元)	摘要
衣服类			30.00	
食品类			35.00	白面、盐及其他主要为过年时购入
什器类			8.00	
其他			4.00	火柴、线香和其他
总计			77.00	

换言之,就现金收入来说,收入合计90圆50钱,支出合计为104圆,减去13圆50钱的缺损,未卖谷物为3石5斗。据此,可以得出,反而应该有20圆左右的盈利。

日用品购买地以及农畜产物的上市地,与各村庄共同的最短距离相对应,通辽、钱家店、大林的三个市集选其一,即东部各村庄在大林,西部各地方在通辽,中部就与钱家店往来。但由于市价的差异,也有像这种日用品在甲地购买,农畜产物在乙地上市的村庄,并且不少村庄是在甲乙两地同时既买又卖。

各地的度量衡没有差别,与通辽县一样。

西乌珠穆沁调查报告

调查员
满铁铁道建设局计划科
远藤秀友

目 录

一、调查概要

本次调查目的主要是对西乌珠穆沁旗内的地形进行实地观察和一般交通调查。本旗在世界文化潮流的范围之外，仍然处于原始时代形态的追逐水草进行放牧的纯游牧地带。对本旗的那些有美好前景的畜产资源和旗内唯一的重要天然资源的盐湖实际情况进行详细调查，是为了深入研究资源和销路开拓所需的交通路线的价值。

关东军驻林西骑兵部队以西乌珠穆沁为中心的水理调查班参加了这项调查。调查队在昭和八年 8 月 4 日，从大连出发经锦州乘飞机到达林西。在藤本中佐的指挥下，按照下述行程，进行了调查行动。

调查行动的概要(交通工具为汽车)

日期	调查实施概要	宿营地	摘要
13 日	上午 6 点从林西出发，下午 4 点 30 分到达西乌珠穆沁王府，进行林西和西乌珠穆沁之间的调查	西乌珠穆沁	下午 5 点开始与大王会面
14 日	上午做调查的各项准备 下午 1 点开始调查汇报	同上	
15 日	上午 6 点出发下午 3 点 40 分到达オランハラガスーム[①]，进行从王府到其东南方向的地区以及ワンゲンスーム、オランハラガスーム[②]之间的各项调查	オランハラガスーム	
16 日	上午 7 点出发，10 点 30 分到达西乌珠穆沁王府，进行オランハラガスーム和西乌珠穆沁之间的各项调查 下午 3 点开始调查汇报	西乌珠穆沁	
17 日	留在西乌珠穆沁对各自的课题进行调查	西乌珠穆沁	
18 日	上午 7 点出发，下午 1 点 30 分到达西乌珠穆沁王府，进行オブトキンホットカ、ハンベンスーム[③]、西乌珠穆沁王府之间大体是王府西方以及北方的草原沙漠地带的各项调查	同上	
19 日	上午 6 点出发，中午 12 点到达大布苏诺尔进行西乌珠穆沁王府和大布苏诺尔之间的调查，以及下午进行大布苏诺尔的调查	大布苏诺尔	

① 译者注：地名。罗马字读音为 oranharagasūmu。

② 译者注：地名。罗马字读音为 wangensūmu。

③ 译者注：地名。罗马字读音分别为 obutokinhotsutoka，onbensūmu。

续表

日期	调查实施概要	宿营地	摘要
20日	上午进行调查汇报 中午12点出发,2点30分到达ラマクレスーム[①],下午7点回到大布苏诺尔进行大布苏诺尔和ラマクレスーム之间的各项调查		
21日	上午6点出发,下午7点到达东浩济特王府夏季的位置 进行大布苏诺尔和东浩济特王府旗内的各项调查	东浩济特夏季王府	
22日	上午6点出发,10点30分到达西乌珠穆沁王府,进行东浩济特王府和西乌珠穆沁之间的各项调查	西乌珠穆沁	上午6点和东浩济特王的会面
23日	上午8点到11点30分作调查汇报 下午1点到2点进行调查汇报		下午3点开始和王会面,下午5点开始和王府的要员会餐
24日	上午6点出发下午2点到达林西 进行西乌珠穆沁王府和林西之间的各项调查	林西	

备注:上表转载于军队报告。

虽说这次调查是在满洲国外当时国际关系微妙的情况下进行的不合理的轻率的举动,对在这里被限制在极短的时间和极小的范围内没能完成充分的调查感到很遗憾,不过还是对途经各地的地势、交通、资源的情况做了必要记载。

二、一般地势

1.地势概要

西乌珠穆沁,是锡林郭勒盟即察哈尔省内十旗中的一旗,位于察哈尔东北部,西北连着远处的外蒙古,东南方以大兴安岭主脉作为与满洲国的边界。

而且,旗的左右临近东浩济特旗及东乌珠穆沁旗。特别是东浩济特对其旗界内涌出的盐湖即大布苏诺尔的天然资源有着共同采掘及管理权,和本旗有着密不可分的权利关系。并且,该地区以大兴安岭为界形成了所谓的蒙古高原地带。旗的南面总体上都是连续突出的兴安岭的支脉,旗的西北偏北,即与东浩济特所连接的大布苏诺尔附近的地带逐渐形成了戈壁滩沙漠的一部分。

2.山地及平地

受到大兴安岭的影响,旗内的支脉呈现出连绵的山峰的形状。无论朝哪个方向行驶,和平

① 译者注:地名。罗马字读音为 Ramakuresūmu。

地的高度差都只有二三百米。一般不会形成险峻地貌,只是山顶上有岩石裸露。

谷地大体上广阔,山背肥沃,平原宽有 5 到 20 千米的宽度,山地一般呈现出缓慢倾斜的状态,有五分之一到二十分之一的倾斜度。而且,处处有高低起伏的丘陵。远望,恰如屹立在天空下的大山高峰一般,被包含在平原之中。有大平原的感觉。一步步逐渐接近,在不知不觉中到达了它的顶峰。而且,山地、平地一面覆盖着杂草,一般没有地缝和断崖等。

3.沙漠

从王府北边大约 2 千米处有东西方向面积大约 1 千米的不毛的沙漠地带,总体上形成小范围的波状沙丘。沙质总的来说是坚硬的,虽然一般马车可通过,但是载重车辆通过就有困难。

4.河川及湖沼湿地

流经王府及ワンカイオホ[①]附近的バールゴーロ[②]河、バラカラ[③]河及流经东浩济特和ワンガンスーム[④]西侧的南北走向的鸡林ゴーロ[⑤]河以外,没有特别可称为河川之处。

羊肠小河弯弯曲曲的满载清水,奔向尽头直至消失,渗透到沙漠中,隐没在地下。其面积宽度总共有 5 到 6 米,水深在 60 厘米左右。在这附近到处都是湿地或小湖沼,各处的杂草和柳树都很繁茂。而且这些河流所到之处都可徒步涉水,湿地也只有少处需绕路通过,没有交通障碍。

5.森林

在此次调查的地方,兴安岭的主脉和支脉都不见森林,只有河川附近是柳树和榆树的疏林。

6.道路

林西与兴安岭之间黄土中有卵石露出,起伏曲折较多,有耕地,呈现出人马交通比较频繁的道路状况。兴安岭以北的高原地带是草原,地势平坦,无边际的原野上有辙迹形成的自然道路。

并且因为土质大体上是坚硬的沙质(含黄土),因此,不需要任何改良就可供马车和汽车使用。

其道路的宽度,国境以南有 3 到 6 米,以北大体的面积宽度很难判定。由于大布苏诺尔附近有采矿业,所以道路发达。虽然是天然道路,可宽度有 20 米。

7.地质

调查地带的地貌年代已经非常久远了,山顶上有险峻的岩石裸露,多是页岩、凝灰岩和石英粗面岩。并且在道路附近,国境以南及兴安岭ホルトスーム[⑥]之间的地质大体上都是黄土,

① 译者注:地名。罗马字读音为 wankai'oho。
② 译者注:河名。罗马字读音为 bārugōro。
③ 译者注:河名。罗马字读音为 barakara。
④ 译者注:地名。罗马字读音为 wangansūmu。
⑤ 译者注:河名。罗马字读音为 gōro。
⑥ 译者注:地名。罗马字读音为 horutosūmu。

以北一般是以沙质(含黄土)覆盖的很薄的表土。

三、气象

1.气象概要

调查的地方是高原地带,远离海洋,属纯大陆性气候,所以空气清澈又极度干燥。

夏季时由于阳光直射和沙质地带的反射,酷暑难当。与此相反,到了寒冬,又感到刺骨的寒气、凛冽的北风。

除上述原因外,还有一点就是没有森林地带,不具备自动调节暖冷的作用。

基于这个,也就是说,旗民在夏季由于大陆性气候的恩惠,傍晚可求得一点点凉意;冬季是过着在丘陵的背面躲避风雪的自然生活。

2.气温

不能通过本次这样短期的调查作出统计运算。但,在调查中一天的温差较大,温度情况如下所示:

调查期间的气温

日期	13日	14日	15日	16日	17日	18日	19日	20日	21日	22日
上午6点	10℃	10℃	11℃	16℃	15℃	15℃	15℃	15℃	15℃	14℃
正午	43℃	37℃	29℃	27℃	22℃	24℃	22℃	19℃	20℃	20℃
下午6点	24℃	24℃	19℃	17℃	18℃	21℃	16℃	15℃	15℃	17℃
天气	晴	晴	晴	晴	晴	晴	晴	雨	雨	云

与夏季相比,冬季时间要长,春秋二季的时间极短。以现在的气温为基准,季节的区分大致如下:

春——六月

夏——七、八月

秋——九月

冬——十月到来年五月(8个月)

冬季一般都是寒风凛冽,严寒的时候,最低气温纪录为70摄氏度。

3.雨、霜、雪

据说调查的地方降雨期是在六七月份,且空气干燥,一般降雨量少。九月上旬开始下霜,九月下旬到五月是降雪期,至于其降雪量则是在十月达到最大,积雪有达到1米深。那时,由于放牧在草原上的牲畜不断死亡,给旗民生活上带来巨大的恐惧和威胁。

4.风

调查地区整个四季虽然总体上风力不强,但三、四、五月风力相当强。风向大概如下所示:

春——西南

夏——不定

秋——西北

冬——西北

5.结冰、解冻

地面的冻结期是九月下旬开始,到来年五月下旬解冻,结冰的厚度有 1.5 米到 2 米。由于井水为地下水,故很少冻结。

6.水与井

调查地区水量很丰富,水质也很清澈,适合饮用。并且,河川和池湖的水底都是沙质,即使降雨水量增加时也不会变混浊。

在调查经过的地区,井的构造一般是在地表上堆起大约 60 厘米的丘状土堆,在这上面是以小方木块或小圆木块相互交错两三层而构成。地下是用粗石堆积成的圆形或者是草类或草根堆积而成的。到水面的深度有 2 到 5 米,直径有 1 米多。

因此,井大多是挖在位置较低的地方。

调查沿路的井数如下:

林西	355	西乌珠穆沁王府	2
ハンベンスーム①	1	大营子	30
ワンゲンスーム②	2	タブスホシヨウ③	1
ガーチヤ④	3	オランハラガスム⑤	2
タブソスーム⑥	1	コーチイ⑦	1
オブトゲンホットカ⑧	1	スルキネエラ⑨	1
ハムフーズタイ⑩	1	东浩济特夏期王府	1
ラマクレスーム⑪	2	ホルトスーム⑫	2
オゴムススーム⑬	1		

① 译者注:地名。罗马字读音为 hanbensūmu。

② 译者注:地名。罗马字读音为 wangensūmu。

③ 译者注:地名。罗马字读音为 tabusuboshiyou。

④ 译者注:地名。罗马字读音为 gūchiya。

⑤ 译者注:地名。罗马字读音为 oranharagasūmu。

⑥ 译者注:地名。罗马字读音为 tabusosūmu。

⑦ 译者注:地名。罗马字读音为 kōchi'i。

⑧ 译者注:地名。罗马字读音为 obutogenhotsutoka。

⑨ 译者注:地名。罗马字读音为 surukine'era。

⑩ 译者注:地名。罗马字读音为 hamufūzutai。

⑪ 译者注:地名。罗马字读音为 ramakuresūmu。

⑫ 译者注:地名。罗马字读音为 horutosūmu。

⑬ 译者注:地名。罗马字读音为 ogomususūmu。

此外,由于沿道各处都有井水,蒙古地名被冠上ホットガ[①]之名,即根据井的所在来起的地名。

四、交通状况

旗内道路如上所示,主要是在草原中的平地上,由频繁的牛车的辙痕描出的自然发展形成的道路。这些道路未经过丝毫的修整。河流水位低,加上降水稀少,并未给交通运输带来任何障碍。

以西乌珠穆沁为中心的交通发达,主要是由于大布苏诺尔青盐的运出,这又是由于旗民的羊毛兽皮类和他们日常生活必需品的物物交换形成的商贩的通商号。

在此,将以西乌珠穆沁为中心的主要通商号列举如下:

西乌珠穆沁王府—大板上—开鲁—通辽(白音太来)
西乌珠穆沁王府—林西—大板上—乌丹城—赤峰
西乌珠穆沁王府—林西—经棚—多伦诺尔—张家口
西乌珠穆沁王府—大布苏诺尔—外蒙—ユクジル[②]庙
西乌珠穆沁王府—东乌珠穆沁—突泉—洮南
西乌珠穆沁王府—东浩济特—西浩济特—多伦诺尔

察哈尔省内的交通可以通过大小通路走其捷径。但是,和满洲方面的商业往来的交通必须经过大板上或者林西。另一方面,和外蒙的通商状态是,以前苏联教唆外蒙暗杀库伦的活佛,宣布共和国成立以后,就讨厌恐惧苏联如蛇蝎一样,即严禁大布苏诺尔青盐的外蒙输出和旗民的游走,现在交通被断绝。

在这次调查的所到之处,根据汽车的行驶来计算道路的路程如下所示:

调查路程表

调查地区间	路程(千米)
林西、西乌珠穆沁王府	145
西乌珠穆沁王府、オランハユガスーム[③]	72

① 译者注:词缀。罗马字读音为 hottoga。
② 译者注:地名。罗马字读音为 yokujiru。
③ 译者注:地名。罗马字读音为 oranhayogasūmu。

续表

调查地区间	路程(千米)
オランハラガスーム、西乌珠穆沁王府	40
西乌珠穆沁王府、オブトキンホットカ①、ハンベンスーム②、西乌珠穆沁王府	92
西乌珠穆沁王府、大布苏诺尔	143
大布苏诺尔、ラマクレスーム③之间往返	137
大布苏诺尔、东浩济特夏季王府	163
东浩济特夏季王府、西乌珠穆沁王府	60
西乌珠穆沁王府、林西	142
调查路程总计	994

五、人口及户数

西乌珠穆沁一直以来,都在对抗外蒙古以及苏联势力的侵略。始终以极端的锁国主义保持着最古老的传统风俗,至今追寻水草放牧而没有固定的居住地。但是有唯一的喇嘛庙和王府像摩天楼一样耸立在此。只有在这里才可看到喇嘛僧人和王府官吏的集体生活。与前者的移动式蒙古包相比,后者是华美的西藏建筑或中国式的固定建筑。

并且,民族是单一的蒙古族。令人惊异的是,不参加生产的喇嘛僧侣占了全部人口的大半。这就是清朝曾经实施的削弱蒙古民族势力政策的结果。旗内人口表示如下:

喇嘛僧人　15,000 人

男性居民　5,000 人

女性居民　8,000 人

总计　28,000 人

下面将调查地沿路各处的人口户数表示如下:

村庄名	户数	人口	村庄名	户数	人口
林西	1,868	6,158	オブトケンホットカ④	4	20
大营子	100	1,000	东浩济特夏季王府	10	50
カーチヤ⑤	17	70	オゴムススーム⑥	10	30

① 译者注:地名。罗马字读音为 obutokinhotsutoka。
② 译者注:地名。罗马字读音为 hanbensūmu。
③ 译者注:地名。罗马字读音为 ramakuresūmu。
④ 译者注:地名。罗马字读音为 obutokenhotsutoka。
⑤ 译者注:地名。罗马字读音为 kāchiya。
⑥ 译者注:地名。罗马字读音为 ogomususūmu。

续表

村庄名	户数	人口	村庄名	户数	人口
コールチヤ①	2	50	ハンベンスーム②	20	100
ハムフーズタイ③	3	60	タブスホシヨウ④	5	40
ホルトスーム⑤	60	350	タブススーム⑥	15	50
西乌珠穆沁王府	80	500	スルキネエラ⑦	3	20
ワンゲンスーム⑧	55	300	ラマクレスーム⑨	500	3,000
オランハラガスーム⑩					

然而,由于岭南林西县地区虽说是隶属内蒙古,但现在被迁入的汉人占据。其肥沃的地方被作为耕种地,由半农半牧的状态正在逐渐地向全农转化。其建筑也像中国式的固定建筑,人种也是汉人多,蒙古族中被汉化了的人比较多。

六、资源

1.资源概要

西乌珠穆沁旗内的资源除家畜和"大布苏诺尔"青盐以外,能见的几乎没有。

其资源可以说都是天然资源。水比较多,缓慢倾斜的广阔的原野适合牧草的生长和放牧,干燥的空气和风力有助于盐的结晶。

2.家畜

放牧是他们的天性,也是他们日常生活的全部。牛、山羊是养来产奶的,制成奶及奶制品和羊肉一起,成为他们的主食。马作为乘坐的工具供旗民交通使用,牛用于拖拉,以及骆驼用于拖拉及载物。

但是,根据这些,还不能清楚地掌握自然生成的羊、骆驼毛以及羊牛皮的确切数据。根据对现在的放牧的考察,其数量不可轻视。至于其质量,马匹与一般的满洲马相比,体格结实,步伐阔大,也就是说西乌珠穆沁的马很实用。

牛与内地牛相比,体格稍大一点,牵引力强大。在沙漠及湿地地带牵拉的价值同时不容被忽略。

---

① 译者注:地名。罗马字读音为 kōruchiya。
② 译者注:地名。罗马字读音为 hanbensūmu。
③ 译者注:地名。罗马字读音为 hamufūzutai。
④ 译者注:地名。罗马字读音为 tabusuhoshiyou。
⑤ 译者注:地名。罗马字读音为 horutosūmu。
⑥ 译者注:地名。罗马字读音为 tabususūmu。
⑦ 译者注:地名。罗马字读音为 surukine'era。
⑧ 译者注:地名。罗马字读音为 wangensūmu。
⑨ 译者注:地名。罗马字读音为 ramakuresūmu。
⑩ 译者注:地名。罗马字读音为 oranharagasūmu。

然而,因为在这一望无际的旷野或山丘背后放牧,所以不能明确知道其全部数量。并且他们一般都缺乏数量概念,只是以一群来表示自己的所有。这里以各个阶级财产为基准,进行调查。

合并调查地沿路散见的放牧数量,制成表格如下:

西乌珠穆沁旗家畜数量

级别	人数	马		牛	
		单位数量	各级别总数量	单位数量	各级别总数量
王	1		4,000		6,000
协理	4	600	2,400	800	3,200
章京	3	500	1,500	600	1,800
参领	5	400	2,000	200	2,500
佐领	21	300	6,300	400	8,400
喇嘛寺	10	1,000	10,000	1,500	15,000
民象	2,000	10	20,000	15	30,000
总计			46,200		66,900

级别	人数	羊(包含山羊)		骆驼	
		单位数量	各级别总数量	单位数量	各级别总数量
王	1		12,000		300
协理	4	1,500	6,000	30	120
章京	3	1,000	3,000	20	60
参领	5	1,000	5,000	10	50
佐领	21	800	16,800	5	105
喇嘛寺	10	3,000	30,000	50	500
民象	2,000	30	60,000		
总计			132,800		1,135

东浩济特、西乌珠穆沁旗内家畜总数表

	骡子	驴	牛	羊	骆驼	山羊
东浩济特	15,000		22,000	47,000	300	9,000
西乌珠穆沁	46,000	50	67,000	111,000	1,100	22,000
总计	61,000	50	89,000	158,000	1,400	31,000

调查地区家畜数量表

按地区划分	骡子	牛	羊	骆驼	山羊
ホルトスーム[①]附近	700	700	2,300		
西乌珠穆沁王府附近	3,800	5,500	22,000	500	3,200
オランハラガスーム[②]附近	1,500	4,500	14,000	50	
东浩济特附近	1,000	1,000	7,000	100	1,000
大布苏诺尔附近	100	200	2,000		400
ラマクレスーム[③]附近	300	500	3,000		400
林西、国界之间	1,170	250	3,150		500

西乌珠穆沁王府附近备有驴10头。

3.盐

青盐的出产地"大布苏诺尔"位于旗西北端,即西乌珠穆沁与东浩济特的旗界之处。其形状扁平,外围长约10千米,岸高约2米。现在从岸上到水边约有15米,水深30厘米至60厘米左右,而且湖位于这一带的最低处,被一望无际的辽阔的平原包围着,只有雨水流入。虽然有一些小河溪样子的地隙,但小河河床常常干涸。湖水主要是从湖底涌出的水,在各处都发现了出水口。

而且考察发现所出之水成为附近水井的淡水。雨水成为地下水集中在地势低的地方涌出期间,通过某种特殊的岩层后溶解涌出含盐的物质。

其盐分在涌出时含有量稀薄,通过炎热和风力的作用水分逐渐蒸发,最终成为饱和的盐水。并在湖底结晶沉淀,厚度可达5至20厘米。喷出口附近是最厚的地方,依次到湖岸,湖底都有结晶。

此外,湖水的比重为25度乃至27度,水温为20至22度。

(8月18日正午)

采盐方法是基于两旗共同开采的基础上,收入方面,西乌珠穆沁三分之二,东浩济特拥有三分之一的利益。将牛车纵队直接拉入湖中,用鹤嘴锄切碎成方便搬运适当的小块后采集运出。

采盐的时节为阴历六月,此时的结晶状态最佳,时常一天能够运出1,000牛车的盐。另外

① 译者注:地名。罗马字读音为horutosūmu。
② 译者注:地名。罗马字读音为oranharagasūmu。
③ 译者注:地名。罗马字读音为ramakuresūmu。

五、七月次之，四、八月出产量最少。当然，上市地点为察哈尔省。主要对于大小巴林、林西、赤峰、开鲁围场、多伦地区、林西地区的调查如下：

洮南地区年总额 80,000 斤

赤峰地区年总额 5,000,000 斤

林西地区年总额 600,000 斤

多伦地区年总额 7,000,000 斤

总计 12,680,000 斤

此外于察哈尔省内销售的盐合并起来接近 2,000 万斤，每月的采盐量表示如下：

"大布苏诺尔"每月采盐表

月份	日平均采盐量(车)	月采盐量(斤)	备注
五月	100	1,200,000	一车为 400 斤(约 64 贯) 一个月按 30 日计算
六月	300	3,600,000	
七月	700	8,400,000	
八月	350	4,200,000	
九月	200	2,400,000	
总计		19,800,000	

此表把五个月计为 150 天，在此期间，折合到每天为 79 吨。而且，这个征税和盐价仅针对能够自由采盐的两旗人民。对于旗外的蒙古人，每车收取约 0.5 元的采盐费。满族人不允许直接采盐，需雇佣采盐工，除了上述费用外，每车还需缴纳 2 元至 3 元的费用。

4.其他资源

看不到其他的资源。据称附近有石灰和烧碱池。遗憾的是在本次实地考察中未能看到。

另外，提及种植林和农耕地这些未来资源，据记载，往古兴安岭主支脉方向，覆盖着森林般郁郁葱葱的树木。从随处即可见三两棵参天大树不难探知其真实性。现在旗民作为燃料用的是类似于干燥牛粪，这也表明在很长的一段年代中，树木被过度砍伐而显示出了缺乏的状态。因此这片种植林也将会非常有价值。

与此同时，作为农耕地的价值方面，考虑到沙质土壤和干旱的情况，是否适合耕作需要有志者研究。

七、结论

此处需要注意的是那些像羊毛类的确切数字仍不明确。其中一部分通过林西、经棚、张家口，从天津被输出到美国，成为美国绒线材料。

像盐一类，现在在内蒙古出售的几乎都是大布苏诺尔盐。关于其出产量，是绝不可小视的。从盐湖的形状观察来看,比起以往好像有逐渐缩小的趋势。不得不说盐湖未来的寿命是与两旗和内蒙的经济变动有紧密联系的,具有研究价值。

围绕此类资源要探讨交通网建设的适当性。如此稀少的人口(或者是对于蒙古人现在的生活方式)基于单一资源"大布苏诺尔",在林西间290千米的区域内建设交通机关,铺设铁路,通汽车的话,在成本的核算上是没有计划的价值的。虽说如此,笔者认为在此等蒙受自然恩惠的放牧地带,可以利用此处的天资,改良各种家畜的品种进行放牧研究,使之成为世界第一的放牧地,建设全新的蒙古。这或许是在日本对苏战争,而且又处于经济被封锁的非常时期值得讨论的最重要的问题。

八、附

林西县内农作产物数量表

种类	单位	单价	全县出产量(石)	耕种面积(顷)
谷子	1石	1.50	80,000	2,000
莜麦	1石	2.00	45,000	1,500
小麦	1石	4.00	15,000	750
荞麦	1石	1.50	7,500	250
糜子	1石	1.50	7,500	250
黍子	1石	1.50	1,500	50
黑豆	1石	5.00	1,000	50
黄豆	1石	6.00	40	1
胡麻	1石	4.00	20	1
大麦	1石	3.00	20	1
豌豆	1斗	0.10	400	20
绿豆	1石	5.00	10	1
高粱	1石	3.00	60	2
芸豆	1石	3.00	450	15
白菜	100斤	0.20	500,000斤	10
白萝卜	100斤	0.30	250,000斤	5
麻子	1石	4.00	400	20
玉米茬子	1石	3.00	400	20
芥菜	100斤	0.20	60,000	2
芹菜	100斤	0.50	150,000	5
马铃薯	100斤	0.50	600,000	20

续表

种类	单位	单价	全县出产量(石)	耕种面积(顷)
黄瓜	100 斤	1.00	30,000	1
葱	100 斤	1.00	150,000	5
蒜	100 斤	3.00	40,000	2
韭菜	100 斤	5.00	250,000	5
菠菜	100 斤	3.00	20,000	1
芫菜	100 斤	3.00	10,000	1
茄子	100 斤	1.00	30,000	1
窝瓜	100 斤	0.50	150,000	5
火芋	1 斤	0.20	25,000	5
鸦片烟			120,000	20

注:全县耕地 5,000 顷(1 顷为 1 段 4 亩 16 步)。

林西全县畜牧产物集散情况

种类	数量	种类	数量
马	8,000 匹	牛皮	3,000 张
牛	15,000 头	羊皮	6,0000 张
羊	100,000 只	羊毛	500,000 斤
猪	25,000 只	猪毛	400 斤
马皮	2,000 张		

林西地方建筑材料单价:

石材 1.5 立方米 3.50 元

松材 0.3 米角[①]长 5.5 米 14 元

柳材 0.3 米角长 5.5 米 10 元

沙子及沙石可以在附近采集

林西地方劳动者薪金:

普通工人一天 0.30 元(包括伙食)

普通工人一天 0.50 元(伙食自备)

木工一天 1.00 元(伙食自备)

① 译者注:面积单位。

泥瓦匠
铁匠 }一天0.80元(伙食自备)
石匠

牛车车夫一天1.00元(伙食自备)

昭和八年10月25日完稿

东乌珠穆沁地方调查报告书

村田熊三

目 录

一、绪言

大正十四年,本社调查科对洮南途经索伦至满洲里,通辽经林西至西乌珠穆沁之间的地区进行了实地考察。对处于以上两地区沿线中间位置的东乌珠穆沁地区以前未曾进行过实地考察。尤其是该地区依傍于大兴安岭,与岭东各旗地区相隔,西北一带面临外蒙古,因其交通受阻,是一个偏僻之地,在政治上,与其他一般内蒙各旗相比,自古以来受到来自中国方面的影响程度相对薄弱。因此,我社内外对这一地区的实地考察也没有重视。

虽然如此,去年满洲国成立后,根据日满国防协议,须加强国防,因此我军部要对这一地区进行实地考察,我社协助进行了此次考察。并一举进行了这一地区在产业开发上必要的各种调查。

对蒙古地区的考察本来就是一件十分困难的事,虽说是一个地区辖内的调查,但在短暂的调查时间内,要弄清其基本情况亦绝非易事。而且,以对东乌珠穆沁地区的畜牧、地质、交通和基本经济情况等进行详细考察为目的的本调查组当初的计划是从洮南出发,往返日程共计 21 天,但调查组到达洮南以后,将以上的日程缩短为两周,并且在到达当地之后,将停留时间限于两天之内。本次调查根据这个日程来实行,调查期间竭尽全力,使调查得以按如下的行程完成。但在返程回到突泉后受连日降雨的影响,洮突间的交通受阻,不得不在当地停留数日。这是本次调查中的一件憾事。

东乌珠穆沁辖内调查日程表

年月日	出发地点	到达地点	逗留地点	摘要
昭和八年 8 月 3 日	大连			
8 月 4 日		洮南		
8 月 5 日到 8 月 10 日			洮南	根据军部的指令在此停留
8 月 11 日	洮南	突泉		
8 月 12 日	突泉	吐列毛都(图什业图未开放地)		
8 月 13 日	吐列毛都	ホーレンゴロ[①](达尔漠旗未开放地)		
8 月 14 日	ホーレンゴロ	ノーナイ[②]庙(东乌珠穆沁辖内)		当天到达ノーナイ庙后往返于该地与东乌珠穆沁王府

① 译者注:地名。罗马字读音为 hōrengoro。

② 译者注:地名。罗马字读音为 nōnai。

续表

年月日	出发地点	到达地点	逗留地点	摘要
8月15日到8月16日			ノーナイ庙	8月15日往返于位于ノーナイ庙西北方向约70吉米[①],海拉尔街道上海拔570地点的东南方向约6吉米处的一个小高地附近
8月17日	ノーナイ庙	吐列毛都		
8月18日	吐列毛都	突泉		
8月19日到9月1日			突泉	因受连日降雨影响突泉至洮南间道路泥泞,交通受阻而致停留
9月2日	突泉	洮南		乘坐飞机
9月3日			洮南	
9月4日	洮南			
9月5日	四平街			
9月6日		大连		

此次的调查按照上述行程进行。毋庸置疑受到日程限制,调查人员自始至终都分乘军用卡车,随车队一起行动。作为调查组,没能获得随时都能在所期待的地点进行预期调查的自由。沿途的村庄、人畜、山川草木矿石和土壤这些事物大都如过眼云烟般一晃而过,来不及细细调查。我们尝试了这种不同的调查方法。

情况大致如此,虽然调查班一致努力,但终究有不完善的地方。本次调查以沿途见闻和已有的研究成果为基调,以下为调查结果。

关于本书中多次出现的度量值和货币:

(一)1方地即45天地,约日语中的32町4反步,1天地(1晌)相当于7反2亩。

(二)1斗约日语中的2斗,1斤是160匁。

(三)价格以满洲国货币为标准。

二、洮南至东乌珠穆沁沿路概况

这是以路过的时间先后为基调,卡车上的见闻,以及利用休息时间和因事故而导致的停留时间内的所见所闻事物的摘要。

东乌珠穆沁派遣的调查队,军部方面的特派将校军官和地方调查班合起来共70余人,加

① 译者注:吉米即千米。

上粮食、汽油和其他所需物资用 18 辆卡车运载,其中 1 辆由于发生故障,从突泉返回。17 辆卡车从突泉出发,途中反复前进、停止,也有车辆故障,因此容易发生各个车辆的行驶速度不同而不能一起行驶或停止。由于我们乘坐的车辆是发生故障最多的一辆,给车队的行驶带来了很大的不便。其经过叙述如下:

备注:在投宿时特别进行的调查事项(附记),和去路相同的归途路线相关的一系列事项在此都省略不记。

8 月 11 日(户数和牲畜数量主要是通过在车上所见从而推测出来的大概数量,关于时间分钟以后舍去不记,以下也是如此)

上午 6 点 50 分(3 小时 10 分钟,36 吉米)从洮南兵营出发西行约 18 吉米附近的一处发现正在新修道路,再前行数吉米经过一个村庄。

上午 10 点整(2 小时 20 分钟,20 吉米)经过新立屯时看到 120 头牛、20 匹马、16 只山羊以及高粱、谷子、玉米、粳黍(散迷子)、马铃薯等。土壤属于冲积层黄土质粘土。该村庄附近有 5 口井,井水可以饮用。有适合放牧的草原,白芥子、野古草、狗尾草、葭、甘草、蒙古蓬等杂草生长繁茂。蒙古蓬一到秋季就呈现出纯白色,羊非常喜欢吃。据说这种植物对羊毛的质量大有益处。

下午 12 点 20 分(2 小时 50 分钟)因就餐和卡车修理而停车,两辆洮南利民洋行的公交车经过,一辆车上有八九个乘客。

下午 3 点整出发。

下午 6 点 10 分经过水泉,有 6 户人家,30 头牛,土地肥沃,水质优良。

(30 分钟,3 吉米)玉米、谷子、黍子、大麻子、烟草、蓼蓝、细叶百花牡丹、大陆高粱、柳树(柳树的枝条细长坚实,容易剥皮,当地人用于编制柳条筐和水桶等)。

下午 6 点 40 分(1 小时 35 分钟,10 吉米)四五户人家,土地肥沃,种有高粱、谷子、荞麦、小麻子。这期间经过的都属于大波浪式的地形。道路北面约 500 米附近有七八户人家,可以见到高粱、小麻子等物。

下午 8 点 15 分(1 小时 5 分钟,5 吉米)。

下午 9 点 20 分到达突泉留宿于当地的小学。

洮南到突泉之间行车 11 小时 10 分,停车 2 小时 50 分,共计 14 个小时,96 吉米。

8 月 12 日

上午 8 点从突泉出发,8 点 15 分发现牛 20 头、马 20 匹,8 点 20 分道路南面约 800 米附近发现二三十户人家,8 点 30 分经过一条小河,8 点 36 分发现五六户人家,8 点 40 分发现牛 50 头,8 点 45 分道路北面发现 3 户人家,土地肥沃,种有高粱、谷子、大豆、荞麦、小麻子、大麻子。

上午 9 点 8 分,道路北面发现 10 户人家,这一带满、蒙居民混住。有 1 户是喇嘛卿宅(喇嘛卿宅是指把喇嘛送进寺庙的一般的民宅并在其屋顶上挂满白旗)。

上午 9 点 10 分停车(休息 20 分钟),(从突泉出发后 1 小时 10 分钟,22.75 吉米)地名为哈尔太,是奥母亲高勒的一部分。有 10 户 40 人,其中一半是蒙古人。附近有 1 条小河,河底坚硬,有1尺左右深。据说,一整年都不会干枯。

上午9点30分出发(5分钟,1.62吉米)。

上午9点35分停车,邂逅东乌珠穆沁王府的特派使者一行4人,他们携带着1匹送给司令的马,以表示对日军的欢迎。

上午9点45分出发。

上午9点55分越过分水岭的低地种有荞麦、谷子等作物。

上午10点6分发现有5户人家,种有高粱、谷子、烟草。

上午10点11分到达柳条子沟,停车休息19分钟。(与前一次停车时间相隔26分钟,距离相隔8.32吉米)发现柳条子沟有30户150口人,耕地130晌(1晌相当于日语里的约7反步),井2口(清水),猪30头,马3匹,牛65头,驴10头,农作物有高粱、谷子、荞麦以及其他。

井直径4尺,井口到水面为26尺4寸,水深五六尺,水温6度,无色。农历十一月末到二月末为结冰期,农历三月初解冻,农历八月初结霜。

上午10点30分出发,上午10点48分停车,行车18分钟,6.82吉米。其间看到牛40头,驴10头。

上午11点10分出发(因车辆故障花去22分钟)。

上午11点26分,看到人家10户,牛40头。

上午11点35分,到达车家屯(车家营子)停车(就餐,休息1小时),与上次停车时隔25分钟,距离11.05吉米。此处有十五六户人家七八十口人,其中有3户十五六人为满汉人。

有3口稍不洁净的井。牛50头,羊30只,驴20头,猪50头,牛车15辆。旱地6方地(约195町步),1晌(即1天地,相当于日语里的约7反步)收获大豆2石,高粱4石,谷子2石5斗,作物比例大豆五成,小米三成,高粱一成,其他杂粮一成,收成好的时候能收获大豆400石,小米200石,高粱40石。大豆一斗(相当于日语里的两斗)30钱,谷子一斗35钱,牛能卖20元,驴5元,绵羊2元,山羊1.5元,羊毛1斤15钱。流通货币为满洲纸币。

下午12点35分出发。

下午12点42分,道路南面有6户人家。

(行驶20分钟,6.5吉米)这期间,沿着道路附近散落总计有30户人家。

下午12点55分,为渡过一条小河停车20分钟,西南方大约800米处,有10户人家。

下午1点10分出发,行驶8分钟2.6吉米。

下午1点18分,到达哈拉达哈,停车25分钟。此处有6户人家,60人,其中一半是蒙古人,另外一半是满汉人。井水无色无味。种有荞麦、谷子、高粱(少许),这些作物单位收获量为3石左右。有牛50头,马6匹,驴20头。

下午1点43分出发,行驶7分钟2.28吉米,其间看到七八户人家,牛70头,羊80只。(以上所记载的为哈拉达哈的一部分。)

下午1点50分,到达吐列毛都停车。在被称为图什业图王公亲戚的大农户附近散落着一些人家,合计有30户,并发现正处于放牧中的牛60头、马10匹。(本村的概况在其他章节有记述。)

下午2点多确定今晚的投宿地。本调查班投宿在当地的一个中国杂货铺(兴安南分省、吐列毛都、荣兴长)。

从突泉到吐列毛都之间行驶3小时34分钟,停歇2小时56分钟,总计6小时30分钟,行程为61.94吉米。

8月13日

上午5点55分,从吐列毛都出发后经过一条小河,上午6点5分发现道路的北面有10户人家,其中有一处是喇嘛的卿宅。上午6点6分,道路南面的五六户人家中有一处为喇嘛的卿宅(喇嘛出家后都在屋顶处挂着白旗)。6点12分,看到4户人家,荞麦地。6点16分到达タヘンオロム[①],有9户人家,荞麦和高粱等庄稼地,2口井。6点17分,发现2户人家。6点21分,到达オンタンアイロ[②],发现15户人家,另外有10户为村庄(其中有2处为喇嘛卿宅),有牛20头,种有烟草、大麻子、小麻子、黍、小米、荞麦、大豆、苞米,还有极少量的家畜,井3口。6点27分,道路南面有3户人家(喇嘛卿宅1处),所种谷物和上面所记载的相同。6点28分,发现4户人家(喇嘛卿宅2处)。6点30分,道路南面各处散落着两三户人家,牛20头,种有玉米。其他和前面村庄一样,有榆树、柳树等树木。

从吐列毛都出发以来,道路状况良好;接着卡车驶入谷地地区,这片谷地宽在1000米以上。

上午6点37分,到达モーコンネーラ[③]后停车休息13分钟,此时从吐列毛都出发后已有42分钟,行驶了14.87吉米。此处有20户人家(喇嘛卿宅3处),这一村庄附近小河交错,道路状况不好,是一片湿地。

上午6点50分,出发。行驶4分钟1.42吉米。

上午6点54分,停歇6分钟,发现马5匹。

上午7点整,出发。经过一条小河后,发现道路北面有5户人家,附近有适合作为水田的土地约3000町步。

上午7点12分,北面的山麓处有十二三户人家,这一带道路状况良好,山谷低地的范围达2000米。

上午7点14分,发现牛20头,马2匹,这一地区的山谷低地合并为一个地势开阔之处。

上午7点19分,北面约900米附近有8户人家,因为沿着南边的山麓而行,路面坚实,接着又驶入了山谷低地地区。

上午7点25分,道路北面的远近各处散落着一些人家,合计约有20户,沿路可以看到种有粳黍(散迷子)、小米、高粱、少许大豆和荞麦的庄稼地。

上午7点40分,停下来休息5分钟,此时离上一个停歇地时隔40分钟,行驶了14.16吉米。与北面平行的一条道路上,有正前往吐列毛都的蒙古人盐车队。

---

① 译者注:地名。罗马字读音为taben'oromu。

② 译者注:地名。罗马字读音为ontan'airo。

③ 译者注:地名。罗马字读音为mōkonnēra。

上午7点45分,出发。山谷低地范围为2000米左右,水流向东南方向流去。3分钟行驶了1.06吉米。

上午7点48分,中途停留3分钟。北面大约1000米附近散落着十五六户人家。

上午7点51分,出发。

上午8点整,发现牛40头,驴5头。路面状况良好。

上午8点13分,中途停留(距离上次停留已有22分钟,行驶了7.79吉米),休息12分钟。

上午8点25,出发。

上午8点33分中途停留,8点39分出发。此间停歇6分钟。

上午8点43分,到达小川,中途停留。从8点25到此时共计行驶12分钟,行程为4.25吉米。在此停留3个小时32分钟。

本次停留的地方是一个小河交叉的湿地,需加以修复。跨度超过二三十米。为了避免下雨的时候河水泛滥,这里需建一座小桥和一条大约100米的道路。

为了通过这片湿地,派遣队大约花了2个小时50分钟。上午11点30分通过了这一片湿地。然后吃饭和休息花了45分钟。在此期间木下参谋长就前方匪徒出没一事召开调查座谈会,并围绕报告书提交相关问题下达口头指示。(上述的匪徒头目是国荣)。下午12点15分,出发。(行驶20分钟,7.08吉米)

下午12点35分,中途停留5分钟。

下午12点40分,出发。(行驶43分钟,15.10吉米)

下午1点23分,中途停留。(停留18分钟)

下午1点41分,出发。(行驶20分钟,7.08吉米)

下午2点1分,中途停留,我们乘坐的一辆卡车发生了故障。大部分人对这辆车都不抱任何希望了,最后花了2个小时19分钟终于修好。(在此处停车2个小时19分钟)

下午4点20分,出发。上午8点以来,这一路没有看到住房、家畜、庄稼地等。(行驶21分钟,7.43吉米)

下午4点41分,停车。(停留2分钟)与主力部队会合。

下午4点43分,出发。卡车用水缺乏,因而车队供水紧张,南面山麓处有一条小河,但半道有一片湿地,因此没能到岸边取水。

下午4点49分,山谷低地范围约3000米。道路北面有一片草原,由北向南缓慢倾斜,牧草和其他杂草(以ハオーヒン[①]草为主、还有ルイヒプタイ、コシナガワキモト、コイワタデ、[②]松虫草、朝鲜蓬等)生长得很茂盛。

下午4点57分,路线改为向通往西北方向的一条小路行进。

改变预定的路线(即主干道)是因为,前一天得知洮南俄罗斯商人乘坐一辆卡车在通过横穿道路的河流时遇到困难,不得不把车弃在河中,由此判断渡河是一件非常困难的事,所以决

---

① 译者注:植物名。罗马字读音为haōbin。

② 译者注:植物名。罗马读音分别为ruibiputai,koshinagawakimoto,koiwatade。

定改走小路。

下午5点4分,停车(26分钟)。(此时与上一次停车时隔21分钟,距离6.73吉米。)

下午5点10分,出发。

下午5点50分,停车。(停留30分钟)(距离上一停车地点40分钟,9.85吉米)附近有一条小河,得以补充水源。一路上只在此处看到两三只鹰,因而选择在此停留。

下午6点20分,出发,遇一上坡,大伙一起下车,步行。

下午6点30分,中途停留。(行进10分钟,0.5吉米)

这是兴安岭一个支脉的山坳处,叫做ドクトリンターバー①。是图什业图未开发地区的西界,山坳最高处的道路旁边有敖包,由一些小石子堆积数尺之高而成。作为辟邪之用,也可以用来作为旗与旗之间分界的标识。

此地西边的平原是达尔漠旗的未开放地。渐渐进入纯游牧地带(停留25分钟)。

下午6点55分,出发,从山坳的最高处向西边的山麓行进,这是一段下坡路。

下午7点15分,进入平原地区,到处都散落着蒙古包,可以看到成群的家畜。今天早上5点50分从吐列毛都出发到下午7点48分停车为止行驶了大约31.500吉米(约8邦里②)。这期间,沿途不时看到的村庄的房屋构造都是中国式的。此后80吉米(约20邦里)区间完全没看人家和家畜等。房屋也渐渐地变成了天幕式的住房(即蒙古包)。(以上总计行驶35分钟,14吉米)

下午7点30分,停车。到达预定的露营地ホーレンゴロ③。(ホロハ④又叫ダラホッショ⑤)

露营地附近分布着30座小型的蒙古包,看到正在放牧的260头牛,500只山羊,二三十只马和驴。

今天早上出发时,温度是6摄氏度。下午3点时上升到40摄氏度。现在又和早上一样能感受到晚秋的寒气。

目前这一地区附近居住的蒙古人都属于达尔漠旗的游牧民。这一地区的惯例是每到夏季,牧民就迁往该地,到秋季霜降时就移往岭东地区(达尔漠旗南部地区),一直住到第二年。为了便于管理和传达上级命令,达尔漠旗王府任命了村长,村长驻扎在牧民中,负责向牧民征收旗内王公出游和应酬所需要的临时开销费用等事务。征税比例是按照牧民拥有的家畜数量来决定上缴数目,或者换算成现金来缴纳。

从吐列毛都到ホーレンゴロ合计(行驶5小时33分钟,停留8小时2分钟)13个小时35分钟,111.32吉米。

---

① 译者注:地名。罗马字读音为dokutorintābā。

② 译者注:邦里指日本"里",相当于约4km。

③ 译者注:地名。罗马字读音为hōrengoro。

④ 译者注:地名。罗马字读音为horoha。

⑤ 译者注:地名。罗马字读音为darahotsusyo。

8月14日

上午6点10分,从ホーレンゴロ出发往西北方向的高地缓缓倾斜的地方驶去。

上午6点6分,北面有蒙古包(蒙古天幕的住宅)3个。

上午6点40分,南面有蒙古包1个,牛20头,驴30只。

上午6点45分,蒙古包30个,牛100头,山羊150只。

上午6点50分,停车(以上总计行驶40分钟,13.56吉米)。停留25分钟,此地名为ゴロガイナ[①],有蒙古包5个,牛90头,山羊50只,驴10只。在南面山腰处看见一座白庙。

上午7点15分出发,看见蒙古包5个,牛20头。

上午7点45分,从高地西侧的斜坡往下行驶。离开兴安岭支脉地带,进入大片原野。川氏平原属于东乌珠穆沁辖内。兴安岭及其大小支脉的西斜面与东斜面相比,坡度相对较陡。

上午7点55分,停车(大约5分钟)。(与上一次停车时隔40分钟,距离13.56吉米)。

上午8点整,出发。

上午8点12分,来到圆锥形高地南面的山麓地区。(山顶有敖包)

上午8点20分,停车(此处地名为チエンドモ[②])。与从前方来的东乌珠穆沁王府使者会面。(此间总计行驶了20分钟,6.78吉米,停车10分钟。)使者的任务是安排我们派遣队一行人在ノーナイ庙[③]留宿的事宜,我们与使者一起赶往ノーナイ庙。

上午8点30分,出发。因为要赶往ノーナイ庙,行进方向改为西南方向。

上午8点50分,发现蒙古包15个,牛70头,山羊200只,马8匹。

上午8点55分,发现蒙古包14个,牛450头,牛车约100辆。

上午9点17分,发现蒙古包7个,牛80头,山羊300只,马5匹。

上午9点25分,发现蒙古包15个,牛150头,以及分散在其他各处的蒙古包6个,牛400头,山羊500只,马30匹。

上午9点40分,停车。花了7分钟渡过小河,该地区附近被称为ウルガイゴロ[④]。

(与上次停车时隔1小时10分钟,距离23.73吉米)河宽约30尺,深1尺。

上午10点12分,出发。(渡河花了32分钟)

上午10点20分,到达ノーナイ庙。(从ウルガイゴロ到此处行驶了8分钟,2.71吉米)到达庙门前,大伙一起下了车集合,接受木下参谋和矢部派遣队长的训示,以及要求注意的各事项,之后,进入庙中准备留宿的事。

从ホーレンゴロ[⑤]到ノーナイ庙之间行驶了2小时58分钟,停车时间1小时12分钟,共计4小时10分钟,行程为60.34吉米。

---

① 译者注:地名。罗马字读音为gorogaina。

② 译者注:地名。罗马字读音为chiendomo。

③ 译者注:地名。罗马字读音为nōnai。

④ 译者注:地名。罗马字读音为urugaigoro。

⑤ 译者注:地名。罗马字读音为hōrengoro。

下午1点15分,派遣队将校和地方的调查员一同分乘3辆卡车,往西北方向大约30多吉米的王府驶去。

下午1点30分,发现蒙古包7个,牛、马、羊四五十头。

下午2点30分,经过一个小盐湖的东侧。

下午2点45分,到达东乌珠穆沁王府(花费1小时40分钟,行驶33.80吉米),下午3点左右来到王府门前,我们派遣队将校和王公们会面并献上了礼物,双方一起合影留念。之后我们参观了王府。在此期间,地方的调查人员也跟随一起参观学习。岭东地区内的内蒙诸旗王府大都是中国式房屋结构,而该旗王府全都是绒毡式的便于移动的蒙古包。能够看到该王府内的管家和杂役,但看不到像卫兵的人,有些许失落感。

(从ホーレンゴロ[①]出发,途径ノーナイ[②]庙到东乌珠穆沁王府的距离为94.14吉米,行驶了4小时38分钟,中途停车1小时12分钟。)

下午4点15分,从王府出发,中途休息15分钟。

下午6点10分,回到ノーナイ庙。从王府到ノーナイ庙,行驶1小时40分钟,33.80吉米。停车时间为15分钟。

今天的行程为127.94吉米,卡车行驶了6小时18分钟,停车时间为1小时27分钟,但是要除去就餐时间、在ノーナイ庙为留宿做准备的时间以及处理其他事情的时间(2小时45分钟)。

8月15日

上午6点45分,从宿营地ノーナイ庙出发,向西北方的海拉尔道方向驶去(当天我们调查班一半人员向西面的大布苏诺尔行驶)。

上午7点5分,发现南面有牛200头。

上午7点35分,停车,在所属王府的一处牧场停留,有蒙古包3座,牛150头,山羊350只。(到此时已经行驶了50分钟,19.15吉米,在该地考察了大约15分钟)

上午7点50分出发,到8点40分停车,此间共计行驶50分钟,19.15吉米。

在离王府以西1,200米附近的地方遇到了骑马追踪而来的王府的一名官员,他主要是为了避免前方村庄对日本军队(派遣队)的到来而产生误解,提前来告知居民。并且根据王府的指示,他此番也是将此来告知率领我们一行人的派遣队矢部队长。之后他先我们一步往前疾驰而去(这期间停车约10分钟)。

上午8点50分出发,继续往西北方向行驶(行驶20分钟,7.66吉米)。

上午9点10分,停车(25分钟)。

在东乌珠穆沁王族一位亲戚的住宅处停留。这家的主人(是一位老人)出来将矢部队长迎进蒙古包内,畅谈、休息20分钟后我们告辞。属于这家的蒙古包有5个,骆驼14头,绵羊

① 译者注:地名。罗马字读音为hōrengoro。

② 译者注:地名。罗马字读音为nōnai。

650只,山羊50只。

上午9点35分,出发。

上午10点13分,发现牛80头,羊300只(大部分是绵羊)。

上午10点15分,停车(行驶了40分钟,15.32吉米,停车时间为23分钟)。

散布在该地附近的蒙古包共计有20座,牛50头,马40匹,羊300只。在这里我们见到一个从林西到该旗区域来打工的木工(蒙古人),他正在修理牛车。牛车的木材是索伦木材,从某一寺庙购买。制作牛车车轮的木材原价是1圆,两根轴木的修理费用是50钱,等价于羊皮(小型的生皮)2张。木工从每年春暖到初秋一直在该旗区域寻找活计,到晚秋才返乡。

上午10点38分,出发。

上午10点50分,发现蒙古包5座,羊100只。

上午11点10分,停车(行驶了32分钟,12.26吉米)。

在附近的一处小高地就餐。该地在逗留地ノーナイ庙的西北方向约64吉米处,相当于地图上的海拉尔街道海拔570,东南方向6吉米附近。

下午1点出发,踏上朝ノーナイ庙行驶的归途,但是回程要从去时走的路线东边迂回,因此首先把行进方向调为东南偏东的方向,然后渐渐南下。

下午1点45分,停车,在平原上我们见识了蒙古人的马术。(行驶了45分钟,17.24吉米,停车15分钟)

下午2点,出发。

下午2点10分,发现绵羊800只。

目前为止,在沿着道路附近的地方经常可以看到凹凸不平的地表上的小洞,是旱獭子居住的洞穴。还有一种黑色的野草在中国菜肴里被用到,煮过之后就会变白(根据文字得知就是白毛),乍一看像蘑菇。

下午2点30分,在西面2,000米的地方(地名是ハンタカー[①]),看见蒙古包1座,该地附近的牧场分别有牛1,000头、马1,000匹、羊2,000只。

下午2点40分,停车(以上共计行驶40分钟,15.32吉米,在该地停留9分钟)。

下午2点49分,出发。

下午3点,在西面1500米附近的地方有蒙古包五六座。

下午3点38分,停车。到达プリンスム[②](プリン庙)(以上49分钟行驶了18.77吉米)(在此停车20分钟)发现骆驼10头。在该庙的东北方,放养着属于王府的数千头家畜。我们一行人经过该地时正巧碰上这一畜群。

下午3点58分,出发。(3分钟内行驶了1.15吉米)

下午4点1分,停车(7分钟)。看到了圣水泉(有清澈的泉水涌出来,到冬季不会结冰),居民视之为有特效的灵泉。

---

① 译者注:地名。罗马字读音为hantakā。

② 译者注:地名。罗马字读音为purinsumu。

下午4点8分,出发。

下午4点30分,看见牛50头,马10匹,羊200只。

下午4点48分,停车(行驶了40分钟,15.32吉米)。回到ノーナイ庙(从プリンスム到ノーナイ之间有16.47吉米,行驶了43分钟,中途停留7分钟)。

往返合计141.34吉米,行驶6小时9分钟,中途停车时间为3小时54分钟。

8月16日

在停留地(ノーナイ庙)附近进行考察,昨日即8月15日去西面的大布苏诺尔一带考察的一行人于今天傍晚时返回。今天傍晚派遣队长把在该地停留的时间缩短了1天,下达了于明天即17日出发,继续踏上归途的指示。我们做了出发的准备。

8月17日上午6点

从ノーナイ庙出发,回去与来时的路线大致相同,下午9点30分左右到达并留宿在吐列毛都。

8月18日上午7点

从吐列毛都出发,下午2点到达突泉的西侧附近。因河水水量的增加,渡河遇到困难。下午3点终于到达市区。

此后的几天内因为连日降雨,从突泉到洮南之间的交通陷入瘫痪,不得不在此停留10多天,之后,地方的调查人员陆续乘坐军用飞机回到洮南。

三、东乌珠穆沁的位置、地势、面积、户数、人口及其他

(一)位置、旗界

东乌珠穆沁位于兴安岭的起顶部索岳尔济山的西麓,跨越乌尔虎河(今乌拉盖河)流域和外蒙古车臣汗部地区,东至霍尼亚尔哈赖图与索伦交界,东南面依傍布什山脉,与哲里木盟的图什业图、达尔汗两旗以及昭乌达盟的扎鲁特部、阿鲁科尔沁部交界,南至博维古尔与巴林部交界,西北至苏鲁博勒台和额里引什里,且与外蒙古的车臣汗部的左翼前旗相接。正西面至达苏图,西南至温都陀罗海等地区,并与该地的右翼旗相邻。王府处于东乌珠穆沁地区中央稍偏东南的地方,位于洮南以西约91邦里(突泉以西约67邦里),海拉尔以南大约100邦里的地方。

旗与旗之间大都是以山、河为界,如果没有山河,就堆一个敖包来表示边界,原则上各旗不能越过边界进行游牧。

(二)地势、山河

大兴安岭山脉地带

兴安岭山脉横穿东部内蒙古的中央地区宛如形成一处背脊,这一背脊的南端与阴山山脉

错综蜿蜒至西南和南方。兴安岭的分水岭偏向西面。巍峨的石山和成圆顶的山峰有的海拔八九十米,也有海拔只有二三十米的,有的山脉倾斜幅度很大形成悬崖峭壁,也有倾斜成30到60度的斜面的山。这些山脉蜿蜒连绵形成山地地区。水流分别向东西方向流。分水线的西北侧是宽阔的谷地,与起伏缓慢的云际相连,形成大波状的高原地带。该地少河川,多沼泽和湖泊。与西北地方相反,东南侧有无数狭长的谷地,形成山群地带。谷地随地势下降而变得广阔,河川发源于分水岭和山群地带,往东流入平原地带。

锡林郭勒盟东乌珠穆沁地区的地势:处东部内蒙古西北部的锡林郭勒盟地区大部分地方靠近兴安岭的分水岭,形成向西北缓慢倾斜的、成波状的辽阔高原地带,直逼西北戈壁的大沙漠地势低下的地方。

该旗的地势是由兴安岭山群地带以及高原地带所形成,旗内有与兴安岭分水岭绵延的地方和余脉起伏形成的高原地带。与索伦交界的地方多森林,下布图山以西缓慢倾斜形成一处高原地带。该地的土壤属于第四纪层,即由洪积黄土层和冲积层形成。一般来说,见到古代层是很少见的事。主要的山岭有东北部的索岳尔济山和东南部的ハルチヤンウラン[①]峰。

乌尔虎河(又叫做ウルカイゴロ[②]或者ウルゲンゴロ,中文名叫芦河)发源于索岳尔济山的西麓,围绕着山麓向南流,经过该旗王府以东60里的地方后,转向西流去。北部地区有ソユルヂ[③]河,南部地区有インチヤハ[④]河(发源于阿尔科尔沁旗的边界)ホルホン[⑤]河和西拉木伦河,这些河流汇合之后流入西乌珠穆沁旗到达克勒鄂模之后成为潜流。

主要的沼泽湖泊有北部的シラプリト[⑥]湖、东南部的クルト[⑦]湖以及西南部的クルパン[⑧]湖。

(三)气候

关于兴安岭西侧尤其是乌珠穆沁地区的气象,没有任何可以作为依据的调查资料。该地区远离海洋,与亚细亚大陆相连,地域辽阔,地形高低起伏不一。气候大体上不可避免受到大陆的支配。结合相关学说和我们的所见所闻,该地的气候主要如下所示:

①风向、风速

每年从四月中旬到初秋,受到亚细亚大陆低气压的影响,刮南风和东风。同时太平洋大气气流使黄海地方低气压逐渐向北移动,而谷地因被山岳环绕,导致空气气流的流动,刮西南风。尤其是四、五两个月,风速最强烈,可达到每秒30米。而冬季受中国南部低气压的影响,则呈现出与以上正相反的现象,刮北风或者西北风,位于兴安岭西北斜面的该旗地方受此影响,通

① 译者注:山名。罗马字读音为 haruchiyanuran。
② 译者注:河名。罗马字读音为 urukaigoro/urugengoro。
③ 译者注:河名。罗马字读音为 soyuruji。
④ 译者注:河名。罗马字读音为 inchiyaha。
⑤ 译者注:河名。罗马字读音为 horuhon。
⑥ 译者注:湖名。罗马字读音为 shirapurito。
⑦ 译者注:湖名。罗马字读音为 kuruto。
⑧ 译者注:湖名。罗马字读音为 kurupan。

常对人畜造成灾难性的影响。

②气温

该旗地方受上述风向以及兴安岭的影响，与岭东诸旗相比，寒暑交替，温差大，有极端酷烈的天气。我们经过该地(8月中旬)期间，白天气温多为三十七八摄氏度，但是在日落前后，气温一下子就降到六七摄氏度，并且伴着凉风吹散闷热的空气。夏季炎热，冬季寒冷。因广阔原野的关系，温差大。严冬则寒风酷烈，温度低至零下四十五六摄氏度的情况并不少见。四季冷热变化明显。春季，天气暖和时温度为华氏80度，听到雷鸣时表示已经有进入初夏的迹象。一到晚上，气温就忽然降至零度以下，冷气袭人。因此，了解当地的气温变化是必要的。

该旗地方的平均气温以及兴安岭东西两侧地方的气温比较如下所示。(单位为摄氏度，“(-)”表示零度以下)

一月	(-)23度	二月	(-)18度	三月	(-)8度	四月	1度
五月	9度	六月	18度	七月	19度	八月	18度
九月	11度	十月	(-)3度	十一月	(-)8度	十二月	(-)20度

兴安岭东西两侧地方的气温比较

<table>
<tr><th colspan="2" rowspan="2">区分</th><th colspan="2">兴安岭东(图什业图旗附近)</th><th colspan="2">兴安岭西(东乌珠穆沁附近)</th></tr>
<tr><th>下午1点室外
日照温度</th><th>上午2点室外
夜间温度</th><th>下午1点室外
日照温度</th><th>上午2点室外
夜间温度</th></tr>
<tr><td rowspan="3">夏季
(7月)</td><td>最高</td><td>135度</td><td>70度</td><td>122度</td><td>61度</td></tr>
<tr><td>最低</td><td>86度</td><td>55度</td><td>72度</td><td>40度</td></tr>
<tr><td>平均</td><td>103度</td><td>62度</td><td>92度</td><td>52度</td></tr>
<tr><td rowspan="3">冬季
(从12月
到1月)</td><td>最高</td><td>39度</td><td>(-)38度</td><td>31度</td><td>(-)46度</td></tr>
<tr><td>最低</td><td>(-)38度</td><td>(-)45度</td><td>(-)40度</td><td>(-)57度</td></tr>
<tr><td>平均</td><td>30度</td><td>(-)41度</td><td>(-)25度</td><td>(-)49度</td></tr>
</table>

③霜、雪、结冰期、解冻期以及其他

从9月上旬以后开始结霜，10月中旬开始下雪，一直到来年4月。降雪不多的严冬可达到数寸之厚。4月份的晚雪往往有一尺多厚。

11月下旬严寒时开始结冰，一般达地表以下四五尺乃至八九尺之厚，结了冰的河面能通过运货的车辆，沼泽也是如此。解冻是在每年的4月末到5月，这时刮着南风或者东南风，气温显著上升，地面首先解冻。到6月份，地表以下全部解冻。

雨季是在8月。随着地面的解冻，气温开始上升，降雨量不断增加，到8月就进入雨季。多骤雨，可以经常见到短时间内降雨量很大的雨。

(四)幅员、面积

该旗区域东西44邦里,南北36邦里。面积相当于日语里的980方里。

(五)居民、户数、人口

该旗原来分为9个佐领,旗下150个蒙古人编成1个佐领,这种编制至今未变。属于旗编制的蒙古人有1,350人,除去札萨克、旗属官僚、赋役的人员以及喇嘛外,属于一般平民的人数不知其详。根据深受王府信任的瓦利洋行的行主所说,最近该旗区域的人口约达10,000人,其中200人为满汉人,这些外来人口中有一半是行商的,一半是木工、铁工、皮工以及靴工等。

该旗区域的蒙古人是本旗土生土长的居民,常年从事游牧,其住所经常移动,难以进行与之相关的调查。从本旗的面积来看,地域不算辽阔。从旗外迁入的人数少,根据以上王府的人口数据来看,可推测大致人数为10,000人。综合考虑各种情况,推测每一户的人数为5人。与本旗户数、人口相关的数字,如下所示:

本旗总户数2,000户

本旗总人口10,000人

但户数不一定与蒙古包的数量一致,也就是说一户可能只有一个蒙古包,也可能有两个或者多个蒙古包。总户数中包括形成寺庙一角的喇嘛街的户数。

四、东乌珠穆沁旗的沿革及其基本政治情况

(一)变革

本旗的先祖是元代的太祖第18代世孙翁衮都喇尔的长子色棱,号色棱额尔德尼台吉,清初崇德二年和叔父多尔济等人一起率领族人从克鲁伦河来到这里,归顺太宗。顺治三年,受封为札萨克多罗贝勒,其子孙世袭爵位至今。乌珠穆沁部(东、西两旗)和其他四部(浩济特、苏特尼、阿巴噶、阿巴哈纳尔的四部八旗)都属于锡林郭勒盟。其中,东乌珠穆沁旗处于最北的位置,东边是兴安岭山脉,西北一带与外蒙古接壤。无论是中央还是地方,从地理位置的关系上,与中国官民方面为首的外界之间联系不多。因此作为内蒙古地区的纯游牧地带,是一个有着最平淡无奇的发展历程的地方。旗内王公的领地没有开放。现在居住在该旗区域的200左右满汉人经过长年努力方获得王府的许可。一般有不太欢迎外来人口在该区域进行游历的倾向。虽然本旗看似半赤化地带,但满洲事变以来,不允许从本旗辖内到跟北部地区相连的外蒙古区域的一般旅行者经过,因此,现在海拉尔、东支沿线地方与本旗管辖区域的居民之间的通商活动几乎处于断绝状态。而该旗并未有赤化的迹象,且中国化的程度与其他内蒙诸旗相比相对较低,依然保持着纯蒙古式的特征。

(二)旗内政治

在蒙古,部族独立的单位用"部"来表示。根据清初满洲八旗的原则来编成的蒙古八旗在行政划分上属于独立的单位,受札萨克直接管辖,并管理旗内一切事务。因此政治上,属于作

为旗长(札萨克)的郡王独裁专制,原则上不受中国地方官员的置喙。民国政府成立后,发布了对蒙古待遇条例,行政区分上蒙古不再是藩属机构,享受与民国内地同等的待遇,蒙古王公拥有的所有特权和爵位等一切照旧,还提到了其他各种优待条件。总之,该条例的内容和以前是大同小异,这不过是对蒙古王公的一种怀柔政策而已。

(1)**印务处**

印务处是旗内唯一的行政机构,管理旗内的财务、军务、警务、诉讼、宾客接待、文书、粮饷、赋税的征收、入京觐见和贡品等多种事务。印务处的工作人员有协理台吉正、副各1位,管旗章京1位,副章京1位,加上印务梅伦、印务札兰、笔且济和下属人员(助手家臣)等总共有十六七人。但是因没有指定分管各项事务的规则,导致处理事情闲散、任意。

协理台吉(俗称"印君")是旗内级别最高的官职,辅佐札萨克处理旗内事务。如果札萨克出事,则代为管理旗内事务,责任重大。协理台吉的候选人必须是台吉以上出身,由札萨克推选,向蒙藏院提出申请,然后由中国政府任命。

管旗章京(二等台吉待遇)直接听命于札萨克,参与管理行政事务,并总管旗下人丁。管旗章京只能在台吉出身者中选择。没有合适的人选时也允许从下属人员中选拔。

印务梅伦(三等台吉待遇)辅佐协理台吉处理旗内事务,并负责公文、文案的管理。原则上梅伦是从台吉出身中选择,也有从旗内优秀人才中选拔的情况。

管旗副章京(三等台吉待遇)帮助管旗章京处理事务,有时也代理印务梅伦处理事务。

印务札兰帮助梅伦处理旗内事务。

笔且济掌管所有的文书事务,即书记,有数位。

除此之外,旗内还设有9个佐领,每3个佐领中设立1个参领;参领是军政上的官职名,统一管理兵丁,大多由就职于旗内各地局的台吉出任,如没有合适的人选时,直接从佐领中选拔。

(2)**佐领**

佐领是旗编制的单位,壮丁150人编成1个佐领,当壮丁的人数达不到一定数量时则设立半佐领。并且有世管(世袭)、公中(选参)、轮管(轮番)之别,从台吉选任,当没有合适的人选出任时就从骁骑校中选拔。其任务是常驻地方各地,在参领手下掌管兵务和直接管理部下的旗众。本旗有9个佐领,大致管理23人,轮番去印务处上班,将上级命令往下传达,还应完成其他各种杂务。

骁骑校:每个佐领下面设置1名,从旗众中选拔,平常在参领手下做事。

领催:每个佐领下面设置定员6人,全都从旗众中选拔。

升长:每10人(10家)中设立1名,是军制上最下级的官职。

屯达(村长):旗内每一个村落设立1名屯达,处理村内的各项事务,并负责传达王府命令、征税、课赋、佣役、旅行者的迎送和接待等,如遇小事则可以自行处理。一屯大概不下于24户。

(3)**军事**

原来蒙古地区没有兵民之分,奉行旗内全民皆兵的思想。札萨克、管旗、章京、参领、佐领、骁骑校等全都是平常作为管理旗人的官员,一旦发生战事,则统一指挥旗下的民众奔赴战场。

旗下的蒙古人从16岁到60岁都算作壮丁,编入佐领的兵员中。

常备兵:从一个佐领的150人中,选出50人任期2年至3年的时间(现在征募人员的数量不明),常驻王府作为护卫或者驻扎在旗内枢要位置作为警备力量和讨伐强盗土匪。常备兵从札萨克(王府)处领取粮食、武器和军装用品,但是马匹自备。

预备兵:一个佐领中挑选过常备兵后余下的100在家的人员都作为预备兵,受佐领管理。

训练:在蒙古八旗刚刚编成时,定下了极其严格的规定,每一个佐领必须对壮丁进行训练。随着时间的推移,这一规定也渐渐地被废弃了,太平无事时本应由武官掌管的训练甚至会交由文官来掌管,而且军事训练也变成在札萨克举行大规模的狩猎活动时骑马、布阵、包围和射杀动物的武装演练,特别像没有进行过演练一样。因此,尽管有旗的编制,但仍难逃军纪涣散的宿命。不过,其长处在于能造就出一批勤于自主练习、体格强健、品行优良,能吃苦耐劳,擅长骑射但是有勇无谋的兵员,这些人一旦上战场就会相当勇猛。

(4)**司法**

该地的司法制度不健全,裁判权属于印务处,印务处的每一个官员都能作为裁判官。札萨克作为独裁专制的当权者,能够完全自由对案件进行裁判,蒙藏院也不能随便干涉案件的审理。

刑法除了死刑外还有鞭责,处以笞刑以上流放以下的一律改成财产刑,罚收家畜有从罚九定额(马2匹,牛2头,奶牛2头,3岁牛2头,2岁牛1头)到罚三(定额奶牛1头,3岁牛1头,2岁牛1头)不等,其余除了有一五、三七、三九、九九等处罚的名称外还有罚马的规则等。

在缴纳期限之内,不完成缴纳的数额,还要处以鞭刑。缴纳数量在9以上的戴枷锁一个月,犯罪的处以100以内的鞭刑。

如果札萨克自身犯罪,则予以革职降爵的处罚。前几年札萨克图王乌泰发动叛乱,其王室仍然延续下来。因此,与中国内地的军阀相比,内蒙古的王公们处于安定的地位。

(5)**教育**

我们曾在兴安岭以东的靠近中国旧行政区域内的地方旅游的时候,参观了以前私塾式的蒙民学堂,但这次实地调查时完全没见到那种学堂,又没有机会向蒙古政府机关打听,恐怕该旗内没有教育设施。儿童都从家长亲属等人那学到了或多或少的蒙古文字,另外,在旗外的儿童尤其是在中国行政区域内居住的期间内受到一点蒙、汉两种教育,而且一般蒙古人对学习的热衷程度远远低于居住在满洲、朝鲜内陆地区的日本人和朝鲜人。

(三)旗内宗教

至于本旗内的宗教,也和其他蒙古各地一样都是喇嘛教。居民对喇嘛教的信仰逐渐有衰微的特征。大概是由于原本喇嘛教就是为了缓和蒙古特有的骁勇好战的风气,通过圣僧的努力,喇嘛教才得以隆盛一时。随着喇嘛的堕落,所有的戒律都遭到破坏,现在只不过是通过反复利用其他形式的一些规则、仪式,七拼八凑而已。因此,无论蒙古居民多么迟钝,缺乏智慧,也明白其实质。本旗如下所记有6座庙,其中有影响力的是ノーナイ庙[①](有厢房七八十间,喇嘛500人)。寺庙没有支配该旗的札萨克的权力,相反札萨克握有王府寺庙的绝大部分权力。其主要原因是寺庙的财政陷入极大困难。

本旗内的寺庙如下所记:

ノーナイスーム、カビルスーム、ラメンスーム、ローホースーム、グテンタースーム、ブリンスーム[②](以上的"スーム"是"庙"的意思)。

(四)王府现状

东乌珠穆沁王府位于突泉以西约67邦里,海拉尔以南约100邦里。

本旗札萨克(即旗长)名叫道尔济,今年18岁,未成年。其父(前任旗长)名叫棍布苏伦,前清光绪三十一年继承了札萨克多罗鄂尔德尼贝勒的职位,民国元年因拥护共和的功勋,受封为该旗郡王。之后,道尔济继承其父的职位成为札萨克多罗郡王。因道尔济尚年轻,由其叔父辅佐并摄政。其叔父名叫多布丹,任该旗的辅国公协理台吉。王府驻扎的地方因春、秋而异,按照惯例春天和冬天驻扎在ウルカイゴロ[③]的北方奎苏陀罗海,夏天和秋天则迁往喇哈黑石庙地区。民国四年,王府从该旗管辖区域北部的阿力禾同(现在王府所在地以北60里)迁移到现在的地方。

王府兼作王邸,印务处开设于王府的一角处,其他与之相关的机构的建筑都是蒙古包,结构要比普通的蒙古包稍大,总计为八九个蒙古包,共同构成一个简单的衙门。办事房,是札萨克个人处理事务的机构,俗称"王帐"。

拜生达,掌管王府的财务计算、仪注以及札萨克的家事的官员,不参与管理旗内的行政事务,权力与管旗章京不相上下。

哈板,拜生达的部下,设立2人,其任务是监督王府的厨房、厩舍和内务的人事管理等。

包衣达,拜生达的部下,设立二三人,其任务是保管建筑物,监督王府的物品采购,管理账务等。

护卫,在王府当差,从征募的人员中选出。工作1个月或者数月。

注:(1)哈板、包衣达二者均是从旗下各名望家族的子弟中挑选出的有才能之人,挑选出的人去王府当差,通常会被提拔为梅伦。

(2)清初将归降的蒙古各部落首领按照皇族标准封赏爵位。依次是汗、亲王、郡王(多罗郡王为最高级别)、贝勒、贝子、镇国公、辅国公。台吉和塔布囊是蒙古固有的称号。台吉与浑台吉一起是与大汗有关系的人的称号,塔布囊是皇帝的驸马即女婿的称号。

清朝采用台吉和塔布囊的称号来作为爵位,在二者的地位之间设有4个等级的间隔。

靠近中国行政区域的蒙古各旗的王公大多受到中国方面的感化甚大,自然他们的财政支出也激增,不免陷入财政紧张的地步。因此,他们中因没钱修理任房屋柱子倾斜的事并不少

① 译者注:寺庙名。罗马字读音为nōnai。

② 译者注:寺庙名。罗马字读音为nōnaisūmu,kabirusūmu,ramensūmu,rōhōsūmu,gutentāsūmu,burinsūmu。

③ 译者注:地名。罗马字读音为urukaigoro。

见。而且随着土地开放,原来放牧的地区现在都农耕化,变成人口稠密的地带。

贫困潦倒的蒙古人到一些更加偏远的地方和荒芜的原野进行畜牧作为生计,以求安生。然而锡林郭勒盟尤其是东乌珠穆沁部地区接触汉人文化事物的机会很少,仍然保持着蒙古以往的形态。王公们至今仍如以前一样睡帐篷,畜牧以及将天然产物作为唯一的财产。至于金钱方面则有中央政府发放的年俸,这些对他们来说已经足够。民国政府成立时,在蒙古待遇条例中规定了仍然按照清朝给予各蒙古王公等人的年俸和配给的待遇。

以下列举了一两条主要内容:

发放的种类	给郡王的定额	给辅国公的定额
俸给	1,800元	300元
年俸银	100两	
俸米	1,710元(280石,换算成银元)	285元(47.5石,换算成银元)
甲赏	450元	150元

俸禄(去北平出差的差旅费,在京城期间的补助和口粮等)

除了以上所示外,一般收入的种类如下所示:

1.对旗民征收的赋税收入

①赋役。由王公台吉每年向其下属即几代相传的臣仆征收的赋税(5头牛以上征收1只羊,20只羊以上征收1只羊,40只羊以上征收2只羊)。

②当差钱。对被编入佐领的在职人员(如在乡兵)每年征收银一二两至三四两。

③税赋。是对除了以上所说的下属及被编入佐领的人员之外的普通百姓征收的税赋(两三百户至四五百户左右)。对拥有牛的数量在100头以上的所有者每100头牛就征收大牛1头,拥有羊的数量在100只以上的每100只羊征收6只。

④临时征税。在札萨克的红白事或者上京、游历、移营等时以各种名义征收的赋税。

⑤此外还有处罚罪犯和违反规则的人时征收的钱物。

2.对行商者征收的杂货进口税(官差)。牛车1辆(杂货承载量约为400斤)征收34钱。

财政支出内容如下所示:

1.札萨克的花费。即旗长一家的生活费,上京的差旅费和在京期间的各种花费,以及要购入给中央政府身居要位的官员和地方官员的赏赐的费用,交际应酬费用,王邸的修缮费,其他还有王帐即拜生达以下的护卫、典仪及杂役的伙食费,务工费等都包括在札萨克应承担的费用中。

2.王府的事务费。包括印务处的事务费,官吏的津贴,仆役的伙食费。

3.军事费用。即兵器的补充、修理,弹药,装备、马具的新制和修理费用,现役兵的伙食费和津贴,马粮费(在野草缺乏的地方调派兵员的粮草费)。

4.捐赠给喇嘛庙的费用。即寺庙的修缮费,喇嘛僧人的供养费。

5.临时费用。包括红白事、宾客接待、狩猎、相扑、赛马的费用。

6.旗内赈灾费用。遇上凶年、灾害时的赈灾费用,例如雪深或者瘟疫的流行导致家畜大量死亡时的赈灾费。

以上的收支情况虽不十分明朗,但大致如上所记。本旗地区与外界联系甚少,只是在去北平或者奉天旅行时要花一些费用,而其他与中国的行政区相邻的各旗的王公们每年奢靡之风愈甚,应酬交际愈频繁,花费冗多,常导致收支不平衡,不得不想办法借钱,因而有为应付中国政府而玩弄奸计的人,但是本旗的王公们中则没有这种不良风气。这完全是地理位置即交通不便的原因所致。换句话说,因交通不便阻断了和中国的官民之间的深交。

五、基本经济情况

(一)从经济发展过程看兴安岭东西两侧未开放地带的差异

现在,内蒙古未开放地带大致可以分为游牧、定牧、农牧混合及农业地带等四类。兴安岭主脉以西的锡林郭勒盟(包括东西乌旗十旗)、呼伦贝尔及外蒙古等地为游牧地带,现今仍过着逐水草而居的原始游牧生活。

兴安岭东侧未开放地带是定牧地区,也就是在一个地方定居,靠畜牧业为生,或农业畜牧业兼营,或专门从事农业,因地制宜,各有特点。不论何地,凡在同一旗内从事农业的蒙古人,一般都是从其他旗,尤其是从中国行政区、或与之相邻的蒙古地带移居而来。其农耕技术是此前跟熟悉的中国人接触期间学到的。因此,他们多居住在中国式的房屋内,各种习惯都和满汉居民很相似。其不同之处主要在于不使用通用货币,尚未脱离物物交换。

如前述,以兴安岭主脉为分水岭,两侧未开放地带蒙古居民的生活状态有所不同,既和中国对蒙古地区的移民政策有很大关系,地理位置也是不可忽视的原因。兴安岭东侧气温较高,土质较好,适合草木生长。与之相反,兴安岭西侧的锡林郭勒盟地区寒暑差别特别明显,且在温和季节也无法避免天气骤变,加之土质大体不良,适合农耕之地很少。东乌珠穆沁地区被这一天然大障碍阻断了通往岭东各地区的交通,其西北一带地区又因政治障碍被外蒙古隔挡。因此,东乌珠穆沁没有受到外来影响,仍墨守古老的风俗习惯,尊重畜牧业,保持着和以前差不多的状态,未看到什么变迁。

(二)居民的生计

本旗辖区内无人从事农业。每年春天到初冬这段时间,会有满人、汉人、其他一两个俄罗斯商人在某处搭个帐篷从事贸易或游历行商。旗内普通百姓以畜牧业为生,逐水草而居。此外,在旗内居民中,有为王公官员从事杂役的,有现役士兵,还有预备役民兵。这些人根据各自的环境同时从事畜牧等其他职业。为获取生活费,喇嘛从事自西乌珠穆沁辖境往外贩盐这种特殊职业。旗内居民大致可以分为以下几类:

(1)**旗下的蒙古人**

①哈日浑(黑人)与喇嘛僧人相对的词语,包括三类:

第一类是被贬为庶民的“台吉”,他们原先是王公贵族;第二类是家臣阿尔巴图,他们世代从属于“台吉”等王公贵族;第三类是被解放后独立成家的奴仆。

注:兴安岭东侧各旗中,有些地方给予家臣一定的土地,让其从事农牧业。但这种现象在本旗没有看到。

奴仆属于奴隶阶级。当初入侵或统治域外之地时,蒙古人掠劫满汉俘虏为奴,并将这些这些俘虏及其子孙称为奴仆。奴仆立有功勋者,可随时被解放并升入平民阶级。

②其他普通蒙古百姓。年满18岁的成年男子,除患病或残疾等情况外,都载入旗的"丁册";女子年满18岁则记入"丁籍"。成年男子直到60岁都要承担服兵役的义务。就像别的项目记载一样,他们在各地都要接受佐领的监督。除作为常备兵当差以外,他们还要在各自的乡土从事畜牧业。一旦有紧急情况,必须接受临时征召。

(2)**喇嘛**

喇嘛属于特殊阶级。除内蒙的小库伦和其他一两个地区外,本县的喇嘛在王公的管理下毫无权势,全然不像外蒙的喇嘛权势凌驾于王公之上。旗内各喇嘛庙,除特殊情况外,近年没有得到王府的定期补助。近几年,百姓对喇嘛之信仰逐渐衰退,布施渐少。在我们客居的ノーナイ庙,喇嘛每人每月的生活费约10元。为获得生活费,喇嘛往外贩卖西南300多里外大布苏诺尔地方产的盐巴。这种盐巴在其产地一车(400斤)5元20钱(其中1元20钱是税金),从产地到ノーナイ庙的运费是60钱,一车盐合计5元80钱。在庙附近,一车盐能卖六七元,吐列毛都附近能卖约10元。另外,ノーナイ庙有七八十间僧房,是能收容约500个喇嘛的旗内大庙。

(3)**旗外迁入的居民**

从旗外移居本旗的居民非常稀少,主要原因如下:

①如前所述,本旗位于兴安岭西侧,基本与外隔绝,交通不便。

②在内蒙古,移居至其他旗未开放地带的蒙古人,总体而言,原先在与中国行政区接壤的地带处于受压迫、遭驱逐的状态。他们因此逃离故地,进入其他旗的辖区。他们很多人利用与满人、汉人接触期间学会的农耕技能从事农业。他们不得不选择适合农耕、且允许农耕的未开放区域。但本旗辖区内,适合农耕之地不多,且王府不允许经营农业。

③我们去的地方是在图什业图和东乌珠穆沁两旗接近地带的间隙,达赖汗旗的西北部地区,在此地发现有少数的达旗蒙古游牧民。这恐怕是因为该地区属于达赖汗管辖范围。他们这些达旗蒙古人不会进入东乌珠穆沁管内,就算是进入,那也是暂时的。笔者认为,这不能算是达旗的蒙古人移住本旗。

(三)居民的衣、食、住

(1)**服饰**

官袍承袭清朝样式。在旗内,除特殊场合外,一般着便装,既不戴官帽也不穿官袍。官帽在公事场合外不用,日常都戴便帽。官帽用藤皮编成,呈圆锥形,上附红缨,还镶有表示官位阶级的红绿等各色宝石。平民的衣服大体和中国差不多,只是稍微长点宽点。他们喜欢红色、紫色、藏青色、绿色的单色衣服,颜色艳丽。阴历十月上旬至四月中旬穿冬装,五月初到八月初穿夹袍或单袍,有时穿几层单袍。贵族及富裕者的着装,根据各自的嗜好模仿满汉上层人士。普通百姓的冬装是将绵羊皮发酵鞣成革,毛露在外面,领口至下摆以黑天鹫绒镶边,制成长袍,在外面再套上以同样方式制成的短褂套,头戴毛皮制的帽子。中下阶层略有不同。为了御寒,将羊皮有毛的部分穿在里面,还穿着内衬皮毛的长袖,外披衬有羊毛的坎肩。衬衣很少用白色,多喜欢藏青色或蓝色,长度及膝,有时候和上衣同长。此外,＊子,＊套等,大体上和中国式的东西有显著差异。

旗内男子大都束腰带。腰带末端在前面交叉,垂于腰两侧作为装饰。腰带后方佩戴燧石器具,右后方挂蒙古刀,左后方是＊,前面挂嗅烟容器袋等东西。另外,脖挂佛像,或手戴珠串等蒙古特有的风俗,在旗内也可经常看到。

妇女的衣服大都＊之上穿着带有各种黑白边饰的长坎肩,与沉重的头饰一起呈现出异样的风致。这与普通开放地带及附近地区的蒙古妇女有着别样的风味。所穿鞋子基本都是皮制长靴(进口产品或者手工制品),但夏季穿布制的短靴或半长靴,有时候也打赤脚。寝具一般都是直接以毛皮衣物代用。中层阶级以上的人,一般都铺毡子;毛的部分相对,把羊皮毛叠起来,缝到大布匹上制成被子。

(2)**食物和饮用水**

纯游牧地带不大量使用属于贵重品的杂粮谷类和加工产品。主要食品是兽乳、乳制品、兽肉和茶等,此外还有些许从其他地方购入的谷类。饮用水主要来源于河流、沼泽、水塘、井水;冬天结冰时主要靠冰雪(作为水源)。

①牛奶

挤牛奶在阴历三月末到同年九月末这段时间进行。夏季早晚各 1 次,其他季节早上或者傍晚共 1 次。1 头牛年产奶约 1 石 5 斗。

挤奶一般属于妇女的家务活。挤奶时蹲在奶牛腹下,桶放在面前,两手拇指、食指和中指顶起乳房,将牛奶挤进桶里。如果奶牛产奶量减少,则反复给小牛犊哺乳催奶。并用山羊奶和牛奶制成各种食物。

②乳制品

奶皮子

将鲜奶倒入锅中,煮沸并搅拌,待到水分蒸发后文火慢熬到次日早上,此时,其表面凝结一层厚厚的乳脂。将其晾干即可食用,或拌炒米倒入茶水一起食用。每 7 斤鲜奶能制 1 斤奶皮子。奶皮子是上等的乳制品。

成分:

脂肪 62.52%　蛋白质 19.08%　乳糖 8.32%　水分 7.52%　矿物质 2.44%　食盐 0.12%

黄油(奶酪)

夏季奶牛泌乳旺盛时制做。制法是,先将鲜奶倒入木桶,在日光下静置 1 到 2 天,使其表面凝结出脂肪;再将其取出,倒入锅中加热,使水分蒸发掉,就得到黄油。黄油收纳在罐子里,或塞进干的绵羊胃囊里,用绳子绑紧开口。食用黄油时加入少量炒米和茶。

每 20 斤鲜奶能提炼出 1 到 2 斤黄油。

成分:

脂肪 99.941%　矿物质 0.059%

奶豆腐

把制作奶皮子剩下的奶浆或制作黄油余下的奶渣放置3到4天,待其发酵。当奶浆或者奶渣凝结成块,与水分相互分离时,用纱布之类的东西把多余的水分过滤掉。然后将固体部分倒进锅内,边煮边搅,直到水分都散去。达到粘着程度时,将其压进木制模型(长1尺、宽6寸、深1寸,或者长宽5寸、深2寸左右),然后放在日光下晒干。十二三斤鲜奶才能做不到1斤的奶豆腐。其用途和黄油差不多,可作为出行时携带的干粮。

成分:

蛋白质52.33% 水分27.95% 脂肪13.86% 矿物质4.99% 乳糖0.82% 食盐0.05%

奶果子

提炼奶皮子或黄油剩下的部分,直接或放置四五天使其发酵之后,加入小麦粉、砂糖之类的东西,然后将其填入木制模型里,待其干燥凝固。奶果子是日常食品,和奶豆腐一样,既是外出旅行时便于携带的干粮,也是款待贵客的一道茶点。

酸奶

酸奶有两种。一种是把鲜奶放置一段时间,让其自然发酵凝固而成;另一种是把提炼奶皮子或黄油剩下的部分放置一段时间,让其自然发酵而成。酸奶和茶或其他食物一起食用。

奶酒

奶酒由酸奶制成,或将制作奶豆腐后剩余的奶浆与鲜奶混合搅拌而制成。再将其放入羊皮袋或桶内,时不时搅拌一下,经过大约1个月的时间使其充分发酵。然后将其倒入锅中煮。水蒸气不断上升,遇冷凝聚形成酒精。这种蒸馏提取酒精的方法和酿造烧酒一样,只是酒精成分很少。每10斤鲜奶仅能制成1斤奶酒。奶酒平时不喝,只在特殊场合饮用。

白油

主要在纯游牧区使用。被称为富含脂肪成分的酸奶,作为白色带有酸味的调味料倍受重视。

③兽肉

食用肉多为羊肉。祭祀日、节日等款待贵客的场合一定会提供食用肉。此外还有将牲畜作为赠品的惯例。和羊肉相比,牛肉很少作为食用肉,只是在庙会上富人才吃。贫民仅能食用病死的牛。杀牛时会在牛血中混入面粉,灌入干燥的肠衣内保存。

兽肉除了作为特殊的菜肴食用,还可以把数斤甚至10斤以上的去除胆囊的内脏直接放入煮沸的锅中,加上些许盐煮熟,然后各自用小刀切成适宜的大小食用。

本旗往往谷类供给不足,所以和兽乳一样,兽肉的摄取量也很多。牛奶的摄取量大约是岭东蒙古人的两倍多。兽肉的摄取量也有明显差别。

本旗中等阶层五口之家,供食用的羊一年大概需要25头。且内脏大部分用于食用,小肠用作灌肠。胃袋、膀胱等物件干燥后用作保存黄油等东西的容器。

④茶

茶是蒙古各阶层的日常必需品,且用量很大。壮年人一天常会喝好几次,大碗至少喝八九碗以上。尤其在蔬菜缺乏的本旗,需靠喝茶来调节饮食。蒙古人喝的茶主要是砖茶,极少使用茶叶。砖茶是由茶的茎叶压缩而成的板状固体茶。

其喝法是,将砖茶磨碎或用小刀斧子等削碎,然后和水一起放入锅中加热;去除大的茶渍之后,放入鲜奶或者乳制品,再加入少量的盐一起煮沸。这也就是汉语里说的奶茶,也叫蒙古茶。

旗内下层蒙古人用一种削下来的树皮代替茶;或者摘取一种高度及膝的草的嫩芽,将其晒干作为茶的代替品。

⑤谷类

炒米

将散迷子放入锅中烘烤去壳。食用方法有很多种,一般情况会加入少量盐作为调料,用茶泡至柔软食用,或者拌着乳制品吃。还可以放入羊肉汤中,做成炒米肉粥吃。除上流人士外,用量一天平均 5 至 7 勺;贫困者的用量在此之下。

小米(精粟)

吃法和炒米大体相同。

面粉

因为是谷类中最重要的食物,其用量不多。中层以上的人平常多少都会储备一些,用于节日祭祀或款待贵宾。此外,王公贵族和富人会将面粉作为日常食物。其食用方法是加水少许充分揉搓后拌黄油、香油等捏成圆形,在锅中倒入半锅油,油炸食用。做法和中国的油饼相同。另外还用于做馄饨等。

粉条子(豆素面)

粉条子多为上层人士食用。蔬菜仅限于富有的人食用。蔬菜从岭东地区购入,制成酸菜或咸菜后食用。普通百姓会获得些许芹菜、大蒜或韭菜;或可采摘野生韭菜之类,将其腌制为腌菜食用。

⑥盐、砂糖和其他嗜好品

盐主要使用西乌珠穆沁辖下大布苏诺尔所产的盐。

手工制作奶果子饼时需要用到砂糖。多使用红砂糖或者白砂糖的下等品,有的上层人士也使用方糖。但这种针对蒙古人制作的冰糖较为便宜,便于携带和储存。

烟草

主要使用烟叶,另外会随身携带用于表示礼节的鼻烟。烟叶通常用手捏碎放进烟袋,用长烟管吸烟。

鼻烟

鼻烟是由鼻孔吸入的烟草制品。主要从中国南部进口。是一种呈褐色粉末状的烟草,带有特别的香气。年满十五六岁的男子,不论贫富,基本都会随身携带一个密封的容器[①]。鼻烟只用于表示礼节,但在喇嘛僧人之间有更为实用的吸法,就是用勺子装些许粉末凑近鼻口嗅吸。

① 译者注:即鼻烟壶。

烧酒(高粱酒)

烧酒适合一般蒙古人的嗜好。但本旗在偏僻的地方,所以饮用的人很少。且商人为牟利大量掺水,所以纯正的烧酒很少。

⑦饮用水

居民一般逐水草而居,自河川、沼泽、湖泊、水塘等处取水,因此水井很少。除了在屈指可数的几个王府喇嘛庙等地外,其他地方很少有水井,但偶尔也会在路途中发现一两个。水井大多粗糙简陋。溢水部用石头或者木板围起来,为防止周围墙壁的沙土脱落,井口用圆木等东西堆砌起来或用树枝围起来。水质尚好,只是稍微有点浑浊。这是由于水井构造欠佳,居民给家畜饮水时,附近的污水容易流入或渗透到井里。ノーナイ[①]庙附近的井地面距水面有十五六尺,井水深二三尺。调查时(8月中旬),岭东的水温在10度左右,岭西平均水温为0度。阴历十一月到三月,本旗的水井会结冰。

东乌珠穆沁地区的沙层大体很厚,但随着向西面的大布苏方向推移,沙层渐渐变薄。宝拉格苏木西边七八十米附近地区,被沙层隔挡。兴安岭西侧斜面的地下水是从高原地带的东乌珠穆沁地区流向大布苏地区。经过沙层过滤,所以宝格拉苏木地区附近的水质非常好。

本旗辖境内河水比较清澈,本旗东北部嵌入到兴安岭西侧的斜面里,所以辖境内河川很多。其源泉是在兴安岭的森林地带,而且水流的速度快河底比较坚实。因此降雨期浑浊的水、泥土等不会长时间滞留。然而沼泽的水色一般呈现出浅褐色或浅绿色。在降雨期水量很丰富,在干旱天气的季节里水量明显减少,水色就会变得更加浑浊。沼泽和湖水附近一角的地区,那里地表的沙土或者牲畜的粪尿等所有不干净的东西在风雨中不断流入沼泽湖水然后滞留堆积。

(3)住房、家具及燃料

①住房

在本旗地区除庙外,没有中国式的房屋。王公以下的一般官民都居住在纯蒙古式的帐篷(蒙古包)里。蒙古包有固定式和游动式两种,本旗地区的居民基本都是纯游牧居民,所以普遍使用游动式,尤其是毡式包。这些蒙古包是由木架(编壁和伞骨圆顶)和外罩做成。根据蒙古包的大小使用4到32扇编壁不等(高约为4尺,长七八尺),支架编壁围成圆形,上盖伞骨状圆顶(屋顶),其中央建造一个*形或*形的基台,把直径约1寸,长约8尺至1丈多的柳木以放射状向外延伸,插孔到可移动的底座上,制成雨伞的形状。在蒙古包中央部位用2至4根支柱来搭建。

将上述各种材料用皮制的绳子围捆起来,外罩是用毡子。冬天的时候在蒙古包四周和顶部罩二三层,夏天的时候罩一层。蒙古包内的直径从9尺至2丈不等。距离入口大约五分之二的地方有土灶,其余地面上会铺上毡子等。入口对面是主人的床铺,右边安放佛龛,其他的空间就作为家人的床铺,放置衣服、粮食、工具及马具等东西的地方。

喇嘛庙,大多都建在风景优美的地方。在中央设置本堂和几座副堂,两侧或者后方连接着

① 译者注:地名。罗马字读音为 nōnai。

僧房,形成喇嘛街。这和其他地方的庙大同小异。

②家具

因为蒙古居民总是会转移地方,所以只备有日常必不可缺少的东西。即佛龛兼用的柜子、衣柜、橱柜等各有一个,还有放食品、杂具的容器以及用兽皮毛等自制的大大小小的囊,这些东西平时也会挪作他用。炊具里有二三个锅、木器、土器、乳制器用具、酿造器、发酵用壶、捣茶臼、兽皮制的吊桶、水桶、烛台、柳木编成的拾牛粪的筐和耙子,还有畜牲用的长杆、马绊索、马鞍等。尤其是在食器类里,相比较而言陶瓷器类的比较少,可能是担心迁移过程中会破损,多用木碗。因此形成这些习惯。

③燃料

燃料主要是用野兽的粪便,牛粪最多,马粪作为燃料使用的也很多。而且牛粪除了作为燃料用外,还用于填补蒙古包的缝隙,或给寝具用的羊皮着色。

(四)旗内蒙古家庭经济状况

自民国元年以来,动荡频繁,一般的中国居民自不必说,各旗的蒙古人民都多少受到些经济上的打击,特别是下层阶级的人民。唯有本旗领地,和中国领域相隔甚远,在偏僻地区,因此旗内居民得以始终保持他们的生活状态。各阶层仍旧保持着和以前一样的状态,至今仍未看到些许进步的趋势。大概是因为四周环境没有什么变化,处于相对安全的环境里。与此同时,也没有受到外来的刺激,于是他们墨守着旧有的习惯,无所事事,敷衍行事,陶醉于太平的生活之中。

现在在说明蒙古人一家的经济状况的时候,必须事先理解最需要注意的事情,即:蒙古人把家畜作为他们唯一的财产。

他们拥有再多的家畜也绝对没有觉得自己的家畜过多这一观念。他们为了购买日常必需品,即食品和杂货等物品,会用家畜和畜产品作为费用的来源来支付,他们不图现金收入和储蓄。因为他们不会储藏多余的杂货品,所以购买食品杂货等物品的价格和家畜与畜产品的总价格相一致。

换言之,本旗输出蒙古物品(家畜、畜产品和其他)的总额既没有超过也没有低于本旗输入食品杂货等其他必需品的总额。

总而言之,一般既没有入超也没有出超。但是,旗内在市价问题这方面,由于有企图获得不义之财的外来商人,他们以欺瞒的方式抬高供应给蒙古人物品的物价,因而基于等价交换的原则,蒙古物品的价格也与之相对应的被引致高价。例如,事实上 1 头牛 50 元,商人把 30 元的杂货谎称为 50 元,然后蒙古人就用 1 头牛来交换 30 元的杂货。

所以 1 头牛的真实价格为 30 元。像这样在蒙古地区的市价只是由外来商人欺瞒的报价,这样的报价标准无论如何也不能应用于正式的市场交易。和这相关的情况会在后面重复说明,下面就试着讲述一下本旗内蒙古地区一家的经济状况。

(1)中层阶级家庭的经济状况

举一个例子说明:

东乌珠穆沁辖境内中层阶级5口之家(成年男子2人,成年女子1人,老人、小孩各1人)但是,下面的数据,是将老人和小孩合起来看作1个成年人来计算的。所以合计为4个人。

财产:

蒙古包2个(1个包90元) 180元

牛车4台(1台12元) 48元

家具、炊具等所有物品 50元

小计278元

牛80头(1头平均40元) 3,200元

马20匹(1匹平均40元) 800元

羊300只(1只平均3元) 900元

小计4,900元

合计5,178元

收入

牛每年产小牛20头(其中小牛死7头,成长后死5头,长成8头)

收入(从老牛开始依次卖掉(8头牛平均每头40元)) 320元

卖掉死牛的牛皮大小12张(1张平均3元) 36元

马每年产仔3匹(其中成长中和成长以后死2匹,长成1匹)

收入(卖掉1匹) 40元

卖掉马皮大小3张(1张平均2元)) 6元

羊每年产仔60只(其中死掉36只,长成24只)

长成后依次卖掉24只(1只平均3元) 72元

收入(毛皮大的25元,小的36元) 30.80元

(1张大的平均80钱,1张小的平均30钱)

239只羊产羊毛478斤(1只2斤,1斤15钱) 71.70元

合计576.50元

备注:①家畜的死主要是因为饿死、冻死和兽疫致死。

②有25张大的羊皮是作为自家用的粮食而宰杀。

支出

①食物费用

种类	一人一天平均分量	单价	一家一年所需数量	价格	摘要
牛奶	3合	1钱/合	4.32石	43.20	牛奶1斤约2合
奶豆腐	0.50斤	10钱/斤	720斤	72.00	奶酒4斤2元,烧酒价格不明,就按照奶酒的标准
黄油	2.20匁	50钱/斤	24斤	12.00	

续表

种类	一人一天平均分量	单价	一家一年所需数量	价格	摘要
烧酒和奶酒	4.32	5 钱/斤	120 斤	8.00	1 只羊 3 贯 150 匁，食肉分量 30 斤，为获得 750 斤肉就需要 25 只羊，并除去 1 只 3 圆的皮
羊肉	500.00	8.4 钱/斤	750 斤	63.00	
（以上为自给品小计 198.20）					
炒米	1 合	1.5 圆 / 斗	1.44 石	21.60 圆	
面粉	4.4 匁	0.15 圆 / 斤	40 石	6.00 圆	
粉茶	1.1 匁	0.20 圆 / 斤	10 石	2.00 圆	
月饼	0.76 匁	0.50 圆 / 斤	7.00 石	3.75 圆	月饼、砂糖等的品种分为上中下，在蒙古是以上等品的价格贩卖下等品。茶的价格是以 50 米#到 1 圆的平均价格计算
茶	10	0.60 圆 / 斤	90.00 石	54.00 圆	
砂糖	1.25	0.30 圆 / 斤	11.40 石	3.42 圆	
烟叶	8.00	0.50 圆/斤	70.00 石	35.00 圆	
盐	2.50	0.02 圆/斤	22.00 石	0.44 圆	
以上为受给品小计 126.21 圆					

②食品以外的生活费用

类别	自给	受给	合计	摘要
住宅（包）车辆等的修理费	4.00 圆	1.00 圆	5.00 圆	点灯用及车辆用的油是大麻子油，很少使用石油
什物家具修补费	2.50 圆	1.50 圆	4.00 圆	
衣服装饰之类的修补费	10.00 圆	12.00 圆	22.00 圆	燃料是拾集的牛马粪，男女老少都适用
马具费用（包括附属品）	1.00 圆	0.30 圆	1.50 圆	临时雇佣费用一个月 5 圆，但是有奴才的很少临时雇佣
消耗品杂货	2.00 圆	10.00 圆	12.00 圆	
临时雇佣费用和其他		30.00 圆	30.00 圆	
以上自给 19.70 圆，受给 54.80 圆，小计 74.50 圆				

上述的支出总括如下：

项	自给	受给	计
粮食费用	198.20	126.21	324.41
衣住费用	19.70	54.80	74.50
合计	217.90	181.01	398.91

根据上面所示,本旗中层阶级的成年人一人的生活费,一年大约99圆70钱,其中55%是靠自给,45%是靠受给。

③特殊种类的支出

<table>
<tr><td>王府的赋税</td><td>90 圆</td><td rowspan="4">王府的赋税是每100头牛征收1头大牛,每100只羊征收6只的比例,其他时候王府也会征收些临时的赋税。其比例不定,推定100头牛和马征收1头大牛,300只羊征收8只羊</td></tr>
<tr><td>向庙的捐赠</td><td>30 圆</td></tr>
<tr><td>贺仪、葬祭、款待宾客和赠送礼物需要的费用</td><td>20 圆</td></tr>
<tr><td>装饰装具和其他临时购买的物品等</td><td>15 圆</td></tr>
<tr><td colspan="2"></td><td>其他的费用用家畜或者乳制品来支付</td></tr>
<tr><td colspan="2">合计</td><td>159 圆</td></tr>
</table>

收支结算

总收入576.50圆

总支出340.01圆

	自给	受给	合计	
粮食费用	198.20 圆	126.21 圆	324.41 圆	557.91
衣住费用	19.70 圆	54.80 圆	74.50 圆	
特别种类的费用			159.00 圆	

注:在上述支出里自给金额的217.90圆,是由自家的物资及自家的劳力费用而构成的,该费用的金额应该是收支相抵消了。所以这个从总支出额里扣除了的话,支出额为340.01圆。

扣除收支,剩余236.49圆。

上述的扣除剩余不是现金也不是杂货类,最终只不过是评价家畜的增加数量。

(2)**下层阶级的生活费用**

下面所示的是下层阶级的生活费的一个例子:

东乌珠穆沁辖境内5口之家(3个成年人、1个老人、1个小孩),算4个大人。

①食品费

<table>
<tr><th>粮食品种类别</th><th colspan="2">一家一天的消费分量和价格</th><th>一家一年的消费价格</th></tr>
<tr><td>牛奶(包括乳制品原料)</td><td>3升</td><td>0.30 圆</td><td>108.00 圆</td></tr>
<tr><td>兽肉</td><td>340 匁</td><td>0.12 圆</td><td>43.20 圆</td></tr>
<tr><td>谷类</td><td>1升</td><td>0.04 圆</td><td>14.40 圆</td></tr>
<tr><td>其他(茶、砂糖、盐、烟草、酒等)</td><td></td><td>0.11 圆</td><td>40.00 圆</td></tr>
<tr><td colspan="4">小计(自给151.20圆,受给54.40圆)205.60圆</td></tr>
</table>

②衣住费用

	自给	受给	计
服饰费用	4.00 圆	12.00 圆	16.00 圆
购买消耗品杂货类费用	9.00 圆	1.40 圆	10.40 圆
住房和车辆修理费	3.00 圆	1.00 圆	4.00 圆
什器家具费	2.00 圆	2.00 圆	4.00 圆
马具费用	1.20 圆	0.30 圆	1.50 圆
小计	19.20 圆	16.70 圆	35.90 圆

③上述总括

种类	自给	受给	计
粮食费用	151.20 圆	54.40 圆	205.60 圆
衣住费用	19.20 圆	16.70 圆	35.90 圆
合　计	170.40 圆	71.10 圆	241.50 圆

根据上面的数据，本旗下层阶级者一家的生活费是 241.50 圆，每人平均约 60.38 圆。

（3）**生活费用与物资供求关系**

下层阶级一家的生活费（大人、小孩共 5 人）是 241.50 元。将下层阶级的生活费与中层阶级的生活费进行比较，并推算二者的中间阶层的生活费。

阶层	生活费	人均	自给	受给
中层阶级	398.91	99.70	55%	45%
下层阶级	241.50	60.38	70%	30%
上述两者的中间阶层	320.21	80.05	62%	38%

根据上述数据，随着阶层的降低，需要接受外来物资的补给越少，即所谓的购买力逐渐下降。因此现在假设在本旗辖境内普通居民一家的生活费为 300 元，那么他们每年至少需要从别处购买约 100 元的生活必需品。因此，他们凑出必需品的资金时，家畜的标准数量大致为：

牛 30 头，马 10 匹，羊 100 只

或者牛 30 头，马四五匹，羊 200 只

又或者牛 20 头，马两三匹，羊 300 只左右。

在这些数量标准以下的，如“牛 10 头，马两三匹，羊 100 只”的情况下要维持一家几口人的生计有点困难。因此，为了弥补这种不足，他们会去别人家做苦工，或做杂役、牧夫等工作，还有的居民会向外贩卖盐，也有试着到山林里去打猎，或采集白毛等，用各种方法来维持生计。

(4)**旗内各阶层拥有家畜数量的增减以及其他**

综合我们在当地亲眼见到的牛马羊群和与之相关的诸方面的信息,列举出推定的本旗各阶层居民饲养主要家畜的大致数量,如下所示:

贵族富豪等拥有二三百头牛,1,000匹马,一两万只羊,有一两个特别高阶层的,其他为一般的高阶层者,他们拥有四五百头牛,二三百匹马,800到两三千只羊。中层阶级者拥有七八十到200头牛,四五十匹马,300到五六百只羊。在这些阶层之中有的主要饲养牛,有的主要饲养马,他们大体都拥有各自的特点。在本旗辖境内,马匹的数量很明显赶不上饲养牛的数量。

上述上中层阶级的户数在辖境内只占总户数的5%—6%,其余的估计都是下层阶级者。

家畜的繁殖率估算牛马为总数的3.40%。在家畜的成长期间,因为寒气或饥饿而病倒,或因为兽疫的迅速蔓延而病死的不知其数。羊因为寒气和饥饿的原因,刚生下来的小羊大部分都在来年春天的三四月份的时候夭折。羊被居民所食用,因此也会被屠宰。和岭东各旗地区相比较数量多,他们一家大约10人,一年至少要屠杀50只羊食用。作为食用,每年每人5只羊。所以在本旗辖境内屠杀羊的数量大约相当于本旗辖境内总人口的5倍。在购买其他食品和杂货等物品的时候,家畜作为支付费用的主要来源,因此本旗辖境内虽然每年繁殖家畜,但估计家畜的总数不会产生很明显的增减变化。

关于在本旗辖境内主要家畜的总数得不到任何统计数据。

由于这是以单方面的观察为基础的,最大限度地扩充其内容,总算推算得出如下的数字:

类别	在本旗内全境的头数	上述数内属于王府的头数	属于ノーナイ[①]庙的头数(辖境内最大的庙)
牛	80,000	2,000	800
马	35,000	3,000	850
绵羊	278,000	100,000	1,500
山羊	30,000		
骆驼	200		

(五)旗内商贸交易现状

蒙古的居民为什么重复过着原始的生活?简单而言就是他们对外没有任何联系,对内因为肩负着行政的重任,因此王府的统治方针自清朝初期以后就未曾变革,再加上他们未受到足够使他们的生活向上发展的外来刺激。他们依旧墨守着旧习,其根本原因是平时习惯敷衍行事,贪图眼前的安乐,于是在这些地区看不到现在工商业的勃兴和发展,也是理所当然的事。特别是在本旗地区,因为地理关系,现在仍旧是纯游牧地带,依然保留着经济初级阶段的状态。计算谋利的方法也只不过是他们为了维持生计逼不得已而形成的意识。因此在设法改良品种

① 译者注:寺庙名。罗马字读音为nōnai。

增加繁殖等和家畜相关的方面没有任何进步,也没有旨在从事这方面的研究。就像饲养的家畜只是作为衣食的资源的同时,它们也是蒙古居民唯一的财产。这种生产品无论如何都会有剩余的,他们却将其仅仅藏而不用,或在实物交换的时候起到计算零头的作用。

例如,价格为30钱的杂货用50钱的蒙古物品交换也无关痛痒。

如上述的情况里,主要是从外旗进入旗内的商人等提供给他们蒙古人的必需品或适合他们嗜好的物品。这些商人利用蒙古人缺乏的东西牟取暴利,这与其他旗未开放地区没有差别。然而这些商人基本都是在附近开放地区拥有适宜的根据地,或在旗内游历行商,或在旗内某几个固定的场所一边过着帐篷生活一边从事交易。但是,要在一定的场所(很多都是在庙附近)固定下来必须获得王府的许可,因此和附近地区的官民搞好关系很有必要。当然,每年还需上缴给王府一定的贡品。然而不可避免的是,在本旗辖境内东北部地区自洮南地区来的行商者和林西经棚及在南边各地市场拥有根据地的行商者之间会陷入混战状态。西南部地区主要是经棚以南各地市场与其他林西方向市场的行商者来活动,洮南瓦利洋行在西乌珠穆沁拥有杂货贩卖机关,所以被南方来的行商者的商业圈内的几个部分渐渐侵蚀。

一直以来,在这些市场上的买卖和出拨子(行商者)之间的交易都是依靠信用借贷,然后定期结算。但是近来这些惯例都被清除了。

市场,例如在洮南以及通辽市场拥有根据地的商人很不景气。只是在洮南拥有根据地的俄商瓦利洋行是从洮南地区到乌珠穆沁方向去的行商者之中最活跃的。它从天津英商(平和洋行)的后援那获得需要的资金。

行商者和本旗居民之间的贸易方法及行商习惯与其他蒙古未开放地区大体相同。行商者将旗民需要的食品杂货类东西直接贩卖给旗内居民,与之相对的,旗内居民就向行商者提供家畜或其他土产品等蒙古物品。但是所有的信用交易都会预约个一定的时间来进行结算。

交易上的结算一年一次,一般都是晚秋的时候开始,到年末的时候进行结算。而且,除王府的赋税外,和普通居民之间的贸易总的来说是用布匹、杂货、谷类等进行交易,很少用现金(现在是大洋银子)。以洮南为根据地,在东西乌珠穆沁两旗各有外地办事的店,特别是想得到本旗王府信任的俄商瓦利洋行之类的,行商者兼作另一种商贩(专门贩买蒙古物品者)。每年不仅经营输入本旗的杂货,有时买蒙古物品还会支付约两三万元的现金。但是近年来,因为往返于乌旗的路上很危险,所以没有向当地运送现金。于是发行了票据样的东西,购买蒙古物品之后到洮南、天津或北平等地中,蒙古人指定的地点去交付现金,这就是所谓的结算。(天津和北平南部是英商,平和洋行)而且,这种交易方法在本旗辖境内的商业交易是最好的。推测而知这种方法仅限于乌旗内的王公贵族等顾客。也许是在本旗同洋行的贩卖品中,有相当高级的产品,而在购买蒙古物品中,都是野兽的毛皮,尤其是土拨鼠等比较多,渐渐形成一家包购。由此可见是政府提供了一些方便。现在试着展示与同洋行交易有关的乌珠穆沁南旗辖境内地区输入和输出的产品,大致如下所示:

瓦利洋行提供的乌珠穆沁输入品

品种	内容	数量	单价	价格
布匹类	棉布和绢布类(红黄紫蓝各色)	1,200匹	4.00元	4,800元
面粉类	二三等品	1,400袋	3.00元	4,200元
砂糖类	红白糖、方糖	50袋	1.40元	700元
茶叶类	红茶	800斤	1.50元	1,200元
烟草类	烟叶、卷烟草	1,500包	1.40元	1,500元
点心类	糖果和月饼洮南制	2,000斤	0.30元	600元
五金物类	使用品	20箱	120.00元	2,400元
其他杂货	日常消耗品和家具一套			3,500元
合计18,900元				

以上数据是根据洮南市价来统计的,在本旗辖境内贩卖的价格大约是它的两倍,根据商品的种类或是有6至7倍的东西。一律倍加。估算有80%的增幅时,合计达到3万4千20元。

瓦利洋行提供的本旗输出品

品种	内容	数量	单价	价格	摘要
牛皮	平均一张15斤	500	6.00	3,000	皮革类的都是将生皮使其干燥了的
马皮	成马皮	400	4.00	1,600	
羊皮	一般为中等品	3,000	1.00	3,000	
狐皮		200	18.00	3,600	
沙狐狸皮		3,500	2.50	8,750	
狼皮		70	20.00	1,400	
*皮		15	25.00	375	
旱獭子皮	(土拨鼠皮)	20,000	0.60	11,400	
羊毛		200,000	0.15	30,000	皮革类的都是将生皮使其干燥了的
骆驼毛		1,500	0.65	1,000	
合计				64,125	

上述价格也是以洮南市场的价格来合计的。然而东西乌珠穆沁两旗地区购入蒙货的市价大约要比上述的便宜20%。将以上和瓦利洋行与东西乌珠穆沁输出入额情况总括起来,如下所示:

区分	洮南的市价	乌珠穆沁管内的市价
输入杂货合计	18,900 元	34,020 元(比上述洮南市价增加 80%)
输出畜产品合计	64,125 元	51,300 元(同上减少 20%)

也就是说,从洮南输入到乌珠穆沁方向的杂货有 1 万 8 千 9 百元,以 3 万 4 千 20 元的价格贩卖的同时,还可以获得与其销售额相当的蒙古物品。再用 2 万元的现金(现在发行的是汇款票据样的东西)分别去买蒙古物品,如合计,同洋行当地买的蒙古物品的总额大约是 5 万元。如果将这运到洮南市场,还可以增加两成的金额。同洋行从乌旗方向运到洮南的蒙货总额在当地的市价可达到 6 万元以上。但是以同洋行购入的蒙古物品从洮南直接送到天津为例,瓦利洋行往年都是从乌珠穆沁地区输出很多牲畜(主要是羊),近年来主要是从事兽毛、兽皮等的购买。而且购买蒙古物品的种类一般没有固定的,有时候多买羊毛,有时候主要购买皮革类的物品。例如,六年度买二十几万斤羊毛,七年度则买 4 万张旱獭皮等等,每年有很大的差异。上述输出品的数量是近年同洋行在乌珠穆沁交易的平均数量。但是不能区分清楚两旗各自交易的数量等。

瓦利洋行以外有从洮南地区来的两三个出拨子(行商者),他们的财力不振,加上近年来他们在洮南市场上采购的产品每回都依靠现金交易,所以这些行商者都越加贫穷。于是,依靠他们提供的出口到东乌旗杂货的数量也不可避免地变得很少。根据一个商人与之相关的谈话了解到,他们各自曾经带两三千元的食品和杂货,从事着买卖,但现在除去瓦利洋行,其他行商的向东乌旗运送的货物数量合起来也就约一千元。

此外还有人从洮南平野或突泉附近携带蒙古人所需要的谷类外出行商。然而,图什业图辖境内 6 户(突泉西北方向约 60 里),在同一地区作为蒙古人的农产品集散市场。为了调整供需,从洮南平野产出的谷类往东乌珠穆沁输入的数量不多。和东乌旗内输入的索伦材合起来约一千圆。于是,从洮南、突泉及附近一带地区输入到东乌旗管内的食品和杂货类的总额大致可推测如下所示:

①瓦利洋行处理的物品 18,900 圆

②同洋行以外的在洮行商者处理的物品 1,000 圆

③从洮南平野和突泉、图什业图未开放地区来的行商者处理的物品 1,000 圆

合计 20,900 圆

备注:①处理金额全部表示的是采购地的市价。

②主要是谷类和索伦材。

③其中行商者处理的物品主要是谷类和索伦材。

除上述外,东乌珠穆沁在住的蒙古人在入满的时候,都多少携带了些家畜和蒙古物品过来,他们用这些去交换所需的食品杂货或木材等物品,然后回到蒙古,其数量不详。但是,乌珠穆沁产出的牛马入洮的数量每年大约四五十头至七八十头。而且,从洮南方向进入乌珠穆沁的上述输入品的总额大约 2 万 9 百圆。在瓦利洋行处理相关的物品之中,有一半是往西乌珠

穆沁方向输入的物品。若将这些物品平分,从洮南方向往东乌珠穆沁辖境内输入品的总额在洮南的市价为:

{瓦利洋行处理的相关物品 9,450 圆
同洋行以外处理相关物品 2,000 圆

合计 11,450 圆

此外,经棚、林西和多伦诺尔方向各地市场来的输入品可以预见很少。把从这些地区输入东乌珠穆沁的商品看作属于洮南的商业圈内,在同旗的ノーナイ[①]庙附近一带所需要的东西,根据本旗管内居民的生活水平和其他各种情况考察计算总价格的话,估计约为2万3千圆。推定需要这些物品的地区大约是本旗全境地区的六分之一时,输入本旗全管内的食品和杂货的总额大约为13万8千圆。但是这个总额如果以在采购当地的市价为标准,在旗内卖掉的价格平均约增加80%,那么本旗输入货物品的总额是24万8千圆。而且,蒙古人为了购买他们需要的食品及杂货会提供与之价格相应的畜产品或牲畜和其他土产品。在其他情况下,无论有多少过剩的牲畜,也不会因此而卖掉或者屠杀后提供副产品。因此本旗输出的土产品等蒙古物品的总额和输入食品、杂货及木材等的总额相一致。支付旗外来的各种职工(木工、铁工和其他)的工资报酬多少会流出些蒙古物品,但数量很少。而且通过旗内王公贵族等用现金直接购买蒙货的像瓦利洋行是例外。现在假设在东乌旗,用这种现金购买蒙货的总额最低限度为1万圆,这和上述的输出额24万8千圆加算的话,本旗输出蒙古物品总额大约为25万8千圆。那么,东乌珠穆沁辖境内全境的输出入货物的总额推测如下所示:

输入总额24万8千圆,该总额为各地行商在当地贩卖的食品、杂货类总价格,但是采购原价估计是十四五万圆

输出总额25万8千圆,同上蒙古物品购买的总价格,但是包括现金购买的1万圆

本旗内的物价标准

本旗管内关于输入的杂货和其他一般的供给品,大致根据采购原价的六七成到100%的比例加算。那么在旗内出产品的原地(即本旗辖境内)是以怎样的标准来决定的?假设行商称1头大牛50圆,但毕竟支付的是与此价格相对应的食品和杂货等现货。然而行商将30圆的杂货称之为50圆,然后获得1头50圆的牛。结果就是1头牛的真正价格变成30圆。

因此,在蒙古的土产品蒙古物品的价格不可与通常所说的物价同视。即蒙古的市价是行商者以欺瞒的方式贪图暴利而产生的有水份的物价。因此在外人看来,盘算蒙古人的生活费时往往看到的是亏大的数额。为了了解当地蒙古物品的价格,将与蒙古物品交换的杂货或其他对蒙供给品的纯正的价格作为标准比较妥当。现在就举两三个实例,如下所示:

①虽说在东乌珠穆沁,1头大牛50圆,但为了购买牛,提供价格为30圆的杂货或食品即可,那么报价50圆的1头牛实际上只以30圆的价格购得。因此,在旗内1头牛的价格可被看作30圆,于是1头牛称作50圆,也只不过是行商者对于蒙古人的报价而已。

---

① 译者注:寺庙名。罗马字读音为nōnai。

②本旗内砂糖的上等品 1 斤 50 钱,但实际上把 1 斤 30 钱的下等品称之为上等品,然后以 50 钱的价格贩卖。

③烧酒(高粱酒)是一般蒙古人的嗜好之一。但有时旗里出售的烧酒会混入三分之一甚至二分之一的水分,然后以高价售出。

需要留意的是,如上述在蒙古的物价,一般只是行商者以欺瞒的方式来报的价。因此,现在假设在东乌珠穆沁辖境内产出的 1 头牛的价格在洮南市场是 40 圆,在东乌珠穆沁辖境内是 50 圆,那么似乎在洮南市场 1 头牛的价格比当地东乌旗内的相对便宜些,但在东乌旗 1 头牛 50 圆的价格是与价格水份过高的 50 圆的杂货交换的,所以东乌旗内 1 头牛的真正价格就是 30 圆。而且,将其输入洮南的话,把运费税金等其他一定的利润相加之后,就成为 1 头牛 40 圆的市价。但是西乌珠穆沁辖境内大布苏诺尔产出的盐是王府直接经营的,在当地每 100 斤盐 1 圆,征税 30 钱。出口时,其价格和运费基本上是固定的。

运费和税金

瓦利洋行在洮南—乌珠穆沁间运送比较大件的商品时利用牛车,零碎的东西就会使用卡车,有时会使用骆驼。一般情况下是使用牛车。而且,在洮乌间杂货的运费是每 100 斤 4 圆的税金,往东乌珠穆沁输入的时候王府 1 车(400 斤)征收 34 钱,但是仅限于行商者提供的相关食品和杂货物。然而,行商者有时为了免税会向王府献上一些礼物,这种情况不少。再加上本旗输出的土产品蒙古物品在入满的时候每 100 圆价格按照 1 圆 15 钱的比例缴纳赋税。

(六)东乌珠穆沁及兴安岭以东各地区经济关系概况

(1)东乌珠穆沁、洮南、突泉及其一带地区的关系

如上文,东乌珠穆沁地区隶属中国,位于大兴安岭和外蒙古之间的边境地区。由于交通不便,对外交流较少。而且,王府采取的方针也是尽量避免和其他村庄交往,特别是对入侵此处或旅行的人们有较为显著的抵触倾向。这一点早就为该地的旅行者熟知。只是无论是从政治还是经济来说,迫切需要开放这一地区南部的交通道路,所以似乎对到该地区来的旅行者较宽容。

洮南作为满蒙交界处的蒙古贸易市场一直很发达。但,大兴安岭的支脉阻拦了该地和东乌珠穆沁地区,因而交通往来甚少。洮南是大兴安岭以东平原的重镇,而且地理位置和东乌珠穆沁较近,经济上存在联系是理所当然的。现在在洮南地区设置根据地去东乌珠穆沁打工的行商也就是所谓的小贩为数不少,他们没有大资本。经营活动比较强势的有两三个,其中俄商的瓦利洋行为第一位。该洋行靠天津英商平和洋行(ウイテル、ブラザーコンパニー[①])出资,以洮南为大本营,在东西乌珠穆沁两区域设有分店(固定式的蒙古包),店员雇佣了五名俄国人、两三个中国人,并有三辆货车,每年向乌珠穆沁地区运输数次杂货食品等,用这些交换畜产品后大部分运往天津。东西乌珠穆沁合并贸易额达到十余万元左右。此洋行也曾经试过在该旗辖内积极地进行交易,但在购入畜产品储藏期间市价大跌失去了出售的好时机。因此手头

① 译者注:人名。罗马字读音为 uiteru,burazūkonpanī。

持有的大部分产品都已腐坏,结果带来了很大的损失。从此以后在此地区的贸易都趋于消极。现在,该洋行得到乌珠穆沁王府方面的支持,并跟突泉以西未开发地带出没的贼匪达成默契(每次经过向贼匪上交15法郎),保障过往的安全。据说东乌珠穆沁札萨克常用的车也是该洋行的贡品。

除瓦利洋行,从洮南进入东乌旗的行商有两三个(中国人),一直以来他们每年从洮南市场内的杂货店进两三千元销往蒙古的杂货食品。交易后通常在一定的时期内进行结算。因为近年来对在洮南市场做生意的小贩的信用交易被废止,所以对原本资金运转较为困难的他们更是雪上加霜,只能用各自的两三百元的资金进购杂货继续在东乌珠穆沁做生意。预计供给东乌珠穆沁地区居民的农产品来自林西经棚及其以南的各市场的较多。来自洮南地区的有一两个。其中正心合在突泉西北约60里处的六户设有分店,给东乌珠穆沁辖内以及该地与突泉之间的中间地带居民提供杂货,同时从事收购蒙货及六户周边一带产的谷类。

洮南利民公司是从事洮南与突泉之间旅客输送的唯一汽车公司。通常,每等到数十乘客便往返于六户。从东乌珠穆沁向洮南地区输送的物资主要是牲畜(主要为牛马)、兽皮毛以及白毛(生长在草原上,用于中国料理的像蘑菇的原料)。

西乌珠穆沁辖内的大布苏诺尔的岩盐不仅能充分满足同地区附近未开放地带的需求,每年还向俄国大量输出。有时由东乌珠穆沁地区的居民向洮南地区运出盐,但由于赋税压力大,近年来进入市场的较为少见。

东乌珠穆沁东北一角的蒙古人直接把索伦材搬入该旗辖内。索伦材在东乌珠穆沁地区的主要用途是制作蒙古包的干材、车辆(牛车)的辅助材料以及制作棺材等。

突泉是岭东地区开放地带中最接近东乌珠穆沁的地方,但是市场贫弱,大多时只作为洮南和东乌珠穆沁交易的中介,而且从突泉以及图什业图管内来的行商只有两三个小贩子,他们在洮南或突泉地区购入或多或少的杂货或在突泉以及图什业图未开发地带购入谷物等携往东乌珠穆沁地区,换回蒙古货物在洮南地区贩卖。

突泉的谷物市价,比如小米(精粟)一斗要40钱。突泉到洮南之间的运费用大车时一斗平均70钱。因此在洮南地区卖掉这些,一斗的价格最低要卖1元10钱以上才划算。而洮南小米的市价是一斗70钱,所以没有从突泉向洮南运输物资的。今年8月末,突泉谷物滞销达到了3,000石以上。而且上述(1元10钱)是洮南上市之际除去税金之后的价格。所以整体计算来看,把突泉附近的谷物运往洮南市场是不可能的。因此突泉附近的行商把蒙古人的常用谷物携往免税的未开放地带进行交易也是理所当然的。只是突泉附近的家畜在当地很少有人需要,所以只得运往洮南。

大布苏诺尔的岩盐一直以来都是经由突泉进入洮南市场,现今由于以下原因,进入洮南市场较少。

地名	各地间的距离（吉米）	各地一斗(50斤)盐的价格(圆)	一车(400斤)的价格(圆)
大布苏诺尔(西乌珠穆沁管内原产地)	219.00	0.65	5.20
ノーナイ[①]庙(东乌珠穆沁王府东南16里)	171.66	0.75	6.00
吐列毛都(图什业图管内)	61.94	1.20	9.60
突泉	96.00	1.00	8.00
洮南		1.00	8.00

注:①在原产地盐价格是每800斤(2斗)1元、税金30钱;一车(400斤)5元20钱,从原产地运往ノーナイ庙的运费是一车60钱

②蒙古运盐车进入突泉市场时每车要付5元税金,故绕过突泉直接运往洮南。然而在洮南也会征收同样的税金。进入突泉市场后了解到此情况的也有在当地抛售的。这时,用一车岩盐交换2石小米。但是2石小米在突泉的市价是8到10元。

③进入洮南市内的盐主要是南海盐。对蒙古盐如此高的课税无疑是一种限制输入的策略。

(2)图什业图旗所辖吐列毛都附近一带地区的概况

①吐列毛都地区居民

蒙古开放地带的居民,即属于中国行政区域内的居民和未开放地带纯游牧蒙古居民不同,他们居住的状态和中国居民相似之处较多。他们以半农半牧,或以专门从事农业作为生计。然而未开放地带的蒙古人一般以畜牧业为生。在未开放地带,专门从事农业的地方有突泉以西兴安岭支脉错综地带(图什业图旗管内)。可在这些地方看到散落的从事饲养的蒙古人村庄。突泉以西60余里处的吐列毛都就是其中一个例子。通常突泉到东乌珠穆沁的往来都会经过该村庄。

无论在哪个地方,凡是在内蒙古未开放地带从事农业的蒙古人总的来说都是从其他旗移住过来的,他们原本在所属旗内从事畜牧业,后来由于满汉人的侵蚀成为生存竞争的落伍者,以至于背井离乡。然而他们大多数人都在和满汉人杂居期间习得了耕作方法。

本旗(图什业图)辖内居住的外地人大部分是从土默特、喀喇沁等与中国接壤的蒙古地带迁移进来的,达到一万四五千人,超过了本地人数。居住在吐列毛都的蒙农也属于这类。

吐列毛都的蒙古人总的来说都居住中国式房子,吃谷物,专门从事农业,似基本被汉化。而且,突泉县西边,通往东乌珠穆沁的沿路上,吐列毛都以西大约8邦里的各地,随处可见这种村庄。而且,以此以西大约20邦里内,寥无人烟,直到ホーレゴロ[②]才进入纯游牧地带。

②吐列毛都概况

吐列毛都是一个拥有30户、大约110人左右的村庄。有牛150头,马12匹,驴15头。大部分居民专门从事养殖业。30户中有5户约20人为满汉人,他们主要从事商业。

① 译者注:寺庙名。罗马字读音为nōnai。

② 译者注:地名。罗马字读音为hōrengoro。

除此之外有杂货店2家、铁匠铺1家、磨房2家。除杂货店以外,都兼营农业。磨房(脱谷业)只在冬季运营。而且,当地没有官府只有王府任命的村长进行管理。也无学校和医院等,医生只有喇嘛僧人和中医等。每年出生的人数为5到6人,死亡人数6到7人。患者多为麻疹病人。据说牛马的暴毙最多的是夏季。该村庄有6口井,2辆大车,3辆牛车,从每个农家选出1名,从家畜数量多的家庭以及商贩中选出2名,进行夜晚的巡查警备。农民的地租是每1方耕地(45天地相当日本的32町1反余)要征收10石大豆,15石谷子或者迷子(黍)。对一般输出入的商品不征税。

农产品一家农户的耕地面积3才地(大约100町步)为最大限度,最小的只有七八天地(四五町步),一般的都为20天地(大约14町步)左右,另外一个人农耕的限度为3天地。假设从王府租借20天地耕作,家族中需要有六七个劳动力,然而20天地耕地中必定会有不能进行耕作的部分,而且外蒙古人的耕作法是极其粗放的,所以推算三四名壮丁,耕种十二三天地(八九町步),临时雇佣一人一天的费用是三四十钱。

农作物的种类、单价和收获量如下所示:

作物面积的排名	单位收获量(石)	单价(圆/石)
谷子	2.00—4.00	2.00—4.00
荞麦	3.00—5.00	2.00—3.00
散迷子(粳黍)	1.00—3.00	2.00—3.00
大豆	1.50—3.00	4.00—6.00
高粱	3.00—4.00	3.00—6.00
其他		

备注:根据每年收成的好坏市价的行情发生了如上变化。

上表中的谷子、黍以及荞麦是供给蒙古人的食品。因此,蒙古人种植户主要种这些谷物,栽培大豆、高粱的主要是中国人。这和南满地方相同。为了从洮南购买谷物类,出差到六户的正合心用杂货交换农作物过剩的部分,尤其小米(精粟)供给蒙古人食用外,在吐列毛都的杂货店还被用来购买等价的杂货。

未开放地带农产品运往开放地带时,产生课税;在未开放地带移动时无论是旗内还是旗外,均不产生课税。在本地针对纯蒙古人的东西,如散迷子大部分都在未开放地带就被消费掉,很少运往洮南。通常,谷子作为满汉农民常用的食物,和其他农产品(高粱、大豆)一同运往洮南地区。吐列毛都东北约90里处的六户是本地唯一的谷物集散地。最近一年,洮南正心合在该地区收购的农产品数量如下所示,但是购入对价全部算作杂货。

荞麦	3,250石	6,500元
小米	1,250石	3,750元
大豆	300石	1,500元

续表

荞麦	3,250 石	6,500 元
高粱	100 石	400 元
元米	65 石	650 元
合计	4,965 石	12,800 元

杂货

吐列毛都地区的杂货店大体上都在洮南设置其根据地,杂货的大部分通常都来自于洮南。而且,杂货贩卖全部都进行信用交易。每年一次用小米(精粟)进行结算。收不回赊账款时,一般被滚入第二年度进行整理。本地区尚没有货币交易,只限于现货交易的范围内。

运往吐列毛都地区的主要食品以及杂货的种类和价格如下所示:

白布	一匹	3.50 元
蓝布	一匹	4.00 元
靴	一双	0.70—1.00 元
窗纸	九十页	2.80 元
肥皂	一个	0.25 元
香	一包	0.60 元
蜡烛	一包	0.35 元
火柴	一包	0.10 元
小麦面粉	一斤	0.12 元
粉条子(豆素面)	一斤	0.20 元
砂糖	一斤	0.25 元
食盐	十斤	0.24 元
烧酒(高粱酒)	一斤	0.30 元
茶叶	一斤	0.70—1.00 元

③居民生活费

吐列毛都在未开放地带,但在此居住的蒙古人,全都脱离了原来的习惯,不喝牛奶,常食用谷子和黍等谷物。满洲的满汉居民把高粱和谷子等谷物当作主食一日吃两餐,而本地的蒙古人每天要吃三餐。把这些农民的生活费用计算出来如下所示:

吐列毛都的蒙古农民一人的生活费

主食小米、面粉、粉条等 1.8 石 14.40 元

这样算,每人每天需要小米(精粟)和散迷子(粳黍)五合,或是面粉、粉条等一斤半以上,

小米1斗要30钱、散迷子1斗要20钱。

副食豆酱、白菜、萝卜、豆类、胡椒和食盐等12.60元

嗜好品酒、烟草、茶、砂糖类和其他10.80元

布匹及其他杂货18元　(包括3匹一人份的布匹(8元)和其他装饰品、维修费及水电费等)

其他装饰品、补修费、水电费等18.00元

贺仪葬祭费用和医药费3.00元

居民费修缮费以及其他2.00元

一间房子(约5坪)的建筑费大约是30元

合计60.80元

(食料费23.00元　其他为37.80元)

(3)洮南、突泉和东乌珠穆沁之间的运费

①洮南、突泉和六户间的运费

(汽车)洮南利民公司是专门从事洮南—突泉和突泉—六户之间旅客输送的汽车公司。同时从事货物的输送,但少量的小型物品杂货(靴、帽子、化妆品和其他较少的布匹类等)就当作旅客行李来运送以提供方便。

利民公司备有汽车三辆,通常每三日在洮南与突泉之间往返一次。每年有两个月因为降雨道路泥泞及其他事故而停运。这样算下来,一年之间大约有100次的往返,2,000至2,500人次。但,一辆车限载14人,通常有7到8人乃至10人左右。在洮南与突泉的中间地带上下车的乘客较少。两地之间的运费一人5元。

六户在突泉西北60里处,有两三百户人家,作为农产品的集散地进行谷物的交易。商贩们总的来说是满汉人,这些商贩也面向蒙古人兼营着杂货生意,以此调节当地物资供求。上述利民公司还从事运送向当地往来的乘客。但是不定期的,每次乘客达到达到一定人数之后随时发车,车费一人2元。

(大车)洮南—突泉间的大车,乘客的车费是一人2元,遇到道路不良情况,则每人需要3元。而在输送货物时,每一百斤杂货需要付1元20钱,谷物一斗要70钱。到达目的地需要3天。

②洮南和东乌珠穆沁之间的运费

洮南和东乌珠穆沁间的货运,有使用卡车、牛车和骆驼等的。除洮南瓦利洋行外,都主要使用牛车。满汉的商贩们从洮南用牛车往东乌旗内输送杂货以及食品的例子如下:

输送时期以及所需时间:每年4月左右耗费半个月的时间。输送时需要人畜、搬运工具和其他旅行用品:工人6名,其中1名为输送负责人。9辆牛车、9头牛、1匹用于骑的马、2头驴,1个中国式帐篷、6块毡子(用于铺的)、寝具、炊事用品、餐具和一些其他杂物。

备注
一、一辆牛车所载的杂货的重量是大约400斤,价值五六百元。
二、中国式帐篷可容纳10人,价值三十五六元。

a.输送期间所需的食物费用

粟(小米)2 斗 2.00 元	豆酱 5 斤 1.00 元
肉类 10 斤 2.00 元	食盐 1 升 0.10 元
粉条(豆素面)10 斤 1.50 元	烧酒(高粱酒)6 斤 1.08 元
白面(小麦粉)10 斤 1.00 元	鸦片 3 斤 0.90 元
蔬菜两三种 1.00 元	卷烟草 30 个 0.70 元
豆油 6 斤 1.20 元	高粱(马粮)3 斗 2.10 元

合计 14.58 元

b.车夫费和住宿费以及其他的杂费

6 个人的工资 30.00 元(车夫每半月 5 元)

途中的住宿费 2.10 元(从洮南经过突泉前往吐列毛都,投宿 7 晚,一人一晚,房钱 5 钱。之后住宿在野外)

其他杂费 3.00 元

合计 35.10 元

c.搬运工具和其他工具的损耗费用 32.00 元

以上总计 81.68 元

依据如上的计算,增加一辆牛车需要 8 元左右的输送费。每辆牛车的载重是 600 斤,通常运输杂货不超过 400 斤,其他货物 500 斤。洮南到东乌珠穆沁之间骑马要 5 到 6 日、马车要 12 到 13 日,通行较少。而且马容易被贼匪们掠夺,所以大体上牛车比较安全。由于夜间比较危险,据说有试图利用夜色强行通过的。

商贩们到东乌珠穆沁后贩卖携带来的杂货和食品,并把在这期间收取的蒙货运往洮南,路线和来时的相同。如蒙货中有活牲畜,有必要雇佣一个临时的牧人(蒙古人)。然而一般说来从东乌珠穆沁返回洮南雇佣蒙古牧人时,一名牧人要付 8 到 10 元的报酬。而有王府官员斡旋时,则免费。

另外,只有洮南瓦利洋行一家在洮南和东乌珠穆沁间输送货物时使用卡车。与此相关的输送费不详。一车可以运送 2,000 斤左右的杂货和食品。除了司机以外还需要随同负责人或店员等 1 到 2 名,无警戒。到东乌珠穆沁管内的ノーナイ[①]庙需要 2 天半,此外瓦利洋行有时使用牛车、骆驼等。骆驼一头的载重是 400 斤左右,从东乌珠穆沁到洮南需要 15 乃至 20 天,运费约 16 元,每百斤要 4 元。

① 译者注:寺庙名。罗马字读音为 nōnai。

六、洮南至东乌珠穆沁铁路的铺设及相关的概况

蒙古为什么没开放？用一句话说来就是，蒙古地带的行政权由蒙古王公掌握。换言之，蒙古的教育和指导被抛掷了。也就是，蒙古虽隶属中国，但不断的军阀抗争和内战，使得中国管理国内事务都很吃力，从而无暇染指蒙古地带的行政管理。而且中国采纳了清初以后的对蒙统治方针，并且知道不改变此方针进行怀柔方策才最安全方便。但也绝不允许外人来干涉。一直以来，中国对蒙古实施的政策是将满汉人逐渐迁入蒙古，使其开放，并以此扩大自己的行政区域，但并没有直接对蒙古的居民实行教化指导或怂恿蒙古的重要人物让其进行。然而这样却导致不少蒙古居民渐渐被驱逐迁往其他旗。

蒙古陷于这样的状态，因此官民依旧墨守着旧习俗，理所当然地一点都没向文化开明的区域迈进。

外蒙古的情势和内蒙古比，各种设施稍有进步。这完全因为俄国的干涉指导。为了促进内蒙古地区的开发和当地居民的福祉，当地各旗藩的行政需要外力的干涉和辅佐指导。对于现在隶属于满洲国政府的内蒙古各旗，该国政府可直接指导其政策。因为兴安岭以西的乌珠穆沁地区至今天仍隶属中国，不会允许对其干涉。该地区在满洲国和外蒙车臣汗部的中间地带，通往中国的交通仍然很不方便。并恰好在上述三地(外蒙和满洲、中国)的缓冲地带。如今，从日本和满洲协同国防上看，为占先机在该地铺设铁路是很有必要的。以洮南为起点，经突泉和图什业图旗未开发地带，到达东乌珠穆沁辖内是最佳的捷径路线。然而这时，必然会发生的问题是：

1.这条新线路没有临时运行的价值，因此为了促进沿线地区的开发，应进行怎样的政策？

2.图什业图未开放地带在满洲国领内，所以可进行各种建设，而在隶属中国领内的东乌珠穆沁辖内延长铁路，要与中国方面进行艰难的交涉。

以上两点是最主要的。据考察，洮南和突泉之间是不用说，突泉以西二三十邦里各地的农耕地有所开发，地力也较为良好。如和图什业图旗未开放地带的蒙农迁移者一样，奖励满蒙农民(或者是日本、朝鲜农民)移住，可使新铁路沿线地区发展，因而有可能达成修建铁路的目的。然而，属于纯游牧地带的东乌珠穆沁辖内和兴安岭以东以及南麓支脉地带相比，气候风土不适合农业，所以要奖励畜牧，特别需要的是对品种的改良和增殖。

在这方面认为有益于国策的设施要点如下：

租用同旗管内一定地区，设立示范牧场、气象观测所、兽疫预防普及机关、杂货供应机关等的各种机关，这些机关同时完成调查和情报收集业务；如若在该旗管内延长铁道，应在上述地区设立车站。

为了实施这些，首先对该旗王府的怀柔政策是很有必要的。为了拉拢王府，以提供王府期望的金货为开始，将来进行有形上或无形上的后期援助是不可少的。另外，提供家畜饲养方法、兽疫预防和一些其他的一般家畜的保护的措施，以及居民所渴望的食品和杂货的供给上的方便，应是主要的政策。然而，这样的事业以日满政府的名义直接实施是下策，用个人经营的形式比较妥当。

对东乌珠穆沁辖内的铁路修建,中国必定有异议。首先,在洮南和突泉之间或从洮南经由突泉到达吐列毛都附近修建(铁路)为第一期工程,吐列毛都以西只补修道路,用汽车维持到乌旗辖内的交通,然后渐渐延长到满洲国西边或东乌管内。然而作为第一期工程,应该着手进行洮南—突泉间新线的开通。预计在该线上吸收的货物的数量大概为 3 万吨。其中农产品有 2 万 8,000 吨,畜产品 2,000 吨,乘客大概为 2 万人次。

同时,在突泉境内可耕未垦地大约有 3 万晌,其西边未开放地带(突泉县最近的地方)有数万晌,如果招纳日本、朝鲜、满洲和蒙古的农民促进其开垦,上述运出的货物数量会加倍。

昭和十五年8月

关于华北粮谷的调查报告

满铁·华北经济调查所

凡　例

一、关于米的问题，在去年由于受到朝鲜旱灾的影响，导致粮谷不足，引起了需求与供给的困难危机。战时的粮食政策的确立以战时经济下的事变为契机，特别是作为关系到国人的粮食、生活问题，又加深了其重要性，所以总是成为争论的焦点。为了将华北的稻谷收成状况的实际情况和需给信息明了清晰化，所以这样记录下来。

二、虽说本稿原本就对华北粮谷解释不足，但一直以来缺乏明确的资料，故将本稿付诸印刷，仰赖于大家的指导、订正，如有遗漏、错误的地方，待来日补充订正。

三、本稿执笔者　岸本光男

昭和十五年8月20日

满铁·华北经济调查所

内容梗概

一、与业务计量的关联

根据业务计量的作物,分别进行条件调查的一部分。

二、开始和完成日期

开始　昭和十五年7月1日

完成　昭和十五年8月17日

三、内容梗概

1.目的

伴随着战时经济的发展,粮食政策的确立日益紧迫,以华北的米的问题作为此次事变的契机,特别是作为关系到国人的粮食、生活问题,又加深了其重要性,所以常常成为争论的焦点。为了将华北稻谷收成状况的实际情况和需给信息明了清晰化,所以这样记录下来。

2.梗概

第一章　稻谷的栽培

栽培、变迁、稻的分类和品种、稻作的气候和土壤、栽培方法、病虫害、灌溉及排水等与栽培相关的历史、技术方面的考察。

第二章　粮谷的生产

记录并叙述世界、整个中国、印度支那以及暹罗(泰国旧称)、日本及满洲、华北各地域各自的生产状况的概况。

第三章　粮谷的集散与交易

附记:研究当地产米的上市,交易的概要以及外地米的交易的概要和米价的趋势。

第四章　粮谷的需给

调查事变前后的需给状况,研究此事并将其进行汇总,对于将来粮谷的需给,阐述意见。

第五章　摘要

关于华北粮谷的生产与供需情况,基于前后各章的考察与研究,以此作为总结性的概括。

3.所见

本稿有助于解决华北地区粮食供求问题,作为选址条件调查资料的一部分,对基本情况进行了考察和探讨。粮食生产情况、供求情况的明晰化对供需对策来讲其重要程度自不必说。因此本调查主要是针对粮食对策的现实基础生产、供求关系来进行的考察。

目 录

附表

第一章　华北的稻谷种植

第一节　稻栽培的历史

稻谷是一种具有悠久历史的种植作物。按照陶肯特(Deoena Olle)的说法,早在公元前2800年,中国人就已经在种植稻谷了。

在《史记·夏本纪》中,有"(禹)令益予众庶稻,可种卑湿"的记载。冯柳堂认为,中国的稻谷种植史可以追溯到公元前4150年[①]之久,早在公元纪元2840年以前,即源自夏禹治水时期。第一个发现稻谷的是一个名为益的人,此人是个官吏,他的职责是掌管与土地、草木、鸟兽有关的事务。换言之,其工作内容是开垦山林、河川,做与治水有关的事情。此外,稻谷喜欢低湿的地方,多在沼泽里生长繁衍。在禹的时代,曾有过很大的洪水。洪水过后,因为低地常有积水,土壤有利于种植旱地作物,因此大禹命令益让平民百姓都去种植稻种,照做的平民都会受到奖励。

《战国策·东周》中有这样的记述:"东周欲为稻,西周不下水,东周患之。苏子谓东周君曰:'臣请使西周下水,可乎?'乃往见西周之君曰:'君之谋过矣。今不下水,所以富东周也。今其民皆种麦,无他种。君若欲害之,不若一为下水,以病其所种。下水,东周必复种稻。种稻而复夺之。'"利用自然积水来种植水稻。

宋太宗曾颁发诏令:在江北(长江以北)有水的地方,广泛播种粳稻,可以免除该土地的田税。宋真宗时,有过下列记载:由于两浙、两淮的土地经常遭受旱灾,水田(水稻)歉收,因此派使者去往福建取占城稻(印度支那品种旱稻)三万斛,在江南、淮南、两浙三路种植,奖励种稻。此外,《齐民要术》对旱稻的栽培方法有十分详尽的描述,该书的作者贾思勰是高阳的太守,他认为过去幽燕(河北省)也曾种过水稻。

蔡雪村的《中国历史上的农民战争》一书中有如下阐述:"太宗贞观之时,一斗米为三钱。玄宗开元年间,东都的米价变成了十钱。代宗永泰年间,京师的米价是一千四百钱。僖宗中和年间,长安的米价是三万钱。"《旧唐书·食货志》中有:"武德七年,始定律令。以度田之制:五尺为步,步二百四十为亩,亩百为顷……赋役之法,每丁岁入租粟二石。调则随乡土所产,绫、绢、絁各二丈,布加五分之一。"记录了当时用稻谷缴纳田租的重要信息。

① 译者注:原文记录的年代如此。若按后文所述,当为4750。

《中国封建社会史》描述了春秋时期人们用犁及用牛拉犁的情况,可见当时就在用铁制农具从事深耕农业。《孟子·梁惠王上》提及"深耕易耨",《国语》中的《齐语》云,"令夫农,群萃而州处,察其四时,权节其用,耒、耜、枷、芟。及寒,击草除田,以待时耕;及耕,深耕而疾耰之,以待时雨"。铁制农具的出现促使农业生产力显著提高,此事毋庸置疑、清楚明了。《史记·河渠书》叙述了战国时代兴起的灌溉设施的状况。灌溉、治水的设施在春秋以后盛行起来,各地的灌溉工程开始普遍。《中国田制史》一书提到战国时期已有施肥。《孟子·滕文公上》云:"凶年,粪其田而不足。"由此可知,当时已经在施肥了。人们认为,从春秋到战国时代,农业方面的技术有着显著进步,农业生产力也提高了很多。

在周朝,主要的农作物是黍和稷。关于稷的解释各种各样,但根据清代程瑶田的研究可以确定稷就是高粱。在《中国经济史》中,黍、稷之外有稻、菽、麦、麻。据《齐民要术》记载,"北土高原,本无陂泽。随逐隈曲而田者,二月,冰解地干,烧而耕之,仍即下水。十日,块既散液,持木斫平之,纳种如前法。既生七八寸,拔而栽之"。由此可见,在北方高原这样的低温地区,苗长到七八寸,即可拔而栽之。就像这样,华北的水稻栽培在初期采用移植法,是可以理解的。

《吕氏春秋》中,如下文所述,"茎生有行,故速长;弱不相害,故速大。衡行必得,纵行必术。正其行,通其风"。这十分清楚地表明,在缺乏灌溉用水的华北地区,除了移植栽培,还有条列栽培。

上述的水稻种植历史,可能在时间方面多少有些出入,但足以充分证明,数千年前的中国已经有了稻作。不过,正如到前汉时期为止华北大多发展旱地农业那样,伴随着土地所有权的分化,旱地农业也转向了灌溉农业,尤其是水稻种植方面。由此可以推断,大的土地所有者大量占有沟渠、灌溉地、冲积地这类适合种植水稻的土地,是促进水稻生产的基础。也就是说,王公贵族独占了作为水稻生产基础的水源、沟渠等,而水地、冲积地等自然的富饶之地是促成水稻生产的主要原因。据《日知录》的"河渠"卷记载:"河政之坏也,起于并水之民贪水退之利,而占佃河旁汗泽之地,不才之吏因而籍之于官,然后水无所容,而横决为害。""《元史·河渠志》谓,'黄河退涸之时,旧水泊淤池多为势家所据,忽遇泛溢,水无所归,遂致为害。'由此观之,非河犯人,人自犯之。"这类事实在《元史·河渠志》中有清晰的描述。从当时的社会范畴来看,这是一种必然结果。

中国历代的帝王都很重视农业,颁布了《农桑辑要》,也设置了劝农官来负责农务、提高生产效率。连年频发的水灾、旱灾、由此引发的饥荒等,不能全部归结于自然因素。不可否认,灌溉、治水设施不足,以及社会、经济机构方面的缺陷也是农业生产力低下的重要因素。在中国历史上,北方曾在水稻种植方面颇有成绩,稻谷在农产品中占有重要地位,并有充分的证据来证明,但之后水稻种植受到了限制。如今北方以旱地农业为主,由于水稻种植需要使用河川流域的水利,因而发展受限。

第二节 稻的分类及品种

稻作的分类先于育种普通分为中籼、晚籼、中粳、晚粳、中糯、晚糯等七类。主要分为籼(早熟稻、米粒细长、上下尖的粳米)、粳、糯三大类。具体参见下图。

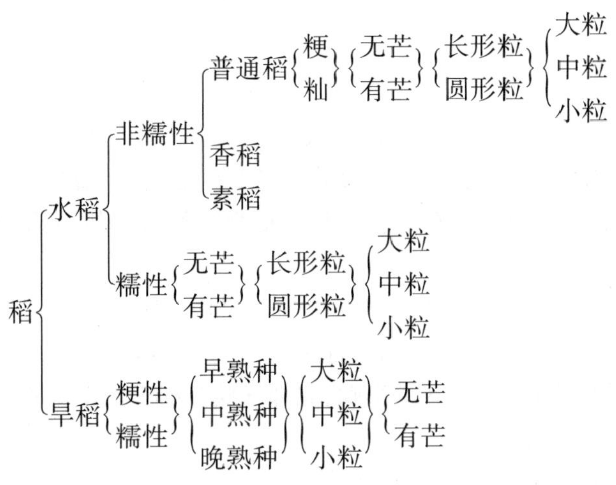

虽然认为北部稻作复杂是因为数量较多,但并没有确切的证据可证明。

现在栽培的品种主要有:葫芦头、大白芒、小白芒、金刚稻、长芒、无芒稻、红芒、小红芒、白芒、蚌芒、遵化牛毛芒等。其中,葫芦头、金刚稻被广泛认为是日本传来的,但传来经过并不明确。其他的品种是本地稻。源头虽是日本稻,但因气候风土等,发生变异生产力更低,栽培也减少到局部。近来各种指导机关及内地水稻经营者,在满洲、朝鲜、日本内陆取样栽培。万年陆羽 132 号、太原银龟 5 号和 12 号、中银水原 1 号 2 号、水原 39 号 41 号、爱国、银坊主等数十种稻作品种,因栽培历史短,缺乏成效,栽培者对于他们的优劣判定比较困难,只能认为本地稻耐盐性弱,收获量、品质较优,能够用于制作品质柔软、弹性好的制纸材料。深刻感觉到,相对于耐盐性品种,结合气候风土,给予北部农民丰产、产量高的稻作才是目前的当务之急,是将来北部稻作发展的最重要部分。如何选择稻作品种也是个问题。气温能够左右稻作的生长。北部的气温如下所述,容易呈现出入秋气温急降的所谓早冷现象,夏季大陆性强烈、秋季低温等阻碍稻作发展的气候因素,大陆性较强、年温差日温差相差较大等。因此稻作重点适应最低平均气温是十分必要的。现在比较天津和东京的四五月平均最低气温,两者大体相当,九、十月三度左右的低温都会对稻作成熟的程度产生影响。因此北部的水稻栽培对于寒冷的预防尤为重要,即成熟期间要极力避免。

由气象因素及地域方位可以推断出南满洲、南朝鲜一带,日本内陆东北、关东、中北部、北部的品种并无太大差异,天山以南地区适宜早熟品种的栽种。

北部地区的水稻栽培地域为强碱地区,因此选择耐盐性强的品种很有必要。而且有证据证明,本地品种比外来品种有更强的耐盐性。在特殊地区存在着栽培价值,因此新品种的养成应当结合来种的情况进行考虑。稻作品种的选定相较于总体视角来说,仔细的考量更为重要。针对于品种改良问题以后还会讨论,在此就省略了。

第三节　稻作的气候与土壤

一、气候

华北地区虽然位于温带而且东侧沿海，但却显示出显著的大陆性，与同纬度的日本内陆或是其他地区有着很有趣的差异性。其中最显著的是冬冷夏热，年温差较大。与日本内陆及朝鲜等同纬度地区相比温度更高，与春季相比秋季更为晴朗，日照时间更长，因而是播种的好季节。

降水量与日本地区及朝鲜相比更少，分布极为不平均，夏季占到全部降水量的百分之七十以上。稻作生长上来看，雨季来得更迟，有错过插秧适宜时期的危险性。八、九两月晴朗，有利于稻作的生长成熟。受日本地区台风的影响，北部气候有利于稻作物的生长。现在就来介绍一下北部气候与稻作的关系。

(1)**气候与稻作的关系**

A.气温

年平均气温

华北的气温由于离赤道很远，再者离海面越高，气温呈下降走势，气温变化是与一般定律相一致的。若论全年平均气温，应在北部10℃至南部17℃这一范围内，即所谓的华北区域气温。与同纬度的地方比较的话，一般来看，与面临东部海洋的一带相比，越往内陆走，随着纬度的升高，气温的变化很大是很正常的情况。即如下表所示：

第1表　华北各地平均气温比较表

地区		一月	二月	三月	四月	五月	六月	七月	八月	九月	十月	十一月	十二月	平均
山东	青岛	-1.0	0.3	4.2	9.9	15.5	19.8	23.7	25.2	21.3	15.6	8.3	1.4	12.01
	济南	-1.5	1.3	8.2	15.2	22.8	27.0	28.7	25.8	22.2	15.2	7.7	1.8	14.55
河北	天津	-4.1	-1.4	5.2	13.7	20.3	25.0	27.4	26.4	21.4	15.0	5.1	-1.8	12.68
	北京	-5.7	-2.4	4.3	13.0	19.4	24.0	25.8	24.3	18.6	11.9	3.2	-3.8	11.05
	保定	-6.7	-1.4	3.8	12.8	21.2	24.0	27.5	24.1	20.8	12.6	4.5	-1.1	11.84
山西	临汾	-2.2	1.8	10.3	16.6	24.3	27.6	31.7	27.1	24.2	12.7	7.0	-1.1	15.00
	太原	-6.8	-2.8	4.5	11.7	19.1	23.0	25.3	23.1	17.7	10.4	3.0	-3.1	10.42
	大同	-15.8	-9.0	-3.4	5.8	15.7	18.7	22.2	20.1	14.4	5.4	-2.5	-7.3	5.35
满洲	旅顺	-4.2	-3.1	1.8	8.7	14.4	19.5	23.0	24.2	19.9	14.0	5.8	-1.2	10.23
	熊岳城	-7.1	-4.5	2.7	11.4	18.4	23.8	26.5	26.0	20.5	13.5	3.7	-4.6	10.85
	奉天	-12.8	-9.3	-0.9	8.6	15.8	21.7	24.7	23.6	16.8	9.0	-1.2	-10.0	7.16
	新京	-16.9	-3.8	-4.0	6.5	14.3	20.1	23.4	21.8	14.8	6.3	-4.5	-3.9	5.37

备注:①满铁调查部《华北农业要览》,昭和十三年。

从记载来看,平均气温与日本内地及朝鲜同纬度的地方相比,平均气温组主要是因为夏季气温很高。

②最高气温及最低气温

华北气候与日本内地总体上的海洋性气候是相反的;与大陆性气候相近,无论是最高气温还是最低气温都比日本内地、朝鲜的最高和最低气温要显著,这就是华北气候的特点。关于最高气温及最低气温,请参见下表。

第 2 表　华北的年最高气温和最低气温

(单位:℃)

地区		月	最高气温	月	最低气温
山东	青岛	8	28.6	1	-5.0
	济南	7	34.0	1	-5.4
河北	天津	7	32.3	1	-8.8
	北京	7	31.3	1	-11.5
	保定	7	32.7	1	-12.9
山西	临汾	—			
	太原	8	31.3	1	-12.3
	大同	—			
满洲	旅顺	8	28.3	1	-8.4
	熊岳城	7	30.0	1	-14.9
	奉天	7	30.2	1	-18.7
	新京	7	28.9	1	-22.9

备注:根据满铁调查部《华北农业要览》。

依此来看,受大陆性气候的影响,此地最高气温很高。这对于种植水稻是十分有利的,这点作为水稻种植的技术性要件需要被特别注意。将当地最低气温与日本内陆及朝鲜的相比较的话,会发现它们之间有显著差异。而且该差异由南向北,由沿海向内陆逐渐扩大。最低气温很低这一情况对于种麦子或种植其他作物来说是十分不利的。但从水稻种植方面来看,由于冬季土地的风化作用十分强烈,使得养分能很好地被分解。此外低温亦能消除病虫害,有效地减轻其所造成的损失。所以从种植水稻方面来看,不能不说是好条件。

(2)**种稻期间的气温**

如前述,华北与日本内陆及朝鲜的同纬度地区相比,年平均气温大体上要比平常高一些。这在种稻期间,即 5 月至 9 月的这 5 个月间尤为明显。就种植水稻的气温而言,平常一般如下所示:

“种植水稻至少需要 5 个月的平均气温在 10 摄氏度以上,且需要月平均气温在 17 至 18

摄氏度以上。夏季平均气温达到24至25摄氏度的地方最适合种水稻。”

因此,大体上华北在气温上具备了种植水稻的好条件。即如下表所示:

第3表 华北稻作期间平均气温比较表

地区		四月	五月	六月	七月	八月	九月	十月	平均
山东	青岛	9.9	15.5	19.8	23.7	25.2	21.3	15.6	18.7
	济南	15.2	22.8	27.0	28.7	25.8	22.2	15.2	22.3
河北	天津	13.7	20.3	25.1	27.4	26.4	21.4	15.0	21.3
	北京	13.0	19.4	24.0	25.8	24.3	18.6	11.9	19.6
	保定	12.8	21.2	24.0	27.5	24.1	20.8	12.6	20.4
山西	临汾	16.6	24.3	27.6	31.7	27.1	24.2	12.7	23.5
	太原	11.7	19.1	23.0	25.3	23.1	17.7	10.4	18.6
	大同	5.8	15.7	18.7	22.2	20.1	14.4	5.4	14.6
满洲	旅顺	8.7	14.4	19.5	23.0	24.2	19.9	14.0	17.7
	熊岳城	11.4	18.4	23.8	26.5	26.0	20.5	13.5	20.0
	奉天	8.6	15.8	21.7	24.7	23.6	16.8	9.0	17.2
	新京	6.5	14.3	20.1	23.4	21.8	14.8	6.5	15.3

备注:根据满铁调查部《华北农业要览》。

即受位于华北的季风影响,该地大陆性气候显著。夏季的高温是由夏季时晴天多,且日照时间长等因素所造成的。因此在夏季,高温对于水稻的栽培是最有利的,从气候上来说,当地十分适合种植水稻。

此外,种稻子值得注意的是华北4、5月份的气温大体上比日本内陆及朝鲜的要高,这有助于加速秧田或本田中稻子的发育,使移植期得以提前。此外麦类作物等亦受此影响,其收获期得以提前,并且产量得以增加。夏季的高温十分适宜促进插秧后的稻子的发育,使得稻苗长得更高。然而由于华北插秧期降水稀少及灌溉水不足,导致现在陷入了一种插秧困难的状态。这同劳动力分配关系一起作用,虽很少使得插秧期被错过,但仍然导致了各种问题。如此时候由高温所导致的旱灾日益严重,插秧后的灌溉水不足及高温严重阻碍了稻子的生长。

其次,8、9月份的高温有助于果实成熟,使果实的品质更好。然而进入九月后,华北大体上比日本同纬度地区气温低,此外昼夜温差亦很大。晚间温度的急剧下降应是值得注意的。

估计这主要是受大陆性气候的影响。如此这般的早冷对于种植水稻的影响很大。一般华北所必须栽培的都是早熟类的,成熟期早于日本内陆及朝鲜的水稻,其原因便在于此了。下面从霜降方面仍然就此来进行叙述。

(3)**霜降**

无霜期的长短与在此期间的气温、日照、降水量等气象因素息息相关。其是决定种植水稻的品种的重要因素。华北的霜降时间依据下表所示那般,由东部向内陆,由南部向北部过渡。照此,其早霜来得很早,晚霜来得很晚。沿向内陆方向,纬度越高,其无霜期越短。这同气温的表现状况一致。

第 4 表　华北各地初霜、晚霜及无霜天数比较表

省别	地名	初霜(月……日)			晚霜(月……日)			无霜日
		最早	平均	最晚	最晚	平均	最早	
山东	青岛	10-3	11-15	4-9	4-9	3-29		330
	济南	9-25	11-1	4-19	4-19	3-18	2-7	227
河北	天津	11-2	11-9	4-21	4-21	3-19	1-25	234
	北京		11-21			3-20		214
	保定	10-9	10-12	4-21	4-21	3-27	3-2	198
山西	太原	9-13	10-2	5-17	5-17	4-19	3-28	165
满洲	大连		11-1			3-31		224
	熊岳城		10-7			4-21		167
	公主岭		9-25			5-1		148

备注:根据满铁调查部《华北农业要览》。

由上表来看,晚霜平均于 3 月下旬时来到,这对水稻的插秧完全无阻碍。反倒是从此时期开始,气温开始逐渐急剧上升,秧田中的稻苗因此生长发育良好。其次,由早霜的季节来看,太原的是最早的了,时间约为 10 月上旬,其他地方的则是 11 月。如上所述,由于气温自 9 月起便逐渐下降,所以栽种的都是些稍微早熟的品种。

(4)**降水**

A.年降水量

将华北的降水量总体地来看的话,其降水量是很少的,并且分布非常不均匀。然而全年降水量是不定的,基于年来说,差异很小。这便是所谓的华北降水的三个特征。若是通读下表,会发现华北各地的年降水量极少。将华北的降水量与华中、华南的 800 至 1,800 毫升,日本内陆的 1,500 至 2,000 毫升还有朝鲜的 1,000 毫升左右的降水量相比的话,会发现其只不过是后者的 1/2,甚至是 1/5。这主要是受华北的大陆性气候的影响。大体上华北南部的降水量较大,降水量的变化趋势是由南向北、由沿海向内陆逐渐减少。

第5表 华北各地降水量比较表

地区		一月	二月	三月	四月	五月	六月	七月	八月	九月	十月	十一月	十二月	合计
山东	青岛	10.7	9.1	17.9	31.7	43.2	67.1	120.4	165.2	102.5	26.3	16.1	21.6	631.8
	济南	6.3	7.6	12.7	22.2	35.2	75.8	185.7	241.7	42.8	13.9	17.5	24.0	685.4
河北	天津	3.9	3.0	5.6	12.8	29.9	64.0	181.3	51.4	43.7	15.0	11.2	4.5	426.3
	北京	3.4	3.7	9.8	11.3	37.4	82.6	142.4	35.9	52.1	17.3	11.1	4.4	411.4
	保定	0.7	5.6	12.0	9.3	17.8	87.4	144.4	121.0	55.4	10.5	1.4	11.1	476.6
山西	临汾	3.1	3.5	10.4	12.5	33.3	59.0	81.0	130.7	72.3	57.7	11.6	6.0	481.5
	太原	2.8	3.1	6.8	14.9	32.6	48.8	118.0	100.2	47.0	17.1	6.9	4.2	402.4
	大同	1.0	4.0	7.0	13.0	40.0	42.0	102.0	83.0	36.0	22.0	3.0	2.0	355.0
满洲	熊岳城	5.6	5.7	15.8	23.1	41.0	52.8	149.1	146.9	65.6	42.0	25.7	10.2	583.5
	公主岭	5.2	4.8	11.5	18.6	57.1	93.1	167.8	140.9	56.2	38.9	11.6	4.5	610.2

备注:根据满铁调查部《华北农业要览》。

B.水稻种植期间的降水量

水稻的主要特征如菲律宾农业大学的Koburando教授所述如下:

水稻和其他所有植物一样需要营养摄取和进行呼吸作用。为了维持生命所不可缺的生化反应,水稻与其他植物一样也必然需要水。如果由于某些原因无法摄取营养,进行呼吸作用和水分汲取,其生长就是不可能的。并且,水稻的营养摄取比其他植物要更多。

世界上最重要的谷物水稻要在水田中良好地生长,理论上对水的需求量非常大。但实际上对水稻的水的供应,应根据生产者自身的情况决定并统筹。灌溉是一种耕作技术……植物的生长除了水之外,还有其他的气候诸因素产生重要的影响。如果灌溉得当的话,水稻就会成为世界上最为依赖的起决定作用的粮食。

如果水的供给完备了,甚至可以不需要下雨的灌溉……可是如果没有灌溉的话,在高温的影响或者其他有害的影响下水稻的抗旱能力就会大打折扣。

和供水不足相比,水稻种植最严重的问题应该是供水过剩。如果东洋发生洪水和暴风雨,意大利和北美合众国的所有水稻产量都会锐减,完全无法收获。

像这样,水稻种植需要供水,但有规律的供水是很重要的。

而根据水稻分布点和其生态生育环境,一般说来"水稻供水是很重要的因素,年降水量必须要达到500ml。且在生长期间必须要达到每月50ml。虽然如此,但是还是不得不考虑两个因素:东南亚地区比华北的平均温度还是要高很多的,而且华北土壤因为是黄土和冲积土,吸水性是很强的。因此由于平均气温的过高和土壤吸水性的过强,在华北就必然要比在日本本土种植水稻多进行供水。

中国的农业经济学者 Machiyaru 曾如是表述：

> 以江苏省平均温度为准，水稻的成熟需要年均降水量为 800ml，而南部的地方可能还需要更多的降水量。如果这样的话就只有中国的少部分地区能种植水稻，而大部分由于雨量过少只能改种小麦等其他作物，但这远远不能满足粮食供应。

这种情况从农业生产的立场来看是有重大意义的。

华北的年降水量如前所述，是日本本土的三分之一到四分之一、朝鲜的大约不超过二分之一。七、八月水稻发育期的降水量大约是年降水量的 70%，且九月份后就会锐减变得非常干燥，但反而促进结实、成熟，更能统筹粟米等作物收获，这是由其降水量时间分布所造成的适宜条件促成的。

四、五月的降水量太少，旱地的一般作物连播种都不能进行，或者会给其发芽生长造成阻害，且其水分蒸发量过大，以此失去均衡，招致屡次的旱灾。但即便是这样也几乎不给水稻带来影响，这是什么原因呢？因为目前华北的灌溉水主要依赖于自然的降水，但实际上可以不必等降水，而几乎全部使用河川的水源进行供水，在河川灌溉有可能实现的地域也可能完全实现不用降水而完全使用河水灌溉。所以很怪异的现象就出现了：在日本本土和朝鲜，旱情是对水稻威胁最大的，而在现在的华北地区，对水稻威胁最大的反而是洪水。

灌溉水是决定水稻耕种成功与否的重要因素。现在在华北用于水稻栽培的几乎全部是河水。华北虽然有许多大小河流，但除了极少一部分区域的河流之外，其他区域都很缺乏涵养水源的条件，再加上降水量少、蒸发量多，自然水源极易枯竭，作为灌溉水的河流就会减少。这是华北水田面积在某种程度上无法增加的原因。

华北一般降水量少，水的意义也就极为重要，水很有可能突然从有利条件变为束缚。不论水分不足还是过剩，都对水稻有害。因此就不得不同时兴建灌溉设施和排水设施。现在华北地区排水设施极为不完善，设施是用来防范每逢七、八月雨季的暴雨侵袭的。因此，在完全依赖河流水灌溉的华北，雨季的推迟到来，造成的降水分布不均所形成的不利影响是不言而喻的。因此水利事业的发展是华北地区粮食作物增产改良最重要的部分。

(5) **日照时间**

华北多数时候都是晴天，因此日照时间比日本本土要长很多。东京的日照总时间是 112 小时，相比华北各地分别少了 100—700 小时不等。日照时间是关系到水稻作物生长的重要因素，日照时间长有利于水稻生长情况。华北各地的日照情况如下表所示：

第 6 表　华北各地日照时数比较表

地区		四月	五月	六月	七月	八月	九月	十月
山东	青岛	232.7	258.7	224.4	195.0	252.6	233.6	246.6
	济南	223.7	287.0	278.1	264.7	204.6	257.4	243.3

续表

地区		四月	五月	六月	七月	八月	九月	十月
河北	天津	252.0	295.1	272.5	248.8	230.5	241.1	243.1
	北京	228.3	245.5	219.6	207.0	203.0	231.6	249.2
	保定	227.6	286.1	264.6	211.2	171.6	207.7	201.7
山西	太原	189.9	227.3	204.6	175.7	193.4	218.5	197.0
满洲	熊岳城	251.4	268.8	274.3	238.7	240.7	246.1	240.4
	公主岭	201.4	207.0	237.0	209.8	219.3	214.8	206.4

备注:根据满铁调查部《华北农业要览》。

总的来看,华北日照百分率为70%—75%不等,满洲为75%左右,日本本土为40%左右,朝鲜为55%左右,长日照对于水稻的生长、成熟都非常有好处。

综合以上各项叙述,华北的气候有降水量少、雨季来得迟且降雨量不平均等缺点,因此要制造出有利于水稻生长的条件,如前文的 Koburando 教授所说的"如果水的供给完备了,甚至可以不需要下雨的灌溉"。完全靠河流灌溉的方法供水的华北地区,伴随着水利事业的发展,是有希望实现水稻的耕种的。现在水稻栽培的区域和数量很少的主要原因,当然不只是降水量少和水利设施的缺乏,也与后面要提到的土壤具有多孔性质和极大吸水性这一特性有着极大关系。毫无疑问,华北地区的气候是水稻栽培的限制性因素。

二、土壤

华北的土壤分为普通的黄土和冲积土壤,和华中、华南、日本本土以及朝鲜的土壤都完全不一样。也就是说,华中、华南是以红色砂岩、红土为主的冲积土壤,日本本土以及朝鲜的土壤是非常多样的,其中多数应该是花岗岩为主的冲积土壤。

以中国地质学的知识为基础,根据当代权威学者的观点,黄土具有以下特点,即"人们十分容易耕作,研究表示黄土富含许多养分,黄土还能自身蓄积肥料,为了易于恢复水分和土壤的生产力,其还能吸收空气中的成分。但最重要的是黄土能吸收雨水,这些雨水会深深藏于黄土的下层,一旦和下层养分丰富的地下水相会,就会产生毛细管现象,即水从表层渗出,而从地中开始的黄土带下层会极度营养丰富"。黄土能自己产生肥料,且不需要其他的肥料。其有下层产生及空气中吸收两种产生营养的方式,因此黄土具有极度的丰饶性。但是黄土的这些特质只在水分充足的时候显现出来。如果水分不足的时候,土壤的下层和上层之间的毛细管现象就会中断,植物就会夺走养分,土壤就会迅速干涸并变成红色。

像这样,黄土的丰饶性会根据水而变化,因此灌溉的必要性就成了切实的要求。但从另一方面来说黄土十分容易被洗刷。根据华北河流的特征作以下说明:如此容易泛滥的河床如果突然堆积了许多的泥土就会是形成极大洪水的原因和隐患。因此灌溉的同时排水工作进行得如何关系到黄土此类特性的存在与否。故此,如果黄土在水利和降雨都适当的情况下进行耕作是非常容易的。黄土虽然肥沃不需要额外施肥,但是我们却没有意识到掠夺性的农业发展对营养的消耗以及农作物组成的复杂性所造成的对土地的高度利用。借助最近 Batuku 教授所绘制的土壤分布图将陇海线以北的土壤类型和土性分布情况表示如下:

第一图　华北的土壤分布图

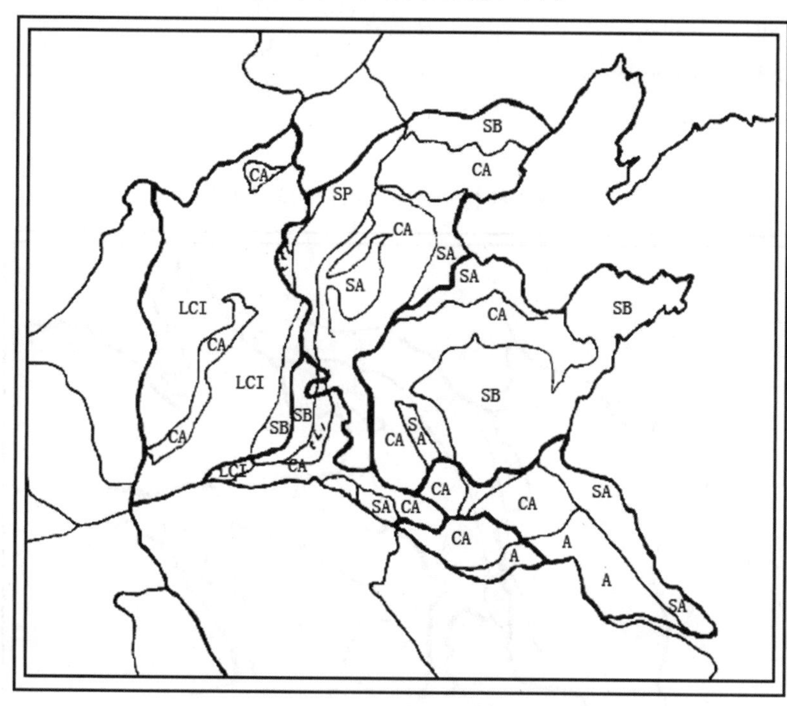

根据此图来看

土壤类型	分布地域(省别)
1.石灰质冲积土 CA.(Calcareous Allunium)	河北、山东、山西、河南、江苏、安徽
2.临性冲积土 SA.(Saline Allunium)	河北、山东、河南、江苏
3.黄土性质的栗色土 LOI(Loeesial chestnut Soil)	河北、山西、河南
4.褐色土 SB.(Brown Soil)	河北、山东、山西、河南
5.沙漠土 SD.(Sand Dunes)	河南
6.无石灰冲积土 A.(Non-Calcareous Allunium)	江苏、安徽

看各省份这些土壤类型的分布比例

河北省
CA.　54.1%
SB.　29.5%
SA.　16.4%

山西省
CA.　9.1%
SD.　0.6%
SB.　6.8%
LOI.　83.5%

山东省
- SB. 51.2%
- SA. 15.3%
- CA. 33.2%

江苏省
- CA. 43.6%
- SA. 28.2%
- A. 28.2%

河南省
- CA. 56.8%
- LOI. 22.7%
- SB. 4.6%
- SA. 11.4%
- SD. 4.5%

安徽省
- CA. 61.1%
- A. 38.9%

第二图 酸性、中性、碱性土壤分布图

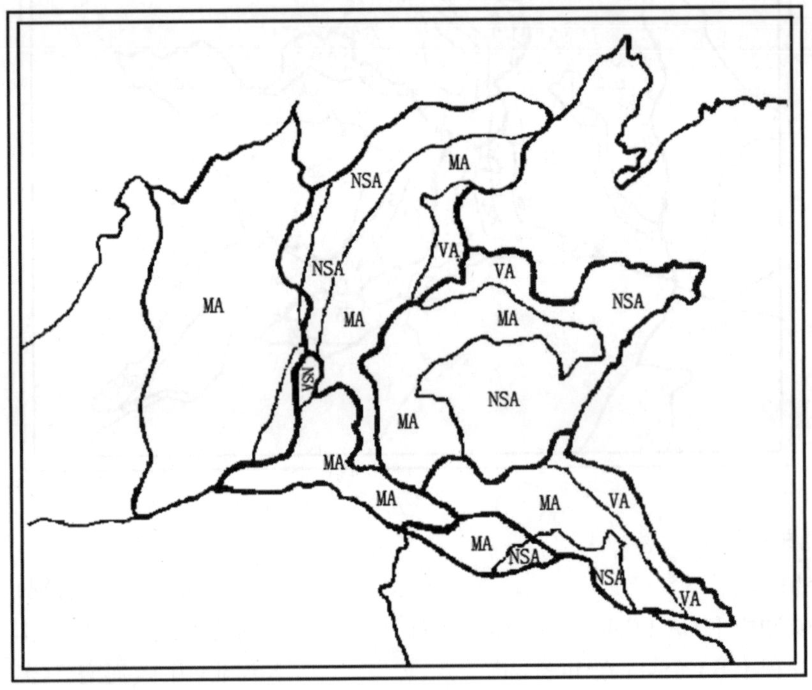

解说

1.强碱性土壤 VA(Very Alkaline Solis, pH8.6 以上)

2.弱碱性土壤 MA(Moderately Alkaline Solis, pH7.4-8.5)

3.中性或微酸性土壤 NSA(Neutral or Slightly Acid Soils, pH6.4-7.3)

如果以此分类,这些类型的土壤在各省的分布比例来看的话

河北省
- VA 9.1%
- MA 57.6%
- NSA 33.3%

山东省
- VA 7.4%
- MA 27.9%
- NSA 64.7%

省份	类别	比例	省份	类别	比例
山西省	VA	—	江苏省	VA	33.3%
	MA	89.2%		MA	52.8%
	NSA	10.8%		NSA	13.9%
安徽省	VA	—	河南省	VA	15.0%
	MA	68.8%		MA	85.0%
	NSA	31.2%		NSA	—

华北各省的地质

黄土在华北分布最广也最为发达(可能是指量多),然而并不是说华北各省的土地就都是黄土,比如河北省主要是冲积层土壤,但其平原的西部和北部的边境地带就是黄土;又如山东省的平原地带主要是由冲积土组成,但是山岳边缘广大的土地都以黄土地带居多;再如河南省土质虽然不怎么样,但和河北、山东比起来有含有大量黄土的山岳,黄土在河南省地域很发达(量多)。

江苏省和安徽省北部几乎全部都是冲积土。

黄土有易变的构成,而砂质土通常是以由大量的石灰以及石英粒的圭角构造作为其组织特征。由于有细小如毛细血管的组织存在,黄土像海绵一样吸水能力很强,即便遭遇暴雨,黄土的表面也不会留下一点儿痕迹。因此和表面不会积水一样,黄土的下面也不会有湖水的存在。但是研究中国地理的学者 Kuretushii 认为其中的气孔事实上已经超过了 45%。如此多孔质的吸附性不强的构造成为了黄土不适合作为水田种植而应该种小麦、其他杂谷等干性作物的依据。

其次,冲积土的形成多与河川和湖沼的土地形成活动有关,这是随处可见的,就如黄土地域发源的各种河川,尤其是黄河,其中的黄土泥土等冲积物特别容易形成冲积土。其理化性质并不如普遍的那样,而是极为复杂的。华北的冲积土是根据洗泥作用形成的,但和一般的黄土相比沙砾要多很多,细沙和粘土则明显较少。

那种程度和冲积土壤的形成过程不同,并不明显,且分为几种情况。其中根据洗泥作用形成冲积土的情况,是重的部分最初形成沉降,而轻的部分会被冲刷到很远的地方。因此即使是其中肥沃度最低的土壤受到最强的洗泥作用,土地可能会形成贫瘠的砂土但也可能形成一般的黄土,可以兼顾排水、保水,且对温度的吸收也十分迅速,是有利于促进农作物生长的。但是冲积土的耕地经常会发生旱情,这是因为这种冲积土的主要构成为沙砾,会加强水分的渗透、蒸发作用。

冲击土壤的石灰和碱化物较少,但是磷酸和氮素相对较多,同样其有机物含量也很贫乏。因此冲积土除了粘土的性质之外,其砂质组成的要素和自然形成的元素含量比例明显不同,但其理化性质和黄土非常类似。

因此,和黄土一样重点是给冲积土以充足的水分供应,才是保证农业生产不荒怠的决定条件。根据冲积土的理化性质,像黄土一样,给予多量的施肥也是必要的和理所当然的。

如以上所示,华北分布的土壤都无外乎是石灰质土壤、呈碱性的非流亡性土壤及轻度流亡性土壤。

根据阿伦尼乌斯及川岛氏来看的话,最适合水稻栽培的土壤 pH 值,应该是 4.7—6.0 为最佳。本来水稻就不耐酸性,比较而言抗碱性要稍强。因此从土壤反映的情况来看,在华北种植水稻是可行的。根据朝鲜农业试验场的结果,如果盐类含量减少到 0.2%以下,水稻产量的提高就会很困难,但湛水中的盐类浓度达到了 0.2%以上,对水稻的生长也是有害的。且盐类含量达到 0.3%—0.4%以上的话,对水稻的生长有益但对共畑作物的生长却起了限制作用。

如上所述,现在华北水稻栽培的主要地域分布在河川的沿岸,土质主要是所谓的冲积碱土和绌埴壤土和绌壤土,且地点以地下水位 1—1.5 米左右范围为最多。

对酸碱度、土地生产力以及盐类含量等做正确化学分析的资料很少,对水稻栽培是否适当 * * 也会产生困难。

综合过去资料和现在水稻栽培地区关于 * * 的情况,我们发现如果能大体达到酸碱度 5.0—6.0、盐类含量 0.02%—0.35%,总体上水稻栽培就是可行的。在干燥度很高的华北地区,除盐方法要注意的地方有很多。在盐类含量很高的地方,如果除盐方法不适当的话,水稻栽培是非常困难的。

华北地区的土壤成分分布如前所述,作物所需的养分中无机物含量非常丰富,但有机物却很稀少,并且因为降水不足的原因,作物的产量被大为限制。什么有效成分都很缺乏,尤以氮素为甚,日本本土的平均值为 0.228%,朝鲜为 0.170%,台湾为 0.150%,南满洲为 0.153%,与本土比起来只相差 0.06%—0.10%。比较而言,较多的磷酸也是如此,唯其在钾盐上就分布得很丰富。因此,土壤是必须的,磷酸也是必不可少的。

天津东南部的张贵庄的化学分析表如下表所示:

第 7 表　张贵庄的土壤分析表

成分	生草荒地	植棉地	植稻地	* 地
水分	1.870	1.455	1.525	1.490
灼热后消耗物	7.795	6.500	5.985	5.420
不溶盐酸物	69.078	73.243	74.349	75.720
硅酸	0.548	0.439	0.477	1.500
酸化铁	11.624	11.566	11.177	9.320
石灰	4.765	3.146	3.296	0.900
氧化镁	2.810	2.416	2.062	3.000
磷酸	0.180	0.183	0.183	0.160
碳酸	0.393	0.130	0.188	0.800
硫酸	0.007	0.005	0.009	0.040
盐化钾	1.330	1.245	1.345	1.040
氮	0.007	0.011	0.014	0.110

续表

成分	生草荒地	植棉地	植稻地	*地
有机物	1.086	1.256	1.324	1.360

备注：张贵庄、中野农场调查(昭和十二年)。

第四节　水稻的栽培方法

一、选种

种子的选择虽然自古以来就被认同，但是普通农民对于种子的选择却毫不关心，为政者也完全没有对于此类的奖励指导。因此多年拒绝选种，导致种子质量逐渐低下，且混杂入了不同品种。现在的选种方法也极其简单与不成熟。一般来说，诸如自然风选种及淡水选种等，或者是盐水选种这样的需要一些技术的选种方法并没有实行，一般农家则使用诸如筛子、扇车等将没有米粒的种子去除的方法选种。

二、浸种

作为播种前的准备工作，浸种有将种子装入麻袋在水中浸泡一周至十天，和在装满水的水缸中浸泡两周这两种习惯。其中后者的情况下一般不会换水，换水也是三至四天换一次。前者的水温是河水 14 摄氏度左右，后者的水温是 12 度左右。北方浸种的时间大约在四月上中旬。以上操作结束后，将种子放在树荫下滤水半日为一般做法，或者是将浸种放在炕上的草席上的麻袋里促进其发芽，待芽长到一厘米时播种。在此过程中为防止干燥要不断地加入微温的水，为防止发酵要不断搅拌。虽然八日内“长出芽”，但是失败的风险也很高，极端的场合下，会错失上述所说的播种佳期，所以要特别注意。

三、秧田

秧田的休整是在春季解冻后用犁深入十厘米耕地。耕过的土地能够使秧苗更好的生长、更好的拔出。同时在耕过的土地的粉碎土块中用水耙施肥灌溉、修整田埂。秧田平整过后，田地每隔四五垄就要修一条小路，播种的土地大约为 1.2 米至 1.5 米宽，通道为 15-20 厘米左右，为秧田面积的十五乃至二十分之一。

四、播种期

播种期在北部内陆为四月上旬到四月下旬，约一个月的时间插秧收获，延期的可能性也有。因四月上旬南部及沿海地区播种的温度尚低，且与北部内陆的播种期相比有一些延迟，所以产量有一些减少，播种期以四月下旬为佳。

五、播种量

北部秧田的播种量与日本内陆及朝鲜等地相比非常的多，相较于一亩的播种量约为四至

六升,北部秧田的播种量可达五至八升。为了多产应注意以下几点:

1.种子的选择如果不完全会导致发芽趋势不良好。

2.秧田的修整粗糙的话,会引起种子的下沉或发酵引发腐坏。

3.播种时的气温情况,白天比较温暖,但夜间气温低下或水温低下也会导致发育不良。

4.品种不良会导致分药力 * * 较弱或是秧苗较弱,一株多条的情况发生。

秧田的播种量由精粗、气候、风土等决定。位于北部的极端厚播在农作方法上来说是粗放法,具有气温、水温在夜间相对寒冷的特质。粗放栽培在秧田上每亩进行六升以上的厚播,得到从单位和面积来计量都是大量的秧苗。秧苗的生长迅速却因此也有软弱的倾向。当然不良品种也具有分药力弱的特质。

六、灌溉及其他管理

秧苗的灌溉水适宜温暖,尤其是在夜间更是需要。

播种后暂时的低温期间,应保持夜间水深约一寸,其后水温上升会伴随水深变浅。为促进发芽,检查排水生长的状况,依据天气在一日内需排水两到三次。

尤其是在强碱地区,在注意灌溉排水的同时,要特别注意鸟害和蟹灾的预防,其中杂草的拔除应为秧田中每隔一二间隔的程度,而只注意拔草、除虫,或只注意秧田的状况而不注意除盐操作和鸟害的防治也是不可以的。

七、本田的土地平整

秧田的耕作分为春耕和秋耕两种,秋耕的很少。一般是在三月中旬插秧的季节以畜力和犁耕进行约为10厘米深度的耕作,仔细地进行第二遍的重耕也是有的。

耕好地后不必对粉碎的土块进行平整,进行插秧前除盐和灌排水的插秧准备即可。

八、插秧

(1)插秧期

插秧的适当时期,西北部为六月上中旬,东南部为六月下旬。即南部比北部,海洋比内陆要早一些。南部适宜的插秧时期和生长时期都更长,反之,北部更短。

天津东南部的白河流域,也就是所谓的小站米的产地,一般是在六月上旬到中旬插秧。比这段时间晚的话,会依稻作的特殊性对生长产生影响。即进入八月后再插秧就是无效的了,所以最迟也应在六月末插秧。

(2)株数、条数

北方古来就进行杂乱的插秧,在单位面积上株数少、条数多。即秧苗以六七寸或七八寸为间隔的乱序插秧,白河流域达到了一亩株数60至80株,条数六七条,甚至十五六条。原则是寒冷的地区要比温暖的地区密植更为有利,生长力弱的品种或是晚植的情况下也可密植。条数分长率强的品种或是稻苗强健的品种或是施肥较多的情况下也可以少植。

插秧对稻苗生长最为重要,因此北部在杂乱插秧的基础上进行深植。因为土壤多孔且疏松，地下水也埋藏较深，浅植的情况下只能得到表层的营养，自然而然养成了深植的习惯。

九、施肥

稻作的施肥过去一直是以粪施肥，近期开始用豆粕及其他化学肥料施肥。

（1）**秧田施肥**

秧田的施肥以肥料分解速度快、肥效发挥快为佳。北部一般是将土粪细碎地撒布以锄头施肥，施肥量约为一垄（约一公亩）一百三十单位。其他的如豆粕、硫酸铵的施用也是有的。

秧田施肥也需要避免过肥，过肥会导致秧苗生长力弱，虚增长，秧田施肥的要领是在插秧前肥料刚好吸收完毕。秧田以土粪施肥的情况下，要特别注意为发挥土粪的最大肥力，应先和土壤混合然后施肥。

（2）**本田施肥**

本田的施肥过去一直是土粪施肥，近来也有用大豆粕、硫酸铵及过磷酸钙等化学肥料施肥的。

一般土粪等基肥和化学肥料等为第一遍，第二遍施加追肥，其中施肥量为第二遍时，土粪一公亩一千至一千二单位、大豆粕一公亩八十至一百三十单位、化学肥料一公亩三十至五十单位。

施肥期：为土粪在插秧前，购入的化肥在插秧一周后或插秧前散布施肥。

第二遍为插秧后三周前后。

第三遍为插秧后的十天至两周。

稻作的肥料种类、施肥量、施肥方法等依据气候、地质、土壤、水利便利与否，品种、经营粗细及其他方面而有不同。华北过去一直是少量使用土粪，近期也有化学肥料在局部地区的少量施用。尤其是土壤有机质的缺乏是无机质肥料施用的结果，当然因品种基因等，产米的米质、味道不佳，有机质肥料的过量使用也有很大的原因。因此今后必须对有机肥料的适量施用不可懈怠。

十、本田管理

1.灌溉及排水

灌溉是各河川作为用水源在东南部的河川流域，在涨潮时利用其水位上升进行灌溉。内陆地区则是利用将水源引入河川或是沟渠进行灌溉，或者是一些时候进行自然灌溉。华北大米的主要产地小站地方则是相对于河川灌溉，更多地采用沟渠引水，用扬水器灌溉的方式，动力则为人力、畜力、发动机电力等。水田的水深一般为一寸乃至一寸五，但强碱地区因为要进行除盐操作，在插秧的时候要进行约为期一天的引水灌溉，即九月上旬的时期进行分流灌溉排水。

2.除草、中耕

华北的水田虽然除稗、芦以外杂草很少，但一般是在插秧后经过约两周，茎苗充分活跃的时候进行第一遍除草，之后在有效分蘖的末期，即六月下旬七月上旬的时候进行植株间土壤的搅拌并进行除草。或者是在七月中旬进行第三遍除草。进入八月后进行稗、芦的除草。即进行两到三遍的除草。中耕的观念十分淡薄,中耕过程中用器具或是手拔除杂草。

华北稻作稗较多是一大特色。稗比稻的繁殖力更为旺盛,因此去除它不可懈怠,否则会压倒稻作。华北的农民一直以来都讨厌稗,也很积极地去除它们。

十一、收割农作物,干燥

收获的时期依气候、风土、栽培品种、插秧早晚、施肥状况等而不同,北部、内陆更早,东南部更迟。出穗后四十至四十五天就到了黄熟的收获季节,早的话九月上旬收获,十月上中旬结束。方法一般是用镰刀或刈三日内在田间收割,高粱一般是在秆15厘米以下割断,运往脱谷场。

刈去后应当进行干燥,否则会对谷粒的色泽、硬度、味道、贮藏力产生很大的影响。华北秋季晴朗干燥天气持续多日,对于谷粒的干燥来说十分有利。

十二、脱谷、调制

脱谷一直以来都是从茎部切开,将穗部用石头磙子脱谷,或是用打落法脱谷,近来也有用日本制石油发动机的脚踏机来脱谷的。

将脱谷后的谷子扬起,利用风力去除秠、稗等杂物,然后装入麻袋运至家中。这些谷子会使用运用人力、畜力或是石油发动机的碾子进行处理。一麻袋的谷子重量约为100至130斤,会被分为二十袋左右的谷子。选取程度为60%。

十三、产量

产量一般是每公亩二至三石,每石的重量为66千克。玄米一石的重量为101千克(连麻袋共102千克),高粱为375至450千克。

第8表 军粮城的水稻品种试验成绩表

(昭和十二年调查)

品种名	发育状况				坪刈成绩				备注
	播种	移植	分蘖终期	穗前期	成熟	株数	干燥*		
							重量	容量	
中银水原一号	四月一六日	月 日 6.19	7.25	9.5	10.5	62	415	1.55	重量* 日本*
中银水原二号	*水*四月二六日	6.19	7.25	9.6	10.6	61	395	1.48	
水原三九号	播种*	6.19	7.15	8.22	9.21	61	357	1.20	
水原四一号	(以下同)	6.19	7.17	8.22	10.1	59	345	1.18	

续表

品种名	发育状况				坪刈成绩				备注
	播种	移植	分蘖终期	穗前期	成熟	株数	干燥＊		
							重量	容量	
水原四四号		6.20	7.30	9.5	10.6	51	370	1.22	因为鼠害,无法统计
水原四五号		6.20	8.4	9.4	10.8	60	600	2.05	
银＊五号		6.20	7.30	9.4	10.7				
银＊一二号		6.21	8.2	9.5	10.7				
枥木昭和早生		6.21	8.1	9.3	9.30	57	435	1.45	
枥木畿内千石		6.22	8.2	9.4	10.5	69	420	1.40	
农林一号		6.22	7.15	8.12	9.25	—	—	—	因为风灾,无法统计
陆羽 132 号		6.22	7.20	8.20	9.28	59	445	1.75	
＊张(糯米)		6.22	7.20	8.23	10.5	51	435	1.65	
万年＊的尾		6.22	7.15	8.13	9.30	61	435	1.77	

在军粮城以及小站附近一带栽培的葫芦头与陆羽 132 号和万年的收成之和没有太大差别。

注① 中野农场军粮城分城调查成果

茶淀附近的水稻传统耕种法

品种	一亩地播种量	播种期	移植期	一亩地的株数	移植(株数)	除草时间	落水期	收获期	糙米收获量(斗)
长芒	市用的量器 5 升	4 月中旬	6 月上旬	7,500	7-9	6 月下旬 7 月上旬 7 月中旬	9 月上旬	9 月下旬	8-9
无芒稻	8 升	同上	6 月上旬	8,850	12-14	同上	8 月下旬	9 月中旬	11-12
金刚稻	9 升	同上	同上	10,500	14-16	同上	9 月上旬	9 月下旬	10-11
红芒	6 升	同上	同上	8,100	10-12	同上	8 月下旬	9 月中旬	9-10

其他的参考事项

1.浸种时间　4 月上旬　大约 10 天

2:3 月中旬起耕

3.不采用直接播种法,采用移植法

4.秧田施肥(每亩)

A.施肥期　第一遍播种前,第二遍移植前2周

B.施肥量　基肥豆粕150斤或者是土粪350斤,硫酸铵12斤

5.本田施肥

A.施肥期　第一遍移植前,第二遍出穗前2周

B.施肥量　第一遍豆粕80斤,硫酸铵,**或者硫酸铵14斤,混合肥料等10斤左右

军粮城附近水稻耕粮梗概

1.品种类别　大白芒,金刚芒,葫芦头,小红芒

2.平整土地　冬季解冻后立马起耕,让其风化

3.选种　用筛子筛掉稗的果实及不充实的稻粒

4.浸种　4月中旬选种　将**放入**中,**河水,每3到4天换一次水,浸种天数一般为10天左右

5.播种期　4月下旬

6.播种量　8市斤(每亩)

7.插秧　6月上中旬

8.除草　第一遍为插秧后的15天,第二遍为第一遍的10天之后

9.肥料　作为基肥,播种前每亩撒5.00市斤的土粪

秧田　追加肥料应在苗长1寸左右的时候,化学肥料(硫酸铵)35市斤

第二遍在移植前2周左右,加入化学肥料15市斤

本田　作为基肥,每亩应施500-1,000市斤土粪

追加肥料,第一遍为插秧后15天左右,每亩施用硫酸铵25市斤

第二遍在第一遍的15天之后,加入硫酸铵15市斤

各品种	播种期	播种量(市斤)	插秧		除草		出穗期	收获期	糙米收获量(石)
			日期	距离	第一遍	第二遍			
金刚稻	4月11日	8	6月10日	87行株	6月25日	7月10日	8月10日	9月10日	1.5
大白芒	4月11日	8	6月15日	87	6月30日	7月15日	8月15日	10月5日	1.0
葫芦头	4月11日	8	6月20日	65	7月20日	7月5日	8月10日	10月5日	1.5
小红芒	4月15日	10	6月15日	55	6月30日	7月15日	8月1日	9月15日	1.0

糠一石的重量　170市斤(85公斤)

糙米一石的重量　200市斤(100公斤)

第五节 病虫害

一、病害

被认为是水稻种植那方面的病害在当地几乎不存在,因此当地病害程度极低,不值一提。唯一需要重视的是局部的轻微病害,即在某些地区轻微爆发的稻热病。想来是在引进日本种水稻的时候,将病原体一并带入了进来,这是需要注意的。

二、虫害

水稻种植方面的虫害有蝗虫、卷叶虫、螟虫、浮尘子等,特别是蝗虫的灾害最为严重。蝗虫所过之处,呈现的是无以言表的惨状。其每每同洪灾一起作用,使得农民颗粒无收,遭受灭顶之灾。特别是洪灾的时候,被洪水所驱赶的蝗虫团便向无水区的外围地带移动,如此情况下损失非常严重,全然没有有效的防止办法。蝗虫来袭时空中黑压压的一片,不单是水稻,附近的农作物悉数被袭,且蝗虫喜食麦穗。如此这般的损失已经在 Pearl Buck(赛珍珠)所著的《中国农村史》[①]中作为巨大的惨剧被记录。如此,在华北农村蝗虫被视为是最令人惶恐的灾害。一般在蝗灾的前期,由于蝗虫群移动缓慢,在小范围或少数地区人们使用布或簸箕进行蝗虫的捕获和驱散,除此之外,并未确立实际的应对蝗灾的办法。

第六节 稻作栽培相关的灌溉、排水

一、灌溉排水的发展过程

虽然之前就稻作的气候及水、栽培方法等做了简单的叙述,但是华北的水稻栽培方法十分复杂并且重要,因而在这里进行追加叙述。

纵观华北的灌溉史,有记载的有西门豹漳河引水和邺河灌溉。汉代的史记记载了张堪引邺河水灌溉,在狐奴山种植水稻。曹操在征伐蹋顿的时候开发了泉州渠。这是华北筑渠的开端。

魏将军刘靖引流高粱河水灌溉后,魏朝裴延俊建筑了骨元渠。

隋朝裴行方修建了卢沟渠;何承矩、赵彬引流易河、徐河;金朝刘辨引流唐河;明朝杨一桂开凿唐河、张延玉引流雹河、胡思仲引流洋河进行灌溉、汪应蛟开耕葛沽稻田。

元代的虞集曾建议在京师的东部北至辽海,南到山东青州等临海的地方,采用浙人的方法,筑堤灌溉。此建议受到嘉许,并计划实施。(见《元史 · 虞集传》)

清雍正年间灌溉事业十分兴旺,京西、京东、京南三地,即以北京、天津为中心的诸县,灌溉

---

① 译者注:此处可能是原文有误,应为 Pearl Buck 的丈夫 John Lossing Buck(卜凯),其为著名农业经济学家,著有《中国土地利用》一书,在第四章第四节“灾荒”部分有类似内容。

事业兴旺,水源即是利用河水、掘井开泉,灌溉流域达到了5,770顷(一顷=100公亩)的稻田。虽然有记载稻田耕作,但其后稻田在数年后荒废变成旱地。华北的水源用于稻作灌溉,原本水量并不丰富,只海滨地区的湿地灌溉水量与水田相似。以上地区虽灌溉事业发展较早,但因水源缺乏,技术缺陷,行政不统一导致了沟渠布局混乱、水田旱化、面积缩小等问题。

近年来当地逐渐注意到了灌溉事业,但是由于华北的特殊雨量、地质、地势、河川及社会不统一等特点,水田的发展也有局限。

二、灌溉水源

如前述那般,华北的灌溉水源几乎全部依赖于河流。华北各种河流有很多,就充作水田灌溉的得失而言亦是不一样。因为大体上是未进行水利建设的原始河流,进行水利建设的话不免会有很多困难。

水利建设这方面,需要大量的资金和先进的技术。因为治水计划和要增加大米产量,今年起建设总署规模巨大的五年计划终于正式启动了。虽然已经是正式着手,但主要是以京津地区为主体,将永定河、白河流域、南运河及隆阳河流域作为中心,进行大规模的筑堤、修建蓄水池及放水等工程。永定河上是石匣里蓄水池,南运河流域的是林亭口蓄水池、齐家庄蓄水池,隆阳河流域的是开化镇蓄水池。计划建设这7处大蓄水池,眼下施工的准备已迫在眉睫。

这治水计划完成后,预计可以开垦大约120万町步的水田。

直到这次事变前,根据华北水利委员会所言,水利设施的建设正在被进行。现在建设总署制订了五年计划,开始着手治水事业。与水利相关的事在修改稿件后改日再讨论。就现在为止的水田灌溉事业而言,十分遗憾的是因为没有资料,此处只能就关联比较大的河流进行若干叙述。

华北的河川系统

河川	水源	支流	流经地域	流域面积(平方千米)	长度(千米)	河口
滦河	蒙疆察哈尔盟沽源东南的巴延屯圆古尔山	上都河 伊逊河 热河 汤河 *河	蒙疆察哈尔盟沽源、多伦,满洲国热河省的丰宁、隆化、滦平、承德,河北省的迁安、卢龙、滦县	43,360	800	渤海
蓟运河	河北省遵化县的半壁山	泃河 箭杆河 还乡河	河北省的遵化、蓟县、香河、宝坻、宁河县	7,600	320	渤海

续表

河川	水源	支流	流经地域	流域面积（平方千米）	长度（千米）	河口
北运河	河北省通县北境，与潮白河相接	潮河 温榆河 凤河	河北省通县、香河、天津县	29,000	170	白河
永定河	蒙疆晋北的朔县神头镇，为桑干河、洋河的源头	浑河 洋河 壶流河 妫水河	蒙疆晋北的＊县、山阴县、浑源 广灵、大同县 山西省的宁武县 蒙疆巴彦搭拉的兴和 蒙疆察南的阳原、涿鹿、怀来 河北省宛平、固安、永清 安次、武清、天津县	47,000	670	北运河
大清河	蒙疆晋北的浑源县南部的翠屏山	白沟河 唐河 猪流河	蒙疆晋北的灵丘 河北省的涞源、涿、涞水、阜平、行唐、新乐、定县、唐县、望都、清苑、高阳、定兴、徐水、安新、新城、雄县、新镇、天津县	23,300	400	子牙河
子牙河	蒙疆晋北的灵丘县西南部的平型关	滹沱河	山西省的繁峙、代县、崞县、定襄、昔阳 河北省平山、正定、磁县、邯郸、永年、邢台、乐城、新河、衡水、深泽、饶阳、献县、大城、天津县 河南省武安县	23,600	470	南运河
南运河	山西省的高平县西北部的郎公山漳河之源	漳河 会通河	山西省辽、榆社、武乡、沁县、长治、黎城、潞城、高平 河北省大名、故城、东光、南皮、沧县、青县、静海、天津县 河南省博爱、修武、新乡、安阳 山东省德县、临清、武城县	27,000	980	白河

白河的五大支流不仅包括河北省的大部分，还涉及到山东，河南的北部，山西的东部，蒙疆和满洲国热河的南部，成为各支流的发源地，其总流域面积达到了 229,000 平方千米。

接着应该看到华北河流的特性是：

(1)降水量大体集中在夏季的三个月中，因而洪水流量和低水流量之间的差值甚至有前者达到了后者的1,000倍以上的情况存在。所以,除开山峡向下流来的东西之外,在涨水期,河流的宽度会变得异常宽,河水滔滔不绝地在整个河道流淌,在枯水期则如涓涓细流般,只能占满河底一部分罢了。

(2)各河流的上游多半是高山峻岭,下游是沿海的平原地带。因而河水从山岳地域向平原地带流淌,极其湍急的水流速度会变得缓和,有涨水时期像万马奔腾般滔滔不绝的水流,也有忽然干涸的情况出现。

(3)各河流处处都是属于黄土层及冲击层的地形,非常复杂。而且由于草木枯竭的原因,泥土流失非常严重。特别是一旦遇到了倾盆大雨就会变成浑浊的浮游泥土,而河床的泥土堆积最为厉害。一般各河流汇入下游后的混浊程度在日本国内是无法目睹的。

这些浮游泥土会妨碍植物生长,一般作为灌溉水是不可取的。但是从水稻耕作上来看的话,直到现在都没出现过任何的障碍,年年都是丰收的结果。从这个重复的事实来看,可以说在水稻灌溉上并没有出现那么多问题。

根据以上的事实,华北河流的治水事业是非常复杂的。由于存在原始治理的状态,一旦遇上了降雨的时期,会立刻导致洪水泛滥从而造成在灌溉利用上存在很大的困难。近来出现了自然灌溉和人工灌溉之类的利用河流的方法。另外水利事业的进步使技术上有了飞跃发展,可以调节利用河流流动性,可浇灌的土地也变多。而且从下游地域来看,可以利用海潮的涨落,涨潮时利用河川的水位上升来灌水,落潮时可以实行排水。从白河流域来看,一般实行这种利用河水的方法。于是,水田耕作大部分是按照上述方法借助河流来进行的。这种自然灌溉有什么值得提的问题吗?从华北水稻作业上来看,除去极少一部分的内陆地方,全部利用自然灌溉是不可能的,利用抽水机来进行引水的人工灌溉是非常普遍的。

三、灌溉、排水的方法

在水稻栽培上第一位的技术作业的确还是灌溉和排水。灌溉水对于水稻耕作的成败来说是起决定性作用的因素。现在在华北进行的水稻栽培使用的几乎全部是河水。在华北河上有许多大大小小的河流,除去极少的一部分成为水源的河流,涵养条件非常缺乏再加上降水量极少、蒸发量又很多,自然水非常容易变干涸,成为灌溉水源的河流就非常少了。这也是华北水稻种植面积不能增加的原因。另外,在妨碍植物生长的碱性土地方面,可以说对灌溉方法和耕作方法等方面做合适的处理也是必要的。

首先,在华北的水稻耕作上,如何使用灌溉设施和水的需求量这些问题都必须考虑。由此可以确定水田计划的基础。另外,也会因土壤的性质和空气的湿度、温度的高低、稻叶的繁茂状况等因素的不同而变化,失去用水的过程是伴随着叶面蒸发、水面蒸发、地下渗透进行的。在空气干燥的情况下,蒸发量大的当地需水量多是毋庸置疑的。关于水稻的用水量,根据在满铁熊岳城农事试验场进行的调查如下:

叶面蒸发量　1,427.4469石
水面蒸发量　2,136.5266石
地下渗透量　9,367.4719石

计：　　　　12,931.3453 石

华北的需水量,根据气象和其他各条件来看,其相对数量还是比熊岳城的稍微多一些,而且从数字上来看也是不难想象的。

稻叶面和水面的蒸发量在七月上旬到八月中旬的大约 40 到 50 天之内显示的是最大量,这个时期恰好是降雨期,蒸发量也比较少,在华北好像也不一定都是这样的。灌水法依靠的是已述的洗涤法和湛水法,再加上华北的耕作地带大部分是碱性地带,为了除去盐分的操作而使用的挂流方法。土壤中的盐分大多伴随着水分的移动而移动。因此,在多半含盐分很多的碱性地带上干燥水田面,在伴随着蒸发作用盛大的同时,通常会出现下层的盐分上升,堆积到表层的情况。另外,华北的耕作地带大多是沙质地和除盐困难的表层土,＊＊土壤的这种作用很明显。因而,根据洗涤法＊＊必须设法在排水的同时将盐分排出。从前使用的除盐方法大体是以上所述的两种方法。这两种方法如下：

1.洗涤法

从前碱性地带的除盐是依靠耕地间的灌溉,在溢满水的土壤中使盐分溶出。时不时地进行排水,这样一部分盐分会随着湛水的排除而流出,其他部分的盐分会沉降到地下。由于沉降下去的盐分会比溶出的多,耕地上每间隔 20 米左右会设置深达 1 米左右的明渠,形成排除湛水的排水路。

2.湛水法

它是排除或者沉降湛水,按照之前所说的在耕地内的除盐沟中过滤再将其排除的方法。

之前所说的第(1)种方法为一般除盐的适当方法,由于灌溉水量少以及蒸发量很多,再加上由于土壤的性质出现的极其多的渗透量,比起使用挂流式洗涤法来说不如说使用只灌水、少排水的同时排水少的湛水法是比较普遍的。此外,作为达到除盐目的的一种方法是,秋季冻结前进行两三次灌溉除盐后,让其冻结,第二年的 3、4 月解水后种植前再进行两三次的灌溉。灌溉方法之前也提到了的,满潮水位升高时将河水导入到沟渠中,扬水灌溉法是支配性的,借助人力、畜力、发动机和电力通过使用龙骨车和水斗子等来进行。用一个灌溉设施一般可以完成 50—60 町步的灌溉。利用畜力的龙骨车的灌溉方法可以完成一町到两町的灌溉面积,水斗子能灌溉的面积更小。就华北粮食的主要生产地白河流域上的灌溉排水状况来看的话,这个地方依靠的是来潮时利用抽水机引白河的逆流水对水田进行灌溉,水顺着白河从小河川到大水沟再到小水沟的顺序逆流,不降雨的时候也持续过相当长的时间,每天涨潮的时候可以进行两次一定时间的抽水(插秧时期是 4 个小时左右),远离白河主流的则抽水时间跟抽水量都会减少。从现在的河流水沟的状态来看,貌似从主流开始 6 公里左右的地域为止是耕作里可以灌水的区域。小河流成为官河后就没有了水利权,在河北省营田局所拥有的河流(小运河)上寻求灌溉水源的情况是平均每亩收 3 钱的水税,同时普通的官河不征收这个钱。大水沟大部分是大、中地主所拥有的,通过这个进行水流的导入是因为事先达成了一致的契约。农场制的地主配备有抽水机进行供水,以那一年的实际费用为基础平均每亩征收少许的水税,一般是一亩征收 2—3 元左右。在平年里展现出了这样的情况:白河的上游地方持续干旱,如果出现了水位下降,要注意逆流水中混入了潮水。但这种情况在没有灾害的年份是看不到的。关于洪水,因为稍微处于高地的原因,平常出水而不受到灾害。但民国十四年中遇到大洪水时蒙受的灾害是非常惨的。小河的扩张是改善抽水条件的根本对策,特别是可以在小河流和白河之间的汇合处设立水闸,每次涨潮的时候就开闸,满潮的时候就关闸,因此设法延长抽水量跟抽水时间是很必要的。关于排水,由于耕地处于稍微高的地带,一般是比较顺利没有障碍的,小排水沟也好大排水沟也好,根据各个耕地的规模安装的设备在灌溉上可以匹敌小河流的大排水干线的设置是没有的,同样作为供水干线的小河流也参与了排水。在使除去碱地的盐分排除的水流入供水路的时候,必须要注意灌溉水碱度的增加情况。特别是,这是随着和主流的间隔会有可能恶化的情况,将来开拓大面积的时候设立另一个排水干线是必要的。关于抽水机,大部分是原来的木制龙骨水车,分别依靠人力、重力、发动机和蒸汽机等进行抽水。

(1)人工转动的东西

一个人用、两个人用的情况都有,它主要是用于旱田作物的灌溉,用于水田作物的场合很少。

(2)依靠畜力(马、骡子、驴等)的东西

通常一头牲畜的情况下,一天进行8—10小时(满潮时是2次)左右的抽水可以实现1町步左右的水田灌溉。

(3)依靠发动机的东西

一般是三五马力左右居多,这样的话能在水田里实现4町步左右的灌溉。

(4)依靠蒸汽机的东西

连接数十台龙骨水车进行运转的情况是普遍的,这也不是一定的,它会根据规模而定,主要是用于干线供水。这是用于＊＊。龙骨水车的＊＊可以从三四尺到10尺,通常达到五六尺是比较合适的。上述使用的抽水方法都是以往的原始方法,本地因为土地条件和抽水条件不好导致需要很大的抽水经费,因此,对抽水条件进行改良是不言而喻的。另外,设法节省依靠大机械设备进行共同抽水而产生的经费和劳动力是必要的。

第二章 粮谷的生产

第一节 世界范围内的粮谷生产

大米作为世界粮食谷物是第一位的,在这个世界上,以大米作为主食的人口达到了4亿5千万人,大约全人类的三分之一依靠大米生存着。在这个意义上,大米作为世界性的食品远远凌驾于小麦之上的这种重要性是显而易见的。由于大部分的大米只是在生产国本国被消费,所以用于国际性贸易的数量特别少,作为世界性食品没有像小麦那样被如此重视。但是,像日本这种国民主食是大米,而且占农产品生产第一位的也是大米的国家,还有满洲、中国经常是国内生产无法满足国内需求,必须从国外进口外国剩余大米的这样依赖世界上水稻耕作的国家在国民经济上蒙受的影响是非常大的。现在世界上主要的大米耕作地带为日本、朝鲜、中南半岛、法属印度支那、泰国、缅甸、印度、锡兰、菲律宾、爪哇等亚洲的季风地带,这是稻作的自然条件下稻作的起源,＊＊＊,其他的处于地中海沿岸的各个国家、非洲、南北美两个大陆也有少许的水稻栽培,现在从其生产额来看是没什么问题的。水稻的原产地被认为是中国,传播到了以上所述的地带,从＊＊开始迁移,原本是适合生存在热带的植物,作为农作物经过长年累月的人为淘汰和自然变异逐渐被驯致成温带性植物。现在南半球上的水稻耕作是没有出热带圈的马达加斯加、巴西等国家,在北半球上是日本、朝鲜、中国等温带稻作国家。多半的栽培界限是逐渐北上到北纬45度附近,也就是从日本北海道的旭川以北到满洲哈尔滨以南进行栽培。全球从1932年到1936年这五年的稻作总面积平均是＊＊＊町步,其大米生产额中的糙米是710,356,772石＊＊,进一步从各个地方分开来看的话是以下的情况。

第9表 世界上的稻作面积和生产额

(从1932年到1936年平均五年)

地方	栽培面积(町)	生产数量(石)	栽培比例(%)	生产比例(%)
亚洲	53,246,758.6	678,786,794	95.5	95.6
美洲	963,725.3	14,602,733	1.8	2.1
欧洲	246,723.1	6,321,278	0.4	0.9
非洲	1,196,790.4	10,235,230	2.3	1.4

续表

地方	栽培面积(町)	生产数量(石)	栽培比例(%)	生产比例(%)
大洋洲	12,237.5	210,435	—	—
总计	55,766,254.9	710,356,772	100.0	100.0

备注:①根据《农业数据统计国际年报1937—1938》。

②农林省农务局《粮食统计》(昭和十四年版)算出如上表所示的在大米的生产上,亚洲居于突出地位。在水稻的栽培面积上,占了超过全世界总栽培面积的95%的比例,大米的生产额也占据了超过95%的比例。这个数字和其他地方的差异是非常显著的,所以之前的水稻耕作可以讲就是亚洲的生产也不为过。总之世界上主要的大米生产国是亚洲的国家,特别是中国,大米生产额占世界的第1位。

第二节 全中国范围内的粮谷生产

如上面所述的一样,中国是世界上首屈一指的大米生产国,稻作是国内的主要产业之一,它的主要生产地大体是在以长江以南和陇海线附近作为北限。当然,在这个北限的北部也是进行水稻种植的,但是比起中国整个国土的种植来看的话这是可以接近忽略不计的。中国主要的稻作地是长江以南的原因除了跟气温有关之外,还和北方地区处于季风圈外,和灌溉水量缺乏等因素有关。中国的稻作大约和日本是一样的,一般是在5月份左右进行本田的插秧,从9月份开始到10月份进行收割。由于在其他农作物栽培上的技术无法同样顺利进行,所以品质不好、收获量少的情况是存在的。大部分是一年一作,在南方像云南地方一年两次种植的情况也有。其种植面积和生产数量如下所示:

第10表 中国累年的粮食生产表

年份	种植面积(町)	生产数量(石)	(每反)收割数量(石)
1931	17,323,210.2	238,006,631	1.372
1932	17,473,249.7	273,105,526	1.562
1933	18,742,535.5	266,782,321	1.423
1934	18,552,062.0	216,261,327	1.165
1935	18,754,938.0	265,412,150	1.415
1936	18,300,181.2	* * *	* * *
平均	18,191,029.4	* * *	* * *

备注:根据《农业数据统计国际年报1937—1938》算出。

第三节 印度支那[1]以及暹罗范围内的粮谷生产

印度支那及暹罗土人的粮食是米,所以稻作很广泛地进行着。即使从这些国家的产业方面来看的话,在农产品中占有很重要地位的仍是大米。在印度支那的各个州也不是哪个地方都进行稻作,最盛行的地方是交趾支那[2]。印度支那的稻作是根据南方和北方不同的情形而异的。也就是,北部红河流域一带的北部湾是一年进行两次水稻耕作,早稻是11月到1月播种,在5、6月收割,晚稻是5月到7月播种,从11月到2月进行收割。但是南部的越南地方是一年只进行一次的种植,5月到8月播种,11月到第二年2月收割。这个地方的稻作发展是比较新兴的,占据了印度、中国大米出口的首位。这个发展趋势被认为是因为居民的增加、耕地的扩张而达到现有发展程度的数倍。在泰国的主要产地是湄公河流域,特别是以曼谷为中心的一带平原。由于近代的灌溉还不是充分完备的缘故,依赖当年的天气、气候产生的丰收和歉收的变化是很大的。它的种植和越南一样,一年种植一次,是5月到8月播种,从11月开始到第二年2月进行收割。之前已经讲过泰国当地人以大米为主食,国内的生产额大大超过了国内需求,从该国出口产品的价格来看,大米占了大约五分之四。因此说水稻种植是泰国的主要产业这一点是毋庸置疑的。接下来印度支那和泰国的粮食生产状况如下所示:

第11表 印度支那及泰国按地方区分的粮食生产统计表

(1932年到1936年)

地区	栽培面积(町)	生产数量(石)	单位产量(石)
越南	2,106,536	13,456,738	0.639
北部湾	1,092,300	7,834,580	0.719
安南	1,102,500	6,615,872	0.600
柬埔寨	735,300	4,876,850	0.663
老挝	482,000	1,987,500	0.413
计	5,518,636	34,771,540	0.630
暹罗	2,921,125	25,282,750	0.868
合计	8,439,761	60,054,290	0.712

备注:根据《农业数据统计国际年报 1937—1938》算出。

① 译者注:指法属印度支那,范围大致含今越南、老挝、柬埔寨等地。

② 译者注:交趾支那指越南南部、柬埔寨东南方一带。

第四节 日本及满洲范围内的粮食生产

日本大米的生产额在英属印度之后,居于世界第三位。北边是到北海道的旭川附近为止适合灌溉的平地,作为水田被利用着。和其他国家相比在大体的稻作上,由于使用了栽培技术,单位面积的产量跟其他国家相比多出很多。也就是说,内地达到大约相当于印度的3倍,泰国的2.5倍,法属印度支那的4倍,朝鲜的大约6/4(1.279石),台湾的5/4(1.466石)。在日本内地,水稻种植作用地到现在已经得到了极大的开发,在提高大米产量方面,与其寄希望于扩大种植面积,不如期待品种改良。实行极其集约式的经营方式的话,由于生产费用很高,今后从收入支出核算来看想要达到生产额增加是比较困难的。和内地米有同等品质的朝鲜米在近些年来有了显著的增产倾向,今后还有通过扩大种植面积和品种的改良来增产的余地,所以朝鲜米的增产是大有希望的。日本的种植面积和生产数量如下所示:

第12表 日本各地方种植面积

(单位:町)

地区	1934年(昭和九年)	1935年(昭和十年)	1936年(昭和十一年)	1937年(昭和十二年)	1938年(昭和十三年)	平均
日本内地	3,172,810.6	3,204,178.9	3,206,963.0	3,217,051.5	3,220,729.4	1,204,546.7
朝鲜	1,711,949.1	1,694,539.3	1,601,334.6	1,639,116.8	1,659,861.1	1,661,360.2
台湾	672,536.8	684,282.4	687,228.1	663,014.9	650,567.9	667,526.0
合计	5,557,296.5	5,583,000.6	5,495,525.7	5,519,183.2	5,511,158.4	5,533,232.9

第13表 日本各地方粮食生产额

地区	1934年(昭和九年)	1935年(昭和十年)	1936年(昭和十一年)	1937年(昭和十二年)	1938年(昭和十三年)	平均
日本内地	51,840,182	57,456,976	67,339,699	66,319,764	65,869,092	61,765,143
朝鲜	16,717,238	17,884,669	19,410,765	26,096,950	24,138,874	20,989,699
台湾	9,088,886	9,122,152	9,558,390	9,233,127	9,816,899	9,363,891
合计	77,646,306	84,463,797	96,308,854	101,649,841	99,824,865	92,118,733

第 14 表 日本各地方糙米(每反)收获量

地区	1934 年 (昭和九年)	1935 年 (昭和十年)	1936 年 (昭和十一年)	1937 年 (昭和十二年)	1938 年 (昭和十三年)	平均
日本内地	1.634	1.793	2.100	2.062	2.045	1.927
朝鲜	0.987	1.068	1.226	1.651	1.471	1.281
台湾	1.435	1.389	1.460	1.438	1.606	1.466

通过对以上统计进行总括来看,从昭和九年(1934 年)到昭和十三年(1938 年)这 5 年的年平均生产状况如下:

地区	种植面积(町)	生产量(石)	单位产量	栽培比例(%)	生产比例(%)
日本内地	3,204,346.7	61,765,143	1.927	57.92	67.06
朝鲜	1,661,360.2	20,989,699	1.279	30.02	22.78
台湾	667,526.0	9,363,891	1.466	12.06	10.16
合计	5,533,232.9	92,118,733	1.577	100.00	100.00

备注:根据农林省农务局《粮食统计》(昭和十四年版)计算。

满洲的水稻栽培相传是明治八年左右由跨过鸭绿江舶来的朝鲜人在安东省通化县开垦田地作为起源的,到由日本人开始水稻栽培的明治末期为止只不过是 30 年左右。在那之后,随着日本和朝鲜的移民的增多,各个地方的水田事业开始了非常显著的蓬勃发展,栽培面积和生产额大大增加。据推测,在栽培面积上约增加了 30 万町步,预估总生产额增加了超过 320 余万石。其生产状况如下所示:

第 15 表 水稻(糙米)生产状况

年次	种植面积(町)	指数	预计实收量(石)	指数	单位产量(石)	指数
建国前 5 年平均	103,110	100.0	855,779	100.0	0.829	100.0
1932 年	63,503	61.5	628,602	73.4	0.989	119.3
1933 年	80,019	77.6	955,490	111.6	1.194	144.0
1934 年	102,625	99.5	1,145,489	133.8	1.115	134.4
1935 年	121,973	118.3	1,685,489	196.9	1.381	166.5
1936 年	176,674	171.3	2,518,234	182.5	1.425	171.8
1937 年	211,315	204.8	2,927,093	242.0	1.384	166.9
1938 年	246,105	238.6	3,307,993	387.7	1.344	162.1

第16表 旱稻(糙米)生产状况

年次	种植面积(町)	指数	预计实收量(石)	指数	单位产量(石)	指数
建国前5年平均	120,658	100.0	967,005	100.0	0.801	100.0
1932年	106,140	87.9	863,954	89.3	0.813	101.4
1933年	105,630	87.5	900,699	93.1	0.852	106.3
1934年	102,917	85.3	792,238	83.9	0.769	96.0
1935年	115,180	95.4	926,629	95.7	0.804	100.3
1936年	115,180	95.4	977,984	101.1	0.849	105.9
1937年	113,221	93.8	701,519	72.5	0.619	77.2
1938年	96,351	79.8	743,974	76.9	0.772	96.2

备注:根据满洲国产业部《主要农产物收获量调查》计算。

第五节 华北范围内的粮谷生产

中国的稻作如上所述,它的栽培起源非常早,其生产方法没有拘泥于长年来的种稻经验。最初即使在农民们应该抱有兴趣来与自然进行的斗争上,近代性的组织也好、技术也好,都没有完备。对自然进行加工与其说是朝征服自然的积极方向发展还不如说是朝着盲从自然,一味消极地顺从自然的方向发展。这样建立的农业经济结构没有丝毫的积极性优势,只有消极性、残留的优势。在粮食生产上,首要的技术条件还是水利,但是华北的水田只是在河流沿岸和河口流域发展,并没有为了水田而特别设置的水利设备,处于随时遭受干旱、洪水的隐患之中。这种极其不确定的生产结构下,逐渐变成只不过是保证其存在而已,且栽培技术也非常落后。在这种情况下的栽培,稻谷的品种品质不好且产量少。栽培技术非常简单,需要的肥料很多,只能满足这种所谓的粗放性、原始性的东西。总而言之,华北原有的种类即为如此。

就生产状况上来看,由于缺乏资料,非最近数据且不明确。但在普通年份,水稻种植面积为129,011町步,其中糙米生产量为1,118,479石,每亩产量为1.028石。如下所示,为各个地方的生产状况。

第17表 稻米的生产统计表

(建国前6年平均,从1931年到1936年)

各地域	种植面积(町)	生产量(石)	单位产量(石)
河北省	101,778	962,918	0.945
北京地方(15县)	6,025	47,356	0.786
天津地方(42县)	85,285	854,869	1.002

续表

各地域	种植面积(町)	生产量(石)	单位产量(石)
保定地方(21县)	4,250	24,097	0.567
石门地方(53县)	6,245	36,595	0.586
山东省	18,942	119,185	0.630
山西省	8,287	36,376	0.490
合计	129,011	1,118,479	0.866

备注:①根据实业部月刊《第二卷第三期》附录统计。
②农情报告《第一、二、三卷》。
③《中国实业志》。

现在为了作参考,将日本内地、朝鲜、台湾、满洲的水稻(糙米)的每亩产量对照如下:

第18表　日本满洲华北的水稻(糙米)亩产量比较表

(单位:石)

年度	华北	日本内地	朝鲜	台湾	满洲
1931年(昭和六年)	0.906	1.733	0.955	1.185	—
1932年(昭和七年)	0.753	1.890	1.001	1.357	0.989
1933年(昭和八年)	0.867	2.284	1.081	1.263	1.194
1934年(昭和九年)	0.852	1.670	0.984	1.387	1.115
1935年(昭和十年)	0.847	1.828	1.063	1.362	1.381
1936年(昭和十一年)	0.920	2.138	1.223	1.424	1.425
1937年(昭和十二年)	0.517	2.121	1.648	1.428	1.384
1938年(昭和十三年)	0.777	2.089	1.469	1.591	1.544

备注:①华北的是根据前述资料及华北交通实业局《主要农产物收获量调查》昭和十四年算出。
②日本的是根据农林省农务局《粮食统计》(昭和十四年版)算出。
③满洲的是根据产业部农务局《主要农作物收获量调查》算出。

在华北的大米生产分布概况如上所述,在分布上地方差异非常显著。就像所述的那样,是由于华北大米生产仅限于河川流域这样的特殊性的存在。作为其中的一个指标,就像从上述按地方区别的大米生产统计表来看的一样,栽培面积的比例根据地方的不同出现了很大的差异。也就是说,在华北,关于水稻和旱稻的耕地面积占耕地总面积0.7%,占河北省的大约2.0%,占华北三省的大米生产额的90%,成为了大米生产的中心。水稻种植分布中表现出的如此大的地域差异不可被忽视。

河北省主要的大米生产地是白河、蓟运河、永定河、＊＊＊流域的各个县里,特别是天津县、宁河、宝坻区、丰润区、蓟、迁安市、昌黎县、密云、卢龙、宛平、武清、安次区、霸、静海等各个县是主要的产米地。另外天津县小站、葛沽地方是所谓的小站米的最盛产地。

如前所述,以天津县为中心的建设总署建立了治水、灌溉工事和＊＊的指导机构,实施了水田计划和产米增值计划,相对于中国农民,中日实业、东洋拓殖、钟纺、冀东殖产、藤井、信义、裕兴、中野、大日本纺纱等日本这边的农产的水田经营配给了优良的种子,增加对本国人需求的米的供给是大有所望的。下面是对于日本这边农场经营现状的简单说明。

(1)中日实业经营的军粮城农场、茶淀农场面积(町)

农场面积		359.526
军粮城	(直接管理耕地)	
	(间接管理耕地)	756.360
茶淀		338.979
计		1,454.865
荒地面积		
军粮城		427.997
茶淀		847.858
计		1,275.855
总计面积		2,730.720

就有关之前的军粮城农场来看,这个农场分为6个区域形成了各个小村庄。它的总户数是414户,总人口大约是有2,000人居住并从事着农场经营。这些农家的经营面积中水田面积是10,511亩,旱田面积是3,392亩。佃耕面积最大的是100亩,最小的是10亩,土地分布的大小相当极端不均衡。而且,40亩以下的农家占了全体的90%,是零散的佃农在经营着。从佃耕方面来看,作为定额的现金缴纳,巨额的地租高达产量的40%,也就是每亩地租水田是11.83元,旱田是5.83元。

然后前面所述的农场中间接管理土地的是类似庄头这样的土地管理人,起着中间地主的作用,如此的存在因为使地租放置在高位而得到瞩目。

土壤因为是碱性土壤,实行洗涤法、湛水法的除盐操作。灌溉是从白河导水,利用龙骨车抽水进行灌溉。

大体是如以上的现状。关于耕地面积,土地的分配不均、高比率的地租、其他管理上的问题是中日实业经营前的开源公司时代的旧体制造成的。

现在只是在农业技术性的水利工作上倾注了主力。首先设法达到土地分配的平均,以前耕地的调整、灌溉的彻底普及、地租的降低都是必须做的。接着必须涉及到荒地开拓的事业上。

(2)东拓经营的芦台农场

这个东拓的芦台农场是根据朝鲜总督府的斡旋,以依靠朝鲜移居农民进行农业经营为目的实行计划的产物。

农场总面积 3,500 町步
耕地面积 2,900 町步
明细
水田 2,500 町步
旱田 400 町步
道路地皮及荒地 600 町步

在这个耕地面积上计划收容1,200户农家,相当于每户农家有耕地面积2町4反步(大体是水田面积2町步,旱地4反步)。这一带的土壤是土质比较肥沃的粘质碱性土壤。蓟运河流域的水深满潮时达到5米、流量为2秒每立方米,达到了灌溉水利的条件。但是因为洪水的影响很大,进行着提防、导水路、排水路、抽水路的工作。这个规模很雄大而且可以称作是理想的水利灌溉,灌溉方法是按照以前的利用蓟运河满潮时水位上升来将河水导入沟渠,大部分是利用畜力、龙骨车进行抽水灌溉。现在依靠的是电力,200马力的抽水机1座、120马力的2座,所具备的能力如下所示:

阶段	灌溉面积(公顷)	单位用水量(秒立方米)	抽水量(秒立方米)	运转时间(时)
灌溉期间平均	2,511,305	0.001023	2.619	11.00
最大需水期	2,511,305	0.002268	5.696	24.00

如以上的在最理想的灌溉、排水设施的基础上,优良品种的种植和栽培技术上的改良被注意着。仅仅是在春耕资金上大约有80万元被借出这样的事实值得重视。以前在朝鲜、满洲多少拥有这方面经营经验的东拓的这个农场,未来可以期待吧!

(3)经营钟纺的茶淀农场

这个农场的总面积大约有7,700町步,被蓟运河分为东西两岸,东岸为4,800町步,西岸为2,900町步。在这个地域内有崔兴庄、茶淀、大辛庄、小东庄四个小村庄,这个村庄被取名为茶淀村,总户数是366户,人口有2,199人。从土地分配状况来看,拥有23垄以下的占大约60%,25—50垄的大约是30%,50垄以上的大约是10%。这个土地分配是按照旧体制的原样,租金方面从整个村庄综合来看,钟纺农场是有地主似的存在。其租金还是按照之前的制度来的,只是在这个农场上变成了由地主收缴。它的形态现在分为现货和现金缴纳的方式,大约是现货佃耕地占60%,现金佃耕地占40%的比例。现货地租是在地主和佃户共同的交易核定上进行的,收获量的1/3作为地租交给地主,地租的增减和当年收获的丰歉程度是保持一致的。另外现金缴纳的地租是定额的,与收获的丰歉没有关系。其金额是根据佃耕地的不同而不一定的,在水田的(每反)地租是12元左右。在以前这个地租金的缴纳全部是用大铜子和小铜子进行的,这是由被称作庄头的特别经办人通过将它换算成时价而征收的,近来大部分是通过联银券[①]来进行缴纳的。

① 译者注:联银券是1937年“卢沟桥事变”后,日军在华北占领区通过伪中国联合准备银行发行的一种用于搜刮沦陷区物资和财富的伪币。

土壤是像例中透露的河北冲积土一样的比较肥沃的碱性土壤。这是位于蓟运河西岸地域的农场的土壤化学分析如下:

氯化钠　2.864%

氯　0.514%

钙　2.423%

硫酸　0.202%

镁　2.825%

该农场的碱度并没有达到使水稻栽培变成不可能的程度,进一步从灌溉水的含盐量的调查来看:

阶段	满潮		干潮	
	最高	最低	最高	最低
6月上旬	0.139	0.022	0.188	0.140
6月中旬	0.270	0.125	0.405	0.160
6月下旬	0.123	0.543	0.825	0.357

如上所述的土壤一样,灌溉水的含盐量也没有达到使水稻栽培变成不可能的程度,显而易见的是对生产量产生重大影响的是除盐操作。这个除盐方法有洗涤法和湛水法两种方法。灌溉方法主要是通过依靠畜力、人力的龙骨车和水斗子。进行抽水灌溉,一种设施一般能浇灌50—60町步的农田。

由于诸如此类的条件存在,现在这个农场区域内除了水稻以外,种植有高粱、小麦、小米、棉花、玉米、甘蔗、豆类等产物,高粱占耕地面积的64.5%,这个绝对优势是由于农民以其为主要食物。其次,水稻的耕种面积则超过560町步。像拥有以上的农场经营的利用价值很缺乏,在这个地域上进行多元化合理的农场经营从粮食生产上来看是很必要的。

(4)以张实庄为中心的中野农场

这个中野农场的设立可以追溯到事变之前的昭和十一年,当时是借用冀原农事试验场用地依靠从朝鲜进口的种子来尝试水田经营,随着事变的发生,经营没有任何进展。从去年开始,逐渐推进了对其的整理开拓事业,但是由于去年的洪水,成了没有丝毫收获的状态,耕地也完全变成了荒地。然而这次的洪水却对除去碱性盐起到了相当大的效果。本地域内的农家户数是153户,耕地总面积大约是450町步。因而每户农家的耕地面积大约是2町7(反步),平均种植面积比较大。

地域内的佃耕土地分配状况是:25亩以下的有41户,50亩以下的有80户,50亩以上的有28户,大部分是50亩以下的情况。地租改成了实物地租的形式,它的征缴标准是向农场缴纳所有收获量的1/3。另外作为农场的农耕,根据借贷出其他再生资金在新的基础上来改善经营备受注目。

从土壤来看,这里也以河北碱性冲积土壤为例,参照之前关于它的化学分析结果调查表来看的话，今年的经营进展得相当顺利。在这里也可以看出，灌溉水利设施在农场经营上非常重要。今后农场经营上，灌溉和排水貌似要作为第一重要事项。

接着关于本农场的水稻试制成绩表如下所示：

第19表　中野农场军粮城经营的水稻采样估产成绩表
（昭和十二年调查）

品种	株数	重量			容量			叶重量		
		生收量（斤）	干燥量（斤）	减步合	生收量（升）	干燥量（升）	减步合	生收量（斤）	干燥量（斤）	减步合
中银水原1号	62	2.9	2.6	0.103	1.65	1.55	0.060	4.5	2.2	0.511
中银水原2号	61	2.7	2.5	0.074	1.55	1.48	0.043	4.3	2.4	0.441
水原39号	61	2.4	2.2	0.083	1.28	1.20	0.063	5.0	2.2	0.560
水原41号	59	2.4	2.2	0.083	1.25	1.18	0.056	4.7	2.0	0.574
水原44号	51	2.6	2.3	0.115	1.40	1.23	0.121	5.1	2.4	0.529
水原45号	60	4.1	3.8	0.073	2.20	2.05	0.068	8.4	3.0	0.643
枥木昭和早生	57	3.0	2.7	0.100	1.65	1.45	0.121	5.4	2.6	0.518
枥木几内千石	69	2.9	2.6	0.103	1.45	1.06	0.269	5.8	2.7	0.534
陆羽132号	59	3.2	2.8	0.125	2.00	1.75	0.125	6.1	2.8	0.541
万年	61	3.1	2.7	0.129	1.90	1.57	0.174	5.1	2.3	0.549
	33	2.3	2.2	* * *	1.23	1.13	0.096	6.1	2.5	0.590
蚊子咀（遵化县）	61	3.6	3.1	0.138	1.70	1.55	0.088	7.5	3.1	0.587
蚊子咀（玉田县）	60	2.9	2.4	0.172	1.60	1.30	0.187	7.5	2.9	0.613
牛毛（遵化县）	60	2.9	2.3	0.207	1.70	1.35	0.206	6.2	2.5	0.597
（宁河县）	51	2.0	1.7	0.150	1.10	1.05	0.045	5.6	2.7	0.518
（怀柔县）	60	3.1	2.5	0.193	1.75	1.25	0.286	7.5	3.3	0.560
（糯米）	51	3.2	2.7	0.156	1.70	1.65	0.029	6.2	2.9	0.531

如上所示以塘沽为中心的中日实业、东拓、中野等各农场和以茶淀为中心的钟纺农场以水田稻作为中心，也进行一部分的旱田耕作。组织性合理的农场经营在当地米增产要求自给的局势下被认为是当务之急的事业。

在山东省的稻作非常少，济南近郊的历城、章丘、济阳、长清、齐河等县，小清河地区的高苑、博兴、邹平等县，（＊＊：胶济线地区的）长山、淄川、桓台、益都等县，津浦线地区的泰安、曲阜、滋阳、邹、济宁等县。特别是章丘县的明水地方最多。从以前开始章丘米就闻名远扬了，另外桓台县的起凤桥作为稻作地也广为人知。

另外山西省的稻作尤其少的种植地带是汾河及其他支流地带,是太原、阳曲、榆次、临汾等主要县的主要产地。太原、阳曲县从以前开始就作为大米产地被人所知,晋祠镇米、府西米更是众所周知。接着是将华北三省的大米生产趋势表示如下:

第20表 华北三省的大米生产趋势调查表

年次	河北省		山东省		山西省		合计	
	种植面积(町)	生产量(石)	种植面积(町)	生产量(石)	种植面积(町)	生产量(石)	种植面积(町)	生产量(石)
1931年	101,936	986,568	11,562	81,470	7,483	28,647	120,973	1,096,685
1932年	105,134	962,272	12,164	76,342	7,485	27,358	124,783	1,015,972
1933年	103,729	975,748	21,120	152,675	9,290	35,526	134,139	1,163,949
1934年	135,343	1,238,972	20,832	130,328	10,559	52,496	166,754	1,421,796
1935年	81,139	789,674	22,122	108,984	7,685	41,632	110,946	940,290
1936年	83,396	874,275	25,856	165,312	7,218	32,598	116,470	1,072,185
1937年	98,404	573,005	20,672	67,159	8,801	21,403	127,877	661,967
1938年	87,613	680,374	5,489	47,268	2,491	15,949	95,597	743,591
1939年	98,690	225,528	5,489	37,533	2,757	13,616	106,936	276,677

备注:①根据自1931年到1936年,中国实业部《农情报告》。

②根据自1937年到1939年,华北交通实业局《华北主要农产物产量调查》。

第三章　粮谷的集散和交易

华北粮食的集散和交易考察要求区分当地产米和外地米。

第一节　当地产米上市状况

华北大米分布状况如上所述,它的上市状况和其他粗粮不同。农民不把它作为粮食,几乎全部的生产量都来卖。这和它的分布状况是保持一致来上市的。上市时期一般是收获之后不久,即10月开始到11月是比较常见的。生产者自己手中持有过年余粮不到生产额的1/10,有了经济上的余裕之后一般委托给市场的粮食仓库或其他来储存保管比较常见。

京津地方一带产出的物品集中于集散市场——天津、北京。山东省历城和章丘地方的产出主要集中在济南,山西省太原、阳曲县一带的所谓的晋祠镇米和府西米主要集中于太原,其他地方的产出也都是通过各都市的集散市场来上市。上市的途径是利用马车、铁道或是水运来运送。

以前一般是卖糙米,稻谷和白米的上市是比较少的。但是在山东省稻谷的交易频繁,在河北省的小站、芦台等地白米的交易展现出了绝对的优势。

第二节　当地产米交易的一般状况

关于现地产米交易的途径原则性的形式有两种。其中一种是集散市场的商人为了采购而来到农家的庭前进行交易,这是最常见的方式。在京津地方大约七成的交易是依靠这种方法进行的。另外一种是,生产者自己搬到市场上进行交易。另外作为收获前借款的偿款,交上去的东西还涉及预先买卖青苗的情况存在。在前一种庭前买卖的方式中,包装用的麻袋一般是采购商人带来的。而且后面的两种方法是,比起市场的粮食商和地方的金融业者,为了生计而发愁的贫农更烦恼的是,预先借出青苗是华北自古以来的习惯,在过去相当广泛的存在着。这些方法根据地方的不同而有些差异,不管怎么样利息颇高是常见的,另外还有收获物必须贩卖给租方的义务。其贩卖价格虽说是根据时价进行计算的,但因为必须根据租主指定的价格,所以对生产者来说不免很不利。这个习惯自古就是相当广泛的,粮食商人、金融业者实行着这种方法,为了得到生产米的有利贸易强行要求进行委托、合同贩卖。

最近用这种方法的变少了,从现在来看最多的地方用的是生产额的两成左右。像这种陷贫农于死地的借出青苗的方法,小农相当避讳。如果必须接受这种融通资金的时候,会尽量不依赖商人和金融业者而倾向于仰仗地主。另外商人、金融业者在这种方法上处于极其有利的地位,但因为伴有很大的危险,所以渐渐不采用这种方法了。

第三节 产地交易的状态

一、采购人

产地大米的贸易方法带有如上所述的形态性质,购买人一般以集散市场的粮食仓库为主来到农村进行购买。但是比起这种粮食仓库来说,委托中介人和农村内拥有比较多资本的人来集中购买,然后搬到粮食仓库里的情况更普遍。在这种情况下,一袋需要支付5钱左右的手续费。

二、交易时期

如上所述,一般是收获不久后即10月开始到11月间进行交易。

三、交易方法

如上所述,庭前交易占绝大多数,持现金和现货互相进行交易。其他的为事先作为借款的偿款进行交易、预先卖青苗、农民自己直接运出去卖、中介人集中购买后运出去卖等方法也如上所述的一样。

四、金融

主要的粮食仓库是依靠中介人出租借贷和农村内拥有比较多资本的人进行资金融通的现金交易。

五、单位价格

用于交易的稻谷、糙米和白米都没有等级区分,依据现货来决定价格。它的单位是每石或是每担,用联银券支付的交易是一般一袋1石(相当于日本的6斗)170斤大约是100*(但是这170斤中包含了2斤麻袋的重量)。一袋小站米的交易价格在昭和十二年是14元左右,昭和十三年是15元左右,昭和十四年是22元左右。

第四节 外地米交易的一般状况

外地米的移入是很早前开始进行的,这个已经在之前说过了。现在在华北贸易中主要的外地米的种类举例来说的话,有朝鲜米、上海米(松江米、芜湖米)、泰米、西贡米、兰贡米等。另外从这些米的品质来看的话,如下所示:

朝鲜米 一等米、二等米

台湾米 一等米、二等米

上海米 一号品、二号品

泰国米 暹罗白米 No.1 25%—30% Broken

暹罗白米 No.2 40%—50% Broken

暹罗白米 A.1 Extra, Super. Special

暹罗白米 C.1 Special

暹罗白米 C.2 Ordinary

暹罗白米 C.3 Special

暹罗白米 C.3 Ordinary

暹罗糯米 No.1 10%—15% Broken

暹罗糯米 No.2 25%—30% Broken

西贡米 西贡圆粒白米 No.1 25% Broken

西贡长粒白米 No.2 25% Broken

西贡中粒白米 No.1 25% Broken

西贡碎白米 No.1 25%—30% Broken

兰贡米 Rangoon white rice ngataein small mill special

Rangoon white rice ngataein big mill special

Rangoon white rice ngataein S.Q.

Rangoon white rice meedoung S.Q.

Rangoon white rice meedoung basar quality

用途除了作为粮食之外,在酿造、制药、制糖和工业上应用广泛。如上所述,华北进口的国内米是作为日侨主要粮食的进口米,上海米充当着中国人和洋人的主要粮食。在华北的进口米、上海米几乎大部分被转移到天津去了,近日内北京最大的需求大约是消费了六成多。

另外天津港的背后腹地是涉及京津、京汉、京包、山东省德州以北和山西省为止。接下来从这些外地米上市最盛的时期来看的话,如下:

日本、朝鲜米 10—11 月

西贡米 12—1 月

兰贡米 12—1 月 5—6 月

泰国米 10—2 月

上海米 10—12 月

交易机构依靠从产地来的进口贸易商来进口,然后批售给批发商,接着再批售给零售商,最后零售给消费者。

在天津进行粮食交易的主要工商业者是:

进口商 三井物产、三菱商事、兴隆洋行(外商)、实隆洋行(外商)

批发商 (益生)、义生源、义生和、公与存、公裕存、德发、德桓、益庆源、义和涌、成法、

德义厚等

接下来从外地米的价钱和贸易单位来看的话，如下：

外地米　　每担(133.113磅)用外国货币或是元支付

上海米　　每100千克用外币或是法国货币支付

日本、朝鲜、台湾米每草袋(装入2斗、3斗或是4斗)用金元支付这样来进行交易。另外从包装袋打包的情况来看的话，外地米、上海米装满麻袋为一袋150—160日斤；国内米、台湾、朝鲜米普遍是(装入2、3、4斗米)或是装满麻袋为一袋150—160日斤。

第五节　大米的市价

米价也受一般经济界的支配，和各物价的涨落比例要保持一致是不言而喻的。在华北大米的供需关系如上所述，总消费量的四成左右依赖着外地米。从这个状况来看的话，米价随着本地产米的丰歉会有稍微的变动但是其程度非常小，主要是依靠上海米的多少出现米价变动。另外由于有关外米的进口情况、替代关系等左右米价的情况的统计资料的缺乏，对于米价的变动趋势的分析考察检讨是比较困难的。现在将天津的米价表示如下：

第21表　天津的米价(白米)

年份	小站米(元/担)	上海米(元/担)	兰贡米(元/担)	朝鲜米(元/担)
1926年	16.16	13.89	—	—
1927年	16.75	13.92	—	—
1928年	14.98	11.50	—	—
1929年	19.31	13.23	—	—
1930年	19.51	15.12	—	—
1931年	15.72	12.37	—	—
1932年	15.18	11.58	—	—
1933年	12.33	9.02	—	—
1934年	12.32	9.40	—	—
1935年	13.11	10.77	—	—
1936年	13.05	10.93	12.10	—
1937年	—	—	12.40	—
1938年	20.22	16.74	14.00	11.15
1939年	32.19	24.66	21.85	13.80

备注：满铁华北经济调查所《华北经济统计季报》第五号。(昭和十四年七月)

第四章 华北的粮谷需给状况

华北虽然地理上是天然农业地带却不能满足粮食的自给,每年需要依靠大量的外地米,在很久之前开始依赖上海米、外米(西贡、兰贡、越南、泰国、日本),一直到近年来其数额逐年在增加,进口额大约达到了民国元年的30倍。而且,这个现象随着事变的发展过程变得更加紧要和严重化了。

原本主要是日本米、朝鲜米作为日侨的主食被进口,上海米、外米主要是作为中国人和外国人的粮食被消费着。以前进口到华北的粮食大部分是上海米和外米,日本米、朝鲜米只是为了满足日侨消费被进口,所以数量非常的少。

而且华北大米的重要性比起其他粮食来说的话非常缺乏认识,在事变前由于没有注意到导致华北民众粮食问题的重要性,直到事变后大米成了问题,特别是日侨粮食的供需关系处于紧迫的态势。而且内地粮食的供需态势由于劳力、资金不足等原因出口受到极大的限制,目前还不如说是任凭外地的态势发展。

满洲国这种情势更是紧迫,战时的粮食问题成为了燃眉之急,眼下成为各地诸问题的焦点,尽快树立根本性对策是切实必要的,必然要在贯穿日满中农业同盟的粮食政策中通过 * * 来确立综合计划,在日满中间的供需改善上取得进展。然后对于之前华北事变前的供需状况进行检讨,再涉及到之后事变后的供需关系。

第一节 事变前的需给情况

一、供给

(1)生产

华北粮食的生产量如上所述,虽然它有广阔的农用耕地,但其中适合稻作的土地却很少。事变前的河北、山东、山西的稻作为129,011町步,由于品种不良、农作技术落后的原因,一亩的产量只不过是8斗6升。天津附近的张实庄中河地方、军粮城、小站、葛沽、芦台等地方是适合稻作的地方;技术比较进步、用肥料的地方是依靠一亩1贯(500匁)左右的氮来进行施肥,能有1石5斗5升的收获,(满铁军粮城农事试验场调查)相当于河北、山东、山西平均产量的1.08倍。接着将逐年的生产量表示如下:

第22表 事变前的种植面积和生产量调查表

年次	种植面积(町)	栽培比例	生产量(石)	生产比例	单位产量(石/反)	收获比例
1931年	120,973	100.0	1,096,685	100.0	0.906	100.0
1932年	124,783	103.1	1,015,972	92.6	0.753	83.1
1933年	134,139	110.8	1,163,949	106.1	0.867	95.6
1934年	166,754	137.8	1,421,796	129.6	0.852	94.0
1935年	110,946	91.7	940,290	85.7	0.847	93.4
1936年	116,470	96.2	1,072,185	97.7	0.920	101.5

备注:根据中国实业部《农情报告》。

根据上表,事变前平均六年的粮食生产量为1,118,380石,而由于华中南方面的大米在生产量、上市、市价等经济条件比较具有优势,输入量具有压倒性的优势,因而提高大米耕作的试验进展比较缓慢。另外在华北每年根据丰歉有着明显的差异。也就是说1934年(昭和九年)是1,421,796石,后一年1935年(昭和十年)是940,290石。目前尚不知道在华北气象条件是如何对农作物产量产生影响的。

(2)**进口和国内的转移**

进口量和国内不同地方的转移量根据年份的不同有很大的增减。首先从进口量开始讨论,1934年(昭和九年)是300,177石,1936年(昭和十一年)减到了50,048石。如上所述的与年份进口量存在的激变与供需关系变化有很大的关系,没有受现地生产米的丰歉多大的影响。其他粮食、杂粮丰收的年份,外地和华中南的粮食丰收,价格便宜的年份进口量多。外地比华中南价格高的年份减少进口,用其他杂粮来替代。

接下来从运入量来看的话,大多数是随着年份而变动的。大体上是进口量多的年份比较少,这些少的年份有很大的比重。接着将运入量和进口量列出来,为了看清相对于进口量的运入量的比例,示表如下:

第23表 运入和进口量的比较表

(单位:石)

年次	运入和进口合计	进口量	进口量比率	运入量	运入量比率
1933年	1,267,474	359,487	20.4	1,007,987	79.6
1934年	866,943	300,177	34.6	566,766	65.4
1935年	1,447,671	157,462	10.8	1,290,209	89.2
1936年	1,859,499	50,048	2.7	1,809,451	97.3

备注:①进口量根据满铁《北中国外国贸易统计年报》和《满洲国和外国贸易统计年报》。

②运入量根据《海关中外贸易统计年刊》。

从上表的进口量和运入量可知,根据年份不同出现了相当大的增减。大体上它的增减呈现出相反的比例,从华中南运来的大米的比例有绝对的优势。另外从不同国家的输入量来看的话,如下表所示:

第 24 表　不同国家的进口量表

地区	1933 年	1934 年	1935 年	1936 年
日本(包含满洲、朝鲜)	17,207	15,075	20,203	4,165
关东州	9,412	11,563	6,308	4,128
满洲	—	606	1,392	2,484
泰国	134,075	217,321	78,090	38,968
缅甸	80,708	28,896	2,840	—
印度支那	10,891	22,390	47,280	73
香港	6,938	3,497	974	230
其他	256	829	375	—
合计	259,487	300,177	157,462	50,048

备注:统计出处和上表一样。

(3)供给量的合计

对供给量的合计考察的话,由于前年度的存量不详,将前年度的存量和后年度的转账量看做＊＊＊,计算外的生产量、运入量和进口量作为供给量,来与生产量和供给量的合计进行比较的话,如下所示:

第 25 表　大米生产量和供给量合计的趋势调查

(单位:石)

年次	生产量	生产量指数	供给量合计	供给量指数
1933 年	1,163,949	100.0	2,431,423	100.0
1934 年	1,421,796	122.1	2,288,739	94.1
1935 年	940,290	80.8	2,387,961	98.2
1936 年	1,072,185	92.1	2,931,684	120.5

备注:①生产量根据《农情报告》。
②运入量和进口量的统计出处跟之前的一样。

二、需求

华北的需求额由于后年度的存量不详,因而通过用供给量总计减去运出量和出口量来作为需求量。即如下表所示：

第26表　华北大米的需求量调查表

(单位：石)

年次	供给量合计	出口及运出量			总消费量
		出口货	运出货	计	
1933年	2,431,423	—	6,445	6,445	2,437,868
1934年	2,288,739	4	5,855	5,859	2,294,598
1935年	2,387,961	67	1,287	1,354	2,389,315
1936年	2,931,684	326	869	1,195	2,932,879

(1)**运出量和出口量**

如上所述,华北为了实现自给自足,每年进口和运入大量的外地米,因而从华北出口的大米极其少。在运出量上也好在出口量上也好由于同样的原因,数量都很少,根据年份的不同而有的差异是不言而喻的,在生产量的5%左右。

现在将出口量和运出量表示如下：

第27表　出口量和运出量调查表

(单位：石)

年次	输出量				运出量	合计
	日本	关东州	美国	计		
1933年	—	—	—	—	6,445	6,445
1934年	3	—	1	4	5,855	5,859
1935年	—	67	—	67	1,287	1,345
1936年	326	—	—	326	869	1,195

备注：出口量和运出量统计出处和前面一样。

(2)**消费量**

如前所述的一样,跟在《华北大米的供需量调查表》中所看到的一样,总消费量有伴随年份而增加的趋势。另外从不同地方的消费量来看的话,河北省大米的消费地是北京、天津,大约占据了同省消费量的六成,山东省以青岛、济南作为主要的消费地,也是大约占据了同省消费量的六成。这和需求比起来,从生产比例来看的话,大约六成是依靠省内生产供给。

总消费量的大约四成依靠外地米。如上所述,大部分是进口从上海来的华中南大米和进口若干西贡米、兰贡米、泰国米作为补充。

第二节 事变后的需给情况

一、供给

(1)**生产**

从事变后大米的生产状况来看的话,由于战祸和天灾的原因,农家经济变得非常窘迫,勉勉强强通过自给来维持生活＊＊。所有的生产关系从根本上被破坏,农民首先从食用的目的开始粮食生产。这种十分紧迫的状况,需要灌溉的水利设施,稻作上没有改修设施的余裕。另外如这样的大米的贩卖,现在＊＊必须导入自家粮食中的杂粮这种复杂的交换经济是事变后农民无法想到的。所以水田比起事变前来说耕种面积大大减少,其生产量也开始减少。

现在从在华北生产的糙米来看的话,和口感缺乏黏力的日本米、朝鲜米比起来的话华中南米和外国米的粘力高并且更加美味。种植日本、朝鲜的优良品种之时,品质和产量年年发生退化,从三四年后和原来的品种发生的相当大的不同来看的话,应想到如何通过品种改良、栽培法、干燥、调制等技术生产出相当优质的大米。现在来将事变后的耕种面积和生产量表示如下:

第28表 事变后的耕种面积和生产量调查表

年次	种植面积(町)	栽培指数	生产量(石)	生产指数	单位产量(石/反)	收获指数
1931-1936年(平均值)	129,011	100.0	1,118,479	100.0	0.866	100.0
1937年	127,877	99.1	661,967	59.2	0.517	59.7
1938年	95,597	74.1	743,591	66.4	0.777	89.7
1938年	106,936	82.9	276,677	24.7	0.258	29.7

备注:根据华北交通实业局《华北主要农产物产量调查》。

(2)**运入量和进口量**

根据上述情况,与当地生产量大量减少的情况相反,由于日侨的激增,需求量没有减少,从而依赖外地米的结果是必然的,进口量也发生了急剧地增加。昭和十年(1935年)为157,462石,昭和十四年(1939年)变成了它的6.6倍——1,041,283石。与之相反的是,进口量比起事变前没有太大差异,由于华中南生产量的减少、上市减退、当地需求、外汇关系运送困难等实际情况的原因没有出口到外地的能力。

但是在这里需要注意的是,根据以上所述的各种情况,由于贸易商和进口米经由香港、上海进口来的米被称为香港米、上海米,实际上是包括进口米在内统计的购入大米的数量,据推测是很大的。

接下来是进口量和运入量,并将进口和运入的比例表示如下:

第29表 进口量和运入量的比较表

(单位:石)

年次	进口和运入合计	进口量	进口量比率	运入量	运入量比率
1938年	980,448	728,047	74.2	252,401	25.8
1939年	2,322,019	1,041,283	44.9	1,280,736	55.1

备注:进口和运入量数据统计的出处相同。

根据上面的进口量和运入量的合计,事变前四年平均为1,360,397石,1938年减少了27.9%,1939年增加了1.88倍。而且由于事变后华中南米上市困难,泰国米占进口量的首位。进口和运入比重发生了逆转,应该注意到从华中南运来的米的比重变小,进口米的比重变大了。

现在从不同国家的进口量来看,表示如下:

第30表 不同国家进口量调查表

(单位:石)

年次	日本(朝鲜、台湾)	关东州	泰国	缅甸	印度支那	香港	其他	计
1938年	174,455	20,578	353,881	43,416	90,440	33,822	11,455	728,047
1939年	419,916	4,381	252,892	18,027	307,791	38,023	253	1,041,283

备注:统计出处如前。

(3)**供给量合计**

以供给量合计计算为基础,和事变前供给量合计算定方法相同,把生产量和进口量、运入量作为供给量,将生产量和供给量合计做比较。

第31表 大米生产量和供给量合计调查表

(单位:石)

年次	生产量	生产量指数	供给量合计	供给量指数
1933-1936年(平均值)	1,149,555	100.0	2,509,952	100.0
1938年	743,591	65.5	1,724,039	68.5
1939年	276,677	21.2	2,598,696	103.5

备注:根据前项资料制表。

二、需求

如上所述,由于后年度的存量不详,从供给量合计中除去出口和运出量来作为需求量。

第 32 表　华北大米的需求量调查表

年次	供给量合计	出口和运出量		合计	总消费量
		出口量	运出量		
1933-1936 年	2,509,952	99	3,614	3,719	2,506,233
1938 年	1,724,039	84	19,778	19,862	1,704,177
1939 年	2,598,696	—	—	—	2,598,696

(1)**出口量和移出量**

如上所述,生产量的急剧减少加上需求量的增加,由于要求增加进口量和运入量,依赖外地的情况变得十分困难,因此出口量和运出量非常的少,而昭和十四年更是没有。出口量和运出量参考之前所示《大米的供需量调查表》。

(2)**消费量**

从前面所示的《大米的需求量调查表》的总消费量来看的话,比较事变前四年平均来说是 1938 年的供给量合计减少了 31.5%,总消费量上减少了 32.2%。1939 年供给量合计增加了 3.5%,总消费量增加了 3.9%。中国人和外国人是大米的主要消费者,至于都市居住者,特别是中流阶级以上的人,并没有减少到想象中的那么多。较事变前四年平均值,1938 年的消费量减少了 35%,1939 年由于小麦和其他杂粮上市减少和价格暴涨的缘故,中国人的粮食消费量大增,和事变前比起来大约减少了 10%左右的消费。与之相反的是,日侨的激增使它的增加比例是每年大约五成这样令人惊讶的数字,成为消费量增加的最大的因素。

第三节　总括

从以上华北供需大概来看的话,总的来说需求呈现逐年增加的趋势,生产量却没有与之同步反而是在减少,使得需求度越发地增大,依赖进口和运入大米的需要变得更加大。

这个进口和运入情况如前所示,到事变前为止华中南米的进口比重是拥有绝对优势的 82.4%。事变后由于华中南米的进口困难,减少了过半到 40.5%,进口和运入比重发生了逆转,泰国米进口的激增也是令人惊讶的。更加应该予以注意的是,由于事变后外汇关系、运送情况,进口米通过贸易商,经由香港、上海进口再运入到华北的数量相当多。实际上包括购入的进口米在内,统计上全变成了进口米。从而事变后的进口比重变成了 40.5%,其中就包括了相当数量的外米在内。

接下来从日本米、朝鲜米的进口比重来看的话,事变前是 8.2%,事变后激增为 20.2%。这是由于日侨的急剧增加使得作为日侨的主要粮食朝鲜米的进口也跟着急剧增加。

另外,按照地域区别来看这个依存关系所示如下:

第33表 华北对于进口米的依赖率

(单位:石)

年次		日本(包含朝鲜、台湾)		满洲、关东州		其他第三国		合计	
		实数	比例	实数	比例	实数	比例	实数	比例
事变前	1933年	17,207	6.6	9,412	3.6	232,868	89.8	259,487	100.0
	1934年	15,075	5.0	12,169	4.1	272,923	90.9	300,177	100.0
	1935年	20,203	12.0	7,700	4.9	129,559	82.1	157,462	100.0
	1936年	4,165	8.3	6,612	13.2	39,271	78.5	50,048	100.0
事变后	1938年	174,455	24.0	20,578	2.8	533,014	73.2	728,047	100.0
	1939年	419,916	40.3	4,381	0.4	616,986	59.3	1,041,283	100.0

备注:进口量根据前述资料得出。

根据上表,从各地域的进口量在事变后发生了相当数量的激增。如上所述,需求量的增加和华中南米进口量的减少作为补充,由于外国米的进口增加和日侨的增加使得朝鲜米也急剧增加,这一点应尤为注意。

第四节 华北粮谷需给的将来

日本侵华事件在东亚新秩序进展到长期建设阶段的时候,当下的事变对应政策大体是统一管理,制定计划。在粮食问题上,必须沿着日满中同盟的统管经济的路线,相互依存性地进行计划。这对于推进东亚新秩序的建设是非常重要的课题。同时也涉及到生产力、生产费、通货、贸易等问题和其他经济性、政治方面的问题。这是作为东亚农业问题提出的综合性、基本性的要求。

华北的产业构成中农业是主导。为了建设东亚新秩序,必须依靠农业的衣食来让大多数民众生活安定。也就是说期待农业的开发和生产力的提高,以生活安定为目标并创造新的文化。这同时也是最有效果的安抚工作,是新秩序建设的最有效的方法。若不确立华北1亿民众的粮食政策的话,治安的维持、通货工作、华北期待的工业原料作物的增产和其他所有的经济开发工作要想顺利进行大概是不可能的。考虑到一般民众的粮食供需的安定度,对于慢性饥饿的华北粮食问题,应确立恒久的同盟内供需计划,并以它为坚固的基础稳定粮食价格、统制配给。

但是华北一般民众的主要粮食是小麦、小米、玉米、高粱等,从消费率来看的话,大米对于都市的上层阶级来说只是作为补充来被消费的。从而在粮食中,对于大米的需求是很少的。当前在华北,大米的问题作为一般民众的粮食问题并没有那么大的重要性。这个大米的问题在事变后变得严重,作为日侨的粮食问题、生活问题具有紧迫性。也就是说事变前1937年5

月末的日侨人口是43,897人,与此对应的大米的消费量平均每年是1,121石,1940年5月末,推测人口为301,270人,粮食的需求量为337,730石。

另外作为日侨粮食的日本米的进口实际情况从前面所示的情况来看的话,1939年是419,916石。这个也包括一定的特殊的需求在内,只从日侨粮食需求量来看的话,自认为没有那么不足,但实际上是很紧迫的,直到本年度大部分消费的是进口米。

但是这个现实的矛盾是由何而起呢?前一年由于未曾有过的歉收,粮食生产的减少和进口、运入供给困难引起的灾祸是不用说的,也应该注意到的是伴随着货币价格的变动引起的进口、运入粮食价格暴涨,而通过与之相应的通货工作来进行强有力的价格调整,管制很少且摇摆不定,这些因素都将矛盾推向更深刻的程度。也是由于价格的关系,相当数量的朝鲜米向中国方向流出的情况就不难想象了。

去年秋天,天津市场出现了这样的差别(元/担):

小站米	26.70	缅甸米	21.00
上海米	23.20	朝鲜米	13.80

也就是说,由于货币的缘故,最优质的朝鲜米的价格在交易中是最便宜的。因为通货工作、价格调整、配给机构的不完备,好不容易在日本有的统管价格也变得没有意义,对于农民来说确实是做得远远不够,对不起他们。这个统制机构没有进行整备,有着重大的问题,对于将来的供需来说是很不安定的因素。

作为战时统制经济的原则,强化同盟内各地兵站的自给经济力的必要是不言而喻的,在进入长期建设阶段的今天,自给生产的强化和适地生产的进行相对平行地进行着,不对工农商业布局的＊＊来讨论的话,强制进行孤立的、对立的、相克的生产配置是不能解决东亚农业建设问题的。

华北产米的增殖已经成为了问题。但是首先从当地米生产需要多大程度的耕地和肥料、能否获得产量等考虑,华北的日侨的人口为50万,特殊方面是100万,合计为150万,与之相应的大米的需求是1,681,500石(平均每人每年的消费量是1,121石)。考虑到将来人口的增加,今后需要200万石的大米,相当于每反需要1石5斗的产量,也就是需要15万町步的水田。

另外这15万町步相对于1,800万町步的华北全部耕地面积来说是很小的数字。另外与此相对应的肥料是每反需要1,500贯的氮,225万贯的硫酸铵,以此来推算的话,112万贯换算成吨数则需要大约43,000吨的硫酸铵。现在内地、朝鲜的硫酸铵不足,成了禁止出口的状态,又由于欧洲战争的缘故从外地的进口变得十分困难。

然而,伴随着水稻增产计划的实施,对其他农作物的增产造成阻碍也是显而易见的。另外华北的水稻栽培如上所述需要有对治水、灌溉、排水设施进行整备的基础。根据这个需要资金不言而喻又是一个大问题。但是果然如此,一定程度的资金投入对于华北农村现在这种大米生产地来说是比较适合的政策,而且这个政策对于华北的建设不也是不可或缺的前提么?

确保日侨粮食大米的供给是极其现实不可或缺的问题。但是如上所述,东亚新秩序建设上所有经济性、政治性的工作根本在于大多数农民,其起因在于大众的粮食问题。华北民众的主食不是大米而是其他的杂粮。这也是由于供需状况中大米的增产极其紧迫,对其的需求度非常大的缘故。

战时统制经济下,根据现地生产实现自给自足是不可或缺的原则,以此为前提来妥善处理华北民众的粮食不足的问题以设法达到生活的安定是所有经济工作需要解决的先决问题。

另外关于供需情况更应该注意到的问题是通货工作、贸易工作、配给机构的统管、整备,这是通过最有效果的政治权力的发动来确立的,并不会引起那么紧迫的事态。没有对这些因素进行巩固的整备,供给工作也和上述的一样被中国商人利用,但并没有起到其效果。供需的**引起灾祸造成不合理的交易,粮食的分配变得更加重要,特别是从通货工作不完备的现状来看更是如此。

总之,当地大米的生产增殖在粮食供需方面是极其必要的问题,比这个更重要的是华北一般农民的粮食增产供需是必要的。另外与供给增加政策相辅相成的配给、消费政策的整备更是必要的。

日本在事变以来从朝鲜开始向华北、满洲出口了大量的大米,在华中南台湾米起到了很大的作用。关于华北粮食问题的研究侧重于满洲对于华北是否存在负担,日本对于华北在粮食供给上的支援,根据东亚农业同盟的观点需要树立综合的、合理的政策。在华北跟当地产米的增殖有关的事情会在之后此稿的修改中研究到。

第五章 摘要

以上是笔者有关于华北大米耕作状况的实情跟供需情况的描述，非常草率，但仍尝试着考察了若干资料。归根结底是：

1.华北粮食大约是西历公元前2840年以前开始栽培的，作为五谷杂粮之一占据着重要的地位。

2.华北水稻栽培的初期已经开始实行移植法，同时进行着 * * 列栽培。

这是从很早以前开始栽培技术就有了显著进步的证明。

3.由于社会经济构成的封建性和自然灾害，作为水稻生产根基的水源、沟渠经历了崩坏的过程，导致了像如今的以旱地耕作农业为主的水稻栽培只限于河川流域。

4.品种很杂，其原种大部分是日本种。受自然环境支配发生明显的变形，三四年后便退化得不是原形了。

5.近段时间从日本、朝鲜、满洲引入的优良品种，华北的气象、风土特别是耐盐性品种的改良应该在当地进行。

6.华北的气候虽然有含水量比较少、雨季很迟而且不均衡的缺点存在，但大体上还是具备稻作经营的良好条件的。而自然条件的制约以及水利设施的不完善被看作现在水稻种植少的主要原因。

7.华北土壤很丰饶，从它的性质来看灌溉是非常必要的。吸水浸透力很强，另外水稻地带是碱性土壤，正好是适合水稻栽培的土地，又不会对栽培造成阻碍。为了提高生产力而施氮肥是众望所归的。

8.栽培方法非常原始。华北大米耕作按照华北独特的栽培方法是必要的。对于少雨、干燥的处置，对于夏季暴雨的管理，对于特殊土壤的耕种施肥培养等技术上的改善是必要的。

9.病害虫的状况很少看到。偶尔会蒙受严重的蝗虫灾害，对此确立驱除、预防政策是很必要的。

10.作为灌溉水源的河川基本上没有被用于治水事业，还是原始的河川。随着水利事业的进展，对河川使用进行开发管制是必要的。

11.灌溉方法是以前使用的原始的抽水灌溉方法，为了对土地条件、抽水条件进行技术上的改善，设法节约经费和劳动力是必要的。

12.华北粮食的种植面积占耕地总面积的0.7%左右，占主要农作物栽培面积的0.6%左右。

13.从华北粮食的生产分布来看，河北省有绝对的优势，种植面积占到78.9%，收获量占到86.1%。

14.从华北粮食的收获率来看,地方差异很大。每反产量最高的是河北省天津地方的1.002石,山西省是(＊＊:0.490石)

15.华北粮食以丰山町为主是受气候影响,因为华北的特殊气候,其丰歉情况不定,其丰歉状况和日本、朝鲜、满洲等地比起来有明显的差异。在每反产量上来看的话,1936年为0.920石,1939年为0.259石。

16.华北农家生产的粮食只有谷种存放至下一年,其他的大部分在全部收获后立即出售。

17.交易不分等级,根据大米是否优良来决定价格,利用现金的庭前交易占了大部分,其单位是每石或每担一般用联银券进行支付。

18.进口和运入的外地米主要是朝鲜米、上海米(松江米、芜湖米)、泰国米、西贡米、兰贡米。

19.以前的米价是根据当地产米的丰歉稍微有些变动的,程度非常小,主要是受上海米的多少支配,根据其他地方进口外地米的情况和外汇汇率关系来控制价格。

20.华北的粮食供需有累年增加的趋势,生产却没有与之相应,反而在减少,随着需求度的日益增大进入了进口和运入过多的状况。这个＊＊运入情况到事变前为止是华中南米的运入比重为82.4%,具有绝对的优势。事变后减为大约一半40.5%,进口米的比重在增大,两者的比重发生了逆转。特别是相关的日本米的进口比重从事变前的8.2%急增到事变后的20.2%。这是由于日侨的急剧增加、进口朝鲜米而导致的。

21.当地大米的生产增殖在粮食供需的情况上是极其必要的问题,一直在增加的华北一般民众的粮食(杂粮)的增产需要变得紧迫。东亚新秩序建设的所有经济工作、政治工作的根基是农民大众,大众对粮食问题开始有意识了。

22.现在华北的粮食问题是华北一般民众的粮食问题,并没有那么严重。这个大米的问题作为事变后激增的日侨的粮食、生活问题具有极其的紧迫性。从以前的进口实际数量,日本、朝鲜米的出口能力和从现在侨居国外的日本人的粮食数量来看,依靠日本、朝鲜米的供给是可能的。

23.现在日侨的粮食大米供需困难最大的负面影响是由通货工作、配给机构的不完备引起的。

24.作为与供给增加政策相辅相成的通货工作、贸易工作和配给机构强行的统制整备是必须的。如上所述的急迫现状的情况是不允许的。

天调资料第 27 号
（昭和十一年 12 月）

冀东地区乐亭县东桑园村调查

满铁·天津事务所调查科

凡　例

一、本调查载于《益世报》(昭和十一年9月26日),为刘东流所发表。[①]

二、冀东地区农村实态调查是在中国驻屯军司令部内实施后被发表出来的。本调查是最近在中国人的同地区所实施的调查之一,内容尚显粗糙,但具有资料价值,因此将其翻译出来。

三、译者为第3小组。

昭和十一年12月

满铁·天津事务所调查科

① 编者注:中文原件见附录一。

目 录

一、序言

东桑园是河北省乐亭县的一个小农村，位于县城的东南，和汤家河镇相毗邻，三面连接陆地，一面环海。本村虽然土质不肥沃，耕地面积也不广阔，与本县其他农村相比，尚能称作富裕的农村。这里引起我们瞩目的本村的富裕，绝不是建立在农业经营的基础上，而完全是建立在满洲商业繁荣的基础之上。然而，世界经济危机波及中国之后，满洲商业日渐衰退，九一八事变后，中国人在满洲的商业势力同本地断绝开来，那些"闯关东"（本是在满洲工作的人现在却走了出来）的本村商人乃至这条道路也断绝了。本来本村就存在困境，九一八事变更是以落井下石之势将本村经济引向破产。

我们在观察本村经济的时候，除了注意农村经济的机构外，同时也不能将帝国主义对闯关东之人的影响置之度外。

二、农村人口和农户的分析

本村共有 51 户农户，人口为 301 人，其中男性 169 人，女性 132 人。

本村各户的壮年——甚至是不到 20 岁及 50 岁以上的人——大多数都是"闯关东"外出谋生的满洲商人，耕作大多依赖于雇佣农业劳动，依靠自家劳动的自耕农在本村仅有 23 户。即如下表所示，拥有土地的农户大多是地主和富农。

土地所有数量(亩)	户数	所占百分比	人口数	所占百分比	平均一户的人口
无	17	33.3	77	25.6	4.53
1-4.99	2	3.9	7	2.3	3.50
5-9.99	6	11.8	27	9.0	4.50
10-19.99	4	7.8	23	7.6	5.75
20-49.99	11	21.6	70	23.3	6.36
50-99.99	7	13.7	41	13.6	5.89
100 以上	4	7.8	56	18.6	14.00
总计	51	100.0	301	100.0	5.90

如上表所示，本村无土地的农户数为 17 户，实占全部户数的 33.3%，人口数为 77 人，占全部人口数的 25.6%。这里的土地兼并现象恐怕是华北地区的特殊现象。

本村的经济可以说是依靠在满洲外出谋生的商人所寄回的收入来维持的，但那些没有任何土地的农民，即便情况没这么糟，也是挣扎于贫困之中。

有耕地的农户中，拥有 20 亩到 100 亩之间的农户最多，合计为 18 户，占全户数的 35.3%。100 亩以上的有 4 户，这些户主都应称为富农。但是有 100 亩土地以上的农户，平均一户的人口为 14 人，几乎是其他类农户的三倍，从财力这一点来讲，100 亩以上的农户与那些人口少、有几十亩土地的农户相比绝对好不了多少。

本村人口301人,其中169人为男性,132人为女性,男性明显比女性多。这是由重男轻女思想导致的事实,虽然没有出现像其他地区的“溺女”(杀害女婴)之风,但在子女养育方面,对待女孩十分疏忽,因此女性的死亡率很高,导致男性更多的现象。此外,移居本村的佃农以及其他的商人、渔夫、木匠的大多数是单身男性,这也是一个原因。举个例子来说,移居本村的一户木匠,八人中有七人是男性。大概被生活所压迫的时候,无论哪个家庭都需要多的男性劳动力,这是不言而喻的。最后一个重要的原因是,近年来,贫穷农户结婚是困难的事情。“闯关东”的子弟因为经济不宽裕,买不起那些作为商品的女性;反之,轻易将自己这边的女性卖出去来补作家用,于是呈现了本村女性比男性少很多的奇怪现象。

更重要的一个问题是年龄的分布。从年龄层的分布,在某种意义上也许可以看出本村的劳动力多少和本村的未来。

年龄	人口	所占百分比
8岁以下	34	11.3%
8—17岁	38	12.6%
18—55岁	193	64.1%
56岁以上	36	12.0%
合计	301	100.0%

以上分类是根据劳动力的年龄大小来区分的。

本村的妇女大多是缠足者,身体虚弱,劳动力极其薄弱。商人们的身体,能承受高劳动强度的也很少。孩子们不到8岁不去上学,又不能从事农业。8岁到17岁之间大多是读书的年龄,其中也有到农田劳作的孩子,或至少是夏季农忙时节得忙于农事。18到55岁是劳动力最旺盛的时期,是与农村经济最息息相关的人。而56岁以上的人已经进入了老衰期,很多人可视为已经失去了劳动能力。

在此有必要对以上现象加以说明。我们在访问本村各户的时候,从事家中活动最多的、接触最多的是妇女。男子都下地干活不在家,或者所谓的“闯关东”的人到满洲去谋生不在家是其原因。

本村的离村人数很多,几乎占全村人口数的1/6。

人口	总数	男	女
全村人口	301	169	132
离村人口	51	43	8
百分比	17.6%	25.4%	6.0%

本村人离村大多是受过上好生活的愿望驱使。也就是说,他们自身到城市去获得比较高的劳动报酬,然后在家中购买比较低廉的劳动力,这些劳动力在他们的命令下从事劳动。他们

虽然是没有土地的农民或贫农，但之所以希望雇佣于农业种植而留在村子里，是因为没有外出打工赚钱的旅费，实在是没有办法的结果。

现在，虽然到满洲去打工赚钱也变得困难，但一般的村民都崇尚商业，所以依然做着成为富商做大买卖的迷梦。

下面表格揭示的是离村者的职业类别的数字：

离村者	人数	职业	人数
男	43	商	28
		工	5
		军	2
		医	1
		学生	7
女	8	主妇	6
		佣工	1
		学生	1

本村与天津、秦皇岛、唐山之类的城市接近，水陆交通都很便利，加之“闯关东”的商人很多的关系，资本主义的商品已经掠夺了农村原有手工业。本来本村就称不上有什么副业，像织布之类的都是农民自行制作。现列举本村的副业如下：

类别	户数	人口
大工(木匠)	1	7
小商人	5	6
特别种类	7	8
合计	13	21

本村的无业人员还有2名。

三、土地问题和佃耕关系

本村耕地有1,613.5亩，51户平均每户为31.6亩，平均每人5.3亩。全国耕地平均每户有21亩，本村多出10亩。全国土地每人平均亩数为4.1亩，本村比全国的多了1亩多。然而本村土地都是硗薄之地，产量少，而且每户人口很多，生活成本很高，因此，农村必然会变得很贫困。

本村的土地分配已经像上述那样极度不平等，如下表：

类别	户数	百分比
全村户数	51	100%
拥有土地户数	34	66.67%
没有土地户数	17	33.33%
农业经营户数	23	45.10%

没有土地户数的一项很多,即是表明土地分配不平均,土地很集中。本村虽没有外出地主,但由于耕地的亩数太少,经营不利,便将耕地让与他人,而去寻求其他有利的事业。这样,土地分配趋于集中经营的不平均趋势。

其次,再看看拥有土地的农户间的土地分配状况,也是非常不平均。4户富农所有的耕地几乎占全村耕地的一半,另一半土地是由30户所有的。

再来看看这些数据:

类别	户数	百分比	亩数	百分比
10亩以下	8	23.56%	46.0	2.90%
10-19.99	4	11.76%	52.0	3.60%
20-29.99	4	11.76%	86.5	5.40%
30-39.99	4	11.76%	133.0	8.20%
40-49.99	3	8.82%	126.0	7.80%
50-59.99	2	5.88%	106.0	6.60%
60-69.99	1	2.94%	60.0	3.10%
70-79.99	3	8.82%	212.0	13.10%
80-89.99	1	2.94%	80.0	5.00%
90亩以上	4	11.76%	712.0	44.70%
合计	34	100.00	1,613.0	100.00%

注:90亩以上的4户中,一户160亩,一户210亩,一户180亩,一户162亩,合计712亩。

本村土地集中的主要原因是富商的收买。"闯关东"的商人一旦积累了财富,即使土地的利润很少,但是土地财产比较可靠,更何况在农村能逞威风的只能是土地所有者,所以,本村的四大地主多数是商业起家。而拥有比较多的土地的人,总的来说也都是循着同一条道路走来的。第二个原因是借贷关系引起的,即富商在借贷的时候一定会要求有土地的担保。若一年之内不能履行利息或本金的支付,债权者会依据契约耕种土地。近年来,由于农村的不景气,贫农不能返还旧债,债权者便仅仅补偿少量地价,而将这土地买入自己手中,于是土地便逐渐聚集到富农手中。今年土地地价愈发便宜,与此相反利息却变高了,更加速了土地集中的事态。

上述情况在九一八事变后愈演愈烈,多数农家处于将变得低廉的土地卖掉以暂时摆脱生活窘迫的状态。与此同时,在满洲的打工者因为在满洲受尽压迫而返回村里,带回来的资金并不能资助农村金融,反而被利用于土地集中方面。

本村拥有土地但不自己耕种的人,大多是土地过少的原因,将耕作让给他人到满洲赚钱,这在前面已经有过叙述,下面来看看这些农户的土地分配状况。

拥有最多土地的是160亩,最少的是3亩,平均每户30亩,合计331.5亩(25亩以下的有8户,30亩以上的仅有2户)。而这个数字是全村耕地的20.5%。

正如先前所说的那样,本村土地肥沃度很低,因此有经验的老农说,为维持一家六口的生活,自耕农要耕作足足110亩土地,而且妇女老幼也要参与,才能维持生计。从这点来看,拥有土地过少的农户抛下耕作寻求其他的谋生方式是出于这个原因。

本村的佃耕关系比较简单,也就是普通的地租缴纳和分种(分益)[1],占分益制度的大部分。

分益佃耕农户是没有土地的农户,以及自耕农在自己所有土地的经营不足的时候,将其中一小部分作为佃耕地。

分益是地主提供土地,佃农负责家畜、种子、施肥等一切事项,收成由两方分配。分益同普通的佃耕不同,不会减退土地的生产力。因此,“闯关东”的地主每到年末会送分益佃农一些东西以表谢意。但没有土地的贫农即使向地主送东西表示谢意,地主也不会租地给他们耕种。这不是掠夺贫穷农户的财力而是地力。

现金缴纳地租的对象大多是贫农或兼农[2]。他们在佃耕地内种植自己吃的粮食作物,也种商品作物,但大多数因为资金匮乏,施肥、管理不充分,因此消耗了大量的地力,地主便不想让贫农佃耕,因此地租一般都很高,大多是地价的1/10甚至超过了1/10。而地租是在耕作前即清明节前后缴纳,高价的地租和这种前纳制度对佃农来说是非常苦恼的事情。

四、农业经营和土地运用

如前节所示,本村的经营农户有23户,而且如果将本村的全部耕地平均分配,每户有70亩,从这个面积来看,与其他地方相比,绝对不是小范围经营。但正如所说的那样,因为本村的土地贫瘠,产量匮乏,土地的经营也不容易。

本村除种植自家用的粮食作物之外,也种植了不少像棉花、玉米、胡麻、马铃薯等的商品农作物。

本村的农业经营历来依赖于劳动力的集约,也就是奉行掠夺式经营,而在九一八事变后,大量的人归村导致的劳动力过剩更强化了这种状况。

据本村的老农所言,一个强健的农夫能耕种25亩土地,但这仅仅是限于各种类农作物搭

① 译者注:分益指所得利益平分。
② 译者注:兼职的农民,还做其他事的农民。

配组合着耕种的情况。

不用说,大经营与小经营相比,在农具、家畜、劳力上更加经济。相比而言,大经营农是"闯关东"归来耕作的商人,因此他们比小经营农在智力上更有优势。由这点可见,农民的破产是先从贫农、小经营农开始的。

集约经济除表现在劳动力之外还表现在施肥上。肥料的施用过去和现在没有丝毫改变,只有富农会尽力稍稍施肥。

肥料主要是粪类、河底的泥、炕土等,偶尔也会施用豆粕、棉实粕。对普通的粮食作物施以粪类(人粪除外),对商品作物以及玉米、蔬菜施以炕土、豆粕、棉实粕。也在试用肥田粉,因不合适本村的土质,没起什么作用。

农户多饲养猪,养猪的主要目的是获得肥料,或第二个目的是将它们育肥后换钱以获得利益(据老农所讲,养猪大多会亏损),因此养猪的多少同经营面积成比例。养猪需要备置猪舍,猪舍需要建立围栏,猪舍内要设地板和窝,地板上要备置躲避雨露的屋顶作为休息的场所,洞穴则作为存集尿粪的场所。洞穴投入农户的生活残渣、垃圾、牛马家畜的粪便,让其腐烂。夏季雨水多的季节投入沙土,装满之后,取出堆放到堆肥场堆积起来,并使之发酵分解,然后把这些击成碎粉状,用马车(本村农户多用马车)或扁担搬运到耕地。施肥的方法是,播种的时候,向播种沟里面撒基肥,例如商品作物有时候会用苗粪追肥。平均一亩地大概至少施一车的肥,而一车肥料的市价大概是一元。对商品作物以及蔬菜之类的作物会施以人粪、炕土、豆粕、棉实粕等肥料,但这些高级肥料价格昂贵,因此是贫农不敢奢望的。而在施肥之际,借高利贷还敢实施听天由命式的原始农耕方法的笨人是没有的。

本村西部虽有水,但没有水田,只能种菜,引入河水进行灌溉。而一般的作物不进行灌溉是由于本村的河水很少,而且在夏季必要的时候却干涸了,几乎看不到有水流。

本村的每片耕地面积都很狭小,而且形状各异,一户人的耕地都散在各地,相互距离远的多达十几里,因此而浪费的时间很多,经营上也蒙受了很大的损失。下面将此内容表示出来:

类别	农户	平均耕地块数	一块平均亩数
5—9.99 亩	1	22.0	3.75
10—19.99 亩	3	3.7	4.05
20—49.99 亩	9	8.2	4.72
50—99.99 亩	7	12.3	6.09
100 亩以上	3	41.0	5.78

如上所示,本村土地被分得很细主要是由于分开继承的原因,即由于兄弟的分家,谁也不喜欢远的和贫瘠的土地而相互推让,因此不是根据耕地数量分配,而是根据总的耕地来分割的。第二是由借贷关系引起的,也就是农户借款的时候,将一块耕地作为担保提供给数个债权者,一旦债务者破产了,该地就被债权者分割开来。

五、农业劳动者和雇佣习惯

本村劳动者的报酬多用钱来支付。劳动者的名称非常复杂,主要包括长工、月工、短工、日工等。长工就是俗称的伙计或打头的,月工、短工也这样叫。或者在劳动者的姓前加上“老”字,称作老王、老刘等。

农业劳动者的分配根据雇主农场的大小的不同,其组织也不同。一般有 25 亩至 60 亩土地的农户有长工一二人,70 亩至 100 亩左右的农户有长工三四人,可能经营面积越大劳动者成员数成反比例减少。

雇主将长工分开像这样处理:长工的头领称为大打头的,其下设有二打头的、三打头的和小伙计,指挥作业,使他们负责工作的责任。

本村的富农不仅雇佣大打头的负责耕种的责任,使他们实施全盘的计划书,而且雇佣“把式”或者“赶车的”负责全年马车运输的工作,或代替主人进行买卖物资等的外勤事务。由于“把式”负责如此重要的工作,他的地位比大打头的还高,被一般的劳动者所羡慕,所以主人不仅重用他们,而且一旦雇佣了他们,只要没有犯重大过错,就会常年一直雇佣下去。而一般的劳动者每年都是常常更新的。

其他的富农那里有负责炊事的称为“做饭的”(有时候有女工),负责家畜饲养的称作“更夫”,有时甚至雇佣负责缝纫的女工。

长工的人数如前所示依据农场的大小而不同。不仅如此,种植商品作物、蔬菜较多的农户,会相对多地雇佣长工,而普通农户连长工的劳动力都不足,农繁时节会雇佣月工、短工、日工以弥补劳动力的不足。

长工的雇佣几乎都是由口头契约完成。每年农事完结的时候,劳动者会立一个中介人,同雇主谈和商定。中介人要为工资、期间负责业务做担保。

契约期间,住在雇主家的长工被允许一年回两次家,大约 20 天。劳动者万一生病了,雇主会给予他们药品治病。如果生了大病,就让他回家,另行设立与之相当的代替者,或解雇了他。如果解雇的话,先发给他们的工资要返还。雇主和劳动者之间引起争议的时候,同样将其解雇并要求返还先前的工资,但这种情况也会使雇主承担一些损失。

对劳动者的生活行为,雇主拥有监督权,饮酒、赌博(传统节日、正月不受此限)等行为被严厉禁止。他们的嗜好充其量是抽旱烟。

劳动工资因地位不同而不同。大打头的比二打头的高,二打头的比三打头的高。即使是同种类的劳动者,经营量大的农户家的工资一般来说更高。而且也与劳动者自身的技术、强弱、耐劳能力怎样,品格善恶等有不少的关系。

本村长工的工资情况如下:

上等　平均 90 元(其中最高的一名是 105 元)

中等　平均 60 元

低等　平均 25 元(童工最低 15 元)

在立契约时先支付约一半的工资,春耕结束后支付剩下的金额。

月工的工资按月来计算,月工的雇佣多为农繁时节,契约也和长工一样口头确立。壮年的月工每月4—6元,童月工每月1—2.5元。

月工的待遇和长工一样,日工和他们稍不同。他们不住在雇主家,锄头、镰刀也必须自己准备。冷酷无情的雇主在诸如传统节日等要请客的日子绝不雇佣他们。因此他们的工资会比较高,农闲时是1角5分钱,稍忙的时候是2角,大忙的时候是2角5分,割麦子的时候加5倍,刨楂子、种秋麦是8分,除草、疏苗的女工、童工一天1角。日工都不管吃饭。雇主给的饭绝对不是美味佳肴。一般都是高粱、米粥,配以蔬菜、豆腐、豆酱、酸菜、豆类。只有在割麦子的时候才给酒和面食。春耕和秋收时节,午饭供给由黄米和黏高粱米做成的干饭。传统节日、正月时,雇主家里一样会拿出丰盛的食物。此外,工作开始和工作结束时几次的余节会用美食犒劳劳动者。

住房就是火房或厂房,寝具一律都必须自己准备。

日工在农村劳动力的供给上占有重要地位。像麦秋、大秋这样谷物成熟的时候是最需要劳动力的时候。这是因为农业与工业不同,其工作是季节性的。大豆收获,棉花雨后的照料都是每日必争,不用说富农了,就连自耕农都觉得,补充日工的劳动力是极其重要的。

因此,与本村毗邻的汤家河镇有劳动力市场,俗称工夫市,从早上4点到5点日工劳动者群集于此等待雇主来雇佣他们。日工带着锄头、镰刀在雇主间谈工资。近年来失业的劳动者在显著增加,工资多由雇主决定,工资的价格持续走低。达成契约的日工直接到雇主的家里工作,劳动时间是从上午6点到晚上7点,中间有三四次的休息时间,也就是俗称的"吃烟时间"。一日三餐有供给,晚饭后付清当日的工资,同时对明天的雇佣立好契约后,带着农具走上回家之路。本村的日工大多是被交替雇佣,很少有每天都去汤家河镇的短工市场的人。

工夫市的最盛期是在春耕、麦秋、秋获三个季节。

本村的日工多为雇农(根据劳动收入来维持家计)。根据老农所言,本村成年长工总计30人,从春天到秋天长工70人,农忙时大约80人。由此看来,在农村人口中农业劳动者占有重要地位。

昭和十年1月

晋、绥、察三省视察报告书

满铁经济调查会

嘱托　山井格太郎

目 录

一、序言

此次视察旅行是对山西、绥远两省,同时包括察哈尔省部分地区经济基本状况的普遍调查。同时也可以说是针对华北地区经济工作上加强与边境地区人们的联系,为实施经济合作做的准备工作。虽然如此,在中国民众普遍地对日感情尚未完全被融合的今天,即使目标不能够百分之百地完成,也能得到和各地区的重要代表人物及晋绥地区的重要部门中的日本留学归来的人进行会谈的机会,向他们极力主张日本、日本人的使命和日、满、汉经济合作,并告知日、满、汉经济提携是通往东亚和平的捷径,进而能使世界人民走向和平幸福的道路。并让他们知道中国人不理性,错误判断大局,提倡传统的远交近攻是不合理的。让其了解真正为中国不惜倾注国力,为正义而燃烧着的后援者友邦日本的真实心意。而且进行排日抗日,接近依赖那些在思想、道德、宗教信仰方面各不相同,尤其是种族优越感极度强烈的欧美国家,而强行坚持这种不可能的事情是愚蠢无知的行为,好比自掘坟墓、向上天唾弃一般。从世界格局来看,不了解在东洋中自己的立场,是盲目的言行。通过反复述说这些,努力让他们自我反思。其中并不是没有持反对意见的人,但大多数人对笔者所说的(内容)持肯定态度,痛斥不可靠的欧美国家。中国从今往后接受友好邻邦日本的援助扶持,在有形无形的援助之下实现复兴之外别无他路,也有很多人毫无隐瞒地表露出来上述的信念,不少人能相当深刻地理解日本与中国之间的关系。现在中国各地区专注潜心研究日本的学者在近几年来急剧增加;此外,中国中部、南部地区到日本留学的人数成倍地增加;贯通中国南北掀起一股狂热的学习日语的狂潮。不管怎么说,可以从中窥探出他们从内心对日本的态度、观念在不断地改善。然而,仅仅依据这样的事态来判定已经不用再担忧中日关系问题还是言之过早。我方(日本)应静观同中国不即不离形势的推移和动向,同时不能怠慢各方工作,要顺应形势,做好准备,同时就只需等待时机了。

以下逐项对调查情况和所见所闻进行详细叙述。

二、阎锡山及晋绥两省的重要人物

这次晋绥视察旅行访问阎锡山原本也在计划中,然而听说他旧病未愈,已回到家乡五台静养,谢绝会客,因此没有前去拜访。与阎锡山参谋长朱绶光与秘书长贾景德两人会见。就山西省十年建设计划进行了探讨商榷,此外对于此次晋绥之行请求给予便捷、适当的供给得到了欣然允诺。

由阎锡山支配的山西、绥远两省官吏大多都是山西人,而在山西任用的其他省份的人员只不过占其中的百分之十。在一些特殊的重要部门任职的人都是与阎锡山有关系的同乡邻里,而对其他省份来的官吏宛然排斥。朱参谋长是湖北襄阳人,但在日本军官学校留学期间与阎锡山是校友且交情甚深,从1924年以来归入阎锡山部下,因为在直接或间接地协助阎锡山的关系,现在接任这个光荣职务,但事实上没有什么势力,同时也未参与山西省政务重要机关事务。其他两三个身处重要位置的外省人也只不过是徒然的摆设罢了。阎锡山的秘书长贾景德是山西人士,甲辰年间的进士,学识渊博,而且是山西的长辈。因此,一般官民认为是理所当然的,同时也是阎锡山最信赖的部下。据说即使太原绥靖机关的总参谋长赵戴文,总参赞孔繁霖等前辈在场,贾景德以一个秘书长的身份参与山西省重大政务时在决策方面也有很大的话语权。同是山西人,即便是省主席的徐永昌的势力也不敌他。以下给出的是在山西、绥远两省和绥靖公署中主要人员的名单。

(1)山西绥靖公署重要人物姓名

职务	姓名	号	籍贯
主任	阎锡山	伯川	山西省
总参议	赵戴文	次陇	山西省
总参赞	孔繁霖	云生	山西省
参谋长	朱绶光	兰荪	湖北省
秘书长	贾景德	煜如	山西省
副长官	冯鹏翥	运青	山西省

(2)山西省政府重要人物名单

主席	徐永昌	次宸	山西省
民政厅厅长	孙奂崙	药痴	河北省
财政厅厅长	王平	均一	山西省
教育厅厅长	冀贡泉	育堂	山西省
建设厅厅长	陆近礼	恭斋	山西省
实业厅厅长	耿步蟾	桂亭	山西省

(3)绥远省政府重要人物名单

主席	傅作义	宣生	山西省
民政厅厅长	袁庆曾		山西省
财政厅厅长	苏体仁	象乾	山西省
教育厅厅长	潘秀仁		山西省
建设厅厅长	冯曦	子和	山西省
秘书长	曾厚载		山西省

以上不过是列出了山西省籍贯的在重要部门任职的人员。科长级别以下的职员山西人大约占有80%的样子。人们所说的,山西、绥远两省都是阎锡山的地盘,这并不夸张。在山西、绥远两省他的地位完全可以堪称一方帝王,可谓行无不可,作无不能。然而越过表面现象从内部观察来看,也是如此。山西省十年建设计划也是由于阎锡山的存在而开始实行的。不可避免,一旦阎锡山死亡或者他的地位发生转变之后,山西省十年建设规划也会随之灭亡或者发生受到极其深重影响的状况。目前从表面上来看阎锡山似乎掌控着绝对势力,没有一个人敢反抗。然而根据在各地区的旅行中探听到的消息可知,背后充斥着极其浓烈的反阎气氛。另外针对阎锡山提出山西的门罗主义,除山西省以外的舆论说"即使有了规划但是就中国大局而言是极其不合理的"。这种反对声音的力量也是很强大的。虽说试图推进省内生产和其他方面的改善当然是很好的政策,但是它却只是以山西省为目标无视其他利害关系的措施。有人讽刺

道:在偌大的中国大地之上却只在山西省实施门罗主义策略是狭隘肆意的暴举。

特别是在绥远省,官吏以外的人士吐露不满说所有的税收都被掠夺至山西省,绥远省的财政日趋贫困,省内福利设施建设的事务完全被停止放弃。更为可悲的是拖欠官吏工资或不付薪的状况出现,随处可听见不满的声音。

以上是在酝酿着的相当浓烈的内部反阎气氛,而且对于认真投入所谓的十年建设计划的当事人而言,百分百付出的努力在将来能否取得巨大成果不得不让人提出质疑。

三、山西省煤炭运输铁路线铺设的紧急任务

山西省内所埋藏的巨大的煤炭资源能否产生经济价值完全取决于铁路运输费用的高低。目前山西煤炭不能在市场活跃是因为正太铁路线、平绥铁路线和道清铁路线运费惊人之高,山西省的民众为这过高的运费感到非常的苦恼。虽然省内居民多次向中央政府申请降低运费,却不但没有受到中央的批准,还没有任何反响,因此人们怨声载道。即便是山西省政府,如没有中央政府的批准也是无计可施的。山西省官民没有建设铁路的财力,束手无策,只能袖手旁观。

原本山西省是西北塞外地区的商业中心,全国金融、汇兑机构的枢纽中心,绝不是农工业(发展)地带。但由于种种原因,在西北地区山西人在商业界独占鳌头势头在不断地减退。此外,随着时代的发展,山西省掌控全国金融、汇兑的地位也在连年衰退。山西省昔日的繁华犹如一场梦般瞬间成为过去。加之阎锡山在向省外推广的政治主张失败的缘故,使得山西省的财政陷入窘困的状况。在这样的影响下,山西省的经济也陷入了病入膏肓的状态。然而得天独厚的山西省被认为在未来的发展中潜在着无限的希望,之所以这么说是因为山西省可谓煤炭之省,据专业人士说,煤炭的埋藏量用天文数字都恐怕难以计量。如果能处理好这惊人巨大的宝藏,挽回山西省即将颓败的局面便成了轻而易举之事。于是,山西省的人们为了早日开发这巨大的宝藏孜孜不倦地努力着。难得铺设好了铁路,反而因为其运输费用的高昂引起了宝库闭锁的现象,山西人的失望已经不能用言语来表达了。

对于中央政府的怨言也绝对不是没有理由的。山西省现在全民上下都在竭尽全力地为阎锡山的十年建设计划努力,尽管这是值得赞扬的,但是归结而言是不是要拘泥于细枝末节呢。急切且又要有成效地实现山西省发展与复兴的计划只有借助这一宝藏的开发。因此合理地建设煤炭运输铁路线成为了当务之急。如此,既经济又合理的问题按照经济的自然作用迟早可以解决。根据现在这种事态,要在不久的将来看到其实现是极其困难的。作为友好邻邦,日本的态度就是抓住机会或者是创造机会代替中国,接任打开山西省宝库的关键任务。同时必须认识到日本接受这项任务必然相伴着很多困难,但毫无疑问这一机会会到来。暂且避开谈论一些细节行动策略,先假设如果铺设铁路线,考虑路线的选定,大概有如下有三种路线。

第一路线　以山西省的怀仁县或者山阴县为起点,出大同平野之后,又经过许堡、天镇西县,再经过察哈尔省浮图沟、小渡河、涿鹿各县,在马尼图山脉和恒山山脉之间的溪水间右转,经河合口进入长城内,过河北省三家店宛平等附近一直到塘沽。全程长度不详。

第二路线　以山西省的忻县为起点,经过定襄、五台、盂县,又途经河北省卧寿口,沿着滹

沱河进入河北省平野一带。

第三路线　以山西省的沁源县为起点,经过安泽、沁水、晋城各县,至河南省清化镇。

在上述三条路线中,第一条的目的是运输以山西省北部的大同、怀仁、左云三县为中心的煤炭的。起点是怀仁或山阴县,然后沿着桑干河,经由大同、张家口,到达北平。相比平绥铁路的229里,大约缩短了70里;还避免了跨越八达岭之险,使车辆更加容易行驶,从而使运输力大大增加的同时运费却少了一半。这个路线的工程,沿着桑干河,需修建不少桥梁和隧道,如果由我们日本人一手建立,那么需要目前中国既建铁路工费的三分之一。一直以来中国人所建铁路一般所需工费多出我们预算的三倍已不足为奇,甚至还有高出五倍的情况,现在的南浦铁路就是其中的一个例子。

就本线路的地势来看,从起点怀仁县到河北平野之间,有大约1,300尺的倾斜度,因此技术上的困难总是相伴而来。因此始终沿桑干河(进入河北后变永定河)而下,没有大山岭,施工上比较容易。

第二和第三线路无疑也是必要的线路。其位置偏南,考虑到要先从煤炭储量最多的山西北部着手,首先选定了第一路线。就该路线沿线的情况不通过实地考察难以详述。不过,估计我国(指日本)参谋本部已经结束了对此线的调查,我公司(日本公司)就有尽快收集相关资料进行钻研的必要。

四、提倡派遣人员在太原、张家口常驻

太原市作为山西省的主要都市,东南接河北、河南两省,西北处自古以来贯通绥远,作为与宁夏、甘肃、青海、新疆、外蒙之间的商路,在政治、经济和交通上占据极其重要的地位。加上近年リヒトホーヘニ[①]作了关于山西省煤炭的意见发表以来,最近有不少专家到此进行实地考察,甚至判明其埋藏量之大,在世界上无可与匹敌。由此山西省的煤炭顿时名扬世界。欧美各国竞相对山西省的煤炭保持关注,且虎视眈眈,为试图捕获机会而焦躁不安。此时该策划打入华北经济,让派遣人员常驻此地,对该地的实情进行精密的调查,为必要时做好准备并且保持对人民的密切关系以实现经济合作。对于现在山西省的商人凭借正太铁路的关系策划经济扩张的事实,英美也绝没有采取袖手旁观的态度。特别是英美两国同在数十年前就通过基督教来努力传教,他们的传教士在同一地方最长的时间居住了20年以上,除了语言,衣、食、住等都被中国化,已经深深扎入民心,拥有很多教徒,他们的潜在实力不容小视。然而他们并没有经济方面的基础。我公司之前提出的派遣人员常驻计划,由于种种理由,被判断为时尚早中止了,甚为遗憾。笔者在之前提出的"关于山西所见"的论述中,说到中国人之所以认为日本人对山西不感兴趣是因为对阎锡山南京政府的顾虑,如今形势有变我公司派出一两名人员,不再杞人忧天地认为会因此而影响大局,若还再左顾右盼,犹豫不决,最终会因错失时机而后悔莫及。

以上是对太原常驻人员必要点的略述,同时认为对张家口也同样由于上述理由需要进行

① 译者注:人名。罗马字读音为Rihitohoheni。

派遣。然而因为张家口与太原多少有些不同。如今,就关于张家口需加以论述。张家口是于光绪二十二年(1896年)以《俄清密约》为准作为商埠开放,日本政府在大正十一年3月初开设领事馆,是当地唯一的领事馆。俄国是于今年8月26日在此地设的领事馆,当时正值笔者踏上从包头的归途,到达张家口的当日正是开馆典礼的举办日。

张家口在前清时期属于万全县,蒙古名叫做喀尔汗。它是从北平经库伦贸易城通达至西伯利亚的要道,可谓是货物集散广、商业繁盛的区域。从西伯利亚到俄国的茶叶和货物都是要通过这条道路依靠骆驼运送的。又因为从外蒙各地输出的货物很多都是先聚集在此地再往各地发送的,所以一直以来骆驼往来频繁,其队列蜿蜒如长蛇般横亘千里,极为壮观。然而由于数年前在当地建立了汽车公司,在以下各地间运行,因此各地依靠骆驼运输的需求大大地减少,今非昔比之感油然而生。

张库线	张家口—库伦间	约2,200里
张多线	张家口—多伦间	约500里/月
平帮线	平地线—滂江间	约400里

上述的张库线近期一周两次在两地之间运行,由至少六七台的卡车队组成,载纳了警备兵和相当人数的乘客,而且经库伦国境贸易城到俄国往返的人也日益增多。

俄国最近开办领事馆,并不仅是为了保护在住居民和谋求商业繁荣,一直以来它对外蒙采取怀柔政策,一直想走中国的后门鼓励赤化运动,这是众所周知的事实。通过开办领事馆,今后百尺竿头会更进一步做出积极的行动。这类工作的推进让人预想到会诱发日满对西北经济扩张的障碍。虽说在该地已有了领事馆,如今又设置了我国(日本)特务机关,像我社作为与中国西北各地有重大关系的国家机关不能置之不理,袖手旁观,而应该派遣适当的人选在该地驻扎,以张家口为中心对察哈尔省全体及外蒙方面的经济状况进行研究调查并适机做好准备工作。同时,对俄国的南下政策给予充分关注,必须拥护我国(日本)的权利和利益。

五、山西的教育

阎锡山从1911年中国第一次国民革命以来没有参与国内政治运动,他倡导的门罗主义已经全然笼罩着整个山西省,维持山西的治安是不用说的,努力推动山西省的教育、农工商业、金融业、交通、自治等都取得了显著效果。而其他的省份常常陷入骚乱的漩涡中,无法维护省内民众的利益、幸福,总是没日没夜斗争。唯独山西省在经济方面取得巨大成效,山西省的治理成为模范让全国人民羡慕不已,而阎锡山被人们称赞为好督军。特别是阎锡山在教育方面非常重视,不断地派遣中国留学生到日本学习吸收新知识。此次山西省在十年建设计划中也非常注重关于教育方面的投入。计划中关于“学校教育整顿”项中有如下所述:

第一,专业学校以上的学校教育一定要和建设计划中的宗旨相符合。

第二,中学教育需是进入高等教育的预备教育,同时也要注重职业教育。

第三,专业学校以上的公立学校受到本省财力能力范围的支持,丰富其内容,私立学校应通过的经营者来充实教育内容。

第四,充实师范教育。

第五,重视致力于人才教育。

第六,普及教育。

第七,进行女子职业教育。

第八,小学课本的审查编辑。

针对社会教育:

第一,群众教育馆的建设。

第二,民众活动照相馆的建设。

第三,科学编辑、翻译馆的建设。

第四,图书馆的建立。

第五,通俗图书馆、图书社的建设。

诸如此类的规划出台后已渐渐投入实施。另外,在同年8月建设委员会决定的关于派遣留学生的规定如下:

(一)工业化学	
(1)关于造纸研究(印刷纸、普通纸、加工纸、卷烟草纸)	日本留学数名
(2)关于卷烟草配料	美国留学1人
(3)烟草种植方法及香烟制作	美国留学1人
(4)电器材料	日本留学
(5)瓷器	日本留学
(6)染色	日本留学
(7)洗刷漂白	日本留学
(二)机械工程	
(1)机械汽车	德国留学
(三)电器工程	
(1)电机制造	德国留学
(四)冶金科	
(1)钢管、钢板、钢丝的制造	德国留学
(2)炼钢	日本留学
(3)炼铁	日本留学
(五)工业化学科	
(1)酒精制造1人	日本留学
(2)电解氢氧化钠、食盐2人	日本留学

上述所说的十二项留学中,日本留学的就占据了七项,离中国近是其中的理由之一。

笔者在山西逗留期间收到命令,就其内容进行调查。去日本的留学生为再留学者是当然,派往美国、德国的留学生也是曾经有过日本留学经验的,并且掌握各种专业知识,我们甚感愉快。从山西省政府得到的省内已经建成的学校名称如下,但是关于国民教育的在此省略。

太原市各级学校及校长姓名一览表

校名	所在地	校长姓名
山西大学	太原市侯家巷	王录勋
农业专业学校	太原市上马街	李红
工业专业学校	太原市西羊市	李尚仁
商业专业学校	太原市新城街	赵希复
国民师范学校	太原市小北门	冯司直
第一师范学校	太原市师范街	刘庆
第一女子师范	太原市上马街	赵之信
太原女子中学	南小墙	孟石兰
省立第一中学	海子边	崔封
共立阳兴中学	桥头街	张崇儒
私立并州学院	皇朝巷	冯铃
并州中学	新南门外	赵希复
川至医学校	精营街	靳瑞瑄
新民中学	新南门外	杨仁康
平民中学	后营坊街	梁水泰
成成中学	霸陵桥	刘子崇
明原中学	北门街	郭希汾
三晋中学	文津巷	张全曜
云山中学	前所街	张四科
友仁中学	东缉虎营	池庄
第一实验小学	海子边	刘逢炎
第二实验小学	前所街	张筹
第三实验小学	西华门	张广渊
第四实验小学	后营坊街	郭其昌
第五实验小学	后半坡街	李郁文
第一女子小学	东花园	杨邦瑗
第二女子小学	东边街	温兰英
尚志小学	上马街	赵斌
尚志女小学	北仓巷	薛凤岐
加辣女小学	北门街	华善修
明明小学	新南里	许作霖
养正小学	海子边	柯璜

以上是公私立学校共 32 所。

六、山西省的卫生及治安

山西省的治安保障,正如"关于山西省的所见"中论述的一样:在其他的省份马贼、兵匪、共产党、海贼以及其他的不良之徒随处可见,民众时常感到痛苦,而生产等的发展也为此受到了极大的阻碍。唯独山西省在阎锡山对省内的治安建设极其重视下,匪贼无栖身之地。虽有少许的小偷,但绝无贼患。省内省外一个人旅行也无任何危险,现在公共汽车在雨季因道路受损往往晚点,在晚上九十点钟的时候都没有警察人员同乘。即使这样从创业以来从未再发生过土匪抢劫事件,这完全是因为山西警察行政的完备。同时也非常佩服在卫生设施建设方面的工作。据笔者在中国极其广泛的旅行中所见,在都市表面上看感觉到几分美观,但内部街道马路却零乱,会惊奇地发现随处可见垃圾堆、粪池、粪堆之类不干净脏乱的现象完全无法用言语表达。像山西太原市的街道、街角全部清扫得干干净净,无任何垃圾。十年计划中的卫生设施建设如下所示:

第一　卫生处　平民医院　公共体育场　供水设施建设

第二　设立制药厂

第三　提倡公民运动　进行公民身体检查

第四　清洁检查

第五　设立精神病院和传染病医院

七、山西省全省各县土地面积及耕地面积统计表(150县)

县别	土地(方里)	面积项数(一项是100亩)	耕地面积
阳曲	18,000	97,000	项亩厘 8,285,60.62
太原	4,225	22,815	5,388,71.66
榆次	9,775	52,785	9,193,90.84
太谷	7,150	38,610	6,162,98.66
祁县	7,500	40,500	5,381,06.15
徐沟	2,270	11,718	3,449,84.45
清源	2,500	13,500	3,230,00.00
交城	32,175	173,745	3,436,60.99
文水	9,375	50,625	8,038,03.04
岢岚	13,200	71,280	1,928,62.83
岚县	16,800	90,720	2,872,10.29
兴县	16,500	89,100	1,468,42.93
汾阳	5,400	29,160	10,187,17.94
孝义	8,550	46,170	9,769,54.20

续表

县别	土地(方里)	面积项数(一项是100亩)	耕地面积
平遥	9,000	48,600	10,384,11.36
介休	6,400	34,560	5,988,01.81
石楼	15,200	82,080	1,424,42.18
临县	28,500	153,900	3,175,89.59
离石	41,600	224,620	3,555,49.17
方山	10,719	5,788,160	1,500,00.00
中阳	19,000	102,600	5,833,17.89
长治	4,000	21,600	6,625,27.66
长子	10,400	56,160	6,060,04.90
屯留	6,000	32,400	6,059,96.66
襄垣	11,250	60,750	6,285,82.93
潞城	12,600	68,040	5,007,57.85
壶关	4,750	25,650	3,674,90.15
黎城	14,300	77,220	2,686,09.97
平顺	11,700	63,180	1,600,00.00
晋城	15,400	83,160	8,823,77.21
高平	7,200	38,880	7,432,37.24
阳城	12,000	64,800	4,004,55.52
陵川	18,700	100,980	4,103,94.40
沁水	20,350	109,890	2,944,68.05
辽县	14,025	75,735	1,021,82.90
和顺	17,100	92,340	3,619,31.06
榆社	8,925	48,195	3,556,07.34
沁县	9,900	53,460	3,842,98.73
沁源	31,000	167,400	2,691,69.10
武乡	12,500	67,500	3,916,82.57
平定	24,800	133,920	28,822,3.25
昔阳	161,000	86,940	12,202,1.00
盂县	45,000	24,300	30,157,6.86
寿阳	20,800	112,320	35,807,3.87

续表

县别	土地(方里)	面积项数(一项是100亩)	耕地面积
临汾	7,420	40,068	74,266,9.30
洪洞	3,825	20,655	65,242,3.16
浮山	8,000	43,200	38,014,6.59
乡宁	26,375	158,625	14,760,0.34
安泽	26,400	142,560	21,559,9.99
曲沃	4,900	26,460	62,464,5.87
翼城	4,500	24,300	62,061,9.67
汾城	3,300	17,820	62,094,8.49
襄陵	2,590	13,986	45,157,0.11
吉县	15,000	81,000	16,328,9.53
永济	5,500	29,700	79,591,8.44
临晋	3,850	20,790	5,470,88.27
虞乡	3,750	20,250	3,443,66.88
荣河	3,400	18,360	3,864,11.78
万泉	4,000	12,960	4,558,69.66
猗氏	2,400	14,850	4,542,43.82
解县	2,750	21,600	2,866,52.84
安邑	3,375	18,225	5,905,63.59
夏县	9,900	53,460	6,792,80.19
平陆	16,790	90,666	2,818,30.02
芮城	3,500	18,900	4,884,93.71
新绛	2,200	11,880	6,671,63.12
垣曲	10,925	58,995	2,532,80.98
闻喜	2,925	15,795	9,044,88.33
绛县	5,950	32,130	4,372,53.91
稷山	4,250	22,950	7,809,92.70
河津	3,570	20,250	4,560,56.36
霍县	6,160	33,264	2,983,90.96
赵城	4,800	25,920	3,326,26.06
离石	19,950	107,730	2,260,44.45

续表

县别	土地(方里)	面积项数(一项是100亩)	耕地面积
汾西	10,530	56,862	1,572,46.47
隰县	30,800	166,320	2,460,91.55
大宁	7,500	40,500	726,49.98
永和	13,800	74,520	875,58.25
蒲县	16,100	86,940	462,89.95
大同	19,200	103,680	7,963,07.49
怀仁	5,400	29,160	629,62.44
浑源	12,600	68,040	3,861,44.79
应县	5,230	28,350	4,146,72.13
山阴	4,400	23,760	4,522,52.08
阳高	15,600	84,240	3,874,29.47
天镇	12,110	65,394	4,936,17.64
广灵	6,400	34,560	3,141,70.52
灵丘	13,600	73,440	3,943,91.58
右玉	11,050	59,670	1,933,96.61
朔县	28,000	151,200	5,015,51.27
左云	9,000	48,600	2,296,31.83
平鲁	8,000	43,200	3,589,15.31
宁武	3,300	17,820	4,957,59.94
偏关	14,000	75,600	3,966,94.90
神池	9,975	53,805	4,488,74.95
五寨	5,500	29,700	3,104,95.53
忻县	10,200	55,080	8,851,63.18
定襄	4,500	24,300	3,955,42.91
静乐	30,000	162,000	2,208,51.23
代县	18,050	97,470	4,280,51.81
五台	37,800	204,120	3,492,57.04
崞县	20,475	110,565	8,176,53.68
繁峙	24,000	129,600	2,986,98.37
保德	11,200	60,480	3,08,81.47

续表

县别	土地(方里)	面积项数(一项是100亩)	耕地面积
河曲	21,600	116,640	638,58.94
合计	1,297,914	7,008,735,600	45,596,537.54

八、重新测量的山西省各地区经纬度数表

新测山西各地区经纬度数值

县	村镇	经度	纬度	应用里数	日期(民国二十二年)
阳曲	县城	112.33.47.9	37.51.36.8	32	8月24日及26日
山阴	岱岳镇	112.56.22.5	39.31.06.5	8	5月3日
右玉	县城	112.24.41.4	40.09.50.8	12	5月10日
偏关	先营	111.51.38.9	39.31.38.1	4	5月15日
偏关	县城	111.28.39.8	39.26.04.7	15	5月18日
河曲	南关	111.08.01.1	39.22.45.9	8	5月19日
保德	县城	111.07.56.1	39.00.49.7	16	5月23日
兴县	黑峪口	110.53.33.1	38.31.35.8	15	5月27日
临县	罗峪口	110.44.35.6	38.22.48.1	7	5月28日
临县	第八堡	110.30.27.2	38.07.39.7	12	5月29日
离石	军渡	110.46.47.1	37.27.11.3	12	6月2日

新测山西各处经纬度数值

县	村镇	经度	纬度	应用里数	日期(民国二十二年)
离石	县城	111.07.39.3	37.31.20.43	14	6月20日
临汾	东关	111.31.01.4	36.04.40.5	20	10.3
方山	县城	111.19.13.2	37.59.16.8	16	6.20
曲沃	西门外	111.29.38.7	35.59.16.8	28	10.22
静乐	南关	111.56.05.4	38.21.02.2	17	6.26
浑城市		110.59.00.2	35.01.34.2	28	10.14
岢岚	县城	111.33.58.2	38.42.15.7	8	6.29
永济	孟家桥	110.18.15.1	34.99.23.4	24	10.7
五寨	县城	111.50.08.0	38.54.56.4	11	7.2

续表

县	村镇	经度	纬度	应用里数	日期(民国二十二年)
太谷	南关	112.32.35.7	37.26.09.0	40	8.29 及 8.31
平遥	县城	112.32.35.7	37.12.06.6	39	9.3 及 9.4
永济	风陵渡	110.17.53.1	34.37.02.6	24	10.18
汾阳	北关外	111.50.00.0	37.16.03.9	16	9.7
平鲁	县城	112.10.01.4	89.45.22.8	9	5.13
灵石	东关外	111.45.45.9	36.50.39.2	24	9.11
霍县	县城	111.43.04.1	36.34.17.7	24	9.14
隰县	* *	110.55.27.2	36.41.30.9	24	9.27
蒲县	东关	111.05.16.4	36.24.43.3	12	9.29

九、山西省气象观测年度报告表

中华民国二十二年 3 月山西省林业试验场每日温度及雨量

(地址太原北门外十方院,高度 807m,北纬 37°50′47″,东经 112°29′54″)

日期	温度(℃)						雨		天气状况
	最高	最低	干球		湿球		雨量	时间	
			9 点	15 点	9 点	15 点	公厘	小时	
1	6	-10	0	5	-2	2			云
2	6	-7	1	5	-1	2			云
3	16	-6	2	15	-1	10			晴
4	6	-7	0	6	-3	3			晴
5	2	-10	-4	1	-6	1			云
6	7	-16	-2	6	-4	1			晴
7	7	-12	0	7	-2	4			晴
8	6	-8	0	6	-1	3			阴
9	5	-7	9	5	-1	4			云
10	10	-11	2	9	-1	5			晴
11	13	-13	1	12	-2	6			晴
12	18	-14	2	17	-1	11			晴
13	15	-13	8	19	4	10			晴

续表

日期	温度(℃)						雨		天气状况
	最高	最低	干球		湿球		雨量	时间	
			9点	15点	9点	15点	公厘	小时	
14	8	-8	5	5	2	4	1.3	18.30-21.10	雪
15	12	-6	4	11	1	7			晴
16	16	-12	3	15	0	11			晴
17	22	-6	6	22	4	20			晴
18	20	-1	10	19	8	15			晴
19	21	-6	10	20	8	18			晴
20	21	0	14	21	12	19			晴
21	2	-1	3	1	2	1	12.6	9.0-22.10	雪
22	8	-5	3	8	2	6			云
23	14	-2	6	14	4	13			晴
24	6	-1	5	6	4	6	0.6	10.0-11.50	雨
25	13	0	5	18	3	11			云
26	8	-5	0	5	-2	2			晴
27	9	-9	2	9	0	6			晴
28	9	-10	3	8	2	6			云、霜
29	15	-9	6	15	3	10			晴
30	19	-7	9	18	6	14			晴
31	22	-5	12	21	8	18			晴
总数	359	-227	117	342	46	247			
平均	11.6	-7.3	3.8	11.0	1.5	8.0			

十、山西省林业实验区全年气温、降水量(统计)表

中华民国二十二年4月山西省林业试验场每日温度及雨量

(地址太原北门外十方院,高度807m,北纬37°50′47″,东经112°29′54″)

日期	温度(℃)						雨		天气状况
	最高	最低	干球		湿球		雨量	时间	
			9点	15点	9点	15点	公厘	小时	
1	21	-4	13	21	7	18			晴
2	25	5	12	24	12	22			云
3	23	-2	9	22	8	21	0.4	6.6-9.0	雨
4	10	5	10	5	10	5	21.6	9.0-17.6 2.0-8.0	雨
5	10	0	5	9	4	8	2.0	9.0-14	雨
6	10	3	8	9	7	8			阴
7	9	0	6	9	5	8			晴
8	13	-4	5	12	4	11			阴
9	8	1	6	7	6	6			云
10	19	-1	12	18	11	17			云
11	17	0	0	13	7	2			晴
12	13	-3	8	12	5	11			晴
13	13	-1	8	2	6	11			云
14	24	1	10	23	8	21			云
15	14	4	10	13	7	11			阴
16	13	-3	12	9	8	17			晴
17	22	-3	12	22	11	20			晴
18	21	-1	15	25	12	22			晴
19	21	4	14	20	12	18	0.6	13.40-14.0	雨
20	20	5	16	20	14	15			阴
21	20	-2	12	20	8	16			晴
22	24	0	17	24	12	18			晴
23	29	0	15	28	10	21			晴

续表

日期	温度(℃)						雨		天气状况
	最高	最低	干球		湿球		雨量	时间	
			9点	15点	9点	15点	公厘	小时	
24	25	5	19	25	14	20			晴
25	26	6	15	26	10	19			晴
26	29	0	18	29	13	20			晴
27	25	5	17	25	11	19			晴
28	29	5	14	26	10	20			晴
29	51	11	22	31	17	22			云
30	34	8	26	33	19	23			云
总数	607	44	375	552	287	480	24.6		
平均	20.2	1.5	12.5	19.4	9.6	16.0			

中华民国二十二年5月山西省林业试验场每日温度及雨量

(地址太原北门外十方院,高度807m,北纬37°50′47″,东经112°29′54″)

日期	温度(℃)						雨		天气状况
	最高	最低	干球		湿球		雨量	时间	
			9点	15点	9点	15点	公厘	小时	
	28	10	14	27	11	24	3.1	9.0-12.30	雨
1	12	1	5	11	2	5			晴
2	22	2	14	22	8	16			晴
3	23	2	17	23	11	15			晴
4	30	1	20	29	12	19			晴
5	33	1	20	32	13	23			晴
6	36	5	24	35	16	28			晴
7	36	6	23	36	9	27			晴
8	33	10	25	33	19	26			晴
9	30	7	26	30	20	23			晴
10	33	9	23	32	18	26			晴
11 12	22	11	20	22	18	20	7.0	12.-10 18.30-22.40	雨

续表

日期	温度(℃)						雨		天气状况
	最高	最低	干球		湿球		雨量	时间	
			9点	15点	9点	15点	公厘	小时	
	28	10	14	27	11	24	3.1	9.0-12.30	雨
13	25	11	18	25	16	21			阴
14	32	9	21	31	18	25			晴
15	32	12	24	31	20	25			晴
16	21	13	20	21	18	18	0.0	9.20-10.0	雨
17	28	13	21	28	17	25			云
18	18	6	13	18	13	17	9.7	3.40-9.0	雨
19	21	7	17	24	15	19	2.7	9.0-13.0	雨
20	25	7	16	25	11	20			晴
21	27	6	18	27	14	22			晴
22	27	4	21	27	16	23			晴
23	33	7	24	33	20	27			晴
24	34	9	22	34	18	28			晴
25	24	10	23	25	20	23			晴
26	29	9	18	27	15	24	10.6	19.0-5.20	雷雨
27	22	7	22	20	18	18	2.3	19.20-20.10	雷电雨
28	25	7	19	23	17	16			晴
29	28	4	26	26	21	20			晴
30	31	4	21	30	17	24			晴
31	30	5	18	28	13	28			晴
总数							35.4		
平均	27.6	6.7	19.9	26.9	15.3	12.6			

中华民国二十二年6月山西省林业试验场每日温度及雨量

(地址太原北门外十方院,高度807m,北纬37°50′47″,东经112°29′54″)

日期	温度(℃)						雨		天气状况
	最高	最低	干球		湿球		雨量	时间	
			9点	15点	9点	15点	公厘	小时	
1	28	7	22	28	18	21			晴
2	30	12	24	28	20	24	0.0	7.30-7.50	雷雨
3	26	12	21	26	18	24	0.7	14.25-14.40 17.30-17.50	雷雨
4	30	14	18	30	16	25			云
5	13	12	16	13	15	13			阴
6	24	6	17	24	14	22	31.8	9.0-16.40	雷雨
7	28	21	13	27	12	22			晴
8	26	12	22	26	20	23			晴露
9	24	13	21	24	19	22	5.0	21.40-2.10	雷雨露
10	21	11	16	21	15	20			云
11	22	9	13	22	12	20	3.4	13.30-15.0 19.60-21.20	雷雨雹电
12	23	11	18	23	17	22	3.2	9.10-9.30 14.10-14.20 15.20-16.0	雷雨露
13	28	12	20	28	18	25			晴
14	29	16	22	29	20	26	3.6	20.20-20.40 8.10-9.0	雨
15	22	12	20	22	19	21	8.7	9.0-13.0 6.0-8.30	雨
16	22	18	24	22	24	22			阴
17	28	16	21	28	19	25			云
18	24	14	24	24	22	22			云露
19	29	15	24	30	21	24			晴露
20	28	16	23	28	20	25	6.3	15.40-21.0	雷雨电雹
21	28	12	20	28	18	24	0.0	15.10-15.20	雷雨露

续表

日期	温度(℃)						雨		天气状况
	最高	最低	干球		湿球		雨量	时间	
			9点	15点	9点	15点	公厘	小时	
22	29	11	21	30	18	25			晴露
23	32	13	23	31	21	26	5.4	4.0-7.0	雨露
24	22	16	20	22	19	22	21.9	9.0-11.0 17.10-20.0	雨
25	25	13	21	25	20	23			晴露
26	29	12	22	30	20	25			晴露
27	28	13	24	29	22	25			晴
28	30	14	26	30	24	28	14.5	16.20-17.40 21.00-21.40	雷雨雹
29	30	15	23	30	21	27	0.2	20.10-20.30	雷雨雹
30	32	18	26	31	24	28	6.5	5.0-5.50 1.40-2.0	雷雨
总数							139.2		
平均	26.3	12.9	20.8	26.3	18.9	23.4			

中华民国二十二年7月山西省林业试验场每日温度及雨量

(地址太原北门外十方院,高度807m,北纬37°50′47″,东经112°29′54″)

日期	温度(℃)						雨		天气状况
	最高	最低	干球		湿球		雨量	时间	
			9点	15点	9点	15点	公厘	小时	
1	30	15	25	30	23	28	10.5	9-12.10 16.50-18	雷雨雹
2	32	18	25	21	23	28			晴露
3	32	20	26	31	24	28	13.5	15.30-16 17.30-8.20	雨雾
4	25	20	21	25	20	24	21.8	22-9	雨
5	19	17	18	19	18	19	33.6	9-5.10 6.40-9	雨

续表

日期	温度(℃)						雨		天气状况
	最高	最低	干球		湿球		雨量	时间	
			9点	15点	9点	15点	公厘	小时	
6	24	17	19	24	19	23	0.7	9-9.50	雨
7	22	16	21	22	20	21			阴
8	25	17	23	25	22	24	9.2	20.40-4.20	雨露
9	29	18	22	29	21	27			晴
10	31	18	25	30	18	28			晴露
11	33	21	27	32	24	28			云露
12	34	22	29	23	27	30	0.2	12.10-22.40	雨露
13	35	23	29	34	27	30			晴露
14	36	24	29	36	25	33			晴露
15	38	19	28	37	26	35			晴露
16	34	21	29	33	27	32			晴露
17	36	20	29	36	26	34			云
18	26	22	25	26	23	24	3.2	13-14.20	雨露
19	34	17	25	33	22	29			云
20	23	20	23	19	21	19	16.3	11.20-14.20 7-8.10	雨
21	25	18	20	25	19	23	6.7	12.30-13 17.30-19.50	雨
22	32	14	22	31	20	29			阴露
23	29	10	23	29	22	26	0.1	20-20.40	雨
24	34	16	25	33	23	29			云露
25	28	20	26	27	23	24			阴
26	26	19	26	24	23	23	28.3	11.50-8.30	雨露
27	28	19	22	28	21	28			晴
28	35	18	26	34	24	31			晴雾
29	32	19	24	31	22	29			晴露
30	31	19	22	30	21	27			阴露
31	21	19	21	19	20	18	3.0	7.20-9	雨

续表

日期	温度(℃)						雨		天气状况
	最高	最低	干　球		湿　球		雨量	时间	
			9点	15点	9点	15点	公厘	小时	
总数						147.1			
平均	29.7	18.9	24.4	28.9	22.6	26.8			

中华民国二十二年9月山西省林业试验场每日温度及雨量
(地址太原北门外十方院,高度807m,北纬37°50′47″,东经112°29′54″)

日期	温度(℃)						雨		天气状况
	最高	最低	干　球		湿　球		雨量	时间	
			9点	15点	9点	15点	公厘	小时	
1	31	14	21	32	18	26			晴
2	31	12	24	31	21	28			晴
3	32	11	22	32	18	28			晴
4	31	11	22	31	19	27			晴露
5	30	11	22	30	18	26			晴露
6	26	13	21	26	19	23			云
7	27	15	23	27	20	24			晴
8	31	15	22	31	19	26			晴
9	25	10	18	25	16	21			云露
10	27	12	21	27	18	27			晴
11	29	12	19	29	17	24			晴
12	27	9	20	27	16	24			晴
13	27	10	18	27	15	23			晴露
14	29	4	21	28	16	24			晴
15	32	8	20	32	17	26			晴
16	34	12	23	34	20	28	8.0	19.20–3.20	雨
17	23	10	18	23	17	21			云
18	27	12	20	27	18	25			晴露
19	28	12	21	28	16	25	146	19.10–9	雨
20	18	9	12	18	11	27	9.8	9–21.20	雨

续表

日期	温度(℃)						雨		天气状况
	最高	最低	干球		湿球		雨量	时间	
			9点	15点	9点	15点	公厘	小时	
21	14	11	13	14	12	13	11.0	9.20-21.20	雨
22	22	12	15	22	14	21			云
23	20	11	19	20	17	20	18.6	5-11.40	雨露
24	23	12	16	22	15	21			晴
25	20	12	18	20	16	19			晴
26	18	8	12	18	10	16			晴
27	22	7	12	22	10	20			晴
28	23	2	12	23	10	20			晴露
29	25	6	16	25	14	22			晴露
30	22	9	15	22	13	20			云
总数									
平均	25.8	10.4	18.5	25.8	16.1	22.8			

中华民国二十二年10月山西省林业试验场每日温度及雨量

(地址太原北门外十方院,高度807m,北纬37°50′47″,东经112°29′54″)

日期	温度(℃)						雨		天气状况
	最高	最低	干球		湿球		雨量	时间	
			9点	15点	9点	15点	公厘	小时	
1	26	10	14	26	12	24			晴
2	25	7	17	25	15	23			晴
3	27	10	18	27	15	24	2.3	2-3.10	雨
4	26	9	12	26	10	24			阴
5	17	10	16	17	14	16			晴
6	14	9	12	14	11	12	0.7	12.40-14	雨
7	10	8	11	10	11	9	3.4	9.20-11.20	雨
8	15	-1	7	15	5	13			云露
9	15	-1	9	15	7	12			晴
10	13	6	9	13	7	12	2.3	11.20-13.40	雨

续表

日期	温度(℃)						雨		天气状况
	最高	最低	干球		湿球		雨量	时间	
			9点	15点	9点	15点	公厘	小时	
11	14	4	8	14	7	12			阴
12	17	3	10	17	8	15			晴霜
13	21	1	10	21	8	19			晴
14	24	1	12	24	10	21			晴
15	22	6	13	22	11	20	2.2	3.20-9	雨
16	12	8	11	12	10	11			阴
17	16	7	12	16	11	15			晴露
18	17	2	11	17	9	15			晴露
19	21	2	11	12	9	18			晴
20	21	5	11	21	8	18			晴霜
21	13	5	9	13	8	12			阴
22	8	-3	2	8	0	5			晴
23	11	-2	3	11	2	9			晴霜
24	13	-6	3	13	1	10			晴
25	17	-6	5	17	3	14			晴霜
26	21	-2	7	21	5	18			晴
27	12	6	9	12	8	11			阴
28	10	-3	2	10	0	8			阴
29	14	-2	3	14	1	12			晴
30	11	-4	5	18	3	15			晴
31	18	-3	6	18	5	15			晴
总数							10.9		
平均	16.8	2.8	2.3	17.0	7.5	14.9			

中华民国二十二年 11 月山西省林业试验场每日温度及雨量

(地址太原北门外十方院,高度 807m,北纬 37°50′47″,东经 112°29′54″)

日期	温度(℃)						雨		天气状况
	最高	最低	干球		湿球		雨量	时间	
			9 点	15 点	9 点	15 点	公厘	小时	
1	15	0	5	15	3	12			晴
2	13	-6	3	13	1	10			晴
3	13	-2	3	13	2	10			云
4	15	-2	3	15	1	11			云
5	10	-4	4	10	2	7			晴
6	10	-5	1	10	-1	7			晴
7	13	-4	2	13	-1	10			晴
8	19	-6	2	19	-1	15			晴
9	13	-2	8	13	6	8			晴
10	15	8	11	15	6	10			晴
11	15	-5	6	15	4	12			晴
12	14	-1	3	14	1	10			晴
13	13	1	5	12	3	10			晴
14	8	-6	1	8	-2	4			晴
15	9	-9	-1	9	-4	6			晴
16	8	-8	-1	8	-3	5			晴
17	7	0	3	7	1	4			晴
18	11	-7	1	11	-2	8			晴
19	8	-6	3	8	0	4			晴
20	18	-7	1	17	-1	12			晴
21	18	-2	6	16	3	13			晴
22	14	-6	8	14	4	9			晴霜
23	8	-6	4	8	3	6			阴
24	12	-4	4	12	2	10			晴
25	14	-2	-1	14	-2	11			晴霜
26	14	-4	-1	13	-2	10			晴
27	11	-5	4	11	2	8			晴

续表

日期	温度(℃)						雨		天气状况
	最高	最低	干球		湿球		雨量	时间	
			9点	15点	9点	15点	公厘	小时	
28	2	-8	-2	2	-3	0	0.1	18.25-20.40	云
29	5	-2	-1	5	-2	2			云
30	8	-9	-3	8	-5	5			晴霜
总数							0.1		
平均	11.8	-3.9	2.6	11.6	0.5	8.3			

中华民国二十三年1月山西省林业试验场每日温度及雨量
(地址太原北门外十方院,高度807m,北纬37°50′47″,东经112°29′54″)

日期	温度(℃)						雨		天气状况
	最高	最低	干球		湿球		雨量	时间	
			9点	15点	9点	15点	公厘	小时	
1	3	-16	-11	3	-12	0			晴
2	5	-17	-12	4	-13	0			晴
3	5	-15	-6	4	-8	3			晴
4	4	-13	-5	4	-7	3			晴
5	3	-12	-6	3	-7	1			云
6	2	-12	-9	1	-10	-1			晴
7	3	-16	-12	3	-13	1			晴
8	5	-15	-10	6	-11	1			晴
9	6	-15	-14	5	-15	1			晴
10	-2	-18	-14	-3	-15	-4			晴
11	-2	-18	-21	-3	-22	-4			云
12	4	-21	-15	4	-15	1			晴
13	-3	-18	-11	-3	-13	-4			晴
14	1	-17	-11	0	-12	-1			晴
15	3	-19	-13	3	-14	0			晴
16	2	-18	-13	2	-14	0			晴
17	-2	-20	-14	3	-16	0			晴

续表

日期	温度(℃)						雨		天气状况
	最高	最低	干球		湿球		雨量	时间	
			9点	15点	9点	15点	公厘	小时	
18	3	−18	−14	3	−16	0			晴
19	−4	−16	−10	−5	−12	−8			晴
20	3	−22	−16	3	−17	0			晴
21	−1	−18	−10	−2	−11	−5			晴
22	3	−22	−17	3	−18	1			晴
23	4	−22	−20	3	−21	0			晴
24	2	−21	−15	2	−16	−1			晴
25	—	−24	−20	1	−21	−2			晴
26	4	−23	−15	4	−17	0			晴
27	5	−21	−14	3	−15	1			晴
28	9	−17	−8	9	−9	5			晴
29	4	−15	−11	4	−12	2			阴
30	4	−16	−4	4	−6	3	2.3	5.20−9.00	云
31	1	−7	−3	0	−3	0	7.0	9.0−8.10	云
总数							9.3		
平均	24	−7.5	−12.1	2.0	13.4	−0.5			

中华民国二十三年2月山西省林业试验场每日温度及雨量

(地址太原北门外十方院,高度807m,北纬37°50′47″,东经112°29′54″)

日期	温度(℃)						雨		天气状况
	最高	最低	干球		湿球		雨量	时间	
			9点	15点	9点	15点	公厘	小时	
1	1	−8	−4	−1	−5	−2			阴
2	1	−16	−10	1	−11	−1			晴
3	0	−24	−21	−1	−22	0			晴
4	1	−26	−23	1	−24	−1			晴
5	1	−25	−22	0	−23	−1			晴
6	2	−24	−20	2	−21	0			晴

续表

日期	温度(℃)						雨		天气状况
	最高	最低	干　球		湿　球		雨量	时间	
			9点	15点	9点	15点	公厘	小时	
7	3	-22	-18	2	-19	0			晴
8	13	-22	-15	3	-16	1			晴
9	1	-23	-21	1	-22	1			晴
10	4	-23	-13	5	-14	3			晴
11	4	-17	-12	4	-13	3			晴
12	3	-16	-8	2	-9	2			阴
13	5	-11	-2	5	-3	5			云
14	6	-12	-3	6	-5	4			晴
15	5	-17	-11	5	-12	4			晴
16	5	-14	-12	5	-13	4			晴
17	7	-14	-2	5	-3	6			晴
18	7	-13	-7	7	-8	9			晴
19	11	-9	-7	11	-8	8			晴
20	9	-9	-1	9	-2	14			晴
21	15	-9	-4	15	-5	2			晴
22	3	-8	-1	3	1	1	1.3	9.00-23.0	云
23	3	-5	-2	2	-2	9			阴
24	10	-4	-1	10	-1	6			晴
25	10	-10	-5	10	-6	4			晴
26	6	-11	-6	6	-7	8			阴
27	10	-8	-1	10	1	9			晴
28	9	-11	-8	8	-9	17			晴
总数							1.3		
平均	5.1	-14.7	-9.2	4.9	-1.00	38			

附记　本表从中华民国二十二年3月起到二十三年2月止,共计一年。缺8月、12月两月。

十一、山西省水灾、水利(附受害县名和人口)

山西省每年雨季来临时,必定会河水泛滥,破坏沿线耕地,伤害人畜之事不少见。损失额可高达数千万元。即使省政府每年治理江河,实行修复工程,并为此支出大量经费,也只能勉强作为应急处理。省政府一方面向南京政府申请华洋义赈会的援助,另一方面大兴水利事业,治理耕地,求农业增产,并和民众一起防止水灾。当前正组织治水水利委员会进行不断的研究。

关于华洋义赈会

该会是鉴于中国各地水灾频发,导致长江流域及其他河流沿岸居民受害惨重,而于1818年由英、美基督教会有关人员及中国志愿者协同出资组织的灾害救济机关。该会派出土木技术员到灾区进行实地调查,并依据受害程度进行修复工作,制定新的工程计划,或者向中央政府申报工事费用,与中央政府共同进一步详细地调查灾害情况后审核工程的轻重缓急,根据审定结果,依次进行施工。

山西省也是水患多发的地区。如前述,山西省政府向中央汇报情况后,中央政府和华洋义赈会进行联合调查,决定由该会派遣技师,开始着手下列汾河治水工程。

华洋义赈会技师长夕先生视察汾河后,就治水问题提出以下建议,并已着手实施。

第一,在汾河上下游修筑水库,为春季灌溉储备水源;

第二,晋祠山口的三大水源各个下游也修建水库,为春季灌溉储备水源;

第三,疏浚现有的通利、襄陵、河津、绛州等四大灌溉渠道;

第四,汾河流域中上游,从太照城至下义镇的70里,河道两岸修筑堤岸两侧加固的防洪堤,堤岸内侧以石材筑就,实施护岸工程;

第五,疏通文峪河下游,以防河水泛滥。

根据以上计划,确定工程费用如下:

(一)汾河上游水库修建及土地购置费——200万元

(二)晋祠三大水源水库修建费——100万元

(三)通利、襄陵、绛州、河津等四大渠道疏疏费——50万元

(四)太原以南70里的两岸内堤修筑费——55万元

(五)河道开凿费——45万元

(六)汾河内堤护岸工程费——500万元(总计高30尺、厚约1尺、长约70里的堤岸)

(七)文峪河疏浚费——100万元

(八)通往上游水库及各水源地的道路修筑费——50万元

以上,施工费总计1,100万元

另,特别工具费——100万元　人工费——66万元

总计1,276万元

上述1,276万元费用由华洋义赈会承担,与山西省政府没有关系。但毋庸讳言,施工过程中省政府要全力支持,充分提供便利。

为便于了解山西各县水患程度,下文二表罗列了受灾各县名称,及民国二十二年各县水灾遇难者人数。

山西受灾县一览表

灾害种类	水灾							
受灾县名	阳曲	文水	长治	黎城	闻喜	猗氏	五台	寿阳
	太原	晋城	临县	潞城	洪洞	临汾	灵丘	河津
	祁县	陵川	高平	壶关	垣曲	大同	浑源	稷山
	榆次	平顺	离石	石楼	赵城	崞县	怀仁	曲沃
	徐沟	沁县	孝义	清源	霍县	五寨	代县	夏县
	交城	阳城	太谷	榆社	灵石	忻县	朔县	汾城
	平遥	汾阳	和顺	岢岚	永济	繁峙	河曲	偏关
	介休	沁源	昔阳	新绛	荣河	右玉	广灵	

山西省各县水灾遇难人数表

县名	遇难人数	县名	遇难人数
阳曲	1,770	高平	1,331
榆次	673	陵川	229
交城	4,037	长治	1,292
文水	11,724	潞城	121
岢岚	15	壶关	6,140
孝义	7,903	黎城	1,492
离石	890	平顺	7,002
晋城	6,104	沁县	6,829
寿阳	57	河津	11,022
昔阳	1,351	垣曲	4,962
祁县	9,516	霍县	1,385
和顺	402	赵城	620
临汾	29,228	灵石	5,204
洪洞	19,166	闻喜	5,588
荣河	190	大同	1,874
夏县	1,830	浑源	5,161
新绛	10,804	怀仁	6,529
稷山	14,121	灵丘	4,807

续表

县名	遇难人数	县名	遇难人数
右玉	6,048	朔县	1,701
五寨	400	忻县	514
代县	858	五台	6,346
繁峙	3,695	崞县	4,269
河曲	1,106		

十二、山西省农林畜牧产业

山西省的土质坚硬贫瘠,大体上都不适合农业生产。山西省面积约6,000万方里,即320万顷(一顷是100亩,相当于日本的2万坪)。估计现有耕地60万顷。河川、道路、墓地及住宅用地60万顷。另外还有200万顷的山林地。发展农业、林业、畜牧业还大有余地。山西省农业十年建设计划就农业问题有如下内容:

(一)采用科学的方法

(二)改换良种,鼓励发展副业及特色产业

(三)顺应气候和土壤发展生产

(四)开垦荒地,实施移植政策

(五)组建农村信用社发放低息贷款

(六)组织销售农产品的供销社

(七)普及农业教育,提高技术和经营水平

(八)建设农产品储存仓库

(九)丰富农村文化生活

以上述内容为纲要,实施各项措施,改良农具,防治病虫、害虫,精制肥料,改进耕种方法,奖励协作耕种,在水利方面逐步实施挖井开渠。

农产品中最具发展前景的是棉花。现已有约100万亩地用来种植棉花,计划再逐步增加60万亩耕种面积。现已着手落实的措施包括调查适合的种植地,研究种子,学习必要的技术,设定奖励、指导、监督的有关规定,拓展销路,等等,为大力发展棉花种植业而努力。棉花种植要拓展到全省各县,但最佳生产地是沿黄河东岸包括过去的河东郡地区及汾河流域。

仅次于棉花的是烟草。山西省烟叶年需求量是1,000万斤。计划增加产量,尽可能保证自给自足。

在林业方面,保护原始森林实施造林计划,在汾河上游和正太铁路沿线的现有林区建造几处造林区,以便满足将来的工业供给和其他用途,同时起到防止水患灾害的作用。各村落18岁至49岁的壮年男子每年被分配3天的造林任务,山西实业厅对全省山林进行了详细调查,不论公有私有,都分发种子和苗木。另一方面,计划对民众进行植树造林培训,普及林业知识。畜业方面,继续发展羊、牛、鸡传统养殖业,不仅不减少原有产品的输出量,还要增加其数量,约

增加至羊 400 万只、牛(奶牛)2,000 头,并尽量饲养ユエルシヤ[①]及アルスタン[②]等优良品种。为增加鸡的养殖量,借给百姓良种公鸡,以加快繁殖。

如上所述,今后应致力于农、林、畜牧业的进步发展,正如棉花作物,已有很大产量,可能成为最有前景的农作物产品,需重点发展。以下附表为棉花种植各类相关资料。

十三、山西省棉花种植面积(统计)表

(民国二十二年山西实业厅调查表)

县名	二十年棉田亩数	二十二年增加亩数	二十二年棉田总数
阳曲	200	13	213
太原	152	10	162
榆次	1,500	100	1,600
太谷	1,295	86	1,381
祁县	521	35	556
徐沟	136	9	145
清源	1,530	100	1,630
交城	686	43	729
文水	4,114	269	4,383
兴县	200	14	214
汾阳	3,214	22	3,236
平遥	11,169	728	11,897
介休	649	44	693
孝义	901	60	961
临县	7,250	473	7,723
石楼	2,078	137	2,215
离石	8,627	562	9,189
中阳	788	53	841
长治	100	7	107
长子	128	9	137
屯留	50	3	53
襄垣	304	20	324

① 译者注:牲畜品种。罗马字读音为 yuerushiya。

② 译者注:牲畜品种。罗马字读音为 arusutan。

续表

县名	二十年棉田亩数	二十二年增加亩数	二十二年棉田总数
潞城	246	16	262
黎城	361	25	386
壶关	21	2	23
平顺	164	11	175
晋城	1,397	93	1,490
高平	8,000	523	8,523
阳城	300	21	321
陵川	28	2	30
沁水	335	22	357
辽县	20	2	22
榆社	121	8	129
沁县	2,000	132	2,132
沁源	100	7	107
武乡	500	35	535
平定	826	56	882
昔阳	100	7	107
盂县	2,894	190	3,084
寿阳	200	13	213
临汾	66,969	4,355	71,324
襄陵	14,106	919	150,25
洪洞	52,703	3,429	56,132
浮山	1,253	81	1,334
汾城	15,964	1,040	17,004
安泽	1,919	127	2,046
曲沃	149,446	9,720	159,166
翼城	19,189	1,250	20,439
吉县	2,000	132	2,132
乡宁	1,000	67	1,067
永济	65,912	4,294	70,206
临晋	36,492	2,374	38,866

续表

县名	二十年棉田亩数	二十二年增加亩数	二十二年棉田总数
虞乡	43,930	2,860	46,790
荣河	154,180	10,050	164,230
万泉	55,353	3,610	58,963
猗氏	11,827	771	12,598
解县	36,950	2,405	39,355
安邑	18,200	1,184	19,384
夏县	16,415	1,098	17,513
平陆	10,011	653	10,664
芮城	22,698	1,477	24,175
新绛	51,331	3,339	54,670
河津	25,000	1,627	26,627
闻喜	13,927	907	14,834
稷山	34,214	2,226	36,440
绛县	73,090	2,758	75,848
垣曲	4,673	306	4,979
霍县	21,249	1,385	22,634
灵石	4,753	311	5,064
赵城	40,000	2,600	42,600
汾西	1,000	69	1,069
隰县	500	35	535
大宁	24,116	1,570	25,686
永和	8,715	568	9,284
蒲县	1,027	69	1,096
忻县	1,200	20	1,220
定襄	1,886	122	2,008
静乐	150	10	160
五台	700	85	785
崞县	200	13	213
方山	100	7	107
总计			1,241,436

十四、山西省棉花产量(统计)表

(二十一年9月调查)

县别	数量	县别	数量
永济	600,000	新绛	600,000
临晋	200,000	翼城	500,000
安邑	200,000	临汾	2,000,000
荣河、万泉	1,500,000	洪洞	4,500,000
稷山	500,000	霍	1,200,000
曲沃	1,000,000	永和	100,000
襄陵、汾城	500,000	汾阳	300,000
虞乡	500,000	临	500,000
解	500,000	芮	100,000
夏	100,000	赵城	1,000,000
河津	700,000	平遥	400,000
文水	300,000	大宁	1,000,000
平陆	100,000	合计	19,300,000

注:单位为斤。一斤=160匁。

十五、山西省生产的盐

山西省最南端的运城县有个名为解池的大盐田,东西长约50里,南北宽约10至20里,面积约1,000多方里。作为天然的盐湖,地下藏有深厚的盐层,从古至今几千年一直在持续开采,却未曾枯竭,是山西省仅次于煤、铁的天然宝藏。解池位于山西省中条山以北、运城县以南的海拔低于水平线30尺的盆地,四方水流在此汇聚成池,溶解池底的盐土变成盐水。制盐方法是抽取盐水置于地面,在阳光下晾晒蒸发水分,再借助风力形成干燥的自然结晶,进行集收。三个盐场中,西面的两个淡水多;东面的含盐度高,是最佳处。

东面盐场每百斤盐的晒制费如下:

晒盐工费 0.323(元)
人工费 0.105
建筑物折旧费 0.025
制盐器具折旧费 0.050
交通费 0.025
仓储费 0.020
包装费 0.025

建筑物修理费　0.020
制盐器具添设修理费　0.035
合计 63 钱 8 厘

但是，含盐量的具体数据不得而知。主要销往山西南部大部分地区及河南、陕西两省。山西北部主要食用内蒙古盐。

十六、山西省的矿业

山西省矿业中，煤和铁是享有盛誉的大产业。由于煤炭外销的铁路运输费很高，各个煤矿矿主暂时中止了一味地积极采煤行动，而开始对采掘进行调整管制，提倡共同贩卖，同时向政府部门申请降低运费。铁矿主要产于山西的西南方，埋藏量虽大，但尚未开始大规模开采。石油和其他金属矿物，要向中央政府提出申请，由中央政府派调查员着手进行调查后再决定是否可以开采。就石油而言，令人遗憾的是，油田在何处尚不得而知。目前仅测到在山西西面与黄河相隔一百里内的地方可能有，而那儿正是与因盛产石油而闻名的陕西延长县接壤的。因此虽然山西人坚信山西有石油，但目前仍很难断定山西省是否真的有石油。下面为矿产相关表格。

十七、山西省实业厅发表的矿区一览表

矿别	采矿	矿主	矿区所在地	矿区面积	批准年月日
煤	采	郭占鳌	隰县下庄村＊里	1 公顷	二十一年 5 月 3 日
煤	采	温学厚	南窊后街	1 亩	二十一年 5 月 3 日
煤	采	王重玉	南岭村	1 亩	二十一年 5 月 3 日
煤	采	韩金仓	川口镇	1 亩	二十一年 5 月 3 日
煤	采	王殿华	后水头	1 亩	二十一年 5 月 3 日
煤	采	燕登泉	腰庄村	1 亩	二十一年 5 月 3 日
煤	采	解守桢	寺岛村对面	1 亩	二十一年 5 月 12 日
煤	采	扬添永	羊家沟	1 亩	二十一年 5 月 3 日
煤	采	王树祥	水头脊嫣里	1 亩	二十一年 5 月 3 日
煤	采	解占福	源则沟	1 亩	二十一年 5 月 12 日
煤	采	连成章	沁源县留石峪村	2 顷 92 亩 4 分	二十一年 5 月 19 日
煤	采	任登相	平定县巨城镇	286 亩 3 分 5 厘	二十一年 5 月 23 日
煤	采	武金棠	介休白岸村	2 顷 38 亩 98 厘	二十一年 5 月 24 日
煤	采	陈继祖	白岸乡南尾沟	2 顷 97 亩 84 厘	二十一年 5 月 10 日
煤	采	高援桂	平遥县水策洼南沟	3 顷 84 亩 92 厘	二十一年 5 月 24 日

续表

矿别	采矿	矿主	矿区所在地	矿区面积	批准年月日
煤	采	高升禄	介休白岸乡	1顷65亩96厘	二十一年5月24日
煤	采	陈继祖	旺乡柳树中	238亩98方尺	二十一年5月23日
煤	采	续如桐	白岸乡	384亩61方尺	二十一年5月30日
煤	采	李启瑞	白岸乡	1顷83亩4厘	二十一年5月28日
煤	采	宋志书	中尾沟黄土	175亩37平方尺	二十一年5月28日
煤	采	瞿广勒	昔阳县北渡海村北沟	2顷21亩9分4厘	二十一年5月21日
煤	采	穆树槐	离石县穆家坡村西南沟	21亩99尺2寸	二十一年6月3日
硫磺	采	姜长月	阳曲县华客头村南七沟	1顷27亩3分5厘	二十一年6月3日
煤	采	赵凤来	孝义县赵西沟村河遭里	80亩16平方尺	二十一年6月3日
硫磺	采	王锡蒐	阳曲县北头村摆齿渠	76亩6分	二十一年6月3日
煤	采	张秀亮	临县田家坡村	31亩71尺2寸	二十一年6月3日
煤	采	李金榜	太原县晋祠镇仙居山	30顷73亩5分	二十一年6月7日
硫磺	采	韦文福	阳曲县北头村大火沟东山	60亩6分8厘	二十一年6月3日
煤	采	关凤生	兴县上神堂坪	74亩	二十一年6月7日
煤	采	郑翻灿	盂县郭村南部堰地方	96顷86平方尺	二十一年6月7日
煤	采	陈敦盛	平定县南拗村北宝成	1.302亩6分4厘	二十一年6月7日
煤	采	侯德胜	孝义县克俄村	2顷5亩46平方尺	二十一年7月6日
煤	采	侯文魁	介休县旺乡坡底	95亩90厘	二十一年6月11日
煤	采	屠锡泰	阳曲县北头村	440亩9平方尺	二十一年6月7日
煤	采	陈德清	长子县东马户村	514亩5分6厘	二十一年6月14日
煤	采	赵福来	昔阳窑头村	2顷9亩9分6厘5毛	二十一年6月9日
煤	采	宋永泉	介休白岸乡一家庄	1顷57亩72厘	二十一年6月16日
煤	采	延晋意	平定宁艾村小西沟	6顷72亩6分	二十一年6月18日
煤	采	李元亨	襄垣五阳村东前坡	2顷64亩90方尺	二十一年6月6日
煤	采	仝在圣	广灵柳涧沟村平流水沟	2.354亩6尺	二十一年6月6日
煤	采	岳本富	介休白岸村中尾沟	14亩30丈2方步	二十一年7月14日
煤	采	白星乙	灵丘西南蒜峪门村	13顷59亩74厘	二十一年7月14日
煤	采	李成秀	盂县曲村红木沟	199亩6分	—
煤	采	岳五福	介休义堂銕温家沟	1顷85亩12厘	二十一年8月4日
煤	采	范春蔚	平遥神南村	1顷81亩3分	二十一年7月19日

续表

矿别	采矿	矿主	矿区所在地	矿区面积	批准年月日
煤	采	唐＊轩	左云吴家窑	22 顷 88 亩 3 分	二十一年 7 月 18 日
煤	采	王鸿儒	阳城阳泉村	174 亩 90 平方尺	二十一年 7 月 26 日
煤	采	李东序	灵丘龙渠村	3 顷 11 亩	二十一年 7 月 11 日
煤	采	翼克俊	平遥普洞乡	6 顷 57 亩 80 厘	二十一年 6 月 29 日
煤	采	李思儒	广灵小南沟村	1 顷 15 亩 14 厘	二十一年 7 月 18 日
煤	采	曹毓智	阳城泉村郭家岭	207 亩 53 平方尺	二十一年 7 月 25 日
煤	采	梁胜	介休白岸村	1 顷 83 亩 88 厘	二十一年 7 月 8 日
煤	采	刘全智	灵丘野理乡	437 亩	二十一年 7 月 22 日
煤	采	卫高明	翼城东佛村	2 顷 77 亩 50 厘	二十一年 12 月 31 日
煤	采	憿子耀	白马村	1 顷 88 亩 85 厘	二十一年 7 月 18 日
煤	采	钮国璜	介休旺乡寺沟	130 亩 7 分 3 厘	二十一年 8 月 16 日
煤	采	韩晋乡	太原明＊峪沟	500 亩 60 方尺	二十一年 8 月 6 日
煤	采	白星乙	灵丘西南蒜峪门村东北羊圈	317 亩 63 厘	二十一年 7 月 14 日
煤	采	任大义	平遥水策沟	3 顷 80 亩 8 分 6 厘	二十一年 6 月 23 日
煤	采	王福海	孝义相王村	3 顷 48 亩 76 平方尺	二十一年 6 月 27 日
煤	采	田经	广灵阳春镇	239 亩	二十一年 7 月 11 日
煤	采	高士雍	介休白岸村南尾沟	92 亩 30 厘	二十一年 7 月 14 日
煤	采	郝英宿	白岸村	12 亩 5 分 2 方丈 2 方步 24 方尺	二十一年 7 月 14 日
煤	采	田亮	灵丘峪沟	492 亩 34 厘	二十一年 6 月 24 日
煤	采	宋志书	介休白岸老南山	1 顷 54 亩 54 厘	二十一年 6 月 29 日
煤	采	张玉光	白岸村	14 亩 9 分 2 方丈 1 方尺	二十一年 7 月 14 日
煤	采	陈述道	灵丘玉＊庄	264 亩	二十一年 7 月 5 日
煤	采	陈述道	银厂村	275 亩	二十一年 7 月 5 日
煤	采	李英儒	南蒜峪沟	267 亩 18 尺 38 寸	二十一年 7 月 5 日
煤	采	陈廷藩	银厂村	18 顷 3 亩 6 分 4 厘	二十一年 7 月 5 日
煤	采	孔繁立	太原官地村	6 顷 67 亩 6 分 4 厘	二十一年 7 月 25 日
煤	采	李金榜	太原凤峪沟北峪沟	36 顷 30 亩 8 分 5 厘	二十一年 8 月 6 日
煤	采	李玉昆	寿阳北张芹村狐子沟	91 亩 4 分 7 厘	二十一年 8 月 13 日
煤	采	常耀祖	平定聂家庄沙沟	232 亩 80 平方尺	二十一年 8 月 27 日

续表

矿别	采矿	矿主	矿区所在地	矿区面积	批准年月日
煤	采	曾驭同	阳曲化客头村	2顷61亩4分5厘	二十一年8月25日
煤	采	魏汉章	左云木代村东沟	15顷84亩10平方尺	二十一年8月24日
煤	采	张星五	怀仁北小东沟	266亩17平方尺	二十一年8月27日
煤	采	车丕道	离石耀头村南前沟岔	142亩	二十一年8月25日
煤	采	谢文元	左云瓦陇村常胜沟	13顷94亩23厘	二十一年8月3日
煤	采	宋士智	平遥普洞松林脊	1顷16亩42厘	二十一年8月3日
煤	采	王镇柱	沁源李成存洪庙沟	88亩2方丈60方尺	二十一年9月2日
煤	采	高学信	介休高家凹	61亩98厘	二十一年9月3日
煤	采	杜有李	乡宁老窑头卓子岭	254亩6方丈37方尺	二十一年8月3日
煤	采	高连登	平遥水策洼村黑攀半沟	9顷86亩2分8厘	二十一年9月1日
煤	采	郭灿	介休白岸乡	1顷29亩68厘	二十一年9月3日
煤	采	毕宝昌	平定南庄村	577亩6厘	二十一年8月24日
煤	采	樊万修	临县高家山小东沟	38亩	二十一年9月10日
煤	采	赵振续	临县柳树村	65亩	二十一年9月10日
煤	采	薛顺英	临县无家山甘河沟	52亩	二十一年9月10日
煤	采	高兴隆	临县王家湾坪沟则	63亩	二十一年9月10日
煤	采	高兴隆	临县贺村拐沟则	58亩	二十一年9月10日
煤	采	高兴隆	临县贺村无砂坪	60亩	二十一年9月10日
煤	采	高永宁	临县新舍无村小井沟	81亩	二十一年9月10日
煤	采	高汝梅	临县垆坪村	55亩	二十一年9月10日
煤	采	孙学恒	临县双坪村椿树崖	47亩	二十一年9月10日
煤	采	孙学恒	临县王家湾村背崖	36亩	二十一年9月10日
煤	采	渠立法	临县小井沟乱石场	57亩	二十一年9月10日
煤	采	扬议华	临县小井沟石楼洼	51亩	二十一年9月10日
煤	采	李子成	临县高家山村小东口嘴	43亩	二十一年9月10日
煤	采	刘振美	广灵家庄大西沟	2顷10亩92厘	二十一年9月10日
煤	采	李尚绩	临县则上村湾则	64亩	二十一年9月10日
铁	采	李宝山	临县新舍窦村小井沟	42亩	二十一年9月10日
煤	采	薛孚先	临县沙坪村沙坪上	45亩	二十一年9月10日
煤	采	高世成	临县高家山村壕沟	51亩	二十一年9月10日

续表

矿别	采矿	矿主	矿区所在地	矿区面积	批准年月日
煤	采	渠永林	临县小井沟扬石畔	71 亩	二十一年 9 月 10 日
煤	采	李万选	临县双坪村史家乾咀	97 亩	二十一年 9 月 10 日
煤	采	樊渊渭	临县南沟村五里沟	75 亩	二十一年 9 月 10 日
煤	采	薛顺英	临县大西足村西沟	43 亩	二十一年 9 月 10 日
煤	采	扬世乡	临县留隣庄扑则场	117 亩 1 平方丈 6 平方尺 6 平方寸	二十一年 9 月 10 日
煤	采	高茂月	临县小场则小场坪	12 亩	二十一年 9 月 10 日
煤	采	王发明	临县大岭村角挂梁	13 顷 2 亩 7 分	二十一年 9 月 15 日
煤	采	王贵生	沁源下兴居村东沟	109 亩	二十一年 9 月 10 日
铁	采	张学元	临县雷家山峁村	56 亩	二十一年 9 月 10 日
煤	采	霍灵章	光足村	62 亩	二十一年 9 月 10 日
煤	采	樊希闵	南沟村	49 亩	二十一年 9 月 10 日
煤	采	任广有	沁源干炭脑村	33 亩 8 方丈 35 方尺	二十一年 9 月 5 日
煤	采	李寅	阳曲观家峪大南窑	375 亩 76 方尺	二十一年 9 月 7 日
煤	采	李坤	灵丘东岗后沟	199 亩	二十一年 9 月 5 日
煤	采	王金鳌	平定贵石沟	95 亩 40 平方尺	二十一年 5 月 25 日
煤	采	樊育英	乡宁北乘峪村小布沟	9 顷 36 亩 20 方尺	二十一年 8 月 23 日
煤	采	扬喜洪	灵石玉成村十村沟	252 公亩	二十一年 9 月 7 日
煤	采	张守祥	灵石玉成村十村沟	324 亩 69 分	二十一年 9 月 7 日
煤	采	赵书芳	何家湾二龙沟	142.5 亩	二十一年 9 月 7 日
煤	采	燕登泉	隰县腰庄村	1 亩	二十一年 9 月 3 日
煤	采	连成章	沁源留石峪村	2 顷 92 亩 4 分	二十一年 5 月 19 日
煤	采	王殿华	隰县后水头	1 亩	二十一年 5 月
煤	采	李照	潞城曹家沟盛旺脑	38 顷 32 亩 42.72 平方尺	二十一年 9 月 12 日
煤	采	张相臣	灵石索洲铗老窑沟	330 亩	二十一年 9 月 7 日
煤	采	曹如蔺	黄堆村	44 亩	二十一年 9 月 7 日
煤	采	曹春林	灵石曹家庄十里沟	331 亩	二十一年 9 月 7 日
煤	采	吴光荣 赵东之	玉成村苗旺沟	168 亩	二十一年 9 月 7 日
煤	采	李德宏	盂县蔺掌村千子沟	129 亩 90 平方尺	二十一年 9 月 17 日

续表

矿别	采矿	矿主	矿区所在地	矿区面积	批准年月日
煤	采	李登楼	翼城店上村孤干窑	187亩2分	二十一年5月13日
煤	采	李若棠	店上村厦后头	283亩4分	二十一年8月13日
煤	采	张仲元	孟郭村算计沟	1顷3亩32平方尺	二十一年9月17日
煤	采	王尚威	沁源干炭脑	34亩12方丈75尺	二十一年9月7日
煤	采	陆春宝	介休船窟乡	116亩1分3厘	二十一年9月15日
煤	采	孙勒成	太原柳子沟武家峪	4顷63亩5分7厘	二十一年9月15日
煤	采	张秀	平定三都村	162亩7分	二十一年9月15日
煤	采	玉在山	浑源南水石帍子沟	285亩18方尺	二十一年9月9日
煤	采	刘成祥	广灵阳卷镇	260亩59厘	二十一年9月10日
煤	采	孙学满	临县土家湾桥窑上	63亩	二十一年9月10日
煤	采	李成荣	雷家峁沟	48亩	二十一年9月10日
煤	采	高登发	临县小井沟乱石场	48亩	二十一年9月10日
煤	采	李满选	临县红崔沟	55亩	二十一年9月10日
煤	采	张长保	临县小西足村东沟	61亩	二十一年9月10日
煤	采	李根保	临县炉坪村	35亩	二十一年9月10日
煤	采	魏仁甫	太原柳子峪南下沟	138亩3分1厘	二十一年9月15日
煤	采	崔培善	盂县骆驼堰	313亩64尺	二十一年9月18日
煤	采	李长泰	灵丘银场西阳坡	5顷38亩	二十一年9月10日
煤	采	古仁恒	盂县青崖头慕子坪	45亩8分	二十一年10月12日
煤	采	刘纪寿	灵丘白扬乡	358亩7分9厘	二十一年10月12日
煤	采	赵维公	平定牛王庙沟	229亩4分	二十一年9月26日
煤	采	郑元	平定一八嘴村西沙沟	3顷15方尺50寸	二十一年9月22日
煤	采	徐亨	广灵大磁窑村	391亩3分8厘	二十一年10月10日
煤	采	穆维舜	浑源大磁窑村	55亩9分5厘	二十一年10月10日
煤	采	陈宝发	平定牛王沟村水家脑	155亩3分6厘	二十一年10月11日
煤	采	张吉庆	太原箱子村后天沟	257亩29方尺	二十一年10月7日
煤	采	刑崔齐	平定石卜咀村	36顷81亩9分2厘	二十一年10月15日
煤	采	张广后	平遥文祠神乡桃沟	2顷75亩4分	二十一年10月17日
煤	采	徐柱德	广灵大沟村七尺沟	261亩1分2厘	二十一年10月21日
煤	采	张次淋	广灵金泉乡百布润八亩	134亩87尺	二十一年10月28日

续表

矿别	采矿	矿主	矿区所在地	矿区面积	批准年月日
煤	采	徐修龄	广灵大湾村南阳坡	764 亩 4 分 6 厘	二十一年 10 月 24 日
煤	采	王嗣荣	介休白岸中尾沟	14 顷 23 亩 76 尺	二十一年 10 月 22 日
煤	采	刁射斗	临汾县鸭儿坪	—	二十一年 10 月 29 日
煤	采	柴作梅	临汾县西道村樱桃沟	—	二十一年 10 月 29 日
煤	采	李德德	临汾河家峪	—	二十一年 10 月 29 日
煤	采	朱广文	临汾南无沟	—	二十一年 10 月 29 日
煤	采	潘海峯	临汾车分后西沟	6 顷 88 亩 89 分	二十一年 10 月 29 日
铁	采	王凤山	临汾窩沟村北泉儿下	—	二十一年 10 月 29 日
煤	采	贾逢庚	临汾旧龙垣雪平沟	—	二十一年 10 月 29 日
煤	采	王方善	临汾县辛居村	—	二十一年 10 月 29 日
煤	采	贾克勒	临汾县龙垣牛王沟	—	二十一年 10 月 29 日
煤	采	刘振江	临汾县刘家泉村	—	二十一年 10 月 29 日
煤	采	扬体盛	临汾县牛王家沟	—	二十一年 10 月 29 日
煤	采	王方选	临汾县南平村马王石	—	二十一年 10 月 29 日
煤	采	李汉臣	临汾县南平村叶凹里	—	二十一年 10 月 29 日
煤	采	张连升	临汾县卧龙雪平沟中	—	二十一年 10 月 29 日
煤	采	王修福	临汾县卧龙垣儿沟	1 顷 24 亩	二十一年 10 月 29 日
煤	采	高凌超	临汾县车分村金沟	94 亩	二十一年 10 月 29 日
煤	采	高钟理	平定咀村伊家洼	2.670 亩	二十一年 10 月 29 日
煤	采	贾长义	临汾藺家河	3 顷 68 亩 16 厘	二十一年 11 月 3 日
煤	采	冯会霖	昔阳南沾头村小道沟	1 顷 26 亩 8 分 5 厘 5 毛	二十一年 10 月 29 日
煤	采	胡凤至	平定白岸村东坡岭	354 亩 3 分 2 厘	二十一年 11 月 8 日
煤	采	刘吉世	盂县清城镇西四里林只沟	68 亩 70 平方尺	二十一年 11 月 10 日
煤	采	王道其	马香岭北一里道堰	1 顷 11 亩 84 平方尺	二十一年 11 月 10 日
					未完

备注：此表是山西省实业厅公布的，未完部分不予以公布。

十八、山西省各矿区及面积调查表

县别	矿别	类别	面积(亩)
平定	粘土	1	89.41

续表

县别	矿别	类别	面积(亩)
平定	煤矿	探矿 22	144,599.3
平定	煤矿	探矿 37	19,167.32
平定	煤矿	小矿 82	46,389.45
阳曲	硫磺矿	5	4,713.57
阳曲	石膏矿	3	3,033.19
阳曲	煤矿	探矿 2	8,410.82
阳曲	煤矿	探矿 1	2,275.75
阳曲	煤矿	小矿 39	14,395.72
太原	煤矿	探矿 2	458.76
太原	煤矿	探矿 3	10,409.39
太原	煤矿	小矿 67	22,451.18
孝义	煤矿	探矿 5	76,631.66
孝义	煤矿	探矿 1	7,151.55
孝义	煤矿	小矿 15	4,255.30
晋城	煤矿	探矿 2	25,653.77
晋城	煤矿	探矿 1	16,503.84
晋城	煤矿	小矿 1	1,475.56
高平	煤矿	探矿 2	776.16
襄垣	煤矿	探矿 1	2,972.19
襄垣	煤矿	小矿 11	4,600.02
盂	煤矿	小矿 3	763.58
长治	煤矿	探矿 2	10,827.16
长治	煤矿	小矿 2	1,710.32
平遥	煤矿	探矿 2	4,645.72
平遥	煤矿	小矿 4	3,012.33
潞城	煤矿	小矿 3	4,437.46
介休	煤矿	小矿 5	1,002.61
沁源	煤矿	小矿 4	980.03
寿阳	煤矿	探矿 1	15,122.39
寿阳	煤矿	小矿 3	498.12

续表

县别	矿别	类别	面积(亩)
交城	煤矿	小矿 12	976.48
清源	煤矿	小矿 11	3,909.60
长子	煤矿	小矿 4	1,164.29
和顺	煤矿	探矿 1	1,965.97
文水	煤矿	小矿 10	1,542.35
阳城	煤矿	小矿 7	1,515.60
乡宁	煤矿	小矿 1	1,532.93
翼城	煤矿	小矿 1	269.74
浮山	煤矿	小矿 4	775.50
洪洞	煤矿	探矿 4	3,243.20
洪洞	煤矿	小矿 1	720.00
平陆	煤矿	探矿 1	748.28
平陆	石膏矿	石膏矿 3	27,253.60
汾西	石膏矿	小矿 1	202.83
大同	煤矿	探矿 6	136,759.76
大同	煤矿	探矿 7	171,778.32
大同	煤矿	小矿 11	10,670.77
怀仁	煤矿	探矿 2	9,600.13
怀仁	煤矿	探矿 1	3,247.93
怀仁	煤矿	小矿 18	11,807.88
左云	煤矿	探矿 1	2,529.22
左云	煤矿	探矿 1	3,103.40
左云	煤矿	小矿 13	12,272.49
广灵	煤矿	探矿 1	2,538.30
广灵	煤矿	小矿 48	20,423.15
浑源	煤矿	小矿 15	2,607.62
灵丘	煤矿	小矿 2	2,233.31
繁峙	煤矿	小矿 2	400.47
右玉	煤矿	小矿 1	67.70

十九、正太铁路沿线著名物产表

站名	物产名称	产量	产地	输出地	输出数量
石家庄	焦炭	36,000吨	石家庄	天津、保定、阳原	35,000吨
石家庄	吧吗油	1,400吨	石家庄	天津、北平、保定	450吨
石家庄	沥青	630吨	石家庄	天津、北平	440吨
石家庄	大极牌棉纱	2,117,226包	石家庄	山西	300包
石家庄	双福牌棉纱	1,021,238包	石家庄	山西	200包
石家庄	三鹿牌棉纱	97,144匹	石家庄	山西	50,000匹
石家庄	猎鹿牌棉纱	76,422匹	石家庄	山西	20,000匹
井陉	煤炭	640,000吨	河北省井陉县	平汉、正太线及平津	400,000吨
寿阳	煤炭	114,820吨	山西寿阳县陈家村	附近	2万吨
阳泉	无烟硬炭	276,480吨	山西平定县西北乡一带	正太、平汉线,平津,上海	280,673吨
阳泉	瓷器	相当于2万元	阳泉	河北、山西	
阳泉	火碑	3万余元	阳泉	河南、山西	
阳泉	生铁	5,000吨	阳泉	河北、河南、山东、山西	
阳泉	熟铁	200吨	阳泉		
阳泉	各种铁器	价格约6万元	阳泉		

二十、山西省的各种公司

(二十一年6月至二十二年12月共42家登记)

公司名称	所在地	营业种类	注册金	董事姓名	实业部许可(年月日)	备注
晋生面粉股份有限公司	平遥城内	面粉	10万元	王汝思、扬林盛、翼应五、邵元敬、扬汝霖、巩得润	二十二年3月10日	
溥艾钱局股份有限公司	平遥城内	钱业	4万元	冯思直、李红宝、张铣、黄伯煐、周克昌	二十二年3月29日	

续表

公司名称	所在地	营业种类	注册金	董事姓名	实业部许可（年月日）	备注
实丰银号股份有限公司	太原市	钱业	5万元	王玠、邢晴、张士遇、胡照义、张世杰	二十二年6月26日	
新华造纸股份有限公司	太原晋祠镇	制造各种纸张	3万元	黄绍齐、斐召南、鲁丹阶、刘越亭、卢志英	二十二年7月27日	
汇丰银号股份有限公司	太原市	钱业	3万元	孟增、杜壁润、弓步贤、刘映藜、张逢动		
同泰祥银号有限公司	太原市	钱业	4万元	王靖国、郝万发、贾子玉、张鹏齐、王阜东		
太风汽车股份有限公司	太原市	运输客货	50万元	郑国治、商崇忠、傅存怀、李效渊、阎志愈、商春熙、姜当春、刘世祥、王宪、赵煊、李尚仁、冯鹏考、丁致中	二十二年9月22日	
太益威纺织股份有限公司	新绛县三林镇	纺织纱布	47万元	扬如芝、吴达中、鲁锡田、鲁锡爵、吴之温	二十二年9月12日	
魏榆面粉股份有限公司	榆次北关	面粉	7万元	白芝馨、宋叔＊、赵寿山、张清、魏元	二十二年10月30日	
魏榆电汽股份有限公司	榆次北关	电灯电力	10万元	宋叔＊、谢以仁、赵寿山、张叔三、谢以义	二十二年10月30日	
兴华银号股份有限公司	文水县城内	钱业	12万元	李时毓、郭＊霖、武秀华、张汝钧、田克恭、者贤	二十二年11月8日	
范华制版印刷股份有限公司	太原市	制版印刷	25,000元	帝子襄、宋纯如、张筱南、碧秋、赵赞尔	22月12月20日	
和间享银号股份股份有限公司	太原市	钱业	4万元	郭莘耕、鲁丹阶、宋纯如、李件甫、张子绅	二十二年12月6日	
富康银号股份有限公司	太原市	钱业	5万元	樊仰文、卢志英、张秀亭、王介眉、张益乡	二十二年12月7日	
正兴义银号股份有限公司	交城县城内	钱业	4万元	马子骏、鲁丹阶、解畊甫、苟捷三、夏松奄	二十二年12月15日	

续表

公司名称	所在地	营业种类	注册金	董事姓名	实业部许可(年月日)	备注
隆盛旺集记股份有限公司	太原市	酱油	1万元	张辅廷、张之轮、邢兹、赵怀瑜、刘珍、梁体仁、王敬卓	二十二年12月21日	
丰宁林木厂股份有限公司	宁武县东关	木材	16万6千元	韩彬、泰允亮、赵廷稚、刘珍、梁体仁、王敬卓		
雍容纺织股份有限公司	新绛县南关	纺纱纱布	60万元	王骧、舜邱、雀敬承、段作栋、乔荫庭、吴健中		
溶源钱局股份有限公司	平定县城内	钱业	4万元	冯振邦、郭汾生、张仲友、陆星甫	二十二年3月16日	
晋安大药房股份有限公司	太原市	药品医院	1万元	孔祥熙、荣鸿胪、张杜兰、乔普枚、丁梦松		
大德制针工厂股份有限公司	晋城县	制针轻针	4万元	刘森记、申澄志、贾蒙王、樊仲山、郭丹林		
聚源通银号股份有限公司	太原市	钱业	6万元	张宜、秦耀华、杜会林、徐如璋、扬焕章		
义泰银号股份有限公司	太原市	钱业	4万元	贾天忠、宋如春、王子范、李芳济、王俊乡		
同祥银号股份有限公司	太原市	钱业	5万元	裴召南、黄绍齐、刘锡之、贾滔园、李子范		
晋丰银号股份有限公司	太原市	钱业	10万元现招足5万元	郝星、传少芸、赵芷青、郭汉澄、徐子澄、郭福耕		
萃蚨昌银号股份有限公司	太原市	钱业	5万元	郭伊、张治世、李兄让、王央孙、斐清源		
公益信钱局股份有限公司	太原市	钱业	5万元	王笙甫、岳寅东、兰向甫、鲁筱轩、耿文圃		
晋央钱庄股份有限公司	太原市	钱业	3万元	张直臣、阎寿山、秦夏甫、张夷行、康子俊		

续表

公司名称	所在地	营业种类	注册金	董事姓名	实业部许可(年月日)	备注
晋益银号股份有限公司	太原市	钱业	5万元	常旭春、项宁固、白象锦、赵铮、李生达		
央业成当局股份有限公司	祁县奇镇	质兑换银钱	1万元	郭周南、沈和、郭时良、王瑞之、陈焕谟		
元丰银号股份有限公司	太原市	钱业	55,700元	曲宪平、元登荣、樊德成、王化邦、张师文		
利和银号股份有限公司	太原市	钱业	4万元	扬镇西、乔正壁、夏松菴、宋次笙、常端		
豫慎茂银号有限公司	太原市	钱业	5万元	郝泰宇、赵师勇、赵继善、乔晋枚		
晋华纺织股份有限公司	榆次北关	纺织布	400万元	徐一清、郝清照、贾天忠、渠铁衣、王绍俊、赵鹤年		
民生厚银号有限公司	忻县城内	钱业	20万元	徐如璋、张谊、陈菲麟、杜世南、梁以勤、邢晴		
谦和成股份有限公司	祁县城内	颜料杂货	41,500元	罗钟瑾、申应、申雨春、胡士道、张守德		
农行银行股份有限公司	祁县城内	钱业	5万元	范武勋、高叙宝、史步鳌、王明道、李桂芳、何一骐		
晋益面粉股份有限公司	临汾县	面粉	10万元	王猷宸、王坚元、忠恕堂、李子范、央业钱局		
仁发公银号股份有限公司	太原市	钱业	4万元	王靖国、侯振清、王廷瑛、田树齐、张郊良		
晋生染织股份有限公司	太原市	纺织布匹	100万元	阎毓片、徐子澄、郝星二、郭莘耕、边廷、薄桂堂		
新化建筑模范商场股份有限公司	太原市	专收商场房租金	147,500元	丁伯青、郭捍城、张鉴、南佩兰、郭维厚		
泰安建妓寮新股份有限公司	太原市	专收妓院新房租金	76,600元	丁伯青、南桂馨、张径、常克勋、周绍兴		

二十一、山西省的各种工厂

名称	所在地	资本金(千元)	产品、数量	备注
壬申制造厂	太原市			把原兵工厂规模化为器具、机械制造地
壬申化学厂	太原市		日产硫酸13吨 日产硝酸3吨	原火药制造所 现在制造硫酸、硝酸
育才炼钢机械厂	太原市	341		变成临时必要的铁工厂
西北毛织厂	太原市	400	预计日产500マード[①]	西北实业公司的一个部门
西北水泥厂	太原市	300	预计日产500桶	西北实业公司的一个部门
西北焦炭厂	太原市	400	日产150吨	西北实业公司的一个部门
西北制纸厂	太原市	300	预计日产约2吨	西北实业公司的一个部门
西北皮革厂	太原市	200	预计日产牛皮600张	工厂竣工后马上开始生产
西北煤矿厂	太原市	100	预计日产约300吨	西北实业公司的一个部门
西北窑厂	太原市	50	月产额不明	西北实业公司的一个部门
晋华卷烟厂	太原市	1,200	年产卷烟草9,000箱(1箱5万根)	省立
电灯新记公司附设面粉厂	太原市	655	年产25,000余袋	
晋丰面粉公司	太原市	1,000	年产75万余袋	
晋生织染工厂	太原市	722	年产布13万余匹	
晋恒制纸厂	太原市	500	年产3万余连(每连500张)	
山西省第二女子纺织工厂	太原市	50	年产各种布4万匹、晋绸30匹、彩绢5,000打	
平民工厂	太原市		年产各种布2,000余匹、绢毛毯1万张、绢袜子5,000打、鞋8,000双	
华北制绒产	太原市	80	年产俄罗斯式毛毯300余、毛线衣裤1万余组	
晋华纺织公司	榆次	5,000	年产28,000捆、绢毛毯7,000余打,还有其他产品	

① 译者注:计量单位。罗马字读音为Mādo。

续表

名称	所在地	资本金（千元）	产品、数量	备注
魏榆面粉公司	榆次	100	年产 10 万余袋	
利晋织染厂	榆次	50	年产布 1 万余匹	
大益成纺织公司	新绛县	2,140	年产 5,000 捆、布 5,000 包、线 1,000余包	
雍裕纺织公司	新绛县	600	年产 7,000 多个衣箱	
荣昌燐寸公司	新绛县	60	日产火柴 3,000 箱	
燮和火柴公司	新绛县	70	日产 15 箱	
大同面粉有限公司附设电灯厂	大同县	128	年产麦粉 20 余万袋	
晋北矿务局	大同县	1,500	日产 400 吨	设备齐整后每日采掘 1,500吨
同实煤矿公司	大同县	3,000	日产 20 余吨	和日本资本家合办
得晋煤矿公司	平定县	2,860	设备齐备后日产 500 吨，阳泉钢厂年产 30 万吨，大同分厂日产 200 吨	
保晋铁业	平定县	700	年产生铁 6,000 吨	
益晋染织公司	平定县	120	年产绢布 92,000 余匹、绢毛毯 1,000余	
华兴公司	孝义县	100	年产煤 500 吨	
昆仑火柴公司	汾阳县	130	年产火柴 6,000 余万箱	
晋生面粉公司	平遥县	100	年产 17,000 余袋	
新兴炭厂	乡宁县	120	年产 6,000 余吨	
大德针工厂	晋城县	100	日产针 20 万	
晋益麦粉厂		76	日产 500 袋	
西北炼钢厂				

二十二、山西省的道路

根据山西省政十年建设计划，修缮旧道路、修建新道路的工作正在稳步而顺利地推进。这些土木工程也有意识地带动了地方贫民就业。一方面雇用地方农民，另一方面遵循兵工主义，发动士兵，节约经费，取得了极好的成效。豫定线六千多里的工程已完成了主要干线上的两千四五百里,这些使得公共汽车能运作,对于交通发展是巨大的贡献。下面为干、支线路名称及里程统计表。

山西省主要道路表

路线名	里程	支线里数	合计	始终点
太风南纵干线	674		674	太原—风陵渡
太同北纵干线	369		369	太原—大同县
白晋南纵干线	348		348	祁县白圭镇—晋城
太军西横干线	288		288	太原—军渡
孟洪东纵干线	121	253	374	平定—辽县、辽县—洪洞
河清南横干线	104	295	399	曲沃—河津 曲沃—清化镇
合计	1,904	548	2,452	
忻台支路	52	58	110	祁县—五台
代广支路	58	104	162	代县—广武镇 代县—大营镇
汾平支路	46		46	汾阳—平遥
广保北横干线		415	415	广灵县—保德
偏军西纵干线		288	288	偏关县—军渡
太兴支路		236	236	太原—兴县
同玉支路		121	121	大同—右玉
运茅支路		69	69	运城—茅津
吉浮支路		207	207	吉县—浮山
霍宁支路		236	236	霍县—大宁县
辽太支路		133	133	辽县—太谷县
虒太支路		92	92	虒亭—黎城
沁静支路		58	58	沁县—静升镇
东垣支路		121	121	闻喜县东镇—垣曲县
临夏支路		69	69	临晋—夏县
朔右支路		150	150	朔县—右玉
神偏支路		161	161	神池—偏关
长平支路		92	92	长子—平顺

续表

路线名	里程	支线里数	合计	始终点
稷虞支路		161	161	稷山—虞乡
汾孝支路		23	23	汾阳—孝义
原武支路		58	58	原平—武宁
灵楼支路		150	150	灵石—石楼
五岚支路		115	115	五寨—岚县
晋陵支路		58	58	晋城—陵川
蒲县支路		40	40	吉浮支路—蒲县
岚静支路		30	30	岚县—静乐
离隰支路		138	138	离石—隰乐
离方支路		39	39	离石—方山
小计	156	3,422	3,578	
本支路总计	2,060	3,970	6,030	

二十三、山西省公共汽车线路及沿线植树

如“山西省的道路”中所述,随着省内各主要干道基本完工,省政府联合商业协会创立了以下四个公共汽车公司。从几年前开始,这四家公司就在主要道路上运营公共汽车,已开通东至阳泉、辽县,南至毗邻河南潼关的永济县,北至大同县,西至军渡的四条干线,为省内交通发展作出了重要贡献。

晋南汽车公司(汽车即自动车的意思)

运营以省城为中心,至南部永济县的干线。

晋北汽车公司

运营从太原至(阳曲县)北部大同县的线路。

白晋汽车公司

运营以祁县白圭镇为起点,往东南方向,经沁县至晋城(旧泽州)的线路。

晋西汽车公司

运营从太原往西,经汾阳、离石至军渡的黄河河畔线路。

此外还有:

平辽线　平定至辽县

侯河线　曲沃县侯马镇至河津

忻台线　忻县至五台县河边村

这三条路线都由前面介绍的四家汽车公司经营。下面是这些汽车路线的里程及沿线植树情况。

晋南线里程及植树数量表

县名	里程(里)	本年度植树棵数	摘要
阳曲(太原市)	11.00	1,905	本年度增植的数目,不包含到前一年为止的植树数目
太原	15.50	555	
榆次	49.67	3,896	
太谷	39.64	5,625	
祁	40.62	5,521	
平遥	88.00	11,506	
介休	87.00	6,282	
灵石	79.44	8,834	
霍	40.00	3,905	
赵城	40.00	3,624	
洪洞	32.70	2,522	
临汾	32.00	5,769	
襄陵	26.00	6,006	
汾城	18.00	3,914	
曲沃	90.00	15,053	
闻喜	70.50	7,147	
夏	25.00	4,800	
安邑	53.00	12,287	
解	42.16	14,314	
虞乡	45.82	10,931	
永济		36,323	
合计	1,026.05	170,759	

晋北线里程及植树数量表

县名	里程(里)	本年度植树棵数	摘要
阳曲(太原市)		17,087	不包括到前一年为止已有的植树数目
忻	133.09	14,218	
	84.00	6,617	
代	76.00	18,279	
山阴	97.50	10,571	
朔	43.89	1,620	
怀仁	4.50	18,248	
大同	152.14	4,730	
合计	591.33	91,370	

白晋线里程及沿线植树数量表

县别	里程	植树棵树	摘要
祁		5,550	不包括到前年为止已有的植树数目
武乡	34.87	5,544	
沁	58.00	35,867	
襄垣	100.00	17,463	
屯留	67.00	4,194	
长治	30.67	16,390	
长子	55.00	8,783	
高平	26.00	15,655	
晋城	130.00	8,303	
合计	502.11	119,749	

晋西线里程及沿线植树数量表

县名	里程	植树棵树	摘要
阳曲(太原)		2,539	不包括到前年为止已有的植树数目
太原	10.15	4,885	
清源	57.00	5,285	
交城	29.50	5,952	
文水	35.00	3,868	

续表

县名	里程	植树棵树	摘要
汾阳	36.75	23,715	不包括到前年为止已有的植树数目
离石	144.40	48,452	
中阳	199.09	510	
合计	511,89	95,210	

平辽线里程及沿线植树数量表

县名	里程	棵树	摘要
平定		5,957	不包括到前年为止已有的植树数目
昔阳	55.00	4,010	
和顺	60.00	5,683	
辽	97.17	2,987	
合计	212.17	18,637	

侯河线里程及沿线植树数量表

县名	里程	本年度植树棵数	摘要
曲沃		8,006	不包括到前年为止已有的植树数目
新绛	15.00	10,004	
稷山	23.50	16,180	
河津	90.00	5,490	
合计	128.50	39,684	

忻台线里程及沿线植树数量表

县名	里程	烟道植树株数	摘要
忻		6,348	不包括到前年为止已有的植树数目
定襄	74.51	9,866	
五台	33.00	3,284	
合计	107.51	19,498	
总计	3,079.56	544,907	

如上所记,省内主要干道因公共汽车的运营而四通八达。各线路中,晋南线最长,从太原

到永济有 1,026 里。如果不下雨,大约一天半可到达。晋北线,太原至大同约 600 里。早上 6 点从太原发车,除雨季外,十小时内能到达,十分方便。这些道路都加固了路基,路面撒有细沙,修筑非常科学。据规定,道路如有损坏,当地县政府须立即修补。

汽车发生故障,或雨季道路出现损坏时,聚集附近居民给予适当援助已成惯例。对出行者来说,非常方便。如表所示,由于省政府奖励各县在主干道两侧植树的行为(包括奖励前几年的植树行为),民国二十二年种植了 544,900 棵,加上前几年种的总共有几百万棵。这些树木生长茂盛,夏天可以遮荫,冬天可以防风,既美观又可防护道路两侧路基。树种大多为胡藤树,生长快,可高达一丈四五尺。上述几项措施也是山西十年计划中的一项。

二十四、关于山西省同蒲铁路(附该铁路运费、时刻表,欧亚客机太原时刻表)

在山西省十年计划中,同蒲铁路是省内铁路设施建设最紧迫的任务之一。根据该计划,绥靖政府先设立了晋绥兵工修路局,内设兵工学校,招收学员。教会他们各项技术,等这些工程兵完成学业之后,就让其担当起实际工作。同蒲铁路是工程兵一手修建的。工程兵能严守纪律,统一行动,并且不需要人工费。除设计费、材料费及担任指导的技师的薪金费用之外,再不需要任何费用。而且这些指导员大多选用将校军官中懂技术的人才,这样又能省下一部分费用。依据上述计划,同蒲铁路于民国二十二年(昭和八年)4 月动工。太原至介休 140 公里路段,仅 15 个月就竣工开通了。介休至临汾,太原至大牛店 300 多公里的路基工程也即将完工。虽然工程简单,比不上国有的宽轨铁路,但其施工速度已刷新中国铁路建设纪录。目前,同蒲铁路通车路段仅 140 公里,其余部分尚在施工,未投入营业。

同蒲铁路现在每日收入 1,000 元以上。可以想象,同蒲铁路完工后,其营业状况将好得出人意料。此前,同蒲铁路因轨道窄、规模小而遭人嘲笑。如今,这样的成绩让不少人瞠目结舌。基于速度至上的思路,晋绥两省先在 3 年内建成了全长 900 多公里,连接大同与蒲州,贯穿山西南北的同蒲线,之后又进一步完成绥远及省内支线的建设工程,还计划在 10 年内建成全长 3,069 公里的豫定线。下面是同蒲铁路的时刻票价表及十年建设计划表。

窄轨铁路每年铺设表

年份	铺设费预算	铺设里数(千米)	收益(元)	由收益而增设的里程(千米)
第一年	3,520,000	293		
第二年	4,160,000	346		
第三年	4,000,000	333	352,000	29
第四年	3,000,000	250	768,000	64
第五年	3,000,000	250	1,168,000	97
第六年	3,000,000	250	1,318,000	109
第七年	2,000,000	166	1,468,000	122

续表

年份	铺设费预算	铺设里数(千米)	收益(元)	由收益而增设的里程(千米)
第八年	2,000,000	166	1,618,000	134
第九年	1,000,000	83	1,718,000	143
第十年	1,000,000	83	1,818,000	151
合计	26,680,000	2,220	10,228,00	849

同蒲铁路太介段时刻、票价、里程表

里程(千米)	三等票价(元)	时刻	站名	时刻	三等票价(元)	里程(千米)
	纵线	上午7:30	太原	到达19:00	2.45	141.9
11.3	0.20	到达8:24 发车8:25	北营	发车18:06 到达18:05	2.25	130.6
28.9	0.45	到达9:42 发车9:57	榆次	发车16:48 到达16:34	1.95	113.0
41.4	0.75	到达10:56 发车10:57	永康	发车15:35 到达15:34	1.75	100.5
53.7	0.95	到达11:51 发车11:53	徐沟	发车14:40 到达14:38	1.55	88.2
68.3	1.20	到达13:01 发车13:16	太谷	发车13:30 到达13:15	1.30	73.6
76.7	1.25	到达13:52 发车13:45	东观	发车12:39 到达12:35	1.15	65.2
89.8	1.55	到达14:53 发车14:57	祁县	发车11:37 到达11:33	0.95	52.1
99.5	1.70	到达15:42 发车15:44	洪善	发车10:48 到达10:46	0.75	42.4
111.1	1.95	到达16:38 发车16:42	平遥	发车9:52 到达9:48	0.55	30.8
122.7	2.10	到达17:32 发车17:33	张兰	发车8:58 到达8:57	0.35	19.2
141.9	2.45	到达19:00	介休	发车7:30	横线	

欧亚航空公司太原客运航班时刻表

票价	时刻	机场	时刻	票价
南下	起飞 9:30	北平	到达 13:30	350 法郎
60 法郎	到达 12:10 起飞 12:30	太原	起飞 10:50 到达 10:30	290 法郎
100 法郎	到达 15:00 起飞 7:50	洛阳	起飞 8:00 到达 16:10	250 法郎
150 法郎	到达 11:10 起飞 11:30	汉口	起飞 12:20 到达 12:20	200 法郎
200 法郎	到达 13:10 起飞 13:30	长沙	起飞 10:50 到达 10:20	150 法郎
350 法郎	到达 16:50	广东	起飞 7:00	北上

南下航班每周二、周四飞两次

北上航班每周三、周五飞两次

1934 年 5 月起开始运营。

二十五、山西省的进出口

山西省的商业重心是在西北贸易上,其他商业发展主要是和河北、河南、陕西、绥远地区的土地交易。外国产品主要来自天津。眼下,山西省政府以自给自足为目标,计划发展省内产业,成效显著。省政府十年计划中提出以下要点:

(1)设立省贸易机构,统管贸易。

(2)促进公营、民营物流业和仓储业的发展。

(3)实行质检。

(4)一定期间给予进出口业优惠政策。

(5)在国内外重要商贸港口派驻经济调查员,调查各地情况。

(6)在各地设立商务机关,改进出口贸易经营方法,并促进直接交易。

(7)对特殊商品实行专卖制度。

(8)保险业及储蓄业实行公营,提高利率,集中资金。

(9)调整金融业,方便交易。

(10)实施适当的商业教育。

在上述计划前提下,努力进行商务指导开发。以下为该省近期进出口商品的名目及价格表:

近期山西省进口出口比较表

种类	出口	进口	进出口差额
木材类	163,633	54,665	顺差 108,968
金属类	1,033,393	764,401	顺差 268,992
印花棉布类	12,208,653	16,973,732	4,765,079
皮毛类	1,765,956	3,799,110	2,033,154
食用品类	346,757	2,347,274	2,000,517
家畜类	674,391	1,906,162	1,231,771
果物类	789,734	430,014	顺差 359,720
瓷器及硝子制品类	22,890	295,273	272,383
颜料类	161,793	1,298,323	1,127,530
洋货	181,316	1,100,456	919,140
纸类	235,553	715,929	480,376
药物类	477,917	739,125	261,208
杂货类	297,398	939,674	542,276
卷类	182,072	4,700,808	518,735
燃料类	4,652,809	1,386,594	顺差 3,266,215
被服类	64,326	236,054	171,727
粮谷类	6,925,854	251,654	顺差 6,674,200
海产物	37,807	390,599	352,792
皮制品类	353,867	49,865	顺差 304,002
合计	30,676,120	38,372,711	顺差 10,982,097 18,676,688

二十六、绥远省概要

绥远,原归属绥远特别区,自民国十七年开始实行省制以来更名为绥远省。位于阴山,横跨黄河,东与察哈尔临界,北与外蒙古土谢图汗、三音诺颜相接,西南与宁夏省为邻,南以长城为界濒山西、陕西省。疆域约南北1,400里,东西2,000里,面积1,017方里。其中百分之四十为平原,百分之二十五为山地,其余则为蒙古高原,大多是沙漠地域。

阴山以北与东察哈尔相接,属蒙古高原的一部分。海拔约4,000至5,000尺不等。虽是沙漠地域,也有杂草丛生的肥沃之地,适宜发展羊驼畜牧业。阴山以南直至横山山系为黄河流域河套平原(“河套”指河流的最大弯曲处)。海拔3,000至4,000尺,河套地区分为套中、东套、西套,又可大致分为前套和后套。套中地区是一望无际的荒野,一派荒凉景象;东套又被称为归化平原,农耕和畜牧业发达,又因有以绥远为中心的商业带,属相对繁华地带;后套地区河渠纵横,水利设备完善,土壤肥沃,农作物无一不生长旺盛,乃古往今来万人垂涎之地;与之相反,前套地区濒黄河以南,即蒙古村庄一带,以沙漠为主。(关于后套地区的主要研究在别处已有介绍,此处不再赘述)境内阴山作为主脉由南向北贯穿整省中央地带,其东南部即归化平原汉族人居多,西北部属内蒙古地区以蒙古族人为主。黄河、大黑河、红河三大河流流经此地,黄河发源于青海省,经宁夏省定口蜿蜒至省内,于北部分为两条支流,一条至西北部,一条至东南部,并于乌梁素海子汇流,后下至陕西、山西两省,出潼关。于宁夏省定口下方分流并于素海子合流的地段被称为"后套"。全省人口约为 230 万人,其中汉族占 60%,多来自于山西、河北、陕西省,蒙古族占 30%,回回族占 10%,喇嘛居住于喇嘛寺,人口密度极为稀疏,少于 2 人/方里。

绥远省地方物产:矿物方面主要有金、银、铜、铁、煤、明矾、石膏、石灰等;农产品有麦、大豆、高粱、荞麦、水稻、黍子、马铃薯、胡麻、胡麻子、谷子、小麦以及黄芩、甘草、黄芪、红花等药材类。将来河套地＊＊＊＊＊＊三、经南部套中地区贯通陕西榆林县一线;四、经后套地区南下进入南甘肃,再至新疆一线;五、经西北余太河一带跨蒙古草原,出北三札两部的南部,贯通新疆地区的路线。

以上五大线路是绥远省内的大道,从古至今都是旅客商人往来频繁之路。近年来由于平绥铁路延伸至绥远、包头,以及省内各地间公共汽车的开始运转,给当地的交通系统带来很大的变化。以铁路沿线为起点通往各地的交通工具多依赖于公共汽车。绥远省内的公交运转机制是山西省十年计划中的计划之一,预测在数年内能够看到交通发展的一幕。

据目前省政府的计划来看,公共道路状况如下所示:

(一)绥清路(清水县至归绥县间)330 里

(二)隆武路(隆盛庄至武川县间)560 里

(三)归武路(归化城至武川县间)90 里

(四)绥托路(归远县至托克托县间)160 里

(五)包武路(武川县至包头县间)280 里

(六)陶卓路(陶林县至卓子山间)90 里

(七)绥兴路(绥远县至兴和县间)540 里

(八)卓凉路(卓子山至凉城县间)170 里

(九)包东路(包头县至东胜县间)370 里

(十)包乌路(包头至乌兰脑包间)633 里

共计 3,228 里

以上计划中已经开通的包乌路的一部分和绥清路,包括材料费用总预算为一百一十多万圆。此外,平滂路、包宁路也已在第二期计划中,计划三年全部完成。如能照原计划进行,想必几年后该地的交通面貌将会大有改善,对西北大开发应该也有很大的贡献吧。

水运以包头为中心,依赖于黄河水运,由宁夏省中卫起下至山西省碛口,其间有民船航行,夏季为航线盛期,正在制定河南省内民船通行的计划。此外,河套地区的中卫至托克托之间也曾试运行螺旋桨式船只,现已停运。不久,至河口的小汽艇也将停运。现以包头为中心的民船以小型船只居多,且因黄河水位尚浅,船只载重量仅为四五千斤。

绥远城位于大黑河以北。新旧两城中,在西南地方的被称为"归化",即为旧城,明朝万历年间为忠顺夫人三娘子的住所。在东北地方的被称为"绥远城",即为新城,于清乾隆四年建造,现为省公署所在地。其余机关部门均设于旧城,商业店铺也汇聚于此,从而使归化城成为绥远的主要繁华区。

关于绥远与西北地区的密切商业往来在别处已有记述,此处从略不再赘述。

中国本部,即长城以内地方。张家口,又称"东口",绥远,又称"西口",两地均为西北商业活动的根据地。因平绥铁路延长至包头,加之拥有天然水运,包头未来的发展前景受到极大重视,因此一般认为未来绥远的繁华区将逐渐转移至包头。

包头原本是黄河沿岸的一个小村落,后随着平绥铁路延长至此,焕发生机并呈现出繁盛的景象。目前在此设立市政之事也在筹划之中。

二十七、绥远省内已经开垦的土地调查(附省内蒙旗建置表)

据省政府调查,本省二旗十八县的土地开垦状况如下:

地名	顷数(顷)
丰镇	36,000
集宁县	10,000
凉城	27,000
兴利县	17,000
陶林县	9,000
四子部落旗	15,633
西公旗	6,686
东公旗	8,534
中公旗	1,130
茂明安旗	30,103
达尔罕旗	990
土默特旗	29,730
八族特场地	13,435
杭锦旗	7,070
准噶尔旗	1,580
郡王旗	9,630
札萨克旗	2,170
乌审旗	1,930
月牙湖	729
草牌界地	1,660

广觉寺地	3,900
普会寺地	1,000
沙拉穆楞召旗地	3,000
庆绿寺地	600
昆都仑地	700
王爱召地	1,400
驿站地	9,220
达拉特旗永租地	2,000
四成正地	1,228
四成辅地	1,420
五原城基地	440
河套地	4,200
合计	约 26 万顷

如上所示,除已开垦土地以外,当地土地开垦空间仍然很大。

省内蒙旗设立表

(1)

土默特部{左、右}两旗{归绥县、萨拉齐县、包头县、清水河县、托克托县、和林格尔县}

(2)

察哈尔部右翼{正黄旗、正红旗、镶红旗、镶蓝旗}{丰镇县、兴和县、集宁县、陶林县、凉城县}

(3)

乌兰察布盟{
四子部落旗、茂明安旗}武川县
喀尔喀右旗 固阳县
乌拉特前旗、中旗、后旗}{大佘太县、五原县}
}

(4)

伊克昭盟
- 右翼
  - 后旗杭锦、中旗鄂托克 } 临河县
  - 前旗乌审、前末旗札萨克、中旗郡王 } 东胜县
- 左翼
  - 前旗准噶尔、后旗达拉特 } 五原县

二十八、绥远省矿业调查

矿种	所在地	已开/未开	采掘法	面积	交通	备注
煤	固阳县石拐沟	已开	土法	面积广	至包头60里	矿业产权者漠南公司
(同上)	固阳县窝庆沟一带	(同上)	直井土法	10余方里	至固阳四五里,可通大型车辆	贫民乱采滥伐
(同上)	安北设治局拴马春	(同上)	斜道土法	20余方里	距安北10里,可通大型车辆	漠南公司
(同上)	安北设治局官井沟	(同上)	(同上)	30余方里	距安北100里,可通大型车辆	(同上)
(同上)	萨拉齐县一带	(同上)	(同上)	矿层不整,面积广	离平绥铁路较远,交通不便	(同上)
(同上)	同巴图沟一带	(同上)	(同上)	(同上)	(同上)	不明
(同上)	归绥县万家沟一带	(同上)	(同上)	不明	距绥远100里,交通不便	(同上)
煤炭	武川县沙湾子一带	已开	斜道土法		交通不便	商路狭窄
(同上)	陶林县南脑包一带	(同上)	(同上)	不明		
(同上)	集宁县马莲滩	(同上)	土法直井	10余方里	距集宁县20里,商路通行	
(同上)	丰镇县裕厚庄	(同上)	(同上)			
(同上)	五原县乌兰脑包	(同上)	土法	富余	距五原60里	
(同上)	凉城县十六牛椇	未开				调查中
(同上)	清水县挂罗咀刘胡梁	已开	土法	富余		
(同上)	东胜县附近	(同上)	(同上)	(同上)	距包头100里	交通不便且商路少

续表

矿种	所在地	已开/未开	采掘法	面积	交通	备注
铁	白林庙白云山	未开				未调查
铁	清水河县挂罗咀	(同上)				炭层内有矿苗
铁	固阳县公义明	未开		约200万吨	固阳县城以西20里	磁铁矿
(同上)	固阳县召不亥	(同上)		矿脉1米,长1,000余米	距萨拉齐站80里	镜面铁矿
云母	丰镇县二区	(同上)				黑色云母
陶土	清水河县挂罗咀	已开				白色
天然碱	汉盖淖	(同上)	土法		往东距五原80里	天然碱
(同上)	巴彦淖	(同上)	(同上)		往东距包头500里	(同上)
(同上)	察汉淖	(同上)	(同上)	富余	往西距包头480里	(同上)
(同上)	哈水淖					未调查
(同上)	哈达窝淖					
天然碱	壕赖窝淖					
(同上)	乌尔窝淖					
(同上)	沙巴尔台					
(同上)	可客淖					
(同上)	计号窝淖					
(同上)	教龙潭					
石棉	萨拉齐县石子	已开	土法	不充裕		荣丰公司经营
(同上)	萨拉齐县五常召一带	(同上)	(同上)	硅酸质	距平绥路100余里	(同上)
(同上)	武川县碌碡湾	(同上)	(同上)	(同上)	(同上)	(同上)
石棉	同石怀沟半圆尔	已开	土法	硅酸质	距平绥路100余里	荣丰公司经营
(同上)	安北设治局孔都伦	未开			距包头100里	
(同上)	固阳县蔡脑包	(同上)				
水晶	陶林县黄花圪洞	(同上)		茶色、白色水晶并绿色	距陶林县20里	苗脉很广,现在试采掘中
(同上)	兴和县小大青山	(同上)		(同上)		试采掘
(同上)	武川县八音脑包	(同上)			距武川县200里	(同上)
(同上)	固阳县塞林胡洞	(同上)		茶色、白色、紫色等各色	距固阳县100余里	(同上)

续表

矿种	所在地	已开/未开	采掘法	面积	交通	备注
矾	安北设治局佣即干	(同上)		黑矾	距安北设治局100里	
银	丰旗县吉祥村					曾由普晋公司开采,现已中止
铅	兴和县马池沟一带					
石墨	兴和县马莲沟					
(同上)	兴和县喇嘛营一带					
(同上)	绥远县城东20里					
(同上)	大那林淖					
(同上)	且核突淖					
(同上)	钢达气鸟素淖					
(同上)	盐海子					
(同上)	达拉鲁					
盐	小那林					
(同上)	凉城县岱海滩					以上盐碱湖均分布于河套地区黄河两岸

二十九、平绥铁路沿线山西省内各铁路站点著名物产一览表

站名	著名物产名称	制造量	产地	输出地	数量
大同	胡麻 菜籽	各1吨	隆盛庄	天津 北平	5千吨 1万吨
(同上)	豌豆 小米	5千吨 10万吨	大同	天津 北平	2千吨 10万吨
(同上)	岐黄 高粱	5千吨 10万吨	宁武 应县	天津 北平	2千吨 10万吨
(同上)	大豆	15,000吨	大同	天津 北平	1万吨
(同上)	铜器	每天约20件	大同	天津 北平	平均每月输出2千件

续表

站名	著名物产名称	制造量	产地	输出地	数量
(同上)	椅垫	大毯每月1件,小毯每月2件,两日1件	大同	天津 北平	平均每月输出20件
平旺	煤	5千余吨	前门斗窑沟	大同、北平一带	3千吨
绥远	毛毯	每年2,500丈	(同上)	(同上)	每年2,000余丈
(同上)	裁绒毯	每年约800余丈	(同上)	零销未整批运过	每年700余丈
(同上)	(同上)	每年约300余丈	(同上)	(同上)	每年300余丈
(同上)	(同上)	(同上)	(同上)	(同上)	
毕克齐	高粱	六七千石	毕克齐附近	北平	3千余石
(同上)	糜子	五六千石	(同上)	包头	2,500石
(同上)	谷子	两三千石	(同上)	(同上)	1千余石
(同上)	芋叶	2万余斤	(同上)	(同上)	1万余斤
(同上)	长山药	1万余斤	(同上)	(同上)	5千余斤
(同上)	大葱	十五六万斤	(同上)	(同上)	7万余斤
察素齐	末煤	每年约5,000余吨	本站村北山沟内	绥远	每年四五千吨
陶思浩	煤末	每月产500吨	老虎沟	(同上)	能尽量推销
三道营	大豆	200吨	(同上)	(同上)	40吨
(同上)	胡麻	2,000吨	(同上)	天津	70吨
旗下营	小麦	约5,000石	附近各村庄	大同、包头、天津	500吨
(同上)	油麦	约6,000石	(同上)		
(同上)	马铃薯	约700万斤	(同上)		
(同上)	谷米	150石	(同上)		
(同上)	荞麦	200石	(同上)		
(同上)	小麻子	200石	(同上)		
陶卜齐	高粱、小米	各500吨	本站附近各村	北平	各300吨
(同上)	麦 豆	500石 200石	(同上)	(同上)	300石 100石
白塔	高粱	4万石	附近村庄	本站及平汉沿线	1,000吨
(同上)	谷子 杂粮	6万余石 1万余石	(同上)	(同上)	1,000吨 500吨

续表

站名	著名物产名称	制造量	产地	输出地	数量
绥远	毛毯	每年6,000丈	归绥市	太原、张家口、北平、天津	每年五六千丈
八苏木	小麦、小米、油麦	每亩约4斗	八苏木	丰镇、平地泉	
十八台	小麦、诸麦、大豆、马铃薯	不甚丰富	十八台附近	丰镇、大同、平地泉	无大宗运输
马盖图	春麦、油麦、马铃薯	(同上)	本站附近		
卓资山	麦子	700吨	本站附近	北平	400吨
(同上)	草麦	600吨	(同上)	(同上)	260吨
(同上)	油麦	600吨	(同上)	(同上)	40吨
福生庄	马铃薯	每年约1,000余吨	(同上)	平、津、大同一带	本年约200余吨
三道营	麦子	9,000吨	三道营附近	北平	2,000吨
(同上)	小麦	1,000吨	(同上)	(同上)	300吨
(同上)	大麦	1,500吨	三道营附近	北平	500吨
(同上)	荞麦	500吨	(同上)	(同上)	80吨
平地泉	干蛋黄、干蛋白	100余吨	平地泉	欧洲、美洲	100余吨
(同上)	小麦	3,000余吨	(同上)	北平、天津	2,500余吨
(同上)	大麦	2,000余吨	(同上)	(同上)	1,000余吨
(同上)	小米 胡麻	2,000余吨 600余吨	(同上)	(同上)	1,000余吨 600余吨
(同上)	菜粉 羊毛	700吨 300吨	(同上)	平、津及外洋	700吨 300吨
(同上)	各种皮张	150吨	本站四境	北平及张家口	150吨
(同上)	土黄 黄芪	60吨 40吨	(同上)	各大商埠	60吨 40吨
(同上)	鸡蛋	150吨	(同上)	本地蛋厂	100余吨
(同上)	荞麦、谷子、黍子、糜子	各500吨	(同上)	平、津、大同	共2,000吨

续表

站名	著名物产名称	制造量	产地	输出地	数量
国泉	煤	每日约2,000吨	永定庄、煤峪口、胡家湾、瓦渣沟地方	本路线及天津、塘沽、青岛、长江、南洋、日本	平均每月约1,000吨
丰镇	胡麻	25,000石	本镇四乡	丰台及天津	3,700吨
(同上)	菜籽	20,000石	(同上)	(同上)	3,000吨
(同上)	麦子	30,000石	(同上)	北平	1,800吨
(同上)	小石	20,000石	(同上)	(同上)	3,000吨
(同上)	荞麦	20,000石	(同上)	(同上)	1,800吨
(同上)	豌豆	5,000石	(同上)	丰台及唐山	900吨
官村	油麦	1,000石	头苏木	丰镇隆盛庄	300石
(同上)	山药	8,000石	(同上)	(同上)	300石
(同上)	胡麻	500石	克克乌苏	(同上)	100石
(同上)	菜籽	500石	(同上)	(同上)	100石
(同上)	谷子 黍子	4,000石 500石	韩庆坝 克克乌苏	丰镇隆盛庄	500石 四五十石
(同上)	荞麦 硝盐	3,000石 约10,000斤	韩庆坝 平地泉	(同上)	500石 四五十石
麦达召	高粱	1,000吨	车站附近	北平	600吨
萨拉齐	小米	年均12万余石	附近各村及后山	(同上)	700吨
(同上)	糜米	年均14万余石	(同上)	(同上)	600吨
(同上)	高粱	年均13万石	附近各村及后山	北平	700吨
(同上)	大炭	年均200余吨	本站西北马聊了沟内	绥远	年约1,000吨
(同上)	焦炭	年均5,000余吨	(同上)	(同上)	年约500余吨
公积坂	大炭	1,600吨	后山公盛窑	包头、绥远	1,600吨
(同上)	焦炭	800吨	悦来窑	(同上)	800吨
包头	栽绒毯子	30吨	宁夏、包头、萨拉齐	内地各省	零销
(同上)	毛毡	50吨	包头	(同上)	(同上)
(同上)	毛布	每日40丈	(同上)	察、绥两省	(同上)

续表

站名	著名物产名称	制造量	产地	输出地	数量
(同上)	甘草	500吨	包头、甘肃	天津、汉口、河南、山东	500吨
包头	老羊焦皮	100吨	西宁、甘肃、绥远	天津	80吨
包头	羊毛	4,500吨	西宁、甘肃、绥远	天津	4,000吨
(同上)	驼马、牛皮	50吨	(同上)	(同上)	40吨
(同上)	驼毛	500吨	(同上)	(同上)	400吨
(同上)	羊肠	50吨	包头西路	(同上)	40吨
(同上)	发菜	20吨	甘肃	天津分销南省	18吨
(同上)	药材	50吨	包头、甘肃	天津、祁州	40余吨
(同上)	甘草膏	30石	包头	天津、日本	30吨
(同上)	谷子	30,000石	(同上)	内地各省	20,500石
(同上)	米	20,000石	(同上)	(同上)	10,500石
(同上)	荞麦	20,000石	(同上)	(同上)	10,000石
(同上)	豌豆 黑豆	各30,000石	包头	内地各省	各20,000石
(同上)	菜籽 黄芥	20,000石	(同上)	(同上)	7,800石
包头	枸杞	200吨	宁夏	天津分销南省	200吨
(同上)	麦子	15万石	包头	内地各省	5万石
(同上)	高粱	10万石	(同上)	(同上)	6万石
(同上)	糜子	8万石	(同上)	(同上)	4万石
(同上)	糜米	4万石	(同上)	(同上)	2万石
(同上)	油麦	2万石	(同上)	(同上)	1万石
(同上)	胡麻 麻子	1万石	(同上)	(同上)	5,000石
(同上)	西瓜子	5,000石	(同上)	(同上)	3,000石

三十、后套的情况

后套地区位于贯穿绥远省的黄河最大弯曲处的北岸,其范围包括临河县、五原县的几乎全部和北安县的半部。黄河的一支分流在与宁夏省相接的定口由北逐渐向东流,形成椭圆形河道,又向南流经乌梁素海子,与从定口方向东来的主流会合,故此椭圆形地区被称为“后套”。

“后套”是与“前套”相对而言的。“前套”指的是黄河南岸的沙漠地带，其地域广袤，东西 550 里（约为日本的 100 里），南北 100 里（约为日本的 16 里），面积约 16 万顷。后套因自古以来有黄河流经冲刷泥土，形成冲积平原，土壤肥沃，对于种植农作物再适合不过了。古人耳目闭塞，土地远在塞外，很少有人移居至此；前清光绪二十四五年间，贻谷开始着眼于开发此地并投入巨资，在南北两流域间修建十大水渠和无数沟渠以实现灌溉，还对土地开垦者实行奖励，但也因种种原因不见有何重大进展；民国创立以来，又曾呼吁开发此地，可大多数也只是停留在完成调查工作上，并无具体开发措施。此外，当地的土著居民和绥远地区经济富余者的开垦私营也成为其规模难以扩大化的原因之一。如下所示，揭示了当地十大水渠及其灌溉顷数并以此作为参考。

布渠灌溉区　1,300 余顷（1 顷＝100 亩）
长济渠灌溉区　1,600 余顷
通济渠灌溉区　200 余顷
义和渠灌溉区　2,300 余顷
沙河渠灌溉区　1,500 余顷
丰济渠灌溉区　1,000 余顷
刚济渠灌溉区　500 余顷
永济渠灌溉区　5,000 余顷
黄土拉灌溉区　5,000 余顷
杨家河灌溉区　4,000 余顷

以上十大水渠总灌溉区域共计 24,000 顷。今后随着水渠修建整顿工作的完善，扩大灌溉区，将使后套地区 16 万顷土地成为水田，无疑该地将会成为大米的一大产地。笔者于今年夏天的实地考察过程中，发现受南京政府委托，金陵大学农业部某教授、美国农学博士率其美国助手进行了约一个月的调查。由此可见南京政府对该地的开发投入之大。在绥远省，不仅仅是后套一个地方，像萨、托两县的民生渠等也依赖于民生经营。目前干渠的建造已竣工，支渠的建造也已为期不远。如此，将两万余顷的灌溉区开垦为水田，预计未来后套地区将会迅速发展成为西北地区最主要的农产地。

三十一、包头甘草工厂

包头西北一带是野生甘草的产地。如今已由当地的有识之士建立起甘草工厂，但因其规模尚小，无参观价值。从蒙古地区和河套地区一望无垠的旷野到宁夏省，采集甘草，利用水陆两路向包头运输来发展甘草工厂或者将甘草输出殆尽，不论哪种做法都将断送原本很有前景的事业。在此列出包头甘草工厂的企业业绩以供参考。

收支

收入

2,590 元　甘草膏销售额，每一百斤售价 37 元

支出

1,050元	甘草原料21,000斤,售价每一百斤5元
63元	甘草膏制造燃料炭费用　使用锅炉13个
36元	水费、搬运费
60元	工厂使用牛、马费
186元	员工14人,人均日薪40钱,工长每月18元
236元	包装费
10元	修缮费
70元	诸税
560元	产品搬运费
80元	工厂负责人1人月薪
4元	打杂1人
10元	房租
24元	伙食费
7元	电费
3元	文具费
1元	邮费
10元	杂费

共计2,406元

收支差额184元　　　　(纯利润)

以上是极小规模经营,但用适当的设备的话利润较高。笔者对当地汉、蒙人将甘草作为生火燃料的做法颇为吃惊。

三十二、与山西省商业往来密切的西北各地

山西省乃古代名主尧、舜、禹三代之都城所在地,中国文化的发祥地,当时是文化璀璨之所。但由于原来该地硗薄,多沙石,不宜农耕,随着时代变迁和人口不断增长,促使人们不得不背井离乡谋生,如此便形成了离乡出世之风。后来山西人的足迹便遍布各省市,进而在各方面都取得可观的佳绩,多富甲一方,兴办企业。许多山西票号(今银行业)扩大至中国全国。各地设立支店或代理店,一度独占金融和汇兑业务。其中往西北地区,即宁夏、甘肃、青海、新疆以及外蒙古地区的迁徙者居多。这些地区所有商业机关都为山西人所掌握,＊＊全域均为山西商人操纵,使该地成为其他各省商人无论如何也无法匹敌的山西商人的地盘。然而近年来随着外蒙古独立,宁夏、甘肃、新疆、青海各省战乱不断,以及各省不合理的苛捐杂税,并且沿途经常有匪贼出没等,使西北地区商业发展蒙受巨大损失,贸易往来极大受挫,山西商人正面临着空前的困难。贫困的出身使他们养成了吃苦耐劳、不屈不挠的精神,这一点恐怕是无与伦比的。于是,他们以坚忍不拔的毅力克服困难打开局面,以隐忍的态度努力挽回颓势,夜以继日地不断奋斗。他们不懈的努力在不久的将来必将得到回报。对我们日本而言,想要打入山西绥远地区经济,需调查研究山西人在西北地区的商贸关系和习惯等以期制定出相应对策。以

下对晋、绥两省后方根据地的贸易关系进行详细介绍以供参考。

西北商务的地域宏大,范围也广。新疆、青海、内蒙古、外蒙古、甘肃、宁夏等皆属其商权区域。山西人的足迹遍布各地,其势力之强大使人震惊。

西北商业的商路和市场方面,大致划分为:新疆、内蒙古地区以归化城(绥远)为根据地;宁夏、甘肃、青海的贸易往来则以包头为中心;诸商业机关单位均设于今绥远,也可以说绥远即为西北贸易的总根据地。

外蒙的贸易中心为库伦,位于俄中商路的要冲。其次是乌里雅苏台,再然后是科布多,各有其后方根据地。如库伦以车臣汗、土谢图的两盟库苏尔境内及三音诺颜的东部为根据地,乌里雅苏台以西札萨克及科布多北部为根据地,科布多领地以外的区域及邻境鄂尔太地区等各根据地皆以该地区为中心作为货物输入输出的集散地。

新疆省的贸易中心为奇台(亦称"古城子"),是对新疆省内及外蒙古的货物运输中转站,其次为迪化(省城)。哈密、塔城、伊犁、疏勒、和田等地成为对俄贸易市场。各地出产羊毛、葡萄干、皮毛、玉石、地毯等。

甘肃省的贸易中心以兰州、甘州、肃州、凉州为重要集散地,主要商品为皮毛。

青海省货物集散以西宁为中心。西宁特产羊毛,优质多产,远近闻名。

宁夏省以阿拉善为贸易中心,周边无其他中小市场故无中心地,直接从各地集中至黄河两岸,运往包头。

绥远人(其中山西人占大部)对外蒙古的贸易多在库伦和前后营两地开展,后营即为科布多,前营即为乌里雅苏台。乌梁海位于此条路上。昔日前营是大盛魁号(经营西北贸易商人的商号)的交易场所。库伦商路同为天益德号的商业势力范围,但自外蒙古独立以来贸易基本断绝。一般把这些经营西北商业的商号统称为"西庄"。

新疆贸易亦赖于此西庄。西庄内有西帮 18 家、津帮 62 家。西帮指的是山西商人,津帮指的则是天津商人。虽为数多,但津帮拥有大资本的商人不多;与此相对,西帮人数虽少,但若论其实力,远远在津帮之上。西庄对古城子(奇台)、迪化(省城)、伊犁、塔城、阿尔泰、南八城等地方直接行商。西庄一般于每年的阳春三月自绥远出发,八月至奇台,去程携带日常生活用品等杂物,归途则从内地购买物产运回。

上面所介绍的库伦、新疆地区的商贸往来沿袭长期以来的惯例习俗,属西庄各商号间都有固定的商贸区和一定的商贸关系网。宁夏、凉州、兰州、西宁的贸易活动则由各号自由进行,没有形成固定的商业关系网。商人同样以山西人居多,绥远、甘肃各设支店,该地的商业活动也与蒙古、新疆一般去程携带布匹杂货贩卖,归途收购当地土特产。

近年来随着汽车运输日盛,绥远至新疆计划使用货车运输,创立绥新汽车公司,联通绥远奇台(古城子),筹措资金 30 万元以供多次往复运输。此外,华利汽车公司计划在绥远至宁夏路段也使用汽车运输,经五原县出阴山之北,后经后山草地固阳、哈三图、木雷石勒,筹备资金 1 万 2 千元。绥远地区的商业机构中,主导西北商贸的西庄有七大社、八小社、九外社等。

商号如下所示,也有商业机构合并的情况,类似商协。

1.宝丰社(银行业)

2.集锦社(＊＊＊)
3.醇厚社(杂货业)
4.众锦社(粮食)
5.当行社(典当业)
6.青龙社(磨坊)
7.福虎社(面坊)
以上为七大社
1.集义社(鞋业)
2.兴隆社(羊马店)
3.毛毡社(毡房)
4.生皮社(羊马皮)
5.威镇社(皮袄铺)
6.马店社(马店)
7.仙翁社(饭店)
8.聚仙社(茶馆)
以上为八小社

外九社因其移动性归属于上述各社中,常来往于绥远省。近年各社也已改称为“同业公会”,在此公会上有总商会。

绥远商务主要经营皮毛、药材、畜产品等大宗货物,故经营西庄者及做皮毛、畜产品买卖的均属大商店。属运输业的养驼户也已有相当规模,也有像绥远地区的曹德、厚堂等积累资产,以200万元发展西北商贸起家的。

关于往年运输至西北各省的重要物产的数量大致如下所示:

冰糖	5万箱
土布	240万匹
砖茶	10万斤
白糖	10万斤
红糖	30万斤
生铁产品	50万斤
熟铁产品	30万斤

绥远西庄商号
(西庄指从事西北贸易的商店)
西帮十八家(山西商人)

永和顺	义成昌	天申恒	义成永	天元成	天元新
天元盛	德盛永	德义和	福盛兴	永盛和	永盛生
日星功	兴盛魁	魁顺和	裕祥厚	得胜源	得隆昌

津帮四十二家(天津商人)

德胜合　善义长　振兴恒　德铭号　同盛和　春茂合

广兴和　明盛和　义昌裕　义昌源　春盛祥　春和祥

德心和　文义厚　裕泰昌　公　记　庆丰公　太昌行

祥聚成　祥源成　盈丰裕　玉泰厚　日新昌　协和号

同义兴　丽生堂　吉和成　厚　记　信昌号　复盛和

裕兴和　兴泰和　华丰立　德巨公　吉成合　庆春和

和顺成　后　涌　鑫昌号　源恒泰　同义兴　忠庆长

如上所示,西、津两帮共计60家。此外还有养驼户自立门户发展西北商贸,也有苏联人等经营着类似行业。这些并不构成同业团体,也不属于西庄的一部分。在数量上津帮略胜一筹,但资本和经营规模小,只经营少数杂货买卖。西帮,即山西商店则多拥有大资本,并且涉足经营范围广泛。由绥远运往新疆的商品有各色布匹、茶、烟草、绸缎演出服、锣鼓等各种杂货。从新疆运回的商品在绥远地区的交易市价如表所示:

产品	单位	价格
驼毛	百斤	30两
狐皮	每个	7两至10两
库东狐皮	每张	7两至10两
老羊皮	每张	8钱至1两
羊毛	百斤	10两
狼皮	每张	七八两
山羊皮	每张	6钱至8钱
库东白羊皮	每张	四五钱至五六钱
巴里坤白羊皮	每张	七八钱至1两
库东黑羊皮	每张	1两七八钱至2两
山羊板皮	每斤	3钱以上
古城菇	每斤	五六钱
香脐子	(同上)	145两
鹿尾	(同上)	5两一二钱
干鹿角	(同上)	1两3钱
老龄小羊角	(同上)	230元至670元
古城白羊皮	每张	4钱上下
古城黑羊皮	(同上)	1两一二钱至1两三四钱
白葡萄干	每斤	4钱上下

续表

产品	单位	价格
鹿茸	每斤	十七八两
枸杞	(同上)	5钱四五分
伊犁古城贝母	百斤	40元至50元
吐鲁番棉花	(同上)	10两六七钱

注:表中的钱对应日本两、匁、分中的匁,相当于10匁。

此外,绥远有皮毛店十余家,包头有二十余家,他们从与西北各地商人的直接贸易中获利或作为中介从中盈利。在宁夏,商业势力多为山西汾阳、太原、平遥、蒲州、解州人经营商铺所据。宁夏与各地间的汇兑手续费用如下(每1,000元):

太原　120元　　绥远　110元
天津　120元　　西安　120元
兰州　15元　　包头
北平　120元
凉州　30元

三十三、西北商业衰退的原因

西北物产的贸易是晋绥商业的生命线。西北商业不振使晋绥两省对其商业前景甚为忧虑。目前,山西人正竭力探究其原因并试图根除病因。笔者一方面听取绥远当地有势力的商家的意见,一方面与所收集的相关资料的基础上所进行的调查研究对比分析,总结推测出以下几项原因:

(一)外蒙古的独立

外蒙古地区是晋绥贸易的经济命脉。晋绥地方各西庄分散于外蒙古的库伦、前营、后营等地,换言之,西庄的不动产都在外蒙古,且全部资金都被投入当地,蒙古人是其唯一的贸易对象,而位于晋、绥的总部则只指挥监督人事调动和管理财务事宜。实际上的全部资产则散于外蒙古,世代经营直至今日。事实上,之前的外蒙古是晋、绥的附属地,或者应把它当作晋商的"外府",是晋人的基业地。因此,随着外蒙古独立,他们在当地的财产均被没收,又受债务所累,许多商人惨遭杀戮,店铺也被封锁,晋商的巨额财产顷刻间化为乌有。曾在西庄显赫一时的大盛魁号也蒙受了成百上千万的损失,已无力重振。其余晋商在西庄小商号的损失加起来总额达数千万元。绥远大大小小的西庄无一例外均受到影响,无疑正是由外蒙古的独立引起的。

(二)宁、甘两省苛政的影响

受外蒙独立的影响,一部分西北商贸崩溃,但新疆一带的商贸活动仍勉强维持着西北的经济命脉。此前,新绥商路常常经由外蒙古,沿途不征收捐税。自外蒙古独立后不得不改道内蒙古边境，却也得以顺利进展。此后，因宁夏、甘肃分为两省，在内蒙古、阿拉善旗地、宁夏省境内设税局，宁夏于哈察和齐、甘肃于俄利子河设税局，税率极高，税额无固定标准，肆意征收且不出示税收凭据，加之驻扎于沙漠中的土匪官兵如狼似虎，常在附近村落横行，恣意掠夺，有不少晋商被害，甚至扣留过往的骆驼和货物。如此这般晋商在沿途各地遭遇各种迫害，即便幸运地到达目的地，其成本也会增加很多。以远远高于原成本的售价与苏联货商竞争，简直不堪一击，故苏联货物销路逐渐扩大，晋商贸易则被淘汰。晋商贸易日渐衰退，以往掌控百分之八九十交易的晋商和仅占不到百分之十的苏联商人如今已完全主客颠倒，因此晋商认为沿途地区当局的横暴之行是造成西北商贸衰败的一大原因。

(三)土匪猖狂

西北商路长达数千百里，行程需数月，西庄商业可谓是历经千辛万苦，是西庄商人血汗的结晶。近年来沿途常受匪害，或被抢夺货物，或惨遭杀害。因此而蒙受的巨额损失自不必说，又因为沙漠地带人烟稀薄，几乎与外界隔绝，过往商人被洗劫一空后常被弃尸荒野，求其死所不得而知。遇难时连向外人求救的方法都没有，由此可见其辛苦和危险性。即使得到遇难消息，也很难找到救助的办法。西北商贸可谓是以生命作赌注的冒险之行。近来人们常以西北商贸代指人间地狱也正出于此因。所以内蒙、宁、甘商业的衰颓也就不难解释了。南京政府一味热衷于个人势力的争夺，而无暇顾及甚至怠慢了对于西北地区的开发指导，与此相比不如说是一大罪恶，令人觉得心寒。我们日本人必须侠义地奋发努力，以晋绥为基础向西北地区跃进发展。

(四)出口贸易中断的影响

一战后各国经济衰退，欧美国家购买力明显降低，出口贸易无一不受其影响，尤其是西北货物多以出口商品为主，受到的影响甚大。再加上西北商路互相远离，交通不便，往往需要花上半年以上的时间运输货物，其间价格的下调对商人来说无疑是雪上加霜。这也是该地商业衰败的次要原因之一。

(五)新疆当局扣留货物的影响

新疆省金主席先前曾创立土产公司收购来自各地的产物，销往英、苏。后来为筹备军用器械，于几年前开始定额收购、强制收购。当收购到的产品不足预定额度的半数之时，当局便不择手段地使用暴力威胁强迫商人并强制征收其贮藏的商品。同时派军队在通路拦截扣留骆驼以供前往甘肃讨伐使用，更有甚者在哈密，有当局强行卸下骆驼运送的货物扔在途中，扣下骆驼的现象。更有不法者擅自扣留商人电报信件中断其与外界的联络。这也是其商业衰败的原因之一。

(六)新疆战乱的影响

在新疆近来燃起的战火想必已人尽皆知，事实上战乱自两年以前就已发生。因为战乱，来自绥远的商人无法进入新疆，商品滞留在蒙古地区；另一方面，新疆商人则无法出省，只能无奈等待无谓战乱的休止。加之汉人与回人的争夺随处上演,在迪化城外多数商店被洗劫一空,许多商人只身逃出;城内人民被强制征兵,如不入伍便遭枪杀。这样一来商业闭塞也就不足为奇了。

受上述诸多因素的影响,西北商贸蒙受致命打击,晋绥商人的血泪史一言难尽。当时西北各地的惨况是近代社会的人们无论如何也想象不到的。中国国内报纸和其他公共设施的尚未开展也是原因之一,因此无人呼吁改变西北现状。笔者对于邻国的这种状况深表同情。

三十四、西北地区骆驼运输情况

西北各地路途遥远,沿途数千里多为戈壁(蒙古语"沙漠"的意思),车马不通,只能依靠骆驼运输。如果将来不使用汽车运输或铺设铁路,驼运将是西北交通唯一且重要的交通工具。

绥远的驼商 西北地区的商业贸易已有数千年的发展,货物往来频繁,运输货物的驼数也极多。这使得驼运业成为当地一项十分有意义的事业。不少商人兴起驼运业,如德厚堂总店店主是绥远地区首屈一指的资产家,在驼运业方面取得重大成功。德厚堂店主曹氏乃回回教族人,三代传承至今已饲养骆驼数百头。后来曹氏死于新绥商路途中,其后代均从事驼业,不断在绥新间往来,精通本业,在同行中赢得尊敬。他从数十年前开始就在从事驼运业的同时,经营西北贸易,并且在新疆省的古城子、迪化地区广阔的草原地带发展骆驼牧场,饲养骆驼。在绥远,骆驼运输业者被称为"驼户"。以德厚堂为首,有大大小小数十户驼户,经营模式大同小异,均以驼运业谋生往来于西北各地商路。

驼户

德厚堂	德盛魁	遥远室	杨大贵	和盛公
吉义堂	马草铺	福喜堂	聚盛德	马　林
老有泉	马草铺	简在廷	崇厚泉	三义店
王存茂	李成泉	武才子	李兰锁	李铺鱼
邸万银	二合公	贵福元	赵兴万	万有堂
兴盛魁	魁顺祥	义和泉	王昌汉	李有才

共有30户驼户,10,000余头骆驼。

驼队组织一般以二十头为一练,两练为一把,五把为一顶房。一顶房是驼队的基本单位,一队驼为200头,一顶房有驼夫10余人,一顶蒙古包和若干餐具。每队的四分之三即150头骆驼用于运输,其余的四分之一即50头主要用于驮运驼队的饮用水、食品及各种生活必需品。除运输货物外,有时还要供旅客乘骑,故驼背摇晃厉害不堪长途跋涉。一顶房必须有两匹马随行。一匹供领房即驼队的首领、向导和指挥员乘骑,一旦进入沙漠地带,进退均由此领房发号施令。常在驼队的最前方,时而探查道路通否,时而侦查地形。整个驼队的进退均遵从领房之命。所以,能胜任领房职务的人往往是在驼路上往复数十次,有丰富经验并相当有智慧的。另一匹马则供驼队的医生乘骑,医生即为"兽医",专门负责途中骆驼的饮食、起居以及健康上的各方面问题。货物的装运和卸载由驼夫负责。驼夫中有一人负责到驼队前竖队旗,一人掌管炊事,其余驼夫除装卸货物外还有各自的任务,如打水、拾柴、放牧、喂养骆驼等各项工作都进行得井井有条。驼队前行之时,由驼夫带着 200 头骆驼数百担货物,一旦发生落伍的情况,就会导致仅仅十余人不得不照顾 200 头骆驼的情况。这样必然会造成炊事、起居等工作无法顺利进行,甚至出现大的差错。为预防这种状况的发生,各驼夫自觉自律并严格执行自己的任务,圆满达成团体统制,以期不留遗憾地实现荒野之旅。中途停宿之时,卸载货物后先打水、拾柴、做饭,分毫不乱井然有序地进行,驼夫们行动敏捷,严守纪律。驼队常在夜间行进,牧驼需在白天。白天牧驼休息时,将驼队解散在附近地区吃草,一旦顶房发出出发信号,骆驼即刻返回解散地集合。但如遇到白天下雨,则在白天行进。每年驼队在沿途草场都会喂养充足,即使经过无水无草之地连续数日滴水不进棵草不食也无妨。如果在出发之际才开始准备携带经过干站时骆驼需要的饲料是远远不够的。干站是指数百里内沿途地区荒无人烟的地方,无水无草,至少需准备好两三天的给队员的饮用水,不过仍要注意节约使用并尽量赶路。但骆驼们则可两三日不吃不喝完成艰难之旅。

绥远到新疆往返约需一年的时间。新年从绥远出发,四月到达新疆,在当地解散驼队休息,第二年从新疆出发返回绥远。往复一次的运费为:每头骆驼 100 两白银,驼夫每月 3 两。驼夫少骆驼多。以往每头骆驼约为 30 两,近年来由于旅途艰难,上升至 70 两,而去年又跌至五六十两,现在却又攀至 100 两。每头骆驼的载重量为货物 2 件,约 300 斤,每位乘客 150 两,伙食费均由自己承担。

驼队组织

骆驼二十头成为一练

两练为一把

五把为一顶房

此外还有马 2 匹、狗 3 只,狗乃看家狗

领房 1 人,医生 1 人,驼夫 10 人

共计每顶房 12 人

每顶房的设置费用

项目	单价	价额
骆驼 200 头	每头 100 元	计 2,000 元
骑用马 2 匹	每匹 70 元	计 140 元
驼鞍 200 个	每个 3 元	计 600 元
马鞍 2 个	每个 20 元	计 40 元
挺绳 2,000 斤	每斤 3 角	计 600 元
布帐篷 1 套		计 100 元
锅、水桶	杂用等	计 200 元

续表

项目	单价	价额
狗3只	每只15元	计45元
共计	21,725元	

三十五、绥远省包头、宁夏、甘肃之间的交通状况及里程

包头是甘肃、宁夏两省的商品集散地，水陆交通便利。定口(又名磴口)、宁夏、兰州、凉州、甘州、西安等各地间里程如下：

从包头至定口 1,000里
从包头至宁夏 1,400里
从包头至兰州 2,400里
从包头至凉州 经定口 1,900里
从包头至凉州 经宁夏 2,100里
从包头至凉州 经兰州 2,960里
从包头至甘州 经定口 2,255里
经宁夏 2,555里
经兰州 2,415里
从包头至兰州 经定口 2,775里
经宁夏 2,975里
经兰州 3,835里
从包头至西安 经定口 3,275里
经宁夏 3,475里
经兰州 4,335里

各地交通状况及路线里程在下面将详细介绍：

1.包头至宁夏一线

陆路 从包头出发南跨黄河，经伊克昭盟境内到达平罗(1,200里)。

汽车(公共汽车)从包头出发经五原、临河、定口到达宁夏(1,400里)。

水路 从包头沿黄河溯河而上，往西经定口、石嘴子到达宁夏(1,000里)。

2.宁夏至兰州一线

陆路 骆驼、车马均通，由宁夏经靖远县到达兰州(1,000里)。

水路 由宁夏出发经中卫到达兰州(1,000里)。

黄河自兰州开始可行小舟，自中卫开始有利于航运。皋兰、靖远两县管辖范围内的老宽口、九姐妹、漩涡、铁照壁四处险滩怪石嵯峨，船只航行困难，加之水深尚浅，黄河上游小汽艇航行困难，中卫自然就成为黄河航运的终点。

3.宁夏至凉州一线

水路　由宁夏乘小船至兰州，转陆路到达凉州(560里)。

陆路　由宁夏出发沿发贺兰山北部经斜里克得伦、舒尔古勒、呼都呼克井至古浪再抵达凉州(700里)。

传昔日左文襄平定回回战乱时曾经由此途。

4.定口至凉州一线

陆路　从包头到凉州如取道宁夏可到定口，经西部草地也可到达。

此路由定口出发经公呼都克，取道吉兰泰盐池北部，再经镇番到达凉州，约900里。

5.兰州至凉州一线

陆路　由兰州出发经黄河往西北方向一路经沙井堡、南大通堡、若水堡、红城堡、青寺堡、黑城堡、大柳树等地至永登县(230里)。

由永登县北行经武胜堡、伏羌堡、岔口堡、镇羌堡、枰沟湾、龙沟铺、尚家沟、岔路墩等地至古浪县(200里)。

再由古浪往西北方向经胡家湾、双塔堡、杨房堡、靖边堡、七里堡、李廓寨、大河堡南至凉州(130里)。

共计50,060里。

6.凉州至甘州一线

陆路　由凉州北上经武威所、候吉寨、怀安堡、红寺堡、怀西堡、丰乐堡、平远堡、九霸堡、清广堡、乐主堡、宣德堡、通经堡、直景堡等地到达永昌县(160里)。

从永昌县往西北方向经陈家寨、崇冈堡、毛卜剌堡、金川堡、王秀堡、永尔堡、定羌庙堡、硖口堡、集昌堡、丰城堡、新河堡、房安堡、永兴铺、仙堤堡至山丹县(180里)。

又由山丹县西行经清泉铺、静安堡、乐安堡至东乐县(45里)。

再由东乐县西行70里抵达甘州。

合计455里。

7.甘州至肃州一线

陆路　由肃州西行70里至嘉峪关，再往西经金峡堡200里后至玉门关，由玉门关出发100里到布隆吉城，再往西行130里至安西。

合计500里。

接着从安西往西南方向行进300里到达敦煌，再西行400里即进入新疆。此路通往新疆天山南路。如果从安西往西北方向前进则进入新疆境内，通向奇台，到达天山北路。

三十六、张家口与外蒙古库伦之间的里程及沿线概况

地名	各地间距离(里)	距张家口里程(里)	概况
张家口			至韩努壩入库伦大道
大境门			

续表

地名	各地间距离(里)	距张家口里程(里)	概况
南天门	10	10	
土井子	16	26	沿途多丘陵,地形起伏,飞沙走石,约有20里路况险恶,除卡车外汽车需用马匹拖拽
黄花坪	20	46	附近多平地,有草地,适宜畜牧业,满蒙人杂居
店门口	10	56	沿途多沙石,车辆可行
庙滩	44	100	沿途需跨越两三座山岭
黑水湖	50	150	由庙滩至此地途中牧场众多,近来由于汉人移居此地不少土地得到开垦
地波海	90	240	附近分散着蒙古包
西尔布容	140	382	沿途有小山,水少,人烟稀少
红山	120	502	沿途一望无际的平原、草地
滂江	40	546	有电报局,土房十余户,并由十几名蒙古兵驻扎,居民少
贺诺托买	80	626	有喇嘛庙,十几位喇嘛,少数住家,有沙河
笼骨山	117	743	地势平坦,时有岩石露出,有井水
鲜盐脑	54	797	附近有青盐湖,多岩石,有井水涌出。附近有两处大浮沙,车辆通行困难
科布尔	210	1,007	附近为绥远、二盟的分界地,沙漠地带,人烟稀少
乌得	63	1,070	有电报局,地形与滂江略同。由此地通往库伦有中、东、西三条路,其中只有西路有电线方便通行,东中两路属无人区,行走困难
康奈	390	1,460	
叨林	194	1,654	乌得至此地间有土山、沙河,多沙漠地带,车辆通行困难。此地有大成汽车公司的蒙古包驻扎,负责该地的专项事务
和诺赛			常言“叨林乃第一翡岭”以山上岩石突兀闻名,是否出产翡翠尚不得而知。西南方向八里处有喇嘛庙,约2,000僧人居住于此。有电报局
同诺克	204	1,858	叨林至此地间山坡众多,多沙石道路,虽有小河小湖仍为荒漠地带,有大成汽车公司的蒙古包

续表

地名	各地间距离(里)	距张家口里程(里)	概况
大壩	220	2,078	此地为汗山支脉,位于蒙古高原以北,沿山而行有小湖泊和图拉河,向北注入贝加尔湖。河上木桥为三十年前由苏联人建造
库伦	90	2,168	库伦现状等在别处记述

三十七、关于山西省十年建设计划

山西省政府十年建设计划自民国二十二年开始着手实施,其宗旨为:政府以维护治安,人民富裕为职责,治安保则人民富,人民富则治安保。政治是经济的原动力,经济是政治的基础。因此,政治建设和经济建设必须同时进行。中国如今已成为列强诸国的经济市场,庞大的入超切断了中国生存的命脉,因此必须树立坚定不移的政策和详尽周密的方针以实现政治、经济建设。以此为前提,政治上,积极改善现行政策,实现地方自治,确立民生的基础;经济上,提高人民生产生活水平,发展公共事业,以十年后使全省人民每人每年平均生产至少增加二十元为基础;行政方面,厉行廉洁政治,改善警政,组织公安团体,整理财政,整顿教育卫生事业,完备社会及文化事业;实业方面,改善农工商业及交通等所有事业,以新设事业为目标不断推进。笔者在山西视察期间,曾目睹以阎锡山为中心上下级团结一致,为建设事业竭尽全力的认真劲儿,着实让人钦佩。以往山西省坚持阎的门罗主义取得了很好的成果,被评为全国模范省,这种干劲得到肯定。不难想象,如果没有阎锡山,山西人如此拼命的努力恐怕不会有此硕果。但仔细观察其实质和内容,也会发现十年计划并不是完美无缺的。对此我谨发表一些自己的看法,不必请教诸位先觉者就很容易发现交通方面的问题。山西省十年建设计划中,诸如同蒲铁路一类采用狭轨铺设,导致省内运输线路没有交汇点,也无法连通省外各铁路及平绥线。因此,不管是货物运出还是输入都需高额运费,不仅影响输出品原价,阻碍商品输出,也使输入品价格高攀。山西省之所以采用狭轨铁路,启动资金是原因之一,但如果考虑到未来的经济利害关系,铁路铺设费用是不成问题的。而且这种做法也违背了交通工具的本意。现在中央政府对法国要求将正太铁路改建为宽轨公开表示反对。对于这种错误的指导建设设施的做法,我等实难谅解。阎锡山所提倡的山西门罗主义已不再盛行。这种主义以山西一省的自给自足为目标,采取极端的孤立主义,在中国全国提倡国货之时山西省提倡“省货”,以把山西省建设为“入超大省”为口号。山西省的自给政策虽并不是完全不可能,但山西省是不可能独立成为一国的,尤其因山西省自古以来在金融经济上与中国全国都有着很深的渊源,有着密不可分的关系,所以由此其不可能实现独立的事实也可略知一二。

三十八、结束语

本报告书第一项“阎锡山与晋绥两省的重要人物”在对山西省各项调查研究中,首先对山西省的中心人物阎锡山以及其他相关重要人物的关系进行了梳理,并承认其重要性,开篇予以揭示。第二项“山西煤炭运输铁路铺设之急务”阐述了与山西经济开发息息相关的煤炭运输铁路铺设的重要性,不过都是些个人的见解,笔者没有这方面专门的技术性知识,仅就山西的地形与煤炭埋藏地的关系进行考察,并以在山间铺设铁路需沿河流施工的基本原则为基础,根据常规性的观测进行假定而已。此外,此路线虽不得不与平绥铁路并行,但因不横越八达岭,自然也就提高了运输能力,多少缩短了距离。考虑到山西省炭业的兴旺发达,铺设像这样的并行线路会越来越多。而现如今铺设并行铁路与山西的有利资源开发上的并行铺设一样被认为还不足以提到日程上来。“提倡设置太原、张家口常任办事员”是打入西北的第一步必要工作。“山西全省各县土地面积及耕地面积统计表”“山西省气象观测年表”“山西省林业试验基地每日温度降雨量表”“山西省棉花作物附亩数表”“山西棉花生产数量表”等诸多项目均为支持山西省的农业研究而进行。棉花等是山西省政府十年建设计划中最为重要的事项,现正计划改良增产。这对于像我们(日本)这种棉花需求国来说,在供给关系上的研究很有必要。“山西省实业厅发展矿区一览表”也在此有所揭示,在了解到山西人对炭矿经营的极大关心程度的同时,也便于了解煤炭所在地。“与山西省商业往来密切的西北各地”“西北商业衰颓的原因”“西北地区骆驼运输业的情况”“绥远省包头、宁夏、甘肃间里程及沿途概况”等诸项让我们看到山西商人自古以来是如何苦心经营西北贸易的,了解到在广大的西北根据地西北商人是如何扶植起其不可动摇的势力的。总之,与山西、绥远地区的经济关系挂钩,不仅仅是以当地未来的经济价值为目标,更在于山西、绥远的后方根据地,即外蒙、宁夏、甘肃、青海、新疆等地,甚至远至与西伯利亚大平原的经济往来。对于西北地区经济方面的研究是日满两国的当务之急,也可以称为是基于经济关系的一种国防政策。

本书中的统计数字均来源于山西省政府。只可惜只靠今夏短短三周的旅行时间进行的调查尚存不完整之处,日后如有机会希望能够加以完善。

昭和十年 10 月

察哈尔省资源调查队张家口班报告书

第一部一般经济

满铁·经济调查会

凡　例

一、本报告书是依据昭和十年(1935年)4月22日到6月3日间的调查写作完成。

二、调查员回来后,察哈尔和华北之政治情形发生了变化,河北省政府主席于学忠被贬到陕西、四川方面去了,察哈尔省当时的民政厅厅长秦德纯代替商震担任政府主席,宋哲元担任平津卫戍司令。因此,第二十九军内部的部分调动为必然。本文记录的是之前的情况。

三、关于察哈尔省的经济调查,中国方面的察哈尔省经济调查录里有详细的记载。其译文从本年三月开始刊登在《满铁调查月报》上,在此报纸上刊登过的内容,本文不会再追述,所以请参考《满铁调查月报》。关于张家口事件,也可以参考该报。

四、关于对平津方面的货物、家畜的进出状况,在三输调查员的报告中有详细记载,关于农业技术方面,在高岛调查员的报告中有详细之记载。

五、由于地点和时期的关系,不方便随意更改,因此只单单把并非很完善的资料进行排列而已,对此表示遗憾。

六、关于这次调查的资料收集,得到了张家口特务机关长松井中佐和领事馆员池田书记生等人帮助,才完成了本报告书。对在张家口的各位表示最真诚的感谢。

昭和十年10月完稿,经济调查会第六部(前天津职员)

调查员:近藤浩

参考书类

一、《万全县志》

二、《察绥蒙民的经济生活解剖》

三、《察哈尔省经济调查录》

四、《张库通商》

五、《西北开发察绥专号》

六、《西北＊＊》

七、《西北月刊》等

目录

序　文

由察哈尔省南部的经济状况来看,大多数居民以半农半牧的生活方式维持生计,大部分工业为手工业,在张家口仅仅可以看到电灯公司、制革等两三家机械工业。有关外国资本的进入,以在平绥铁路项目上对日本、英国、美国的借贷为最大。另外,英美烟草的“托拉斯”、“ソコニー(sokonii)”及“德克萨斯”等的石油也很显著。

以省城为中心的商业,一直以来,外蒙古和新疆地区为最大客户。但因外蒙古独立,贸易方面为“外蒙国营合作联盟”变身后的德华洋行独占;民国二十二年至二十四年,新疆多次大动乱,苏联方面也有渗入。这些变故使其丧失了一直以来的销路,商业极度萧条。察哈尔方面的经济调查不仅要理解现状,还须倾力追究过往贸易状况及今后之可能性。

第一章 绪论

第一节 沿革

察哈尔省在汉朝时期,属于上谷、代郡、雁门北部一带。鲜卑“乌桓”居住于此,晋朝时期是拓跋魏的领地,隋唐初年,为突厥占领。元代为上都路和兴和路的所在地,明朝为蒙古人占领,当时称此地为“插汉儿部”,后更名为“察哈尔”。

“察哈尔”的发音是蒙古语中“屏障”一词的意思。元末顺帝退居蒙古,传至第七代“达延可汗”,将蒙古各地分封给各个诸侯。其长子“图鲁”比其父达延先亡,因此,孙子“博迪”即位,专门管辖内蒙古东半部,将附近的长城作为其东南方向的屏障。察哈尔因此而得名,也是各部落中最为强大的,清朝时被灭。

清朝将此分为盟、旗,居民专以牧畜为业。光绪二十三年,清政府开垦了锡林郭勒和乌兰察布两盟的南部,设置了张北、多伦、丰镇、沽源、兴和、陶林、赤城七县,称之为“兴和道”。当时是开创时期,外省的移民,特别是河北、山西、山东的移民最多。他们的到来推动往昔的畜牧业向农耕业转变,蒙古人也被同化,逐渐抛弃了游牧的生活,开始从事耕、种、犁、锄,进入了农耕时代。

至民国三年又增设了宝昌、康保、商都、集宁四县,与之前的七县一起构成察哈尔特别区,并设置了都督府。此期间,外蒙古未有变乱,平绥铁道仅开通了张家口路段,称之为京张铁路。完成当天,内外蒙古以及绥远包头各地的货物都聚集在张家口,然后输出到平津地区。因此,当时商家林立,商业极其繁盛,在此地营业的外商也多达数百家,堪称西北各省第一。民国十年,库伦沦陷,外蒙古宣布独立。民国十三年俄中断交,张家口和库伦的交通一时断绝。由于京张铁路之延长线,绥包各地的货物再无需先搬运到张家口,再输送到各地。且当年张家口发生了大洪灾,经济失去活力,至今都难以恢复。民国十八年改为特别区,设立省制,将河北省口北 10 个县(从南口往北)万全、宣化、蔚、赤城、龙关、怀来、延庆、阳原、怀安、涿鹿编入察哈尔省,之前管的丰镇、兴和、集宁、凉城、陶林五县隶属绥远。

察哈尔省管辖共 16 县、锡林郭勒盟(其中被分为乌珠穆沁、苏呢特、阿巴嘎、阿巴哈尔及浩齐特等左右十个旗)、察哈尔部十二旗群(左翼:镶黄、正白、镶白、正蓝;右翼:正黄、正红、镶红、镶蓝计八旗,以及商都、牛羊、左翼、右翼四个牧群,统称十二旗群)。(达里岗崖牧场在现在的外蒙古区域内)省境北接外蒙古,东临热河,南近河北,西靠山西,与绥远接壤,辽远广阔,面积达30万平方公里,为西北边防要地。但是,全省的四分之一为蒙旗所占领,锡盟的十旗被各蒙古的王公分界管辖,遵从盟长的统治。另外,十二旗群各有酋长(请参照《盟旗制度略述》,关震革著,《新亚细亚月刊》第5卷第6期)。这些地区皆为省政府权力无法管辖的地区,故察哈尔省的实质管辖地域仅为十六县,约20万平方公里,各县面积如下表列出:

县别	管辖面积(平方公里)	县别	管辖面积(平方公里)
万全	6,100	涿鹿	2,079
宣化	10,625	龙关	7,000
蔚县	16,200	赤城	12,000
张北	88,000	商都	3,550
延庆	2,535	沽源	12,000
怀来	16,000	宝昌	8,000
多伦	11,032	康保	8,000
怀安	9,900		
阳原	6,600	总计	219,621

察哈尔省南部以自然环境分为口内和口外。所谓口内、口外,是指以张家口为中心划分而得。但也有另一说法,乃长城各口以外称为口外,以内称为口内。两种说法各有其道理,且张家口也为各口中之一口。口北(南口北部)十县位于最南部,以长城为界。长城以北为口外各县,商都、沽源、宝昌、康保等以前属于旗群,六县北部属于蒙旗的牧地,其中四群在各蒙旗的最南部,八旗在四群的北部,锡盟在八旗的北部,达里岗崖牧场也位于锡盟的北边,与外蒙古接壤,为之前的官马场。前清时期属内务府,现归军政部管辖。然最近为外蒙古合并,为国民政府无权管辖之区了。

第二节 地形、气候

一、A.地势、山脉 察哈尔省位于戈壁沙滩以南、长城以北,为塞外草原地。阴山的主脉横向由绥远进入察哈尔,分为两大脉:一脉沿着长城北面向东延伸,经过张北、沽源、商都等诸县,折向南边到达长城;此山脉叫作长尼图山脉;一脉沿东北向,经商都牧场,与东白岔山相接,此为大马群山脉。由此再往东北走就是兴安岭,即察哈尔、热河的界山。全区的高度在1,000米到2,000米之间,小部分在1,000米之下。华北地势由外蒙高原到沿海平原,由西北到东南地势分级下降。阴山为第一级,张家口为第二级,居庸关为第三级,由此到了北平平原。因此,阴山南部倾斜较急,不易攀登,但山北坡度较缓,顺势成为蒙古高原。

B.河流、湖泊 说到水系,阴山以北湖泊分布较多,含有盐、碱(苏打),尤其察省北部为多。贯穿全区的长河较少,河水多聚集于湖泊中。其中较大的为锡林郭勒河、乌攸特河、鸡林河、乌尔珲河等。

在南部,有上都河,它为赤木伦河、滦河、沽河的源头。另桑干河、洋河在永定河的上流。(详细资料可参考《察哈尔经济调查录》的日译本、《调查月报》)

二、气候　察哈尔的气候根据竺可桢的分类,属于口外草原区。一年中的平均降雨量为200毫升到400毫升,平均气温为5摄氏度到10摄氏度间。全年降雨量变化较大,5月至9月期间,雨量多。全年平均气温为15度以上的,从5月到9月大概150天左右。但是昼夜温差极大,从三四度到20度左右。每月平均温度,7月最高,大约在20度到25度之间。最低温度在12月或者1月,甚至达到零下10多度。日均最高气温可达30多度,最低气温可达零下30多度。终年以西北风较多,春秋时有狂风,常常损害幼芽和果树。大概而言,越往西北方向走,受到大陆性气候的影响就越多,因此,越往西温度差就越大。

第三节　人口

察哈尔省大半为蒙地,所以人口稀少。全省80多万平方里的面积里,仅有190多万人口,平均每平方里仅仅2人左右。与江苏、河北、山东等每平方里平均人口数十乃至百多人的城市相比,真是天壤地别。另外,从各县的情况来看,万全县有92,000多人,蔚县相比较多,其他都仅仅数万余人。60,000人数左右的有4个县,40,000人数的3个县,30,000人数的2个县,20,000人数3个县。察哈尔省首府张家口有78,000人,人口本应历年增加的区域却相反地不断减少。民国十二年万全县人口为123,800人,张家口为127,000[①]人。民国二十二年,万全县92,900人,张家口78,000人。十年间,万全县人口减少了三分之一,张家口减少了二分之一。其中不可排除的原因是,灾荒年的缺粮和丰收年稻谷价格下滑导致农民生活困难以及兵灾、匪灾。农民无法安居乐业,且由于卫生条件的不具备,不知预防疾病和医治,死亡率特别高。蒙地人口也就更加减少了,锡盟以及察哈尔部的蒙古人总计仅仅为150,000多人。关于蒙民人口衰减之原因,结合已有参考文献,试着进行了分析。

察哈尔原先的住民——蒙人的经济生活大多依赖畜牧,后稍微进步也仅为半农、半牧阶段。他们往往向土地环境条件好的地方进行游牧或移垦,又或一段定居生活时间后转移至另外的土地去,生活是移动性的。也由于此,对开化程度较高的察哈尔部的户口数进行推测显得尤其困难,年年增减存在不规则性。但蒙古民族整体由以下所示原因而导致人口的递减率呈现加速倾向。

A.宗教　清代的蒙古民族彪悍好斗。历史上,汉人受到蒙古人的多次重创,要想长远统治蒙古,根据喇嘛教,需考虑柔化其民族性,防止民族的繁衍。于是奖励蒙古人民成为喇嘛僧。大部分蒙古人家庭里,长子从事畜牧,二儿子以下就加入喇嘛寺庙,由此限制了蒙古人的增加。与此同时,又削减了蒙古民族在经济上的生产力。

---

① 译者注:此处原文为127,00,应为印刷错误,结合上下文推测为127,000。

B.病害　蒙古社会的大部分处于游牧状态,一般百姓不能享受近代的物质文明生活(少数王公贵族除外),有着各种恶习,在野外丢弃尸体,焚烧畜粪,随处大小便。这些不讲卫生的思想,对蒙古人的生理产生了很大的毒害。其次,喇嘛僧遍地都是。宗教戒律上不允许娶妻,因此,他们不得不努力克制人类必有的性欲,但其结果却适得其反。他们从禁欲中爆发,随时乱与妇女发生性关系,导致花柳病泛滥。另外,医院又没有设备,任其传染。他们相信成为喇嘛僧就可以得到佛的恩赐,于是流行病越发蔓延开来。即使生病了也不治病,一切都归结为因果报应,相信依照佛法就可以驱赶病魔。富者还请喇嘛诊察开药,穷人连这也办不到,只有坐着等死。根据贺杨灵等人的调查,在察绥地区因性病死亡者,每年可高达三四百人以上。

此外,由于气候的关系还有一种疾病发生。察绥、蒙古地区一带属平原,每年进入降雨期,空气中充满湿气,池水腐烂、发臭,居民就会染上一种疾病。每年夏季,因蒙古独特的风土病而死的人数很多。另外还有一种叫作"黑死病"的疾病,在蒙古民间相对较少。并且,蒙古人对很多病源很敏感,一旦染病便容易死亡。因此很少在蒙古见到七八十岁以上的高龄者。

C.灾乱　从清初到民国期间,天灾和兵乱在此地没有间断过。在中国水灾、旱灾较多的地区可以数出一二十个来,旱灾比水灾更为严重。察哈尔南部(口内十县),比较而言气候温和,除了几个雨量较多的地方,口外十二旗部均属于高原地带,海拔4,500尺。因纯天然的大陆性气候,冬天严寒、夏天酷热、风沙较多、雨水极其稀少。锡盟和达里岗崖牧场的气候比口外的更加恶劣。因此,察哈尔人民甚至有"十年九旱"的谚语。民国十三年以后,察哈尔省因连年干旱,农民纷纷离散。牧民因干旱水草枯萎,投奔他旗,找寻牧地,逃亡外蒙、热、绥的人也不在少数。

人口的减少受战乱的影响更为严重。从过去以及近来的情况看,清太祖征服察哈尔部,蒙民壮丁多次被征兵为蒙古兵。民国元年10月外蒙独立,内蒙被外蒙侵略。民国二年8月,多伦镇守使王怀庆多次苦战,渐渐将外蒙军逼退。其间被捕获或被杀的人数至今虽未保留,但据说非常之多。可以说当时的蒙民受到的灾难是相当惨烈的。这样的兵乱从清代开始,多次的征兵,以及汉民族经济上的压迫,均为蒙民人口剧减的重要原因。

民国二十二年,依据贺杨灵等人所做内蒙在住蒙民的人口调查,察哈尔人口如下所示:

察哈尔四部

群　别	人　口	群　别	人　口
商都牧群	7,763	右翼牧群	8,894人
牛羊群	6,644		
左翼牧群	1,628	总　计	24,929人

察哈尔八旗

旗　别	人　口	旗　别	人　口
镶黄旗	3,593	正红旗	2,269
正白旗	3,513	镶红旗	1,903
镶白旗	1,872	镶蓝旗	2,118
正蓝旗	2,894		
正黄旗	5,238	总　计	23,346

察哈尔十二旗群的人口总数

旗　群	人　口
察哈尔四群	24,929
察哈尔八旗	23,346
总　计	48,275

另外，清初蒙古的人口与现在人口数比较后可看到惊人的锐减，如下所示：

察哈尔盟旗人口的减少数

盟旗别	清初人口	现在人口	减少数
察哈尔八旗	46,500	23,346	13,154
锡林郭勒盟	86,250	36,800	49,450
总计	132,750	60,146	62,604

由以上总计来看，察哈尔全省的蒙古人总数可以粗略推测为如下表所示：

旗群人口

察哈尔四群	24,929	锡林郭勒盟	36,800
察哈尔八旗	23,346	总　计	85,075

民国二十三年察哈尔省户口县区国籍统计表（含军队）
张家口公安局调查（四月）

(一)中国人户口

县名	户数	男	女	男女总计
张家口市	29,043	96,245	48,584	144,829
万全	29,551	86,366	74,695	161,061
张北	33,142	90,809	63,560	154,369
蔚县	86,508	212,974	218,503	431,477
宣化	61,226	215,085	141,743	356,838
延关	27,932	81,911	66,550	148,461
怀来	50,121	125,177	91,393	216,570
涿鹿	28,060	82,092	56,698	138,790
怀安	30,224	66,441	66,002	132,443
赤城	22,897	45,234	49,060	94,294
康保	20,990	39,446	49,060	88,506
商都	21,275	51,141	30,280	81,421
阳原	32,011	75,788	63,538	139,326
龙关	24,364	57,558	50,495	108,053
沽源	20,382	35,811	31,089	66,900
宝昌	10,976	29,754	22,873	52,627
崇礼	26,026	58,965	38,547	97,512
尚义	7,258	21,593	12,621	34,214
化德	4,961	12,582	11,079	23,661
总计	566,947	1,484,972	1,186,370	2,671,342

(二)外国人户口

县名	国籍	男	女	男女合计
张家口市	英国	4	2	6
	美国	1	7	8
	德国	2	1	3
	法国	3	0	3
	苏联	44	37	81
	日本	20	9	29
	其他	13	19	32
	无国籍	3	9	12
张北		10	3	13
蔚县		3	4	7
宣化		6	6	12
怀来		3	3	6
涿鹿		0	1	1
怀安		2	1	3
赤城		4	2	6
商都		63	32	95
龙关		2	2	4
宝昌		12	0	12
尚义		1	0	1
总计		196	138	334
计	英国	13	11	24
	美国	10	7	17
	德国	6	6	12
	法国	16	11	27
	苏联	44	37	81
	日本	20	9	29
	其他	84	48	132
	无国籍	3	9	12

察哈尔、绥远的汉蒙人口总数对照表

族别	人口数	百分比
察哈尔、绥远汉人	3,849,389	93
察哈尔、绥远蒙古人	282,394	7
总计	4,130,783	100

张家口市民国十年、二十年户口调查对照表(依据《万全县志》)

年别/类别		民户	商户	寺庙	乐户	公共场所	总计
民国十年	户	10,653	4,212	65	231	137	15,298
	男	22,287	27,041	128	735	2,799	54,046
	女	16,053	1,354	4	986	18	18,416
	学童	12,154	479		95	7	12,735
	壮丁	10,426	17,308		451		28,297
民国二十年	户	13,138	3,124	67	85	210	16,624
	男	27,279	22,058	173	370	4,294	54,174
	女	22,306	772	7	481	296	23,862
	学童	2,865 2,427	263 84		34 79	126 84	3,286 2,674
	壮丁	10,945	11,241		128		22,314

第二章 交通

第一节 概况

察哈尔省南连长城,北接沙漠,以达里岗崖牧场和车臣汗为边境,位于热河和绥远之间,庇护着河北,巩固着中国的边疆。民国成立后,设置了特别区,将山西的兴和、丰镇、陶林、凉城四县划归其管辖。如今设置了省,将以前划入山西的土地归于绥远,且河北的万全、宣化、赤城、龙关、怀来、阳原、怀安、蔚县、延庆、涿鹿十县归于察哈尔省。以上虽同于前面所述,但因在交通这一章节中需要说明区域,故此再述。

国民政府害怕东边受日本扶持的满洲政权的威力以及苏联的南侵,将此地作为国防线,计划在各地设立无线电台,试图独自进行交通规划开发。但察哈尔南部山岭重重,且贫弱的财力使其举步维艰,骆驼、牛车等充当了极为重要的交通工具。近年来,正积极进行公路建设,发展汽车运输。

第二节 铁道

察哈尔的铁道交通仅仅依靠平绥线一条线路。平绥线以北平为起点,途经察哈尔省南部的延庆、怀来、涿鹿、宣化、张家口,到达怀安,延续到绥远省,经过察哈尔省,沿线长达 370 余千米。该线路最初被称为京张铁路。前清光绪三十一年,袁世凯等人奏请使用关内外铁路(现在的北宁线)的余利金来铺设该线路,任命詹天佑为技术总指挥。光绪三十三年八月,完成了北京至张家口间的铁路。现在已经延长至包头,预想是自包头向西延长,经五原南下到宁夏,自张家口北上到多伦(参考《铁道年鉴》)。但由于经费问题,尚未实现。

第三节 道路

察哈尔省的道路(一般不称国道、县道而称公路)狭窄且荒芜。现在大体上经过修整,可以通车的道路有:北边的张库、张多,东边的张平,西南方向的宣蔚等线路。其他的各线路眼下仅仅可以通骡车或者还在计划开通中。汽车交通方面,张库线通到库伦,张平线可通到北平,

其他路线大概仅达到可通车的程度了。以下分为干线、支线两项略述:

甲、干线　察哈尔省的汽车公路总共六条,分别是张库、张多、张平、宣蔚、宣化、赤沽。

(1)张库路:自张家口往西北,到达库伦。途经张北、加卜寺、四里崩、明安(滂江)、二连(滂北)、乌得、塞尔乌苏、叨林等站,全长2,800华里。乌得站位于察哈尔与外蒙的边界线。察哈尔省内距离大约1,400多华里。全路段大多数穿行于沙砾中。张家口至张北约百余华里路段山岭较多,经过测量正设计开发改修。(出张家口大境门,经汉诺尔壩、黄花坪、猴儿山等,到张北。)比其以往绕万全旧县出神威台的路快许多。唯大境门、汉诺尔壩一带山路崎岖,开凿非常费力(劳力费用)。从张北到猴儿山部分为可以通车路段。

(2)张多路:从张北向东北方向延长,经过延候、二台、别列等站,到达多伦,全长580华里。由别列到多伦之间有另外一条线路,与张多路相比,该路线有70华里长,在张多路秋夏不得通行的时候,便可以使用这条路线。

(3)张平路:自张家口沿平绥铁路,进居庸关,直达北平。经宣化、怀来、延庆、昌平等站,全长385华里。因有铁路,该公路未常使用。且道路离洋河近,常蒙受洪灾之苦。同时张宣路从省城起经过宣蔚、宣赤等地,是极为重要的交通枢纽。

(4)宣蔚路:自宣化往西南方向延长,经深井堡、化稍营、北水泉、西合营、代王城等站,达蔚县,全长240华里。沿路物产丰富,蔚县煤炭最有名。此路在民国十八年、十九年间试着修筑了一回,还没到蔚县就中止了。二十二年冬初,虽修整了全路,但也只能稍微通车,沿路经过五虎山、十八盘山,山路崎岖。即便进行了修筑,桑干、洋两河不定时的泛滥,要修筑永久性桥梁的话,察哈尔一时的财力是无法力所能及的。现在虽有浮桥,但难以应付丰水期的河流泛滥。

(5)宣赤路:从宣化起东进,经赵川堡、龙关县,到达赤城,全长180华里。从宣化到镇阳关的80华里路段可以通车。从锁阳关至龙关县城路段还需要开修。龙关—赤城路段途中经过剪子岭,长30华里,虽可通汽车,但剪子岭和赤城间路段还不得不修理。此路为中国国防上的要线,龙关铁矿质量极其好,因此该道路的修筑是不容忽视的。

(6)赤沽路:从赤城往北走,上溯到白河流域,经北云州堡、三山堡、独石口,出长城到达沽源,全长150华里,略可以通车。

以上六条路线,总延伸4,335华里,除开在省外的张库、张平,延伸2,840华里。

乙、支线　为干线的存在赋予意义,所以跟干线一样有价值。

(1)省沽路:自大境门东北向延长,经张北县太平庄(西湾子),到达沽源。该线路同为中国国防要线,大境门至太平庄间路段长百十华里,略能通车。

(2)张沽路:从张北直入沽源,全长190华里,可通车。

(3)沽多路:从沽源直入多伦,全长240华里,可通车。

(4)张宝路:自张多路的延候、二台站出发,往北经过马拉台庙,到达宝昌,全长160华里,可通车。

(5)张康路:从张库路的保平村(馒头营)站起,过北满克图、土城子等站,到达康保,全长160华里,可通车。

(6)张商路:从张库路的庙滩往西北方向,经大青沟到达商都,全长230华里,可通车。

(7)沽商路:从沽源起往西,成一大弧形,经高山堡、宝昌、康保、加卜寺,到达商都。与张商、张库、张康、张宝、张多路一起成辐射状,全长420华里,可通车。

(8)张柴路:自张北向西南延长,经土木路进入长城谷,到达平绥铁路的柴沟堡,全长245华里。土木路一带煤炭产量虽多,如果不开修道路,眼下不能通车。

(9)化柴路:从宣蔚路的化稍营往北,经张地怀安等要地,到柴沟堡站,全长120华里。怀安—柴沟间的60华里路段略可通车。从化稍营至怀安60华里路段,途经中南岭必须开矿。

(10)阳化路:从阳原起往东延长,经东城,到达化稍营。此乃省城至阳原的要道和经济动脉,全长85华里,可以通车。

(11)蔚阳路:从蔚县的北面通到阳原,途经巨岭(产煤地),全长120华里,不能通车。

(12)西花路:从宣蔚路的西北营起往东北延长,途经吉家庄、桃花堡,通过涿鹿县的禅房堡、宣化县的宣耀堡,到达涿鹿县城。另外,从同县城起,到平绥铁路的下花园站,全长170华里,虽大多为崎岖的道路,但强行通车还是可以的。

(13)赤沙路:从赤城起往西南,经龙关县的雕鹗堡、长安岭,到达平绥铁路的沙城站。上接赤沽、宣赤等公路线,下通平绥铁路,也为中国的国防线,全长150华里,可以通车。

(14)永礬路:自延庆以东的永＊堡起,往西延长,经延庆、怀来等县城,到达礬山堡,全长106华里,略能通车。

此外,还有张贝、张白等路线,皆可通车。

(1)张贝路:从张库路的滂江起,略往东北方向延长,经苏尼特旗地,到达阿巴哈尔左旗的贝子庙,全长1,000多华里。贝子庙是锡林郭勒盟皮毛畜牧聚集的地方,附近有未开发的煤炭、铁矿。

(2)张白路:从张库路的四里崩起往西延长,经西苏尼特王府,进入绥远境内。经玻璃台庙、毛驴庙、扎根庙等站,到达绥远、固阳以北的白灵庙(白灵庙是贝勒庙的转音)。全长虽有1,050华里,但本省境内只有200华里。为本省口外通往西蒙的要道。

(3)商都各线路:商都西南的两面皆以绥远为境。商兴路通往兴和,有180华里,本省境内有40华里。商柴路通至集宁(平地泉)有140华里,本省内有40华里,均有汽车来往。

第四节　邮局、电信、电话

A.有线电信　察哈尔省属于察热绥蒙电政区,本省境内的线路:(一)从张家口起,沿东南平绥铁路,经宣化(75华里)、怀来(153华里),到达北平(191华里)。(二)沿西北张库汽车路线,经张北(110华里)、滂江(504华里)、二连(300华里)北上进入蒙地,到恰克图,与西伯利亚线路相接。此外大北电报公司的另一线,与上述的第一线一起合称为平蒙干线。(三)西南沿平绥铁路,经过柴沟堡(135华里),进入山西大同(186华里)。此外还有一条路线,自张北东北起,经沽源(200华里)、多伦(200华里),到达热河的经棚(480华里)。

B.无线电信　本省境内的国营商用无线电台只在张家口有一处,通信符号为XKE,放射电力为100W,可与天津、绥远等地通信。省政府里也有电台,放射电力为250W,通信符号为YFL,可与南京、北平、天津等地通信。另外,还有150W的军用电台两处,为第二十九军陆军所有。

C.电话　省内的商用电话只在张家口有一处,称张家口电话公司。创设于民国二年,资本100,000元,总局设在下堡内,有交换机五部。分局位于明德北大街,有交换机三部,现在使用的户数约为470户。想来张库交通阻断,商业不振,使用户数相应减少。且官署公馆话费半价,每年的收入仅能满足经费。关于军用长途电话,设有军用长途电话局,民国十五年创办,覆盖了口北十县,军情的传达实际依赖于此。现在该局隶属于本省的建设厅。军用以外亦可商用。

D.邮政　中国的邮政区分为23个区,察哈尔省属于北平邮务区。在张家口设立了一等局,在宣化、张北、怀来、蔚县、柴沟堡、南口、多伦设立二等局,在独石口、新保安、西合营、阳原、怀安、延庆、康庄、涿鹿设立三等局,在此下面大约有36个代办所。

第五节　水运

察哈尔省为塞北之地,山岭重重,河源水浅,舟行不便。唯滦河上流,至多伦茶棚始见水利设施。

第三章　农业

第一节　荒地开垦过程

察哈尔的农业自古在文献中便有记载,明代中期以前,已经为广阔的垦殖地了,土地肥沃脍炙人口,都为不争事实。清初与绥远一起为八旗的粮地,招募壮丁来开垦。地主将当年收成的一半分给佃户,作为粮饷(士兵的俸禄)。清中期以后,关内农民迁移过来的人渐渐增多,他们无视粮地制度,不缴地价,超越境地随意开垦种植;移住者日渐增多,还有人向王公借来耕地,或者王公自发进行借贷,这也是近来私租地的由来。光绪二十八年设立了督办垦务大臣,下令贻谷担任,专门负责开垦事宜。之后,由国家按规定正式处理垦务,荒地的开发也正式由国家来管理。

贻谷监督垦务,治理沿边各地,范围非常之广。察哈尔都统所辖各旗地,以及陕西平罗等县也在官贷耕地范围。因此,那个时候的垦务兼管现在的察哈尔、绥远两省以及沿边各地,垦务区域分布在东垦、西垦、土默特牧场地,以及各＊车站地各部。当时统计有77,560顷以及官有永租地 2,000 顷。

其中东垦在察哈尔的右翼和左翼,右翼是镶红旗、镶蓝旗、正黄旗、正红旗四旗,属于丰、凉、兴、陶四县,设立了清丈局和东路垦务公局。左翼是镶黄旗、镶白旗、正白旗、正蓝旗四旗,属于张、独、多三县。贻谷和察哈尔都统一起在张家口设局,进行事务。其他大多属于王公牧场,光绪二十九年到三十年间,当时察哈尔右翼有 15,000 多顷,左翼有 11,100 多顷。其余的西垦以下大部分是现在的外蒙、绥远之地。

光绪三十四年贻谷错杀了蒙人丹丕尔,被罢免。各丈地局和各公司也都随之结束,停止工作,垦务受到了很大的影响,直到民国四年。因此当时转让地仅有 1,800 余公顷。

民国四年经过内务、财政、农商三大部门的协议,讨论改组察绥两区的垦务机关之办法,改督办垦务公所为督办办事处,设立垦务总局,整顿现状。各蒙旗相继积极丈量之前没有测量过的土地进行转让,未登记的土地派官员去劝其登记。分局以及地亩局的组织据时、据地而变更。此外,察哈尔的垦务受到与前清时期察绥一样对待处理。民国后垦务局设立,计划一一得到落实,取得了较大的成绩。但从十三年起,屡次政变,土匪横行,连连旱灾,很多垦户逃亡,已经开垦出来的土地大半又荒芜了。十六年三月,垦务局被实业厅合并,设置了放垦(垦地转让)、清丈(土地丈量)、收获这三处,但是因被打乱,怎么都看不到实际成效。到十七年,上述三处又被废除。民国二十三年十二月,省当局设立了农村建设委员会,以此继续管理丈放。

直到上述三处被废除的民国十七年,总计前后有两百多年,口外六县的转让土地合计约49,000顷左右,详细情况见下表。

口外六县垦务统计表

县别	已耕亩数				合计	未耕亩数				合计
	水田	旱田	园艺	其他		荒地	荒山	盐滩	其他	
张北	53,000	1,567,000			1,620,000	1,500,000				1,500,000
多伦		128,000	4,000		132,000	270,000	54,000	55,000		378,122
商都		1,000,000			1,000,000	1,040,000	310,000	70,000		1,420,000
沽源	400	785,000	2,200		785,600	800	以亩计算	1,000		1,800
宝昌		600,000	100		600,100	500,000	100,000	100,000	50,000	750,000
康保	831,700	1,040			832,740	695,465.05	258,600	31,250		1,987,315.05
总计	885,100	4,081,040	4,300		4,970,440	4,006,265.05	722,722	257,250	50,000	5,038,237.05

注:盐滩为包含天然苏打的洲。单位为亩。

第二节　耕地与农民

一、耕地面积和农民户数

根据北平地质调查所的测量,察哈尔省的耕地面积为:

已耕面积168,390公顷,占总耕地面积的4.1%;

水田面积18,550公顷,占已耕面积的11.0%;

旱地面积149,840公顷,占已耕面积的89.0%;

作物栽培面积占已耕面积的96%。

农民户数和人口为:

总户数394,000户,农民户数309,000户;

总人口1,986,000人,农民人口1,558,000人;

民户数占总户数的百分比、农民人口占总人口的百分比都为78%。

根据以上数据,察哈尔的耕地面积占总面积约百分之四,已耕地面积中的旱地大约有十分之九。作物面积、栽培面积和耕地面积大体相同。以察哈尔总面积97,118方英里来计算的话,人口密度为每方英里有二十家农户,占总户数的约百分之七八十左右。总人口的人均拥有已耕地面积为8.48亩,每户农民的平均耕地大约有54亩。

根据各统计,本省可耕荒地面积和农户数都多少有些差异,很遗憾没有可依靠的正确数据。

根据前北平农商部的统计,历年耕地面积为:

民国三年 1,649,681 亩

民国四年 1,547,280 亩

民国五年 1,546,300 亩

民国六年 1,854,651 亩

民国七年 2,854,651 亩

民国八年 2,540,829 亩

民国九年 2,830,441 亩

另外,根据察哈尔省建设厅最近的统计,察哈尔省各县的农民和耕地的数字如下表:

户口耕地	万全县	蔚县	宣化县	阳原县	龙关县	赤城县
耕地面积(亩)	535,000	867,053	1,282,599	884,109	346,749	342,240
农民户数	11,869	37,276	35,495	21,613	11,963	10,525
农民人口数	49,869	223,656	139,509	79,309	51,891	52,952
每户农民平均拥有耕地面积(亩)	45.08	23.26	36.13	40.91	29.00	32.51
农民人均拥有耕地面积(亩)	10.70	3.87	9.13	11.12	6.68	6.48
户口耕地	涿鹿县	怀来县	怀安县	延庆县	张北县	沽源县
耕地面积(亩)	355,940	450,020	607,183	211,214	3,249,440	549,400
农民户数	10,224	18,000	23,800	13,600	25,064	7,679
农民人口数	46,324	145,000	118,900	70,111	105,669	39,457
每户农民平均拥有耕地面积(亩)	34.81	25.00	25.51	15.52	129.64	71.55
农民人均拥有耕地面积(亩)	7.68	3.10	5.10	3.10	30.75	13.92
户口耕地	商都县	康保县	宝昌县	新源县	总计	
耕地面积(亩)	2,500,200	954,559	598,454	160,260	13,894,520	
农民户数	12,949	9,230	6,595	6,765	262,653	
农民人口数	57,165	38,685	52,569	50,172	1,301,434	
每户农民平均拥有耕地面积(亩)	193.08	103.41	90.74	23.69	平均 52.90	
农民人均拥有耕地面积(亩)	43.75	24.67	18.37	3.19	平均 10.68	

张北、商都两县耕地面积最大,商都每户农民平均拥有耕地面积最大,张北、康保次之,宝昌、沽源再次之。

二、耕地的种类

根据民国二十三年省政府调查:

水田 645,810 亩,旱田 13,177,771 亩,桑园 243 亩,果园 13,134 亩,菜园 57,562 亩,共计

13,894,520 亩。

另外,全省耕地面积中,旱田等所占比例如下所示:

水田 4.65%,菜园 0.4133%,桑园 0.0017%,旱地 84.74%,果园 0.095%,其他 10.01%。

阳原县的水田最多,约 26 万亩,宣化、怀安、涿鹿、万全、怀来、张北、蔚县次之,其他各县占极少数。

一般在西北地区,利用渠水进行灌溉的田地称为水田,不用渠水的田地称为旱田,与江苏、浙江一带称为水田、旱田的意义不一样。菜园,在阳原最多,约有两万亩,涿鹿次之约有10,000亩。果树园,怀来最多,约有 6,000 亩,宣化次之,有 2,600 亩,万全又次之,约 1,500 多亩,其他不足 1,000 亩。桑园只在新源有 120 亩,除此之外,怀安、龙关、宣化、怀来、阳原各县有一二十亩,全省也不过二百三四十亩而已。

另外,根据民国二十年度调查,口外六县的已耕地面积约 49,000 顷,未开垦土地为 50,000 多公顷,盟旗管辖区内的可耕地面积还剩有 2,869,000 公顷。

三、农民阶级

根据国民政府以及省政府的调查

全省人口　19,000,000 人　全省户数　394,067(民国二十年省政府调查数)

农民人口　1,497,760　　农民户数　212,536(民国二十年省政府调查数)

　　　　　1,607,367　　　　　　　261,653(民国二十三年国民政府实业部调查数)

观察上述人口的构成率,根据省政府建设厅二十年度调查,地主 16 户、自耕农 34 户、半自耕农 26 户、佃农 24 户,每户平均耕地面积是 52 亩,每人 11 亩,其详细情况如下表所示。

按所属以及耕地面积分类的户口表

亩数类别	地主		自耕农		半自耕农		佃农	
	户数	人口数	户数	人口数	户数	人口数	户数	人口数
50 亩以下	13,361	66,930	44,164	228,841	31,790	128,120	36,188	162,117
50 亩以上	15,685	73,958	32,164	154,159	25,205	117,386	25,014	111,771
百亩以上	17,833	77,259	26,342	132,272	24,249	111,310	12,718	55,365
千亩以上	2,355	16,010	2,337	16,622	1,380	9,024	1,756	5,632
总计	49,234	234,157	105,007	581,894	82,624	395,840	75,678	335,885

从上表计算得出,耕地面积达到千亩以上的有 7,828 户,47,288 人。这是该省特有的情况。在口外六县,实施三年轮作的粗笨农法,完全没有施肥除草。如用牛马犁田的六口之家,每户耕作五千亩是容易的事情。实业部中央农业实验所二十二年度农情报告表明了佃农渐增:

年份	佃农	半自耕农	自耕农
1912(民国元年)	30	41	29
1931	38	36	26
1932	39	34	27
1933	42	32	26

上表显示了口内八县的数据,地主包含在自耕农中。

附　家畜头数

根据民国二十一年中央农业实验所的数据,察哈尔省的家畜头数(以千头为单位)如下:

牛108,马95,骡子61,驴174,羊4,651,猪399,鸡2,550。

根据察哈尔省建设厅的统计,各县的主要家畜数如下表数据所示:

种别	万全县	宣化县	蔚县	阳原县	龙关县	赤城县	延庆县	涿鹿县	怀来县
牛	257	120	105	785	30	7,115	250	56	1,600
羊	7,652	21,560	12,480	3,825	500	10,625	26,300	2,560	34,500
马	876	100	63	348	15	760	120	70	1,500
驴	268	1,900	1,045	455	100	1,040	1,520	63	18,000
骡子	185	700	228	284	25	128	180	100	4,500

种别	怀安县	张北县	沽源县	商都县	康保县	宝昌县	多伦县	总计
牛	—	10,000	1,300	1,800	3,215	583	—	27,214
羊	2,600	20,000	14,000	15,000	23,765	16,724	—	212,091
马	—	15,000	240	1,200	1,745	242	—	22,277
驴	—	—	—	340	330	124	—	25,158
骡子	—	500	—	450	162	15	—	7,457

以上为中央农业实验所及建设厅就各县情况进行的估计,各盟旗地的家畜未包含于其中。蒙地面积模糊,蒙人为游牧生活,因此其家畜数量较各县要多,且富裕,但目前没有正确的调查统计数据。

中央农业实验所的估计数据,比建设厅的统计多很多。

牛、马、骡、驴的头数约5倍,羊的头数约21倍。关于家畜头数,在各县很难得到正确的数据。但是,总体上实验所的数据为建设厅的约20倍。另外,以此与全国产量相比较来看,其中的百分比(中央农业实验所农情报告汇编记载)为:

牛0.5%,马4%,骡子2%,驴3%,羊4%,猪0.3%,鸡0.5%。

另外,以各县的家畜总头数除以农民的总户数以及耕地面积,得出平均每户饲养的家畜头数,也可以得出在单位面积的耕地内使用的家畜头数:

项	统计部门	牛	马	骡子	驴	羊	猪	鸡
每农户平均饲养	建设厅	0.09	0.07	0.02	0.08	0.70	—	—
	农业实验所	0.35	0.31	0.20	0.56	15.05	1.30	8.25
耕地每顷	建设厅	0.16	0.13	0.04	0.15	1.26	—	—
	农业实验所	0.64	0.57	0.36	1.03	327.70	2.37	15.12

第三节　生产与效益

一、汉人与蒙古人的农牧方式

察哈尔农民的经济生活状态分为纯农、半农牧、纯游牧三大部分,其中中南部为纯农和半农牧。在这些区域里,蒙民因牧地的缩小,在生计上受到相当的威胁,不得已跟随汉人经营农业。这种状态在中南部的各旗里很自然,但大半还是以牲畜为主,农业为副,或者成为地主让汉人成为佃户。这样的"不单纯作业"是生产方式转变过程中免不了的现象。但游牧作为蒙古人唯一的工作,他们不愿意抛弃传统的技能。因此,即使改变游牧的方式,成为定居的农民,也要围绕着住宅周围高五尺的土篱笆安上开闭式的门。在这有限的范围内,饲养牛羊。饲养方法虽和汉人一样,但家畜种类不一。一面是倾向于饲养猪、牛、骡,另一方面为大部分饲养牛、马、羊。这是由生产条件决定的:以农业为主的汉人自然大多需要牛、骡,用于耕作或者驼运;以畜牧为主的蒙古人自然大多需要牛、羊、马,用来交换农产物或者货币。生产条件不同,土地权也不一样。蒙古人有牧地使用权,但汉人没有公共的牧场,于是对旗王府必须承担相当高的纳税义务。以普通马、牛、羊、骆驼等的头数为课税标准,夏季水草丰富,每头缴纳三角或者四角;冬季因水草枯竭每头只缴纳一角或者二角。关于牧场的赋税,大集落和小集落的征税是不一样的,牛马五千头以上的大集落,每年征税三四百元或者五六百元,二三百头的小集落每年征税二十元或者三十元。这种负担蒙古人是没有的,对于汉人始终是一种副业的态度。

蒙古人对农耕的态度,仍然或多或少有蔑视的成分。自己不耕作,专门以收地租为生,雇佣汉人来代替耕作等。但因牧地的缩小而感觉到了生存竞争的压迫,如前面所述产生了与汉人的农业生活同化的现象。

二、农作物及生产费用

根据国民政府主计处调查,察哈尔省农作物的种类及亩数(千亩)如下表:

年份	大麦	小麦	高粱	小米	玉米	马铃薯	大豆	黑豆
平年	340	1,199	1,652	3,350	418	—	1,025	69

续表

年份	大麦	小麦	高粱	小米	玉米	马铃薯	大豆	黑豆
1932	344	1,422	—	—	—	—	—	—
1933	258	560	1,900	4,020	—	942	—	—

另外，依据民国二十年农情报告篇中表格得以下数据：

亩　数

（单位：千亩）

年份	小麦	大麦	高粱	玉米	小米	糜子
1931	1,900	748	1,306	418	3,807	158
1932	1,797	753	1,214	371	3,716	203
1933	1,246	598	1,900	—	4,020	255

产　量

（单位：千亩）

小麦	大麦	高粱	玉米	小米	糜子	豌豆	绿豆
188	76	122	82	607	14	—	—
226	91	396	103	679	33	—	—
178	100	306	—	627	30	540	177

主要农产物口内十县里有谷子、高粱、小豆，口外六县有莜麦及豌豆等。一亩的单位生产费用及收益在口内分别是：谷子 4.85 元和 5.15 元，高粱 4.5 元和 7.56 元，小豆 4.52 元和 6 元，小麦 2.83 元和 4.13 元，豌豆 2.58 元和 1.48 元。

（尤其是豌豆的地租、劳费总计 1 元，莜麦总计 1.3 元。）现在种植最有利润的是小麦和高粱，平均耕地面积 52 亩获得的利润即使不加地租和劳费也不过只有 222 元。

按作物分类，耕作一亩的生产费用表：

费用项	口内			口外		
耕作	谷子	高粱	小豆	莜麦	小麦	豌豆
地租	九角	九角	九角	三角	五角	五角
赋税	五分	五分	五分	六分	五分	五分
亩捐	一元	一元	一元	三角	五角	五角
劳银	一元二角	九角	九角	一元	五角	五角

续表

费用项	口内			口外		
畜费	五角	五角	五角	二角	五角	五角
肥料	九角	九角	九角	无	无	无
种子	一角	五分	七分	一角二分	二角八分	三角二分
杂费	二角	二角	二角	五分	五分	五分
合计	四元八角五分	四元五角	四元五角二分	二元零三分	二元三角八分	二元四角二分

备注:①劳银每人每日二角。

②口外的佃农除了居住,其他的都由地主提供,收成要折半。

③地租及劳银不是必须费用。

④畜费为家畜使用费用。

每亩各作物收益表

区域		口内						
作物	物名	谷子			高粱		小豆	
	内详种类	小米	谷草	糠	高粱米	高粱秆	豆	豆秆
每亩收成		五斗	一百五十斤	九十斤	九斗	九十束	五斗	一车
价格	单价	六角四分	一分	五厘	六角	二分四厘	一元一角	五角
	复位价	三元二角	一元五角	四角五分	五元四角	二元一角六分	五元五角	五角
合计			五元一角五分		七元五角六分	六元		
盈余			三角		三元零六分	一元四角八分		

区域		口外						
作物	物名	莜麦		小麦			豌豆	
	内详种类	麦面	麦秆	麦粉	麦秆	麸	豆	豆秆
每亩收成		七十五斤	九十斤	七十五斤	七十斤	十斤	三斗	四十斗
价格	单价	二分	五厘	五分	五厘	一分三厘	八角	二厘
	复位价	一元五角	四角五分	三元七角五分	三角五分	一角三分	二元四角	八分
合计		一元九角五分	四元二角三分	二元四角八分				
盈余		损八分	一元四角	损一角				

以上表格记载于《察绥蒙民的经济的解剖》中的计算,后面表格内的纯余是收成总数减去作物费用而得到的数字。

与前述内容相同,莜麦和豌豆不加地租劳费的情况很多,蒙受损失的情况很少。上表生成的民国二十三年度为四成的收获,平时一年有七成的收获。

省内各种农产物总额(单位:万担)及民国二十三年2月民国政府实业部派遣员的调查结果如下面表格所示:

作物名	普通年份	民国二十一年	民国二十二年
稻子	3	—	—
大麦	61	—	—
小麦	125	—	—
高粱	170	396	306
小米	432	681	627
玉米	90	103	—

每亩平均产量

(单位:斤)

类别	察哈尔省			全中国平均		
	1931年	1932年	1933年	1931年	1932年	1933年
小麦	100	128	143	139	146	135
大麦	102	135	167	141	142	139
高粱	170	240	161	147	170	158
玉米	196	246	—	154	175	—
小米	142	187	156	150	169	156
糜子	88	138	118	128	128	127

民国二十二年农情报告:

(单位:千斤)

马铃薯	773,861	大豆	109,000
黑豆	11,688	豌豆	37,331
绿黄豆	14,017		

三、农民收益之分析

据民国内政公所报道记载,正业的水稻收益约为11.83%,小麦17.43%,豆类17.43%,其余为52.31%。

副业的收益构成为,家畜收益比例75.34%,家禽14.80%,其余为9.86%。副业年产总额约为4千万元。如果把河北省作为十,该生产额指数可以占到四成。

类别	头数	年售出数	类别	头数	年售出数
牛	81,399	9,138	羊	308,465	94,738
马	74,266	5,732	猪	115,349	41,585
骡	16,264	2,629	骆驼	639	—
驴	39,895	6,469			

注:据民国二十年省政府之调查。

据民国二十二年中央农业实习所调查,如下:

猪35,865　羊2,763,400

据民国二十二年农情报告(单位:千头):

牛104　驴174　马95　羊4,651　骡61　猪399　鸡2,550

各种别平均每亩产额表

(单位:斤)

县别	稻	大豆	小豆	高粱	荞麦	大麦	小麦	莜麦	马铃薯	麻
万全	228	255	261	118	61	163	104	91	358	193
宣化	167	—	118	166	141	138	162	141	1,171	113
蔚	313	140	118	145	108	231	195	125	1,325	125
延庆	259	—	82	150	99	—	43	—	1,000	—
怀来	170	160	160	150	100	160	—	100	2,000	90
怀安	71	100	160	100	35	118	99	52	950	82
阳原	48	46	31	72	60	100	25	400	60	—
涿鹿	150	120	130	140	70	90	100	35	1,200	20
龙关	—	—	50	20	90	—	50	60	1,000	100
赤城	75	70	80	72	20	24	76	1,750	70	—
张北	—	35	—	—	30	60	30	42	333	—
多伦	—	26	—	—	17	170	29	35	37	—
商都	—	—	—	—	20	37	36	30	1,000	50
沽源	144	180	72	125	100	100	72	90	1,000	50
宝昌	—	35	—	—	20	30	30	28	500	—
康保	—	26	11	—	18	27	21	22	100	50
平均量	208	78	86	132	21	54	45	53	882	85

第四节　农家经济

一、概况

围绕察省南部的农村中相对富裕的张家口附近的乡里的各村进行考察后,发现其中大多数人生活很艰辛,仅仅能自给自足。由于管理他们的县吏的横征暴敛,加上数年来的干旱引起的农业歉收,农业变得疲敝。关于现在的张家口附近农民的生活状况的记录如下所示:

1.土地租金

一亩地一年的租金是2元,同样的一亩地每年必须上缴1毛3分的税或者向地主上交粮食来冲抵。

2.农工费

贫民很多都受雇成为农工。耕地的长工每月工资4元,种菜的每月6元(均包吃),每年干活8个月。短工工资每天2毛。

3.肥料

以人畜的粪尿为主,不必买其他肥料。

4.农具

犁,锄,鎑,镏轴,叉子等。

5.蔬菜、粮食作物

＊＊,＊＊,韭菜,红萝卜,白菜,青菜,香菜,＊＊,茄子,扁豆等。

大小麦,谷子,高粱,玉米,黍子,＊＊,豌豆。

6.农法

分为以下四个阶段:

(1)耕　阴历二月末

(2)种　阴历三月

(3)锄　阴历四、五、六月

(4)收　阴历七、八月

清明节以后播种,立秋以后收获。

7.家畜

主要以近乡农村水草生长地饲养为多。每个村以大约100家计算的话,每家的家畜所有数为:羊100—200头。大部分家庭(青草作为饲料)鸡5—10只50家,猪2—5头10家(糠作为饲料)。

8.地价

菜园上等地一亩160元,下等地一亩140元。

耕地上等地一亩80元,下等地一亩40元。

地方一亩长度16丈,＊＊＊＊＊＊＊＊＊＊＊＊一村如果按照100户来计算,大概比例为富农10户,中农40户,贫农20户,以及贫农以下30户左右。

二、生活费

富农每人每天的生活费为一角五分以上,中农以下的生活费在一角以下。

以现在民国二十二年的物价水平为标准,关于近乡农民每人每年的生活费统计情况如下表所示(依据《万全县志》):

农民年生活费估算表

费项	自耕农	半自耕农	佃农	雇农	备注
食物	19.5元	18.0元	16.5元	1.0元	每人面100—200斤,米1—2石,其他1—3元
农用品	6.5元	5.0元	4.5元	3.0元	棉衣或装入棉花的皮衣为主,不是每年都做,平均五年做一件
燃料	6.5元	5.5元	4.5元	4.5元	每日2—3斤柴草作为燃料
房租	—	1.0元	1.0元	1.0元	大部分自己都有
*费	7.0元	4.0元	3.5元	2.5元	烟草、酒等富裕者消费得相对较多
合计	39.5元	33.5元	30.0元	26.0元	

本表的估算是以一个农民的生活为标准计算的。人数多的家庭每人的生活费都会相应减少,小孩子减半。如果是三人则以两个半人来计算,五人就按三人计算,以此类推。

三、农民金融(参考“商业·金融”)

调查张家口附近的农民,发现人口的一半为贫民,稍富裕的人口大约占百分之四十,地主与富农约占十分之一。而且由于富农大多与张家口市内的有钱人家熟悉,因此从市内的银行贷款的利率在有担保的情况下为每月两分,无担保就是每月三分。中贫农由该村的小商店或者平时熟识的行商人(杂货棉布商)来做担保进行贷款,或者无担保贷款,月利多也就三分以内。但是没有信用的农民即便在有利情况下也会被要求提供担保或者保证人,普通的月利之外还要增加其他费用(比如一元就要支付一角的前利)。这间接地阻止了他的贷款,使无资本的贫农不得不被雇佣成为农工。

四、农民负担(参考“财政”)

从万全县考察发现,农民的负担有人头税、田赋以及征兵时(军队的征集)各户单独行动的各种税捐(按地区有差别),以及各村出资时各户单独行动时产生的所有的一切负担都依据田地来分摊征收。每年粮食收获后,按照该村的田地总数,分摊到每户征收或是出售粮食后折合成当时的价格来征收每年的支出。最近十余年各村的田地征收金额在民国十五、十六年最高,每亩一元的税收。税收最低期间也达到至少三毛。根据民国二十二年的调查,最近十年来万全县田地的分配金额为平均五毛钱。田地总数为535,000亩,总共的土地税收为263,000

元。万全县一个县的田赋税收为22,136元(米换算),4,682元(银元)。

公安费　14,292元

教育费　7,836元整

附税合计　48,946元

除此之外,还有各种各样的苛捐杂税,直接让农民交纳的物品,以及田地、房屋、* * 的正税附加税,杂税有牲畜税、牲畜牙税、米粟牙税、斗捐、车牌捐、印花税、屠宰税等,总计每年农民的负担大约有四万元,绝不是小数目。若以该县的农民总数进行平均,每人每年要支付四元八角多。

附　农村地价之变迁

民国十六、十七两年发生大旱灾,十八年的谷价暴跌(张家口、大同、绥远等地燕麦市价每斤1角2分,面粉1角5分,粟每斤1角)都促使了农村的破产。以万全县的苏家桥村作为例子,300户农民有150户离乡移居他地。同年冬,虽然在张家口市设立了施粥所,附近三十华里的农民都前来接受救济,但同时又多次通过"社"(后面详细叙述)来向农民征收军费、县税等,使农民不得不卖掉所有土地,造成地价一路低迷。观察万全县的这种状况,虽然到民国十五年为止上等地能卖一亩80元左右,但由于民国十七年的农业歉收和民国十九年的军阀混战,上等地价格跌落到了现在的50元,中等地从50元跌到了30元,却没有人买地。

以下是各个县每亩地的价格:

万全县旱地　18元

清水河附近的旱地　40—50元

宣化县旱地　13元

　山地　10元

清水河附近　30元

　稻田　120元

怀来县旱地　14元

涿鹿县稻田　130元

　旱地　30元

张北县旱地(只限县城附近的地)　20元

第五节　官民营农村机构

一、察哈尔省农村建设委员会

察哈尔省此次成立了农村建设委员会,以张家口市以外各县作为实施区,首先在新设的化德县着手进行荒地的开发转租,宣称鼓励畜牧业发展,但事实上,内蒙古地区在省政府的威力下,将农村地区向北扩张的同时,省及县政府企图通过征收租税来增加财政收入,这必然招致蒙古人的反对。

在农村开发和荒地开垦的名义下,决定在普通委员以外招聘梁武堂、陈仲山、刘冬轩、乔嗜水四位委员来担任事业计划的管理和实地指导。组织大纲如下所示:

第一条　本省在农村开发和荒地开垦的宗旨下,决定建立农村建设委员会来管理农村的建设和实地指导。

第二条　委员共十一名,省主席,民政、财政、建设三厅长及省政府秘书长指定的委员,除此之外招聘富裕并有农村学识经验者担任委员。

第三条　场所设置在省政府内。

第四条　除张家口外各县均作为农村建设实施区,从化德县开始着手,逐步向其他县推进实施。

第五条　关于建设实施区内道路网的设置、村镇的位置分割、房屋样式排列等等,委员会进行总体设计,地方政府给予指导。

第六条　农村建设必须进行如下所示的事项:

(一)进行农田的测量和转租

甲　已经开垦的农田,根据上中下三等分类,分别按照一亩六角、五角、四角的地价进行转租,土地原来所有者享有优先权,从当年开始登记征收租税。

乙　未开垦的土地,委员会共同进行上中下三等的等级分类,地价分别为一亩四角、三角、两角,两年后开始征收租税。

(二)畜牧

在不适合耕作的地区选择适合畜牧的地点,鼓励进行牛、马、羊的畜牧,并设立畜牧种群的改良机构来增进生产。

(三)造林

根据县、村、镇的气候变化、水利设施的状况来选择适当的地点设置为造林区。

(四)卫生

建立医药局和诊疗所,进行人畜疾病的诊察治疗和传染病的预防。

(五)自治

甲　建立小学。

乙　根据地质情况有针对性地进行水利设施建设,开拓道路,架设桥梁。

丙　考虑民众的便利,做好各项工作。

第七条　委员会的经费以转租的收入为基本,须经省政府调查审查。

第八条　委员会的各项办法、办事细则应是根据会议制定,并向省政府申请通过的。

第九条　本大纲若有不适当的事项,随时可以修正。

第十条　本大纲在委员会通过后公布之日开始实施。

(依据张家口特务机关负责人松井中佐的报告)

二、张家口田园社

称作“社”或者“会”的社会团体是在中国农村的自治机关。针对张家口附近的一个田园社，日本领事馆进行了调查，情况如下所示。

（一）沿革

张家口桥东有个狐狸庙，庙内有个三宫社。这个庙是在雍正十年作为水利灌溉的主要任务而建立的。然而民国十三年张家口发生大洪水，右庙被冲走，同时三宫社大概也因此自然地消失了。

民国二十年，由名叫王华贵的乡绅发起的称作田园社的组织在万全县的认同下，修缮了三宫社。二十三年，张家口市阎记干鲜果店捐赠了土地，于是建立了菩萨庙，并在此设立了相关事务所。当时的建筑费用是2,245元，但各地社员、农民共出资2,700元。除去当时的祝贺会费（为了祝贺而连续数日上演戏剧）和偿还其他社的费用，余下的不足1,000元。

（二）田园社的地位

田园社是在万全县的许可下成立的民间团体，作为社员的农民们选举王华贵作为会计。王华贵除了代表田园社以外，还受公署的委托，进行水渠庙宇的管理、调解农民间的纷争，因此势力很大。

（三）田园社的职责

1.与官公署的交涉，主要负责应对军事上的征兵，即所谓的兵差

民国二十二年后，第二十九军的抗日军饷，以及冯玉祥的抗日民众同盟军，方振武的抗日救国军，冯占海、李忠义的抗日义勇军等总数约十万余人的部队以张家口为中心驻扎，各种各样杂军的军饷及军粮等都从农民那里直接索取，未成为省政府以及中央政府的负担。

田园社会计向县政府请愿减轻农民苛重的税收负担，另一方面对军队请愿，请求军队不要直接开进农村索要马匹、马粮、军饷、现金等，希望依照军队、省政府、县政府的顺序进行征发。田园社作为村里代表请求减轻金额或负担。在那以后，田园社主动请求承担一定的税收负担，并根据村内每个人的经济实力，进行现金或者草、马、车的分配。此外，在公安局的人口调查、教育厅的巡视之际，田园社负责接待，并就经费分担等事项进行交涉。

2.水渠的管理

有一块安置在田园社的清代碑文，原文如下所示：

管理察哈尔八旗官田张家口理事府日查勘上一堡民皆外省流民去来无定农民所种多与菜园无关紧要下五堡倍于上一堡而渐流下五堡如五谷上关国课下系民生非菜蔬可比今河水先由上堡而渐流下五堡如雨水调和上下六堡均得优足遇旱涝水势浅小上堡就近截灌己田自获秋成下五堡渠长莫及便成枯槁今乘公酌派无论河水大小将地少之上一堡值水三

尽夜多之下五堡值水五尽夜计日轮流通而复如则民业俱安讼端永息(下略)

雍正十年七月立

该碑文背面的内容如下所示:

民国二十二年五月下堡议决灌法

由四月一日起上一堡三坝一转分水四月四夜下堡五坝一转五月五夜上一堡三三坝在各自畚起下五堡五坝改为十日轮流下堡分水五日五夜高庙堡三日三夜前后屯二日二夜

雍正十年的碑文的规定随着时代情势的变化渐渐丧失了效力,根据新变化已经有必要制定新规定。

到了民国二十二年,根据对未来时代变化的预测,制定了新规定。

关于水渠问题,增加了对增设、堤防修理、放水方法、闸门监视及违反引水方法规则人员的制裁、关于收取经费的纠纷解决等各种事项。各村的村长、副村长均作为代表在田园社集合轮流处理以上事务。开渠引水、堤防修理都依据会计所说,从各村征集所需人员,在田园社指挥带领下进行。所需的事务、工费等当然是自行解决。以上场合很多都需要水,所以允许由特定的菜农提供劳力,工资每日三角。

3.修庙祭祀

保守的农民拒绝为建立学校等捐款,但对建庙祭祀等则很自愿出钱。他们的生活与寺庙有紧密联系,到了所谓的"有病求菩萨,有事求关帝,求子拜夫仙"的程度。在没有娱乐方式的农村生活中,开庙会(节日)时会有田园社主办为期三天的戏剧,这三天对农民们来说是一年中最快乐的三天。而且在这三天里,庙门前会有市场卖农具、厨具、简单的装饰品、食物等。

4.张家口粪尿与田园社的关系

依据公安局的规定,由田园社负责管理现在张家口市的粪尿和公共厕所。

第四章　工业

第一节　概况

察省各县土地贫瘠,百姓贫困,工业非常落后。除了百姓以微薄的资本经营的手工业以外,大规模的工厂、机械工业几乎没有,因此也没有大规模的劳动团体,少数的手工业劳动者也零散分散在各地。很多人靠自己经营的小工艺生活,其中重要的有毡帽、* *、绒衫等制造及造纸。由于墨守陈旧的做法而没有改良技术,因此产品大多粗糙笨重。

第二节　各行业调查

一、制碱业

从正蓝旗运出的原料在张家口城厂进行加工。经营这种所谓的土碱的店,在张家口约有七八户,每年产量250万斤至350万斤,运往平津地区。主要用途是充当漂白剂或者做馒头的膨胀材料。

二、制革业

张家口的制革业只制牛皮,主要向蒙古人提供制鞋材料,被称作香牛皮。欧洲大战时,向我国(日本)进口牛皮,但后来中国人经营的工厂逐渐增多,日本产的牛皮就逐渐被舍弃了。作为原料的香牛皮主要由多伦、沽源、商都附近的左翼旗生产。在张家口的从业者大约有十户,年生产额据说大约三万张,仍旧不足。

三、制粉业

使用旧式石臼马的工厂(在张家口)约百余户,使用机械的工厂也渐渐开设起来。年生产额约20万担,足够满足张家口及平绥沿线的消费。

四、制鞋业

在张家口从事制鞋业的人大约50余户。在大战前德意志从中国进口,在价格和数量这一点上中国的产品有压倒性优势。年产额约10万双。

关于其他的制造业,请参考《察哈尔省经济调查录》。

第三节 大规模工业

关于各手工业调查和劳动时间等,正如前面所述,没有统计。参考《察哈尔省经济调查录》(《调查月报》所载译文),根据对张家口的比较大规模的工厂的调查,各行业的主要情况如下面所示:

一、屠宰场在张家口花园街

1.家畜屠宰数量

猪:每日不足百头,冬季较多;

牛、羊:牛十头以上,羊五十头以上。

2.手续费税(每头)

猪:四十五分至一元左右(根据斤数)

牛:一元至五元(* *)

羊:四十五分至一元左右

3.从牛马店卖到肉店,再从肉店运到屠宰场。

二、省立皮革厂(建设厅立)

所在地:张家口长清大马路

创立时间:民国二十三年秋开始运营

资本额:约十万元

产品:法蓝皮(牛皮鞋底)

价格:每斤三十四分

出品数量:每日十张(每张二十四五斤至三十斤)

销路:本市鞋店

材料购入:大境门外皮毛栈

工厂人员:三十人以上(没有童工、女工)

厂长:监督官吏

工资:(官吏)厂长八十元,平均二十元以上;(职工)熟练工人三十元,普通工人十元

劳动时间:日出到日落

工人住在厂里,食费自理。

三、华北电灯公司

商类:有限股份公司

股东:张家口占五分之一,平津占五分之四
资本:三十六万元
机械:德国进口
材料:现在使用日本货及德国西门子货
收入:每月约一万元
支出:职员俸禄及劳工报酬每月约三千元
消耗:燃料及油料每月需六百元以上
利益:收支相抵外余利较多
损失:无法排除偷电现象(电灯较暗);因为政府用电较多,所以损失较大
股票面额:每股一百元
政府许可:省政府立案,工商部注册

第五章　矿业

第一节　概况

察哈尔省的矿业以煤炭为主,以宣化、蔚、怀来、张北等各县为中心生产。其次是铁矿,主要埋藏在宣化、龙关两县的烟筒山一带。此外还逐步发现了金银的矿山,满铁计划再次前往调查,但由于本省位于塞北,交通不便,而且地方灾患相继发生,直到今日也没有开采。

第二节　矿区面积统计

一、官办矿区面积分类统计

经济状况一直受到束缚,没有正式的官营矿业。在民国八年张北县附近试办过一个煤矿,但由于产量不多,销路狭小,而且地方事故频发,数年来的业务只好停止。残矿作为煤炭都已经开采尽了,深坑又由于技术上的困难,所以目前正在整理中。该处的矿区加上附近地区,共12,288公亩。

二、民营矿区采矿申请统计

省内民营矿区请求省政府作为采矿方以来,目前仅限于煤炭的开采请求。

宣化县	2,957.13公亩
蔚县	8,833.59公亩
怀来县	2,092.39公亩
阳原县	264.99公亩
张北县	1,675.18公亩
延庆县	758.30公亩
合计	16,581.58公亩

民营矿区采掘申请统计

民营矿区的采掘申请限定为煤炭和硫磺两种,上面为煤炭矿区的面积。

宣化县	77,104.71公亩
怀来县	24,314.62公亩

沽源县　　9,719.00 公亩
蔚县　　1,713.00 公亩
张北县　　9,656.00 公亩
合计　　122,507.33 公亩

第三节　矿业分布及埋藏量

察哈尔省的主要矿产为煤炭、硫磺、铁等。煤炭的主要产地为宣化县的鸡鸣山、玉带山等，怀来县的新保安区、蒙家沟、宝山等，蔚县北头洞、五岔区及代王城区，张北县西汎马连塔及海拉吹山、大水泉等。据说卯正汎古子切一带也是有名的产地。其次，铁矿的主要产地为宣化县的烟筒山，龙关县的率窑、严家堡一带。硫磺的主要产地为宣化县的王家楼胡子附近。各矿区的产量现在察省也还在调查中。

1.铁

依据北平地质调查所的研究，铁矿的埋藏量合计大约 91,645,000 吨，其中具体分布如下所示：

龙关及宣化县　　45,645 千吨(确实数)
　　46,000 千吨(推测数)

计 91,645 千吨

就中、龙烟铁矿山为中心铁矿的埋藏量在东洋就屈指可数，且与日本资本也有联系，很有关注的价值。

2.煤炭

埋藏量　　烟炭 487,000 千吨
　　无烟炭 17,000 千吨
产出额计　　民国十九年 102,360 吨
　　二十年 114,500 吨
　　二十一年 100,000 吨

正如上所述，省内各县中产煤炭的主要有宣化、蔚、张北、怀来四县，由于采掘方法及旧式交通的不便，所以对交易进行核算，运送出去的产品只有可能产出额的一部分而已。牛车、马车运送煤炭每吨一华里的费用大约是一角。铁路运输每吨每一百公里运费是十元，平绥线在冬季每日运送量最多，但仍不过五六千吨而已。依据民国二十年度的记录，怀安(离张家口约百里)从大同买入了约 2,000 万斤(10,000 吨余)煤炭，张家口电灯公司几乎大部分也都是从大同买入的。抚顺、开滦煤炭由于运费的关系，几乎不在当地市场出售。关于采掘方法，在当地众多矿区中，七十家就有六十六家采用旧式土法。

关于各县的生产需要关系，具体情况如下所示：

县名	生产量(千克)	贩卖量(千克)	销售额(元)
宣化县	5,633,130	5,110,495	18,799
蔚县	2,728,320	2,728,320	11,676
怀来县	1,020,060	1,020,060	4,035
阳原县	15,240	14,210	90
张北县	806,760	776,325	5,077
全省合计	10,203,510	9,649,410	39,677

3.天然苏打

在张家口附近经营天然苏打的中国商人规模很小,从来没有与外国商人进行过交易。

a.产地名

巴彦们都——察哈尔省多伦县北部

温宫诺原——察哈尔省多伦县东北部

正蓝旗内——察哈尔省沽源县内

b.产出额

年产据说约1,000万斤。

c.发生状况

在苏打湖周围岸上会出现结晶喷出物,将其进行收集即可。产出量在夏秋最多。

d.加工状况

正如前面所说,在收集的原料上加少量的水,煮沸后除去其中的杂质,留下的比较纯净的部分再次煮,最后凝结成50斤至100斤左右的结晶。

e.运输状况

由于产地都在蒙古,除去附近消耗掉的部分,其余大部分要依靠牛马车、骆驼来运送到各城市。据说运送到张家口的每年约300万斤。

f.品质

虽然品质很良好,但由于加工不充分,因此混在其中的杂质很多,导致产品很脆弱,不便于运输。

g.价格

在张家口每一百斤粗制品4元,加工品8元

h.销售店名及所在地

德懋城店——张家口潮阳河

大德茂城店——张家口边路街

4.硫黄

宣化县每月生产量、贩卖量、销售额

1,800千克　1,800千克　不足300元

硫黄矿的集散地在张家口宣化及怀来两县,由平绥线运送到沿线各地,但张北县一带及蔚县由于交通不便,只能在自己县内销售。且不论本省煤炭产量大体能达到多少,但一直以来由于交通不便造成市场狭小,这实在是令人很惋惜。于是制定了今后积极对矿业进行整顿,改良采掘方法,在增产的同时,修建通往各个主要矿区的道路,缩短矿区到市场的距离这样的计划。

第六章　商业

第一节　金融

张家口是西北部交通枢纽,是察省的商业中心。过去张家口的发展就与市场金融活动有密切的联系,如今更是无需多言,非常富有。说起察省的商业,首先要具体研究的一定是张家口的金融。

清代的张家口在商业上闭关自守,全市的金融机构都是私营的,官府一律不干涉。商户之间的来往一律凭借信用为本。当时的商店中山西商店占十分之六七,晋商实力最强,完全操纵了金融机构。

在民国时代,由于张家口通了京张铁路,商业变得很繁荣,改变了闭关自守的风气。首先呈现出门户开放的现象,各方的商户陆续来到张家口,在各个县开始经营。全市的金融机构也全部由私营转变成了官营,首先受到冲击的是为商户提供资金贷款的银行业。银行在张家口设立分行,提供便利的贷款,因为这低廉的贷款,为了争取私营商户,银行业内相互竞争。

接受自然淘汰,依次形成了银钱店。这样的商店即使能暂时维持现状,经营范围也会变得很小,最终会因为不适应环境而关闭停业。此时取而代之兴起的是省立的银行、兴业银行等。虽然能操纵金融市场一时,但由于主政者的转移,时局一变,该银行也会随之消失,金融市场受到的影响很大。最近数年来,虽然商业状况由于张库道路(张家口至库伦)不通而不景气,但金融市场尚且还处于较安定的状况。

一、金融机关

钱庄业中钱铺是单纯负责贷款的,银号是在中国的小规模的银行,负责汇兑和借贷。此外,地主、杂货商、当铺、货栈等与农民、商人、工人等普通民众直接接触,提供高利贷性质的贷款。

1.银号

现在张家口市内的银号数量约13家(加入钱业公会的有11家),仍然是山西系的占优势。但由于市场的疲软,裕源生、裕源永、广盛、锦泉兴、兴隆达、大德生等都相继倒闭了,现在仍然留存的都秉承着不重蹈覆辙的谨慎态度,不从事＊＊,大家都维持着现状,在自己能力所及的范围之内经营。银号都与商行维持着联系,就如世合德专门与农户、粮商做买卖。银号对商家的贷款利息是每次42.3元(此为1,000元贷款的利息),每次期限是＊个月,抵押分为动产、不动产商品和信用担保。存款的话每月利息六厘至一分五厘，活期（该账号）与定期有差别。汇兑业务专门针对本国各城市进行汇兑，从汇兑差额、贴水（银子交换时，质量不好的要多交来交换，那个多交的比例叫做申水，从接受方来说叫贴水）中获得收入是主要目的。尚未入会的银号中有义祀、聚义两个所。前者是由北平义＊银号所设立的兑换所，进行零散的汇兑和货币的兑换；后者是国民军官兵的储蓄机构，在张家口的大川裕设立了钱庄，但在二十九军开往热河境内后，该银号就撤庄了。

2.银行

河北省的银行在东三省的银号出现后产生，去年六月开业，进入冬季后奉北平财政委员会的命令，作为察省省库的代理进入北平发行了约十万元的纸币。直至今年春季，出现了该行的伪造货币，因此信用大减。由于存款不支付利息，所以没有人前去存款。贷款也完全没有市场需求。在张家口中国银行也没有存款和贷款，只能进行一些很小的汇兑业务。此外，民国二十年1月东三省官银号也在张家口设立，但由于满洲事变的影响（二十一年6月），从天津撤回，河北银行接替其开展业务。

边业银行在张作霖接替经营以后，虽然于二十一年7月在张家口设立，但筹措到的金额仅仅只有现洋两三万元，在给各个银号借贷后几乎无法维持经营。由于时局不稳定，行长张学良辞职了，导致该行规模缩小。因此张氏的银行最终撤回了天津。

现在在张家口经营银行业务的有察哈尔省商业钱局和察哈尔省交通银行两家。

①察哈尔省商业钱局

贷出总额　约三十万元

存款总额　约一百万元，政府的收入与存款额的高低相关

②交通银行（察哈尔省）

贷出总额　约三十万元，在商业繁盛时期贷出约一百万元

存款总额　约五十万元，市民的存款相对较多

3.地主的兑粮站、银行借款

利息　三分（月），每月交纳利息，在期限之内返还本金

期限　三个月、六个月

抵押　地契（土地许可证），要有保证人

4.农民对地主或是市民的借款

利息　五分（月），每月交纳，到期后返还本金

期限　三个月、六个月、一年等

抵压　房契（房屋许可证），要有保证人

此外，完全的高利贷是指夏季农民向恶霸、富农借贷谷物，每斗谷物在偿还时都要多加一升，期限为半年，需用地契作抵押。

借钱时，每一百元在返还时要多加十元，期限是一年。此外，还有被称作挂杆纸贷借法[①]的

① 译者注：原文为“掛杆紙貸借法”。

极旧式的违法的借贷方法。据说这是指把遗产作为估值标准来抵押。父亲去世后,从穿上丧服戴孝开始,以在竹竿顶端挂上纸作为标志为止作为期限,一百元的贷款要偿还一千元。(详细内容请参考三轮调查员所记录的商业部分)

5.典当业(当铺业)

有关当铺业,根据调查,张家口市最大的当铺是从商会会长岳霭卿经营的裕民当铺。以此来看:

利息 三分(月)

期限 十个月以内

抵押种类 衣服、蒲团、金银首饰等

金额 对十元的物品以一元的比例进行借贷

现在贷出额 约十万元

海大*典当行 也具有当铺性质,经营者是个叫作黄海的朝鲜人

利息 每月一成,需先预付期限不超过一个月或六个月

二、币制

1.流通的钱币种类

A.察哈尔省商业钱局发行的钱币有十元、五元、一元和铜元票。

B.在天津和北平的中国、交通、河北省(在张家口有分行)北洋保商、中国农工大中、中国实业、中南等各银行发行的纸币、现洋及铜钱等,面额有十元、五元、一元三种以及贰角、一角。

2.流通额

A.察哈尔省商业钱局发行的为四十万元。

B.交通银行发行的纸币中纸面上印有张家口字样的约有十万元。

3.各种流通状况

天津北平各银行发行的有信用的钱币都可以流通。尤其是在察哈尔省内在各个县都能流通的是商业钱局发行的货币。

发行所	察哈尔商业钱局	交通银行
发行所所在地	张家口	张家口
发行手续	财政厅监督	财政部立案
面额	十元、五元、一元	十元、五元、一元、一角、二角
发行总额	四十万元	十万元
流通状况	信用确实	信用确实
流通范围	全省	全省
备注	此外还发行了五十枚、四十枚、三十枚、二十枚的铜元票	

此外,虽然天津、北平各个银行发行的纸币在货币界流通的程度各不同,但均是在财政部的立案许可下流通的。

注:铜元票比铜钱价值要高,例如在铜钱五十枚换取一角时,铜元票四十枚可以换得一角。

第二节　商会

商会是和在我国(日本)的工商会议所具有同样性质的组织，最近非常盛行，在察省各县几乎都有设立商会的组织。从前张家口市的商会要严肃地向支配全省的总商会提交自己的情况。民国二十年(当时市制已经取消，张家口虽然是省政府的所在地，但它的管辖地只有万全县)，建设厅根据命令取消了商会的“市”，改隶属于万全。

针对此事进行了数次讨论，直到现在张家口商会的地位仍不清楚：隶属于县，还是仍隶属于市，还在等待改订的结果。虽然具体规定如草案要在委员改选后才能大致决定，现在的商会就如前文所述处于不安稳的状态，内部的腐败、无秩序及还存在商家入会等事件，内部完全没有秩序管理。(参考《察哈尔省经济调查录》、《调查月报》)

张家口商会整理委员办事处通告

奉察哈尔省专务指导委员会的命令，任命赵文华等九名委员为张家口商会整理委员，立即设立整理委员办事处，根据法令规定进行整理。一月以来整理事务已经全部完成。全公会的会员及商店代表制作册子送往办事处，办事处设立调查会员及代表资格的委员会，在当政双方派遣员的指导下，根据姓名进行审查。如今审查已经完成，审查合格的会员及代表的姓名会逐一列举告知民众。如果有错误之处，应当在通告后三日之内来办事处申请改正。特此申明。

察哈尔省张家口商会章程草案

第一章　总则

第一条　本会依照《商会法》组织建立。名字定为“察哈尔省张家口商会”。

第二条　本会以张家口所管辖的地区为区域，在张家口明德北大街设立事务所。并且，为了处理事务的便利，在大境门外设立分事务所。

第三条　本会以促进工商业及对外贸易的发展，增进工商业公共福利为宗旨。

第二章　职权

第四条　本会是法人，其职权如下所示：

一、讨论工商业的改良，及发展的事项。

二、工商业的征询，及通报事项。

三、国际贸易的介绍，及指导事项。

四、工商业的协调，及公断事项。

五、工商业的证明，及鉴定事项。

六、对工商业统计的调查进行编纂的事项。

七、在提交获得主管官署核准后，筹办商品陈列所、商业学校或其他关于工商业的公共事务。

八、控制市面恐慌，及请求地方政府控制的责任。

九、办理符合本章程第三条所揭示宗旨的其他事项。

十、就有关工商业的事项,向中央或地方行政官署提建议。

第三章　会员

第五条　本会的会员分以下两项:

1.公会会员:由七家以上同行发起组织的公会。

2.商店会员:同行不足七家以上,无公会组织的商店。

前项会员加入本会时,须先登记给与凭证,方可选派代表出席本会,称为会员代表。凡出席本会的代表一律应由公会或商店给予委托书,及通知本会。

第六条　本会会员代表的年龄资格及选派增加名额,都依据《商会法》第十、第十一、第十二条的规定办理。

第七条　有《商会法》第十三条如下所列四项事情之一者,不得担任本会会员代表。

第八条　本会会员代表,所有表决权、选举权、被选举权及随时撤换、因事撤换办法,以及除名处分,均依照《商会法》第十四条至第十七条的规定办理。

第四章　职员

第九条　本会依照《商会法》第十八条的规定,选任职员名额如下:

1.执行委员十五人,候补执行委员七人。

2.监察委员七人,候补监察委员三人。

3.常务委员五人,主席一人。

前项执、监委员,均由会员大会就会员代表中用无记名连举法选出,同时依法另行选出候补执、监委员。常务委员,由执行委员互选,均由得票最多数者当选,并就常务委员中用无记名选举法,选任一人为主席,以得票满投票人半数为当选,如一次不能选出,应以得票数最多的两人决选选出。

第十条　本会执行委员及监察委员的任期,均为四年,每两年改选半数,不得连任。第一次改选,以抽签决定,但留任者必须比改选者多一人。

第十一条　每届选举时期,应呈请主管官署及党部派员监视指导。选毕就任＊＊会员委员名册,呈请转报实业部备案。任期内遇有缺额,应以候补人依次增补,以补足前任任期为限,随时专案呈报。

第十二条　本会执行、监察委员均为名誉职;但主席及常务委员因办公需酌情支给车马费,其数目由大会议定表决。

第十三条　本会主席有处理本会内外一切事务的责任。常务委员有共同担负处理之责。执行委员有执行本会一切事务,即议决案召集会员大会之责。监察委员有监察本会一切事务之责。

第十四条　以上各委员,如有《商会法》第二十二条下列各款情况之一者,应立即解任。

第十五条　本会事务所,得酌情聘用或雇佣办事员,分任文牍、会计、庶职、＊＊等事务。其名额及薪金数目、办事规则,由执行委员会拟定、大会决议。其人选由主席及常务委员主持。

第五章　会议

第十六条　本会会员大会,分定期会议,及临时会议两种,均由执行委员会召集。由常务委员组织主席团，轮流主席。

第十七条　前项定期会议，规定每届年终开会员大会一次。临时会议，由执行委员会认为必要，或经会员代表十分之一以上请求，或由监察委员会函请时召集。

第十八条　前项会员大会，均应于十五日前通知，但有《商会法》第二十七条、第二十八条的情形，或因紧急事项召集临时会议时，不在此限。

第十九条　本会会员大会的决议事项，及行假决议，依照《商会法》第二十七条、第二十八条的规定执行。

第二十条　本会执行委员会每月开会两次。监察委员会每月开会一次。其开会时出席决议事项，依照《商会法》施行细则第二十条、第二十一条的规定执行。

第六章　经费及清算

第二十一条　本会经费分下面两种：

1.事务费：由会员比例于其所派代表之人数，及资本额多寡均派负担。

2.事务费：由会员大会筹派方法征集。

第二十二条　本会经费的预算、决算，及其事业的成绩，每年须编辑报告公布。并呈报建设厅、党部由省政府转交实业部备案。

第二十三条　本会遇有解散及清算时，依照《商会法》第三十二条至三十五条的规定执行。

第七章　附则

第二十四条　本会办事细则另定。

第二十五条　本章程如有未尽事宜，需随时提交会员大会决议修正，并呈报备案。

第二十六条　本章程经会员大会决议通过，呈报党部和主管官署核准报部备案之日开始施行。

张家口商会会员大会选举职员规则

第一条　本规则遵照《人民团体职员选举通则》制定。

第二条　凡出席会员代表均应遵守本规则的规定办理。

第三条　选举执、监委员时，在没有本省高级＊＊推定的指导员，及省政府或建设厅制定的监选员出席时不能选举。

第四条　执、监委员的选举，用直接选举制，以无记名连选法选出。

第五条　执、监委员的选举均需用本会制定、盖有印信的选举票方为有效。

第六条　凡出席的会员代表，以经过本会登记的人员为限，均有职员的选举权和被选举权。但选举时需呈验各会员所领的会员代表证书。

第七条　本会执行委员十五人，监察委员七人，须分别选举，以得票数较多者为当选，票数相同时用抽签决定。

第八条　另选候补执行委员七人，监察委员三人，其名次以得票数多寡为序，票数相同时用抽签决定。

第九条　举行选举时须由主席就出席选举人中制定发票员、检票员、计票员、唱票员、监票员各若干人,当场开票。如指导员或监选员发现选举有舞弊情况及违背法令者须于投票完毕报告本省党部和主管官署核办后方可开票。

第十条　选举者有犯以下各项之一者,由主席加以警告。不服警告者,由主席按情节轻重,征得指导员及监选员的同意,宣布取消其选举及被选举资格。

1.交换选票者。

2.夹带名单者。

3.不守选举场规则者。

第十一条　选票遇有以下情况之一者,由监票员报告主席,征得指导员及检察院的同意后宣布一部分或全部无效。

(1)一部分无效

1.被选举姓名与会员名册不符。

2.被选举人不属于各该公会或商店。

3.被选举姓名模糊不能辨识。

(2)全部无效

1.选票不是本会制定,没有盖印信。

2.选举人有自选情况。

3.填写不依定式或夹写其他文字。

第十二条　执、监委员和候补执、监委员选举宣布后,应通知各当选人是否应选,以便在三日内将其姓名、籍贯、年龄及通讯地址呈报当地高级党部及主管官署备案。

张家口商会第一次会员大会举行办法

第一条　本办法依据《商会章程》第五章的各项规定制定。

第二条　本办法凡各公会和商店举派的会员代表经整理委员会审查,会员代表资格委员会审查合格登记者均须遵守。

第三条　本会开会时,全体会员代表均得出席,但须有三分之二以上的会员代表出席方可开会。

第四条　本会会期定于七日,遇必要时刻需延长。

第五条　本会由整理委员中互推五人组成主席团,主持会务并轮流担任主席。

第六条　本会设秘书处,由整理委员办事处制定工作人员若干人组成,接受主席团的指挥,并协助其管理会务。

第七条　本会由主席团预先就会员代表中推举若干人,分组审查各会员所提议案,送交大会秘书处编列议事日程,提交大会讨论。

第八条　本会由主席团公推三人起草大会宣言,交由大会讨论。

第九条　本会秘书处办事细则及大会会议规则另定。

第十条　本办法由整理委员办事处决议,呈请本省党政双方备案后施行。

张家口商会第一次会员大会会议规则

第一条　本规则依据本商会第一次会员大会举行办法第九条的规定制定。

第二条　凡会员代表出席会议时，均须遵守本规则的规定办理。

第三条　本会主席由主席团担任。

第四条　本会秘书长需列席大会报告，并指定人员担任会场记录。

第五条　本会会员代表席次由秘书处编定。

第六条　凡出席的会员代表须携带本会会员代表证书及出席证方可出席。

第七条　本会会议时，由主席团查点出席会员代表，满足法定人数时宣告开会。

第八条　议事日程由大会秘书处编订，送交主席团核定。

第九条　本会应议事件及开议日期须列于议事日程，由秘书处提前印刷、通知。

第十条　议事日程的顺序如下所示：

1.整理委员办事处提案。

2.公会或商店会员提案。

3.各会员代表提案。

4.主席团认为应提交大会讨论的议案。

第十一条　如遇有重要事件需变更议事日程时，须由主席提出或出席者＊＊须有十人以上之附议，经大会议决更改。

第十二条　提议各项事件应随案附具体理由办法，并须出席者十人以上联名签署其提案，须于会期前五日送会编入议事日程，如此方可提交大会。

第十三条　会员提案须经各组审查员审查。

第十四条　讨论案件认为有重新审查必要时，须由主席团公推会员代表复审。

第十五条　审查案件须由审查员提出报告书，连同原案讨论。

第十六条　各议案如经审查确定后，由原提案人说明其宗旨内容，共同讨论。如出席会员代表中对于该议案有疑义时，须请提议者重新说明。

第十七条　提出临时改变议案，须在议事日程讨论完毕后，并且须有十人以上的附议方可成立。

第十八条　会议时发言者须起立告知主席，并报告席次，须待主席许可后方可开始发言。

第十九条　如有两人以上起立发言时，由主席指定先起立者发言；如有同时起立者，则由主席决定其发言先后。

第二十条　提案说明者每人发言至多不得超过十分钟，讨论发言者至多不得超过五分钟。

第二十一条　讨论不得越出议题范围之外，如有违反此项规定者，由主席立即制止。

第二十二条　同一议题每人发言不得超过三次，但质疑或应答者不在此限。

第二十三条　由主席在适当时间宣告停止讨论。

第二十四条　各项议案的决议在出席代表过半数同意后施行，但有《商会法》第二十八条各项情况之一的，须在出席代表三分之二以上同意后方可实施。

第二十五条　执行表决时,须由主席宣布应行决议的题旨、表决的方式、检查表决人数的多少,宣告可否决定。如果表决案件可否时结果票数相同,则结果取决于主席。

第二十六条　议案有关出席人本身者,该出席人不得参与表决。

第二十七条　主席宣布议案及表决后,无论何人不得再就议案发言。

第二十八条　会议时,出席会员代表非经主席许可不得无故退席,擅自退席者以放弃论。

第二十九条　会议场内不得戴帽及携带伞杖与违禁物品。

第三十条　会议时不得移座交谈、喧嚷、嬉笑及吸烟、任意吐痰等行为。

第三十一条　主席鸣号铃后,各会员代表均当立即肃静。

第三十二条　本会决议案交由执行委员会执行。

第三十三条　会议记录由主席团签署,并摘录要点在下次会议时宣读。

第三十四条　本规则未列事项,须遵照民权初步办理。

第三十五条　本办法由本会整理委员办事处决议,呈请本省党政双方备案施行。

张家口商务总会各行业公会组织表

(民国二十四年五月至现在)

名称	职员数	会员	公会所在地	成立或改组年月
旅蒙皮毛业同行公会	11	38	西沟街	二十年3月1日
煤炭业	15	111	马路街	二十年3月1日
钱铺业	7	14	边路街	二十年3月1日
旅店业	7	35	福寿街	二十年3月1日
席麻业	7	21	边路街	二十年3月1日
制斗行业	7	46	边路街合又公院	二十年3月1日
干鲜果业	7	53	河套街	二十年3月1日
*酒业	7	39	边路街	二十年3月1日
盐业	7	18	小河套街	二十年3月1日
生皮销售行业	7	56	**街	二十年3月1日
皮鞋业	7	23	朝阳洞街	二十年3月1日
牲畜交易业	7	46	大门街	二十年3月1日
贡饰业	7	22	下堡内	二十年3月1日
绸布业	7	75	行宫巷	二十年3月1日
杂费业	7	8	南武城街	二十年3月1日
饭作业	7	23	小河套街	二十年3月1日
纸烟煤油	7	16	悟安街	二十年3月1日

续表

名称	职员数	会员	公会所在地	成立或改组年月
茶叶业	7	16	下堡内	二十年3月1日
面业	7	104	长胜街	二十年3月1日
货客栈业	7	28	大河套	二十年3月1日
黑日磁业	7	8	边路街	二十年3月1日
粗皮作业	9	56	行宫巷	二十年3月1日
皮革业	7	57	行宫巷	二十年3月1日
中药业	9	67	小河套	二十年3月1日
米粟业	7	39	边路街	二十年3月1日
书纸笔墨业	7	24	上堡仁寿街门牌52号	二十年3月1日
市课业(食材)	9	47	边路街	二十年3月1日
马尾业	7	8	小马厂街	二十年3月1日
木作业	7	73	边路街	二十年3月1日
皮制业	7	134	下堡内	二十年3月1日
鞋帽广货业	9	73	南武城街	二十年3月1日
火车业	15	56	大马路	二十年3月1日
酵酱鱼菜业	7	24	桥东街	二十年3月1日
转运业	7	32	宣化大道街	二十年3月
染业	7	15	目家沟茂盛隆巷	二十年3月
豆腐业	7	22	下堡内	二十年10月
叫卖业	9	29	边路街	二十年10月
肉业	9	64	武城街大昌茂院内	二十年12月
裁缝业	10	50	东安街	二十一年2月
沐浴业	10	9	怡安横街日新池	二十一年2月
车马店业	10	40	厂冯窑门牌	二十一年2月
饼面业	11	110	路边街	二十一年6月
五金业(五金)	7	45	怡安街云龙车厂	二十一年5月
铜铺业	7	13	路边街门牌	二十一年5月
糖业	7	8	小河套街	二十一年6月
照相镶牙业(拍照牙医)	11	30	南武城街大昌茂院内	
共计47行公会				

察哈尔全省各县商号概况统计表

商号种类		户数		资本总额(元)		店员数	见习店员数	全年内营业总额(元)
		自营	合资	自营	合资			
张家口市	农产品销售业	—	37	—	10,470	381	8	500,000
	食品销售业	161	165	71,843	61,580	1,287	1,461	1,369,227
	服装销售业	50	68	29,000	22,190	723	210	145,120
	皮裘业	—	167	—	160,940	570	484	376,100
	皮鞋业	9	19	2,000	2,100	110	40	168,000
	矿产品销售业	81	19	11,640	3,380	281	263	584,850
	碱(苏打)业	—	4	—	21,100	31	26	98,225
	盐业	19	8	9,680	7,020	100	136	1,290,000
	西支药业	—	53	—	3,300	260	176	170,000
	杂货业	10	12	7,500	21,550	164	71	619,000
	缝纫业(裁缝)	90	20	5,000	2,000	300	80	20,000
	旅馆业	32	22	81,000	4,900	143	20	25,000
	贷栈业(仓库)	17	4	1,252	630	62	3	99,064
	洗涤业	7	2	9,200	1,300	9	150	20,000
	旅*皮毛业	26	13	52,000	20,000	312	117	3,300,000
	染色业	9	11	189,000	25,850	102	21	73,400
	木器业	12	29	1,120	1,450	146	82	20,000
	运送业	12	10	14,700	9,360	221	30	64,580
	煤炭业	4	103	1,380	18,680	420	2	264,000
	蓖及麻绳业	24	—	11,150	—	548	196	393,000
	总计	563	766	332,865	429,400	6,170	3,576	11,059,346
万全县	农产品销售业	15	—	15,000	—	20	30	20,000
	服装销售业	4	—	5,500	—	20	10	5,200
	燃料销售业	25	1	20,000	5,000	47	34	24,500
	食品销售业	5	1	2,000	500	20	16	3,200
	总计	49	2	42,500	5,500	107	90	52,900

续表

商号种类		户数		资本总额(元)		店员数	见习店员数	全年内营业总额(元)
		自营	合资	自营	合资			
蔚县	食品销售业	40	36	33,000	29,700	871	—	183,600
	服装销售业	7	11	2,460	3,600	128	—	78,600
	纺织品销售业	13	8	19,000	9,200	203	—	237,000
	餐饮业	24	2	5,300	1,200	137	—	89,000
	林产品销售业	3	5	1,300	2,400	40	16	47,800
	教育用品销售业	9	1	3,200	800	40	7	32,500
	茶叶业	3	2	600	640	20	—	13,700
	烟草业	4	1	2,100	350	26	—	4,320
	纸业	13	11	6,100	4,300	472	27	57,400
	杂货业	36	43	18,600	45,800	1,103	—	213,460
	旅馆业	21	24	2,480	1,200	235	—	42,300
	化妆品销售业	23	—	1,200	—	51	—	12,900
	衣裘业	5	8	5,600	13,000	273	12	79,290
	总计	201	152	96,940	112,190	3,599	62	1,091,870
宣化县	服装销售业	—	4	—	20,000	16	6	15,000
	饮食品	11	9	13,000	13,800	105	41	97,000
	林产品	1	1	500	1,000	8	4	5,500
	纸业	—	5	—	5,000	30	8	13,000
	广货业(进口商品)	2	4	2,500	8,000	38	12	25,000
	纺织品销售业	2	2	5,000	215,000	98	25	150,000
	药业	5	4	3,700	2,400	21	15	5,000
	矿产销售业	—	9	—	7,200	36	12	25,000
	杂货业	4	5	8,000	18,000	72	27	90,000
	印刷业	—	7	—	1,800	28	14	3,500
	钟表业	2	1	300	200	6	2	850
	沐浴业	2	1	500	1,200	30	12	3,800
	总计	29	62	33,500	113,600	488	178	433,650

续表

商号种类		户数		资本总额(元)		店员数	见习店员数	全年内营业总额(元)
		自营	合资	自营	合资			
阳原县	食品销售业	11	8	16,600	10,800	47	46	16,300
	服装业	1	—	500	—	3	3	400
	*物业	2	—	400	—	2	4	600
	杂货业	—	14	—	5,000	50	38	14,000
	药业	4	3	2,400	600	7	14	2,100
	首饰业	1	—	500	—	1	3	200
	总计	19	25	20,400	16,400	110	108	33,600
龙关县	食品销售业	4	—	4,420	—	8	16	60,000
	农产品销售业	13	—	3,400	—	19	30	37,000
	服装业	9	—	3,200	—	16	29	27,400
	药业	7	—	940	—	7	12	910
	杂货业	10	—	400	—	13	36	6,200
	总计	43	—	12,360	—	63	123	131,510
延庆县	食品销售业	20	12	600	8,900	123	12	70,000
	服装业	—	7	—	4,500	39	7	48,000
	药业	—	4	—	1,200	10	4	9,200
	杂货业	—	8	—	4,000	40	8	38,000
	餐饮业	—	7	—	450	28	7	7,000
	洗浴业	1	—	50	—	4	1	750
	化妆品销售业	3	—	150	—	9	3	1,000
	总计	24	38	800	18,650	249	42	173,950
赤城县	食品销售业	—	36	—	15,570	160	89	123,000
	农产品销售业	—	23	—	27,000	92	69	450,000
	服装销售业	—	12	—	24,700	46	26	590,000
	矿产品销售业	—	9	—	8,400	36	42	140,000
	土石器销售业	—	2	—	750	6	3	3,100
	杂货业	—	50	—	19,400	182	98	316,000
	旅馆业	—	22	—	5,680	88	62	140,000
	总计	—	154	—	101,500	610	389	1,762,100

续表

商号种类		户数		资本总额(元)		店员数	见习店员数	全年内营业总额(元)
		自营	合资	自营	合资			
怀安县	食品销售业	25	37	18,470	23,763	342	263	498,370
	农产品销售业	1	10	1,900	4,800	31	33	160,000
	服装销售业	11	15	8,479	5,260	67	43	146,750
	土石器销售业	2	—	230	—	2	4	2,100
	药业	27	3	1,147	830	43	43	18,700
	杂货业	10	14	1,530	2,780	79	71	107,310
	总计	76	79	31,362	37,433	564	457	933,230
涿鹿县	农产品销售业	—	6	—	62,200	107	26	12,800
	食品销售业	20	21	8,040	7,640	293	70	316,025
	服装销售业	—	14	—	215,779	129	30	115,582
	盐业	6	5	1,070	950	43	10	47,690
	中药业	2	9	1,530	790	54	12	29,420
	杂货业	3	8	2,050	8,950	151	40	126,450
	麻绳业	6	2	890	350	20	15	21,740
	熟皮业	1	5	1,320	210	19	4	8,368
	总计	38	70	14,900	116,869	816	207	678,075
怀来县	农产品销售业	21	34	105,000	340,000	300	330	4,970,000
	矿产品销售业	7	—	210,000	—	350	—	350,000
	金属制品销售业	10	—	3,000	—	50	11	20,000
	纺织品销售业	20	6	1,000	12,000	150	42	340,000
	食品销售业	74	37	74,000	370,000	1,750	640	3,520,000
	服装销售业	55	29	55,000	360,000	300	12	770,000
	纸业	22	7	33,000	25,000	240	50	70,000
	杂货业	33	18	55,000	5,000	490	90	160,000
	沐浴业	2	—	2,500	—	27	6	400
	总计	244	131	538,500	1,112,000	3,657	1,181	10,200,400
张北县	食品销售业	25	48	1,233	3,550	198	42	23,452
	服装销售业	—	9	—	5,680	23	—	12,329
	农产品销售业	52	22	78,750	55,300	323	—	262,790

续表

<table>
<tr><th colspan="2" rowspan="2">商号种类</th><th colspan="2">户数</th><th colspan="2">资本总额(元)</th><th rowspan="2">店员数</th><th rowspan="2">见习店员数</th><th rowspan="2">全年内营业总额(元)</th></tr>
<tr><th>自营</th><th>合资</th><th>自营</th><th>合资</th></tr>
<tr><td rowspan="5">张北县</td><td>畜牧产品销售业</td><td>—</td><td>29</td><td>—</td><td>9,500</td><td>45</td><td>—</td><td>27,450</td></tr>
<tr><td>饮食店业</td><td>4</td><td>4</td><td>600</td><td>850</td><td>20</td><td>6</td><td>2,200</td></tr>
<tr><td>杂货业</td><td>31</td><td>54</td><td>15,600</td><td>59,880</td><td>307</td><td>—</td><td>145,770</td></tr>
<tr><td>旅店业</td><td>14</td><td>8</td><td>540</td><td>2,540</td><td>16</td><td>44</td><td>1,658</td></tr>
<tr><td>总计</td><td>126</td><td>174</td><td>96,723</td><td>137,300</td><td>932</td><td>92</td><td>475,649</td></tr>
<tr><td rowspan="8">商都县</td><td>农产品销售业</td><td>—</td><td>6</td><td>—</td><td>13,005</td><td>41</td><td>59</td><td>19,800</td></tr>
<tr><td>食品销售业</td><td>23</td><td>11</td><td>4,850</td><td>1,860</td><td>52</td><td>67</td><td>29,100</td></tr>
<tr><td>服装销售业</td><td>3</td><td>25</td><td>1,640</td><td>5,918</td><td>57</td><td>121</td><td>37,500</td></tr>
<tr><td>矿产品销售业</td><td>12</td><td>6</td><td>1,055</td><td>90</td><td>27</td><td>58</td><td>9,900</td></tr>
<tr><td>畜牧产品销售业</td><td>3</td><td>—</td><td>180</td><td>—</td><td>5</td><td>7</td><td>3,600</td></tr>
<tr><td>广货业</td><td>—</td><td>5</td><td>—</td><td>7,300</td><td>23</td><td>48</td><td>73,000</td></tr>
<tr><td>山货业</td><td>5</td><td>18</td><td>725</td><td>905</td><td>68</td><td>52</td><td>17,500</td></tr>
<tr><td>总计</td><td>46</td><td>71</td><td>8,450</td><td>29,078</td><td>273</td><td>412</td><td>256,600</td></tr>
<tr><td rowspan="6">沽源县</td><td>食品销售业</td><td>—</td><td>5</td><td>—</td><td>1,100</td><td>30</td><td>6</td><td>5,300</td></tr>
<tr><td>服装销售业</td><td>—</td><td>6</td><td>—</td><td>1,500</td><td>32</td><td>—</td><td>6,800</td></tr>
<tr><td>餐饮业</td><td>—</td><td>4</td><td>—</td><td>2,500</td><td>26</td><td>4</td><td>8,500</td></tr>
<tr><td>旅店业</td><td>—</td><td>7</td><td>—</td><td>2,500</td><td>28</td><td>8</td><td>9,600</td></tr>
<tr><td>杂货业</td><td>—</td><td>7</td><td>—</td><td>2,300</td><td>41</td><td>—</td><td>12,000</td></tr>
<tr><td>总计</td><td>—</td><td>29</td><td>—</td><td>9,900</td><td>157</td><td>18</td><td>42,200</td></tr>
<tr><td rowspan="4">康保县</td><td>食品销售业</td><td>—</td><td>18</td><td>—</td><td>5,800</td><td>90</td><td>—</td><td>36,300</td></tr>
<tr><td>畜牧产品销售业</td><td>19</td><td>—</td><td>2,800</td><td>—</td><td>76</td><td>—</td><td>13,000</td></tr>
<tr><td>杂货业</td><td>—</td><td>17</td><td>—</td><td>2,400</td><td>85</td><td>—</td><td>57,600</td></tr>
<tr><td>总计</td><td>19</td><td>35</td><td>2,800</td><td>8,200</td><td>251</td><td>—</td><td>106,900</td></tr>
<tr><td rowspan="3">宝昌县</td><td>食品销售业</td><td>10</td><td>2</td><td>1,200</td><td>200</td><td>42</td><td>—</td><td>5,800</td></tr>
<tr><td>杂货业</td><td>7</td><td>2</td><td>2,500</td><td>600</td><td>54</td><td>10</td><td>18,000</td></tr>
<tr><td>总计</td><td>17</td><td>4</td><td>3,700</td><td>800</td><td>96</td><td>10</td><td>23,800</td></tr>
<tr><td colspan="2">全省总计</td><td>1,551</td><td>1,809</td><td>1,235,800</td><td>2,248,816</td><td>18,394</td><td>7,130</td><td>27,455,776</td></tr>
</table>

(《开发西北察绥专号》记载)

第三节　内蒙古贸易的现状

在前年的热河作战以前，张家口对内蒙古贸易分为两大线路：在东部多伦、西部滂江设立中心，与省内内蒙古各地进行进出口贸易，先送到上述两个市场交易，再经由该地向内地的大小城市交易。或者从上述两市场直接与蒙古人进行贸易也很普遍。但在热河战争后，随着亲满军李守信部队进驻多伦，多伦不受省政府管制后，与张家口的商业交通走向终结，其结果实际是失去了张家口背后半边的联系市场。为此，可以预见张家口对内蒙古贸易免不了大幅的减少。

然而参看去年春节前的贸易额，完全与以上预想背道而驰。张家口对内蒙古贸易不仅没有低于往年，而且在张家口相邻地区取得丰收的同时，显现出近年来少有的活力。

根据现成物品以及各方面的调查，分析其原因大体有以下几点：

一、历年经由多伦与内蒙古进行的贸易都是直接与张家口进行的。由多伦出发短期停留在进货地的中国商人和以前就往来于多伦的内地蒙古人对多伦仍有不信赖，中国商人多认为多伦回归仍需时日，于是贸易也未能恢复旧貌。多伦北方的蒙古人也往往绕开多伦，直接来往于张家口之间，又或张家口商人直接出差到内地进行贸易。

二、与税制的关系

一直以张家口为中心的蒙古贸易奉行单一税制度，且一旦在张家口交税后，货物再运到口外任何地方，均可以免税。但从李守信部队占领多伦后，货物到达多伦，又需要新交“落地税”，其结果是以往集散在多伦的货物为了避免两重征税都纷纷直接运至张家口进行集散。

三、贝子庙的繁荣

贝子庙位于多伦的西北大概500华里的地方。以往曾一直是多伦的一个分支市场，由于上述原因的出现，最近增加了与张家口的直接交易量。从春分到春节前，贸易往来货物达到约6,000担，超过历年一整年贸易额的三倍。

就以上原因来看，张家口作为贸易市场虽说失去了多伦这个市场，省内对蒙古人的贸易却几乎没有因此受影响。内地各方面因为与蒙古人直接交易，市场反而看起来很繁荣。

附(一)

张家口上市杂谷数量表(自昭和八年九月一日至同年九月三十日)：

中国名	日本名	上市数量(石)	中国名	日本名	上市数量(石)
胡麻	亚麻	151,675	菜籽	菜种	165,242
大豆	*豆	35,608	黑完豆	黑豌豆	15,824
黑豆	黑大豆	6,516	白云豆	白鹑豆	1,493
红云豆	赤鹑豆	5,813	花云豆	花鹑豆	3,501

续表

中国名	日本名	上市数量(石)	中国名	日本名	上市数量(石)
白完豆	白豌豆	7,457	花完豆	杂豌豆	7,163
绿豆		15,389	黄云豆	黄鹑豆	1,685
洋麦		15,997	筱麦	燕麦	78,655
草麦	大麦	10,914	小麦	小麦	110,803
荞麦	荞麦	19,003	红粮	高粱	6,031
小米	粟	14,930	大米	米	8,709
黄米	饼粟	6,460	黄豆	大豆	5,721
小豆	黑小豆	2,159	青豆	青大豆	490
扁豆		2,859			

其他年上市数量

亚麻仁　　年交易额三万吨　亚麻仁油原料

菜籽　菜油　　年交易额三四十万斤

葡萄干　　从新疆运输而来,小粒的白葡萄干燥后每十斤进行包装,从归化城运送到当地。因为平绥线直接交易的原因,当地的交易额仅仅为两三万两

甘草　　从阿拉善出产

织物用羊毛、驼毛、牛毛　　年交易额四百万两　库伦方面产量下滑后变得萧条;甘肃、宁夏、青海等出产的都是质量上乘的产品,从宁夏运往包头,直接输送到京津地区销售

衣物,织物用羊皮、狐皮、狼皮、皮、栗鼠皮、獭皮等　　年贸易额一百五十万两

药材,麝香、羚羊角等　　前者一千斤,后者三千斤

天然苏打　　多伦附近正蓝旗出产,年产七百五十万斤至一千万斤

岩盐　　アルレンダブスノール、ダライノール[①]等很有名,年产八千担至一万担

附(二)

张家口上市皮毛数量价位表(昭和八年秋至昭和九年夏):

品名	数量	价额	
驼毛	20万斤	每百斤	43元
套毛	90万斤	每百斤	24元
秋毛	35万斤	每百斤	23元

① 译者注:此两处原文为外来语,译者推断为地名或是盐品牌的名称。罗马字读音为 arurendabusunōru, darainōru。

续表

品名	数量	价额	
抓毛	56 万斤	每百斤	33 元
羊绒	10 万斤	每百斤	36 元
羔皮	80 万张	一张	7 角
牛皮	7 万张	一张	6 元
马皮	2 万张	一张	3 元
狐皮	2 万张	一张	16、17 元
狼皮	2 万张	一张	14 元　10 元
狗皮	5 万张	一张	5 元　8 元
獾皮	1 万张	一张	1 元 3 毛
老羊皮	50 万张	一张	1 元 4 毛
山羊皮	50 万张	一张	1 元 3 毛
马驹皮	2 万 5 千张	一张	5 元
旱獭皮	8 万张	一张	1 元 5 毛
马鬃	3 万斤	每斤	6 毛
马尾	5 万个	一个	1 元 2 毛
* *	2 万张	一张	5 元

第四节　外蒙古贸易情况

一、张库通商贸易问题

张家口是通往库伦的唯一要道。前清咸丰十年,它和库伦同时开辟成商埠后,和库伦的通商就日益频繁了,成为内陆地区同外蒙古买卖最大的商埠。但是民国七年以前只靠牛车、骆驼来运输,当时大境门外西沟的“外管”(张家口外的蒙古从商者)有一千四五百户,每年的贸易额达到 1 亿 1 千万两的巨额。

民国七年,汽车路线开通了,交通更便利,商业更繁荣了。当时,张家口的大小商店有 7,000多家,银号有 34 家,进出口贸易额是 3 亿元。这是当时最繁盛的时代,商业的繁荣和经济上的活力,使得张家口一度被称为“塞北的上海”。外蒙变乱后,商业逐渐衰退,民国十八年,俄罗斯和中国绝交以来,张库的交通几乎全部断绝,张家口的商业一落千丈,察哈尔省的经济状况顿时衰落。

现在从张家口大境门外西沟一带来看,以前一片繁华、鼎盛时期的市场已经荒废了,成为偏僻的小巷,“外管”也只有五六家,只有两名守门的人。让人感到实在是时过境迁,今昔不同。近年以来,只有以德国商人身份经营的德华洋行一家,通过汽车保持着同库伦的往来,该洋行的经理是苏联人。(实际上是库伦协和外蒙贸易公司的分店)该洋行运到库伦的物品有绸缎、鞋、马鞍、砖茶、烟草,面粉等,皆为蒙古人生活的必需品。但是民国二十一年,货物的运出额只有77万2千多元,数量极少,并且,利权归俄国商人。而在物品的输入方面,每年蒙古地区的羊经张家口运往平津,约三四十万头,马有四五万匹至十万匹。跟从前一样,都没经中国商人之手。同时张库通商时代,省政府的收入达到每月二百多万到三百万元的巨额。现在全省的年收入也不过这个数字,可以看出差距是如此之大。因此,察省政府当局和张家口商人共同致力于张库通商的恢复,重现当日繁荣,以图拯救现在的凋敝。去年8月份,驻张家口苏联领事馆的德敏铁夫来到张家口。开发西北*会也在察省召开了年会。张家口的商人都抱有恢复通商的莫大希望,或者向协会提出议案,或者同苏联领事进行商谈,省方面财政厅也向财政和实业两部提出申请,希望他们能早早做好通商准备。该会当时也向汪院长、蒋委员长以电话的形式申请了恢复通商的提议。但是是否能恢复,现在还未可知。就算重新通商,能否恢复到往日繁华,这都是很大的疑问。

二、外蒙贸易

民国四五年左右,在张家口从事专门的外蒙古贸易的商店有1,400家,年贸易总额平均1亿1千万两。民国七年,徐栢铮开始外蒙必经之路——张库长途汽车营业活动的时候,商店增加到1,600多家,贸易总额也达到1亿5千万两(出口达到7千万两,进口达到1千万两)。同时当时中国人在外蒙非常活跃,通过下表就可窥一斑。

民国八年(1919年)现在库伦及买卖城中国人工厂调查(《新亚细亚》第8卷):

业别	企业数	工人数	业别	企业数	工人数
羊皮制造业	90	1,800	制鞍业	60	140
制材厂	50	1,000	金银锢工业	40	100
制鞋业	25	500	佛像师	14	100
裁缝业	40	300	皮革业	4	40
锻冶业	50	200	合计	383	4,180

1921年,外蒙古独立,此后的贸易完全不能同往昔的盛况相比。1924年,在库伦的中国商人还有着相当势力,当时规模较大的大商户有9家,年贸易额达到40万元,中等规模商户20家,年贸易额15万,小商户50家,年贸易额3万。根据库伦税务局调查表明,中国商人经手的年贸易总额达到700万元。

之后,外蒙古和苏联合作日益加强,中国商人的努力失败。张库贸易的衰退带来一落千丈的形势。外蒙给予"国营合作社"特权,采用重税政策排斥中国商人。

进口税(通过进出口的价格来定标准)	＊丝、生丝及其制品,烟草,化妆品等	30%
	皮革产品、陶瓷器、木器	50%
	＊＊＊＊	16%
出口税	皮革、毛皮	30%
	生皮	15%
其他(年产值)所得税	商人	120 元
	佣人	30 元
	营业税	150 元到 9,000 元
	资本税	每 1,000 元为 25 元
营业附加税	经营货物的价格为标准	12%
	按户数计算	80 到 1,200 元
	护照费(人头税)	85 元
	路照费(人头税)	96 元

由于以上各种原因,中国商人相继破产。民国十九年(1930 年),张库交通彻底断绝,中国商人几乎全部破产。自通商断绝以来,中国商人资金方面的损失为 2,800 万元,货物方面的损失达到＊百 5 千余万元。触犯蒙古＊法,因之死去的人达 800 余人,判处死刑的达 3,600 多人。现在留在库伦的中国商人只有四五百人,昔日极其繁荣的外管(蒙古贸易商)目前只有几家,已近奄奄一息的状态,正如前面所述。

近年来,接受了蒙古协和公司委托的德华洋行独占张库贸易,进出口货物全部都由外蒙古政府左右。这两年来的张库贸易情况大致如下:

年别	进口额(元)	出口额(元)
民国二十一年下半年	165,811.83	772,346.33
民国二十二年上半年	174,746.15	1,314,518.81
民国二十二年下半年	144,911.63	533,389.04

民国二十年度贸易额仅为 237 万多元,跟全盛时期的 1 亿 5 千万两相比,差多了。

民国二十二年下半年的张库贸易明细表

货物类别	单位	数量	金额(元)
蒙古靴	双	64,121	449,102.18

续表

<table>
<tr><th>货物类别</th><th>单位</th><th>数量</th><th>金额(元)</th></tr>
<tr><td>鞍下毛毯</td><td>套</td><td>2,170</td><td rowspan="2">17,135.65</td></tr>
<tr><td>马肚带</td><td>条</td><td>1,079</td></tr>
<tr><td>蒙古绸</td><td>匹</td><td>1,617</td><td>16,986.75</td></tr>
<tr><td>山绸</td><td>匹</td><td>896</td><td>13,080.00</td></tr>
<tr><td>药材</td><td>斤</td><td>9,199</td><td>5,467.15</td></tr>
<tr><td>油布</td><td>块</td><td>2,453</td><td>5,028.65</td></tr>
<tr><td>铜柄勺</td><td>把</td><td>6,610</td><td>4,560.00</td></tr>
<tr><td rowspan="2">杂货</td><td>箱</td><td>19</td><td rowspan="2">3,400.72</td></tr>
<tr><td>斤</td><td>1,152</td></tr>
<tr><td>颜料</td><td>箱</td><td>1,640</td><td>2,669.75</td></tr>
<tr><td>粗皮</td><td>张</td><td>1,483</td><td>2,436.05</td></tr>
<tr><td rowspan="2">麻绳</td><td>斤</td><td>3,983</td><td rowspan="2">1,950.50</td></tr>
<tr><td>把</td><td>1,490</td></tr>
<tr><td>木碗</td><td>个</td><td>3,940</td><td>1,615.40</td></tr>
<tr><td>马镫</td><td>副</td><td>902</td><td>1,605.56</td></tr>
<tr><td>白布</td><td>匹</td><td>173</td><td>1,176.40</td></tr>
<tr><td>绸缎</td><td>匹</td><td>80</td><td>1,070.41</td></tr>
<tr><td>铜制纽扣</td><td>副</td><td>6,300</td><td>807.30</td></tr>
<tr><td>草席</td><td>张</td><td>943</td><td>641.50</td></tr>
<tr><td>汽车用品</td><td>斤</td><td>306</td><td>570.00</td></tr>
<tr><td>木箱</td><td>个</td><td>325</td><td>554.40</td></tr>
<tr><td>留声机</td><td>个</td><td>4</td><td>525.00</td></tr>
<tr><td>收音机</td><td>个</td><td>3</td><td>500.00</td></tr>
<tr><td>熔炉(木匠用)</td><td>个</td><td>1,600</td><td>352.00</td></tr>
<tr><td>粗布</td><td>匹</td><td>50</td><td>322.50</td></tr>
<tr><td>唱片</td><td>张</td><td>150</td><td>300.00</td></tr>
<tr><td>烟斗</td><td>个</td><td>1,300</td><td>260.00</td></tr>
<tr><td>电话机</td><td>个</td><td>3</td><td>250.00</td></tr>
<tr><td>橡胶</td><td>斤</td><td>294</td><td>235.20</td></tr>
<tr><td>木槌</td><td>个</td><td>11,300</td><td>200.00</td></tr>
</table>

续表

货物类别	单位	数量	金额(元)
白木柜	个	109	185.30
鞍条	副	230	85.40
锥	个	1,970	69.65
干葡萄	斤	493	48.11
毛皮衣服	件	21	47.00
鸡蛋	个	21,000	45.00
砖茶	个	81	39.00
手电筒	个	6	30.00
猪肉	斤	183	27.45
葱	斤	100	6.80
合计			533,386.78

上表中蒙古鞋的贸易额占到了82%,这显示了蒙古人对于张家口制鞋的钟爱并未消失。然而,其他货物(尤其是衣服材料、砖茶、红茶、佛教用品以及其他杂货)的贸易正在逐渐减少,照其到现在的趋势看来,苏联方面推行的"改变蒙古人对中国制品需求的传统心理"这一政策在不久的将来有可能完全实现。下面看看从库伦输出到张家口的物品,如下表所示:

货物类别	单位	数量	金额(元)
麻菇	斤	74,975	138,358.37
狐皮	张	1,337	18,995.50
俄国印花布	尺	71,009	13,827.50
羚羊角	斤	28	10,257.50
沙狐皮	张	2,163	10,231.00
羔腿皮	张	4,799	9,598.00
灰鼠皮	张	3,824	6,656.70
狗皮	张	793	4,029.00
山羊皮	张	753	1,694.25
*子皮	张	5,117	769.00
狼皮	张	46	522.00
马尾	斤	4,295	6,240.39
牛尾	斤	2,222	4,781.45

续表

货物类别	单位	数量	金额(元)
鹿尾	斤	203	2,921.00
鹿茸	斤	127	2,941.00
纯银	两	1,301	1,949.50
羔腿	斤	943	1,871.60
呢绒	尺	2,828	1,696.80

另外,还有几件500元以下,数十件百元以下的物品未作记录,合计107,561.77元。

总计344,912.63元。

上表中麻菇(蘑菇的一种)占到了四成,其他的是毛皮类,工业上必要的羊毛、驼毛都没有。上表对中国的羊毛出口(如下表中所示)有影响。

最近羊毛出口表

按年度分	单位(担)	单位(千两)
民国十七年	564	21,706
十八年	463	16,925
十九年	240	9,118
二十年	274	10,402
二十一年	70	3,591

张库间的通商断绝不仅带来了张家口的衰退、羊毛出口的减少,还给中国北方农村的农业及当地工业造成了巨大的打击。一直以来,一部分北方地区的农产品以及大部分粗加工工业品都是销往外蒙地区的,前述的贸易的衰退加速了北方农村的破产。

附一

察哈尔省(民国二十二年)张库[①]通商促进委员会致苏联驻天津总领事意见书:

查中苏两国通商历史,有三百年之久。张家口归化城、库伦、恰克图等通商重镇俾中苏两国人民共享通商之利,内外蒙古因之利益均沾。然外蒙自治政府于库伦成立,东清铁路为某国破坏以来,中苏各通商口岸被迫封闭。近年中苏两国邦交恢复,我等翘首以待贵国商民及外蒙政府早日重启张家口、库伦通商贸易。在下以为恢复张库通商实为归化城、

① 译者注:张家口—库伦。

恰克图通商重启之先导,故本代表受张家口各界委托于今年三月赴库伦与外蒙政府谈判交涉。最终双方达成协议:设劳商贸易合作社统筹通商事宜,以统一货物采办销售,确保信用。该协议稳步付诸实施之际,突遭某国占领多伦事件。时局突变,本代表不得已暂搁协议匆忙回国。然协议事项关乎中苏蒙三方,兹事体大,断然不可长久拖延。我等再三商议,唯有烦请贵总领事通过贵国驻库伦领事向库伦政府转达事情原委,以期消除中蒙双方误会,延续协议。为排除某国再度破坏干扰,恳请贵总领事鼎力相助。[①]

附表二　张库间汽车交通费用表

(1)汽车

张家口汽车同业公会参加数　46家

长途汽车　93台

种　类　ドッヂ、シボレー[②]

价　格　大　3,000元　中　2,000元　小　1,200元

载重量　大　二吨　中　一吨半　小　一吨

(2)运费(商人向汽车店支付的费用)

普通货物　每百斤　60元

贵重品　不　定

旅客携带品　每百斤　40元

(3)汽车店负担费用(＊＊＊＊＊＊[③])

张库往返汽车税

大车　225元

中车　165元

小车　125元

过路费　货物运费的百分之五;旅客运费的百分之八

旅客运费　每人　120元

司机费　每车　2元

每车司机为2人

停车＊费　每＊　5角

保商＊费　每六十斤　5元

骆驼　一头　2元

(4)汽车店必要的费用(按每一回计算)

汽油　六罐　38元4角

---

① 译者注:意见书中的某国均指日本。

② 译者注:原文为「ドッヂ」「シボレー」,音译为"dotuji"和"siboree"。

③ 译者注:此处50文字左右,原文印刷不清晰。

(美孚洋行卖出一箱二罐		12元8角)
橄榄油	五罐	24元
(美孚洋行卖出一箱十罐		48元)
黄油	三罐	9元
(美孚洋行卖出一罐		3元)
司机伙食	每人每天	2元

(5)(附)德华洋行实际所付费用

库伦去路运费	每百斤	3元
库伦归路运费	每百斤	2元
张家口至乌得的骆驼运费		
每头		17元
每头载重量约		400斤

注:张家口至乌得段,该公司用骆驼运输22日。乌得至库伦段,改用汽车运输。

第五节　各外国人的活动投资状况

据称,在张家口外国人总数约200人。据公安局调查,约250人(参考人口章节)。市内外国观光客屡屡可见,若把此类旅行者算入在内,则总数可推断为250余人。其中占据首位的为近邻的苏联人。据称总数约一百五十人,其中白俄系流亡者约七八十人。英美人相对较少,但须留意苏联周边的小国如拉脱维亚及德国、挪威等国以及天主教国家比利时公民较多。

1.与苏联关系

a.苏联领事馆

原定去年七月初准备开馆,因察哈尔省政府主席宋哲元极端反共,经日本领事桥本斡旋,暂于停车场南侧附近租赁民宅,八月一日正式开馆。八月二十六日,苏方举行庆祝宴会,事关外交关系,宋哲元不得不出席。尔后省政府要员相继访问苏领事馆。如此往来,仿佛显现中苏关系逐渐转好之势。苏方领事德敏铁夫(Dementief),四十五六岁,一派绅士风度。带有家眷,未带秘书。夫人系莫斯科大学医科博士毕业,通晓英语。雇佣当地牛奶店经理赵某为翻译。外蒙方面的情况属绝密,无法探知。来往于张库沿线的汽车行至乌得,所运货物必在严密监视之下转运。如此万般谨慎,其理由盖如下所示:

(1)唯恐外蒙国内情况外泄。

(2)掩盖外蒙军备分布失衡状况。(据查库伦至乌得间军队驻扎较少,相反,库伦以北较多。)

(3)封锁外蒙境内屡屡发生的蒙古人暴动真相。

从目前不太兴旺的外蒙贸易判断,苏联领事的任务不在保护商权、侨民,而似乎在于侦查宁口日满各机关的内情。让人觉得与特务机关别无二致。

b.德华洋行

表面上让人觉得是中德合作企业,实际该洋行完全有可能是在和苏联御用商人合作。据称该洋行资本 150 万元(抑或更多),行长为拉脱维亚人 Adam Purpiss,副行长德国人 Bauer,另侨居维也纳德国人 Tischbein 等为经理,负责外蒙皮毛之买入、整理、运输。卡车约四五辆,乌得改运以及只限于乌得与张家口间的往返运输致使生意平平。目前尚未查明该公司骆驼牛车数。

出口物品　蒙古人用香牛皮鞋、砖茶、家具、烟草、火柴、和服布料、铁器、瓷器、乌拉草(置于靴内的保暖草)。

进口物品　毛皮、牛奶、牛油、麻菇等。

据推测贸易额每年约为 200 万元至 300 万元之间。据领事馆方面消息,德华洋行目前军火贸易额约 300 万元,进口商品如上所述。近来因滂江的德王府加征税金及由此引发的种种纠纷,驼、牛调度紧张。

目前德华洋行正利用驼运于今日前后向库伦运送糖料及各种杂货共计 2,000 余吨。近期于天津买入砖茶 1,500 余箱,打算用骆驼从张家口运往库伦销售。近日,驼羊毛 20 余万斤运抵张家口,尚不够与天津的交易量。该洋行于天津设有福祥洋行,也开有分店,从 * 贝子方面调集马匹,运往天津方面。

* * * *[①]

一半为德王所有,德华洋行雇佣之。据称察省税金繁重,该洋行遂有计划与绥远自称英商的平和洋行合作开设分店。实际上随着日本势力向西渗透(特务机关及善邻协会于内蒙各旗设办事处)该洋行作为苏联的精神联络机关,越发感觉活动不便。

于是该洋行行长 Adam Purpiss 四月八日前往绥远,逗留约一星期。其间拜见省主席傅作义,基本完成了开设分店的准备。也有传基于以上原因,该洋行在张家口的总部也将于端午全部搬迁。需要特别注意的是,该洋行搬迁至绥远,靠近蒙古自治政府所在地百灵庙,同时接近在内蒙古普及教育做得最好的土默特旗,该旗曾出过共产党员。详见参考资料去年 11 月刊登于杂志《西北春秋》第十六期的西北地区信息。

2.与美国关系

a.亚美利加医院

据称是上海亚美利加医院的分院,也有说是协和医院的分院,属洛克菲勒名下,详情不明。最近美国医生客死北平,只好由中国医生负责治疗,效果令人不甚满意。该医院出于向内蒙古渗透之目设立,得到省政府要人及外国人的大量捐助。院内有诸如张学良室、刘翼飞室等以捐赠人姓名为名的诊疗室,住院的各种设备齐全,规模颇大。

b.美孚石油

与其他地方一样,美孚石油和亚细亚石油对抗竞争。

---

① 译者注:此处与下文存在衔接问题,疑原文有阙。

年销售量不明。(参考《察省经济调查录》《调查月报》记载全省洋货消费统计)

c.华北洋行

大境门外有店铺,负责内蒙古锡林郭勒盟。另有两名负责察哈尔部地方毛皮收购的美国人常住,在张家口外国人毛皮商中数一数二。

3.与英国关系

a.英美烟公司(英美烟草托拉斯)以前是英国人管理,现为美国人。向省政府上缴大量税款,然其税款皆来自消费者。哈德门、前门、红锡包、三炮台、华芳牌、司太飞等张家口的主要烟草品牌均出自该公司。据称年销售额320万元,远远超过其他烟草公司,占压倒性优势。

b.亚细亚石油

与其他地方一样,亚细亚石油和美孚石油对抗竞争。

4.与法国关系

在张家口口北盐务收税局,有一名叫做ゼクラート[①]的法国人,与中国盐务官员一起负责征收盐税。

5.宗教关系

a.循道宗名下的基督教教堂有三处,都由外国人管理,目前只有美国传教士一人。

b.天主教教堂有两处,一处由法国人管理,另一处由挪威人管理。

c.张家口口外西北边地散布着以蒙古人为信徒的基督教教堂以及以汉人为信徒的天主教教堂,在后者中比利时传教士尤其较多。先开展文化事业,然后再投资被认为是欧美人惯用的有效手法。

6.与德国关系

梅华公司先前经营往来的杂谷、皮毛等生意兴隆,现停业中。日本与苏联两国领事馆办公大楼均为该公司财产。此外美商洋行、北洋洋行、井升洋行、德兴洋行、井上洋行、本渡洋行、康昌洋行等毛皮商都是政治避难的白俄人,所有资本不过一千元至二三千元之间。或往内地卖杂货,同时收购毛皮运回张家口或运往平津地区贩卖。洋行之外,白俄人饭店在经营旅馆、餐饮的同时贩卖毛皮,张家口饭店即是典型。

瑞典人ラーソン[②]经营锡林郭勒方面的羊、马,希望日本人收购。(后附我国(日本)投资状况。)从中可知驻天津的日本商人明石洋行起用从事内蒙古贸易多年的白俄人プロンエンコフ[③]等人后,日本石油会社的白蝙蝠牌石油迅速占领内蒙市场,获得好评,日后发展前景颇大。

---

① 译者注:外国人名。罗马字读音为 zekurāto。

② 译者注:外国人名。罗马字读音为 rāson。

③ 译者注:外国人名。罗马字读音为 puron' enkofu。

东亚烟草在内蒙市场份额极小，但诸如价格低廉的复兴牌香烟在蒙古商人中颇有人气，有望有个10%—20%的份额。

朝鲜人金颜国于张家口市内怡安街开设十全医院。金在张家口18年，财产达15万元，颇受当地人信赖，生意兴隆。此外高某开设诊所但业绩寥寥，最近又尝试改行开当铺。

附 蒙古实业公司的设立

去年十二月北平《益世报》报道当时抵北平之蒙古自治政务委员会某要人谈话大致如下：

蒙古自治政务委员会为开发内蒙古资源，引进英美等国外资本而成立蒙古实业公司，目前尚在交涉中。该公司于锡林郭勒盟及察哈尔部(外商要求伊克昭盟及锡林郭勒盟，未获许可)之牛羊肉罐头、毛织品、甘油等产业及兽医业享有优先权。合同期满时，如欲续约可继续享有优先权，如欲终止合同，则政务委员会无条件接收公司所有财产。

公司在上述两区域内负责教授蒙古青年技术，公司应缴纳利润的20%于政务委员会，以及公司不应干涉蒙古内政、军事云云。

天津之对内蒙贸易商商户名

洋行名	国别	经营商品(买入)
怡丰洋行	日本	以前皮革，最近杂粮
三井洋行	日本	羊毛、制油原料
正华洋行	日本	杂粮
信记洋行	日本	杂粮
水和洋行	日本	杂粮
怡和洋行	英国	羊毛
新泰兴洋行	英国	羊毛
亚细亚	英国	石油
美孚	美国	石油
福祥洋行	中德(苏联)	马
顺昌公司	中国	制油原料

外商于必要时与张家口批发商交易，不一定直接参与贸易。卖出品主要为杂货。

第七章 财政

第一节 概况

近来各省相继公布财政收支状况,唯独察省秘而不宣,坊间谣传真实财政状况只有省主席宋哲元和财政厅过之翰知道。原本察省实际管辖范围不过口内外十六县而已,且自然资源匮乏,曾经极盛一时的外蒙贸易衰退(民国七、八年时每年贸易额尚有5千万,民国二十一、二十二年时锐减至2百万元前后),加之驻屯军包括奉天派、山西派在内总数不到两万,冯玉章西北督办时代也不到三万,财政拮据可见一斑。此外,口外六县之中内蒙贸易中心多伦县实际已纳入满洲国版图,省主席宋哲元直辖部队第二十九军约两万人,其他暂编第一、第二及第一百三十二师约三万人,今年四月着手组建的保安队总数预计为两万,现已招收一万,可以眼见空前的大部队进行驻扎。据说维系如此庞大部队的经费一部分来自鸦片税,可见察省财政状况不容乐观。下记数字为国民政府公布,不足取信,但其中一部分可供参考。

察省岁出入总额年度统计(国民政府主计处公布)

年度	民国二年	民国八年	民国十四年	民国二十年	民国二十年
岁入(元)	70,457	488,389	629,549	2,348,154	3,058,043
岁出(元)	53,923	624,502	1,796,439	2,348,154	3,058,043

民国二十年始岁收支平衡,并非财政状况改善,应是察省所报数据不实。

上述民国二十年收支明细如下所示,但须申明不足取信。

收入(元)		支出(元)	
田赋	696,875	党务费	96,000
契税	192,195	行政费	755,425
营业税	1,045,720	司法费	206,950
地方财产收入	38,321	公安费	347,949

续表

收入(元)		支出(元)	
地方行政收入	65,257	财务费	270,708
其他	309,786	教育费	319,989
计	2,348,154	实业费	7,352
		交通费	17,544
		卫生费	26,304
		建设费	58,804
		预备费	241,129
		计	2,348,154

据民国二十二年财政厅于全国财政会议呈报之国税收入额(单位:元)可知:

印花税 125,100
烟酒税 374,800
*产煤炭税 26,100
荒款(土地出让金) 2,300
没收金 6,400

以上为察省民国二十一年实收明细,共计534,700元。

二十二年度官产收入 19,000
张多关应解税 240,000
张家口台站管理局经费 3,700
田赋收入 330,000
——其中印花烟酒税局经费 9,900余元

除去印花工程费12,500余元,估计民国二十二年度征税收入合计1,150,000余元。

通常财政支出不对外公布,民国二十一年、二十二年度收支状况也难以轻易辨明。只是在全国财政会议的公文中"言及岁出额政学各经费计230余万元",但明细不详。此外交付北平军分会的协饷(一省财政收支失衡或战乱、天灾等导致经费不足时由邻省提供的款项)达844万余元。综合所述,可知支出总额为374万余元,而国税实收115万余元,则有259万余元亏空。据杂志《开发西北》察绥专号所载,察省靠征收国税附加税及变相厘金税等杂税补足上述亏空,杂税明细如下:

杂税(民国二十年征收余额1,237,915元) 1,300,000余元
特货税(鸦片税) 400,000元
计 1,700,000余元

亏空尚有约100万元。另有一说民国二十二年财政国税约70万元、地方税约170万元,合计240万元;支出政费150万元、军费144万元,合计290余万元。不足约50万元。扣除来

自北平军分会的协饷约20万元,还有30万元左右的亏空。究竟实情如何有待进一步调查。唯财政年年膨胀,税捐年年剧增是不争的事实。对人口约200万,其中八成是农民,生产力发展又极其缓慢的察省来说,人民负担年年加重的趋势难以避免,国民政府主计处公布的以下数据可为佐证:

田赋增加率

年度	民国五年	民国八年	民国十四年	民国二十年
数额	283,741	295,496	445,572	696,875
指数	100	104	157	245.6

税捐增加率

年度	民国五年	民国八年	民国十四年	民国二十年
数额	294,989	111,558	119,874	1,237,915
指数	100	37.8	40.6	419.6

另外,作为考察察省财政的资料,绥远省财政据昭和九年(1934年)12月21日的《大公报》所载如下:

民国二十年裁撤厘金后以营业税补足亏空,然营业税年收不过20万元,年亏空额约为50万元。民国二十一年军费约360余万元,省库收入田赋30余万元,牲捐各款项50万元,屠宰营业税20余万元,共计100万元。行政、教育费支出140余万元,除去军费尚有40万元亏空。军费由禁烟、稽查处支出,8月至12月20日的行政、教育费(特别是工资)尚未支付。目前仍有须交付山西省、绥省平币官钱局各50万元计100万元的负担。山西省军费过去每月需绥远省寄付26万元,现每月只能支付45,000元。

第二节 税制

如前所述,为维系庞大的军费开支,宋哲元军阀苛敛诛求,无限增加杂税,以致捐税名目繁多。民国二十二年中央财政会议表决免除苛捐杂税,察省亦逐渐减免税捐。但如此则每月40万元的军政费无法筹措,对政府免税之举不满之声日益高涨。

且察省本非富饶之地,人民无力纳税,现今更加穷困。民国二十年以前田赋实收数约七成以上,近年灾患频频,人民相继逃往赋税较轻的绥远省、热河省等地,田赋实收更加减少。民国二十一年起实收六成左右。现多伦实收归满洲国,沽源一部为日军占领,其他沿边之宝昌、赤城、延庆、张北、康宝等县皆受影响,实收几乎为零。

今察省各县杂税情况:

察哈尔省各县之临时杂税捐费(尤其是九一八事变之后)

一、万全县

1.黄芪药材捐　2.油税捐　3.县厅草拆费　4.瓦窑捐　5.水磨捐　6.渠坝捐　7.冰场捐　8.各区门牌捐

以上民国二十三年5月停收。

二、宣化县

1.园畦捐　2.口袋捐　3.商号补助土车捐

以上民国二十三年5月停收。

三、蔚县

1.妓捐

以上民国二十三年5月停收。

四、怀来县

1.纳办捐

以上民国二十三年5月停收。

五、延庆县

1.水磨捐　现停收

六、怀安县

1.草烟捐　2.状纸附加捐　3.麻苇捐(现停收)

七、涿鹿县

1.簸箕粮底捐　2.状纸附加捐　现停收

八、龙关县

1.药材捐　2.代收银粮川资捐　3.状纸附加捐　现停收

九、沽源县

1.盐商捐　现停收

财政会议后,为弥缝时局以上杂捐一并废除,目前仍存项目如下:

察哈尔省现行税目及税率(昭和九年12月20日,来自省政府资料)

税目	税率	备注
营业税	千分之十	营业收入100元以上者或注册资本500元以上者,每月征收
牙税	皮毛类买卖价格之百分之二点八,米粟百分之二,其他均八分之一,买主负担三分之二,卖主负担三分之一	所谓牙税,即经纪人撮合的买卖成交时,征收的税金。征税对象包括牲畜、煤炭、木材、山货、水果、麻类、棉花、油类、曹达麻菇、药材、石棉、蔬菜、苇席、铜、铁器类、米、粟、皮毛等十七种货物。除米、粟外,价格一元以下免税

续表

税目	税率	备注
牙税附加 省教育费	百分之一	
屠宰税	猪每头6角 羊每头4角 牛每头4元	骡马、骆驼唯不得已情况下，方可屠宰，每头一元
车牌捐	大车 4套 3元 3套 2元5角 2套 2元 1套 1元5角 轿车 3套 3元 2套 2元5角 1套 2元 汉板车5角	一年征一次 蒙古人的家用车有证明书者免税
车牌捐附收监狱经费	车牌捐的一成	
食盐食户税	每百斤 蒙盐 1元 海盐 1元 白盐 6角 土盐 3角 每斤 积盐 5角	
食盐食户数国税	每百斤 蒙盐 1元 白盐 6角 土盐 3角 海盐 1元	
察蒙货物检验费	价格的百分之六	对所有交易货物征税，税款由买卖双方平均承担
关税附捐	关税之一成	
烟酒税附加监狱款	正税之一成	唯万全县免征
烟酒税附加赈灾捐	正税之一成	全国有十县征收
烟酒税附加剿匪捐	正税之两成	万全县及口北五县征收

续表

税目	税率	备注
烟类营业牌照税	整卖 甲级 100元 乙级 40元 丙级 20元 零卖 甲级 12元 乙级 8元 丙级 4元 丁级 2元 戊级 5角	一年征收四次,以下诸税同
酒类营业牌照税	整卖 甲级 32元 乙级 24元 丙级 16元	
	零卖 甲级 8元 乙级 4元 丙级 2元 丁级 5角	
洋酒类营业牌照税	整卖 甲级 50元 乙级 10元 零卖 甲级 10元 乙级 5元	

据在张领事馆朱书记调查,张家口一市税制如下(调查时间昭和十年5月):

张家口税制

一、关税(张多关税)——国税

1.关税率　从价百分之二点五

2.关税收入　年30万元、年征内德华洋行18万,上交中央24万元

二、落地税——地方税

1.入关税

2.出关税

八个月以内的出关货物只征一方

3.税率

毛皮　百分之三点八

糕点、干物、杂货、金属　百分之四

4.附加税　正税率之一成

5.年收

上堡　　80余万元

下堡　　40余万元

计　　一百二三十万元

三、营业税

月收　　60余万元

四、家屋税(房捐)

月收　　18,000元

五、公安*捐(据营业额征收)

月收　　34万元

六、鸦片税

七、保证团费

张多关　张多关以往称张虎多关,辖张家口、杀虎口、多伦三地,以长城线为关税线,对出入货物征收从价税率百分之二点五的课税。

税额　马8角;猪2角;羊1角2分;狼皮3角;狐皮1角半;狗皮8分;马皮8分;羊皮2分;羔皮2.5分。

税收　归中央政府财政部,年批额24万元,民国二十三年各税收额30万元。

另张家口领事馆朱书记所记保安队与课税记载如下:

今年5月4日,南京政府正式委任宋主席兼任察省保安司令,准许招收保安队员2万名。察省政府立即派遣招兵委员前往河南、山东等地招兵。现察省军队有4个师团、5个旅团及6个特务团计8万人,加上保安队2万人,共10万人。这10万人每月薪水至少需80万元。目前保安队2万人尚未凑齐,以8万人每人每月8元计算,月需64万元,年需700万元。据宋哲元所言,察省财政收入年300万元,各种苛捐杂税一律不许征收。实际当地商会不可能拒绝宋主席的要求,捐税日益增多。以前铺捐针对注册资本征收,所以征收额极少(千分之一),现在针对商店的实际收入包括现金出入账本所记金额及赊卖金额,因此征收额达到千分之七。当地颇负盛名的魁兴高布店、吴德茶店与各县小商号均有联系,每天收入包括现金和赊卖在内达五六百元,每月约17,000元,铺捐一项就需交纳100元,此项以前不过十余元。铺捐涨到十倍之多,张家口各商铺叫苦不迭。另一方面农民购买力低下,各店皆亏损,有的店铺遂搬往平地泉,因为在平地泉向绥远省所交税捐极少,且该地处内蒙西部消费地。

公安局征收各捐税如下:

1.公安铺税　　百元以上千分之七,百元以下免税

2.汽车行捐(汽车业者税)　　小车每辆每月3元7角;中车4元;大车5元

3.乐户门(接客业)捐　　头等每月18元;二等16元;三等12元;四等6元

4.妓捐　　头等　红倌(一本)每月4元;清倌(半玉)每月2元

二等　红倌每月2元;清倌每月1元

	三等　每月 1 元
5.戏捐	百分之五(即每 100 元征 5 元)
6.人力车捐	每车每月 2 角
7.娱乐场所附加捐	戏园、妓院营业额之一成
8.结婚证	结婚证每本 1 元 6 角
9.建筑执照费	依工人大小征收
10.运柩执照	每本 1 元
11.营业执照	征收营业资本额的千分之三
12.呈状	每枚 3 角
13.宴席捐	宴席费用 2 元以上者,加收捐金为宴席费用之一成;2 元以下者免税

第八章 结论

当今察哈尔省

从东南西北四面形势可窥见察省在政治、经济上的重要性。东有日本、满洲国势力,多伦现已纳入满洲国版图;北有外蒙古、苏联势力,达里岗崖牧场已为外蒙所有,德华洋行于乌德转运货物彻底垄断张库贸易;同时西边,于国民政府而言,该省为西北门户;南面,为河北屏障,实乃国防第一线。近年为何国民政府重视西北地方,为何西北开发协会、西北问题研究会等有关西北的诸多民间组织通过发行杂志大肆叫嚣西北问题,只要稍作梳理,对策自明。

日、美两国对华输出之商品及资本处于对立状态。此外,满洲国建立意味着可以通过蒙古问题向察、绥两省施压;继平山、北宁两线通车,平绥线联运成功,反南京派的重镇山西派可能与日本合流致使整个华北纳入日本统治范围。

综合以上考虑,南京政府遂提出西北开发论。

西北问题的提出源自九一八事变,其间因国民政府对内政策而屡遭利用宣传。该问题的真相可概括为以下三点:

一、华北粮食问题

滦东、平津、保定一带粮荒问题。从前大部分通过满洲方面供给解决,满洲国成立后,粮食自由运输不如从前,最近由平绥线运入的粮食显著增加。民国二十二年运入杂粮约20万余吨。

二、鸦片

中国鸦片主产地为云南、贵州、四川及甘肃、宁夏、绥远各地。先不论西南地区鸦片,西北鸦片年产约千万两,主要自甘肃经阿拉善蒙古至绥远以至察哈尔,后大部运往天津。沿途各地军阀对此设卡所征税款,为其军费主要来源。鸦片自产出地至汉口、上海、天津等消费地的运费依多年商业成规而定,且阿拉善蒙古一段无土匪出没,故甘肃鸦片不经陇海线而走今线。对国民政府而言,借西北开发之名解决鸦片问题,同时监督西北军阀财源,实为一举两得、求之不得之事。

三、西北开发的自然条件限制

察哈尔、绥远及宁夏地区将来难以用中国式的“地大物博”一语来形容了事。长城附近降雨量年仅200毫米,年平均气温5—10度,其中半年在零度以下,农作物生长时间不过百日。

此外地表盐分集中,灌溉之时首须排盐。在如此不利自然条件下,因中原人口过剩迁往此处,移民不断,移民头两三年降雨量较多,之后干旱接踵而来,干旱期间迁入的农民被迫停止农业活动。另外,以上地区农业开垦破坏地表植被,干旱年份大风吹走细微土壤,留下粗大沙砾。因此,西北地区大部农业生产断不可与满洲平原同日而语。

以上从西北地方的角度论述了察哈尔状况。该省南部半农半牧或全农的汉人及从事畜牧业的蒙古人生活状态完全不同。与汉人接触的同时,蒙古人深感自身的落后,如今正处在民族灭亡的边缘。天生不适应农业生产的蒙民在满洲国内由蒙政部管理。察省南部口内十县实属所谓华北五省一部。有学者认为应该把蒙古人占绝对多数的察省中北部划离华北,归入以滂江德王为核心的蒙政会管辖之下——该会以独立政府的形式,统辖察绥蒙古人。(与之相对,亦有学者认为人口不足三十万的蒙古人不足为虑。)

综上,察省开发相当困难。目前首先应当解决的是连接多伦与绥远平地泉的铁路铺设问题,以及开通后运送平绥沿线及山西物资进入热河地区的问题。

开采南部丰富矿产资源首先要进行道路基础设施建设,完善水利事业,需要我国(日本)资金及先进技术。

昭和十一年 4 月

供览	庶务	调查	干事
		冈 11.6.16 田	

新京　满铁

经济调查会

No.361

昭和＊＊年 6 月＊日

华北绥远省农业调查报告

满铁·经济调查会

经调二部农业班

尾崎英雄

前　言

本调查由中国驻屯军司令部调查班的“绥远特别调查队”开展，从昭和十年8月23日到同年的10月15日，历时55天。

调查队一行35人，分乘5台汽车，以绥远省中部为中心，涉及本省北部、西部、东部各地（调查距离6千公里），调查了多个部门。

本书是农业调查的汇报书。

以下是为了参考调查的经过：

月	日	出发地	到达地	住宿地
八月	22日	北京		
	23		绥远城	绥远城
	24			
	25	绥远城	包头	包头
八月	26日	包头	萨拉齐	萨拉齐
	27	萨拉齐	平地泉	平地泉
	28	平地泉	丰镇	丰镇
	29	丰镇		
	30		张家口	张家口
	31			同上
九月	1日	张家口	张北	张北
	2			同上
	3			同上
	4	张北	化德县城	化德县城
	5	化德县城	西苏尼特王府	西苏尼特王府
	6	西苏尼特王府	沙拉哈达	沙拉哈达
	7	沙拉哈达	Paronsu-mu	Paronsu-mu
	8	Paronsu-mu	Tiyanhatasu-mu	Tiyanhatasu-mu
	9	Tiyanhatasu-mu	* * *	* * *
	10	* * *	固阳	固阳

续表

月	日	出发地	到达地	住宿地
	11	固阳	包头	包头
	12	包头	萨拉齐	萨拉齐
	13	萨拉齐	包头	包头
	14			同上
	15	包头	五原	五原
九月	16日			同上
	17			同上
	18			同上
	19			同上
	20			同上
	21			同上
	22	五原	包头	包头
九月	23日			同上
	24			同上
	25			
	26	包头	安北	安北
	27	安北	义和店	义和店
	28	义和店	固阳	固阳
	29	固阳	红油杆	红油杆
	30			同上
十月	1日	红油杆	百灵庙	百灵庙
	2			同上
	3	百灵庙	武川	武川
	4			同上
	5	武川	绥远城	绥远城
	6			同上
	7			同上
	8			同上
	9			同上
	10	绥远城	乌兰花	乌兰花

续表

月	日	出发地	到达地	住宿地
	11	乌兰花	陶林	陶林
	12	陶林	商都	商都
	13	商都	张家口	张家口
	14	张家口		
	15		天津	天津

目 录

第一章　一般概况

(一)绥远省的位置

本省是华北五省之一,位于西北端处,北接外蒙古,东接察哈尔省,西接宁夏省,南部以万里长城为界,与山西、陕西、甘肃各省相望。即东西跨北纬37度20分至43度,南北跨东经104度12分至112度20分。

(二)绥远省的地势

本省中央,海拔2,000米左右东西走向的阴山山脉将省分割成两个部分。其南侧并无急坡,不属于归绥平原,远接外蒙古。另,山脉的东北地方山岳连绵,形成了海拔1,700米左右的高原地带,西部乌拉山、狼山接连该山脉,狼山绵延至宁夏省境内。即使在一般高度的平原地方,海拔也有700米左右。河川较少,虽有以阴山山脉为中心向南北方向流出的泉水,但基本上流水不是积成湖泊,就是干涸于沙地。其他的河川有黄河和黑河,黄河沿河西走廊大迂回,从宁夏省经省的西南界流向东北,从省西界的中央部向东北与狼山山脉并行延伸进入省内,冲刷乌拉山山脚,流经方向稍转流向东部,从阴山山脉的西端再转向南方,直达山西省。黄河的故道现在叫作五加河,沿着狼山的南山脚,从乌拉山脉西南端与黄河汇流。此流域形成了所谓的后套地方这一片肥沃的农耕地。另,黑河发源于位于归绥平原东部的黑海淄博(原文是黑海子伯),从该平原的东北流向西南,又与黄河汇流。根据上述描述的地势情况,本省的农业地区分为阴山山脉北部的丘陵地带、南部的平原地带、东部的高原地带以及黄河流域的河套地方这四个区。

(三)沿革

纵观本省的沿革,本省原来是蒙古旗地,原处于伊克昭盟、土默特旗、乌兰察布盟的游牧地域。清朝后,这片地域以及山西的一部分被称为“绥远特别区”,处在绥远城将军的管辖范围和监督范围。民国二年,此地脱离山西省的政权管辖,转到了察哈尔特别区的管辖下,且合并了丰镇、凉城、兴和、陶林、集宁这五个县——这个地方就是现在创设的绥远省,其中汉人行政地区占全省面积150万平方公里的约45%。

清朝中叶以来开垦事业的各种设施设置在当地,很多汉人移住到这里。放牧地带被农民开垦成农耕地,现在全部人口200万人中有90%是汉人,30多年来本省在汉族的带领下异常发展,拥有了经济实力。但是蒙古人却丧失了游牧地,他们被迫移到别处以寻求新的游牧地,或是放弃从前的风俗习惯,进行固定的农业。由此逐渐衰亡下去。也就是说现在的蒙古人的人口和清朝初期相比土默特旗、伊克昭等南部盟共减少了3万人,只有北部的乌兰察布盟增加了近5千人。这也是这段时间才查知的。

试将汉人的县行政区域和蒙古旗地的地域关系如下所示:

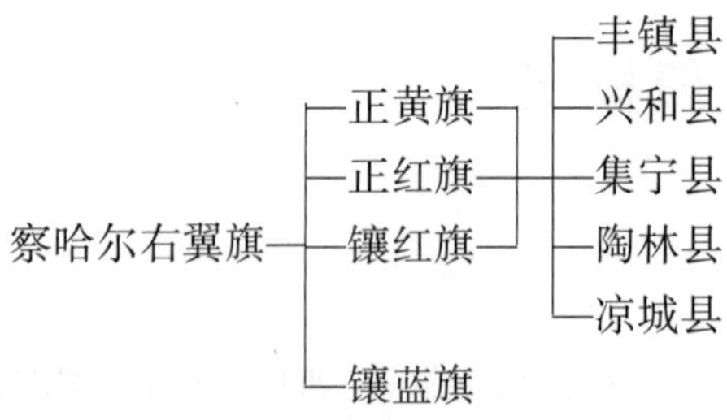

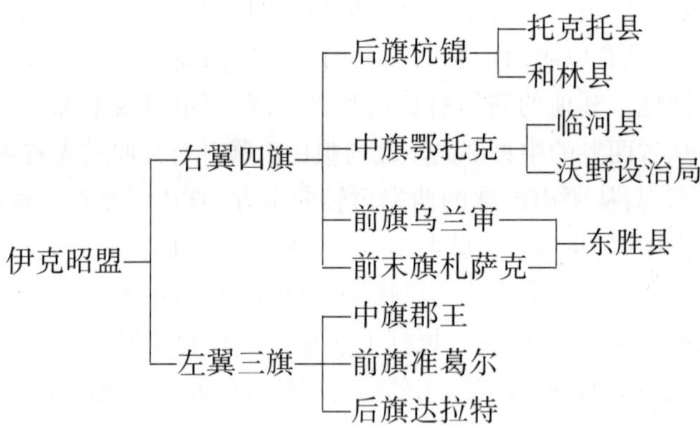

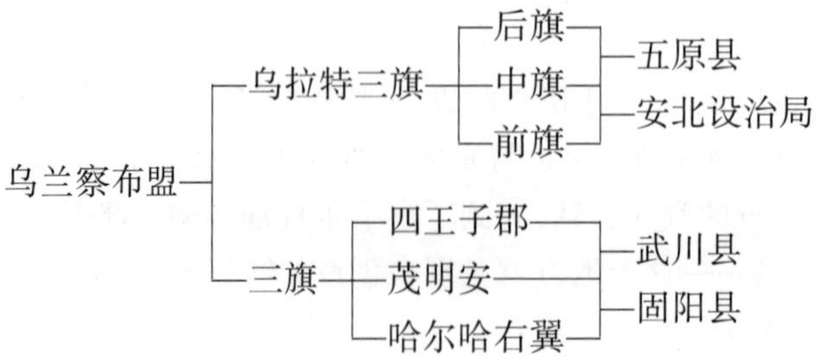

(四)面积和人口

前表的16个县里,在设治局的行政下,汉人的各个县别的面积、人口、农家户数、耕地面积如下表：

绥远省各县面积、人口、户数调查表
（民国二十一年省政府调查）

县别	总面积	总人口	农家户数	耕地面积
归绥	26,650	261,350	32,000	15,318
丰镇	25,300	239,649	11,500	30,070
萨拉齐	54,850	279,801	34,600	10,012
包头	9,766	178,761	11,300	12,000
五原	91,454	53,686	5,400	9,000
武川	9,600	190,531	36,400	8,043
集宁	27,200	62,529	13,800	10,330
兴和	9,120	98,175	14,500	12,529
凉城	11,700	192,530	23,700	17,825
陶林	40,800	43,487	7,900	8,819
和林	22,800	99,214	9,400	9,986
清水河	22,300	39,824	7,000	10,321
托克托	11,176	92,417	6,300	7,842
固阳	35,200	43,070	21,000	4,000
临河	18,343	30,938	8,500	6,292
东胜	142,800	19,641	3,300	11,141
安北	33,600	22,799	2,700	5,731
沃野	960	320	83	600
合计	593,821	1,988,922	249,783	189,869

备注：①县的面积单位是平方里。
②耕地的面积单位是[顷]，一顷＝一公顷#。

（五）气象

本省的气候寒暑酷烈，且空气普遍干燥。这些方面与满洲的情况大同小异。

绥远省的降水量极不规则，降水量最多的年份为民国八年，达到880毫米；降水量最少的年份为民国十六年，降水量仅为35.1毫米。民国十七年受到空前的旱灾影响，年降水量也只有50.4毫米。一年的降雨主要集中在5月到9月之间，其他月份降水量很少。

5月到9月的平均气温保持在15摄氏度以上，这150多天是无霜期。1月的平均气温最低在零下20摄氏度左右,7月的平均气温最高在23摄氏度左右。

一般风力都很平稳,冬季刮西北风,夏季为东南季风,一年中57%到80%的降雨量都是由它们带来的,降水量总体较少,为日本内陆的1/3到1/5,尤其冬季最为稀少。在省内,阴山山脉南部平原地带的降雨量大于北部丘陵地带、东部高原地带的降雨量。

且将昭和五年,绥远省各地一年中各月份的平均降水量进行对比,如下表所示:

地名	一月	二月	三月	四月	五月	六月	七月	八月	九月	十月	十一月	十二月	合计
归绥	4.9	11.2	7.4	6.8	23.6	60.0	97.6	75.1	75.7	15.5	12.9	6.5	401.2
奉天	5.3	6.2	18.7	26.6	58.8	87.8	162.4	151.4	77.7	38.7	23.9	9.1	666.6
新京	7.1	6.5	16.3	19.9	52.0	104.6	182.9	133.8	62.0	38.4	16.5	7.5	644.8
东京	56.6	73.7	11.5	131.7	155.4	166.6	141.6	160.5	228.2	192.4	101.3	53.3	572.9

注:上表中归绥(绥远城)采用的是民国四年(1915年)到民国十九年(1930年)16年间的平均数据。

而且省内各地降水量分布比较,如下表所示:

地名	一月	二月	三月	四月	五月	六月	七月	八月	九月	十月	十一月	十二月	合计
归绥	26.00	23.00		10.00	81.00	90.00	148.00	42.00	53.00	16.00	6.00	0.00	495.00
集宁	0.50	0.00	0.00	28.00	41.00	29.2	124.00	33.00	37.00	13.00	12.00	12.00	318.00
丰镇	0.00	0.00	0.00	18.00	20.00	11.00	47.00	10.00	98.00	16.00	3.00	0.00	223.00

如上表所示,归绥平原每年降水量为500毫米左右,东部高原地带为200到300毫米左右。

此外,气温与满洲的新京、奉天地区的气温类似。下面将1930年各地区的每月平均气温(单位为摄氏度)表示如下:

地名	一月	二月	三月	四月	五月	六月	七月	八月	九月	十月	十一月	十二月	平均
归绥	-12.23	-7.06	-0.01	8.35	15.54	20.85	24.35	21.98	15.78	8.80	1.40	-10.04	7.30
奉天	-13.00	-8.20	-1.00	8.60	15.80	21.70	24.70	23.60	16.70	9.00	-1.20	-10.10	7.20
新京	-17.30	-12.70	-4.2	6.50	14.30	20.0	23.30	21.80	14.70	6.40	-4.40	-14.00	4.50
东京	3.00	3.90	6.90	12.60	16.60	20.50	24.10	25.50	21.90	15.80	10.50	5.20	13.80

注:上表是归绥省从1915年至1930年16年间的平均气温数据。

降霜与降雨

霜雪与北海道相比,晚霜晚雪来得早,初霜初雪来得比较晚。与满洲地区比较,则和奉天、新京地区大概是同一季节。

初霜9月中旬、下旬　　终霜5月中旬、下旬

初雪9月下旬、10月上旬　　终雪5月上旬

（无霜期间为 150 天）

（六）土壤

本省农业地区内，土壤大体上分为如下的四类：

（1）黄河冲积土壤

（2）阴山山麓冲积扇形地土壤

（3）泥炭土壤

（4）山腹残留土壤

以上 4 种土壤的特性，分别如下所示：

（1）黄河冲积土壤

该种类为灰褐色土壤，分布在归绥平原广大的地区中。本土壤为石灰质土壤，含有大量可溶性盐类。由于当地降雨量较少，就对耕地里农作物的生长造成一定的阻碍。这种类型的土壤里砂质壤土、壤土、粘质壤土等的特性分布如下表所示：

土壤种类	表土的厚度	地味[1]	适栽培作物	分布地方	排水
砂质壤土	20—40 厘米	中等	亚麻、高粱、粟、豆类	归绥平原	良好
壤土	20—40 厘米	不良	粟、高粱、马铃薯	旧黄河沿岸	不良
粘质壤土	20—40 厘米	不良	粟、燕麦	未开垦地很多	不良

备注：粘质壤土含有大量的盐类。

（2）冲积扇形地土壤

这种土壤沿着阴山山脉南山在萨拉齐县分布尤其多，有淡灰色，暗褐色和褐色。土质分砂质土、砂质壤土、壤土。

往这种土壤里注入盐酸后会产生碳酸气体。由此可知，这种土壤里含有大量的石灰质。

本系统土壤区里的 20 米到 25 米深处排水良好，可灌溉地方的农作物生长良好、产量大。此类土壤分布在省内最肥沃的农业地区，萨拉齐县城北方的水晶沟为其中一种。

该地区适宜种植的作物有罂粟、蔬菜、高粱、粟、豆类、果树（苹果）等。

（3）泥炭土壤

泥炭土壤的有机物含量高，呈暗青色。在全省分布极少，仅在归绥北方以＊＊张为中心的地区有所存。一直以来作为燃料使用。

（4）山腹残留土

山腹残留土是山地表面的土壤的总称，多分布在倾斜面上。土壤层薄，农业价值一般来说比较低。

而且，就碱性土壤来说，绥远省内南半部的农耕地里，碱性土壤的含有率为 1/10 000 到 1/1 000，足够进行作物栽培。一年间的降水量很少，滞水期很短，因此土壤表面可溶性盐类抽

---

① 译者注：地味：地力、土质、土壤的好坏。

取量少,排水不良,草木不生,是一个能从地表抽出碱盐,采集苏打的地方。

试着将各地土壤的分布情况表示如下:

萨拉齐区土壤中可溶性盐类的含量(土壤专第四号)

标本号码	土壤、区	地下深度(厘米)	地点	总盐量	硫化物	硫酸化合物	碳酸化合物	重碳酸化合物
1	黄冲积土壤、砂质壤土	0—20	侯家营子	1,565	65	144	54	1,035
2	黄冲积土壤、砂质壤土	25—45	侯家营子	761	87	210	25	764
3	黄冲积土壤、砂质壤土	180—200	民生渠第九支渠	895	90	144	25	763
4	黄冲积土壤、砂质壤土	210—250	民生渠第九支渠	751	100	121	20	651
5	黄冲积土壤、砂质壤土	270—285	民生渠第九支渠	915	115	171	36	633
6	黄冲积土壤、砂质壤土	0—20	王大发营子	1,152	288	137	25	606
7	黄冲积土壤、砂质壤土	25—50	王大发营子	1,314	298	530	38	782
8	黄冲积土壤、砂质壤土	0—13	邬式圪堆	1,934	530	943	26	414
9	黄冲积土壤、砂质壤土	35—50	邬式圪堆	1,434	146	295	40	502
10	黄冲积土壤、砂质壤土	表面结皮	八木股	35,150	10,250	15,012	0	373
11	黄冲积土壤、砂质壤土	0—20	渠上2号桁	2,860	573	599	66	1,084
12	黄冲积土壤、砂质壤土	25—50	渠上2号桁	668	90	99	18	500
13	粘质壤土	0—20	渠上2号桁	2,912	793	1,434	25	514
14	砂质壤土	30—50	渠上2号桁	1,107	212	383	20	636
15	壤土	0—25	大祥兑	1,152	71	80	22	543
16	壤土	30—60	大祥兑	695	92	103	16	509
17	壤土	0—21	大座茅庵	1,025	71	119	12	622
18	壤土	30—150	大座茅庵	585	65	156	18	568
19	冲积扇形地土壤、壤土	0—25	小厂圐圙	3,730	1,575	1,510	18	623
20	冲积扇形地土壤、壤土	30—55	小厂圐圙	690	140	189	14	568
21	砂质壤土	0—30	小羊厂	666	81	140	25	646
22	砂质壤土	40—60	小羊厂	480	139	177	23	474
23	黄河冲积土壤粘质土壤	0—20	陶思浩站	2,340	1,520	469	23	815
24	黄河冲积土壤粘质土壤	25—35	陶思浩站	780	240	202	25	869
25	讨子号壤土	0—50	*门更	845	125	197	20	703
26	讨子号壤土	110—150		850	230	156	28	681

续表

标本号码	土壤、区	地下深度(厘米)	地点	总盐量	硫化物	硫酸化合物	碳酸化合物	重碳酸化合物
27	冲积扇形地土壤、壤土	0—35	板什气	900	145	263	23	396
28	冲积扇形地土壤、壤土	40—60	板什气	565	85	206	7	283
29	冲积扇形地土壤、壤土	0—20	板什气	39,300	17,215	13,907	0	251
30	冲积土壤壤土	0—10	黑麻板	6,735	2,675	2,191	10	394
31	冲积土壤壤土	20—40	黑麻板	810	165	177	17	409
32	冲积土壤壤土	表面结皮	黑麻板	43,090	14,050	20,293	0	436
33	砂质壤土	0—20	大斗林心	405	25	115	15	296
34	砂质壤土	35—50	大斗林心	375	70	111	0	358
35	粘质壤土	0—20	公吉板	7,530	1,825	3,012	1	501
36	粘质壤土	25—50	公吉板	1,290	200	374	23	658

第二章　农业

本省大致的农业状况如下面三节所述:

(1)农耕关系

(2)农家的经济关系

(3)农产物的生产和消费情况

一、农耕关系

由于本省的降水量少,基本上为纯干燥农业。无霜期在150天以内。作物一年一熟制。

(一)农业地区及农作物的种类

省内农业地区依据地势分为四个区,各区的自然条件稍有不同,因而农作物的栽培种类也不同。

①阴山山脉南部的归绥平原属于省内自然条件最好的地带,气候和满洲的奉天地区相类似。

主要栽培物有高粱、粟、黍、小麦、大麦、豆类等普通作物,也有马铃薯、亚麻、大麻、罂粟、蔬菜和果树类,成为了省内的谷仓地带。

②阴山山脉北部一带与平原地区相比,无霜期较短,降水量少。因此选择生长期短且耐寒的作物种植。主要有麦、荞麦、菜种、罂粟。

③阴山山脉的东部高原地区和北部地区一样,主要种植小麦、燕麦、粟、大麻、亚麻。

④后套地方以黄河为水源,构筑渠道,通过灌溉经营农业。主要种植小麦、燕麦、黍、粟、亚麻、马铃薯。

(二)农业季节

由于本省作物的栽培季节较短,一般选择早熟品种。各地的农作物的栽培季节和满洲公主岭地方同种作物的比较如下表所示:

作物名	绥远城附近		生长日数	满洲公主岭地方		生长日数
	播种期	收获期		播种期	收获期	
大麦	4月4日	8月8日	127天	4月中旬	9月中、下旬	158天
小麦	4月4日	8月8日	127天	4月中旬	7月中旬	91天

续表

作物名	绥远城附近		生长日数	满洲公主岭地方		生长日数
	播种期	收获期		播种期	收获期	
燕麦	6月22日	9月7日	78天	4月中旬	7月中旬	91天
荞麦	6月22日	9月7日	78天	7月上、中旬	9月中旬	66天
粟	4月20日	9月7日	141天	5月上、中旬	9月中旬	117天
黍	6月6日	9月7日	94天	5月中、下旬	9月中、下旬	123天
高粱	5月20日	9月23日	127天	5月上旬	9月中、下旬	138天
稗	6月6日	9月7日	94天	5月中旬	9月上旬	113天
马铃薯	5月20日	9月7日	111天	4月下旬	8月下旬	122天
菜种	5月5日	8月23日	111天			
亚麻仁	5月5日	8月23日	111天	6月上旬	9月中旬	102天
大麻(籽实)	4月20日	9月7日	141天	5月上旬	9月中旬	133天
豌豆	5月20日	9月7日	111天	4月中旬	7月上、中旬	65天

(三)农具的种类

用于耕种的农具种类少且构造也很简单,因而它的技术水平也很低。

现在将富裕地区使用的农具种类列出,如下表所示:

河套地区农具表

农具	价格(元)	产地
东犁	6.70	包头、河田、当地
西犁	0.20	宁夏
东棒	0.20	包头、河田
西棒	0.20	宁夏
犁耳	0.20	包头、河田
耧	3.20	包头、当地
耙子	11.00	包头、河田
石棍子	3.00	当地、甘肃
砘子	0.30	当地、甘肃省
碌轴	4.00	当地、甘肃省
碾子	20.00	包头、宁夏

续表

农具	价格(元)	产地
磨	10.00	包头、宁夏
东锹	1.00	包头
西锹	0.80	宁夏
木锨	0.10	当地、包头
木杈子	0.20	当地、包头
连枷	0.10	当地、包头
木耙	0.20	当地、包头
镰刀	0.15	当地、包头
锄	1.00	当地、包头
耧子	0.50	当地、包头
*车	30.00	当地、包头
簸箕	0.50	当地、包头
筛子	0.20	当地、包头
漏斗	3.00	当地、包头
大箩[①]	5.00	当地、包头

(四)家畜的种类及头数

本省饲养的家畜主要是马、牛、骡、驴、山羊、羊、猪等,现将它们的分布状况列入下表:

地方	马	驴	骡	牛	猪	羊(山羊)	骆驼
沃野设治局	30	40	5	150	70	2,200	
东胜	437	2,204	27	3,890	1,393	7,147	
包头	3,000	3,500	1,500	4,00	7,000	50,000	1,500
凉城	1,885	551	757	3,201	19,753	22,257	
集宁	810	150	82	4,680	7,500	23,000	
陶林	8,500	250	200	5,810	5,500	55,800	
临河	3,500	1,900	1,578	5,352	61,050	147,678	
清水河	50	3,500	220	600	1,850	6,500	
归绥	4,102	3,642	1,428	5,495	21,524	40,258	42,800

① 译者注:用竹子编制的底方上圆的器具。

续表

地方	马	驴	骡	牛	猪	羊(山羊)	骆驼
兴和	1,985	326	264	2,881	8,209	17,408	
安北	1,268	1.692	128	11,283	4,273	136,017	200
五原	3,860	3,970	970	17,260	10,100	65,700	374
丰镇	5,994	2,850	1,563	15,274	25,500	54,890	
托克托	977	2,065	2,890	3,865	8,000	12,750	
萨拉齐	3,000	2,000	3,000	13,400	29,836	16,412	
固阳	2,500	1,200	430	8,400	8,200	285,000	
和林	274	3,576	535	3,853	2,685	20,036	
武川	3,917	2,500	865	9,481	27,210	296,780	600
合计	46,089	35,916	16,442	38,999	226,53[#]	1.259,833	45,474

注：民国二十三年塞北关调查。

（五）病虫害及兽害

这个地方的农作物病害有高粱黑穗[①]中的粟黑穗病、黍黑穗病，小麦和燕麦的黑穗病很多，农民尚未找到驱除和预防的方法。

各个地区的虫害中危害最大的是蚜虫、野鼠，黄河流域受灾尤为严重。

（六）农耕方法

从华北固有的农耕方法来看，由于该省的劳动力不足且耕地面积较大，绥远省的农耕方法与关内各省相比，采用了粗放的方式。这种方法大概如下：

(1)耕地和整地

秋耕是各种作物收获后必须要做的事。用犁杖耕地后用耙或耢整地，第二年的春天再在播种前专门整地或者整地后马上用犁杖开出播种沟。

(2)播种和镇压

播种沟的宽度：种植高粱、粟、黍、马铃薯等时在1尺2寸左右，而种植小麦、燕麦、荞麦、亚麻、大麻时约是八九寸。

种植普通作物时采用条播，但是荞麦、大麻用撒播，播种后用土覆盖，用红柳的树枝做耢，再次用土壤覆盖四条沟后，用石头棍子压实。

(3)除草、中耕

除草、中耕大都只进行一次，但在平绥沿线地区，高粱、粟、黍的种植一般进行两次除草和

① 译者注：高粱黑穗病是辽宁高粱里发生的普遍病害，包括丝黑穗病、散黑穗病、坚黑穗病。

中耕。

农具一般是小耙镐。在开垦的地方,不除草往往比较省力,让杂草就那样高高地生长在那也行。

(4)收割、调制

从本省的收割方式来看,高粱、粟、黍等麦类用镰刀收割,然后将各种作物在户外堆放一星期,最后运到家旁边的脱谷场里装载。

脱壳方法与满洲固有的方法很类似,即在脱壳场使牛、马、骡等牵引厚5寸左右的磙子使粒脱壳,然后再用风将夹杂物除去。

(5)贮藏

这个地方的气候干燥,谷类贮藏十分简单。将收获物用麻袋装好后就那样放着,或者装入瓮里放进庭院。

谷物的贮藏期为10个月到1年,蔬菜类最长的时间为6个月。

(6)肥料、休耕、压青

肥料以土粪居多,一般只给蔬菜施肥而不给其他作物施用。农家普遍缺少燃料,自家的家畜粪便用于暖房。此外,主要靠休耕的方法和轮作方法来维持土地的生产力。

休耕法:两年或三年耕作后,休耕一年。这一年进行压青,也就是在休耕地让草尽情地生长到茂盛,然后用犁杖锄去耕地的草。

这是绿肥施用方法的一种,能使土壤的有机物增多并提高保持水分的能力。而且省内土壤多为碱性,压青后,青草中的有机物会和土壤的碱性相中和。这种方法在当地的农业技术上有重大意义。

轮作期为三年,第一年是高粱、粟、黍,第二年种植麦类、亚麻、马铃薯等,第三年种植豆类和高粱、粟、黍、荞麦。此外也有不少地方采用休耕法。

(7)播种量、产量

省内各地方的播种量有或多或少的差异,一般根据单位面积来统计播种量。各地各作物的播种量、产量的比较如下:

作物名	固阳		平地泉		丰镇	
	播种量	产量	播种量	产量	播种量	产量
大麦	3升		3升	4斗	5升	6斗
小麦	3升	3升	3升	4斗	5升	5斗
燕麦	2升	2升	4升	4斗	5升	4斗
荞麦		3升	3升	3斗5升	5升	5斗
粟			3升	4—8斗	3合	8斗
黍					5合	6斗
高粱					3升	1石2斗

续表

作物名	固阳		平地泉		丰镇	
	播种量	产量	播种量	产量	播种量	产量
稗					5合	6斗
马铃薯					100升	1,300斤
菜种	5合	2斗	2升	3斗	1升	4斗
亚麻仁			2升	3斗	2升	3斗
大麻(籽实)						
豌豆					3升	4斗

作物名	归绥		安北设治局		陶林	
	播种量	产量	播种量	产量	播种量	产量
大麦	8升	1石2斗	4升	6		
小麦	6升	319斗	4升	6	3升	6斗
燕麦	6升	7斗	4升	6	2升	4斗
荞麦			1升	7斗—1石	3升	214斗
粟	3合1升	415斗	1升	7斗—1石		
黍			1升	7斗—1石		
高粱	1升	7—9斗	1升	7斗—1石		
稗			1升	7斗—1石		
马铃薯			100斤	800斤		
菜种					1升	214斗
亚麻仁	5合	7斗	2升	3斗		
大麻(籽实)		2斗				
豌豆	4升	6—9斗			3升	214斗

(七)灌溉

如前文所述,省内的降雨量少,农作物多遭受旱灾。针对这一情况,归绥平原、阴山山脉、北部和东部高原地方等一部分农耕地采取了用井水或河川水灌溉的方式,即用井水灌溉蔬菜园或者将泉水引入耕地栽培粟、高粱、黍等。河套地方(特别是后河套地方)将黄河的水作为水源,通过挖渠来灌溉耕地。

上述这些地方的农作物的产量是怎样因灌溉而产生了如此大的差别呢?

例如,水田(可灌溉用地)每亩产黍谷粒7斗5升、稗100斤。相反,旱地则为谷粒2斗、稗25斤,两者相差甚远。

后套地方历来的灌溉都有优势。汉人移居此地后,移住民才相继集聚在这个地方。为了修建渠道,长年累月投入巨额资本,开通了大干渠9道,小干渠20多道,水田1,100多顷。

后来,利用渠道灌溉的方式在当地逐渐盛行起来。现在开通了大干渠11道,小干渠30多道,各个渠道又有8个分渠,就好像一张网一样发达。

现将这些渠道的长度和灌溉耕地的面积表示如下:

河套官有11干渠

渠名	县名	渠长(里)	灌溉面积(顷)		
			年	平常年份	旱年
永济	临河	150	6,000	3,000	1,000
刚济	临河	130	500	300	100
丰济	临河—五原	73	2,000	1,000	500
沙河	五原	83	1,500	600	200
义和	五原	90	2,000	1,000	300
通济	五原—安北	114	1,200	500	200
长济	五原—安北	130	1,500	800	350
塔布	五原—安北	120	1,200	500	150
黄土拉夫#	临河	145	5,000	2,500	1,000
扬家河	临河	160	4,000	2,500	600
民复	安北	55	800	450	250
		1,250	25,700	13,150	4,650

河套私有干渠状况(水利管理局所管辖)

渠名	地点	渠长(里)	灌溉面积(顷)
三大股	临河千古庙滩	20	200
色尔宿亥	临河永济渠西	20	100
蓝锁	临河蓝锁地	50	1,000
秀华堂	临河永济渠口东	10	50
魏羊	临河魏羊地	10	100
强家	临河强油房	20	100
天德源	临河张家朝难	30	100
土昧地	临河土昧地	30	500

续表

渠名	地点	渠长(里)	灌溉面积(顷)
马厂地	临河土眛地东	8	30
户口地	临河土眛地东	8	30
德成	临河张家朝滩	20	100
春厚生	临河刘三地	20	100
同兴德	临河麻迷兔东	20	50
长青牛	同上	10	10
厂汗淖	同上	10	10
旧皂火	五原常与堂十拉特拉一带	40	100
新皂火	同上	50	200
熊万库	临河大暺子一带	20	30
黄	五原邬家地一带	30	100
存厚堂	五原邬家地	10	200
哈拉乌素	五原哈拉乌素	10	100
阿善	五原阿善地	20	100
十大股	五原阿善渠东	10	30
同兴堂	五原同与堂地	10	50
李树林	五原梅林坑	10	50
合小公中	安北合少公中运旗地	40	100
坑盖	安北盐淖一带坑盖地	20	50
吴祥	安北七盖王幼女子地一带	20	50
王留子缘	安北西山咀	20	1,000
乌加河(各干渠退水路)	流入沿着狼山的乌梁海子	10	100
	合计	606	4,740

现在要维持河套地方的灌溉事业相当困难。

主要原因如下:

1.渠道构筑在技术上很不成熟。

2.河套一带的渠道构造没有依地势而建。

3.黄河河水的含沙量很大(5/100)。

4.黄河由于每年泛滥,渠道的土堤流失。

5.渠道的修筑费昂贵。

以上五项是主要的原因。由于渠道荒废后不能灌溉,肥沃的土地也被抛弃从而变成了荒地。这是作为一例,看了后套地方的渠道构成。渠道以黄河作为水源,黄河故道为退水道,这其间,组成干渠,设立了很多支渠。这些构筑是经过科学的测量,专业的经验和估计,确定渠道的方向。试着观察该区的地势,向东南倾斜,五原地方(中央部)低,南北总体稍高些。因此,各个渠的水过渠后,完全凭冲击力上行到支渠,就好像海潮涨到最高后便会流入江河一样。这种渠道构成能够减缓渠水的流速,但黄河水里含有的砂泥沉淀在渠道里,使得水的流动变得非常困难。

上述情况不仅是后套的渠道,三湖湾、民生渠也同样因此而逐渐荒废了。因此,河套一带耕地的灌溉逐渐变得困难,已成为绥远省的农业发展中的重要问题之一。

二、农家的经济关系

由于本省的雨量很少,农耕经常受到旱灾威胁,农民会很细心地保持耕地的湿度。无霜期是150天,农作物的栽培只能是一年一熟,一旦遭遇旱灾,生活便会陷入困窘之境。从清朝中叶以后到三四十年前,农民逐渐转移住处进行开垦,但尚未充分开拓和扩大,不宜居住地仍有未开垦耕地存在。

因此,本省农家的经济关系与中国内地一般的农家相比有着显著的不同,在此主要讲8个方面:

(1)土地所有关系　　(5)农业劳动者
(2)土地借贷关系　　(6)农家的副业
(3)佃耕惯例　　(7)租税公课
(4)地价　　(8)农家的经营收支

(一)土地所有关系

如本省的人口、户数、面积所示,每户农家的耕地面积是76亩,与关内各省相比广大很多。此外,本省农家的全部户数中,自耕农占50%以上,其他为佃农和地主。

地主的户数虽然极少,但拥有开垦地带特有的大段的土地。地主分布在各地,现试将其分布状况表示如下:

县名	1,000顷以上	500顷以上	100顷以上
临河县	2户		
五原县	3户	100户	
萨拉齐县			13户
包头县			7户
凉城县			7户
兴和县			2户
安北设治局			4户

各地的自耕农、佃户等的分布状况如下表所示：

县名	自耕农	自耕农兼佃户	佃户
五原县	50%		50%
安北设治局	45%	15%	40%
萨拉齐县			
包头县	59%	20%	21%
陶林县	85%		15%

一般来说，农民拥有的土地面积和经营面积能够反映自耕农、佃农、大地主的分布状况。为了得到这些数据，就直接对农家进行了调查。但由于经营面积是税收的根据，农民都不愿说出具体的数字。因此，无法做出精确的报告，只能综合一般情况，将农民经营面积的大致状况表示如下：

1 公顷到 5 公顷的经营面积约 60%

5 公顷到 10 公顷的经营面积约 20%

1 公顷以下或者 10 公顷以上的经营面积约 20%

（上述为自耕农的情况）

（二）土地借贷关系

本省农耕地的贷借方法有各种各样的形式，大致分为三大方法：

（1）蒙古人和汉人的借贷

（2）天主教会与汉人农民的借贷

（3）汉人相互借贷

（1）蒙古人和汉人农民的土地借贷所采取的方法是，清初汉民的边疆移住被许可后立刻发达起来，移住到蒙旗的汉农不用经过垦务局的手，从蒙旗直接签署 20 年或 20 多年的长期契约，以此借地农垦，期限满了以后归还给蒙旗。

借地金是收成的一部分，采用谷物租或用金钱交纳。一般在旱地，一年一公顷交纳数千文或数万文，水田 1 公顷交纳大约 20 两或 50 两。

对于开垦，谷租的缴纳形式采取开垦的第一年交纳耕地收成的 1/10，第二年交纳 1/5，第三年交纳 3/10 的方式。

普通耕地的谷物租金收取收获的 2/5 到 1/2。

（2）蒙古旗地内汉人以外的外国人（荷兰、比利时）的天主教传教士进入以后，设置教会，从蒙古王公那里直接借入大片的土地，再将借入的大片土地贷给汉人农民，让他们开垦。

外国人经营的教会地，从后套地方开始，分散在省内各地，面积大约为 7 万公顷。教会和蒙古王旗的借地关系和前述“汉人和蒙古人”的关系略微相似。

像这样，教会在蒙古旗地借用的土地再贷给汉人农民，农民的子女到达一定年龄后必须进入教会经营的学校接受教育,如果违反的话,就解除契约。

(3)汉人相互的土地贷借是地主和佃户之间结成的所谓的“佃户关系”。

契约里必须要保证人的文事契约,1年、3年、5年等的契约期限是最多的。

地租一般为收成的四成,物租(谷物租)或者换算成金钱,用金钱交纳很普遍。而且最近,官绅地主等之间新设立了屯垦协会,从省外移入本省进行开垦者,首先要和协会商议,商议成立后,协会给予这位农民家畜、农具、种子等。

农民的地租缴纳所采取的方法为,开垦第一年交纳收成的1/10,第二年交纳2/10,第三年交纳3/10,按这一比例向协会交纳。从第四年开始,这块耕地产量的5/10要交纳给协会。第五年完了以后,土地返还协会。

(三)佃耕惯例

地主和佃户在契约期,根据地方或者相互的亲睦状况,所采取的形式虽不固定,但概括起来如下所示:

(1)契约期间记录的契约相互交换并且签定契约时保证人是必要的。

(2)契约期大多是三年或者五年。

(3)地租的交纳形式有力租、粮食租、钱租三种形式。

注:(1)力租就是地主与主要佃户在契约期间,使其耕作一定面积的土地,地租不交纳生产物和金钱,地主让佃户定期或不定期地从事地主经营的的助力、运输、建筑等的劳役的义务。这样的交纳地租的方法称作力租。

(2)粮食租一般实行地租交纳方法,佃户把借地生产粮食的4/10交纳给地主。

(3)钱租是地租交纳金钱的方法,交纳比例以粮食租为基准。

一般用粮食租的方式交纳地租的情况多一些。

(四)地价

本省的地价因各地生产力水平的不同而有很大差异,特别是灌溉的可行与否,对地价的影响是最大的。

试将各地的耕地价格表示如下:

绥远省各县局耕地地价表(民国二十二年省政府调查)

县名	旱地(不可灌溉地)地价(元)		水地(可灌溉地)地价(元)	
	最低	最高	最低	最高
归绥县	6.00	20.00	10.00	200.00
丰镇县	3.00	10.00		40.00
萨拉齐县	8.00	10.00	20.00	50.00

续表

县名	旱地(不可灌溉地)地价(元)		水地(可灌溉地)地价(元)	
	最低	最高	最低	最高
包头县	2.00	10.00	4.00	100.00
五原县	1.00	2.00	6.00	25.00
武川县			4.00	10.00
兴和县	6.00	20.00		50.00
凉城县	3.00	6.00		
和林县	1.00	8.00	15.00	30.00
陶林县				
清水河县		10.00		
托克托县	3.00	10.00	10.00	30.00
固阳县	1.00	5.00		10.00
临河县	10.00	35.00	20.00	100.00
东胜县				
安北设治局	2.00	10.00	4.00	30.00
沃野设治局	2.00	6.00	4.00	8.00

备注:以上的价格用现金额表示。

(五)农业劳动者

本省的农业劳动者从山西省北部来的人比较多。他们分为日工、月工、年工。供给状况为河套地方和平绥线以南比较充沛,阴山山脉北部和东部地方劳动力供给不足。本省的农业劳动者从关内到本省,在春耕前开始,秋天收获后结束,再回到故乡。因此被称为“游农”。

工资是根据雇主是否提供伙食和住宿浮动的。

日工是一天20钱到60钱;月工是一个月4元到6元;年工是一年60元到100元。

(六)农家的副业

省内一般农家的副业为家畜的饲养,和地方天然产物的加工利用以及利用农闲期外出打工从事搬运等之类的劳动。

副业中家畜的饲养十分繁盛,起因于本省的农业机构。

(1)因为农业新开垦,未开垦的土地很多,家畜的放牧地方也扩大了。

(2)农耕方法是必须要有牛、马等役畜的传统农业。

(3)农民过着自给自足的生活,因此猪、羊、山羊等成为自家生产的衣、食的来源。

(4)家畜的贩卖作为农家的副收入有着重要的意义。

而家畜的管理方法因地方的不同有着显著的差异。北部丘陵地方一般为粗放养,一个村庄里,根据各个农家拥有的牛、马、羊,在未开垦地进行放牧,进行协同管理;南部地方河套地的农家只有羊进行放牧协同管理,其他的牛、马、驴、骡之类的役畜,仅仅保有农家进行农耕所必须要的头数,因此管理采取的是户别式的饲养方法。产生这些差异的原因是北方地带未开垦地很多,南方地带得到充分开垦,没有未开垦的土地。

其他的副业有:利用天然产物,采集加工五原的黄河流域里野生的茅茸、红柳,来作为制作农具的原料;或者在大青山南麓,采集石材,生产出臼、磙子的原料。这些都作为农家的副收入,也有着重要的作用。

然后,利用农闲期,从事运输业,自已拥有的船在灵州(宁夏省)与包头之间的黄河运航。或者为了与内地的交易,用自已饲养的骆驼从事运输等。

其他平绥铁路沿线的各个县城附近的农家,从事蔬菜的栽培,在沿线各地贩卖等。

以上所述的各种副业是本省农民经营上重要的货币收入。

(七)租税公课

对本省的农民来说,税租的种类包括统税局征收的国税和省税的村费、公课或者附加税等等,且农民负担的税额在不断增加。

五原县"李三和尚"(注:位于沙河渠和五加河交汇的地方)"在民国十六、十七、十八年的3年租税交纳额比耕地地收入都还要多,居民因此逃走,当时为50户的农家现在只有15户"。从农民那里听说了这样的情况。

发生这样的现象,不单是税目的种类多,对农民实行掠夺的征税行为,也是一个原因。

下面是农民负担的租税项目,如表所示:

税种	单位	金额(元)	备注
官厅税	每一公顷耕地	5.00	
行政税	每一公顷耕地	30.00	
村公费	每一公顷耕地	9.00	每月征集1元
水利费	灌溉田一顷	12.00	详情:7元修筑费,2元5角省政府,2元5角水利社
分森#费	按户收,没有平均单位	60.00	军费
骡马捐	每头役畜	0.60	一年一回
驼捐	每头	0.66	一年一回
羊捐	每头	0.06	
放牧牛马捐	每头	0.40	作用
牛屠宰捐	每头	2.20	
猪屠宰捐	每头	0.66	

续表

税种	单位	金额(元)	备注
骆驼捐	每头	(一年)2.50	
臼捐	一台	6.00	
碾捐		6.00	
鸦片耕作捐	每亩	10.00	
鸦片贩卖捐	每两	22	
人头印纸	每人一年一回	30	
盐水税	根据人数计算	20	
结婚契约书	每部计算	380	
直牌捐	2—3 头为一台	265	
家畜贩卖捐	一头	20	

(八)农家的经营收支

各地自然条件不同,受此影响本省内的农业经营有所差别。我们试着将省内存在最多的自耕农家的经营收支表示如下:

1.农家所在地安北县

2.耕地面积水田一公顷(耕作 1.5 公顷,每年 0.5 作为休耕地)

3.家畜

(1)役畜(牝马 1 头、阉牛 1 头、牝牛 1 头)

(2)羊 50(牡 5 头、牝 30 头、仔羊 15 头)

4.家中男 4 人、女 3 人、小孩 6 人

5.经营收入

收入的部分

(1)耕地收入

作物名	播种面积(亩)	产量	单价(元)	耕地收入(元)
黍	80	64 石	2.50	160.00
黍茎秆		8,000(斤)	0.07	5.60
粟	20	16 石	2.50	10.00
粟茎秆		2,000	0.07	1.40
燕麦	10	6 石	2.00	12.00
燕麦茎秆		900	0.07	0.61
豌豆	10	7	2.00	14.00

续表

作物名	播种面积(亩)	产量	单价(元)	耕地收入(元)
豌豆茎秆		900	0.07	0.63
马铃薯	15	12,000	0.30	36.00
其他蔬菜	5	1,000	0.30	3.00
亚麻仁	10	4石	3.50	14.00
亚麻茎秆		1,000	0.08	0.80
合计	150			288.06

备注:①茎秆、马铃薯、蔬菜的产量用“斤”表示。
②茎秆、马铃薯、蔬菜的单价以100斤来表示,其他的以石来表示。

(2)家畜收入

①畜力收入

牛	两头的畜力总头数=160头	一头单价0.20元	32.00元
马	一头的畜力总头数=90头	一头单价0.25元	22.50元
合计	总畜力头数250头		54.50元

②家畜生产收入

种类	生产数量	单价	贩卖价格	摘要
仔牛	1头	15.00元	15.00元	
仔羊	15头	3.00元	30.00元	5头自家消费
羊毛	875斤	0.25元	21.87元	
羊皮	5枚	1.00元	5.00元	
合计			71.87元	

③肥料生产收入

一年生产	25,000斤	单价(100斤)0.5分	12元50分

(3)谷物调制副产物收入

黍糖	1,216斤	单价(100斤)50分	6元08分
粟糖	1,824斤	单价(100斤)50分	9元12分
合计	3,040斤	单价(100斤)50分	15元20分

(4)自家劳力银估算额

<table>
<tr><th>成员</th><th>劳役总天数</th><th></th><th>小计</th></tr>
<tr><td>户主</td><td>150</td><td rowspan="6">一日单价为 15 分</td><td>22 元 50 分</td></tr>
<tr><td>长男</td><td>150</td><td>22 元 50 分</td></tr>
<tr><td>次男</td><td>100</td><td>15 元 00 分</td></tr>
<tr><td>三男</td><td>70</td><td>10 元 50 分</td></tr>
<tr><td>妇孺(9 人)</td><td>50</td><td>7 元 50 分</td></tr>
<tr><td>合计</td><td>520</td><td>78 元 00 分</td></tr>
</table>

总收入 520 元 13 分

支出的部分

(1)种苗费

作物名	播种量	单价(元/石)	价格(元)	摘要
黍	3.2 斗	3.50	11.20	自给
粟	2 斗	3.50	0.75	
燕麦	3 斗	3.00	0.90	
豌豆	1 斗	2.50	0.25	
马铃薯	1,500 斤	0.50	7.50	
其他的蔬菜	5 升	0.50	0.25	购入
亚麻	1 斗	4.00	0.40	购入
合计			21.25	

(2)肥料费

肥料费(土粪)2,000 斤,单价 100 斤 10 分

2 元(自给)

(3)劳工费

①畜力量(2 头牛、1 匹马)200 畜力 46 元(自给)

②自家劳动工资 520 人 78 元(自给)

③短佣(5 人)130 人 163 元(雇佣)

(4)衣、食、住费

①衣服费 12 元

②家屋修缮费 12 元

③伙食费

主食:精谷31石(粗谷50石)136元(自给)

副食:野菜24元81分(自给)

羊肉(羊3—4头)15元(自给)

调味料3元(购入)

计202元81分

(5)饲料费

①茎秆费10,000斤,单价每100斤5分

5元(自给)

②谷类(豌豆)3石,单价每石2.5分

7元50(自给)

③粟黍糠2,000斤,单价每100斤50分

计22.50元

(6)购入小农具修理费10元

(7)装饰费单价1匹马50分　花费1元

(8)农民负担的租税和社会杂税

租税项目	负担额	备注
分担费	40.00	军费税
水税	12.00	
村公费	18.00	
官租	7.75	
年租	5.00	
骡马捐	0.60	马1头
牛捐	1.20	牛2头
羊屠宰捐	2.25	羊5头
臼捐	8.00	
人头印纸税	3.90	
车牌捐	2.65	
家畜贩卖捐	1.80	
合计	103.15	

(9)交际费、其他费用25元

总支出

收入支出差额5元58分

总收入 520 元 13 分

总支出 525 元 71 分

6.家计现银收支

收入

(1)耕地收入 142 元

(2)畜力借贷收入 11 元 50 分

(3)家畜生产收入 71 元 87 分

总收入 225 元 37 分

支出

(1)种苗费用 65 元

(2)短佣费用 39 元

(3)调味料 3 元

(4)装蹄费用 1 元

(5)小农具购入费用 10 元

(6)租税和社会杂役 103 元 15 分

(7)交际费及其他 25 元

总支出 181 元 80 分

扣除后的纯收益 43 元 57 分

三、农作物的生产和消费状况

从本省主要农作物的生产数量和上市状况来看,农作物中主要是高粱、粟、黍、燕麦、亚麻、大麻、马铃薯。这些作物主要是在省内消费,普通年份运往外省的总数量仅为 5 万—6 万 * 。而这些主要是沿着平绥线沿线的交易中心地包头、归绥、平地泉、丰镇等运输到天津、北京地方。而另一部分以包头、五原、临河为起点,运输到宁夏。

(一)各县生产量

主要农产品的各个县别出产额表示如下:

县别	大小麦	燕麦	荞麦	粟	黍
归绥	980	720	470	970	510
丰镇	405	1,240	157	1,120	80
萨拉齐	100			900	2,900
包头	260	42		140	866
五原	123			53	153
武川	100	35	41		
集宁	500	600	180	600	

续表

县别	大小麦	燕麦	荞麦	粟	黍
兴和	239	598		187	42
凉城	130	50	80	550	400
陶林	399	456	130	20	12
和林	7			90	
清水河	9			28	13
托克托	44	35	20	560	730
固阳	7	50	30	10	20
临河	245			32	520
东胜			46	208	92
安北	52	70	50	170	169
沃野					
总计	3,690	3,896	1,204	5,638	6,507
县别	**高粱**	**杂豆**	**马铃薯**	**菜种**	**亚麻仁**
归绥	1,020	993			
丰镇		137		2	108
萨拉齐	5,000	300			
包头	545	500			
五原					47
武川			4,600	5	
集宁		180		2	50
兴和		92	788		93
凉城		20			10
陶林	16	13		76	160
和林	236	50			
清水河	8	7			
托克托	450	165			
固阳		10			
临河		128			34
东胜			4,615		
安北	7	45	1,400		7

续表

县别	高粱	杂豆	马铃薯	菜种	亚麻仁
沃野					
总计	7,276	2,640	11,403	85	509

备注:①单位100石,但是马铃薯为100斤。

②从绥远省政府编写的《绥远概况》和《绥远建设季刊》得出的结论。

③关于罂粟,省政府当局绝对保密,没有明白表示出栽培面积,鸦片的产量也不明了。

(二)主要农产物的消费和输出

主要各农作物的消费和省外的上市状况如下所示:

(1)粟。主要产自归绥平原和东部高原地方,民国二十二年通过平绥铁路向省外输送量为7,260多吨。粟为华北一般民众的主要食物,销售地主要为平津地方面。

试着将它的输出状况表示如下:

出货站	出货产地	移出量	出销地
绥远	归绥平原	3,000	平津一带
丰镇		4,260	北京、唐山

(2)高粱。省内的高粱产地为归绥平原和东部山峡地的集宁、丰镇两县,红粮食的产出用途为制酒和作牲畜的饲料,一部分也作为农民的粮食。从平绥铁路输出到省外的高粱的数量为2,777吨,运销到北平和平绥沿线的各个地方。

(3)小麦。每年铁路运输到省外的小麦数量为3万2千吨左右,为输出农产品中数量最多的作物。绥远出产的小麦分为山麦和川麦,前者为固阳、武川、陶林、平地泉等东部高原或者北部山岳地带产出的小麦的总称,颗粒和北满小麦一样,色泽好,有韧性,称为"农业上的麦精"。

川麦(别称"套麦")为归绥平原和河套地方产出的小麦。颗粒的品质和色泽都比不上山麦,但一般含砂率低,制成面粉以后,味道比山麦要好,适合食用,受到居民的欢迎。

下面是平绥线上市的输出省外的小麦数量:

出货站	出产地	移出数量	出销地
平地泉	商都、陶林	17,318	平津一带
绥远城	武川、归绥平原	4,369	北平一带
丰镇	丰镇县	3,859	平津和大同
卓贵山	凉城、陶林、集宁	3,800	平津地方
旗下营	大工、西头梁、五塔海	2,130	北平、天津地方

(4)亚麻仁。绥远省进行亚麻栽培以亚麻仁采集为目的。它主要的产地为东部高原地带的陶林、丰镇、集宁诸县。农民将亚麻仁榨油来作点灯用,或者食用。当地产的亚麻仁的品质明显很好,用作榨油的原料,通过天津运往美国、日本。民国二十二年,在平绥上市,输出到省外的物品,从丰镇输出的为2,000吨,从平地泉输出的为3,000吨。

(5)菜籽。省内的主产地为北部丘陵地带的武川、固阳县以及东部高原地方的集宁、陶林。大部分在省内消费,一部分经由平绥铁路输出到天津、北京。民国二十二年,平绥铁道输送统计,丰镇为1,700吨,平地泉为3,000吨。

(6)豆类。本省产出的豆类主要为黑豆、绿豆、豌豆、黄豆四种。主产地为归绥、包头、萨拉齐、丰镇等。这些豆类作为食用和家畜饲料,几乎没有上市。

(7)荞麦。绥远省的荞麦,是当其他作物收成不好时补种的。很多农民当作重要的作物。根据它的产额,向省外输出的很少。民国二十二年,平绥铁路出货统计为2,850吨,仅仅从丰镇出产。

(8)燕麦。省内农民的主食作物,出产额很多,但几乎都在省内消费。

(9)黍。归绥平原栽培的最多,可食用、酿造用,在省内消费,向省外输出的很少。民国二十二年,平绥铁路出货统计,萨拉齐为2,900吨。

(三)主要农产物的价格

本省平绥铁路沿线集散地上市的农作物价格(单位:元)表示如下:

县别	小麦	燕麦	荞麦	粟	黍	高粱	菜种	亚麻仁	马铃薯
归绥	4.50	3.20	2.50		4.25	2.00			0.70
包头	4.50	3.50	2.50	6.00	5.00	5.40	2.70	3.40	
丰镇	4.00	3.00	1.70	3.00	5.30	3.50	3.80	3.90	0.50
平地泉	4.60	3.20		6.50	6.50		3.20	4.50	

本省以畜牧业为主业的蒙古人日常会食用农产品,所以在汉蒙两个民族的村庄接触地和蒙古人村庄内有农作物和家畜的交易。这种交易方法为家畜价值换算成货币,以此贩卖粮食。

我们试着将这两个村庄的交易价格表示如下:

(1)乌兰巴图(固阳县最北端的汉蒙两民族接触村庄)

农产物

燕麦一石3元

小麦一石3元50分

荞麦一石3元

面20斤1元

羊一头=面80斤(约4元)

牛、马一头=面 350 斤(约 18—20 元)

(2)特马克(蒙古人村庄)汉人杂货商(晋丰)对蒙古的交易价格如下所示:

小麦一石 10 元

黍一石 8 元

菜种一石 4 元

荞麦一石 2 元

粟一石 6 元

豌豆一石 4 元

燕麦一石 5 元

面(小麦)22 斤 1 元

面(燕麦)25 斤 1 元

畜产物羊一头 5 元

牛一头 40 元

马一头 30 元

如上所示,本省的农产品不仅对汉人意义重大,从蒙古人的消费上来看,也有重要的意义。

第三章 结论

以上表来看,绥远省的农业虽然有广大的土地面积,但现在发展仍未就绪,因此农作物的产量仍然没能达到自给自足的状态,而最近本省农民到达贫困的极点,导致了离村者的增加这一现状。

那么,为什么会出现这样的情况,将它的原因表示如下:(1)渠道的荒废;(2)农村行政不完全。以上两项总的来说,阻碍了本省农业的发展,成为现在疲软的状况的重大原因。

也就是由前项一部分记述的那样,从华北全体来看,本省的降水量很少,经常遭遇旱灾,农民对此的对策当中,对耕地进行灌溉的方法已经逐渐不能免除困难,渠道过剩,工业技术不成熟是泛滥的重要现状:渠道已成为泛滥的原因。

然而因为这个渠道大部分已腐朽,耕地灌溉日益变得困难,终于,现在引起耕地的劣等化。

以上对于渠道荒废将来的对策,首先要根据合理的方法。当这条渠道的改修彻底完成之际,在黄河流域,现在搁置的肥沃又广阔的地域,作为一片新耕地,在将来或许会成为本省农业一片重要的地域。

此外,农村行政的不完全性,不仅仅存在于绥远一省,华北的全部地区同样如此。像现在这样对农民强行征收各种重税增加他们负担的行为,更加加重了农民的贫困。因此必须果断对农民实行税制改革。而且要进一步设置必要的农业机关,与此同时,必须设置能对农民进行新型指导教育的机关。

另一方面,在本省边疆地域铺设铁道,实施新的交通带来的好处,那么绥远省农业的发达会变得更加容易。

昭和十一年9月

天调资料第　22　号

第一科　第二科

绥远省分县调查概要(其一)五原县

满铁·天津事务所调查科

凡　例

一、本稿为绥远省分县调查概要(民国二十三年12月绥远省民众教育馆出版)之日语译版[①]。

二、译者为科员滨田末夫。

昭和十一年9月

满铁·天津事务所调查科

① 编者注:日文版为中文文献节译,原件见附录二。

目录

一、沿革

五原县以黄河为界分为两部分,黄河以北称套外,即后套。汉代为五原郡,辖九原、临沃、宜梁、西安阳、河目、河套[①]、曼柏、成宜等县。魏晋时荒废。北魏于五加河南北设怀朔镇(后改为朔州),辖大平、大安二县及附化郡之附化、息泽二县[②]。隋朝改丰州为五原郡,辖九原、永丰、安化三县。唐朝于五加河以北设中、西受降城,以南设丰州、九原郡。辽于五河以北设云内州,金以丰州为北疆,五加河以南为西夏所有。元朝时云内州属大同路,明代为蒙古乌拉特部所有。

黄河以南称套内,即前套。汉代为朔方郡,辖朔方、临河、广牧、渠搜、呼遒及五原郡河套县。晋朝为赫连夏所有。北魏时含附化郡之五原、广牧、南接东夏州朔方郡。隋唐两代为丰州。

杭锦旗地,唐为宥州宁朔郡,辽为富民、振武二县,元属宁夏路,明为蒙古鄂尔多斯部。清顺治元年分别册封后套之蒙古图巴及其从子谔班、从孙巴克巴海为乌拉特后旗、前旗、中旗镇国公。此外以前套之小札木素、鄂尔多斯右翼后旗为札萨克镇国公,即杭锦旗。

沙克札位于后旗札萨克固山贝子之左翼,即达拉特旗。始于清光绪二十九年,划萨拉齐厅之大奈太设五原厅,抚民驻包头镇。乌拉特三公旗地含鄂尔多斯右翼后旗及左翼后旗西境(即杭锦旗及达拉特西半)。

民国元年设县;民国四年置知事,同年始于隆兴筑县城,方圆5里;民国八年划县所属乌拉特三公旗地为固阳;民国十二年划县城东南为达拉旗和乌拉特前旗,即乌拉前山西山嘴以东属包头;民国十四年将丰济渠以西杭达乌等旗地划归临河,将通济渠以东乌拉等旗地划归安北。

二、位置

五原位于绥省西部,狼山以南,黄河以北,安北临河两县之间,县城驻隆兴北5里,距省会720里。

三、县界

东至福合西、黄脑楼与安北交界处,西至丰济渠西炭地察汗脑、巴布伦、甲浪水道与临河交界处,南至黄河与杭锦旗交界处,北至狼山与乌拉特公旗交界处。

四、面积

五原县东西170里,南北130里,总面积约22,100平方里。

---

① 译者注:河套应为河阳。

② 译者注:据《魏书·地形志》:“朔州本汉五原郡,延和二年置为镇,后改为怀朔,孝昌中改为州。后陷,今寄治并州界。领郡五县十三。大安郡领县二:狄那、捍殊;广宁郡领县二:石门、中川;神武郡领县二:尖山、殊颓;太平郡领县三:太平、太清、永宁;附化郡领县四:附化、息泽、五原、广牧。”

五、山脉

位于县境以北,称大青山或狼山。该山位于县境正北部分又称韩乌拉山,位于县境西北部分称兰古霞翁山。

六、河流

黄河流经县境南部,五加河(也称乌拉河)流经县境北部。黄河自宁夏境内北流,至东乌拉河口进入绥省,东北经临河诸渠渠口至丰济渠渠口进入五原县境,此后东流至黄家渠渠口分流,南流水势旺盛,北流河水较少。至方惠德成渡口,南北二流汇合,东北流至义和渠渠口土城子以南时二流河水融为一体。至此共流经305里,临河境内约220余里,五原境内80余里。河岸位于五原县城北70里处。河水自土城子处折向东南流,经姚家寨至洋人渠入安北县境。黄河在五原县境内总长约170余里。

备注:

河套黄河自青铜峡东北流经横城保北长180里,后自北向东流至溜山子西长约70里,后仍由北向东至红崖子西长约180里,此后至西北石嘴山东长约70里。

自石嘴山东由北向西至金山西120里,往西至磴口120里,自磴口由东向南至安北西山嘴150里,此后东流经包头昭君墓北注入三湖河,三湖河又曲折东流至包头南海子,西山嘴至南海子全长约335里。后由东向南经萨县至托县河口镇300里,此后东南流经喇嘛湾进入清水河县境内,经老手湾至河曲县西口长约235里。宁夏横城堡至山西河曲县西口全长2,265里河段为河套河道。

自河水经磴口后北流一段的河面渐宽,河中有洲,长约20余里,名为中滩。北面为傅家湾的右岸,称阿罗套海。北边不过三庙,沙梁稍远,右岸为陶斯兔。

北边三圣堂小渠五道为天主教民开垦的土地,由此往北至沙堵毛老海渡口堂,其右岸绕老板昭进入杭锦旗,东方可见山脉。北边至乌杭河口,其右岸为克克木堵。地势平坦且低于黄河水平线,故至今尚未开垦。河道由石嘴山至乌拉河口,流向偏东北12度,河长440里,河宽三分之一里至3里不等,水深3尺至1丈7尺不等,左岸为阿拉善地,右岸为前套地区。自金山起,河底多岩石,故称石河,落差较大,水流湍急,每秒1丈2尺,金山以下水流变缓。

磴口至老板昭段,右岸高一两丈乃至七八丈,其土坚硬,水色灰黑。由东向北经义和渠口,过土城子南乌拉河口,进入临河县杭锦旗境内,后北流经杨家河黄土拉亥河、蓝锁尔渠、缠金渠、十大股渠、魏羊渠,右岸为红水驿,往东北流经强加渠,其右岸为查汉库仑,继续往东北流经土默渠、刚目渠、协成渠口,进入五原境内。向东过马查兔渡口、皂火渠至黄家渠。黄家渠处河水分为两支,南流水势旺盛,北流水势不振。东边,邬家地渠、阿盖渠、沙河渠沿北流,再往东至惠德盛,汇入南流,后流向东北。

至义和渠口土城子南,其右岸为二皮子河头,河长350里,河岸北70里为五原县城。东南流至西山嘴,河水过土城子,折向东南,流经老郭渠、长胜渠、塔布渠后东流,过同兴堂渡口,其右岸为城淖尔。东至洋人渠(即民复渠)、达拉渠,入达拉特旗境,后东南流至西山嘴,右岸为大仙庙河,全长150里。

河水自乌拉河口至西山嘴,流向东偏北10度,全长450里,河宽1里至7里不等,水深3尺至1丈5尺不等。惠德盛以下100余里,河流分支,所到之处浅滩遍布,有波河之称,船行甚为困难。西山嘴原为南北二流汇合之处,是后套三呼湾二区水量调节的枢纽,水经注曰"北屈出南河",又曰"东经临河县南,亦经东方广牧县故城北,流经二百里徐,于临河相会"。实际调查发现,乌拉河口至西山嘴河道为古南流。

乌拉河又名五加河,为古之北流,如弓背形循狼山以南临河、五原、安北各县北境,延绵700余里。河宽二三十丈至200余丈不等。其间临河以西宁夏境阿拉善额鲁特旗傅家湾(位于西磴口以北)等地积累沙较多,河水流通不畅,最终河水南迁改道,形成今日黄河河道,现五加河上游河床残留部分可以辨认。

五加河为上游诸渠、下游诸渠即后套诸渠的水源,为上游地区灌溉发挥巨大贡献。河身自临河西北境义太魁起,该河水位下降时,以南诸渠始见流水。东北流至公义恒东部分为南北二流,南流称即令河,东流至察汗淖合流,义太魁至此长约100里,由此往东入五原县境至崇秀堂,河水再次分流。北流称哈拉壕,东流至乌兰脑包南六分子桥汇入主流。

自察汗淖北流约150里,过六分子桥后折向南流,进入安北境内。

黄河及五加河以外,渠道纵横,灌溉便利,公有私有大干渠及支渠有十数条,具体于水利及渠道部分详述。

七、地势

五原县境如蘑菇形北宽南窄,境内山少平地多。河流交错流沙堆积成丘。县内险要山脉位于西边与临河县接壤处。自狼山口依次向东为什兰纪口(又称石蓝吉)、葫芦斯兔口(又称胡鲁斯图)、马池口(又称马迟)、庆打水口(又称庆达口)、马兰息便口(又称乌篮布边)、韩乌拉口(又称汗乌拉)、马柜口、海流木沁口、乌兰石太口、乌兰蒙太口(又称乌吉蒙太)、乌补勒口(又称乌布浪、乌不浪),后进入安北。

水流自马迷兔(又称马密兔)渡口向东至方惠德成、同兴堂(又称通兴堂),皆是险要之地。

八、所属旗地

五原县境原为乌拉特、前中二旗达拉特的西半部(黄河以北)及位于黄河以北杭锦旗之一部,该部现为临河县安北治局设置之处,位于固阳西境包头西境。现在都属后套,固阳、安北、临河、包头以外,还有乌拉特前旗地。中达拉特西半部之一部,南边杭锦旗地,河北之一部。前套杭锦及狼山后乌拉特中公旗地尚未开垦。

九、物产

(一)动物

甲、家畜

据绥省建设厅民国二十一年度建设季刊第10期五原县物产调查表称,马900匹,牛2,500头,羊11,500头,骡马288头,驴1,600头,猪6,430头,骆驼374头,鸡3,400只;年产羊皮2万张,牛皮4千张,马皮1,500张,小羊皮5千张,羊肠1万条。

乙、水产

据建设季刊第10期五原县物产调查表称,年产鲤鱼12万5千斤。

(二)植物

甲、农产物

农作物以糜、麦、豆类为主,谷子、高粱、芝麻次之,麻又次之。

据建设季刊五原县物产调查表称,年产糜子15,300石,麦5,000石,豌豆4,200石,扁豆

700石,谷子1,500石,高粱900石,黍子700石,芝麻500石,共计22,800石。

据民国十九年度省府年刊内绥远省各县局重要农产物品统计表称,年产糜子16,220石,小麦4,000石,大麦730石,豆类10,065石,芝麻470石,麻籽470石,谷子525石,高粱500石,共计32,980石。

据省府年刊内十九年麻产状况统计表称,年产麻、芝麻1,650石,棉麻13,000斤,花麻21,500斤,籽麻235,500百斤。

乙、红柳织箕

据省府年刊民国十九年绥远省各县红柳织箕生产统计表称,五原县年产红柳680万斤,织箕2,650斤。红柳除用于制作房笆笼,亦可作为燃料。房笆长1丈,宽5尺,单价7角,房笆笼单价7角以上。织箕可做枳棘、枳几,俗称棘棘,用作笼、*,每100斤3角左右。房笆长1丈宽5尺者价1元。

丙、药材

据民国十九年度省政府绥远省各县出产药材统计表称,年产甘草40万斤,黄芪40万斤,锁阳50万斤,大黄5,000斤,车前子5,000斤,银柴胡3,000斤,全部运往河北安国县销售。

据建设厅民国二十一年建设季刊第10期五原县物产调查表称,年产甘草10,000斤,防风6,800斤,黄芪4,700斤,大黄6,300斤。省府年刊所记数量甚多,盖包含外地运入数。

丁、林产

五原县树木极少,据建设季刊所载五原县物产调查表称,全县仅有榆树1,220株,柳树5,150株,杨树4,840株。

(三)矿产

城北第二区狼山山脉万和长以北产煤,民国十八年春民间人士张映奎、田全贵等出资8,000元着手开采,民国二十年春始采掘出炭矿。岩层由水成岩构成,用旧法采掘,工人42人,每日出炭37吨,每年出炭13,320吨。此外,乌兰脑包镇以北乌补勒山沟亦产煤炭。包临段经济调查报告称:“据建设厅所载表格,年产约280万斤”,均用牛马、小车搬运。

(四)工艺品

县内工艺制造品中,降乌两镇绒毯制造共四家,年产3,000方尺,价格每方尺1元至1元5角不等;绒毛毡制造共8家,年产7,500方尺;毛单制造工共20家,年产1,500条,年产毛口袋3,000条,毡帽3,000顶,毛鞋6,000双,均为手工制造品。另皮货制造共10家,年产皮衣3,000件,皮褥1,200张,皮革6,000斤,大部分销往本省。

十、区乡镇

全县分三区,各区东西排列,中部为第一区,东部为第二区,西部为第三区,属于各区之乌盟乌拉特西公旗、伊盟达拉、杭锦旗等盟旗南北排列,北部属乌拉特西公旗,中部属达拉特旗,南部属杭锦旗。各区所属乡村数,县城内共2镇24乡289村。

十一、交通

(一)道路

甲、机动车道路

包宁汽车道自包头起,经安北至赵大圪堵(又名赵六圪堵),后由西进入县境,经白家地,过燕安河桥,西南经十八顷地、郤家地、杨家店等进入临河县境。县城至临河长约185里。

乙、陆运道路

五安大道以五原为起点东行至安北设治局,为包安大道连接线。另自安北东行至固阳东,经东西向之达狼山口子,去往外蒙。

大道——往东北方向,经乌兰脑包,至乌补勒口子,去往外蒙古。

往西北方向,至乌吉蒙太口子,由此去往外蒙大道如下:

1.五安大道——于包头县包五大道处详述。

2.五原至狼山口子大道——自五原西北行,经西牛椇、*拉盖兔、张四圪堵,至狼山口子,长约165里,狼山口子往北约300里为外蒙边境。

3.五原至乌补勒口子大道——自五原县东北行50里至乌兰脑包,又十七八里至乌补勒口子,沿途颇为平坦。五原至乌兰脑包段为汽车道路,因此可通汽车。乌补勒口子至外蒙边境尚有300余里。

4.五原至乌吉蒙太口子大道——自五原正北行经东城上至万和长入乌吉蒙太口子,长约60里。自乌吉蒙太口子过北方外蒙至外蒙边境全长300余里。

丙、水道

水路位于马迷兔、惠德成、同兴堂诸渡口,贯通南北。包宁间民船往来经过县境,然码头无货物装卸,鲜有停泊者。

(二)邮政

县内有三等甲级邮局,设于隆兴长。三成公、抓子补隆、五原旧城、乌兰脑包等地设邮寄代办所。

邮路共三条:①自隆磴路、隆兴长经临河至西磴口长500里,隔日昼夜班。

②自隆乌路、隆兴长至乌兰脑包长50里,每日一班。

③自隆扒路隆兴长至扒子补隆长120里两日一班。

(三)电报

县内有四等电报局,设于民国二年。东至包头、安北,西经临河、磴口、石嘴子至宁夏。

(四)电话

电报局内设有长途电话,可通话至包头、安北、临河。五原通话至临河费用1元1角,通话至安北7角,通话至包头1元2角,通话至归化1元9角;每回征收通知费1角。

十二、警卫

(一)公安

据省府年刊民国十九年绥远省各县公安局警察概况统计表称,五原县有警员50名,警官4名,枪支41挺,马10匹,每月经费628元,年经费7,536元。此经费与五原县公安局发行的民国二十年团警调查表记载经费相同。

民国二十年度绥远省各县公安局警察概况统计表所载警员、警官数同民国十九年表,但枪支26,马匹14,每月经费703元,与民国十九年表略有出入。

民国二十一年绥远省公安局调查表所记警员、警官、枪支、马匹数同民国二十年度统计表,但每月经费支出额为786元。据绥远市县各公安局工资一览表称,警官每五人工资135元,长警每54名工资456元,夫役每7名工资49元,合计640元,不含办公费、服装费。

据五原县公安调查表(政治实察所发行)称,五原县公安局及乌兰脑包公安分局情况为局长1人,巡官3人,文牍书记各1人,一等巡长3人,二等巡长3人。警察共84人,其中一等警察22人、二等警察28人、三等警察34人,合计84人。内马警11人,马夫2人,炊事员4人,引路人2人。驻县政府警察17人,驻乌兰包镇14人,其余全部驻公安局。

警官每月工资最高40元,最低12元;长警最高8元,最低6元4角;警官每月工资共220元,警士每月工资共521元,办公费每月共45元。

该表所载调查数据中警士人数与前各表无大差异,只是每月支出经费为786元。

也即一年公安费为9,432元,但据五原县财政状况调查表称,一年的公安费支出为9,977元。

关于办理公安情况,据公安调查表记载,“该县警察费用充足,然警士毫无训练,舆论对公安局强烈不满,且枪支甚少(据该表仅8挺),一旦遇匪贼袭击,实难抵御”。但这是两三年前的情况,关于目前状况尚无详细调查。

(二)保卫团

据省府年刊民国十九年绥远省各县局保卫团概况统计表称,有3团,团警72名,枪支66挺,马72匹,每月经费922元。

据民国二十年度绥远省各县局保卫团概况统计表称,三团合计96人,枪支55挺,马81匹,每月经费1,125元,一年经费13,500元。

另据民国二十年五原县财政收支状况调查表称,一、二、三区保卫团一年经费共5,892元,团警服装费1,200元。

十三、自治

(一)区治

全县二镇二十四乡划分为三个自治区,区长由民政厅委任,各区设保安团以防匪患,第一区于梅令庙,第二区于燕安河桥,第三区于小庙子设区公所,经费由财务局从地亩税拨出。

每月经费各 152 元,合计 456 元。

(二)乡治

区下有乡公所,设副乡长、闾邻长,均由人民选举。区有各区村长会议,乡有乡民会议、乡公所,各乡有监察委员会、调解委员会,乡公所经费由各乡长直接从地亩税中征收。

据省府村治调查者意见称,地方困穷,屡起不法之事,此因民智匮乏所致,纵使村治,困难重重而收效甚微,今后如希望村治进步,首需安靖地方。

十四、农业

(一)土壤

县内渠道纵横,土地平坦,南部沿黄河一带多黄沙土,中部为洼地,土质多碱,北部多黄黑沙土,全县土质均带黄色。土质坚硬,适合作物生长,产糜子、小麦及豆类。

(二)耕地面积

后套地区,适宜耕种的土地尚未耕种,其中五原、临河较多。五原县内已开垦地约 4,800 余顷,据包临段经济调查报告称,目前实际耕种土地(每年播种的土地)仅 2,700 顷。

全县面积 22,100 方里即 119,340 顷,开垦地不足全县总面积二十分之一,实际耕种地不足全县总面积四十分之一。

(三)农民数及其种类

全县农民约 24,600 余人,自耕农和佃农各占一半。全县大地主甚多,据包临段经济调查报告书称,占地四五百顷的地主约百家,占地七八十顷至百顷的不计其数。

(四)播种及收获,本县农民和耕耘方法

播种期和收割期,包头、安北、临河大致相同,详细情况见包头县农业一章。

每亩产量,就中等地而言,小麦、糜子、荞麦均为 7 斗,粟 6 斗,大麦、高粱、蚕豆、莜麦均为 5 斗,黄豆、大麻为 4 斗。所用之斗为五原官斗,由隆兴长商会盖印后使用,每斗重量详见度量衡一章。

(五)肥料及人工

农作物用肥料为大粪及牛马羊粪之类。

大粪用于菜地,牛马羊粪用于粮地。新垦地或上等水田多不施肥任作物自然生长。人工情况包头、安北几乎一样,详见包头及安北农业一章。

(六)租田制度

包头与安北情形大致相同。

(七)农民生活

包头与安北情形大致相同,包头县农业内详述。

(八)地价

水田最高价格每亩25元,最低价格每亩6元,普通价格每亩13元;旱地最高价格每顷200元,最低价格每顷100元,普通价格每顷150元。

(九)畜牧事业

后套一带包头、五原、临河、安北各县为优良畜牧区域,主要畜牧牛、马、羊、骆驼。确切地说,"旱地牧羊、湿地牧马、寒地牧骆驼"。各县虽地势高多旱地,但水草丰富,且气候极为寒冷,蒙古人未用任何科学的方法畜牧却收效颇为可观。其畜牧方法已于包头县农业内详述,其他各县与之大同小异。

数年前某洋行肉类输出经营商于后套一带自行养羊,几年内获得巨大利润。可以断言将来投入大量资本,招聘精通畜牧的人才,利用最先进的畜牧方法经营必将取得优异的成效。亟待实业家呼吁提倡。

十五、工商业

(一)工业状况

关于工业,无须特别说明之处。只有裁缝店、打铁店、木匠店、石臼店、马鞍店、铜器店等,且都是生产县内农具及日常用具的小手工业,规模小。制作绒毯的仅四家,据政治实察所工业调查表称,各家制毯业者总资本为5,200元,合资组织工人共17人,每日作业12小时,工人工资每日6角。产品为三蓝、五彩两个品种,每天生产120方尺,价格贵销路少,所以行业萧条。现隆兴长有8家制毡业者,资本共20,500元,工人62人,每天作业10小时,工人工资每日绥远钞5角。

(二)商业状况

五原处于绥西要害,有汽车车道通向包头,商业繁荣。县城仅有三四家小商店,大部分商业集中于隆兴长镇及乌兰脑包镇。

隆兴长镇俗称新城,距县城5里,商店林立,商业蒸蒸向上。

乌兰脑包镇位于县城东北60里处,现在因蒙古路不通,商业日渐衰落,仅有谷物、杂货、药材、毛皮店。隆兴长镇谷物、杂货商最多,皮革药材商次之。

甲、粮商

粮商共计8家,此外石臼商20家,资本额最大者25,000元,最小者2,000元,一般为5,000元。山西籍及本地籍商家最多,其中闻名的商号有广和成、广泉永,资本均为25,000元,成立10年以上,民国十八年营业额45,000元。

天恒永:资本24,000元,土地29亩,店员25人,民国十八年营业额35,000元。

景庆永:资本12,000元,民国十八年营业额45,000元。两店均有四五年历史。

日盛店:资本20,000元,民国十八年营业额55,000元,成立13年。

店员共计200人,每年三月至五月为交易繁忙期。谷米、糜米、炒米(熟糜米)、面粉、荞麦面、豆粉、芝麻油、浇油等都在本地采购本地货,唯有米采购外地货。调查该店民国十八年销售数量显示,谷米约3千石,一石280斤,一般价格14元;糜米年约1万石,一石300斤,一般价格16元;炒米年约1千石,一石230斤,一般价格10元;面粉年约240万斤,一般价格每100斤8元半;荞麦粉年约2万斤,一般价格每100斤7元半;麦粉年约2万斤,一般价格每100斤8元半;豆粉8万斤,每100斤6元半;芝麻油10万斤,1元6斤半;烧酒60万斤,一般价格1元4斤。以上货物销售额共计60万元,一年总营业额618,000千元。

乙、杂货商

杂货商共计32家,资本最大者32,000元,最小者5,000元,一般为10,000元。山西籍商家占六成,直、鲁籍占四成。其中著名商号有鸿业号,资本32,000元;福星西,资本17,000元;福顺西,资本8,000元;复义隆,资本15,000元;协记(与包头联合有关),资本20,000元;信义恒,成立于民国十八年3月,资本7,800元。

鸿业号占地5亩,店员20人,多从天津采购绸缎、五金、化妆品,每月营业额最高可达11,000余元,年营业额在80,000元上下,一年纯利润7,600余元。

信义恒占地5亩,店员11人,每月营业额最高6,700元,年营业额40,000元左右,年纯利润三千四五百元。福顺西民国十八年营业额50,000元,复义隆40,000元,协记30,000元。

8月至翌年1月为本行业交易旺季,最旺季为每年4月至8月。

各货物由包头贩入均要征收蒙边税,塞北关税每百抽五,另加征一成的附加税;统税每百抽二十五,另加征一成的附加税;对生烟、水烟征收百分之二十五的烟酒公卖税,对吸卷烟人征收百分之二十的税。

销售货物全部来自外地,砖茶、海鲜、白粉、卷烟草、红白冰砂糖、土布、洋布、麻布、毛布、线袜、洋烛、火柴、石油、毛边纸、绸缎均由包头、天津运入,水烟由河南清华运入,生烟由山西曲沃运入。年销售量如下:

砖茶	约2,500箱	1箱39块
水烟	1,200箱	1箱24块
生烟	300篓	1篓180包
红、白冰糖合计700包		
土布	2,000捆	1捆40匹
洋布	2,000匹	1匹11丈
麻布	400匹	1匹10丈
毛巾、双线、洋袜若干打		
僧帽、洋烛	若干箱	1箱26包
火柴	若干箱	1箱240包

石油	1,400箱	1箱2听

一般销售价格如下：

砖茶	1箱40元
水烟	1箱80元
生烟	1篓70元
红糖	100斤35元
白糖	100斤42元
冰糖	100斤57元
土布	1捆55元
洋布	1匹32元
麻布	1匹36元
毛巾	1打4元
洋袜	1打5元
洋烛	1箱13元
火柴	1箱21元
石油	1箱12元
唐纸	1帖4元
绸缎	1尺8角
双妹牌大瓶白粉	1打15元

年总销售额140万元,本地销售额100万元左右,运往临河销售额40万元。主要货物销售额如下：

砖茶	约100,000元
水烟	96,000元
生烟	21,300元
卷烟	20,000元
红白冰糖	30,000元
土布	110,000元
洋布	60,000元
海鲜	5,000元
化妆品	20,000元
麻布	12,000元
毛巾、洋袜 洋烛 火柴	合计 160,000元

石油 16,800元

纸、笔、墨 7,500元

绸缎 8,000元

以上主要货物的年销售额共计686,600元。

全行业店员共250人,工资最多者年200元,最少者年36元,一般年80元。每三年发一次奖金,多少不一。此外以3年为限,招收见习店员,工资年25元。

丙、药商

有9家药店,资本最大者2千元,最少者5百元,一般1千元左右。主要销售药材有甘草、锁阳、黄芪、陈皮、山楂等,年营业总额5万元左右。至今已经营数十年。

丁、皮革商

大小皮革商共计48家,资本最大者2万元,最少者1千元,一般5千元,销售品种主要为本地羊皮,年销售额30万元。

此外澡堂、酱油铺、旅店、铜铺、铁铺、鞋铺、面铺、油坊、干货铺、豆腐铺等共计三四百家,加入商会的共260家。

乌兰脑包通蒙古要镇,民国二年以前商业颇为殷盛;民国二年受蒙匪侵扰;民国三年商业复兴;民国六年又受卢匪[①]侵扰;此外,民国十五年国民军退出该地,使该地遭受巨大打击;至民国十八年道路不通,商业彻底萧条。

该镇原有天瑞德、广生西、通兴功、兴盛和、德丰号、万和成、同义成、大成兴、永义恒、福和长、乾丰号、德成太、德和堂、广生恒、天*和、谦德源、万兴亿等18家大商店,其营业状况为由乌兰脑包贩卖米面、绸缎布匹及其他日常用品至蒙古,再由蒙古贩入毛皮、家畜等。往年大商号营业额多者30万元,少者五六万元。蒙路不通后,营业彻底衰落,现在乌兰脑包的商铺营业额不过一两万元。

过去蒙古商人贩卖货物至乌兰脑包,宿于各商号内,受到各商号殷勤款待,第一日招待馅饼,第二日招待羊肉,第三日运送杂货返回。

乌兰脑包商人贩运货物至蒙古时,大多集中于把格纳,于此交易蒙古货物后返回。

该镇人口500余户,商店除前述十八家大商店外尚有四五十家小商店,均是油酒米麦等杂货店。

(三)金融

于五原流通之货币与包头几为同一货币,其金融机关为平市官钱,*********

平市官钱局于民国十八年始于五原设分行,其主要业务为兑换、地方各机关代理汇款,年贷款额四五万元,支付保证金六七万元,有关总行发行的平市票于五原县的流通数目不详。

又丰业银行民国十八年于五原设分行,业务与平市官钱局同样,年支付保证金数目为三四万元,兼营存贷款。总行位于归绥,民国二十一年因发行钞票过多,内部整顿,至民国二十二年

---

① 译者注:卢指卢占魁,民国初年绥远地区最大的土匪团伙头目。

9月实施分期兑现,收集改组资本,现已恢复业务,五原分行也恢复业务。

本地金融组织极为简单,又加上上述平市、丰业两分行营业范围亦极其有限,无法像普通银行一样发挥功效。同时也存在旧式票庄。

兑换结算或现金结算都以银行间相互结算的方式进行,最近五原、归绥一带兑换手续费为百分之一左右。

(四)度量衡

流通于五原的尺有三种:一为津尺,1尺相当于0.341米,主要用于裁缝店;二为京尺(北平尺),1尺相当于0.328米,主要用于布商;三为大二尺,1尺相当于0.31米,主要用于杂物业及一般家庭。

目前在县政府,统一为实业部公布之度量衡,量器仅有五原官斗一种,但须隆兴长商会检印后方可使用。

1斗重量相当于二十七八斤大豆,或20斤面粉,或30斤*米,或30斤小米。

全县衡器统一为五原公秤一种,各业者及民间均以公秤为标准,公秤以10两为1斤,1斤相当于五六六克。公秤经隆兴长商会检印后方可使用,若查出有使用不合公秤标准者,严惩不贷。

十六、垦殖

县境内已开垦的土地有西公旗报垦之什拉葫芦素、红门图两地,古尔板朝号地,达拉特旗之永租地,达旗报效之五原城基,隆兴长街基,耕作地,四成补地及杭旗之少数土地。

什拉葫芦素、红门图两地1,730余顷,位于五加河之南,清光绪三十二年报垦,从西路公司手中取得后转贷,荒地贷放金一律为80两。

转贷地价分四等,上上地每顷120两,上地每顷110两,中地100两,下地90两。前后共放贷两次,第一次1,654顷59亩2分,第二次74顷30亩6分,两次共计1,728顷89亩8分,已全部开垦,其中有渠道和旱地。

渠地岁租分三等,上地每亩年2分,中地1分6厘,下地1分2厘;旱地亦分三等,上地1分6厘,中地1分2厘,下地1分。

十七、水利及渠道

西北水利十分依赖黄河,黄河以北称后套,后套八大干渠分属五原、临河、安北三县。

即永济、刚目、丰济、沙河、义和、通济、长胜、塔布八渠,东西长五六百里,灌溉面积近万顷。查渠务历史可知,清道光年间黄河决堤后始有甄玉、侯应奎、王同春等人经营之,又由于贻督办的疏浚而发展。

在灌田公社包租后开始废坏,随着包西各区水利管理局暨水利公社的浚渫而复兴。

灌溉区域为各渠口自西南向东北与黄河斜交灌溉之杭锦、达拉特两旗地,杭锦旗为源头,达拉特旗为尽头。

义和渠沿五加河注入乌拉特前旗。

(西公旗)什拉胡鲁素、红们图等一部分为万里良田,灌溉多赖黄河,故有“天下黄河唯富一套”的说法。

有水皆成沃土,无水即成石田,故后套渠道疏浚一日不可荒废。八大干渠为绥远西北命脉。

大凡灌渠,皆有干渠、支渠、子渠,支渠通干渠,子渠通支渠,如此星罗棋布联络成网状,此乃前将军贻谷的计划。

昭和十年6月
（天驻情10第65号）

中国驻屯军司令部调查
天调第　19　号

北部山西经济调查书

满铁·经济调查会

资料发放对象

正副委员长　各委员　统计、工业、铁道、金融、外事各班之主任
武中川各调查员　综合班(三)　基础调查班(七)　总务部长　上海事务所长
济南、汉口、南京、厦门、广东各驻地人员　东亚课长伊藤、工藤各主任
总、文、横山计、永井、落合各审查员　商工课、新井重已
每人各一份

注:资料课长,北平事务所长,天津、青岛各驻地人员已由调查地直接发送。

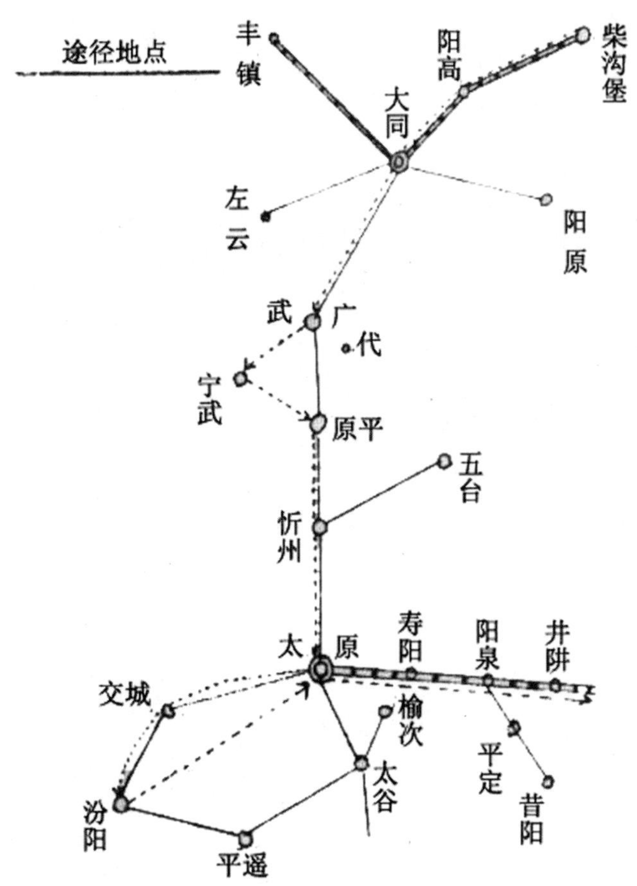

目 录

第一章　农业

第一节　耕地

一、耕地面积

国民政府主计处《统计月刊》对山西的耕地面积作过如下统计：

总耕地面积　60,560 千亩　　372,444,000 平方米

水田　　　　3,629 千亩　　22,318,350 平方米

旱田　　　　56,931 千亩　　350,125,650 平方米

山西省总面积 320 多万顷（1 顷为 100 亩），其中耕地面积为 60 万顷，约占总面积八分之一。

民国二十一年各县总面积以及耕地面积如下（数据来源于《山西实业公报》）：

县名	面积（平方里）	面积（顷）	耕地面积（亩）
阳曲	18,000	97,200	8,285.6062
太原	4,225	22,815	5,388.7166
榆次	9,775	52,785	9,193.9084
太谷	7,150	38,610	6,162.9866
祁县	7,500	40,500	5,381.0615
徐沟	2,270	11,718	3,449.8445
清源	2,500	13,500	3,230.0000
交城	32,175	173,745	3,436.6099
文水	9,375	50,625	8,038.0304
岢岚	13,200	71,280	1,928.6286
岚县	6,800	90,720	2,872.1029
兴县	16,500	89,100	1,468.4293
汾阳	5,400	29,160	10,187.1794

续表

县名	面积(平方里)	面积(顷)	耕地面积(亩)
孝义	8,500	46,170	9,769.5420
平遥	9,000	48,600	10,384.3136
介休	6,400	34,560	5,988.0181
石楼	15,200	82,080	1,424.4218
临县	28,500	153,900	3,175.8959
离石	41,600	224,640	3,555.4917
方山	107,190		
中阳	19,000	102,600	5,833.1789
长治	4,000	21,600	6,625.2766
长子	10,400	56,160	6,060.0490
屯留	6,000	32,400	6,059.9666
襄垣	11,220	60,750	6,285.8293
潞城	12,600	68,040	5,007.5785
壶关	47,500	25,650	12,674.9015
黎城	14,300	72,220	2,686.0997
平顺	11,700	63,180	1,600.0000
晋城	15,400	83,160	8,823.7721
高平	7,200	38,880	7,432.3724
阳城	12,000	64,800	4,004.5552
陵川	18,700	100,980	4,103.9440
沁水	20,350	109,890	2,944.6809
辽县	14,025	75,735	1,021.8290
和顺	17,100	92,340	3,619.3106
榆社	8,925	48,195	3,556.0734
沁	9,900	53,460	3,842.9873
沁源	31,000	167,400	2,691.910
武乡	12,500	67,500	3,916.8257
平定	24,800	133,920	2,882.2325
昔阳	16,100	86,940	1,220.2100
盂县	45,000	243,000	3,015.7686

续表

县名	面积(平方里)	面积(顷)	耕地面积(亩)
寿阳	20,800	112,320	3,580.7387
临汾	7,420		7,426.6930
洪洞	3,825	20,655	6,524.2316
浮山	8,000	43,200	3,801.4659
乡宁	26,375		1,476.0034
曲沃	4,900	26,460	6,246.4587
翼城	4,500	24,300	6,206.1967
安泽	3,300	17,820	6,209.4849
襄陵	2,590	13,986	4,514.7011
吉县	15,000	81,000	1,632.8553
永济	5,500	29,700	7,959.1844
临晋	3,850	20,790	5,470.8827
虞乡	3,750	20,250	3,443.6688
荣河	3,400	18,360	3,864.1177
万泉	4,000	21,600	4,558.6966
猗氏	2,400	12,960	4,542.4382
解县	2,750	14,850	2,866.5284
新绛	2,200	11,880	6,671.6312
安邑	3,375	18,225	5,905.6359
夏县	9,900	53,460	6,792.8019
平陆	16,790	90,666	2,818.3002
芮城	3,500	18,900	4,884.9371
垣曲	10,925	58,995	2,532.8098
闻喜	2,925	15,795	9,044.8833
绛县	5,950	32,130	4,372.5391
稷山	4,250	22,950	7,809.9270
河津	3,750	20,250	4,560.5636
霍县	6,160	33,264	2,983.9196
赵城	4,800	25,920	3,326.2606
灵石	19,950	107,730	2,260.4445

续表

县名	面积(平方里)	面积(顷)	耕地面积(亩)
汾西	10,530	56,862	1,572.4647
隰县	3,080	16,638	2,460.9155
大宁	7,500	40,500	726.4998
永和	13,800	74,520	876.5825
蒲县	16,100	86,940	462.8995
大同	19,200	103,680	7,963.0749
怀仁	4,500	29,160	629.6244
浑源	12,600	68,040	3,861.4479
应县	5,250	28,350	4,146.7213
山阴	4,400	23,760	4,522.5208
阳高	15,600	84,250	3,874.2947
天镇	12,100	65,394	4,936.1764
广灵	640	34,560	3,141.7052
灵丘	13,600	73,440	3,943.9158
右玉	11,050	59,670	1,933.9661
朔县	28,000	131,200	5,019.5127
左云	9,000	48,600	2,296.3183
平鲁	8,000	43,200	3,589.1532
宁武	3,300	17,820	4,957.5994
偏关	14,000	75,600	3,966.9490
神池	9,975	53,805	4,488.7495
五寨	5,500	29,700	3,104.9553
忻县	10,200	55,080	8,851.6318
定襄	4,500	24,300	3,955.4291
静乐	30,000	162,000	2,208.5123
代县	18,050	97,470	4,280.5181
五台	37,800	204,120	3,492.5704
崞县	20,475	110,565	8,716.5368
繁峙	24,000	12,960	2,986.9837
保德	11,200	60,480	308.8147

续表

县名	面积(平方里)	面积(顷)	耕地面积(亩)
河曲	21,600	11,664	638.5845
合计	1,297,914	700,873,562	45,596.3754

备注:顷×615=公亩=日本的大约一亩(30.25坪)。

土质为黄土,汾河流域为黄河流域中最为肥沃的地方。沿着山麓的贫瘠耕地,开挖了沟渠,作为分界线。旱田则多用小块石头堆砌成分界线。

二、山西的治水工作

由于山西的治水工作开展得不好,每年都会受水旱灾害的困扰。在十年建设计划案中,治水工作受到高度重视。因此,组成了以徐永昌、耿步、李尚仁、马骏、陆近礼等人为委员的水利委员会,聘请了华洋义赈会的美国技师塔德,耗时三年,花费12万元,制定了治水计划。且在黄河、汾河、桑干河、漳河、沁河、潇河、浍河、白沙河、象裕河设置河务局,计划开始治水工程。随着治水工作的全面开展,地形气象的测定、土质以及植物的调查、水利灌溉状况的研究等工作陆续展开。

从民国二十三年开始汾河的治水工作。宁武县管涔山至河津的黄河口,蜿蜒一千华里的流域乃山西最为肥沃之土地。然近几年,由于水灾,河床堵塞,其间灵石县情况最为严重。治水计划第一区为宁武至兰村,第二区为兰村至灵石,第三区为灵石至黄河。其中经费为:上流储水池100万元,襄陵、绛州河三大灌溉沟渠的整理50万元,支流、控河的筑堤55万元,太原以南汾河的外堤修筑45万元,汾河护岸工程500万元,加上其他费用共计1,276万元。真是花费巨大的大工程。

山西四大河为第二工程,其河流状况如下(美国技师塔德报告书):

(1)桑干河

河流长度　480华里(山西省境内)

流量(民国二十二年平均值)最少每秒100立方尺,最大每秒63,000立方尺

河面倾斜度　1/140至1/2000

河水清浊度

①西支流　清澈

②南支流　浑浊

灌溉沟渠长度　主干沟渠5,598华里

当前灌溉面积　41万5千亩

预期灌溉面积　190万亩

当前水利事业已投入资金　180万元

完成所需工程费　100万元

(2)滹沱河

河流长度　450华里(山西省境内)

流量(冬季)　每秒50至100立方尺

　　(夏季)　最大流量为每秒4万立方尺

河面倾斜度　上游为1/270,中游为1/900,下游为1/1300

河水清浊度　冬季清澈,夏季多泥浑浊

灌溉沟渠中的四条干线　总长为165华里

灌溉面积　12万亩

(3)漳河

河流长度　600华里(山西省境内)

流量　潞安附近最大为10万立方尺

河面倾斜度　1/200至1/1000

河水清浊度　东支流清澈,华北流浑浊多沙,被用来灌溉

在潞安地区,浅井很多,所以漳河的利用价值小

(4)沁河

河流长度　550华里(山西省内)

流量　沁源　枯水期　每秒50立方尺

　　　阳城　枯水期　每秒370立方尺

河面倾斜度　1/200至1/600

河水清浊度　枯水期河水清澈,丰水期河水多沙

利用价值　由于用于灌溉的井水也很多,所以没有什么价值

当前,由于灌溉水渠途经各村,所以水的分配是以各村水旱田田亩数为依据制定的规则。关于旧的灌溉水渠,皆有数百年间相关历史的明确记录。因此如若发生与水利有关的纠纷,通常通过公庙会议(在山西各村,有村社、关帝庙,村长会议就在这里开)解决。

三、耕地的地价

民国初年,山西旱地地价为良田一亩20至30元。以欧洲大战为分水岭,欧洲战后,物价上涨,各地山西帮回省且为了生计购买田地;军人、官吏等也购买农田谋求稳定的生活。

此外,由于山西银票贬值等诸多原因,土地价格进一步高涨。民国十五年至十八年,土地价格达到最高值。这之后,频繁的天灾和战乱,使得农民生活困窘,相继卖地,地价又开始回落,直至今日。

被调查地区地价(每亩)如下:

县名	下等地	中等地	上等地
山阴	20元	30元	60元
代县	20元	50元	100元以上

续表

县名	下等地	中等地	上等地
忻县	20 元	70 元	100 元以上

第二节　农民

据国民政府主计处《统计月刊》(二十一年 1、2 月号)统计,山西总户数为 2,263,408 户,其中,农户数为 1,874,028 户,占总户数的 82.8%。并且,据《中国农民经济》报道,山西农户平均一户的人口为 4.5 人(不包括 2 岁以下的幼儿)。

其次,关于农民的身份级别,据民国十九年国民政府主计处调查统计,在涉及的 44 个县 131 个村落中,自耕农占 72%,半自耕农占 15%,佃农占 13%。究其原因,乃山西有资产的人不好拥有土地,拥有两三百至四百亩土地的地主相对较多,而拥有千亩以上者则较少,皆源于农业利润微薄。

通过以上资料可看出,山西作为农业省分给农民的土地较之南方各省状况要好。

第三节　农产品

一、农业产量

如上所述,山西乃农业省,因此全省经济的好坏取决于农产品收成的好坏及农产品价格的高低。

至民国十年,由于高粱、小麦、粟、豆等农产品大量运往北平、天津,山西省经济受益不浅;但平绥线的延长使得绥远地区的农产品以低价被运送到外地,这样一来,山西农产品的销路受到了阻碍。于是在经济建设计划方面,山西省奖励种植棉花以代替谷物的种植,这一举措逐渐取得了成效。

注:民国二十一年通过平汉线运送到平津的农产品为 4 万吨。
民国二十二年通过平绥线运送到平津的农产品为 30 万吨。

由于调查农产品种类及产量的各机关所公布的数值,有着明显差异,故把握正确的数值便凸显困难。以下为大致统计情况。

主要农产品的平均种植面积及产量:

国民政府主计处调查

名称	种植面积(公亩)	产量	单位
米	1,243,750	195,516	石
糯米	625,000	96,920	同上
小麦	101,562,500	6,909,720	同上
大麦	13,368,750	1,098,182	同上
高粱	61,337,500	5,404,800	同上
谷子	115,150,000	8,417,080	同上
玉米	25,406,250	2,618,618	同上
其他谷物	33,843,750	1,636,913	同上
大豆	20,300,000	1,235,525	同上
黑豆		630,335	同上
豌豆	3,456,250	133,038	同上
其他豆类	275,000	14,687	同上
甘薯	2,250,000	29,327,184	贯
马铃薯	8,231,250	151,058,664	同上
其他芋类	137,500	2,230,448	贯
芝麻	2,268,700	2,862,008	同上
油菜	1,300,000	2,152,776	同上
烟草	131,250	227,544	同上
花生	418,750	3,853,656	同上
棉花	10,950,000	7,132,904	同上

最近三年的农业产量

名称	民国二十年	民国二十一年	民国二十二年
小麦	6,614千石	8,044千石	9,292千石
杂粮	15,779千石	18,766千石	16,475千石
甘薯类	27,664千贯	32,376千贯	19,152千贯

据《山西月报》报道,民国二十三年,山西省冬季农作物种植面积如下所示:

种类	小麦	大麦	油菜	豌豆	蚕豆	莜米
种植面积(单位:千亩)	20,813	3,451	1,214	2,369	459	3,706

注:数据来源于实业部中央农业实验所。

遗憾的是,没能统计到以县为单位的农产品的相关情况。但是,呼延农村教育实验学校于民国二十三年1月,利用学生冬季回家的机会,让他们做了各地的农产品调查报告。结果如下:

A.雁门道(山西北部)(保德、静乐、繁峙线以北)

种类	种植比例	普通年份每亩产量	平均每户耕种面积	水田比例	旱田比例
高粱	20%	4.5大斗	80亩	5%	95%
小麦	15%	3大斗			
谷子	20%	6斗			
黍	10%	4.5大斗			
马铃薯	7%	1,040斤			
燕麦	10%	2.5大斗			
杂类	8%				

B.冀宁道(山西中部)

种类	种植比例	普通年份每亩产量	平均每户耕种面积	水田比例	旱田比例
高粱	22%	8大斗	70亩	15%	85%
玉米	8%	8大斗			
小麦	16%	5大斗			
大豆	12%	4.5大斗			
小米	26%	8大斗			
黍	5%	6大斗			
杂类	11%				

C.河东(山西南部)(大宁、安泽、襄垣以南)

种类	种植比例	普通年份每亩产量	平均每户耕种面积	水田比例	旱田比例
高粱	13%	6大斗	80亩	6%	94%
玉米	20%	7大斗			
小麦	24%	4.5大斗			
大豆	10%	3大斗			
小米	22%	8大斗			
黍	8%	90斤花#			
杂类	3%				

注:关于山西北部的种植面积率,该报告书有错误。

此外,产量和每户平均耕地面积也被夸大了。根据实地调查,每户平均耕地面积为50亩以下,产量也有上等地和下等地的区别,其差别以亩为单位如下:

种类	代		岱岳	
	上等地	下等地	上等地	下等地
莜米	8大斗	4斗	7斗	4斗
高粱	8大斗	4斗	7斗	4斗
小麦	8大斗	4斗	5斗	3斗
黍	5大斗	3斗	7斗	4斗
长芋	5大斗	3斗	5袋	2袋

关于播种期和收获期,杂志《新农村》作过如下报告:

山西北部

种类	播种期	收获期	每亩播种量	中耕次数
高粱	5月	9月	1大升	2—3
春小麦	3月	7月	4大升	1—3
大豆	5月	9月	15大升	1—2
谷子	4月	9月	5—6合	2—3
黍	6月	9月前	6—7合	1—2
马铃薯	5月	9月后	50—80斤	2
燕麦	5月	8月	3大升	1

山西中部

种类	播种期	收获期	每亩播种量	中耕次数
高粱	2月	9月	1大升	2—3
玉米	4月	9月	2.5大升	2

本年9月22日,太原的农产品价格如下:

名称	每小斗重量	每小斗价格	制成面粉	制成面粉重量	麸皮重量	制成面粉每斤价格
春小麦	13斤	0.17元	白面	9.5—11斤	2斤上下	0.06
雪麦①	14斤	0.62元	白面	11—12斤	2斤上下	0.06

① 译者注:推测为“冬小麦”。

续表

名称	每小斗重量	每小斗价格	制成面粉	制成面粉重量	麸皮重量	制成面粉每斤价格
莜米	11 斤	0.37 元	莜面	11 斤		0.03
高粱	12 斤	0.26 元	高粱面	10 斤	2 斤	0.026
米	13 斤	1.42 元				

注:大斗是小斗的 2 倍。

二、农产品

(1)米

山西省地处高原,河流几乎常年无水,所以适合种植水稻的地方很少,大部分为旱地。除了汾河流域的小块地方、滹沱河上游的部分地方,太原阳曲的稻米产量占了总产量大部分。品质方面,晋祠米号称省内第一,产量 13,000 石,供给太原、正太铁路沿线地区。尽管如此,与日本米相比,晋祠米米粒大小不齐,混有土砂,且色泽欠佳,属于下等品。由于稻米非山西民众主食,故需求量甚小,本省所产稻米即能满足全省需求。

(2)大麦

尽管在全省各地皆有种植,但其产量不大。品种多,质量却差强人意,原因在于未精选种子。

(3)小麦

占据了全省农产品种植量的第一位,在全省各地被广泛种植。其用途为卖给制造面粉的工厂磨面,或者自家食用。忻县以及大同、代县等地产量 760 万石,较多,省外运出量少。

(4)小米

由于小米仅次于小麦被当作主食,所以能用于耕作的地方都种有小米,其产量也仅次于小麦。一般而言,小米也被劳动者看作是主食,所以运出省外的数量也不多。按其谷壳颜色,小米可分为黄壳和非白壳两种。

(5)高粱

高粱在晋北地区被广泛种植,分榜子高粱和蛇目高粱两种。用来制成高粱米做高粱饭,或者磨成面粉做烧饼。近年来,由于小麦粉价格下降,高粱被用作粮食的使用量减少。当然,在酿高粱酒或是家畜饲料方面仍然广泛使用高粱。

在晋北,应县、大同的高粱产量为第一,民国二十二年通过平绥铁路从大同运往河北省的数量为 10,400 吨,北平、天津、唐山、保定、顺德、高邑为主要的发送地。

(6)豆类

豆类分大豆、黑豆、豌豆、蚕豆、绿豆等。

在高粱地里间种,全省各地都有生产,同蒲铁路沿线产量为大豆 28 万石、小豆 18 万石。民国二十二年,通过平绥铁路运往平津各地数量如下:

大同　4,000 吨　多为大豆、绿豆

阳高　2,800吨　(察哈尔西部的豆类也由本站发运)

关于用途,黑豆、黄豆为豆油原料,同时,黄豆又是当地居民做酱油的原料。豆渣被用作肥料,绿豆因为淀粉多,所以在平津各地被用作豆粉原料。

(7)芝麻、油菜籽

以完整的颗粒为标准,可分为一九货、二八货和三七货等(二八货是指品质纯净的货物,其中80%为混杂物,20%为实物)。其用途主要为榨油,除此,也被当地居民用作调味品,输出到国外做炼机械油的原料,或者用作燃料或漆料。

晋北的产量较多,阳高附近地区更是盛产。民国二十二年,从阳高运送到天津地区的产量为1,000吨。

(8)麻

麻分大麻和苎麻。宁武、大同、怀仁等地的麻产量首屈一指,产量为1,300多万斤(经平绥线被运出)。

(9)烟草

因为烟草的品质不好,所以一直鼓励种植美国品种。关于奖励办法,山西晋华卷烟厂推出了贷款办法(民国二十二年4月),即指定各县种植美国品种的烟草,并且每亩预先贷款2元。该公司同时还从河南省聘请了烟草方面的技师,以提高产品质量。

据国民政府主计处《统计月刊》统计,民国二十年种植面积为136,587亩,产量为7,829,350千克。

太谷、交城附近的产量特别大,其中,太谷一个县的种植面积就达到5,000亩。

(10)蔬菜

蔬菜品种很多,其中,忻县茄子、大同白菜、太原马铃薯和辣椒很出名。蔬菜一年的产量为9亿7千万斤。冬季,往往将白菜、大葱、马铃薯、洋葱、卷心菜、萝卜等存储到地窖或是室内储藏。这种储藏场所也相当之多。在大同和太原还有温室菜场。今年的9月下旬,太原的蔬菜价格如下:

品名	价格(元/贯)	品名	价格(元/贯)
红萝卜	0.10	白菜	0.08
马铃薯	0.14	胡萝卜	0.18
油菜	0.12	洋葱	0.08
芋头	0.33	葱	0.10

(11)棉花

参考第四节。

(12)水果

山西产的水果,不论味道还是数量,在华北皆得到正面评价。

其种类有瓜、西瓜、桃、李、杏、梨、苹果、葡萄、枣、樱桃等。年产量为1,700多万斤。

关于水果种植，几乎没有成片的果园，主要以旱田低洼地，以及自家附近的土地上种植为多。其中，忻县每年产桃、杏、葡萄、瓜等水果百万斤，汾阳每年产核桃80万斤、桃40万斤，平遥每年产枣以及其他水果百万斤。

值得一提的是，清源、文水年产葡萄580万斤。新鲜的葡萄或者制成的生果都会运往东三省和天津地区。但近日来，其运出数量有所减少。本年的9月下旬，太原的水果价格（重量单位：贯）如下：

种类	价格	种类	价格
鸭梨	5角3	香蕉	1元5角
西瓜	1角4	口葡萄	4角8
柑橘	1元8	白葡萄	5角6
枣	1角4	苹果	8角

山西农务局局长刘怀瑨说道，至民国二十九年，将种植果树50万株，其中15万株将为外国品种与本土果树的嫁接。

（13）鱼类

山西原本没有渔业，太原地区的鱼类需求依靠石家庄供应。但是由于去年黄河大水灾，水势发生变化，在汾河中游以下出现了大量的二尺长的鲫鱼，农民捕获了这些鱼并把它当作副业。如今，太原的渔业需求不仅得到满足，而且还会向石家庄地区输送鱼类。

（14）家禽

山西农民饲养的家禽主要为鸡、家鸭、鹅。

据《内政公报》报道：

年度	鸡	家鸭	鹅
民国十年	3,452,403	17,862	90
民国二十年	80,482,056	222,536	

家禽养殖非常兴盛，特别是由于近几年来农村经济不景气，政府鼓励将家禽养殖做为副业发展。山西实业厅于民国二十二年拨出1,000元经费，在太原、安泽、山阴办了养鸡场。山西省气候干燥适合养鸡，但由于鸡的品种不好，所以年产蛋量为七八十个。近来，太原呼延农业实习学校、大谷贤学校、太原省立农业专门学校都在养殖意大利种鸡，并且也取得了年产200甚至是300只蛋的好成绩。这在农村引起了很大的反响。五台县川边村已设置了家禽改良所。同时，依据十年计划案，2,600万只品种优良的鸡将被放养。

第四节 棉花

在山西,由于政府鼓励种植棉花,棉花的种植于民国十五、十六年达到了顶峰。之后,由于天灾兵乱不断,棉花产量逐步减少。随着平绥线延伸到包头,山西省的谷物发送目的地——河北省,成为了绥远省的谷物市场。这样一来,山西产谷物往外的运出变得困难。民国二十一年,省政府鼓励多种植棉花来代替谷物,另一方面也希望防止外部棉花和棉布的输入,故棉花产量再次呈现增加趋势。

在山西,棉花的主要产地为土壤肥沃的河东区汾河沿线,其棉花种植面积占据全省三分之二。实业厅对于棉花耕作地采取放任主义的态度,工作重心在于着力提高棉花品质。冀宁区、雁门区的棉花种植面积合计只有25万余亩,于是制定计划在民国二十四年至少种植25万亩,同时提高质量。

据山西省实业厅公布数据统计,民国二十二年,棉花种植面积及产量如下所示:

种植面积(亩)		产量(千斤)	
旱田种植面积	1,185,238	美国棉花产量	28,828
水田种植面积	239,810	中国棉花产量	11,714
合计	1,425,048	合计	40,542

民国十年,棉花的种植面积为695,025亩,产量为24,873千斤。比较一下就可以得出,民国二十二年的种植面积和产量都是前者的2倍。

民国七年以来,山西省棉花种植面积和产量如下(数据来源于《中国棉产统计》):

年份	栽培面积(千亩)	产额(千斤)
民国七年	550	30,000
民国八年	490	35,000
民国九年	620	6,000
民国十年	690	25,000
民国十一年	830	16,400
民国十二年	876	23,100
民国十三年	613	16,200
民国十四年	755	16,200
民国十五年	1,407	38,100
民国十六年	1,299	50,200
民国十七年	949	28,900

续表

年份	栽培面积(千亩)	产额(千斤)
民国十八年	313	4,000
民国十九年	275	6,300
民国二十年	273	8,200
民国二十一年		29,000

民国二十一年,各县的棉花产量如下所示:

民国二十一年棉花产量调查(数据来源于山西省政府)

县名	产量(斤)	县名	产量(斤)
阳曲	10,235	汾阳	71,921
平遥	152,895	榆社	3,881
潞城	253,078	沁县	24,183
太谷	30,436	沁源	320
祁县	5,511	武乡	2,431
徐沟	18,051	平定	1,174
清源	24,076	盂县	115,384
交城	131,263	介休	587,600
文水	204,124	孝义	41,160
兴县	38,134	临县	237,724
辽县	1,370	石楼	95,860
安邑	124,385	阳城	13,437
夏县	799,003	汾西	87,787
赵城	1,481,384	吉县	29,387
寿阳	456	乡宁	29,640
新绛	1,739,570	隰县	68,719
河津	200,837	大宁	1,209,256
闻喜	358,320	永和	217,317
稷山	346,954	蒲县	3,262
绛县	1,723,256	朔县	30
垣曲	408,690	忻县	8,750

续表

县名	产量(斤)	县名	产量(斤)
灵石	195,820	定襄	192,422
隰县	874,039	榆次	58,682
离石	136,945	壶关	480
中阳	3,430	平顺	32,888
襄垣	10,140	晋城	81,085
临汾	847,060	高平	5,139
襄陵	833,549	陵川	283
洪洞	2,296,455	沁水	14,320
浮山	163,500	永济	238,345
汾城	752,453	临晋	215,266
安泽	238,795	荣河	49,930
曲沃	6,692,933	万泉	69,432
翼城	1,531,690	解县	418,485
黎城	25,773	崞县	20,080
五台	8,790	猗氏	1,004,348
平陆	214,080	芮城	268,920
保德	9,056	虞乡	452,013
太原	6,535	总计	290,866,756

棉花的品质基本上很差,除了品质较好的美国棉种,其他棉花都不能用来纺织细线。美国棉花可用来纺织细线,主要有可利晋棉、金古斯棉、晋富棉、大**棉等品种。它们的纤维长约0.9甚至1英寸并泛有白色光泽,质量远胜于中国棉种。河东产美国棉种为优质品种,在上海天津的交易市场,它的销量居第二位。

民国二十三年,《国际贸易导报》对棉花产业状况的预想如下:

次别	棉田面积(亩)	棉花产量(担)	废田面积(亩)
二十三年第一次预想	1,800,011	595,880	17,700
第二次预想	1,796,260	601,096	

山西省产棉花总量之三分之一大约20万担为省内部消费,剩下40万担运往省外。

9月上旬,山西美国棉种的市场价格(单位:一袋约500磅)

洪洞、临汾 22—33元

新绛　　33元
曲沃　　34元

棉花销售途径主要有两种：一种由太谷、榆次的棉花商贩经手销往天津、上海；另一种则为各地消费者直接到棉花产地购买。山西省棉花集散地为榆次，往往通过正太铁路把棉花运往天津市场，但由于正太铁路棉花运费很高，故晋南各县或利用船马往外运棉花，或利用陇海铁路往天津或汉口方向运出棉花。（民国二十二年，正太铁路的棉花运费收入与民国二十一年相比，减少了100多万。）

为了省棉产业的发展，山西省实业厅决定取缔奸商，于本年10月1日起实施由中央政府颁布的棉花检验条令。同时，山西省经济建设委员会以该法令为基准，于9月27日颁布了山西省棉花检验办法，废除了民国十九年制定的《山西省棉花检查奖惩办法》《山西省棉花检查暂行条令》《山西省棉花复验办事细则》等法规。

棉花的检查，分初次检查和再次检查两次。初次检查时，在各地都设有棉花检查所，主要是检查打包时棉花的含水量和杂物。再次检查的地方则设在榆次、茅津渡、风陵渡。

第五节　地租

关于田赋，山西各县的税率及纳税物都各不相同，未统一。每亩的税率如下：

纳税物	最高税率的县	一亩的税率	最低税率的县	一亩的税率
银两	翼城、新绛	1钱5分	右玉	9厘4毛3
现洋	临汾	3角02厘	闻喜、山阴	1分
谷物	岢岚	4升		

（一两银为2.50元）

据省政府公布的数据，民国二十二年，山西省各县的田赋税额如下所示。谷物纳税额换算为银两。

县名	税额（元）	县名	税额（元）	县名	税额（元）
阳曲	1,544,195	兴	120,442	长子	110,394
太原	108,014	汾阳	169,668	屯留	656,758
榆次	1,612,405	介休	104,800	襄垣	821,335
太谷	102,701	平遥	1,821,975	潞城	83,715
祁	92,273	孝义	1,056,075	黎城	502,175
徐沟	59,480	临	527,125	壶关	765,179
清源	61,141	石楼	212,525	晋城	1,518,645

续表

县名	税额(元)	县名	税额(元)	县名	税额(元)
交城	636,372	离石	579,575	高平	144,527
文水	1,606,775	方山	15,555	阳城	78,820
岢岚	14,548	中阳	316,025	平陆	91,805
岚	348,645	长治	159,163	陵川	69,820
沁水	510,715	临汾	1,908,625	平顺	26,770
辽	18,441	襄陵	1,186,485	芮	494,175
和顺	248,975	洪洞	1,452,205	临晋	14,305,735
榆社	22,010	浮山	55,000	虞乡	705,735
沁	42,135	汾城	1,346,475	荣河	867,175
沁源	305,915	安泽	232,525	万泉	788,675
武乡	374,675	曲沃	154,900	猗氏	1,292,275
平定	439,335	翼城	141,695	解	70,630
昔阳	27,789	吉	236,025	安邑	1,617,025
盂	78,663	乡宁	37,573	夏	139,269
河津	892,025	永济	218,872	新绛	148,183
寿阳	671,255	永和	9,920	右玉	24,461
闻喜	173,345	蒲	110,675	朔	434,955
稷山	1,293,295	大同	92,546	左云	218,775
绛	83,225	浑源	291,215	平鲁	10,109
垣曲	29,705	应	54,415	宁武	1,360
代	66,579	怀仁	228,305	神池	17,149
五台	330,115	山阴	20,100	偏关	10,426
繁峙	327,625	灵丘	246,525	五寨	125,715
崞	94,219	广灵	237,575	忻	123,059
保德	103,285	阳高	23,891	定襄	45,386
河曲	17,720	天镇	29,842	静乐	40,733
霍	552,225	赵城	817,975	隰	302,105
灵石	477,325	汾西	28,858	大宁	158,215

第六节　农村状况

一、农村经济

山西农村于民国十七年左右急剧衰败和萧条,在世界经济不景气的背景下,如今农村经济处于极度疲软状态。

三民主义倡导者认为,中国农村经济崩溃的原因是资本主义国家的殖民化行为,但据观察,山西农村经济的疲软主要由以下原因引起。

(1)山西省多山岳,并且除西北部以外大部分地区为秃山,一旦下大雨,河水必会泛滥。此外,由于气温变化极大,水旱灾害给农村带来巨大影响。

近年来,大的灾害如下所示:

年份	种类	受灾县数	受灾人口
民国九年	旱灾	56	1,616,890
十七年	旱灾	86	6,017,897
二十一年	水灾	45	206,799
二十二年	水灾	因黄河大水灾带来的损失巨大	
二十三年	旱灾	65	400,000

(2)兵灾

因内战战乱给农民带来的损失自不待言,平日每逢军队驻扎或者转移时,军队就会向老百姓征收应差支差。农民们都没法,只能流泪掏钱。

尤其是在民国二十一年,由于外省的军队驻扎到省内,支出增大。例如,介休支出73万6千余元,祁县支出42万8千元,阳城支出25万9千元。所以,这给经济本就疲软的农村又增加了沉重的课税负担。

(3)山西银票的暴跌(在金融的章节中会详细说明)

(4)农产品价格的下跌

(5)高额利息

关于利息,山西农村有一句话:“钱不过加三,粟不过加五。”这成了山西利息的标准。

“钱不过加三”的意思是,借钱给农民时,月利息为两分到三分。

“粟不过加五”的意思是,借了一斗粮食,在秋收时要还上一斗五升的粮食。在借贷很发达的山西,利息被严格地限定了。为此,农民倍感艰辛。

(6)正太铁路的高额运费

山西农产品以及其余普通产品消费范围极窄,其主要原因就如上面谈到那样,主要受到铁路运费的垄断。虽然社会上都对苛捐杂税的繁重议论纷纷,但也未达到谣传的程度。

我们来看看农村经济日趋下滑的山西省实情,就会得出,晋北以及榆次以北这些正太铁路沿线地区,最为贫困。与河北农村相比,山西自耕农一年的收入约为250元,如果从这里面再扣除掉田租、农具种子费用、肥料费用等,很明显剩下的钱还不足以维持一家的生活。据山阴县公安局局长所言,中农一家平均每人年花费为30元(不包括粮食花费),这样一来,要达到这个收入水平是很难的。

如此,就不难想象,地位更为低下的佃农生活会有多艰难。

二、租佃制度

山西农村的租佃制度为:由担保人担保,佃户跟地主签借地合约。根据合约,佃户交地租给地主,交地租时可以用农产品也可以用现金(租地用来种植棉花时,只能用现金)。

佃农除了可以自己种植租地外,还可以将土地租给第三方。此外,也可以签另外一类合约。该合约中,地主提供肥料、牛马等畜力,佃农提供劳动力,最后将收获的农产品五五分成或四六分成。这类合约短的为期一年,长的可以为期二十年。同时,佃户不能使耕地荒废,佃户交租时,地主也不能随便改变租金。但是,如果收成不好时,地主仍会不留情面地照常收取地租。

三、农民的副业

农闲时,农民可以做临时工,比如有木工、泥工手艺的农民一天可赚到2角至4角的工钱(伙食由雇主提供)。如果住在煤矿附近,也可以通过挖煤、运煤赚到每天的工资。

短途货物运输也是农民的副业。中农以下的农民会借来牛马,每日支付2角到3角的租金,来进行杂货、煤炭、木材等货物的搬运。

山西北部一天的标准价如下:

名称	阳高、天镇	大同	岱岳、山阴	太原	榆次
苦力	0.10	0.20以上	0.15	0.20以上	0.20
轿车	1.20	1.20	1.20	1.20以上	1.20
大车	2.00	2.00	2.50	2.20	2.20
驴马	0.50	0.50 1.00	0.80	1.00	1.00 0.80
木工	0.20 0.30	0.30 0.50	0.40	0.50以上	0.50以上
泥瓦匠	0.20 0.25	0.30 0.50	0.40	0.50以上	0.50以上

搬运工的话,由雇主提供伙食。用驴马运货物的话,会有马夫同行。

代县的运输情况如下：

名称	载物量(贯)	一天的租金(元)
大车	240	2.00
轿车	100	1.20
骆驼	55	1.50
马	不能载物	1.00
驴	35	1.00
骡子	20—25	0.50

备注:①大车一般为中农以上的农户所有,需要两头以上的畜力拉动,多用到四头的畜力。轿车为当地居民的交通工具,数量较少。

②在代县,骆驼约有150头。

③租用马、驴、骡子的费用包含了马夫的费用。

四、农民的生活

关于农村的房屋,虽然能依稀看到一些砖房,但大部分仍为土房,并且在房屋周围设有土墙。中农以上的农户家庭,虽然有家畜、小房子,但是没什么看上去值钱的家产。卧室的话,也仅是在炕上铺一张苇席,与河北的农村家庭相比,显得贫寒。

太原北部的大盂镇等附近及正太铁路沿线西部地区,利用小山的起伏,开洞而居的农户很多。洞穴内部相当简陋,几乎谈不上生活质量,以致给人与世隔绝的感觉。

山西农民的常吃食物为小麦、粟、高粱、莜米、玉米等。一日三餐中,早餐为小米粥,中晚餐为磨面、馍馍、烧饼、包子、粟饭、高粱饭、高粱粥等。米饭以及机器制作的面条只有当官的人才吃得起。此外,调味品中,用醋代替酱油、盐来食用成了山西的特色。所有的旅店都会有食醋卖,旅店还会提供食醋用来蘸着吃其他食物。

农民一天的食量平均3斤米(1角钱4斤),或者2升粟(3角钱1斗)。这样一来,每人每天的伙食费1角就够了。衣服很粗糙,是用自家产的木棉或者粗布织成的。

生活燃料用的是高粱秆、粟秆或者煤炭,不使用煤球等其他燃料。究其根本,是因为煤炭价格便宜。因为太阳一下山便就寝,所以灯火费花得不多。

五、农村里的恶习

以下提及的内容不只关于农民,城市里的商人也一样。

1.缠足

据《华北日报》报道,在山西,20岁以下的女子中,仍有半数缠足。

山西省政府在民国二十二年6月以前,通过县和区学校的教员跟大家说明缠足的危害,也通过他们让给子女缠足的父母写下不缠足的保证书。同年的6月开始处罚缠足的人(初犯罚

10元,再犯加倍处罚)。尽管如此,检查员来时往往应付检查,解开裹足布,而等检查员离开后又恢复缠足。

现如今,缠足的人仍很多,不见减少。

2.虚礼

婚嫁丧娶时,过分花费钱财已经成为了一种风气。据山阴县公安局局长介绍,中农的婚嫁丧娶大概要花费300元,为此而倾尽家产甚至借上高利贷陷入困境的人也不在少数。

3.溺女

溺女是指,如果初生是女儿,母亲会将婴儿活埋的一种陋习。这是因为迷信认为,初生是女儿,连续生三个都会是女儿。这种风气在山西盛行,仅次于陕西。为了防止这种陋习,省政府颁布了公安局令,对溺女行为处以10元以下罚金,10天以下拘留。但却收效甚微。山西省150个县中,除去平遥、大宁、临县这三个县,其他的无一例外都是男性人口多于女性人口,每个县平均多出12,000多人。

4.鸦片

(1)山西省数十年致力于禁烟,特别是严厉禁止种植鸦片,所以省内基本上没有种植鸦片。

但邻省陕西和绥远,鸦片种植盛行。同时又由于禁止鸦片输入,所以如今每两鸦片的价格飞涨,运输利益变得很大,秘密运入鸦片也随之盛行。此外,由于禁烟成效不好,于是采取了专卖制度。

山西鸦片专卖制度是指,把禁烟考核处做为 * *,在各县设禁烟委员,打着“特许代售官制烟药饼”的旗号,将鸦片做为禁烟药来卖。据称从中获取的利益每月至少60万元。

对于妨碍了专卖利益的秘密运输者、秘密买卖者,政府都予以严厉打击。其成果如下:

(2)数据来源于省政府的报告,时间为山西省禁毒条令公布后的两三年间。

第一期 二十年11月1日至二十二年4月11日 公布禁毒条令,废止单行条令

第二期 二十二年4月12日至同年的10月31日

第三期 二十二年11月1日恢复禁毒单行条令后至二十二年10月31日

同时期的状况如下:

成果种类	第一期	第二期	第三期
举报数	18,273件	4,352件	7,322件
死刑数	322人	0	231人
举报原料数	1,537.67两	271.86两	464.67两
举报制品数	47,493.00两	8,654两	12,670.00两

第二章 山西盐

第一节 河东盐

河东盐主要指解县、解池的池盐。制造所设在东、西、中三处,四周设围墙。造盐者(庵户)在其中开盐田制盐。制盐场被称为禁城,制盐须在禁城内。禁城外禁止制盐。盐地为私有土地,为地主出租给制盐者的私地。

制盐时间分夏、秋两季。制盐的步骤为:首先,往盐田里放池水,放置数日后,盐田上面会有干燥后的结晶;然后将这些结晶收集起来,用马车运至一处堆至两间房子那么高;最后,把泥巴和稻草秆混在一起涂满它的三面,只留一面挂上苇席。白天掀起苇席,接受阳光暴晒,晚上放下苇席。如此一来,就会形成像砂糖一样的结晶。

民国二十二年,池盐成分分析如下表所示:

产地	盐化钠(%)	水份(%)	杂物(%)
东场	82.83	3.84	13.33
西场	95.70	1.00	1.30
中场	90.06	1.40	6.54

从事制盐业的盐工分为“老和尚”“老栢”“张銑”“盐田工”。盐田工在盐工头(老和尚)的手下干活,每天长时间被使唤,也无健康保证。如果不能干活,无论是什么样的理由,都不会被付工资,就连吃的也不会给。并且,他们中的很多人患有创血症(一种流鼻血的疾病)。虽说有工人医院,但是医院设备并不完善,盐田工得不到任何好处。

一、制盐产量

河东盐的产量如下所示。

民国十七年以来的产量如下所示:

年份	产量(单位:十万斤)
民国十七年	2,393
十八年	2,259

续表

年份	产量(单位:十万斤)
十九年	1,834
二十年	944
二十一年	891

据盐运使署统计,市场上卖出的盐的数量如下所示:

年份	售出量(单位:万斤)
民国十七年	1,455
十八年	953
十九年	770
二十年	1,061
二十一年	953

如上所示,河东盐的产量年年递减,是因为市场消费疲软。

同时,高额的盐税使得河东盐的市场价格高,这也是其销路不如长芦私盐的原因。

如今,一单盐(3万斤)在太原的销售价格如下所示:

在禁城时的原价　120元至200多元
盐税　750元
外债附加税　90元
地方附加税　390元
运费提成　300元
运费　500元
合计　约　2200元

也就是说,太原的河东盐市场价格是原价的10倍以上。

注:"运费提成"是指,每单盐每运出1华里,就要征收3角的运输税。这样一来,运城和太原之间有1,000华里,其运费提成就是300元。

经正太铁路沿线的太原、榆次两站运送的盐量如下:

种类	十七年	十八年	十九年	二十年	二十一年
长芦盐的运入量	971吨	1,739吨	1,380吨	2,713吨	3,715吨
河东盐的运出量	1,577吨	458吨	566吨	295吨	14吨

二、盐的管理、销售、征税

财政部盐运使署设置了受其直接管辖的"河东盐运使者",同时,使署内部设有产场(盐田)、运销(贩卖)、总务、会计四个课,进行制盐的监督,如买入、管理、销售的监督。此外,还要防止有人秘密销售。为此,设有侦查、步兵两个大队,以及一中队和一个骑兵中队,将他们安排驻扎在盐田附近以及河南、陕西的黄河渡口处,进行监视。盐税的征收机关为"河东盐务稽核分所",其本署设在解池,东西南北各禁门处又设有分署。他们对河东盐运使署卖出的盐课税,同时还在陕西、河南的各渡口设有监视处。

民国二十二年,河东盐每百斤的税率如下所示:

贩卖地	税目	税率(元)
山西	场税	2.5
	外债附加税	0.3
	地方附加	1.3
陕西	场税	2.5
	外债附加税	0.3
	地方附加	2.5
河南	场税	2.5
	外债附加税	3.5
	岸税	3.0

三、销售地及销售

河东盐的销售地以山西、陕西以及河南为主。山西晋南的44个县是河东盐的专卖地,卖给各县的盐量以及盐的价格,都由运使署统一规定。

盐的销售程序为:缴纳盐税之后,运往安邑的盐仓;接着,运送票下达以后,再分配给各县。

陕西东部的35个县,河南西部的23个县,陕西的润庙、万吴、五参渡,河南的洪阳车、大阳、万岸、南沟、尖坪、东滩、七渡实行专卖制;陕西的下焦口风陵渡,河南的茅津渡实行自由销售。

河东盐的销路明细如下所示:

(单位:万斤)

销售地	民国二十年	民国二十一年
山西	3,620	4,530
河南	3,550	3,010
陕西	3,980	3,430

第二节 晋北土盐(大盐、大青盐)

产地

途经山阴县至岱岳一带的桑干河,该地区为湿地,长约7里。

制法

在该产地,用锄头将有白色结晶的地表部分扒到一处堆积起来,浇上井水,然后取出里面的浓盐液,放入锅里煮沸,使其蒸发。除去雨季和冬季,制盐期一年大约有200天。

制盐的地方被称为盐房,盐房有120个。每个盐房里面有2个至3个制盐用的锅,每锅每天的产盐量约为百斤。制品为方解石状的结晶,有光泽,呈茶色,味苦,品质不算优良。

产额

(单位:万斤)

民国二十年	2,470
民国二十一年	1,940
五年内平均值	2,100

盐税为每百斤2元8毛。从事盐业的人交给运使署的盐定价为一斤6分。

计划经济实行以来,为提倡多用土货,政府对晋北土盐实行专卖,也即民国二十二年11月起设置晋北盐务督销处,禁止民间买卖盐。

且对于人口满3万人的县设立公盐店,大概以30,000人1,000元的比例从政府资金处借钱进行运营。不足3万人的县,则委托商家代售,其销售地区主要为山西、晋北包头、绥远以及碛田四个区域。如上所述,由于销售有种种限制,因此盐价由平日市价的每斤9分5厘,暴涨到1角7分。同时家庭为满足自用的采盐也被禁止的原因,各地居民强烈反对,甚至提出设立"反对设立晋北盐务督销处筹备会"的意见。

今年7月,孔祥熙抵达山西,要求阎锡山取消晋北食盐公卖法。如今,该法令已基本处于被废止的状态,盐价也回落到一斤1角1分5厘。

第三章 工业

第一节 山西一般工业

山西是一个农业省份,却有着丰富的工业原料。尽管如此,制造工业不成熟。制造工厂作业时间被白白缩短,有的工厂甚至已经停业。在这种现状下,如果能招聘到优秀的制造技师、管理人员或是得到省政府的保护政策,在此基础上再使用低价劳动力,那么制造工业的繁荣也是可预见的。

新绛县的雍裕纺织工厂共有资本60万元,其中民国二十二年的纯利润为45万元,朱之群(全国经济委员会棉业计划委员会委员)称之为"中国第一的优秀纺织工厂"。此外,从省政府保护政策中受益的晋华烟公司也是一个很好的例子,它打败了具有雄厚资本和历史的英美托拉斯。如此说来,西北实业公司的设立,也是省政府从经济发展的角度实行的一个工业政策,是对山西经济十年计划的践行。

民国二十二年,关于山西省工厂的统计数据如下,数据来源于太原经济建设委员会经济计划处:

山西省工厂数量统计表

工厂类别		工厂数量	资本额(元)	年产额(元)
纺织工业	织布	97	8,934,680	12,002,743
	毛织	4	523,300	48,400
	绢布	3	1,600	15,060
	制棉	3	5,500	5,355
	其他	1	300	330
	合计	108	9,465,380	12,071,888
食品类	烟草	12	1,232,400	2,151,600
	酿酒	1	50,000	11,456
	汽水	1	12,500	3,955
	制粉	10	13,064,090	3,055,055
	合计	24	13,358,990	5,222,076

续表

工厂类别		工厂数量	资本额(元)	年产额(元)
服装业	衣服制造	1	50,000	789,654
	毛皮衣服	1	6,000	180,000
	制帽	8	13,600	99,612
	合计	10	74,100	1,139,266
建筑化学品工业	水泥	1	300,000	
	火柴	4	390,000	300,432
	制纸	4	930,500	309,360
	医药	1	1,300	10,000
	陶器	3	130,000	100,000
	玻璃	1	10,000	37,695
	皮革	3	205,500	23,310
	肥皂	5	12,900	111,215
	合计	22	1,678,400	892,012
机械	机械	10	363,600	486,675
	其他	2	5,065,110	48,000
	合计	12	5,428,710	534,675
器具工业	铁器	7	4,300	10,325
	铜	2	500	26,000
	合计	9	4,800	36,325
杂工业	印刷	9	351,300	
	煤炭	6	8,154,070	1,643,235
杂工业	蛋粉	7	75,500	547,440
	其他	3	120,000	6,750
	合计	25	8,349,570	2,196,425
总计	222	29,011,250	22,092,658	

第二节　各种工业

一、纺织织布

各公司的营业情况如下：

公司名	所在地	成立年份	资本	纱锭数	摘要
晋华纺织公司	榆次北关	民国十年	5,000,000 元	12,800 锭	
晋生染织厂	太原晋生路	民国十九年	1,359,000 元		
利益织染厂		民国二年 9 月	50,000 元		
雍裕纺织厂	新绛南开	民国十九年	600,000 元	8,000 锭	职工 400 余人
益晋织布工厂	祁县	民国二十年 4 月	135,900 元	织机 * 00 台	职工 500 余人
大益纺纱厂	新绛三林镇		470,000 元	染织机 100 余台 织机 140 台	

1.纺织用的棉花产自省内，输出地为省内、绥远、陕西。

2.益晋织布工厂于民国二十一年被晋华纺织公司以 30 万元合并，但工厂仍存在。

民国二十三年上半年(1 月至 6 月)的生产额：

工厂	产品	产量(捆)	产值(元)
晋华纱厂	棉纱	15,751	2,835,180
晋华纱厂	绒毯	10,962	175,393
晋生染织厂	棉布	67,512	1,012,680
大益成纱厂	棉纱	4,479	806,220
大益成纱厂	棉布	2,442	366,300
雍裕纱厂	棉纱	68,975	1,239,900
合计			15,391,939 元

注：民国二十三年 3 月 10 日，雍裕、晋生、晋华、大益成这四个纺织工厂，加入了全国华商纱厂联合会，并且成立了山西分会。

二、制粉

公司名	所在地	成立年份	资本(元)	产额(日)	摘要
晋丰面粉公司	太原南门外	民国十年	100万	5万斤	月产5,000袋 双象标记[①]
晋省电灯公司	太原城内	民国十三年		1万斤	电灯泡标记
附属面粉工厂					
大同面粉公司	大同北门外	民国二年	128,400	2万斤	
晋生面粉公司	平遥	民国二十年2月	100,000	100,000元	
晋益面粉公司	临汾	民国十八年12月	76,000	76,000元	
魏榆面粉公司	榆次	民国十八年10月	100,000	100,000元	

1.原料为本省产的春麦和冬麦。

2.大同面粉公司成立于民国二年。民国十三年虽然进行了改组扩大了规模,但仍然亏损。民国二十年1月开始由省经营,其资金由山西省银行支出。

3.晋省电灯公司使用日间剩余电力从事制粉业。

4.销往本省及绥远、陕西等。

5.＊＊作为制粉业的副业,生产30%的精面粉。

三、火柴

公司名称	所在地	成立时间	资金(元)	日产量(箱)
金井火柴公司	平遥	民国五年	60,000	8,000
荣昌火柴公司	新绛	民国四年	100,000	10,000
云龙火柴公司	大同	民国十年	100,000	
昆龙火柴公司	汾阳	民国元年	130,000	16,000
毓华火柴公司	新绛	民国十二年	100,000	6,000

火柴棍原料主要使用省内的杨树、松树;火柴头从天津运来。在本省内消费。产能基本满足全省的需求。

四、烟草

晋华烟草公司 (所在地 太原)

① 译者注:此处为面粉商标。

资金　50万元　创立于民国二十一年　(参考商业统制经济)

晋华公司烟草的种类及批发价格如下表所示：

香烟名称	包装	每包香烟数(支)	价格	每大箱香烟数量(支)	价格(元)
太行山	罐	50	4角3	1万	86
太行山	纸	10	6分6厘	5万	430
五台山	罐	50	3角1分	1万	62
五台山、模范	纸	10	5分6	5万	280
大粉包、正太	纸	10	4分2厘	5万	210
雁间开	纸	10	3分6	5万	180
大子、三晋	纸	10	3分2	5万	160
汽车	纸	20	5分6	5万	140

五、造纸

公司名称	地址	资金(元)	产额
山西造纸厂	绛县	300,000	
晋恒造纸厂	太原	400,000	一天20连
新华造纸公司	晋祠	30,000	

晋恒造纸厂成立于民国十九年。后来,因遭受水灾,又加上土地不合适,因此计划搬迁工厂。

工厂设备占地面积43亩,＊机一台、裁机一台、药槽桶式造纸机一台。男职工65人,女职工30人。原料为碎棉、油棉、旧布、芦苇等等。

产品主要有毛边连失棉连洋宜、火柴用纸、大板纸、报纸用纸(供《太原日报》使用)等。

六、制革

公司名称	地址	资金(元)	种类	产量(张)
晋一制革厂	太原北门	20,000	法兰花旗皮	8,000
同义长皮革厂	榆次东门	10,000	法兰带皮 红皮箱皮	4,000
裕华皮革厂	汾州	5,000	法兰皮	2,000
陆大皮革厂	运城		法兰红皮 绵羊皮	

小皮革业的中心位于大同、交城。

七、电力

因煤炭价格低廉,河川水量不定并且浑浊,大部分的发电都依靠火力发电。水力电气位于太原西部5里处,只能利用汾河。如今已歇业。

民国二十一年10月,根据中国电气公司统计的山西省总电力,商用7个发电厂发电量为1,075千瓦,民用4个发电厂发电量为2,345千瓦。

根据中国电力公司统计,民国二十一年10月的电力公司如下表所示:

公司名称	地址	资金(元)	原动力	机关数	电流种类	发电容量(千瓦)
太原新记电灯公司	太原	294,000	电机	2	交流	600
魏榆电气厂	榆次	100,000	电机	1	交流	180
太谷同记电气公司	太谷	30,000	电机	2	交流	50
金井电灯公司	平遥	22,800	电机	1	直流	38
保晋铁厂附设电灯厂	阳泉	35,000	电机	1	交流	132
大同电灯公司	大同	60,000	电机	1	直流	75
洪洞电灯公司	洪洞	不详	电机	1	不详	不详
总计		541,800				1,075

水力发电

山西省水力发电事业基于美国人塔德的调查(民国二十三年的夏天)以及水力委员会会长徐永昌的报告书,得出以下所示情况:

1.黄河瀑布

位置　利用黄河壶口进行发电

平均水量　30,000秒呎

高位　100呎

发电容量　50,000马力　37,300千瓦

2.广胜水泉

位置　洪洞赵城山麓的泉水

水量　100万方秒呎

发电容量　1,400马力

3.曲沃瀑布

位置　曲沃

水量　2,000立方秒呎到3,000立方秒呎

高位　223呎

发电容量　400马力

4.晋祠水泉

位置　　晋祠汾河西岸的泉水

水量　　70立方秒呎

高位　　40呎

发电容量　　250马力

接下来列举私人发电厂如下：

名称	西北实业公司	保晋矿务公司*	保晋矿务公司第一、第三厂	晋华纺绩公司	计
所在地	太原	平定	平定	太原	
动力机	汽轮机	电机	电机	汽轮机	
发电容量	1,000	135	60	1,150	2,345

八、蛋粉业

鸡蛋粉是为了便于保存、搬运鸡蛋而将鸡蛋制成干燥粉状物质，主要于大同、丰镇附近进行生产。其制造方法分别如下：

制作方法	人工制法	机器制法	使用药物
种类	干白干黄	飞黄飞全蛋	盐黄粉黄
形状	粉状	粉状	液态

用途：主要用于糕点、棉织物的染料、胶卷、清澄剂的原料、火药以及陶器的增强剂。

销售地：主要经由天津，出口到美国、英国、德国、日本。

九、其他

除了上述的，太原、大同还有很多小工厂生产袜子、手套，同时太原有大德制针工厂。作为家庭工厂，主要生产农民生活的必要品。

1.酿造业主要从事酱油、醋、酒的制造。

2.汾阳产的汾酒是销往省外的好酒。

3.土布主要用于当地居民衣服的制造，使用的是本省的棉花，其中丰镇、大同、怀仁等晋北地方的产量比较多。

4.制粉

当地居民使用石臼把麦子、高粱、玉米等磨成粉。大部分的厂房都拥有五六个石臼。

第三节 西北实业公司

一、基本情况

本公司是由绥靖公署投资,于民国二十一年1月开始准备,民国二十二年7月30日以资金500万元在太原设立。

根据《西北实业公司组织章程》(制定于二十二年2月20日),该公司以开发经营西北经济为目的,经营年限为42年,三年为一期。

有关利益率,第一期为一分三厘,第二期一分四厘,第三期到第十期是一分五厘,十一期一分四厘,十二期一分三厘,第十三期是一分,第十四期是八厘。但分配每年决算一次。扣除职工、职员的工资之外的剩余利润额用来充当本企业的扩张费用。

总经理为阎锡山,助理为彭士弘。企业的划分如下表:

类别	贸易组	特产组	工化组	矿业组	纺织组	农业组
工作内容	处理跟货物运出运进相关的工作	省内生产的产品的销售	化学制造工业	采矿冶金业	制丝和棉麻毛织业	牧畜水利业
摘要	西北贸易商行	开始事务性的工作	生产水泥、皮革、砖瓦、火柴、造纸、焦炭等工厂	西北炼钢厂、西北煤矿第一厂、壬申制造厂	西北毛织厂	

以下是对各企业的详细介绍:

二、西北炼钢厂(太原北门外)

在废除育才炼钢厂的基础上,使用它的机械设备以及厂房等,将之扩张成采矿、采煤、炼铁、炼钢、碾钢五个部分,成为西北实业公司中最大的企业。现在,事务所设在绥靖公署内,所需经费也到位。机器设备类的大部分已向德国订购,现正考虑向德国派遣技术员事宜。

工厂现正在建设中,民国二十四年底竣工,民国二十五年春天开始炼钢,预想日产量为20吨。产品用于同蒲铁道支线轨道的建设,现正在赶工。厂长为郑恩三。

三、西北煤矿第一厂(太原县白家庄)

该厂注册资金36万元,厂长阎锡珍,副厂长蒲珍,距离太原60华里。作为西北煤炭矿坑的所在地,已经在开采中(日产炭量200吨)。计划在同蒲铁道开通后,日产量增加到现在的两倍。开采煤炭是为了用于山西炼钢。由于不适用于炼钢,今后必须改变方针。

四、壬申制造厂(太原北门外)

与西北实业公司同时成立。该厂原型为兵工厂,在使用三万元经费基础上将其改组成为机械器具制造工厂,并且合并了同性质的育才炼钢机械厂。钢材厂接受西北炼钢厂的原料供应,然后于民国二十三年9月1日起由西北实业公司进行管辖,且由官营变为民营。各工厂采用了承包制,节俭经费,企图降低生产成本。

如下表:

壬申工厂名	划分	承包人
西北机车厂	第一厂	郭履中
西北水压厂	第一厂	刘以仁
西北器具制造厂	第二厂	张子固
西北织工厂	第三厂	阎树松
西北枪弹厂	第四厂	周维戈
西北铸造厂	第五厂	赵逢冬
西北机械厂	第六厂	郭凤朝
西北电气厂	电气厂	何其昌
西北汽车修理厂	汽车修理厂	姜富春
西北化学工厂	壬申化学工厂	连思孝

位于太原省立商品陈列所的壬申工厂的产品展示如下表:

出品工厂	产品	价格(元)
西北汽车修理厂	载重量为两吨的汽车	
西北机械厂	六针平机械	290
西北机械厂	万能车床(二呎寸横行)	175
西北机械厂	八呎车床	720
西北机械厂	自动莫大小制造机	440
西北机械厂	三马力重油发动机	400

除了以上产品外,西北电气厂的摆头电扇、电话机、一马力交流马达,特别是密针探矿器等都值得关注。

五、西北洋灰厂(太原县南韩村)

注册资金:40万元(也有说30万元) 厂长:张倬福

预定产量:一天＊＊＊

考虑到原料供给的情况,选择在西山铁道的沿线建立工厂,向日本下订单购买机器,计划于民国二十四年2月开业。现在在利用同蒲铁道加快购入大量洋灰用于工程建设,预计在年内完成。

六、西北皮革厂(太原北门外)

注册资金:20万元 经理:彭士弘(兼任西北实业公司协理)

以西北产皮革为原料加以鞣制,共同用于制造皮革加工品。已经将该产品投放到市场中进行销售。

日产小皮200张,牛皮约20张。

七、西北窑厂(太原北门外)

注册资金:5万元(也有说是13万)

现在正在制作耐火砖和普通砖。耐火砖用于西北炼钢厂,普通砖用于同蒲铁道工程中。

除此之外,茶壶、花瓶、茶碗等日常用品陶器都在市场上进行销售,计划今后进行一些扩张。

八、西北火柴厂(太原三桥街)

注册资金:13万元 厂长:荣弼臣

双福公司经营困难,正处于停业中,于是将之收购进行修复。火柴棍原料使用榆次、太原、忻县等邻县产的杨树,火柴头材料是从天津购买的。同时又在今年4月收购了金井火柴公司,任用该公司的400名员工和双福公司的200名员工共600名员工,于9月5日在市场上销售西北牌的火柴。(职工的月薪分为30元、15元、七八元三个级别)

九、西北造纸厂(太原北门外)

注册资金:40万元(也有说是30万元) 工厂主任:徐建邦

现在工厂正在扩建中。制造印刷用纸、书籍用纸、纸币用纸和晋华烟草公司使用的香烟用纸。预定日产量2吨。

采用日本制纸业的模板,机器从日本购买。

十、西北毛织厂(太原北门外)

注册资金:46万

由于工厂设备中的＊机还没到,拖延了全部的工序,于是从绥远、交城购买了原毛十几万斤。从七月一日起,一百多名员工开始使用打毛、混毛、洗毛机进行工作。

预定日产毛织布的数量是500码。

十一、西北贸易商行(太原)

本商行已经开业了,主要以运出西北物产为工作目的。现主要致力于贸易方法的改革和改良西北特产。最近考虑在绥远、天津开设分店。

十二、除此之外,计划中的项目

如下表所示:

名称	所在地	负责人	注册资金	产量
西北炼焦厂	太原	王昂	40万元	日产优质焦炭150吨
西北酒精厂	太原			95%的酒精1,000加仑
西北制糖厂	太原	田培植		从一石玉蜀黍中提取45斤纯砂糖和部分香油
西北银号				掌管西北实业公司资金出纳的机构

负责特产的部门去年从上海大量购买了薄荷苗,在太原北部进行250亩试种,计划明年开始在省内普及。

第四章　山西煤炭

第一节　储量

山西有着丰富的煤炭储量这一点,很早就得以确认。关于其储量,各界有着不同的推测,其中有些差异。详见下表所示:

农工部地质学调查所	《中国矿业纪要》	《世界煤矿志》
127,114,710,000 吨	5,730,000,000 吨	618,950,000,000 吨

根据民国十九年农工部地质学调查所的公开发表,据说山西炭矿的面积是261,917顷(一顷相当于百亩),占到全国(包括满洲)储量的58%,相当于全英国的储量。

以下对各炭矿区的记载并不详细,只依照《山西煤矿志》列出储量。

一、平盂潞泽区

它位于太行山和霍山之间,有阳曲(东山)榆次、寿阳、盂县、平定、昔阳、和顺、辽县、襄垣、潞城、长治、长子、壶关、高平、陆川、晋城、阳城、沁水、翼城、浮山、安泽、沁源、平遥共二十三个县作为石炭第二叠纪炭层。矿区的东部多为无烟炭和半无烟炭;西部是有烟炭。在矿区的北部有正太铁道,非常方便煤炭运输。

无烟炭	有烟炭	半无烟炭	计
13,532,843,480 吨	18,858,617,700 吨	18,433,484,550 吨	50,824,945,730 吨

上表的具体情况如下表所示:

炭区	位置	炭层(平均)	炭种	储量(吨)
阳曲城东	太原东北李家山到寿阳县后沟	7米半	无烟	1,054,599,000
平盂辽襄	从寿阳的北部张芹到潞城县安居村	1米至七八米	有烟	6,558,448,000
			无烟	7,195,041,750
			半无烟	1,954,523,480

续表

炭区	位置	炭层(平均)	炭种	储量(吨)
长高晋阳	长治到翼城	5米至9米呈皱状分布,储藏丰富[①]	无烟	11,238,442,800
			有烟	15,977,970,700
			半无烟	11,578,320,000
浮山	浮山县交里天坛山一带	呈皱状,为束采炭[②] 炭层为3层,上层4尺,中层7尺,下层3尺	半无烟	26,000,000
安平	安泽、沁源、平遥三县以及介休的一部分 *山东林铁		有烟	5,241,600,000

二、临汾区

包括汾河右岸的汾阳、孝义、介休、灵石、汾西、隰县、蒲县、霍县、赵城、洪洞、临汾、乡宁、吉县共计十三个县,有着一百多华里的延长线。煤炭为二叠纪层。储量方面,有烟炭有31,062,487,950吨。详细见下表:

炭区	位置	炭层	炭种	储量(吨)
吉县乡宁	未调查	6米	无烟	3,144,960,000
临汾西山		6米(适合开采焦炭)	有烟	2,275,735,150
蒲县东山	蒲县东山及临汾、洪洞、赵城、汾西的各一部分 交通不便	炭层为2层,凸形结构,分布不均匀	有烟	5,315,050,000
洪洞西山	罗云山的北部赵城附近一带	有3层,分布为4尺、6尺、1丈2尺高度。适合开采焦炭,硫黄较多	有烟	1,663,568,400
汾西	汾西全县,蒲、隰、霍、灵石的一部分	4米	有烟	10,519,392,000
霍县东南区	霍县东南上曹村	6米,面积不大	有烟	193,050,000
灵石仁义镇	霍石西部仁义镇附近	2米	有烟	15,600,000
孝义西山	孝义、汾阳、灵石	7米	有烟	7,601,048,000
介休义棠	介休的西南一带	7米	有烟	212,794,400

① 译者注:此处为译者推测翻译,原文为「皺状二シテ積廣シ積廣シ」。

② 译者注:此处为译者推测翻译,原文为「皺状二シテ束採炭ナリ」。

三、河兴离隰区

它包括偏关、河曲、保德、兴县、离石、中阳、石楼、隰县等九个县。沿黄河东岸,南北狭长地延伸开来,被划分成中隰、离石、河兴三个区。属于石炭二叠纪,在六百多华里的延长线上,有烟炭为18,045,361,100吨。

炭区	位置	炭层	炭种	储量
中隰	离石、中阳的西部(临县的一部分)和石楼、隰县的东部	2米	无烟	3,452,586,800吨
离石	中阳、离石、临县的各一部分 炭区宽20华里(最宽的地方),长130里	7米	有烟	3,986,136,700吨
河兴	河曲、偏关、保德、兴县,270多里	5米	有烟	1,087,664,400吨

四、太原西山区

它包括了阳曲、太原、清源、交城、文水五县及静乐县的一部分。汾河环绕着炭区的北、东、南三面流动。煤炭资源为二叠纪石炭。东北部产有烟炭(炭质近似于半无烟炭)和半无烟炭,西部产有烟炭,均适合做焦炭。

有烟炭	半无烟炭	计
4,787,027,700吨	3,349,791,900吨	8,136,819,600吨

上述详情如下表所示:

炭区	位置	炭层	炭种	储量(吨)
太清	太原清源的一部分	3米	半无烟	1,955,499,000
		4米	有烟	2,607,332,000
阳静	阳曲、交城、太原、静乐的一部分	4米	有烟	1,859,057,200
		3.5米	无烟	1,394,192,900
交文	交城、文水	3.5米	有烟	320,638,500

五、宁武区

包括宁武、五寨县、静乐县及神池县的一部分。占据了汾水的河源地方。就储量方面而论,侏罗纪炭是2,497,352,000吨,有烟炭是2,368,736,500吨。

炭区	位置	炭层	炭种	储量(吨)
宁武	静乐、宁武及五寨县一部分	2.5米	有烟	684,154,500
宁武内斜层西翼石炭二叠纪区	宁武、静乐及神池的一部分	10米	有烟	1,684,582,000

续表

炭区	位置	炭层	炭种	储量(吨)
宁武侏罗纪区	宁武、静乐、五寨县的一部分	4米	侏罗纪	2,497,352,000

六、大同区

包括大同、左云、怀仁、右玉、朔县五个县,石炭有侏罗纪和二叠纪两种。口泉附近是侏罗纪系列。

有烟炭的储量是9,601,742,000吨。

炭区	位置	炭层	炭种	储量(吨)
石炭二叠纪炭田的东北区	由左云的王家窑的东北部到大同口泉	6米	有烟	801,320,000
石炭二叠纪炭田的西南区	朔县西义村至右玉县马家洼	6米	有烟	5,930,022,000
侏罗纪炭田	大同炭区东北部一带	6米	侏罗纪	2,870,400,000

七、浑五区

包括浑源、广灵、灵丘、繁峙、五台区域。小炭区占多数,属石炭二叠纪区。储量及详情如下表:

有烟 907,842,000吨
半无烟 39,520,000吨
侏罗纪 456,300,000吨
第三世纪褐炭 173,333,332吨
合计 1,576,995,332吨

炭区	位置	炭层	炭种	储量(吨)
浑源西窑	浑源的东北部	3米	有烟	4,680,000
浑源恒山	浑源县的一部分	6米	有烟	748,800,000
浑源白道子	浑源的北部		半无烟	29,120,000
浑源松树湾	浑源的西北部		有烟	4,680,000
灵丘银厂	灵丘的南部	1米	有烟	10,400,000
五台西天和	五台、灵丘的东南	7.5米	有烟	39,000,000
广灵侏罗纪	五台县的东北部到河北蔚县	6米	侏罗纪	456,300,000
五台寨背面	五台县南部	7米	有烟	68,250,000
繁峙北山	繁峙的东北部 炭区长70华里、宽20多华里	6米	褐炭	17,333,332

第二节 采煤量

有关采炭量方面的内容刊登在第四次《中国矿业纪要》上,如下表:

年度	有烟炭	无烟炭	合计
民国十八年	1,326,397 吨	711,795 吨	2,038,192 吨
民国十九年	1,391,063 吨	813,554 吨	2,204,617 吨
民国二十年	1,358,343 吨	907,990 吨	2,266,333 吨

刊登在《中国经济年鉴》上的内容如下表:
(A 为无烟,B 为有烟)

(单位:吨)

公司名	县名	炭种	民国十八年	民国十九年	民国二十年
保晋煤矿公司	平定、晋城	A	181,695.22	234,309.32	295,990.55
同上	大同、寿阳	B	112,988.86	142,749.66	191,445.27
晋北矿务局	大同	B	5,708.85	108,781.80	108,197.80
同宝煤矿公司	同上	B	85,000.00	80,000.00	64,500.00
建昌煤矿公司	平定	A	58,000.00	79,670.00	92,000.00
平记煤矿公司	同上	A	38,000.00	40,243.38	40,000.00
平定之外的	平定	A	200,000.00	220,000.00	255,000.00
晋城之外的		A	180,000.00	185,000.00	175,000.00
	阳曲	A、B	120,000.00	126,151.00	
	乡宁	B	150,000.00	145,566.00	
	长治	B	30,000.00	31,474.00	
	清源	B	32,500.00	32,460.00	
	平遥	B	138,000.00	15,000.00	
	交城	B	10,900.00	11,473.00	
	阳城	B	105,000.00	91,479.00	900,000.00
	广灵	B	20,000.00	23,680.00	
	高平	B	28,000.00	27,449.00	
	长子	B	29,500.00	37,909.00	
	文水	B	16,500.00	15,726.00	

续表

公司名	县名	炭种	民国十八年	民国十九年	民国二十年
	左云、怀仁	B	196,200.00	180,000.00	
	太原	B	150,000.00	126,000.00	
	潞城	B	7,000.00	7,324.00	
	孝义	B	90,000.00	85,000.00	
	灵丘、沁源、介休、浮山	B	42,400.00	36,762.00	
	繁峙、盂县、右玉、襄垣	A			
合计		有烟	1,342,297.71	1,281,481.46	
		无烟	657,695.22	759,223.30	
		半无烟	162,000.00	162,913.00	
总计			2,161,993.00	2,204,617.76	

根据山西实业厅发表的信息,民国二十二年的产量如下表:

县名	采炭厂	劳动者数量	二十二年度产量(吨)
左云	31	726	552,785
陵川	16	144	12,475
乡宁	51	696	47,777
寿阳	22	462	83,515
洪洞	7	295	23,250
怀仁	17	1,339	201,300
崞县	41	203	16,037
盂县	21	245	4,531
繁峙	2	27	1,400
兴县	10	84	108
文水	25	319	22,880
潞城	26	1,382	153,756
河曲	17	282	81,342
汾西	76	543	2,862
翼城	3	64	525
广灵	33	612	22,492
长治	76	604	23,949

续表

县名	采炭厂	劳动者数量	二十二年度产量(吨)
隰县	11	780	1,176
神池	8	890	1,602
晋城	7	960	2,287
蒲县	15	72	1,633
浮山	4	182	9,100
襄垣	17	432	4,687
介休	49	1,031	50,619
榆次	22	120	15,548
灵石	56	544	31,798
辽县	17	133	790
大同	49	5,170	655,294
安泽	20	272	8,411
宁武	31	154	2,284
昔阳	16	260	58,466
交城	14		9,090
临汾	10	80	33,100
静乐	65	456	67,070
壶关	43	228	12,570
五台	24	574	1,987
清源	13	454	34,500
平定	120	5,889	808,200
长子	12	364	30,093
浑源	45	77	23,410
和顺	40	314	48,666
朔县	56	1,471	1,812
临县	22	487	20,462
汾水	10	108	432
垣曲	6	113	52,115
偏关	7	140	10,107
保德	21	150	652

续表

县名	采炭厂	劳动者数量	二十二年度产量(吨)
平遥	5	365	16,000
沁源	9	45	1,071
赵城	9	206	75,720
霍县	8	73	815
高平	44	523	373,114
平陆	5	4,170	14,602
孝义	22	455	17,533
中阳	8	915	21,770
右玉	11	53	133
阳城	98	781	48,176
计(57)	1,523	37,518	3,745,475

第三节　煤炭质量

山西炭的分析如下表(下表以外无资料):

县名	公司名	水分(%)	挥发部分(%)	固定碳素(%)	灰分(%)	发热量(卡路里)
大同	保晋公司	4.50	30.99	59.45	5.50	7.819
平定	保晋公司	0.78	6.55	86.35	5.70	7.998
平定	建昌煤矿公司	1.30	4.89	88.38	5.43	7.925
大同	晋北矿务局	2.28	29.42	65.72	2.58	8.255
大同	同宝煤矿	2.00	21.07	70.89	6.04	8.040
大同	宝恒公司	4.28	25.97	66.40	2.92 硫黄 0.42	7.884
大同	同成公司	6.55	23.02	62.42	8.01 硫黄 0.22	7.440

第四节　炭业状况

一、阳泉炭业

根据平定煤矿事务所的调查,平定煤矿是根据土方法进行开采的,就在当地出售。小煤矿则另当别论。多使用铁路运输进行销售。保晋各矿厂以及建昌、广懋、中孚、平记、富昌等六家设置了水泵锅炉,而晋祥厚、晋革、久孚、平顺、中兴、济生、全顺、阜聚、大兴、义立、永兴这十一家工厂仍采用旧式采炭技术。小炭厂大多数已经停矿、濒临破产了,就连规模最大的保晋公司的两个厂已经停矿,只剩四个厂还在继续营业。

阳泉各煤矿公司每年炭产量如下表:

十八年	十九年	二十年	二十一年	二十二年
535,155 吨	600,200 吨	712,648 吨	741,911 吨	476,724 吨
(一月到十月)				

输出量(省外输出量)如下表:

十八年	十九年	二十年	二十一年	二十二年
399,340 吨	499,220 吨	475,200 吨	589,580 吨	404,180 吨
(一月到十月)				

小炭厂只是充当省内消费供给;大炭厂开始向省外进军,销售地延伸到石家庄、平津、上海、汉口等地。

二、大同炭业

大同煤矿使用机械进行开采,有晋北矿务局、保晋分公司、同宝、宝恒、同泰、恒义等16家。除此之外的23家工厂都是用旧式采炭技术。

大同炭的中心产地是口泉,晋北矿务局是规模最大的。它的产量如下表:

(单位:吨)

年度	大炭	二炭	浑炭	产量总计
二十年1月		1,291.80	6,893.10	8,184.90
2月		422.40	3,343.80	3,766.20
3月		1,195.20	5,527.70	6,722.90
4月		1,514.40	6,676.10	8,190.50
5月		1,893.60	6,766.10	8,659.70
6月		3,210.00	6,477.20	9,687.20
7月		4,155.20	6,465.80	10,621.00
8月		3,466.00	4,604.40	8,070.40
9月		3,075.20	3,229.60	6,304.80
10月		5,629.80	5,737.60	11,365.40

续表

年度	大炭	二炭	浑炭	产量总计
11月		5,298.80	6,102.60	11,401.40
12月		5,317.20	9,906.20	15,223.40
二十二年1月	4,034.20	4,465.20	10,768.60	19,268.00
2月	2,527.60	3,146.60	7,840.40	13,514.60
3月	3,640.60	6,508.40	12,714.60	22,863.60
4月	4,042.60	5,142.20	13,347.80	22,532.60
5月	3,811.00	3,865.00	14,074.40	21,750.40
6月	2,606.60	3,071.80	12,581.00	18,259.40
7月	2,308.40	2,508.60	13,676.40	18,493.40
8月	2,329.00	2,699.00	15,187.80	20,215.80
9月	1,876.60	2,198.40	8,826.00	12,901.00
10月	2,694.80	3,208.60	11,763.20	17,666.60
11月	3,720.00	5,431.70	18,225.30	27,377.00
12月	3,865.00	4,530.40	19,542.00	27,937.40

保晋公司往年的日产量是五百吨以上，但现在仅仅只有二三百吨左右。大同炭业顺利发展的状况只持续到二十四年的4月。5月1日，因为平绥铁路局煤炭运费增加了15%，运输量减少了。11月21日，取消了运费增加的规定，炭业再次呈现了生机活力。可九一八事变的发生造成了民众的反日情绪，在天津大同煤炭的运出排斥用日本汽船，而使用高价的外国船。使用日本汽船的抚顺炭则抢夺了大同炭的销路，炭价暴跌。同行业者间的竞争使得各个炭业经营者都遭受到很大的打击。矿务局决定让保晋、同宝等主要炭业者进行联合销售，从6月15日起建立了大同煤炭公司。可由于日本的外汇政策，以及抚顺炭价格较为便宜，未取得大的效果。尽管在二十二年2月平绥运费降低了1/3，但大同煤炭仍持续停滞不前，经营不景气。

三、西山炭业

位于阳曲县西二十多华里，是太原、清源、交城、阳曲县等使用的煤炭产地。（设立了西北实业公司第一厂）炭层分为有烟炭厚3米，无烟炭厚1.3米，多采用旧式采炭法，约有40个炭厂，日产量约30吨。伴随着西山轻便铁路的开通，日产量得到增加。

四、太原、清源、文水、交城的炭业

位于太原西南15里到100里之间，炭层是5米，分两层。有烟炭的储量丰富，均是沿炭脉进行旧式采炭。小炭业数量很多，消费地发展到各县，用货车、马驴运输。同成铁路开通后，输出的炭量应该会增加。

五、大同县高山镇西马脊梁炭业

位于大同西北70华里,炭层5.7米,产半有烟炭。采用旧式采炭技术,交通不便,一直以来主要靠动物进行运输。运往消费地丰镇之后用铁路进行运输。日产量约为200吨。

六、孝义、灵石、汾阳的炭业

位于孝义县兑立峪、朝家门、里狐川以及灵石、汾阳县。炭层是1米至4米,炭质为有烟炭,适合焦炭。炭厂有二十多个,采用旧式采炭技术,产量不多,销往汾阳、文水、平遥等地。

七、乡宁县

位于县内船窝、紫金山位置。炭层为3米的有烟炭,采用旧式采炭技术。船窝炭是用船沿黄河而下运往河南、陕西。紫金炭是用驴马运到河津县樊村,再用车运往平、蒲、解、绛、各县。

八、五台炭业

位于五台县凤凰山、天和村,炭层为4米的半有烟炭,采用旧式采炭技术。运输靠牲畜,运至代县、定襄、繁峙消费。忻窑铁路的开通,使得出炭量增加了,所以可预想到使用本地的煤矿来炼造西北炼钢厂所需焦炭。

九、临汾炭业

临汾、霍县是有烟炭,炭量丰富。由于交通不便,生产的炭只供应本县内的需求。

十、炭厂状况

本省内各炭矿厂的状况如下表:

山西炭厂

<table>
<tr><th>公司</th><th>所在地</th><th colspan="2">资金</th><th>炭层</th><th>炭质</th><th>产量(吨)</th><th>摘要</th></tr>
<tr><td>平定、保晋</td><td>阳泉</td><td rowspan="2">资金300万元</td><td rowspan="2">存款额2'863'640.68元</td><td>1米(20)
7米(1)
6米(1)</td><td>优质的有烟炭及无烟炭</td><td>二十一年度:291,431
二十二年度:84,381</td><td></td></tr>
<tr><td>大同、保晋</td><td>大同煤口北</td><td>0.7米(1)
3米(1)</td><td>优质的有烟炭</td><td>二十一年度:187,595
二十二年度上半期:51,978</td><td>最大采炭量:日产700吨</td></tr>
<tr><td>晋城、保晋</td><td>晋城五里堡</td><td colspan="2"></td><td>9米</td><td>无烟炭</td><td>十九年度:21,789</td><td></td></tr>
</table>

续表

公司	所在地	资金	炭层	炭质	产量(吨)	摘要
寿阳、保晋	寿阳陈家河、荣家沟			无烟炭	二十一年度:27,476 二十二年度上半期:9,682	
建昌	王定县蔡室沟	120万元	0.7米 1米 6米	优质无烟炭	二十一年度:45,957 二十二年度上半期:23,281	
富昌煤矿	平定县阳泉	5万元				保晋公司投资
中孚煤矿	平定县阳泉	1万5千元			二十一年度:15,170	
平记煤矿	平定县阳泉	1万元			日产量20吨	
广懋煤矿	平定县赛鱼车站				日产50吨	
晋北矿务局	大同口泉永定庄	100万元	第一层:8尺 第二层:6尺 第三层:5.5尺	有烟炭	日产700吨 二十一年度:242,780 二十二年度上半期:58,213	最大采炭能力:4,000吨
宝恒公司	大同口泉白土窑	11万元	3米 4米	有烟炭	日产220吨,二十一年度:19,490	销往大同、阳高
大兴公司	大同高山镇西马脊梁				日产560吨	
义成公司	大同口泉马林涧				日产20吨	
同成公司	大同口泉西三里				日产70吨	
吉生	太原南峪	5,500元			日产90吨	销往太原、祁县、清源、徐沟

第五节 运煤

本省产出的煤炭是使用骆驼、马、车、船运往省外的。但这个运输量跟铁路运输的量是无法相比的。铁路主要有平绥、正太两线,民国十七年以后的运送量(单位:吨)如下表:

铁路	装货站	公司名	十七年	十八年	十九年	二十年	二十一年
平绥	大同	小炭坑	1,030	1,535	130	200	30
平绥	平旺	小炭坑	40	1,655	1,195	610	
平绥	口泉	晋北			21,597	80,441	121,093
平绥	口泉	保晋	14,165	13,162	14,368	90.802	10,894
平绥	口泉	同宝	11,800	11,200	12,400	20,600	26,100
平绥	口泉	宝恒	12,757	6,793	7,829	3,760	525
正太	保晋	保晋	95,060	102,660	163,900	219,900	217,740
正太		宝海运	57,000	68,840	107,280	90,120	93,120
正太		建昌	33,820	34,800	23,900	42,660	33,660
正太		翟勋臣	24,160	33,120	58,640	147,780	164,120
正太		广懋	22,360	17,560	2,800		14,700

如下表,接下来比较中国国有铁路的煤炭运费率:

铁道	炭矿	每吨一千米运费(单位:分)
正太铁道	井陉 正丰 保晋 宝昌及民兴	0.6214 0.8941 2.5000 1.8105
胶济	鲁大 华商各煤矿	0.7610 0.7300
湘鄂	汉冶萍	0.6420
平绥	晋北 保晋 其他各煤矿	0.9181 0.9181 0.9181
津浦	中兴 华兴	0.5000 0.7000

续表

铁道	炭矿	每吨一千米运费(单位:分)
北宁	开滦 北票 其他各煤矿	0.8004 0.6670 1.0000
平汉	晋煤 井陉 其他各煤矿	1.7050 1.1935 0.6825

正如上表所示,由于煤炭运费即山西省使用铁路运输的费用,正太、平汉各条线路运费均偏高,本省该行业的人都表示出了无奈。

第六节　价格

一、根据阳泉保晋公司的标准价格,每吨的炭价如下表:

年份	大块	中块	小块	碎块	粉煤
民国十八年	2.765	3.515	3.265	2.095	1.305
民国十九年	3.465	3.215	2.965	2.235	1.530
民国二十年	3.600	3.350	3.100	2.195	1.190
民国二十一年	3.795	3.545	3.295	2.500	1.265
民国二十二年	2.000	1.600	1.500	1.500	0.400
冬季	2.500	2.250	2.000	1.800	

二、阳泉无烟炭,其价格随着炭质的不同而不同

民国二十二年1月至6月,山西每吨炭的价格如下表:

炭地	炭种	1月	2月	3月	4月	5月	6月
大同	大块	4.65	4.65	4.70	4.60	4.55	4.55
大同	小块	4.60	4.55	4.55	4.55	4.48	4.48
大同	碎炭	3.50	3.50	3.45	3.45	3.40	3.40
大同	焦炭	6.70	6.70	6.60	6.60	6.50	6.55
阳泉站	大块	2.75	3.00	2.70	2.70	2.10	2.20
阳泉站	中块	2.50	2.75	2.45	2.45	1.85	1.95
阳泉站	小块	2.35	2.65	2.30	2.30	1.70	1.80

续表

炭地	炭种	1月	2月	3月	4月	5月	6月
阳泉站	碎炭	2.30	2.30	2.10	1.90	1.40	1.40
阳泉站	粉末	0.80	0.80	0.80	0.80	0.80	0.80
阳曲县	大块	6.80	6.80	6.80	6.50	6.50	6.50
阳曲县	碎炭	4.80	4.80	4.80	5.00	5.00	5.00

9月根据对当地的调查,大同炭每吨平均2.3元。

三、成本核算

成本核算根据炭矿的不同而呈现出差异。大同矿务局的成本核算如下表。A为民国二十二年永定庄炭山的情况,B为民国二十一年煤峪口炭山情况(依据晋北矿务局第二次报告;单位为元)。

A

采炭月	采炭工工资	杂工费	运输费	机械工工资	采炭材料	机械消耗	合计	产炭吨数	每吨平均价
1月	7,662.20	763.76	419.76	942.08	404.43	604.52	10,796.79	5,201.00	2.076
2月	3,851.00	375.45	148.29	807.41	388.14	478.84	6,049.13	1,409.20	4.293
3月	9,163.66	252.35	382.26	787.93	487.08	535.04	2,708.32	3,926.90	2.982
4月	10,002.39	474.90	459.98	803.11	944.42	483.34	13,168.14	5,077.50	2.593
5月	8,737.47	454.85	495.64	876.11	1,641.00	743.50	12,928.50	5,141.70	2.514
6月	7,551.70	69.60	524.59	830.10	533.04	620.08	10,129.11	6,131.20	1.652
7月	8,943.45	350.80	650.20	842.12	868.93	922.99	12,576.50	7,318.00	1.718
8月	6,875.78	296.36	451.17	847.66	937.50	539.05	9,944.52	5,078.40	1.960
9月	3,768.70	28.00	298.73	843.09	664.94	461.50	6,154.94	3,439.80	1.794
10月	5,334.03		498.72	900.91	3,535.87	582.15	10,851.66	7,483.40	1.450
11月	6,686.35		590.40	891.93	2,286.65	576.48	11,031.01	6,922.40	1.593
12月	7,689.76		600.65	878.60	3,186.13	628.64	12,983.78	8,736.40	1.486

B

采炭月	采炭工资	运费	机械工工资	采炭材料	机械消耗	合计	产炭吨数	每吨平均价
1月	7,990.93	944.88	875.40	1,500.14	601.28	3,912.72	2,672.00	1.1060
2月	7,030.83	900.12	810.14	1,958.89	596.45	2,296.53	9,905.60	1.1400
3月	8,359.14	1,050.83	788.86	1,601.87	628.14	13,429.87	15,156.60	0.8860
4月	9,149.48	1,131.56	800.11	1,995.72	845.15	14,922.12	16,041.60	0.9364

续表

采炭月	采炭工资	运费	机械工工资	采炭材料	机械消耗	合计	产炭吨数	每吨平均价
5月	8,790.12	1,083.81	914.10	3,078.17	621.56	14,497.76	14,848.40	0.9764
6月	9,033.32	1,111.74	855.26	3,142.73	665.19	14,908.34	13,567.40	1.0980
7月	8,648.59	1,096.23	831.26	3,074.90	678.28	14,329.25	14,168.40	1.0240
8月	7,837.51	1,127.60	829.25	3,013.39	651.40	13,460.06	14,035.80	0.9585
9月	4,001.90	1,054.10	835.89	2,567.11	801.03	9,259.02	8,577.00	1.0570
10月	7,559.63	968.11	886.16	3,409.23	405.75	13,228.88	11,194.60	1.1810
11月	3,671.69	1,272.70	873.77	4,965.94	1,984.68	22,769.78	16,829.00	1.3530
12月	13,080.18	1,441.80	896.46	4,912.92	1,332.61	21,663.97	17,137.40	1.2640

备注:①民国二十一年,没有杂工费,设置了水泵,以防坑井中遭遇岩石。

②采炭工资是在坑井中工作的劳动者的实质工资。

③杂工费是＊＊＊和在坑井中遭遇岩石后的开垦公费。

④运输费是从矿坑内的采炭地点到地面存储煤炭地点间的运输费。

⑤机械工工资为操作吊车以及锅炉、泵等机器的机械工的工资。

⑥采炭材料为采炭时所需支柱类工具等。

⑦机器损耗为工厂内机器的齿轮、管子、绳索用油等。

＊＊口矿采炭量(依据晋北矿务局第二次报告书)

月份	民国二十二年	民国二十一年
1	3.10	1.58
2	2.54	1.59
3	2.80	1.19
4	2.17	1.41
5	2.48	1.41
6	2.42	1.57
7	2.23	1.04
8	1.86	1.48
9	1.50	1.54
10	1.28	1.26
11	1.47	1.01
12	1.51	1.58
平均	2.10	1.37

阳泉保晋矿厂的采炭价格不清楚。由于炭层厚度和地下深浅度,它的炭价应比晋北矿务局更低。

附录　煨炭(天然木炭)

民国十年左右,日侨上野先生发现平绥线的沿线,埋藏于炭层下的木头接受了来自上层煤炭的低温干馏作用,形成了煨炭。接着在民国十二年发现了大同口泉附近优质的煨炭。

现在的产地为大同、广灵、怀仁、太原县。由于运费及其他的一些因素,只有大同口泉的煨炭运到外省去了。

据称煨炭在大同的储量约为150万吨,或者也可以说是它的四五倍。

大同煨炭的优点如下:

1.燃烧时间是普通炭的三倍。

2.燃点低。普通木炭是250至340度,煨炭是270度。只不过一旦点着,就很难熄灭。

3.发热量多。普通木炭是550卡路里,大同煨炭是660卡路里。

4.完全燃烧,不会爆炸,不会起火。

5.无烟无臭,燃烧时不会产生一氧化碳。

6.实质价格更便宜。也即同一金额下的发热量,木炭是45,煨炭是100。

7.有黑色的光泽,在使用的时候也不会弄脏手、器物等。产炭量一个月1,000吨。价格方面,如果是矿井门口是一吨3元到4元。

从口泉到天津,一吨炭的运费如下:

货车(山元到口泉站)　　约2元

火车费(口泉到丰台)　　9元9角5

火车费(丰台到天津)　　1元6角5

约18元

到达天津的大同煨炭一吨的价格如下:

年份	价格(元)	年份	价格(元)
民国十九年8月	22.00	民国二十年5月	(粉炭)17.00
民国十九年9月	22.00	民国二十年6月	17.00
民国十九年10月	20.90	民国二十年7月	17.00
民国十九年11月	22.00	民国二十年8月	
民国十九年12月	22.00	民国二十年9月	(粉炭)19.00
民国二十年1月	22.00	民国二十年10月	
民国二十年2月	25.00	民国二十年11月	23.00
民国二十年3月	25.00	民国二十年12月	
民国二十年4月	(粉炭)16.00	民国二十一年1月	(粉炭)14.50

输出地是经由天津到日本。

第五章　畜产

第一节　一般畜产

山西省山脉围绕,丘陵起伏,黄土高原多,适宜耕种,杂草丛生的土地适合放牧。这些牲畜多作为运输工具或者食用,因此饲养牲畜的人很多。主要牲畜为羊、猪、马、牛等。民国二十一年11月,实业部中央农业试验所调查的数据如下:

种类	马	驴	骡	牛	猪	羊
数量	137,792	422,859	314,599	488,813	2,546,360	9,013,110

同时根据农情第十一期报告的调查,各个农家饲养的作为劳动工具的牲畜的比率,可以大体通过下面的表格表示出来

牛 35%	驴 33%	骡 22%	马 10%

一、羊

省内山地地区多数分为作为农家副业饲养和畜牧专业饲养的两种。

牧羊者往往将四五十头羊(称为一群)和几条狗混杂在其中,一起把它们放牧到山野中,让它们吃杂草。牧民把羊肉用于食用,把羊皮、羊毛拿去出售。山西产的羊毛(绵羊毛)的种类如下:

春毛、套毛(旧历五、六月左右剪毛)

抓毛(清明节前从羊身体上抓取)

秋毛、剪毛(白露、秋分时期剪毛)

春毛、秋毛的质量和档次如下:

区分		春毛	秋毛
毛色	根部	淡黄色	褐色
	中部	淡黄色	红褐色
	毛尖部	淡黄色	黄褐色

续表

区分		春毛	秋毛
缩短程度 毛长	平均1厘米	3.7 5.8厘米	4.2 4.9厘米
毛质	粗毛	8.6%	12.3%
	中毛	14.0%	12.3%
	细毛	77.3%	75.3%
含量及含有物(每千克)	脂肪	0.0509	0.1888
	尘芥	0.0615	0.2821
	纯毛	0.8876	0.5291

除此之外,关于羊皮,在《有关交城羊皮》中有详细记述。

二、牛

牛为各个农家饲养的牲畜,以蒙古牛为主。

体重方面的话,牡牛平均是350千克,牝牛平均是300千克,主要用于拉车及耕地。作为食用的的话,精肉量方面牡牛有47%,牝牛是48%左右。

三、马

马在雁门关以北很多,但在正太铁道沿线很少。

马主要用于拉车、耕地、乘坐,不用于驮载。

骡子忍耐力强,很温顺,力量很大,省内各地较多使用骡子。

驴生性比较笨钝,常在搬运东西、制粉、灌溉等时候使用。

四、猪

作为农家的副业,各家都喂有几头猪,既可以食用,又可以拿去市场上出售。本省回教徒人数众多,由于宗教上的关系,对猪肉的需求比其他省更低,特别是忻县附近。

五、骆驼

骆驼是由各地的经营骆驼人员饲养,适合用它们把货物搬运到很远的地方。

骆驼的用途多半是运送货物。骆驼在晋北、代忻、太原、晋忻附近比较多,代县约有150头。此外,太原为骆驼毛的集散地,并从太原运往平津等地。

六、兽骨

马、驴、羊、猪的骨头可作为肥料,并且价格便宜,大部分的兽骨只销往天津,骨粉或者兽骨

的 * * 销往日本。

在山西，兽骨的集散地主要集中在大同、太原、榆次等地，尤其是在大同。经营兽骨的商家有 20 多家，据说一年有大约 5 万斤的业务。太原、榆次跟大同比起来稍微逊色点，大约产出 150 万斤。

七、模范畜牧场

省政府奖励饲养牲畜，这是以羊、牛的改良为目的的。民国二十一年，在实业厅的监督下，设置了模范牧场。如下表：

牧场名	地址
模范牧畜场	太原水西关
第一牧牛场	旱西关
第二牧牛场	交城大西沟
第一牧羊分场	静乐大阳坪
第二牧羊分场	方山黄工湾
第三牧羊分场	交城刁窝
第四牧羊分场	朔县大草坪

位于交城的旧的第二、第三牧羊分场被转移往安泽，正计划设置第五牧场。在牧畜场方面，全部绵羊的改良种中，美利奴羊品种有 4,000 多头，一头一年的剪毛量有 10 斤到 13 斤。

第二节　交城的毛皮

一、交城概要

交城位于太原府西南 120 华里汾河盆地的北隅，太汾街道上，也是交城县政府所在地。据称有 2,000 户人家，但实际上即使包括了东关、西关也不足 1,000 户人家

当地作为柔软毛皮的生产及集散地而享有盛名。能发展到如此地步，没有明确的根据和证明，仅仅因为是毛衣的制造基地吗？

随着民国以来对毛衣需求的增加，从北平、天津等地涌入大量毛衣从业者，毛衣产业不断兴旺发展。民国十五年，皮行（毛皮商）达到 170 户。之后，由于经济不景气，毛皮生意衰落。到目前为止，不过 35 户。如今，交城作为本省唯一的羊皮集散地，每年 7、8 月左右，吸引着北平、天津、上海、汉口的商人聚集于此。

二、经营毛皮的种类及产地

<table>
<tr><th>毛皮种类</th><th>产地(输出地)</th></tr>
<tr><td>*羊皮</td><td>主要为陕西省的省内品,数量很少</td></tr>
<tr><td>白老皮</td><td>汾阳、文水、清源、石楼、永和</td></tr>
<tr><td>黑山羊皮</td><td rowspan="2">汾阳、文水、清源、石楼、永和</td></tr>
<tr><td>黑山二毛(黑二毛)
(白二毛)</td></tr>
<tr><td>羔皮</td><td rowspan="3">交城附近</td></tr>
<tr><td>狗皮</td></tr>
<tr><td>猫皮</td></tr>
</table>

羊毛皮通常运来的时候多为鲜皮和鞣皮。鲜皮在当地进行鞣皮,做成鞣皮或者毛衣来出售。两者的比例不详。

三、采购及鞣熟作业

从陕西来的采购商人,在每年12月左右,皮毛商的老板、店员等人凭着汇票,或者携带杂货商品等出发,来该地进行现金购买,或者用杂货物物交换。然后用骡马、货车运送商品到交城,最迟到来年4月左右,大致能采购五六十万张毛皮。

从山西本省来的采购多为出差购买或者从产地****。

****。时间的话,跟前面相同,12月到4月期间。每月购买量的比例大概是,12月60%,1、2、3月15%,4月25%。各毛皮商在5、6月的时候采购毛皮,大部分为进行过鞣制处理的毛皮。

大致情况如下:

把生鲜毛皮浸泡在水里,使之变得柔软后,用小刀把毛皮内侧附着的杂物刮掉,同时,毛皮变得更柔软。接着,把毛皮挂起来,用棍棒拍打毛皮的表面,以除去附着物。然后用梳子梳理,去掉粗毛、脱落的毛。整理毛的表面之后,用两分厚度的红土涂在毛皮的内侧,等待两三天待红土变干燥。毛皮里面的脂肪因为毛变热而溶出在皮面,被红土吸收。而后将四五十张毛皮置于瓮里(直径4尺,深5尺),适度翻动,待手指头能感受到热度之时,每天翻动两次。大概半个月后,毛皮里已充满鞣液时,把它从容器里取出来,去掉鞣液除去污物,把它放在屋外晒。待干燥后,使之再次含有适度的水分,用小刀刮表面,使毛皮柔软。这样就完成了鞣制。整个过程大约需要3周时间。一张皮的费用大约需要20分。

四、交城的生产额及价格

种类	产额		昭和九年(1934年)价格
	昭和九年(1934年)	昭和八年(1933年)	
滩羊皮	150,000	220,000	4.50
白老皮	100,000	100,000	1.20
黑山羊皮	20,000	20,000	0.70
本地黑二毛	15,000	15,000	0.60
本地白二毛			1.10
羔皮	10,000	10,000	0.25到0.30
狗皮	1,000以下	1,000以下	1元到2元
猫皮	1,000以下	1,000以下	1元两三角

备注:①产额的单位用皮衣一件来表示。
②价格的单位用皮张子一枚来表示。

五、税款

即便没有对羊皮张子收省税或牙税的情况下,皮衣每件也需交税48分。

六、包装运输及销路

120张毛皮和40件毛衣为一捆,用麻袋包装。包装材料及打包费用大约是一捆35分,往往由皮行商负担这笔费用。

从交城用运货汽车或公共汽车运到太原,再使用正太铁路运输到各地。以前的运送销路如下:

北平、天津方面 65%
上海方面 10%
汉口方面 10%
其他: 13%

备注:上述的比例是用毛衣作为标准。

七、作为军用资源的操作方法

1.签订合同时间:当地多是5、6月进行毛皮鞣制,5月下旬到7月左右生产毛衣。如果我军考虑购买羊皮,通常最迟需在5月中旬同当地的皮行签订购买羊皮的协议。

2.供货商的选定:当地从业者通常合资经营,但不像公司组织,都为个体经营,制皮的同时兼做销售。

因此,需要到当地,跟县政府进行沟通,选定两三家经营规模相对为大的商家。

3.商业习惯:现今的货物交易,通常在8月份进行。各地的商人聚集,采用现金交易形式进行。由皮行工会开会决定当年的价格。

第六章 商业

第一节 商业机关

一、银行(参考金融篇)

二、仓库业

所谓仓库业,与我国一样,是指把仓库作为专门行业来经营管理的产业。

山西省银行、晋绥铁路银行之类的小规模的银行数不胜数,仅仅只列举一般的农民、商人使用的粮栈。它是物资在省内各地的集散地。

它有着仓库、马房、停车场以及宽敞的中庭。从地方将粮食等运送到城市,都必定会存放在粮栈。

三、公会

公会极其类似于我国的工会,是把同种行业经营者组织起来的一种形式。

民国二十二年6月,根据同行业的公会统计,省内的公会数量如下:

类别	数量	成员	类别	数量	成员
洋杂货	1	45	木材	3	58
纸	2	61	衣服	1	18
印刷	1	48	和服衣料	7	47
铁业	5	60	靴、帽	1	36
银工艺品	1	7	汽车	1	114
药材	1	34	古董、玉器	2	34
油酒	4	62	当铺	1	8
谷物	4	127	高利贷	2	55
食品	1	120	中国杂货	4	75
料理	1	13	烟草	1	7
杂谷	1	72	总计	46	1,201

四、公司

《中国经济年鉴》刊载了在省内登记注册的公司数、资本金,此处省略。

五、交易场所(无)

第二节　省内外的商贸状况

民国二十三年12月17日,在《华北日报》上山西省实业厅发表的商店统计如下:

商店总数:22,734户

资本总额:22,455,577元

商店店员数:137,030人

省外交易运送路线主要是用平绥、正太、陇海铁道,最重要的路线是正太铁路。它的运费比率跟平绥、平汉铁道相比,是它们的四倍。同时,全国国有铁道,从今年四月开始对谷物运输及其他特定产品的运送进行降价。但国民政府对待山西不公,正太铁路并没有降低运费。它的高价运费给山西产业带来很大的阻碍(参照山西煤炭和棉花一栏)。跟海外的交易是经由天津、汉口、上海而展开的,天津是最多贸易量的。也许是因为这个,中国银行在太原设立分行,山西省银行、晋绥铁路银行则在天津设立分行,从事汇率兑换业务。

外商以标准石油公司、亚洲、德克萨斯的石油公司为首,在太原设立了德商礼*洋行、弹臣洋行、英商恰和洋行、美商慎昌等办事处。这些洋行从事农产物的购买,各类机械的销售,在商界保持有相当的权威。就省内物资的集散地而言,北部是大同,中部是太原、榆次、太谷,南部是平阳。

省内方面,由于农产品价格下降和灾害,农村的凋敝降低了购买力,阻碍了金融的顺利运转。由于难以承受税务负担,近来省内各地的店铺倒闭、休业情况经常出现。

据《山西日报》报道(二十三年9月13日),省政府发表某一市25个商业县的商业状况如下:

民国二十二年年末商店总数:6,757户

之后的新开业:153户

之后破产的店:1,830户

现有数量:5,080户

然而民国十九年后破产的店的数量达到半数以上。

如上所述,破产者的不断出现,导致不足公会章程规定数量,于是不断出现公会解散的情况。

根据《太原日报》的报道,原平镇商家六七十户,现在还有20多户;平鲁县商家30户,现在还剩5户。虽都是些极端的例子,但现在太原、大同、河东,把今年正月以前和八月以后的店铺数进行比较,如下表所示,可以看出其经济发展不景气的状况。

<table>
<tr><th>业别</th><th colspan="2">太原</th><th colspan="2">大同</th><th colspan="2">河东</th></tr>
<tr><td>钱庄</td><td>54</td><td>44</td><td>16</td><td>12</td><td>8</td><td>7</td></tr>
<tr><td>当铺</td><td>9</td><td>9</td><td>9</td><td>9</td><td>1</td><td>1</td></tr>
<tr><td>油坊</td><td>126</td><td>113</td><td>93</td><td>79</td><td>12</td><td>10</td></tr>
<tr><td>酿酒业</td><td>9</td><td>8</td><td>14</td><td>8</td><td></td><td></td></tr>
<tr><td>纸干物业</td><td>156</td><td>154</td><td>19</td><td>12</td><td>24</td><td>15</td></tr>
<tr><td>绢、和服衣料</td><td>20</td><td>16</td><td>56</td><td>37</td><td rowspan="2">22</td><td rowspan="2">15</td></tr>
<tr><td>布、杂货业</td><td>32</td><td>27</td><td></td><td></td></tr>
<tr><td>药业</td><td>48</td><td>43</td><td>23</td><td>20</td><td>9</td><td>10</td></tr>
<tr><td>铁器业</td><td>22</td><td>20</td><td>4</td><td>3</td><td>2</td><td>2</td></tr>
<tr><td>杂谷业</td><td></td><td></td><td>13</td><td>15</td><td colspan="2"></td></tr>
<tr><td>皮毛业</td><td></td><td></td><td>24</td><td>9</td><td colspan="2"></td></tr>
</table>

注:左栏是本年农历正月的店铺数,右栏是八月末的店铺数。

如上所述,山西商业界走上了崩溃的道路,其根本原因如下:

一、农村经济的破产

作为山西的特别情况,商家一般会兼营高利贷行业,因此农村经济的破产,恶性贷款的发生,农民购买力的下降,导致赊购的钱不能回收。因此,加速了营业的崩溃。

二、营业税的不当征收

根据中央政府的各省营业征税大纲,征税标准应以营业收入为基础,税率是千分之二以下,经营奢侈品或者其他特殊生意的要征收超过千分之二十的税,同时营业资金500元以下的商户免税。然而,根据《山西省银行营业税征收法》,各县市、各商会都要缴纳一定的营业税。经济界陷于困顿境地,收益无法提高,破产者不断,商会成员减少,加上缴纳营业税,这些负担非常的沉重,商人和民众都已经到了无法承受的地步了。

省政府也看到了此类状况,于二十二年将营业税较去年二十一年降低了20%,减至120多万元。二十三年减少到786,533元。省内十余县的各商会都计划向省政府申请,修正中央政府制定的《山西省营业税征收法》,试图将营业税合理化。

三、金融难

山西人的金融业在中国各省中属于第一,山西帮在金融界赫赫有名。

然而近代金融业的改革导致钱庄业瓦解,因为一般的商人均从钱庄贷款,这之后融资的渠道就断了。

参考附表(参考金融栏)

(1)太原物资指数

种类	民国二十二年平均数	民国二十三年一月	民国二十三年二月	民国二十三年六月	民国二十三年七月
粮食	67.75	62.93	70.17	62.31	81.20
调味料	67.78	66.94	72.44	85.02	84.73
花棉纸 布棉纸	70.01	66.72	63.75	70.13	70.64
五金	94.08	92.61	94.08	98.02	98.52
燃料	108.10	98.85	96.27	95.41	94.26
建筑材料	97.24	84.68	87.42	96.02	99.97
其他	94.42	99.58	95.08	94.62	84.94
总平均	85.61	81.75	82.74	85.93	87.75

注:本表把民国十五年作为100。

(2)山西度量衡

实业厅屡次在省常务会议上向山西当局提出采用新度量衡制度的议题,未通过。不过参加度量衡一级考试的学生已经结束了训练,估计早晚会采用新度量衡制度吧。

第三节 计划经济

根据十年建设计划,本省的进出省额如下表,一年大约逆差800万元。一般情况下,综合观察来看,可以达到2,000万元以上。

种类	输出额	输入额	顺差额	逆差额
木材	163,633	54,665	108,968	
金属	1,033,393	764,401	268,992	
花布	12,208,653	16,973,731		4,765,079
毛皮	1,765,956	3,799,110		2,033,154
食品	346,756	2,347,274		2,000,517
家畜	674,391	1,906,162		1,231,771
干鲜化具类	789,734	430,014	359,720	
陶瓷类	22,890	295,273		272,383

续表

种类	输出额	输入额	顺差额	逆差额
杂料	161,793	1,289,323		1,127,530
舶来洋杂货类	181,316	1,100,456		919,140
洋纸类	235,553	715,929		480,376
药品	477,917	739,125		261,208
杂货类	397,398	939,674		542,276
烟草类	182,073	4,700,808		518,735
燃料	4,652,809	1,386,594	3,266,215	
衣料	64,326	236,053		
谷物	6,925,854	251,654	6,674,200	
海产物	37,807	390,599		352,792
毛皮制品	353,867	49,865	304,002	
总计	30,676,120	38,372,711	10,982,097	18,676,688

根据北平《世界日报》(二十三年11月22日),省贸易状况如下所示:

出口　大约合计　3,000万元
煤　七八十万吨　250万元
粮食　250万石　550万元
棉花　2,000万斤　七八百万元
盐　五六千万斤　二三百万元

此外,羊毛500万斤,羊皮200万张,核桃一千几百万斤,枣300万斤,＊＊8,000万斤,麻600万斤,烟草七八百万斤,酒三四百万斤。

进口　大约合计　7,000万元
鸦片　3,500万元
衣物类　2,000万元
油类　六七百万元
卷烟草　三四百万元

之外,进口的有洋杂货、染料、砂糖、茶、瓷器、毛皮、药品。扣除其他,逆差额4,000万元。

备注:山西、绥远形成了"山西经济同盟"。民国二十年,深受阎锡山信任的傅作义被派遣去了绥远,让他做主席。和宋子文一派的西北开发政策不同,成立了经济同盟,山西鸦片多数从绥远取得,有3,000多万的鸦片支出,但全部是逆差。民国十七八年,山西模范省末期,逆差已经770万元左右,最近逐渐增加,财政陷入每况愈下的境地。可以说这是十几年内的"山西门罗主义"的破产。作为解决方法,采取了对省内经济进行计划调控、生产奖励、贸易进行计划调控等措施,希望以此来打开困境。

一、计划经济

山西省十年建设计划案中,现在接受调控的是鸦片和烟草。政府所谓的计划调控经济是实行垄断,即以增加省政府收入为目的。

(1)鸦片(有关山西吸烟情况方面,请参考农业部分)

山西鸦片专卖事归禁烟考核处管辖。鸦片是从绥远用公款买来的。山西、绥远两省基于经济同盟,允许资金的流出,凭借鸦片是戒烟药(只是名义上的鸦片治疗药)的美名,送至各县销售点(登上"特许代售官方戒烟药"的广告宣传栏)。各县设置禁烟委员,掌管鸦片销售事务。

(鸦片一两的公开销售价格是2.50元,全省统一。销售一两鸦片的利润是0.05元。销售1,000两以上,是每两0.10元利润)据说鸦片的每月销售利润可以达到6,000万元以上。禁烟考核处长是民政厅的普通公职人员,却拥有超过财政部长以上的权利。

(2)烟草

在民国十九年以前,山西省内的烟草消费市场为英美烟草公司独占。山西人虽在太原设立了福民烟草公司,却由于烟草技术低下,不久就倒闭了。之后,虽设立了小烟草公司,但没有竞争力。省政府最终采取了保护政策,用省里资金把停业中的烟草公司合并,建成了晋华烟草公司。该公司负担全省所有的纸烟草税。如果销售该公司的烟草则不需要营业执照,而如果为英美烟草的话,则需要营业许可证。

省政府很容易做到这一点,民国二十二年的时候,英美烟草几乎从省内消失了踪迹。这是该公司同英美烟草公司竞争时出现的。最终政府签下了每月销售600箱该公司产品的协议。现在,只能在太原、大同以外看到英美烟草公司的烟草了。

晋华公司每月生产量是2,000箱,收入是五六十万元,原料加工费约占收入的一半,税收占3/10,纯利润只剩2/10。然而,烟草税成了调控税(国税),山西省政府保留了这部分税收,上交到中央,因此烟草利润约为销售额的一半。

(3)盐

民国二十二年11月在晋北实施盐专卖制度,也即成立了晋北盐务督销处。在山西绥远的73个县开设官盐店。对同区域内800万人一年消费的7,200万斤盐720万元(1斤卖价约1角)收取盐税(968,500元)。扣掉生产、运输、销售费用,获得利润300万元。因为专卖,带来高价、不便、质量低下等问题,遭到人民的反对。这个夏天,由于孔祥熙的直言,废除了垄断。

(4)生产品奖励

民国二十一年经济建设计划发表后,省政府尽最大努力鼓励省内生产,也即山西门罗主义。排斥外省及进口产品,减少逆差,并且以获得山西各国营工厂产品的销路为目的。将太原的鼓楼大肆整修,用来陈列省内产品。打着"造产救国,提倡土货"口号,努力鼓励使用省内产品。

同时成立了山西省公务员使用国货联合会、山西妇女用国货会,及使用国家实践团等组织,打算用团队的力量来提倡国货。

同时组织使用国货委员会,调查省内产品的种类和数量,研究对产品数量及种类不足的解决方法,鼓励和宣传省内产品。强行要求省政府各机关公务员使用省内产品,各委员监督这一命令的实行情况,并制定了不购买使用土货的处罚方法。

在省内资金不足的情况下,仍用100万元在太原开北市场前面,建设了四层楼的太原土货商场(省内产品销售点)。计划在民国二十三年末开张。

同时计划在各个重要县里开设分店。在开馆的那天早上,用官员工资的一成来充当土货券发放(商品销售价格比采购原价高三分五厘,即税款的千分之五、店面费的千分之十、销售经费的千分之十五、销售奖励金千分之五)。调查太原鼓楼里省产品的陈列情况发现,土货制品的品质和价格都可以和省外产品、进口产品抗衡。使用国货委员会规定:对于各商店在陈列销售商品时,必须要对省产、国产、海外进口产品进行明示;如果商店不予执行或者故意用进口商品冒充省产品,将会被处以罚金,以此来鼓励省内制品的销售和购买。其结果,省内的棉布、烟草、纸等逐渐省内生产化。

二、贸易调控

民国二十三年9月上旬,山西省当局借《贸易调控法》之名,发表了对同省内出入的外国货物一律进行限制的通告。

说到《调控法》,凡涉及到与外国人、外国货物有关的商品贸易,需采取许可制度,但是进行了极度的限制。

此通告冲击了掌管山西省商品贸易的天津,尤其对日本商人打击很大。

但是,该通告因违反通商条约,迫于社会舆论而无法实施。

第七章　金融

第一节　近年金融状况

民国十六年以前,晋钞(山西省银行发行的纸币)的流通颇为顺利,即使在中国交通银行的流通混乱的时代也没有受到多大影响。十七年阎锡山加入北伐军,并且省内十六县里遭受旱灾人数大约有六百万人,这首先为晋钞的崩溃敲响了第一声。至民国十九年八九月份左右,晋钞跟现银的兑换,一元钱有一两角钱左右的票据面额差,但在阎锡山于北京成立新政府后,因车费不足而滥发晋钞,导致同年十月份,不得不停止晋钞跟现银的兑换。

以下是民国二十年 12 月,山西省政府第十次特别临时会议发表的晋钞发行总额。

一元券以上	43,901 千元
一角及两角票	4,223 千元
铜　元　票	994 千元
总　　计	49,118 千元

民国二十年初,晋钞一百元大跌至现银的十三四元。主席商震发表声明,作为补救办法,宣布以抽签来进行晋钞的兑换。2 月 4 日、3 月 10 日、4 月 5 日,实施了二十五折合办法(晋钞一百元可以兑换现洋二十五元)。

于此同时,省政府临时会议召开,推出了山西省银行整理案,并设委员会。5 月,下达了严禁将现银带出省境的省令。6 月 2 日,紧接着发行了新晋钞 2,500 万元。山西省实力派高步清担任省银行经理,认为应将银行改革为官民合办组织,遂向民间抛售了四百万元股票,晋钞持续低落。10 月,太原总商会请求主席徐永昌维持晋钞价格,并且卖出。但省银行的股票却没人购买。11 月,省政府命令各县募集股票资金,同时为了金融界的安定,实施了《整理金融办法》,声明:山西省银行作为纯商业银行今后与政府没有关联,同时申请南京政府财政部发行整理金融公债。

此后又有发表声明,从 12 月 1 日起,一切赋税都应以现银征收,如果用晋钞纳税,100 元晋钞按现银 15 元的比例计算。第二年 1 月 1 日,在金融公债不能发行得以确认之后,晋钞暴跌,1 月 13 日遭遇挤兑。

17 日晋钞 100 元的市价变成了 3 元。为挽救非常时期,1 月 24 日,省政府向天津复记银行和兴记钱庄借款100万元(以晋钞20元比现银1元的比例),省金库借款200万元,以此作为基金,从6月1日开始发行新的兑换券,计划回收旧纸币。

7月1日起银行开始整理,此时山西省银行资本120万元。10月1日结束改组。为了形成纯商业银行,政府削减军费和行政开支,计划巩固省财政,安定晋钞,且公布了十年建设计划。计划银行资本由第一年的120万元上升到第二年240万元,第三年之后每年吸收360万元资本金,预计逐步达到资金6,600万元。但作为现在的山西省财政而言则是不可能达到的状态。

尽管如此,信用正在逐渐恢复。即便民国二十二年夏天农村遭受旱灾这种时候也未受影响。二十二年末总结算时,省银行得到十几万,垦业银行也得到六七万元的利益。

今年6月上旬,阎锡山死亡的谣言一传出,太原、山西省银行和垦业银行在两天内,遭遇了230万元的挤兑,省内各支行也遭遇了同样难熬的两天。数日之后,才趋于稳定。这正好说明了山西省内银行信用基础的薄弱。现今省内农商民金融极度停滞,金融业者也减少了。于此,建设委员会命令在各县设立县银行,开始救济地方金融,并且在各村设立信用工会,发行信用合作券,努力激活农村的金融。

民国二十二年,山西银行营业状态如下(来自3月10日《晋阳日报》):

山西省银行

存款额	1,750余万元
贷款额	1,739万余元
汇兑处理金额	8,193万余元
利润额	23万余元

垦业银行(二十一年8月1日至二十二年7月末)

存款额	100万零几千元
汇兑处理金额	7万余元
利润金	2万8千元

中国银行

存款额	60余万元
贷　款	10余万元
汇　兑	1万余元
利润额	5千元

最近,省政府在既有银行以外,还设立了铁路银号、县银行、信用合作社,发行了纸币。在资金仍然不足的情况下,计划设立西北银号、盐业银号,不换纸币而是增发纸币。山西省现在的金融状态一下谣言四起,很多人都担心会引起第二次"金融恐慌"。

第二节 银行

一、山西省银行

该银行虽只是一所商业银行,但在经营法、资本金、银行券发行额、信用度上,相当于山西省的中央银行。

设　　立	民国八年1月(民国二十一年7月改组)
资　　金	山西省政府
资 本 金	6,600万元　注册余额125万元
本行所在地	太原
支行所在地	榆次、平遥、洪洞、忻县、汾县、新绛、大同、长治、天津、绥远
办事处所在地	平定、运城、晋城、太谷、阳泉、曲沃、临汾、代县、朔县、应县、范村

本银行及支行发行的钞票和角票在省内,有着最好的信用度,流通顺利。兑换券发行金额(民国二十三年前期决算)如下。

但是,实际上的发行额似乎比下边要高。民国二十一年制定的《山西省银行规则》的要约和同年末的资产表和损益表如下边:

兑换券发行额	4,213,110.60元
发行　准备金	2,600,029.00(62%)
保证　准备金	1,613,081.60(38%)
本行　保护金	1,470,762元
支行　保护金	1,129,267元

注:保护准备金用于充当短期贷款。

第一条　山西省银行为官营民监,也即山西省政府经营和全省百姓监督。

第二条　本行以经济建设为主要宗旨,且为省金融顺利进行出力。

第三条　为稳固山西省银行业务,为军费贷款。

第五条　本银行改组后的营业期限为三十年。

第六条　有资金六千六百万元,政府第一年每月出资十万元,之后每年每月递增十万元。

第七条　本行于省政府处享受如下特权:

(一)兑换券之发行。

(二)省金库之保管。

(三)有关公债事务方面之募集与处理。

第十一、十二、十三条　本行设置了理事会。本行之经营策划依照理事会之议决。理事由山西省政府选出(任期三年),并从中选出一名总经理。

第十五至二十一条　负责监督的监事定员为七名。全省分为七个检查区,各区设检查团,每一个检查团选出一名监事(任期两年)。由监事轮番担当常任监事(任期六个月)。每月召开一次常务监事会,监事会则每半年召开。

第三十九条 纯利润的分配如下:

公 积 金 15%

省建设资金 65%

行员利益分配 15%

行员他用公积金 5%

山西省银行资产表(民国二十一年12月21日)

未汇款资本金	648,000.00	资本金	660,000.00
营业用家具什器	281,141.12	公积金	1,310,213.29
票据贷款	2,245,259.93	定期存款	321,319.40
不动产贷款	36,803.24	活期存款	34,345.27
短期透支	11,353,152.32	特别活期	14,691,365.12
短期存款	892,178.36	储蓄金	211,674.65
政府贷款	3,616,271.89	临时存款	448,796.41
短期贷款	1,010,612.14	短期资金	47,531.12
没收的抵押物件	39,032.89	政府存款	723,432.85
有价证券	109,238.94	借款	100,000.00
收据汇兑	464.05	垫付款	1,056,103.54
垫付贷款金	1,381,069.49	省金库	633,030.67
兑换准备金	1,732,067.40	货币破损准备金	3,760.07
纳税准备金	1,110.92	兑换券发行总额	1,732,067.40
兑换券制造费用	113,849.45	活期存款	856,418.34
代理店费用	102,243.23	兑换券	140.00
前期损耗	13,744.44	旧纸币	427,666.49
税金	376,827.79	纯收益	88,087.38
代理发行店	140.00		
旧纸币准备金	429,666.49		
大同面粉公司	233,088.91		
总计	88,761,812.00	总计	88,761,812.00

损益表(民国二十一年12月31日)

损		益	
利息	122,292.89	手续费	137.26
兑换手续费	82,895.83	兑换券制造费	28,462.36
汇兑手续费	86,369.01	营业用房屋器具	7,208.71
有价证券利益	1,757.35	业务费	38,728.99
诸利益金额	6,709.03	经营费	110,407.96
公积金利益	3.00	大同面粉公司	27,289.45
		利润	88,087.38
计	300,324.11	合计	300,324.11

二、晋绥铁路银行

该行作为山西、绥远两省的地方铁道金库而设立,负责一般商业银行业务,特别是货物证券的打折业务以及货物的铁道运输业务。(设立于民国二十三年3月,同年7月开业)

作为组织参股公司,山西经济委员会作为股东

资本金200万元

相关人物　总监　邱仰濬　　副经理　白毓震

经理　郝继华　　营业主任　阎愈良

总行所在地　　太原帽儿巷

分行所在地　　天津英界

并且随着同蒲铁道的持续发展,预定于太谷、平遥、洪洞、临汾、阳明堡等设立分行。

该行发行了流通证券——伍佰元、一百五十元面额的支付保证票的同时,也尝试发行了兑换券五十万元,且试图倚靠这些发展,今后增加发行。

三、绥西垦业银行

设立　　民国二十一年

组织　　类似于山西省银行

资金　　三百万元

总行所在地　　包头

分行所在地　　太原

办事处所在地　阳泉

代理店分布于省内各处

总行的兑换券发行总额不明,据称山西省的流通金额约为三十万元。

四、中国银行太原支行

设立于民国元年,于十七周年始为汇兑银行。省内的太原、运城、介休、平遥、祁县、新绛、大同、阳泉等皆为汇兑办理地。时下主任为张德凤。

五、交通银行

交通银行抱着在太原设置分行的目的,今年5月始在太原市晋泉涌银号内设置事务所。总经理为唐寿民。

六、县银行

在第一节中已经说明,为了救济地方金融,山西省建设委员会把阳曲、榆次、太原、五台、定襄、忻县、崞县作为实验区和县银行准备筹办组织中的一部分。虽还未正式设立,但其规定的大意如下所述:

第一条　各县银行以促进县之建设基金和地方金融的发展为目的。

第二条　由县政府在省政府的监督下经营,且受该县群众监督。

第三条　营业期限为二十年。

第四条　县银行资本金为:一等县二十万元,二等县十五万元,三等县十万元。一等县以一万元,二等县以八千元,三等县以五千元就可以开始营业。

第七条　县银行为一般商业银行,且为县金库以及县建设金库之代理。

七、信用合作社

依照《农村救济法》设立县银行,然村民金融滞后的直接救助方法则为设立农村信用合作社(即信用组织),采用发行信用合作券之办法。

(1)发行方法

以村为发行单位,吸收村内土地拥有者为信用合作社社员。社员以所拥有的土地为担保,按照每亩地价十元以上的为一元,五元以上的为五角,二元以上的为两角比列,由合作社发行信用合作券。

住宅以及其他的,可以允许发行地价的二十分之一以下。关于地价的定价,由以村长为首的七人至十五人的地价评定委员会来决定。

社员要向合作社支付发行合作券的年利——百分之十的利息,以十二年为一个期限。

未能支付社员合作券及利息的时候,需将担保土地交出任处分。

备注:山西耕地面积大约六十万,如果信用合作券全部发行的话,大约六千万元。

(2)流通

信用合作社券在发行期间具有和货币同样的流通性。在村外使用的时候,需要在合作社里先兑换为现银。

交换率为百分之九十九。另外,各县里有总合作社一个,各村共通汇兑基金(全县发行合作券总额的十分之二,从县银行那里每年借入百分之十),扩大了流通。

(3)合作社

合作社的经费需要在发行之合作券的千分之八以下,利润的一半作为公积金,另一半则为合作社负责人所有,并且以阳曲、榆次、太原、五台、定襄、忻县、崞县作为实验区来实施。各村各自发行信用合作券的话,其发行种类非常之多,易出现伪造纸币的情况。作为预防政策,省政府指定由晋新书社和中华印刷厂印刷纸币。

然即便有此制度,本券据以下理由来判断,也未为成功。

(1)流通限制于一村之内,但农村经济却并非自给自足。

(2)不能以同等价格与现金交换。

(3)各村时常遇到汇兑结算困难情况。

尽管如此,官方却大肆宣传其政绩优良。

八、山西省盐业银号

晋北盐务督销处于今年春,在雁北地区成立了公盐仓店(即盐专卖店),对盐户(制盐业者)实行低息贷款。在取消盐业专卖办法的同时,低利贷款的回收却不如意。也即是说,雁北地区贷款放高利息(高达百分之五六十),制盐业者在无计可施的情况下,不得不借贷。省政府在岱岳成立了官业盐业银行作为盐户金融机关,资本金二十万元,发行兑换券十万元。

为加强与省政府之联系,同时在太原设置分行。

监督理事　李振纪　　协助理事　吕执*　　经理　张国端

九、物产证券

山西省贸易进口过剩,省内的现银枯竭现象频繁发生。并且,钱庄业者的没落也给地方金融带来压力。省政府试图通过建立县银行以及村民信用合作社,努力拉动地方金融。二十三年12月,在第三十七次联合纪念周会上,阎锡山提出用物产证券的发行来取代纸币的发行,以图救济产业。并在省内作出声明,物产证券作为物物交换的媒介,可跟兑换纸币券一样流通。强制要求省民们了解使用方法,并且为了应付省外的指责,派出各路人马,对外界进行说明。物产证券的发行作为打开金融的临时方法,为模仿苏联的经济政策。

第三节　金融从业人员近况

拥有庞大资本、采取新式经营方法的银行业的发展,势必造成小规模经营的银钱铺逐步被驱逐出金融界。在经济发展落后的中国,这些金融从业人员作为金融机关仍然具有其存在价值,在山西省也是一样。在省内各物资集散地里,有资本二三万的钱铺,自行发行角票流通,也掌管了地方金融。民国十九年和二十年,山西省的金融危机发生,对此等小型金融从业者打击很大。受到打击的另一方面,也客观推动了银行从业人员进入地方。小型金融从业者一路跌落,无奈采取高利,给地方农民的贷款利率到达二分甚至八分。由于去年夏天的大水灾,农村遭灾,资金陷入不能收回的泥潭中,钱铺相继倒闭。由省内各城市统计的数据可以了解,如下表:

城市名称	去年的店数	今年的店数	关店数
太原	54	43	11
大同	16	12	4
河东	8	7	1
合计	78	62	16

如上表,因天灾人祸,近来钱铺信用变差,富人不借,穷人被借。这种现象如实反应了本省的经济不景气。且以太原的状况详细叙述,截至去年,德王厚、源贡成等五十多家钱铺,资本总额有186万元。自今年1月开始到7月,关店数目达到11家,资本减少了22万元。据称,除了在市内真正有实力的晋兴、源贡、兴业、钱局、和记、裕盛、仁发、公德、生厚、义泰等数家钱业铺,其余都陷入了忧虑的状态中。

第四节 货币流通状况

大洋作为中国的主要货币,无论其种类,在省内流通最为顺利。另,山西省内的辅助货币为单银角,双银角不通用。大洋也为各银行及从事钱业者储备,流入市场中较少。以下就兑换券的流通状况进行叙述。

1.山西省银票

在总行和各分行都有业务发展,省内的各个地方均可通用。如若要兑换现银,只能在发行地的银行进行兑换。

2.绥西垦业银行纸币

与山西省银票一样,在内地都普遍受到欢迎。

3.晋绥铁路纸币

只限于同蒲铁路开通的沿线通用。

4.绥远平市官钱局纸币

可在省内各地流通。今年六月挤兑风波后,只剩下角票流通,但也流通受阻。

县内钱业者发行纸币只在发行县内通用,县外不通用。

5.中国交通银行纸币

不在省内发行。天津、北平纸币在太原、大同可以流通。在与现银以及其他兑换券交换的时候,十元要收取一到两角的手续费,其他县内的钱业者甚至要收取二到五角的手续费。中国银行太原支行不进行兑换。

6.河北省银行纸币及石家庄纸币(石门纸币)

正太铁道沿线外不可流通。

7.绥远纸币

绥西垦业银行、绥远平市官钱局发行纸币,同于山西省银行发行的纸币。可流通,但只限于角票。

8.察哈尔纸币

张家口钱业者发行的纸币,在雁北通用。

9.利息

利率方面是高利率,山西省政府第一次和第二次实业借款仅有两年的短期,一个月一分钱的利。山西省银行的贷款利率月八厘钱到一分五厘钱。由于抵押担保的评估很高,因此不方便使用。钱业者的贷款利率因抵押物件不同而存在差异,有月一分的,也有月一成的高利率。另外,一般民间借贷中,月二分、三分的利率较多,也有少部分是五分左右。所谓高利贷,指月收取两成、三成利息。据上海《大晚报》报道,山西省内的基督教会,将高利贷作为副业,经钱业者转手,一直收取三成甚至五成的利息。

昭和十七年 11 月

关于确立粮食自给自足的考察
(以山东省为例)

满铁华北经济调查所

凡　例

一、本文是华北战时经济调查的一个部门对粮食问题进行的一些解释说明，以山东省为例，揭示确立粮食自给自足的方法论性的见解。

二、本文由八坂友次郎执笔，撰写资料时所需的大量繁杂精密的计算由中村职员负责，河野准职员和川口雇员协助执行。

满铁华北经济调查所

济南调查分所

内容梗概

解决华北粮食问题是迫在眉睫的重要课题,由华北战时经济的专家进行特写。

为了解决这个问题,进行了各种各样的技术性操作。粮食增产的必要性自不必提,而且与其相呼应,正如各国的战时经济所希冀的,如果不把粮食的恰当分配加到考虑范围内,那么完全解决粮食问题是不可能的。

基于这种设想,本文以山东省为例,揭示了有关确立粮食自给自足的方法论性见解。

换言之,想要解决粮食问题首先应知该地域的粮食绝对供求量,即除了首先考虑进出口出入量以及结转量以外,通过在交易所本身的生产与消费计算绝对供求量是必要的。为此,把粮食消费人口按年龄、性别换算成消费同等价,在算出其绝对所需量的同时,将粮食本身换算成粮食的相同质量,再对两者进行比较。

像这样,把山东省作为一个整体来观察的时候,可以看出在正常年景大约有 60 万吨的粮食剩余。如果像近几年歉收不断的话,各地就会出现严重的粮食不足现象,其数额在昭和十五年度大约有 1 百万吨,昭和十六年度达到 130 万吨之多。

因此,想以粮食不足问题来确立山东省内自给自足的话,当然单位规定量是必要的。计算出能够平衡省内供求关系的单位规定消费量,根据这些计算出山东省各县的供求量,并将其分为粮食剩余县、不足县、平衡县三种类型,以此作为解决粮食增产、粮食收购、分配等问题的参考资料。

目 录

附表目录

表六　山东省粮食作物所需的播种量

表七　山东省粮食供给量及其同质量

表八　山东省的人口构成

表九　山东省按人口的消费同等价

表十　山东省粮食以及作为豆酱、酱油原料的大豆所需量

表十一　山东省家畜头数和用作饲料的谷类所需量

表十二　山东省粮食的供给和需求量

一、解决粮食问题的基本思想

解决粮食问题作为无法避免的重要课题,由华北战时经济的行家进行特写。现在华北军、官、民成为一体,逐步确保粮食增产,确实是值得高兴的事情。但是另一方面,只制定增产对策从而完全解决粮食问题是极为困难的。无论怎样挖井,给土地施肥,在一年两年的短时间内,不可能达到自给自足程度的粮食增产。这里也有与工业生产不同的、农业生产潜在的复杂性的原因。

为了解决粮食问题,一方面努力推进增产的同时,另一方面应该像所有国家的战时经济一样,有必要在消费者之间进行公平的分配,特别是对于本来就存在粮食不足问题的华北地区。如果想要确立华北粮食的自给自足,可以想到的根本性解决办法,一是积极增加粮食产量及收购量,二是制定一些根据供需量确定的分配办法。作为过渡性解决办法,我们认为应该多注重后者。

不仅是华北,在其他地区也是一样,粮食问题的根本是人口与生产粮食的对比数值的问题。换言之,是对照粮食生产量和人口消费量而计算出的绝对供求量的问题。明确地算出这一数值之后才能把握粮食不足的实际情况,从而确定真正的粮食政策。考虑粮食绝对供求量,要先把从外地调进来的粮食或调到外地的粮食,以及上年度结转的粮食量排除。之后以纯生产量和纯消费量的比例来计算绝对供应量。此后才能采取增产、收购、调出、调入等诸多对策,实施所谓的粮食政策。

考虑粮食问题和其对策的时候,首先有必要调查当地的需求,对这一点已经说明了很多次,无须再多说了。但是到现在为止,像在中国北部地区那样,在偌大的华北地区各省关于供求量的调查也非常不充分。为了确立粮食增产、收购以及建立分配机构,至少应该以县为单位计算绝对供求量。如果每个县确定了绝对供求量,那么可以明确地把握粮食剩余县、粮食不足县和粮食平衡县,还可以判断粮食生产县、消费县,以及粮食的流动状况。通过这些信息可以知道收购量的底线,从而推算出应该把粮食增产对策的焦点放在哪个地区。

推算各县粮食绝对供求量的时候,一般认为用以往的方法和资料很难算出华北地区的数值,但是如果运用以下理论及方法,可以比较简单地计算出这一数值。该数值的正确度是与使用的统计资料的更正相辅相成的。时常对资料进行探讨更正是必要的。我们现在面临确立华北粮食政策的问题,在此先以山东省为例,说明计算各县粮食绝对供求量的具体方法,并把它作为解决粮食问题的一个参照资料。希望大家提出更多的意见。

二、计算粮食绝对供求量的理论与方法

1.农产品产量调查数据统一的问题

计算各县粮食绝对供求量的时候,需要的基本数值是各县人口数和粮食生产量——特别是关于粮食总产量的数字应该使用哪个部门公布的,就出现了问题。现在关于华北农产品产量的数据并不统一。各部门对其进行了各式各样的调查,而且相关数据一般禁止公开发表。因此很难期待将来出现农产品产量的正确数据。要尽快将这些数据统一成某个部门的调查数

据,并且像日本内地的农林省、满洲国政府的农产品产量预想调查一样,有必要公开发表这一数据。

本来这种农产品产量预想调查的数据只是一两年的调查,难以给定准确数值。每年公开这些数据,各部门齐心协力成为一个整体,再对其进行探讨更正,在这一过程中可以逐渐得到正确的数据。但是以无知的农民为对象,在至今尚未全面建立治安秩序的华北地区,想要期待这些数据的正确性至少要花十年的时间。在满洲国,满铁开始这项调查以来,大约经过了十年岁月,直至今日才得到了正确的农产品产量预想调查的数据。由此可以推断,完成这项调查何等困难,并非一朝一夕就能一蹴而就。

但是在华北,应该把哪个部门的调查数据作为公开发表的数据呢?笔者会毫不犹豫地选择华北交通公司的农产品产量预想调查的数据,想以此数据来进行研究。拥有诸多经验丰富的工作人员,又专心致志地进行这项研究的部门少之又少。如前所述,不可能期待在一年或两年中得到正确的数据。因此,如果说现在华北交通公司的调查数据有令人质疑之处,我们认为是由此项工作的性质决定,在所难免,将来要有相应的修订工作。

无论如何,在农产品产量数据上,能达到国家可公开发表标准的综合性数据,只有华北交通公司的调查数据。各部门以及商社等应该努力提供立足于各种各样的专业性观点的资料,并协助华北交通公司保持这一数据的正确性。同时,华北交通公司的负责人应当经常与这些部门保持密切联络,不断对自己的数据进行检验更正。

如上述观点,计算粮食供求量时,使用的粮食生产总额的数据是根据华北交通公司的农产品产量预想调查资料的数据。计算时所需要的另一个基本数值也就是人口统计数,也同样使用了华北交通公司以及《中国实业杂志》和县报告等的基础调查人口统计表。在本次统计中,希望行政机构逐步确立,以便能够给调查者们提供更多准确的资料。

2.决定粮食消费的各要素

(1)中国人的粮食消费同等价

以下就计算粮食的绝对供求量的理论与方法进行解说。首先是消费量。消费量中包括人口消费和作为饲料的家畜消费。但是人口消费与粮食的单位消费量不同,因此必须分为农业人口与非农业人口两类。另外还要按性别、年龄等要素进行分类,并将其换算成粮食消费同等价。而中国人的性别、年龄、阶层的粮食消费同等价是笔者通过参照自己的调查资料以及其他资料得出的。具体如下面的表一所示。

表一 中国人的粮食消费同等价

性别	婴幼儿	3-11岁	12-60岁	61岁以上
男	0	0.5	1.0	0.5
女	0	0.4	0.8	0.4

(2)按性别与年龄划分的人口构成

有必要按照农业人口与非农业人口,对表一的粮食消费同等价以年龄与性别为标准进行分类。根据以往做过的调查,笔者打算暂且将人口构成的比例按照以下划分进行设定,并且在将来进行更加精密的人口构成调查的基础上确认或是更正。作为现在的暂定系数,笔者所设定的人口构成比例如下。全部人口的三分之一是11岁以下的儿童,三分之二是12岁以上的儿童与成人。11岁以下的儿童人口中有五分之一是2岁以下不需要粮食的婴幼儿,而12岁以上的人口中同样大约有五分之一是61岁以上的老人。男女的性别大致区分为各一半,具体比例如表二所示。

表二　按性别与年龄划分的人口构成比例

性别	婴幼儿	3-11岁	12-60岁	61岁以上
男	0.5/15	2/15	4/15	1/15
女	0.5/15	2/15	4/15	1/15

事实上农业人口与非农业人口的构成多少有些区别,可是因为现在手头上没有显示这个差异的资料,所以农业人口与非农业人口也一律用上一页的比例。如上所述,期望在将来更细致的调查中进行订正。

(3)**粮食单位消费量**

接下来是决定每单位消费同等价的粮食消费量。如下所述,笔者以山东省作为粮食问题考察的一个具体事例进行论述,因此说起现在山东省的粮食消费。山东省农民的主食是高粱、小米、玉米三种。高粱、小米用于煮食或是磨成粉加入煎饼,做出像纸一样的薄饼作为常吃的食物。在这种情况下,将谷子碾成精白,作为小米使用,高粱不用碾成精白,在还带皮的情况下磨成粉末。

做煎饼的时候,将大豆与黑大豆混在一起,高粱与大豆的比例是42∶1,小米则是3∶1。栽种玉米的地区,在玉米的粉末中混入黄豆粉,搅合在一起,蒸成一种被称为“窝窝”、中空的圆锥形食物,或是烧成饼食用。当然,主食因地域、时期有很大的不同,有高粱、小米、玉米的时期或地域,将其作为主食。如果没有这些主食,可以吃黍子或稗子。在严重歉收的时候,粮食缺乏到吃草根、树皮等维持生命的地步。而且,在一般的农家,小麦与大豆可以在没有其他粮食的情况下食用,但是尽可能不食用,它们被作为经济作物可以换成现金。所以普通的农家在正月或者节日等祭典的时候食用小麦,在普通年份每人的消费量是十斤左右。贫农在粮食困窘的时候,食用小麦多是将麦粒磨成粉做成煎饼。大豆与小麦一样,少量作为豆酱、酱油的原料,做前面所说的煎饼和窝窝的时候,混合高粱、小米食用。并且,除了少量作为榨油原料以外,还用于换成现金,或是在粮食困窘的时候,用小火炒熟食用。在主要种植棉花、烟草、花生等经济作物的地区,自然情况会有所不同。他们用卖掉这些商品作物的钱,购买适当的粮食食用。并且在山东省半年大约出产250万吨的红薯和马铃薯,这些也是重要的粮食之一。

下面是山东省每个成年农民(消费同等价的一个单位)一天食用粮食的标准量。在农忙时期是2.0斤,农闲时期是1.5斤,和平均1.75斤没有很大差别。一年的消费量为8,639斤,即

320公斤(日本人的白米消费量一个月大约为15公斤至1斗,一年是180公斤至1石2斗)。当然,这是农民理想的摄取量。但是作为山东省的农民,达到这个标准量的没有几成。在近年连续歉收的山东省,多数农民的粮食摄取量没有达到标准量,这也是没办法的事情。因此,可以认为这个标准摄取量是相当有伸缩性的。在后面的详述中,山东省农产品在正常年景中,农民在摄取标准量之后大约还有60万吨的剩余量。这几年,山东省的粮食生产总额远远不及正常年景。假设农民摄取上述的标准量,昭和十五年会有130万吨的粮食不足。所以,如果想在各地区建立粮食的自给自足制度,如下文所述,有必要规定能在生产量和消费量之间取得平衡的单位消费量。这个规定消费量是按照近年的收成,当然不及正常年景的时候,应在前面所说的标准摄取量以下。这个标准摄取量多少有些减少。如果遭受一次歉收,粮食将涉及到草根、树皮等。对于勉强糊口的中国农民来说,可能不是非常痛苦的事情。因此,比正常年景丰收时,可以分摊标准量的粮食,但是如果歉收,为了取得各个地区的平衡,同预定产量比较,有必要规定单位消费量(以自给自足为原则规定消费量的计算方法在后章详述)。通过观察现在华北整体的粮食不足,粮食增产的目标为居民可以摄取标准量,并考虑是否能在华北内部取得平衡。

以上是对山东省的农业人口每人(粮食同等价每单位)的粮食消费量进行的论述。而非农业人口的消费同等价一个单位的标准摄取量比农业人口稍微少一些,据查为每日1.5斤,即每年547.5斤(274公斤)。非农业人口的构成要素主要是城市人口和在农村从事农业以外的职业,及一部分从事体力劳动较少的人口。因此假定农业人口的标准量是每日1.75斤的话,可以认为非农业人口的消费量要少0.25斤。被称为苦力的劳动者大多数出身于农家,所以包含在农业人口中。非农业人口的消费量也和前面所说的农业人口的消费量一样,在生产量不足并且必须以自给自足为原则的情况下多少会减少一些。

(4)**作为豆酱、酱油原料的大豆消费量**

不管农业人口、非农业人口怎么样,中国人以农产物为原料制造的副食品中,最普遍摄取的是豆酱和酱油。这类副食品的原料是大豆,因此有必要把大豆的消费量作为计算粮食供应量时的一个环节。

作为豆酱和酱油制造的原料,一个单位的消费同等价所消耗的大豆量,不因农村人口和非农村人口而改变太多。每一消费同等价每年约为50斤,即可算为25公斤。所以这个系数乘以可换算成消费同等价的人口数,计算出所需量即可。

(5)**作为家畜饲料的谷类消费量**

笔者认为上面已经提及了所有粮食消费量的要素。作为粮食消费者,除了人以外还有家畜。作为家畜的饲料而被消耗的粮食量是根据一个系数决定的,有必要调查这个系数。

山东省应当纳入谷类消费者的家畜有马、骡子、驴、牛四种。除此之外虽然还有山羊、猪、鸡等家畜,但是由于这些家畜消费的谷物占很少的量,所以暂且将其放在考虑范围之外。

山东省的习惯是只有在驱使家畜干重体力活期间才会给它们谷类,其他时间用稻草(粟秆)以及青草等喂食。而且供给谷类的期限在一年中大约有九个月,即不超过270天的话,没有不足的迹象。供给的谷类主要是黑豆,没有黑豆的地方就喂食黄豆;或者栽培小麦、燕麦的地方就喂食大麦和燕麦;在能取得豆饼的地方则喂食豆饼。在此全部换算成大豆(在得到酒糟的县城附近,牛的饲育多用酒糟)。马、骡子、牛一天的供给量是3斤(1.5公斤),驴子一天的供给量为其半数,是1.5斤(0.75公斤)。严格说来,家畜的消费量必须分成年家畜、幼年家畜计算。由于现在不明确成仔的头数,暂且将其全部按成年家畜计算。即马、骡子、驴子、牛每头一年的谷类消费量是405公斤,驴子的消费量占其半数,一年约为203公斤。

备注:根据后面的调查,山东省农家驱使家畜期限大约为7个月。因为已经做过计算,所以饲料所需量的订正是之后经过全面的数字修订时修改的(追记)。

3.粮食生产额与同质量换算

前文已经确定了决定人口以及家畜的粮食消费量的各个系数,下面就生产粮食的同质量换算进行说明。

山东省生产的农产品之中,能提供粮食的除了小麦、高粱、小米、玉米、黄豆、黍子等主要粮食作物之外,还要增加稗子、荞麦以及绿豆、豌豆、蚕豆、红豆、豇豆等豆类。这些豆类用来做粉条和其他食品的原料。这些食品是直接或间接作为补给粮食,将其添加到了粮食作物之中,而且增加了作为家畜饲料的黑豆、大麦、燕麦。因为在笔者的供求计算中,不区分粮食与饲料,而是作为一体来计算的,所以,即使粮食作物的某些部分可以用在饲料上,或者饲料作物的一部分可以转用于粮食,也不会出现计算上的分歧。上面所记的类别只不过是暂且将粮食作物和饲料作物大致区分。这些粮食以及饲料作物在考察它们的需求时,必须将其换算为同质量。也就是说,将小麦、高粱、谷子、红薯等粮食一并汇总的数字是没有任何意义的总计。可以说,其总值无法构成统计粮食需求的计算值。

如前所述,农民在吃饭时,将高粱、玉米、大豆等按原本的样子食用,而将小麦磨成粉,谷子和黍子碾成精白来食用。所以生产出来的高粱、玉米、大豆和小米、黍子等从粮食上来看,同等量的它们,能够有效使用的量不同。小米和黍子乘以精白比率(谷子70%,黍子60%),处于人可以直接摄取的状态之后,它们才和高粱、玉米、大豆处于粮食上的同质量。而小麦则如前面所说,如果粮食很紧缺,贫农就将它的颗粒做成煎饼食用。但是一般情形是将小麦乘以制粉比率,将其变为小麦粉之后,小麦才和大豆、高粱在粮食上是处于同质量的状态。然而高粱、大豆和玉米跟小麦粉的营养价值相比,如果高粱、大豆和玉米等杂粮每天要食用1.75斤,那么小麦粉食用1.50斤就足够了。该营养价值的比率为杂粮与小麦粉100:116.7。小麦粉的制粉比率据查为88%(注:在普通工厂制粉比率为75%,农民自己进行制粉的时候,推定多的混入量为8%,将该制粉比率看作88%)。小麦的生产总额乘以88%,并且乘以作为营养价值的百分比116.7%之后,小麦的生产量才与大豆和高粱在粮食上为同质量。与其相反的是红薯和马铃薯作为单一粮食摄取的时候,高粱和小米一天1.75斤就足够了,而红薯和马铃薯则需要3斤。所以,关于杂粮红薯和马铃薯的营养价值的比率为58.3%。如果这个比率乘以红薯和马铃薯的生产量,必须将其变为高粱和大豆的同质量。

除了上述内容以外,必须进行质量换算的作物即荞麦的制粉比率为60%。现在各作物的同质量换算率如下所示:

表三　粮食作物的同质量换算率

作物名	换算率	作物名	换算率
小麦	0.88×1.167	谷子	0.7
高粱	1.0	玉米	1.0
黍子	0.6	四季豆	1.0
稗子	1.0	豇豆	1.0
荞麦	0.6	豌豆	1.0
黄豆	1.0	大麦	1.0
黑豆	1.0	燕麦	1.0
绿豆	1.0	红薯	0.583
红豆	1.0	马铃薯	0.583

备注:除了以上的粮食作物外,在山东省还生产了大约22,000吨(昭和十六年初)的水稻。因为这些主要用作日本人粮食以及酿酒的米,所以从以华人作为对象的这个供求计算中免除。并且在华北交通的产量调查内完全没有旱稻的生产。

以上面的换算率将粮食作物的生产总额全部换算成相同质量,并将其合计的数量与前面说过的人口和家畜的粮食消费量对比之后才可以断定粮食的多少。我们为了计算出粮食的消费量,往往会以高粱多少、小麦多少、小米多少,按照品种调查其消费量,与粮食的生产总额比较,作为计算其消费量的供求量的方法。品种的消费量因消费者而异,无论如何也不能将其全部调查,其中容易产生非常多的误差。实际上即使根据这一计算,也无法建立所谓作为消费者的主体的农民食用什么和多少数量的法则。摄取的粮食因年份而不同,最丰收的时候也就是食用最多的时候。如果遭受灾荒,甚至会用树的芽、草的叶子来维系朝不保夕的生命。不得不说,因粮食的品种决定消费量是完全不可能的。

所以,正如前文所述,将生产的粮食全部换算成同质量,消费者的消费量的标准摄取量,为农业人口每个单位每年320公斤。如果只规定消费量的绝对量,食用的是小麦还是高粱、谷子、红薯,和摄取的粮食种类没有关系,而消费的总量和换算成相同质量的生产总量的比较是可能的。可以认为,通过比较能最准确地判断粮食的多少。

4.**作为油料原料的大豆消费量和粮食作物的播种量**

上文大致深入探讨了决定粮食绝对供求量的各要素,但在对比粮食的需求量和供给量之前,作为榨油原料的大豆的消费量和作为次年度的种子保留下来的各作物的数量,在进行供求的比较之前,必须从生产量中扣除。

在山东省生产的大豆作为产油原料被消费的百分比方面缺少详细的资料,但从卖油的商店等其他调查资料中推定,推断其为30%。在山东省除了作为油料原料的大豆之外,正常年景还产出大约50万吨(去皮)的花生,其中大部分用于出口,估计还有相当数量作为油料在交易所消费。另外,除了这些之外,正常年景还生产大约75,000吨芝麻。由于油料原料相当丰富,所以推测作为油料原料的大豆消费量应该不超过30%。

接着,必须绝对确保第二年播种的种子量。当前山东省粮食作物每亩的播种量如下表所示:

表四　山东省粮食作物每亩播种量

(单位:公斤)

作物名	播种量	作物名	播种量
小麦	4.0	绿豆	2.5
高粱	1.6	红豆	2.6
谷子	0.6	四季豆	3.5
玉米	2.5	豇豆	3.0
黍子	0.6	豌豆	4.0
稗子	0.7	大麦	4.0
荞麦	3.0	燕麦	3.0
黄豆	3.5	红薯	15.0
黑豆	3.5	马铃薯	130.0

三、以山东省为例的粮食绝对供求量

1.粮食生产量

根据上述关于粮食的绝对供求量理论,以山东省为例,接下来我们试图探讨具体的计算方法。首先是粮食的生产总额。根据华北交通公司的调查,昭和十五年、十六年以及普通年份的粮食作物耕种面积和产量如下表。

表五　山东省粮食作物耕作面积和产量

(单位:亩、吨)

年度作物	昭和十五年度		昭和十六年度		普通年份	
	耕种面积	收获总额	耕种面积	收获总额	耕种面积	收获总额
小麦	46,614,544	1,960,509	45,819,077	2,255,221	46,642,565	2,888,161
高粱	21,114,015	1,337,941	20,651,736	1,205,447	20,305,456	1,505,427
谷子	20,914,340	1,428,280	22,108,792	1,353,130	18,656,494	1,535,029
玉米	8,998,061	558,786	8,213,722	457,093	8,975,146	631,961
黍子	2,892,262	138,976	2,824,788	125,366	2,938,496	197,862

续表

年度作物	昭和十五年度		昭和十六年度		普通年份	
	耕种面积	收获总额	耕种面积	收获总额	耕种面积	收获总额
稗子	67,600	2,850	52,200	2,217	62,600	3,179
荞麦	472,976	18,874	451,881	17,572	457,643	22,449
黄豆	21,851,426	1,269,599	22,833,449	1,122,207	21,864,103	1,428,012
黑豆	6,195,008	355,475	6,123,018	285,380	6,256,077	389,673
绿豆	4,232,088	224,713	4,157,724	185,999	4,233,269	247,676
红豆	484,757	23,487	490,703	20,553	499,182	26,940
四季豆	80,450	3,842	114,520	4,713	88,650	4,788
豇豆	242,232	10,600	223,680	9,161	248,302	12,334
豌豆	1,152,503	49,106	1,074,500	55,994	1,185,837	71,738
大麦	3,726,901	171,664	3,740,420	210,380	3,781,758	248,649
燕麦	29,310	1,378	2,300	1,451	29,310	1,847
红薯	4,134,489	2,289,398	4,174,619	2,083,262	3,950,044	2,390,214
马铃薯	224,411	87,739	234,933	92,559	210,148	93,705
合计	143,440,374	9,923,217	143,329,063	9,487,717	141,386,075	11,669,699

从上面的生产量中扣除作为第二年播种使用而被保留的种子数和作为榨油原料被消费的黄豆,就是作为人和家畜的食料、饲料的供给量。播种量是每年根据第二年的耕种面积来决定的。由于很难精确知道下一年的耕种面积,所以粮食作物的播种量由正常年景的耕种面积推算出的数量充当。从表五来看,我们不认为年度耕种面积有大的变化,农民也不是将第二年的播种量和播种面积精确配合再保留种子。基于平常预想多少剩余的结果,可以认为根据往年的耕种面积推断出的数量而每年保留的播种量,没有大的错误。由于上述原因,根据普通年份的耕种面积(表五)以及每亩播种量(表四)推测的在山东省每年所需的种子数量如下所示:

表六　山东省粮食作物所需的播种量

作物名称	常年耕种面积(亩)	每亩播种量(公斤)	所需种子量(吨)
小麦	46,642,565	4.0	186,570
高粱	20,305,451	1.6	32,489
谷子	19,656,494	0.6	11,794
玉米	8,975,146	2.5	22,438
黍子	2,939,496	0.6	1,764

续表

作物名称	常年耕种面积(亩)	每亩播种量(公斤)	所需种子量(吨)
稗子	62,600	0.7	44
荞麦	457,463	2.0	1,373
黄豆	21,864,103	3.5	76,524
黑豆	6,256,077	3.5	21,896
绿豆	4,233,269	2.5	10,583
红豆	499,183	2.6	1,298
四季豆	88,650	3.5	310
豇豆	248,302	3.0	745
豌豆	1,185,837	4.0	4,743
大麦	3,781,758	4.0	15,127
燕麦	29,310	3.0	88
红薯	3,950,044	15.0	59,250
马铃薯	210,148	130.0	27,319
合计	141,386,075		474,355

备注:只有昭和十六年保留的种子量符合后来各县进行的供求计算,所以根据昭和十六年的耕种面积来计算。

从表五的生产量中扣除以上的种子量,并且只扣除占生产量的3%、用作油料原料的黄豆(参照二·2·(4))的数量,合计即为被用作食粮和饲料的量。这些按作物换算成粮食的同质量的合计结果即为供给量的绝对量。通过将绝对量与消费总量对比,可以逐渐确定粮食的不足或是过剩。现在扣除昭和十五年、昭和十六年、普通年份山东省的种子量(也扣除用于榨油的黄豆数量),得出的粮食供给总额以及供给总额的同质量(参照二、三节以及表三)如下所示。

表七(一) 山东省粮食供给量及其同质量

(单位:吨)

作物名称	粮食供给总额			供给总额的同质量		
	昭和十五年	昭和十六年	普通年份	昭和十五年	昭和十六年	普通年份
小麦	1,773,939	2,071,955	2,701,591	1,821,764	2,124,432	2,774,426
高粱	1,303,452	1,172,404	1,472,938	1,303,452	1,172,958	1,472,938
谷子	1,406,486	1,339,865	1,523,235	984,540	938,935	1,066,265

续表

作物名称	粮食供给总额			供给总额的同质量		
	昭和十五年	昭和十六年	普通年份	昭和十五年	昭和十六年	普通年份
玉米	537,348	436,559	609,523	537,348	434,655	609,323
黍子	137,212	123,671	166,128	82,327	74,161	99,677
稗子	2,826	2,180	3,155	12,806	2,173	4,155
荞麦	18,501	16,216	21,036	11,101	9,719	12,622
黄豆	812,105	205,628	923,084	812,195	709,201	921,084
黑豆	333,579	263,949	367,777	333,579	263,484	367,777
绿豆	214,130	175,605	237,093	214,310	175,416	237,093
红豆	22,189	19,277	25,642	22,189	19,255	25,642
四季豆	3,532	4,312	4,478	2,532	4,403	4,478
豇豆	9,855	8,460	11,589	9,855	8,416	11,589
豌豆	44,365	51,696	66,995	44,363	51,251	66,995
大麦	156,537	195,420	233,567	156,537	195,255	233,567
燕麦	1,290	1,363	1,759	1,290	1,3663	1,759
红薯	2,230,148	2,020,643	2,330,964	1,300,176	1,179,999	1,358,952
马铃薯	60,420	62,018	66,386	35,225	38,035	38,703
合计	9,067,982	8,671,221	10,766,940	7,676,409	7,402,931	9,308,245

表七(二) 山东省昭和十六年粮食作物的播种量

(单位:吨)

类别	播种量	类别	播种量	类别	播种量	类别	播种量
小麦	183,276	稗子	37	红豆	1,276	燕麦	88
高粱	33,043	荞麦	1,356	四季豆	401	红薯	62,619
谷子	13,265	黄豆	79,917	豇豆	701	马铃薯	30,541
玉米	20,534	黑豆	21,431	豌豆	4,298	合计	478,834
黍子	1,695	绿豆	10,394	大麦	14,692		

备注:1.由黄豆的榨油分配量为生产总额的30%,则昭和十五年的分配量为380,880吨,昭和十六年为336,662吨,普通年份为428,404吨。

2.换算成同质量的粮食供应量在昭和十五年约为770万吨,昭和十六年为740万吨,普通年份为930万吨;然后算出需求的总量,以此来讨论山东省的粮食供求的多少。

3.从粮食生产总额中扣除上述的播种量,以及大豆的榨油分配量之外,还有作为酿酒材料的高粱、玉米等。由于资料的关系,对这些信息的更正只能留到今后了。

2.**粮食消费量**

(1)**人口的消费同等价和粮食所需量**

以华北交通公司背后的统计和《中国实业杂志》、县报告等的资料为基准查出最近山东省人口为36,884,495人。这些人口大致分为农业人口和非农业人口,前者为31,505,881人,后者为5,378,578人。现将其按性别和年龄分类,如下所示。(参照二·2·(2))

表八　山东省的人口构成

类别	性别	婴幼儿	3~11岁	12~60岁	61岁以上	合计
农业人口	男	1,050,196	4,200,784	8,401,569	2,100,392	15,752,941
	女	1,050,196	4,200,784	8,401,568	2,100,392	15,752,940
	计	2,100,392	7,401,568	16,803,137	4,200,784	31,505,881
非农业人口	男	179,286	717,144	1,434,288	358,572	2,689,290
	女	179,286	717,143	1,434,287	358,572	2,689,288
	计	358,572	1,434,287	2,868,575	717,144	5,378,578
合计	男	1,229,482	4,917,928	9,835,857	2,458,964	18,442,231
	女	1,229,482	4,917,927	9,835,855	2,458,964	18,442,228
	计	2,458,964	9,835,855	19,671,712	4,917,928	36,884,459

利用人口构成表(表一)求出的消费同等价如下(参照二·2·(1)):

表九　山东省按人口的消费同等价

类别	性别	婴幼儿	3~11岁	12~60岁	61岁以上	合计
农业人口	男	0	2,100,392	8,401,569	1,050,196	11,552,157
	女	0	1,680,314	6,721,254	840,157	9,241,725
	计	0	3,780,706	15,122,823	1,890,353	20,793,882
非农业人口	男	0	358,572	1,434,288	179,286	1,972,146
	女	0	286,857	1,147,430	143,429	1,577,716
	计	0	645,429	2,581,718	322,715	3,549,862
合计	男	0	2,458,964	9,835,857	1,229,482	13,524,303
	女	0	1,967,171	7,868,684	983,586	10,819,441
	计	0	4,426,135	17,704,541	2,213,068	24,343,744

农业人口的消费同等价为20,793,882,非农业人口为3,549,862,两者合计为24,343,744。分别乘以作为该消费同等价一年间的单位消费量,农业人口为320公斤,非农业人口为274公斤,还有每年作为豆酱、酱油原料的大豆消费量25公斤,可以计算出山东省总人口的所需粮食。(参照二·2·(2))现在的所需量如下所示:

表十 山东省粮食以及作为豆酱、酱油原料的大豆所需量

类别	人口数	人口消费同等价	粮食及大豆的单位所需量(年公斤)	粮食及大豆的总需求量(吨)
农业人口的粮食所需量	31,505,881	20,793,882	320	6,654,042
非农业人口的粮食所需量	5,378,578	3,549,862	274	972,662
两者作为豆酱酱油原料的大豆所需量	36,884,459	24,343,744	25	608,594
合计	36,884,459	24,343,744		8,235,298

即,在山东省,包括作为豆酱、酱油原料的大豆所需量的人口粮食的总需求量为8,235,298吨。在这个结果上再加上作为家畜的饲料被使用的谷类的数量,就可得出在山东省必要的粮食和饲料的总量。接下来就家畜的饲料简单陈述一下。

(2)**家畜饲料的谷类所需量**

通过山东省公署的调查,到民国二十九年为止,山东省的家畜头数为牛770,370头、马82,778头、骡子157,948头、驴555,994头,合计为1,547,090头。

现在作为这些家畜的饲料而被消费的谷类数量如下所示(参照二·2·(4)):

表十一 山东省家畜头数和用作饲料的谷类所需量

类别	头数	全年的谷类所需量	谷类的总需求量(吨)
牛	770,370	405	312,000
马	62,778	405	25,425
骡子	157,948	405	63,969
驴子	555,994	203	112,867
合计	1,547,090		514,261

即,在山东省,家畜饲料需要谷类514,261吨。

到这里对决定山东省粮食供求的各个要素的讨论结束。现在将这些内容整理成下表。

3.山东省粮食的绝对供求以及供求的平衡

表十二　山东省粮食的供给和需求量

(单位:吨)

类别	昭和十五年	昭和十六年	普通年份
生产量	9,923,217	9,487,717	11,669,699
应保留的种子量	474,355	479,834	474,355
用于榨油的黄豆分配量	380,885	336,662	428,404
粮食的供应量	9,067,982	8,671,221	10,766,940
同质量换算量	7,676,409	7,402,931	9,308,245
农业人口的粮食需求量	6,654,042	6,654,042	6,654,042
非农业人口的粮食需求量	972,662	972,622	972,622
豆酱、酱油原料的大豆总需求量	608,594	608,594	608,594
小计	8,235,298	8,235,298	8,235,298
家畜饲料的粮食需求量	514,261	514,261	514,261
需求量合计	8,749,559	8,749,559	8,749,559
平衡状况	-1,073,150	-1,346,628	+558,686

即,山东省换算成同质量的粮食的供给总额在正常年景(七七事变初期即民国二十六年作为正常年景)大约为920万吨。与其相对,需求量大约为870万吨,从中可以看出大约有60万吨的剩余。昭和十五年、十六年皆因歉收而出现供应量不足。至于不足的总额,前者大约是100万吨,后者达到130万吨之多。

四、确立粮食自给自足所需的规定,决定消费量(以山东省为例)

在前面的章节中,笔者论述了关于决定粮食供求量的理论与方法,并以山东省为例进行了具体的计算,得知在正常年景大约有60万吨的剩余,而在昭和十五年大约有100万吨、昭和十六年有130万吨的不足。然而这个不足量是指农业人口和非农业人口摄取各自的标准量的粮食,即前者每年320公斤、后者每年274公斤而产生的。说起来,山东省的人口是如何调节这个不足量的呢?自然是降低标准摄取量以取得自给自足的平衡。当然这个标准摄取量的降低如果不平等地进行的话,富裕者依然可以摄取标准摄取量或者是标准摄取量以上的数量,贫民则只能降低标准摄取量,谷类吃光了,会走到食用红薯的叶子、杂草的果实(狗尾巴草等)和各种树叶、草叶的地步。

笔者在去年(昭和十六年)五月接受军队的委任去调查山东鲁南地区共产党部队的时候,正好在附近看到了粮食困窘的穷困情况。但是谷类已经用尽,各地只有稗子在买卖,这些东西也喊出了一斤5—6元的高价。

共产党发放的粮食只有大豆,党员和八路军将大豆烤熟食用。而且共产党发布的公告上有树叶保护条例,树叶被供作粮食而携带,不能使树木枯死等规定也如实反映出共产党到了食用树叶、树皮的地步。

与此相应的是,如果粮食不足,山东省的农民会通过减少摄取量,来自发谋求粮食供求的调节。所以,如果想建立粮食自给自足,如现在计划通过掘井、施肥和其他方法来获取粮食的急速增产,至少必须将山东省的生产额提高到事变前的水平。可是因为不可能迅速提高粮食生产量,达到人口摄取粮食标准量以取得供求平衡的地步,故而目前作为建立粮食自给自足的方法必须以现在的生产量为基准,将粮食摄取量降低到能够取得供求平衡的范围。而以这个被规定的人口单位消费量为基准,运用至今为止在山东省按照各县标准进行的计算方法,必须观察按各县标准的粮食供求。根据这个计算,可以明确得知哪个县有多少粮食不足,是否有赊欠,或者是否能够获得平衡。粮食剩余县的余粮会用于不足的县,从而达到建立粮食的自给自足。

按以下方式可以求出适合建立粮食自给自足的人口规定粮食消费量。现在根据表十二求出的昭和十六年的产量,从昭和十六年的粮食总生产额9,487,717吨扣除种子和榨油分配的黄豆之后,粮食供给量为8,671,221吨,将其换算成同质量的数量为7,402,931吨。

从该供给粮食的总量中减去豆酱、酱油原料的需求量608,594吨和家畜饲料的谷类需求量514,261吨,其剩余为6,280,076吨。所以为了在农业人口和非农业人口的粮食与该剩余量之间取得平衡,必须规定农业人口和非农业人口的单位消费量来建立粮食的自给自足。现在用C来表示该剩余量6,280,076吨。而且,如表九所示,在山东省按人口的消费同等价,农业人口为20,793,882,非农业人口为3,549,862,现在前者用A后者用B来表示。而且农业人口和非农业人口的单位消费同等价的年标准消费量前者为320公斤,后者为274公斤。所求的规定消费量分别用X和Y表示的话,这个X和Y可通过解下面的代数式求出。

$AX+BY=C$……(1)

$Y/X=274/320$……(2)

由(2)可得

$X=\frac{320}{274}Y$……(3)

将(3)代入(1)

$A(\frac{320}{274}Y)+BY=C$

$320AY+274BY=274C$

$Y=\frac{274C}{320A+274B}$

$A=20,793,882$

$B=3,549,862$

C=6,280,076,000(单位改为与消费量对应的公斤)

$$Y=\frac{274\times6,280,076,000}{(320\times20,793,882)+(274\times3,549,862)}=225.6(\text{公斤})\cdots\cdots(4)$$

将(4)代入(2)可得

$$X=\frac{320\times225.6}{274}=263.5$$

即农业人口的单位规定消费量为263.5公斤,非农业人口为225.6公斤。舍去小数点以后的数字之后,前者至少为263公斤,后者为225公斤。即前者每天1.44斤,后者每天1.33斤的摄取量。将其与标准消费量1.75斤以及1.5斤比较,农业人口每天减少了0.31斤,非农业人口减少了0.27斤。而根据该规定粮食消费量来节省粮食,正如前面再三强调的,如果遇到歉收的时候,粮食将涉及到草根、树皮等,对于勉强糊口的山东省农民或是其他省的农民来说,可能不是非常痛苦的事情。

一方面通过规定这样的粮食消费量来获得粮食供求平衡,另一方面,在目前实施的粮食增产政策谋求粮食增产的同时,可以通过并行实施国家贮藏丰收时候的剩余粮食以备歉收等政策来自然解决华北的粮食问题。

五、山东省各县粮食盈余或不足的量

接下来根据这个单位规定粮食消费量,算出山东省各县的粮食供求量,判定粮食剩余县和不足县,并以此来提供山东省确立粮食对策的参照资料。

在表十三[①]中详细显示的各县的粮食数量与上述内容一致,对于现在还不能断定正确与否的数字(因为作为计算基准的产量统计以及人口统计现在不能肯定是正确的),暂且相信以山东省各县的粮食供求以及多少数量为目标得到的参考资料。笔者虽然相信,和逐渐确定统计资料的正确度一样,供求计算的精确度也将逐步增加,但是以现在的情况,与其把重点放在数字的精确度上,不如放在以上再三强调论述的粮食供求计算方法论观点上。而且像一个县或者一个地方那样的小地区范围,作为基础资料的粮食生产量和人口统计如果在正确的范围之内,可以相信通过上述理论和方法计算的粮食供求准确度很高。

① 译者注:原文未附上表十三的具体内容。

昭和十三年 3 月

事变后胶济线沿线农业调查报告

满铁华北事务局调查室

序　言

一、本调查是关于胶济线沿线各城市及农村内的农业事务在本次事变中受到的影响的调查。

二、本调查是昭和十三年2月23日到3月7日的短期内，对实地调查结果进行的汇总。在战后不久，社会情势也不免过度极端，因此在执笔之际，致力于将当地的经历的现状忠实地记录下来。

三、调查员　中野正雄　　翻译员　赵光鲁

四、本报告执笔者　中野正雄

目 录

一、一般状况

从山东到山西的胶济线将沿线的农产品运送到青岛、济南的同时，逐渐与济南市场分离，而后济南成为在华北的一大集散地，使经济的势力范围更加扩大。特别是最近呈现出，不仅是属于天津、上海市场的河北、河南、江苏，山西、陕西的各市场也包含在这个范围之内的情况。因此，由本次事变引发的胶济线的破坏杜绝了沿线农产品的上市，不仅给附近的农民带来经济上的打击，更是间接地给远离上述各省的农民们带来经济上的打击。

这次事变给胶济线沿线农民带来的直接的战祸里，虽然由中国军的贩卖走私带来的损害其实很少，但治安状况的不安定，粮食、家畜、车辆的征收，农产品上市的中止，物价的暴跌给农民的精神、经济带来相当残酷的打击。

分成以下几个部分稍稍叙述这个现状。

二、农畜产部门的损失状况

山东省内的主要农产品是小麦、高粱、粟、玉米、大豆、花生、棉花、烟草等，胶济线沿线多种植小麦、烟草。特别是烟草，作为山东米叶被人们所熟知，是农家唯一的现金收入来源。

下面展示的是山东省农产品的生产状况和消费状况的数据，可作为参考。

山东省农产品生产状况（《中国实业杂志》第23期）

类别	栽培面积（市亩）	一市亩产量（市担）	常年总产量（市担）	生产县数	主要产区
小麦	40,942,621	1.20	48,991,224	110	泰安、平度、胶县
大麦	* * *	1.58	2,097,193	39	诸城、广饶、胶县
高粱	19,088,549	1.83	34,932,730	110	滕县、寿光、诸城
玉米	6,158,477	1.79	11,015,990	78	乐陵、德县、章丘
粟米	17,339,824	2.08	36,017,144	110	昌邑、平度、诸城
甘薯	2,933,347	13.83	41,472,154	60	牟平、即墨、莱阳
大豆	26,724,917	1.32	35,185,309	110	寿光、胶县、单县
绿豆	3,912,507	0.87	3,410,325	89	鱼台、曹县、齐东
黍稷	1,074,492	1.36	1,461,161	70	定陶、平度、郓城
米	46,279	2.65	122,661	8	桓台、章丘、费县
芝麻	344,230	0.66	283,838	37	单县、范县、菏泽
花生	3,752,950	2.82	10,598,940	82	恩县、莒县、滕县
实棉	6,336,238	0.95	6,009,657 （民国二十二年）	57	曹县、清平、高唐
烟草	410,712	3.11	1,275,723	37	临沂、潍县、临淄

续表

类别	栽培面积(市亩)	一市亩产量(市担)	常年总产量(市担)	生产县数	主要产区
白菜	146,285	31.97	4,676,000	101	章丘、阳信、掖县
葱	180,833	14.24	2,586,756	49	章丘、夏津、长清
蒜	30,613	9.71	296,979	38	嘉祥、德县、＊＊
萝卜	67,600	25.54	1,726,830	20	莱阳、即墨、威海
合计	130,818,661		242,160,614		

山东省农产品销量概况(《中国实业杂志》二十三年度)

类别	县内销量(市担)	县外销量(市担)	县外销量占常年产量%	主要销地
小麦	34,529,957	14,461,267	29.52	天津、济南、青岛、烟台
大麦	2,007,107	90,086	4.29	省内、邻县
高粱	34,084,548	848,182	2.43	省内、邻县及上海
玉米	10,532,754	483,236	4.38	省内、邻县及上海、天津
粟米	36,017,144			无
甘薯	40,282,306	1,189,848	2.87	省内、邻县
大豆	34,214,410	10,970,899	24.28	天津、上海、徐州
绿豆	2,968,579	451,746	13.21	省内、邻县
黍稷	1,451,990	8,171	0.56	济南、天津
米	111,461	11,200	9.13	济南
芝麻	257,815	26,023	9.16	上海、天津、济南
花生	4,731,111	5,867,829	9.16	上海、天津、济南、青岛
实棉	1,743,657	4,266,000	55.36	上海、广州、汕头、欧美、日本、香港
烟草	4,266,000	500,000	70.99	上海、日本、天津、郑州、青岛、济南
白菜	4,179,300	496,700	10.49	济南、南京、宁波、满洲
葱	1,787,434	299,322	10.62	济南、青岛及省内、邻县
蒜	207,989	88,990	14.34	省内、邻县
萝卜	1,441,830	285,000	16.50	青岛、烟台、济南、曹州
合计	201,325,115	40,344,499		

现在受事变影响,除小麦以外的经济作物几乎全部都价格暴跌,唯独小麦和其他粮食作物一样,虽处于事变中但没有价格的变化。事变后的今天,囤积品处于脱销状态,逐渐趋于涨价的倾向。因此可以说,现在农民唯一的希望都寄托在今春小麦的收获情况上。

水稻集中在桓台、章丘附近进行栽培。如果各地还有水田，适于种植水稻的土地，今后也许会增加种植。水稻也几乎没有受事变的影响，因此本年度的栽培面积也不会变化。

烟草种植在现在的胶济线沿线的山驿站到辛店站之间约 120 千米之间，线路北侧约 5 里、南侧约 10 里的范围内，栽培地域有逐渐向西移的趋势，例如，以前主要产地为坊子和二十里堡等地，现在辛店变成了主要产地，逐渐波及到张店。民国二十五年沿线各站烟叶上市数量如下表所示，其中辛店占全部上市量的 35%，谭家坊子达 12%，其他的占 10%左右。

各站烟叶上市调查表(民国二十五年)

站名	车数	数量(吨)
辛店	1,300	15,600
青州	400	4,800
杨家庄	350	4,200
谭家坊子	650	7,800
二十里堡	400	4,800
蛤蟆屯	60	720
黄旗堡	300	3,600
坊子	200	2,400
合计	3,860	46,320

本次事变对烟草的收获几乎没有影响，而且由于受到好天气的恩赐，去年秋天的收入高达约 800 万贯至 900 万贯。看看这些主要的农作物的种植比率，小麦约占 33%，大豆约 20%，高粱 15%，粟米 14%，棉花 4%，花生 2.5%，玉米 4%左右。

这些农作物中种在胶济线沿线的主要是如上所述的小麦、大麦、大豆、水稻、烟草等，小麦大多是秋小麦，在沿线一带广泛栽培，特别是胶县、莱阳地区的种植比率达 50%-60%。

大豆作为小麦的试验品，被广泛种植。特别是，胶县作为地方的中心市场被人们所熟知。

这些小麦现在(3 月上旬)的成长十分顺利，已经长到 5-6 厘米。一般受是事变的损失很少，只限于铁道沿线附近中国军事防御阵地一带。因此，只要今后风调雨顺，本年度的收成不会有大的变化。

去年种植的小麦在事变前就完成了收割，因此沿线的小麦已经在青岛或济南的制粉工厂里作为做面粉的原料几乎卖光了。在日军占据山东之前已经陆续在济南方面上市，现在农民的持有物品量虽不明确，但可以确定的是大概占产量的 60%-70%。

在潍县的南信洋行的采购市价是每一百磅的上等品 20 元，中等品 15 元，下等品 10 元，大概是前年的采购市价的一半不到。于是，由此而造成的农民经济损失在 1,000 元以上。

家畜的损失状况　胶济线沿线相较而言多栽培小麦、大麦、豆类、水稻等普通的农作物，因此与棉花种植地带相比，农耕和耕畜的关系当然是更加密切。特别是东部地带的胶县及昌邑

县多饲养牛和驴。(附:山东省家畜统计参考数据)

山东省家畜统计
(《中国实业杂志》二十三年度)

类别	饲养户数	每户平均头数	家畜头数	饲养最多的县	主要消费地
牛	1,793,030	1.23	2,214,370	昌邑、胶县、* *	日本
羊	224,618	7.74	1,739,670	单县、昌邑、滕县	天津、河南
猪	1,946,530	2.21	4,298,580	文登、郓城、莱芜	省内、天津、上海
马	183,087	1.37	250,758	鱼台、滨县、单县	省内
骡	439,465	1.36	599,630	阳信、文登、滨县	省内
驴	1,724,993	1.19	2,046,058	昌邑、平度、胶县	省内
合计	6,311,723		11,149,066		

由事变引起的这些家畜的损失状况虽不明确,但对沿线各地的马或驴的征收或掠夺,导致相当数量耕畜的减少,是可以预想得到的。据说仅潍县一处就有600头驴和300台马车被征收。

因此,现在农民正逢播种期,很明显,耕畜不足给农耕带来相当大的阻碍。

家畜的不足当然导致了价额的高涨。现在的驴一头估计是80元乃至180元,一般都是120元左右。

三、本年度事变对农耕的影响

1月中旬以后,日军在几乎没有交战的情况下占领了胶济线,胶济线之后在经历了诸多牺牲之后于2月10日开通,由此沿线一带的治安得到明显改善。

然而,在离沿线仅30华里左右的地域是变成匪贼的旧保安队,以及自称山东自治军、红枪会匪等人活动的区域。他们横行霸道,袭击车站,进入当地居民的村落搜刮抢掠,还同日军讨伐队屡屡交战,频频威胁当地居民的生命和财产安全。

而治安相对良好的沿线地区,经济作物棉花、烟草、花生等在前年大约降到一般的价格,因此农民所受的打击可能超出了想象。

因此农民对今后事变的进程,或者农作物的有利形势等未来完全没有预期。今后要尽量控制这样的经济作物的栽培,栽培粮食作物如小麦、高粱、粟米、玉米等,确立自给经济。我们过去在战乱和水旱灾害时候已经屡屡发现许多新的实例。对于今春农作物种植的减少程度,我们广泛征求了从事该职业的人、农民或有经验的人,虽意见各不相同不能统一,但大体上预计棉花、烟草、花生等的种植面积是普通年成的30%到50%,普通作物大约增加了10%,而预计全体的收成大约减少20%至30%。

作物的种植特别是商品作物的种植,今后会被华北经济建设的快慢、日满中集团的再调整及海外经济影响所左右，因此潜在的问题的确是很难预想的。

四、流通机构的变化以及其对农业造成的影响

(一)棉花

山东省棉花生产地分为鲁西区、鲁南区及鲁北区。鲁西区的主要集散市场是临清，鲁北区的是张店及孙家镇、辛家寨、北镇、田镇等中间交易场，鲁南区是曹县。这些地方的棉花生产量大约是130万至150万担，大多都运往青岛、上海及天津，一部分供济南消费。

事变前，济南是山东最大的集散地，其经济势力范围扩张，山东省生产的棉花几乎全都聚集在济南。一部分作为济南纺织业的原料消费，其他的被加工后，顺应市场情势各自被运往天津、上海、青岛。举例来说，前年山东棉花产量为150万担，其消费状况如下所示：

济南运至青岛的棉花	80万担
张店运往青岛的棉花	40万担
济南运往上海的棉花	15万担
济南运往天津的棉花	8万担
在济南消费的棉花	5万担
合计	148万担

像这样在事变前，济南是有加工工厂的最大的集散地。由于事变导致的津浦线、胶济线两条铁路的断绝以及治安状况的恶化、贸易机构的破坏，甚至导致了棉花产量变得很少。

之后，去年12月，以救济华北农民为目的的军民一致活动，致使津浦线天津-德州间的货物运输开始，南运河的解冻致使发货量逐渐增加。现在德州有大约50多家的日华棉行活动。

如上所示，向来都是山东西部的主要棉花生产地的临清、清平、夏津、恩县、武城等的所谓的御河棉[①]，利用水利被陆续运往德州上市，而东部的惠民、滨县方面的棉花也用牛马车或者独轮车陆续集中到德州中部；价额也从去年12月的17元左右到现在从天津采购，喊出37元乃至38元的高价，一天平均可进行大约4万-5万元的交易。

这些交易市场，在普通年份是大约40-50元，相较下降了20%-30%。从德州一直到奥地价格依次降低到二三十元也可以买到的模样，因此农民所受的打击大概是非常深刻的。南京的市上到现在几乎没有，现在囤积的山东米棉有1万5千多斤，保管在南京华商那里，但由于都有中国银行的担保，而现在的市价也下跌很多，即使把它卖掉了也不到担保价额的一半，买家必须支付不足数额的追加费用，结果导致了济南市内囤积棉花的交易变得相当困难。

继济南之后第二大的棉花集散市场是有名的张店。现在胶济线沿线的棉花栽培十分少，仅仅只以周村附近为中心进行栽培，但在张店，以小清河流域和北滨县、蒲台县作为腹地，每年发30万-40万担的商品到青岛。

如果是这样的状况，事变前张店有华商棉花栈20多户，国家商户有日信、和顺泰、瑞丰、东

① 译者注：御河棉，以内河为外运途径，纤维长、洁白度高，为纺纱主要材料。

棉、宇大公司、瑞和6户,虽然有棉花仓库及加工工厂,昭和十二年11月20日都受到中央军爆破队的掠夺爆破,这之后更是受到周村第22师、县保安队及当地居民等的几次掠夺,导致现在的残垣断壁的惨状。

根据当地居民的说法,到去年11月中旬左右,华商棉行采购了少许货物要上市到济南、青岛,但因大半都不能上市而积压在了农村。

注:民国二十三年新棉上市后到同年末以及民国二十四年3月中旬棉花上市情况如下所示。

名称	二十三年最高	二十年最低	二十四年3月中旬
特别田镇	53.00	47.00	50.50
普通田镇	51.40	46.00	48.50
特别彰德	52.50	45.50	49.50
普通彰德	51.50	44.50	48.50
特西米棉	51.00	45.50	47.50
普西米棉	48.00	44.25	46.50
特别粗绒	44.00	41.75	42.00
普通粗绒	42.50	38.25	38.00
特别次白	45.00	42.50	38.00
普通次白	28.00	26.50	25.00

棉花上市途径的变迁,如上所示,济南和张店是棉花的中心市场,占有重要地位,是基于青岛及天津以之作为纺织原料,通过津浦、胶济两线运输的结果。可以看出本次事变导致的对在青岛的国人纺织的破坏,今后对上市系统会带来很大的变化。

据当业者所言,青岛纺织的复兴需要两三年。一方面济南内的钟纺、东洋纺及长崎纺等的大纺织资本都是以华商纺织委托经营的形式积极地引进,已经处在了开始作业的状况。

仁丰纺 (纺机15,284锤,织机240台) 钟纺

鲁丰纺 (纺机28,016锤) 东洋纺

成通纺 (纺机16,800锤) 长崎纺

也就是三个社的纺机约为6万锤,所要的原棉一年的消费额为15万担(事变前大约12万担)。

综上所述,青岛国人纺织实质上的消失和济南纺织的充实,使今后棉花上市系统发生变化,向来从张店及济南到青岛上市的大约120万担的原棉,很明显今后会变更到天津上市。

从输出棉花和加工工厂的关系来看,现在德州到天津逐渐上市的棉花都是面向输出方向的,所以是以加工工厂的存在为前提的。而济南的加工工厂在现在不能使用,棉花不能上市到济南。这被认为是发货到德州的理由之一。因此,三菱、* *、日本棉花、东洋棉花、其他的国商棉棉业者注意到这一点,使济南成为从前那样的集散市场。

(二)烟草

胶济线沿线的米叶烟草的耕作面积在昭和十一年有2万7千町步,产量约为850万贯以上,其价格约为2千万乃至2千5百万美元。

烟草的集散地是黄旗堡、蛤蟆屯、潍县、坊子、二十里堡、谭家坊、杨家庄、青州及辛店。直到事变前,统治全中国的英美托拉斯日商南信、山东、米星及华商的上海、华星的太阳等等都进行着激烈的竞争。

采购的数量虽不能准确得知,但日本驻青岛商工会议所的北野顺之的调查结果如下所示:

450万贯以上	颐申烟公司(英美托拉斯)
150万贯以上	邦商、合同、山东、米星
150万贯以上	南洋、联华及其他上海制造业者
50万贯以上	上海、青岛的经纪人

也就是,英美托拉斯占60%,日商占20%,其他占20%的比例。山东烟草几乎是被托拉斯掌握了实权。

由于事变的影响,断绝了胶济线运输,采购无法进行,导致农民只能用手中存有的东西越冬。之后,本年1月下旬由日军确保胶济线的安定,这才使日商的进入成为可能。不久以前日商南进洋行才着手于采购,到2月下旬,日本人回归青岛得到许可,同时的米星各社开始进行采购。

因此,辛店、谭家坊、杨家庄、黄旗堡等地的农民逐渐开始搬出烟草,当业者也在出资者＊＊＊那采购,坊子一天有平均1万斤左右的商业贸易。

英美托拉斯与之对抗,＊＊＊＊＊＊,将购买的烟草叶子运输到二十里堡的再干燥厂的方法,以及再干燥烟草的容器——樽材的运输是相当困难的。而像往年那样压倒性的购买在现在是困难的。

而现在烟草采购的难点是再干燥厂的破坏,以及由此带来的所买烟草的贮藏及运输的困难,和强制地用＊＊＊＊＊＊购买,使农民＊＊＊＊＊＊,交易变得不顺利。而有关这些,使用潍县站前的上海公司的再干燥机向南发展,＊＊＊＊＊＊而＊＊＊＊＊＊的问题,由中国准备银行推行的新币值,与3月10日得以统一,而后逐渐取消。

以本次事变为契机,日本商人站在从前日本专卖局或东亚烟草的经纪人的立场,和制造业者进行密切的合作。本来英美托拉斯的购买方针是在全中国、满洲的广阔范围内,以向自己的制造工厂提供商品为目的,以山东米叶为主要原料,因此购买价额的多少受高价、数量、品质等的限制比较少。反之,日本人纯粹是从经纪人的立场出发,因此由内地、朝鲜、满洲烟草的生产状况而受到购买数量、品质等的限制,而且即使是交换市场也陷入了采购方针屡次变更等的悲惨命运。

而事变后,青岛日本人经营的唯一的华北烟草公司收购了山东烟草公司(资本金25万元),增加了资产300万元,工厂得到扩张翻新,一个月制造5万根合3千箱。今后将同英美托拉斯进行对抗,活跃华北烟草市场。

而伴随着大藏专卖局积极的支持,山东烟草的未来可以说是前途无量。但正值事变之际,日本商人最应该谨言慎行的地方是,不能滥用现在自己的独占地位,对农民进行严重的榨取,要注意不要在地方居民处失掉了信用,应时刻警醒自己。

(三)小麦

山东省小麦的产量据说大约是70万担。全省各地都有栽培。主要的生产地是胶济沿线,与河南省连接的西南部地方以及小清河沿岸。

根据省政府建设厅关于胶济线沿线主要的五个县的小麦产量的调查得到如下数据:

(单位:千担)

年份	1930年	1933年	1934年
小麦产量	2,724	3,760	5,371

这些小麦几乎都是秋时小麦,在6月上中旬收获后立刻上市到附近的市场,利用铁路或水运上市到济南。青州以东胶济线沿线的小麦几乎都是上市到青岛,青州以西的都上市到济南。

上市到济南的小麦几乎全部都作为了华商面粉工厂(七工厂)的制粉原料。济南的面粉生产产额约为660万袋,原料小麦达大约380万担,遥遥领先于青岛。从面粉的消费状况来看,济南市有约400万袋,黄河沿岸有6万袋,胶济线沿线有100万袋,津浦沿线有约20万袋,其他地区有约20万袋。

如上所述,在济南汇集的小麦生产成面粉后又分散发送到山东全省。

事变后,这些济南面粉工厂通过三井、三菱之手委托经营已经开始,可以想象出他们的贸易关系会有大的变化。

(四)花生

花生的栽培面积约有400万亩,占全部耕地的2.5%-3%。其产额为,剥了的果实有大约50万*,价格约为8,000***。从前这些花生及其制品大部分从青岛港运到日本、德国、法国及荷兰等,或者大量运往广东,全额达4千万元,是青岛输出界的王牌产物。

现在的上市状况及消费状况如下所示(东和公司谷村重忠的调查)

青岛输出量	20万吨
龙口、芝罘、威海卫输出量	5万吨
青岛市内油房消费量	6万吨
奥地油房消费量	8万-10万吨
四港以外的输出量及地方的消费量	10万吨
合计	50万吨

这些花生的生产地在小清河沿岸的齐东附近,津浦线的平原、禹城附近及莱芜大汶口附近,大多在济南聚集后经青岛和天津输出。

花生的生产及济南的上市状况如下所示:

山东省花生原产地产量及济南上市数量

（单位：袋，每袋装 150 斤）

原产地	产量	济南上市量	差额
齐东	130,000	100,000	30,000
黄河涯	40,000	30,000	10,000
平原、武城	110,000	90,000	20,000
河北、东北乡	55,000	50,000	5,000
肥城、阳谷	30,000	20,000	10,000
泰安、新泰方面	150,000	25,000	125,000
大汶口	350,000	300,000	50,000
曲阜	90,000	80,000	10,000
邹县	110,000	100,000	10,000
滕县	200,000	150,000	50,000
临濮	100,000	70,000	30,000
兰封	50,000	30,000	20,000
合计	1,415,000	1,045,000	370,000

备注：①从昭和八年 10 月 1 日至昭和九年 9 月末间的一年。

②减去 370,000 袋在原产地作为榨油原料的产品，只指花生原样运往天津、满洲、浦口的产品。

③本表格是济南东和公司调查结果。

事变影响

由事变后花生的上市状况来看，在津浦线上，天津到德州之间由昌近铁道开始了货物运输的处理，平原、齐东地区以德州站为中心，陆续上市到天津，而主要生产地大汶口、莱芜、泰安、新泰方面完全处于上市困难的状态。面临山东省中黄海的海阳、金家口、日照地方的花生，受事变的影响比较少，有 15 万吨左右的生产。伴随着昌近、青岛治安的恢复，利用舢板上市到青岛，购买价格是去年的一半。

五、食品外的生活必需品的供需状况

胶济线沿线地带在民国二十五年、二十六年两年的时间里，在去年 12 月以后，由于丰收以及战争导致的占领，与津浦线、京汉线相比，它们给农民带来的影响比较小。而胶济线沿线的棉花种植很少，是小麦、大豆、高粱、蔬菜类的生产地，粮食几乎是自给自足的状态。因此，因事变导致的流通机构的断绝，虽不会感觉自给粮食缺乏，但砂糖、石油、煤炭、纸、棉布等不足，价格都上涨了两三成，给农民生活带来很大影响。从面临莱州湾的小清河、潍河、子河沿岸的盐田地带搬进很多无税盐,每斤3钱至5钱贩卖出去,农民的生活会感到何等的不安。

日中两军的屯驻导致肉用家畜的减少相当显著。以下的济南市物价上涨状况的表格仅供参考:

济南市物价调查表(零售价)

类别	数量	2月10日调查	1月13日调查	潍县城内(3月1日调查)
小麦	市秤5斤	8.20	7.70	
高粱	100斤	3.82	3.80	3.50
白面	1袋	4.50	5.00	5.50
白菜	100斤	2.50	2.50	2.00
大豆	100斤	6.00	6.00	6.00
萝卜	100斤	2.50	1.60	1.50
山芋	100斤	9.00	7.00	
甘薯	100斤	4.50	3.00	
马铃薯	100斤	3.50	3.00	
葱	100斤	2.50	3.80	3.00
白糖	100斤	32.00	34.00	28.00
豆素面	100斤	2.80	3.00	

<table>
<tr><td colspan="10">**委托金月计对照表合计书**
康德　　年　　月份

对照表　　枚(张)</td></tr>
<tr><td colspan="2">(滚 存 金)
越　　额</td><td colspan="2">(收 入 额)
受 入 额</td><td colspan="2">(付 出 金)
拂 出 金</td><td colspan="2">余　　额
(残　　额)</td></tr>
<tr><td rowspan="3"></td><td rowspan="3"></td><td rowspan="3"></td><td rowspan="3"></td><td>直拂(直付)</td><td></td><td rowspan="3"></td><td rowspan="3"></td></tr>
<tr><td>隔地拂(隔地付)</td><td></td></tr>
<tr><td>合计</td><td></td></tr>
<tr><td colspan="8">(内抄件　　　　张)
内誊本　　　　枚

满洲中央银行</td></tr>
</table>

昭和十年 3 月

山东省济南西部、河北省南部地区农业调查报告

满铁 · 经济调查会

绪　言

第二部　木下寿男

天津驻屯军决定在山东省进行衣粮调查,我们满铁总部想与此同时在该地区开展资源调查,于是组成了调查班。我们调查班配合驻军,主要在济南西部、北部及河北省南部地区从昭和九年10月18日到同年11月2日进行了调查。

该地区是棉花主产地,所以调查易偏重于棉花种植问题,其他方面的资源调查多依据建设局统计的数据。

调查的方法是,调查班隐瞒了军人及满铁的身份假称商人进行调查。中国的公安队对日本人警戒心很强,给调查带来了极大的困难。济南、禹城、高唐各县调查结束之后,完全掩盖了调查班的意义,主要是装成南方人(因为缺乏中国人的疏通)极其隐蔽地开展了调查,最大努力地收集了一些实际资料。

因此,我们不可能在一个地方长久停留,一天或半天急行军式的调查,再加上一些不周之处以及调查非常隐蔽的缘故,不可能对各部门展开深入的研究,因此大部分采用的是建设局的调查内容,我们只是站在独自的立场进行观察和点评。

今后,在开展调查时要注意的问题是不要说自己是日本人,而是假称中国人,从而增加调查的可靠性。我们深感在实施上述行动时全体调查人员都有必要通晓中文。

最后,感谢各位在调查中给予的指点。

调查班及调查行程

一、调查班

调查班成员　　4名

陆军三等主计　　奈良少尉

同声传译　　政冈　清

满铁经济调查会　　木下寿男

同声传译　　平山辉典

二、调查行程

月　日	出发地	调查区域	到达地	停留地
10月18日	天津			(车中)
19日		济南	济南	济南
20日	济南	泰安、泰山	济南	济南
21日	济南	泺口	济南	济南

续表

月　日	出发地	调查区域	到达地	停留地
22日	济南		禹城	禹城
23日	禹城	禹城、高唐	高唐	高唐
24日	高唐	清平、博平	博平	博平
25日	博平	东昌	东昌	东昌
26日	东昌	堂邑、冠	冠	冠
27日	冠	馆陶	馆陶	馆陶
28日	馆陶	临清、夏津	夏津	夏津
29日	夏津	恩	恩	恩
30日	恩	德州、桑园	桑园	桑园
31日	桑园	吴桥、东光	东光	东光
1月1日	东光	南皮、沧州		(车中)
2日	(车中)		天津	天津

目录

第一章 山东省济南附近及河北省南部地区概述

一、位置、地势

本次调查涉及的区域是华北的南部地区,其气候条件、土质、物产、交通、语言、文化等基本上都具有华北的特征。该地区位于北纬36°—39°、东经115.5°—117°之间,基本上是黄河的灌溉区,黄河作为大动脉掌握着该地区的生死大权。

闻名遐迩的泰山,其分支构成了山东省的脊梁。济南以西、以北地区则是由黄河冲积层形成的沃野,平原一望无际。

该地区的河流主要有黄河干流以及由白河出临清与黄河汇流之后进入江苏省的大运河,其他小河流则没有船舶利用的价值。

二、农业情况概述

中国原本就是农业国家,山东省虽说工商业比较发达,但其总人口的70%—80%还是生活在农村,产品也主要以农产品为主。棉花、花生虽然可以作为工业原料,但大部分是以原料的形式外销。另外,山东省济南附近的主要粮食有粟、高粱、小麦、玉米,豆类以大豆、花生居多,棉花是该地区的主要农产品,地位非常重要。除此之外,还有少量的芝麻、甘薯、烟草、西瓜等,畜产品目前的产量还没有达到可供外销的程度。下面将针对上述各项进行详细说明。

该地区土质良莠不齐,收成也因此相差悬殊。一般而言,收成不理想还可以忍受,但如果某些特种农产品产量过剩时,因交通原因,其外销多感不便。棉花外销也因为农民愚昧无知,产地中介、掮客、棉商等层层牟利,雁过拔毛。

该地区还没有采用深耕法,耕种法落后,选种、肥料、器具等还有许多亟待改良之处。加之没有灌溉排水设施,如遇旱灾或降雨导致的洪水泛滥,不少时候则会出现歉收甚至颗粒无收的情况。

造成民不聊生的原因不仅仅是上述农业自然条件、交通条件不完备,还包括没有从体制上为农村提供完善的设施。

也就是说,农村经济形势的好坏与其说内因更紧迫,不如说更多情况下是受外部体制上的困扰。通过对该地区的土地分布进行观察,我们发现:这里有地主,也有佃农。与日本相比,虽然没有大地主,但佃农也不多,自耕农占了大部分。因为佃农很少,所以年工形式的雇佣劳动者数量非常多。

虽然是地主对佃农的问题,现在地租高昂,将来也不是不可能发生斗争。现在,与地主相比,农民受到的官吏的压迫以及租税负担更重。此外,还有军阀的横征暴敛、土匪的抢劫、党派的干涉等各种政治上的压迫。如何摆脱这些压迫,是农民们的燃眉之急。

另外,困扰着农民的问题还有农村金融机构的缺乏。贫农常常受高利贷的剥削,他们将土地作为担保借钱,最后由于无法履行合同而丧失自己的土地,从而沦落为佃农或雇佣劳动者。

为了革除这些弊害,必须通过农民协会、信用合作社等组织让农民参与到农村自治以及司法警察等工作中来,消除政治上的压迫,开辟金融之路,提供经济救助。

以下将逐章详细说明各项内容。

三、交通概述

山东省济南附近的交通调查由军部委托给了调查班。调查结果概述如下。铁路有津浦铁路与连接济南和青岛的胶济铁路两大干线,主要公路有济南青岛公路、从天津经济南进入江苏省的公路、由泰安分别经曲阜至浦口方向的公路以及由曲阜经过调查区域高唐、恩县后出德州的公路。其中,济南是该地区的交通枢纽。调查区域的各县之间都有汽车往来,交通便利,禹城、高唐、博平、东昌、冠、夏津、德州都在这条线上。(据山东省汽车公司所述)

接下来大致谈谈水运情况。

山东济南附近具有水运功能的河流是黄河和大运河,但一般很少利用黄河行船。泺口附近虽然可以行舟,但下游地区则自古以来屡遭洪灾,河道变动也屡见不鲜。

其次,作为大运河一部分的南运河,与白河关系密切,自山东临清到天津960华里的河段,其水量很少随季节变动,整个河段都十分便于船舶往来,甚至可以通小轮船。排除冬季结冰期,一年之中有9个月可以通航。因此,民船往来十分频繁,码头之中,临清作为与卫河的汇流点,成了牛皮、牛骨、棉花的集散地,地位尤其重要。

该地区虽然还有一些黄河的其他小支流,但都没有办法利用。

第二章 各县人口、户数、农家户数、车辆数

县名	人口	户数	农家户数	百分比(%)	车辆数				备注
					大车	小车	轿车	其他	
济南	516,724	未定	不 明	不 明	—	—	—	—	
禹城	234,140	未定	54,560	不 明	—	—	—	—	
高唐	192,171	39,293	38,720	98.0	—	—	—	—	
清平	177,500	33,472	大部分	大部分	—	—	—	—	
博平	169,180	34,007	33,900	99.0	1,506	—	226	2,700	2,700 辆四轮车
东昌	230,256	45,199	29,379	65.0	1,380	1,960	215	50	50 辆人力车
堂邑	203,608	39,870	35,883	90.0	3,474	—	—	—	农民户数的 90% 是由农民人口推算而来的
冠	204,928	39,164	33,298	85.0	3,200	400	225	3	3 辆人力车
馆陶	224,051	45,960	32,172	70.0	1,532	620	65	—	
临清	258,400	不明	不明	不明	—	—	—	—	
恩	267,500	46,180	大部分	大部分	2,122	672	168	—	
吴桥	233,200	35,200	4,640	70.0	3,640	700	250	—	城内 3,200 人
东光	261,804	45,956	36,765	80.0	4,500	905	150	—	
南皮	102,051	39,988	33,989	95.0	—	—	—	—	
沧州	445,342	74,033	61,892	83.6	1,472	1,044	252	—	

注:德州县、夏津县的人口户数不明,故省略。

第三章　气候及土质概况

一、气候

一般而言,该地区气候温和,温度变化较小。降雨量的全年分布远比满洲地区更有利于作物栽培,条件优越。

今年各地的温度、初霜、降雪、降雨情况如下表所示:

县名	温度				初霜	降雪	降雨	备注
	最高(℃)	日期	最低(℃)	日期				
禹城	36.6	7月	(-)11.2	1月	10月	11月	6月及9月	10月末结冰,2月末化冰
高唐	44.5	7月	(-)14.4	1月	10月中旬	12月	7月-8月	
清平	41.6	7月(阴历五月末)	(-)14.0	—	10月上旬	12月	7月	
博平	47.0	7月	(-)11.0	2月	—	—	6月-7月	
东昌	43.0	7月	(-)10.0	1月	10月	12月	7月	
堂邑	42.0	7月	(-)13.0	2月	10月	1月	7月	
冠	44.0	7月	(-)12.0	1月	10月	12月	7月	
夏津	30.5	7月	(-)2.0(月平均)	1月	—	—	8月	
吴桥	42.0	—	(-)13.0	—	10月	12月	7月-8月	
东光	41.0	7月	(-)14.0	1月	10月	12月	—	

注:①恩县、临清县与堂邑县的情况大体相同。

②南皮县、沧州县分别与吴桥县、东光县基本相同。

③“(-)”表示零下。

夏津县各月的平均气温及降雨量如下表所示:

月份	气温(℃)	降雨量(mm)
1月	-2.13	0.00
2月	4.27	7.18

续表

月份	气温(℃)	降雨量(mm)
3月	10.81	2.22
4月	16.20	1.13
5月	23.05	3.84
6月	26.24	7.33
7月	30.70	24.10
8月	27.15	1,010.96
9月	23.72	6.00
10月	4.60	10.00
11月	6.55	9.33
12月	不明	不明

(夏津建设局测候记录)

据上表可知,夏津县的月均气温最高为30.70℃,最低为(-)2.13℃,温差为32.83℃。将之与新京、大连比较,如下:

地区	最高气温	最低气温	温差
新京(月平均)	23.3℃	-17.3℃	41.0℃
大连(月平均)	24.5℃	-5.0℃	29.5℃

新京的温差为41.0℃,而夏津的温差只有32.83℃,温度变化幅度较小,但与大连相比则年温度变化幅度还是偏大。夏津的降雨主要集中在雨季6、7、8月,8月的降雨量达1,000.0毫米以上,7月为24毫米,而其他月份特别是10月和11月的降雨量非常少。与满洲不同的现象是,该地区虽然具有充分的降雨的自然条件,但降雨量分布不均。

从风向来看,该地区春天刮南风,夏秋也多刮南风,冬天多刮北风,若再遇上蒙古冬季风来袭的话,则寒风呼啸。

二、土质

1.高唐、清平、博平附近

这一带基本上是沙质土壤,只要一刮风,沙尘就会被卷起,难以耕种。居民因此将地下深层的粘土挖出来,与沙土混在一起,以改善土壤质量。

2.东昌、堂邑、冠地区

这一带是富含粘质的沙质土壤,且到处都是碱性土,因此导致小麦、棉花大幅减产。

3.冠与北馆陶之间

这一地区是调查区域中土质最差的地区,多为不毛之地。距离冠县25华里的北部地区全都是沙土地,杂草丛生,不适合种植农作物。而且其面积正在扩大,看上去呈沙漠状。很多碱性土地,其表面被盐分覆盖,虽说是农耕地,但是棉花、小麦生长状态不好,叶黄且毫无生机,严重阻碍了该地区的农业生产。

4.临清、夏津、恩、德州地区

临清、夏津地区基本上以沙质土壤居多,除沙质土地、粘土之外,碱性土壤也不少。而恩、德州县的碱性土地较少,土质富含粘质,有利于棉花种植。

5.河北省南部地区

河北省南部地区的土壤较为肥沃,适合粮食作物种植,而且其收入远远超过棉花种植带来的收入。土壤通常有黄土地和黑土地两种,黑土地的收成相当可观。那些不适合种植粮食作物的劣质土地尚可用来种植棉花。在土质良好的河北省才可以看到减少棉花种植,增加粟、大豆种植的情况。南皮附近可见沙地,但主要还是由粘土质构成。

第四章　各县总面积及农耕面积

总面积及耕地面积参考的是中国建设局的调查数据，与最近这次调查相关的农耕面积的情况见下表。

据表可知，济南因为是山区地带，耕地所占比例较小。另外，劣质土地、碱性土壤较多的地方农耕地所占比例小，冠县、临清县就是这种情况。

其他县基本上都是平原，所以耕地较多，所占比例高达70%-80%。河北省南皮县的耕地占99%，毫不夸张地说，整个县都是田地。

各县耕地所占比例如下所示：

<table>
<tr><th>省</th><th>县名</th><th>总面积(亩)</th><th>耕地面积(亩)</th><th>耕地所占比率(%)</th><th>备注</th></tr>
<tr><td rowspan="12">山东省</td><td>济南</td><td>6,125,000</td><td>874,756</td><td>14.28</td><td rowspan="16">①1方圆华里相当于490亩
②1亩相当于360弓</td></tr>
<tr><td>禹城</td><td>不明</td><td>821,750</td><td>不明</td></tr>
<tr><td>高唐</td><td>1,487,150</td><td>738,948</td><td>49.69</td></tr>
<tr><td>清平</td><td>700,000</td><td>大部分</td><td>大部分</td></tr>
<tr><td>博平</td><td>680,184</td><td>535,430</td><td>78.72</td></tr>
<tr><td>东昌</td><td>936,248</td><td>853,048</td><td>91.11</td></tr>
<tr><td>堂邑</td><td>1,225,000</td><td>995,000</td><td>81.22</td></tr>
<tr><td>冠</td><td>9,068,240</td><td>1,018,200</td><td>11.23</td></tr>
<tr><td>馆陶</td><td>1,176,000</td><td>1,100,000</td><td>93.54</td></tr>
<tr><td>临清</td><td>2,450,000</td><td>963,000</td><td>39.31</td></tr>
<tr><td>夏津</td><td>910,339</td><td>730,339</td><td>80.23</td></tr>
<tr><td>恩</td><td>1,764,000</td><td>1,300,000</td><td>73.70</td></tr>
<tr><td rowspan="4">河北省</td><td>吴桥</td><td>920,000</td><td>852,400</td><td>92.65</td></tr>
<tr><td>东光</td><td>1,005,500</td><td>965,500</td><td>96.02</td></tr>
<tr><td>南皮</td><td>1,145,743</td><td>1,145,457</td><td>99.97</td></tr>
<tr><td>沧州</td><td>638,820</td><td>371,304</td><td>58.13</td></tr>
</table>

注：德州因调查不充分而未列入该表。

第五章 耕地面积及耕地比例

县名	农耕面积(亩)	耕种面积及比例%	各种作物耕种面积及比例(%)							
			小麦	粟	高粱	玉米	大豆	花生	棉花	其他
禹城	821,750	1,101,529	385,150	192,575	77,030	192,575	177,169	38,515	38,515	
			34.96	17.48	6.91	17.48	16.08	3.49	3.49	
高唐	738,948	718,098	60,000	160,000	2,000	20,000	40,000	5,000	421,098	10,000
			8.35	22.28	0.28	2.79	5.56	0.68	56.57	1.39
博平	535,430	571,350	29,920	147,900	148,700	52,300	160,530	3,400	8,500	20,100
			5.36	26.04	26.20	9.21	28.28	0.59	1.49	3.53
东昌	853,048	880,700	340,000	85,300	85,300	85,300	255,300	8,500	21,000	
			38.52	9.69	9.69	9.69	28.98	0.96	2.38	
堂邑	995,000	1,172,776	310,660	134,264	145,040	195,020	111,916	15,876	260,000	
			26.49	11.45	12.38	16.63	9.54	1.35	22.17	
冠	1,018,200	1,290,000	410,000	50,000	80,000	220,000	70,000	150,000	280,000	30,000
			31.97	3.87	6.12	17.05	5.43	11.63	21.71	2.32
馆陶	1,110,000	1,255,000	420,000	100,000	200,000	200,000	100,000		135,000	
			33.47	7.97	15.93	15.93	7.97		10.76	
临清	963,000	958,200	96,300	43,120	43,180	41,300	32,100	32,100	577,800	93,300
			10.04	4.50	4.51	4.31	3.36	3.36	60.23	9.71
夏津	730,339	812,410	11,467	165,772	190,663	38,313	34,812	22,176	216,445	27,772
			14.23	20.44	23.52	4.72	4.31	2.74	26.66	3.45
恩	1,300,000	1,675,000	300,000	200,000	250,000	150,000	150,000	250,000	300,000	75,000
			17.91	11.94	14.87	8.96	8.96	14.87	17.91	4.59
吴桥	852,400	752,400	10,000	300,000	5,000	90,000	36,000	20,400	200,000	
			13.29	39.87	0.66	11.96	4.92	2.71	26.58	

续表

县名	农耕面积(亩)	耕种面积及比例%	各种作物耕种面积及比例(%)							
			小麦	粟	高粱	玉米	大豆	花生	棉花	其他
东光	965,500	965,500	106,800	289,600	48,200	183,100	96,500	28,900	212,400	
			11.06	30.00	4.99	18.96	9.99	2.99	21.99	
南皮	1,145,457	1,626,540	171,818	229,091	114,546	286,364	572,723	57,023	17,207	177,768
			10.56	14.08	7.04	17.59	35.20	3.41	1.05	10.92
注:济南(历城县)、清平县、德县、沧州县耕种面积不详,因此省略。										

如表所示,除两三个县外,该地区种植面积比农耕面积大。这多是因为该地区的气候条件使然,作物可以收两季。

从不同作物对应的种植面积来看,小麦最普遍,高唐、临清地区盛行棉花种植,粮食作物很少。粟、大豆大多种植在铁路沿线地区,这主要是因为与山东省的棉作物产区相比,河北省的土壤更加肥沃。

种植高粱、玉米的越来越少,种花生极少,它们似乎已经失去了作为山东省特产的意义。

第六章 作物的产量(亩均)

在农产品生产方面,随着种植面积的不断扩大,亩产量对生产的影响也越来越大。亩产量成了判断土质优劣的基准。

粟、高粱、大豆等在津浦线、尤其是河北省境内的产量十分可观。大豆之类的产量是偏远地区的2-3倍。小麦不仅局限于铁路沿线,在临清、恩县也有种植。棉花产量各地差别不大,花生的产量,各地也都难分伯仲。

总而言之,亩产量高的地方,种植面积所占的比例也越大。粟、大豆的收成好也说明了河北一带种植了很多这些作物。

另外,关于芝麻、红薯、芋叶等作物的收成,因为有些地方不种植,所以无从得知。但是,高唐的芝麻收成不俗,夏津的黍也值得一提。

各地各种作物的亩产量如下:

亩产量

(单位:斤)

县	小麦	高粱	粟	玉米	大豆	黑豆	棉花	花生	芝麻	其他
禹城	100	150	180	100	120	—	80	250	—	
高唐	往年120 今年200	150 180	200 250	—	150 200	— —	100 100	400 500	100 120	红薯,往年100,今年150
清平	—	—	—	—	—	—	120	250	—	
博平	70	100	130	35	60	60	80	240	—	芋叶280
东昌	60	120	100	60	70	70	80	300	—	
堂邑	70	90	80	60	—	70	70	300	—	菜豆70
冠	62	85	100	80	90	90	50	250	60	
馆陶	40	50	60	45	55	60	45	—	—	
临清	120	110	140	80	100	—	100	400	40	黍130 稷130
夏津	88	106	150	50	100	100	65	210	—	黍120 稷130

续表

县	小麦	高粱	粟	玉米	大豆	黑豆	棉花	花生	芝麻	其他
恩	100	120	200	150	120	—	往年 70, 今年 80	250	70	黍 120 稷 130
吴桥	130	150	120	160	160	130	100	350	—	
东光	120	150	120	150	140	140	90	320	—	
南皮	120	120	129	180	150	150	100	272	60	芋叶 200,稷 60
沧州	与南皮、东光大同小异。									

第七章　农产品及农副产品状况

种植面积的扩大及亩产量的增加是决定农产品生产额的两大因素。即使种植面积没有继续扩大的余地,在产量上还是有很大的改良空间,不夸张地说,将来在现在的基础上增加1.5到2倍也有可能。

一、主要农产品生产

该地区的主要农产品有小麦、粟、高粱、大豆、玉米、棉花、花生、芝麻等。其中,小麦随处可见,粟主要沿津浦线分布,大豆多沿济南、禹城等地分布。相反,高粱在沿线地区很少。

玉米在南皮县最多,产量达50万担,清平的48万担、高唐的42万担也值得一提。河北省虽然是粮食作物的主产地,但其在这些作物上也毫不逊色。花生种植面积小,产量也很少。花生以偏远地区临清为首,产量达128万担,其次为恩县、清平。

各县主要农产品产量如下:

主要农产品生产表

(建设局调查,昭和九年度)

(单位:担)

县	小麦	粟	高粱	大豆	玉米	棉花	花生	芝麻
济南	386,580	314,360	161,570	229,850	69,910	很少	—	—
禹城	385,150	346,635	115,045	192,575	21,261	30,812	10,468	—
高唐	120,000	400,000	36,000	80,000	4,000	421,890	25,000	3,600
清平	很少	—	—	—	—	480,000	50,000	—
博平	20,944	192,270	148,700	黑542 绿9,560 黄45,398	18,305	6,800	8,160	—
东昌	204,000	85,300	102,360	黑59,710 黄129,000	51,180	16,800	25,500	—
堂邑	217,462	107,411	130,536	黑36,907 黄41,454	117,012	182,000	476,328	—

续表

县	小麦	粟	高粱	大豆	玉米	棉花	花生	芝麻
冠	254,200	50,000	68,000	黑 27,000 黄 26,000	176,000	140,000	575,000	18,000
馆陶	168,000	60,000	100,000	黑 36,000 黄 22,000	90,000	60,730		
临清	115,560	60,368	47,498	32,100	33,040	577,800	1,284,000	2,680
夏津	102,080	248,650	201,020	34,810	30,640	130,680	47,070	
恩	300,000	400,000	360,000	180,000	225,000	240,000	750,000	21,000
吴桥	130,000	360,000	7,500	黑 23,400 黄 30,400	144,000	200,000	71,400	
东光	128,160	347,520	72,300	135,100	274,650	191,160	92,480	
南皮	206,182	305,528	137,454	85,909	51,445	172,068	155,102	24,689
沧州	93,000(石)	7,934(石)	89,350(石)	74,000(石)	148,302(石)	很少	206(担)	7,200(石)
注①:德州未调查,故略。 注②:沧州的生产额以中国的“石”为单位。								

二、农副产品及其他

各地区、各产品及产量(单位:担)如下:

济南
水稻 15,680
甘薯 58,800

临清
黍 41,210
稷 42,120
甘薯 102,500
白菜 18,875
韭菜 22,620
杏 212
桃 159

高唐
西瓜 2,863
蒜 600
葱 1,200

夏津
黍 18,880
甘薯 158,600
梨 1,725
杏 2,400
桑葚 3,840
桃 600

博平
甘薯 124,600
烟草 6,400
枣 6,000

恩
黍 39,000
稷 32,500
甘薯 300,000
西瓜 40,000
枣 15,000
梨 15,000

堂邑
枣 7,000
梨 1,386
黄花菜 1,000
槐子 3,000

吴桥
西瓜 45
白菜 60

东光
西瓜 70
白菜 80

清津
枣 3,000

东昌
槐米 17

南皮
烟草 34,364
麻 6,873

备注:园艺作物中,枣、梨主要是拿去卖,也可以看到甘薯、西瓜销往外地。

第八章　棉花种植状况

本次调查区域包括山东省首屈一指的棉产地——济南西部、运河流域东部一带,即恩、夏津、高唐、清平、临清、东昌、博平、冠、堂邑、馆陶这十个县。该地区是山东棉花、尤其是美国棉花的主产区,此外普通棉花(御河棉或本地的太毛棉)的产量也不小。与山东一带盛产棉花不同,河北南部地区很少种植,而是以粮食作物代替棉花。

据海外经济形势报告显示,民国二十一至二十二年山东省棉花产量及上市量预计大约为1,000担,其中大部分通过小车、铁路或者水路由偏远地区运往了济南、甚至青岛方面,100担售给了鲁丰纺织,50担销往了浦口方面。在外销的棉花中,估计美国棉花占650担,粗绒占100担。

根据该地区(高唐县之外的九个县)的调查报告显示,棉花产量为2,345担。如果其中仅有一部分用于农民自家消费,大部分都销往了外地的话,这远远超过了去年所预计的上市量。

去年与今年各地棉花产量(单位:千斤)的调查比较如下所示:

县	昭和八年(去年)的调查数据			昭和九年的调查数据	备注
	美国棉花	本地棉花	合计		
临清	305	56	361	577.8	昭和八年的数据来自于山东省海外形势报告;昭和九年的数据来自于中国调查局的调查
夏津	144	17	161	130.68	
清平	110	24	134	480	
馆陶	17	19	36	60.75	
高唐	104	13	117	421.89	
堂邑	78	9	87	182	
武城	21	4	25	—	
东昌	—	—	—	168	
博平	—	—	—	6.8	
冠	36	39	75	140	
恩	24	10	34	240	
合计			1,030	2,344.96	

花生行情暴跌导致棉花急剧增长;另一方面,由于中国当局对棉作物的奖励及日本方面在

种子配给上提供的援助,山东省、河北省的棉花种植面积大约增加了30%。本次调查的地区也不例外,也增加了30%以上。

随着肥料、技术改良和融资条件的改善,可以肯定棉花产量今后可以增加到现在的2-2.5倍(更新合作社的意向)。

现在因汇率走低而暴涨的棉花价格有可能下调,对日棉花出口贸易的停滞也会因此而有所缓解。

本次调查地区的棉花有美国棉花和本地棉花两种。美国棉花的亩产量与本地棉花相差不大,但美国棉花处于退化的过程中,因其逐渐适应了华北的气候风土。与本地棉花相比,美国棉花的纤维更长更细,颜色更白,质量更佳,所以美国棉花的价格大约高出本地棉花的一成(据公报报道)。

本地棉花的出棉率平均为32%,美国棉花的出棉率在28%-30%。据河北省农业厅公布的数据,本地棉花和美国棉花的亩产量如下:

品种	产　量(斤)		金　额(元)
	实棉	纺　棉	
美国棉花	99	32	45.10
本地棉花	78	34	43.60

下图为棉花的交易途径:

生产者→产地中介
↓
掮客 — 洋行→纺织厂
↘
中国棉商→出口

偏远地区的生产者经常因为遇到作为中介的奸商而蒙受巨大损失。

第九章　花生生产概况

花生和棉花是山东省的两大特色农产品,海外出口量也很大。然而从本次调查地区的情况来看,花生的产量很小,可以不予考虑。总体来看,山东省花生的外销量很大,作为主要的外销出口港,青岛、芝罘近两三年的外销额如下:

将花生的三类商品即花生仁、带壳花生及花生油统一换算成花生仁。

(1)由青岛运出的

用轮船运送　昭和五年　4,584(千担)

昭和六年　5,883

用民船运送　昭和六年　52.8

(2)由芝罘运出的

用轮船运送　昭和四年　278(千担)

昭和五年　299

综合上表来看,昭和五年的外销量达5,160千担,用作种子及食用的地方性消费500千担,陆路通过天津和浦口,海路通过上海外销的花生有50万袋即700千-800千担。换算成花生仁的话,合计大约6,400千担,即38万英吨(以上数据来源于山东省海外形势报告)。昭和六至七年,花生的外销量进一步增加,而如今花生价格暴跌,生产也受到了一定抑制。

从本次调查地区的花生生产状况来看,作为山东省花生的主要集散地,有济南、东昌、临清、高唐、清平和恩县等。除济南之外,昭和五至六年大约为1,000千担,本次调查的结果为1,394.5千担(昭和九年调查),加上禹城、博平、堂邑、冠县、夏津各县则共有3,051.5千担,产量比昭和五至六年有明显增加。

顺便提一下,河北省沧州、吴桥、东光、南皮四县的花生产量很小,只有32.9千担。

综上所述,花生的生产在急剧增加之后,近期出现了生产过剩的现象。如今花生的价格已开始松动,一路狂跌,近来花生的种植地都逐渐开始改种棉花了。

第十章　农产品价格

（单位：元/百斤）

县	主要农作物								其他农产品
	小麦	高粱	粟	大豆	玉米	棉花	花生	芝麻	
禹城	5.00	3.50	3.20	4.20	4.00	14.00	5.50	—	
高唐	最高 5.50 最低 3.50	5.00 2.50	6.00 3.80	5.00 3.60	4.00 3.00	16.00 15.00	6.00 2.00	6.00 —	蒜(生)13.00-22.00 (干)22.00-23.00 红薯 1.00-1.20 西瓜 1.20
博平	3.80	3.00	2.80	3.20	3.00	11.00	3.50	—	红薯 0.80
东昌	4.00	3.00	—	3.50	—	12.50	5.00	—	
清平	—	—	—	—	—	11.00 12.00	1.80 2.00	—	
馆陶	5.00	4.00	4.00	3.00	—	—	—	—	
临清	6.00	4.50	5.00	6.00	3.50	14.00	4.50	15.00	黍 4.00 稷 4.00 红薯 1.00 韭菜 2.00 白菜 2.50
夏津	5.60	4.60	4.00	5.20	4.00	15.00	4.20	—	黍 4.00 红薯 1.20
吴桥	4.00	3.00	3.00	3.00	3.00	14.00	3.00	—	—

注：果树产品的价格如下：

1.博平：乌枣 9.00

2.临清：梨 5.50，杏 2.00，桃 3.00

3.夏津：梨 5.50，杏 3.50，桑葚 1.50

第十一章　农耕法

一、主要作物的耕种概要和复种状况

1.高粱

4月里用耧(犁杖)进行播种,按照行距0.8尺、株间距0.6尺的标准进行条播。之后进行4次中耕除草,2次疏苗,8月中旬左右收割。整地时每亩施用50-60斤的豆饼及约400斤的厩肥。

高粱多发黑穗病,因为不熟悉驱除方法,所以损失惨重。还有蝗虫灾害,防治方法是通过冬耕在蝗虫出没时尝试进行人工灭杀。

2.粟

粟的种植方法与高粱大同小异,在此省略。

3.小麦

小麦9月播种,用犁杖(耧)犁出行距0.8尺的条状土地,然后播种。其间通常无需管理,至6月即可收割。

在肥料方面,每亩需施用约50斤的芝麻饼、70斤的豆饼和400斤的厩肥。小麦易发黄锈病,且造成的损失十分严重,但并没有采取有效的防治方法。

小麦与玉米、大豆类、甘薯中的某种作物搭配复种。9月收割之后,冬季将田地闲置,来年再种高粱或粟。

4.棉花(美国棉花)

棉花种植的株间距为1.0-1.5尺,行距为2.0尺,也是用耧进行条播。间苗1-2次,也有地方播种时根据情况不间苗。中耕除草6次左右,摘尖2次,侧枝发育旺盛时再摘去,不进行打叶、修根,8月至11月收割3-4次。

种植棉花的劳动力分配如下:

播种时:壮工5人　家畜(马或牛)1头

除草时:每次壮工5人

收割期:每亩三四人。通常收割棉花时会使用老人或女孩子,按2斤棉花6个铜板的规定付给工资。

棉花通常一年只种一季。通常的做法是,收割之后将其连根拔起,用犁杖翻耕田地之后将其闲置到第二年再播种。但有些地方棉花采收较早,在收完之后会接着种韭菜。

二、农业季节

该地区农作物的播种及收割完全按照二十四节气进行,不考虑自然条件的变化,也不人为地进行调节，所以各地的作物种植时间基本相同，可以统一安排。各种作物的播种及收割安排如下：

作物	播种期		收割期		备注
	节气	日期	节气	日期	
小麦	立秋	8月8日	芒　种	6月6日	有些地方在白露(9月7日)前播种
高粱	立夏	5月5日	处暑前	8月20日左右	
			秋　分	9月25日	河北省多在秋分收割
粟	小满前	5月20日	白露前	9月7日左右	
	谷雨	4月20日	处　暑	8月23日	
	立夏	5月5日	处　暑	8月23日	
	立夏	5月5日	秋　分	9月23日	河北省多在秋分收割
玉米	芒种	6月6日	秋　分	9月23日	
	夏至	6月22日	白　露	9月7日	
	处暑	8月23日	秋　分	9月23日	冠县播种很晚
	立夏	5月5日	秋　分	9月23日	多为河北省
大豆	夏至	6月22日	秋　分	9月23日	
花生	立夏	5月5日	霜　降	10月23日	基本上都在此时收割，但有些地方秋分收割
	谷雨	4月20日	霜　降	10月23日	
棉花	谷雨	4月20日	处　暑	8月23日	
	立夏前	5月初	寒　露	10月7日	
			霜　降	10月27日	
芝麻	立夏	5月5日	白　露	9月7日	
红薯	小满	5月20日	白　露	9月7日	
	夏至	6月23日	霜　降	10月23日	
葱	夏至	6月23日	秋　分	9月23日	
			霜　降	10月23日	
西瓜	白露	9月7日	立　秋	8月8日	
芋叶	夏至	6月22日	寒露后	10月15日左右	

三、肥料

肥料主要是用自家生产的农家肥,几乎不用需要花钱购买的肥料、化肥之类的高级肥料,购买的肥料唯有豆饼(豆粕)。使用的主要肥料包括豆饼、人的粪便、厩肥等,其次是堆肥,除此之外还有牛马粪、炕土、腐土、棉籽饼、花生饼、草木灰等。上述各种肥料所适用的作物如下:

1.豆饼

主要用于小麦、高粱、粟、玉米,也用于黄豆、芝麻、红薯、棉花、花生、芋叶、葱、西瓜等几乎所有作物的施肥。

2.厩肥

基本上可以用于与豆饼一样的作物,黄豆、芝麻、红薯、棉花、花生等豆科类作物尤其可以多用。

3.人粪尿

适用于上述作物,尤其有利于蒜的生长。

4.粪肥

使用不多。

5.炕土

特别适用于红薯。

6.牛马粪

适用于蒜。

7.腐土

同上。

8.棉籽饼、花生饼、草木灰

很少用于上述作物。

四、农具

山东省和河北省没有大规模的农业经营者,因此也没有大型农具或精巧的洋式农具,现在使用的农具几乎都很小、很简陋。然而,该地区既为平原,那么将来随着农业改良一定有可能出现一些大经营者,因此大型农具也有可能得到使用。农具的用途、价格、寿命如下表所示:

农具名	用　途	价格(元)	使用寿命(年)	备注
犁杖	播种、整地	3.00	12	“犁杖”的中国名为“耧” 中国名“万能” 即“板锄” 石臼 板铲 木耙
铁锹	播种、整地、翻地	—	—	
锄头	挖地、采摘用、除草	1.20	5	
石头镰子	整地、平整土地	—	—	
长镰刀	除草、收割	0.20	10	
短镰刀	除草、收割	—	—	
板锹	收割	—	—	
碾子	脱谷、调整	—	—	
三叉子	脱谷、调整	—	—	
筒锹	脱谷、调整	—	—	
铁锨	耕地	0.60	3	
耱耙	用牲畜拉着来凿沟翻地	2.00	10	
镢头	—	1.00	4	
耧扒	整地	5.00	20	
大车	收割、搬运	150.00	—	
小车	搬运	16.00	—	
* *	* *	* *	—	

五原縣

一 沿革

縣境跨河，統分三部，一部在套外，即所謂後套；在漢爲五原郡之九原、臨沃，宜梁，西安陽，河目，河陰，曼柏，成宜等縣地。魏晉荒棄。在北魏，五加河南北爲懷朔鎮，（後改朔州）之太平太安二郡，及附化郡之附化息澤二縣地，在隋爲豐州，改爲五原郡，內分九原，永豐，安化，三縣。在唐時，五加河北爲中西受降城，五加河南爲豐州九原郡。在遼五加河北爲雲內州。金時北境爲豐州，五加河南爲李夏所有。元仍爲雲內州，屬大同路。明爲蒙古烏拉特部所有。一部在套內 即所謂前套；在漢爲朔方郡之朔方，臨河，廣牧，渠搜，呼遒，諸縣，並五原郡之河陰縣地。晉爲赫連夏所有。北魏爲附化郡之五原，廣牧二縣，其南境爲東夏州之朔方郡。隋唐俱爲豐州。杭錦旗地，在唐爲宥州寧朔郡。遼爲富民，振武等縣。元屬於寧夏路。明入於蒙古鄂爾多斯部。清順治初年，於後套封蒙古圖巴及其從子謂班，從孫巴克巴海 爲烏拉特後旗及前旗中旗鎮國公。又於前套封小札木素於鄂爾多斯右翼後旗，爲札薩克鎮國公，即杭錦旗。封沙克札爲左翼後旗札薩克固山貝子，即達拉特旗。清光緒三十九年，始劃分薩拉齊廳之大佘太，設五原廳撫民通知，僑居包頭鎮；以烏拉特三公旗地，及鄂爾多斯右翼後旗地，與左翼後旗地西境，（一即杭錦旗地並達拉特之西半）屬之。民國元年改爲縣，設知事。民國四年、始築縣城於隆興長北五里之白圪梁而設治焉。八年析縣屬之烏拉特東公旗地，別隸於固陽。十二年，劃分縣東南界達拉旗並烏拉特前旗地，即烏拉前山西山嘴以東之地屬於包頭。十四年劃分豐濟渠以西之杭達烏等旗地屬於臨河。劃分通濟渠以東之烏拉等旗地屬於安北。

【備考】 歷來誌五原者，均以套前鄂爾多斯左右翼後旗地，及套後烏拉特三旗地屬于五原，故云縣境跨河，統分二部。實則五原所轄，除劃歸固陽包頭安北臨河各縣局外，今之轄境，其南亦至河而止，河以南之地，則政治所不及焉。

又漢爲五原郡之九原，臨沃，宜梁，西安陽，河目、河陰，曼柏，成宜等縣地，實包今固陽安北臨河五原及前套各地言，不皆在今五原轄境內，其他所舉，魏晋隋唐遼金元諸代皆然。現爲三等縣。

二 位置

五原居省境西部，狼山之南，黃河之北，安北臨河二縣之間，縣城在隆興長北五里之處，距省會七百二十里。

三 縣界

東至福合西及黃腦樓與安北接界。西至豐濟渠西岸地察汗腦、巴布倫、甲浪水道，與臨河接界。南至黃河與杭錦旗接界。北至狼山與烏拉特中公旗接界。

四 面積

五原縣疆域東西長一百七十里，南北長一百三十里，面積約二萬二千一百方里。

【備考】 據十八年政治實察所調查數爲二萬二千一百方里；各縣局土地面積統計表，亦爲二萬二千一百方里。（係民國十三年丈量數）茲從之。

五 山脈

陰山山脈障於縣境之北，仍稱大青山，亦稱狼山。其別名北有韓烏拉山，西北有蘭古霞翁山。

六 溝谷

西接臨河，自狼山口子而東，有什蘭紀口，（一作石齡吉口），葫蘆斯兔口，馬池口，壓打水口，（一作慶達口，在千里廟之北），馬闌息便口，（一作烏齡布邊口），韓烏拉口，馬櫃口，海流木沁口，烏蘭石太口，烏齡蒙太口，（一作烏吉蒙太口），烏補勒口，（一作烏布浪口），海流兔口，至安北境之石汗口止，（一作石那干口），均有小徑可通山後，皆係深谷。

【備考】 由韓烏拉馬櫃上，至山後固爾班哈察圖之小徑，曰韓烏拉口，曰馬櫃口。由萬和長至山後固爾班哈察圖之小徑，曰烏蘭蒙太口子。

七 河流

黃河流經縣境之南，五加河（一名烏拉河），弧繞於北。

黃河自寧夏境逸北行，偏東至烏拉河口入省境。東北流經臨河諸渠渠口，至豐濟渠渠口，入五原境。又東流至黃家渠渠口，枝分二流；南流較寬，北流行將就淤。又東至惠德成渡口，二流復合；略轉東北，至義和渠渠口土城子南，河水至此爲一段，計長三百零五里。在臨河境者，約三百二十餘里。在五原境者，八十餘里。河岸北距五原縣城約七十里。河水自土城子又屈向東南行，過姚家寨，至洋八渠，則入安北境。其在五原境內，約長一百七十餘里。

【備考】河套黃河，自青銅峽始，又北偏東，經橫城堡北，長凡一百八十里。又北偏東，過滿山子西，長凡七十里。又北偏東，經紅崖子西，長凡一百八十里。又西北，經石嘴山東，長凡七十里。又北偏西，經金山西，長凡一百二十里。又北偏西，過磴口，長凡一百二十里。又北偏東，至烏拉河口，長凡二百里。又東偏北，至五原義和渠口土城子南，長凡三百五里。又東偏南，至安北西山嘴，長凡一百五十里。又屈東，過包頭昭君墳北，三湖河注焉。又屈曲東流，至包頭南海子；自西山嘴至南海子，長凡三百三十五里。又東偏南，經薩縣至托縣河口鎮，長凡三百里。又東南，又南，經喇嘛灣，又入清水河縣境，過老牛灣，至河曲縣西口入塞，長凡二百三十五里。自寧夏橫城堡起，至山西河曲縣西口，共長二千二百六十五里。是爲河套河道。自河水過磴口，又北，河面漸寬，河中有洲，長二十餘里，名曰中灘。又北傅家灣，其右岸阿羅套海；又北經三廟，沙梁漸遠，其右岸陶斯兔；又北三聖堂小渠五道，天主教民所開，地亦教民稱之；又北歷沙圪堵、毛老海渡口堂，其右岸老板昭，入杭錦旗境，山脈始東轉；又北烏拉河口，其右岸克克木烘，地勢平曠，黃河水平線較底，故至今未墾，河道自石嘴山至烏拉河口，總方向爲北偏東約十二度，河長四百四十里，寬自三分之一里至三里，深自三尺至一丈七尺不等，左岸阿拉善地，右岸前套區域。自金山以上，河底亂石嶙峋，號曰石河，傾斜陂急，水流如奔，每秒速度達一丈有二尺；金山以下，水勢較緩；計自磴口至老板昭，右岸崖高一二丈至七八丈不等，其土甚堅，水色灰黑。又東偏北，經義和渠口土城子南一段，河水過烏拉河口，入臨河縣杭錦旗境，北流經楊家河，黃土拉亥河，齒鎖爾渠，纏金渠，十大股渠，魏羊渠，其右岸爲紅水驛；又東北經強家渠，其右岸查漢庫倫；又東北土默渠，剛曰渠，過協成渠口，入五原境；又東過馬覓兔渡口，又東皂火渠，黃家渠，河水至此歧分二派，南派較盛，北派行將就淤；又東郎家地渠，阿蓋渠，沙河渠，均從北派決出；又東至惠德成，與南派合而東北流，至義和渠口土城子南，其右岸二皮子河頭，河長凡三百五里．河岸北去五原縣城七十里。

又東偏南至西山嘴一段河水過土城子，屈向東南流，歷老郭渠．長勝渠，塔布渠，又屈曲東流，過同興堂渡口，其右岸城淖爾；又東至洋人渠，（即民復渠）達拉渠，入達拉特旗境；又東南至西山嘴，其右岸大仙廟，河長凡一百五十里。

案河水自烏拉河口起，至西山嘴，總方向爲東偏北十度，河長凡四百五十里，寬一里至七八里，深三尺至一丈五六尺，計由惠德成以下，百餘里間，河流枝分如織，所在淺灘，號曰波河，舟行苦之。西山嘴當古大河分而復合之處，爲後套三呼灣二區官節水量重要關鍵。水經注云：「又北屈，南河出焉。」又云：「東經臨河縣南，又東經廣牧縣故城北，逕流二百許里東會於臨河。」今經人實地考查，自烏拉河口，至西山嘴河道，即古南河是也。烏拉河，一名五加河，古之北河也，形如弓背，循狼山之南，繞流於臨河，五原，安北、各縣局之北境。尋源溯委，綿亙七百餘里。河身寬度，自二三十丈至二百餘丈不等。其起點在臨河西寧夏境阿拉善額魯特旗之傅家灣，（在西磴口北），而流沙積壓，土崖斷續，河水不能流入，遂南遷而爲新河流、即今之黃河．故五加河之上游河床，今僅隱約可見。五加河之利益，在能受上游諸渠之水，轉輸於下游諸渠．爲後套諸渠之總幹。河身自臨河西北境義太魁起，因其南諸渠，藉此涸河爲退水尾閭、始見水流。迤東北行，至公義恒以東，河水分爲二枝，南枝曰那令河、東行至察汗淖，復合爲一。自義太魁至此，計長約百里，又東行，即入五原北境。至崇秀堂，復歧爲二枝；北枝曰哈拉壕。又東流至烏蘭腦包以南之六分子橋，復匯於主流。自察汗淖至此，計長約一百五十里。河水過六分子橋，又折向南行，則入安北境矣。黃河及五加河外，渠道櫛比．水利興修，公有私有大幹渠及支渠，以十數計，並詳後水利及渠道項下。

【備考】古黃河有南河北河之分。北河原爲主流，卽今之五加河；南河卽今黃河。據水經注云：「河水又北屈，南河出焉；水又北迤西，溢於窳渾縣故城東，其水積爲屠申澤。又屈而東流爲北河，經高闕南。又東經臨河縣故城北。又東經陽山南。又南屈，經河目縣北。北河又南合於南河」。以是考之，北河卽今五加河無疑。其下游已於道光中淤斷，與大河不通。屠申澤，又名騰格里湖，現已變爲沙阜。

又據包臨段經濟調查報告書云：「五加河上游，由傅家灣起點，至康四店一帶，西循沙山，河堤被沙積壓，勢如土崖斷續，計長三十餘里。然祗有西岸，土人謂係黃河東遷，故遺此堤云。由康四店北行三十里，至準噶爾教堂，僅有準噶爾教堂借用河身所挖渠道，寬三丈餘，無復當年河道形勢。由準噶爾教堂北行七十里，至納只亥地，均平坦不辨河身。由納只亥至梅令廟，袤延計長九十餘里，周圍盡屬紅柳枳棘，（一曰織箕）；河身寬度二三十丈至五十丈不等：土人稱爲阿岡午作河，蒙人呼爲老不更河，譯言舊大河也：兩岸半爲沙壓，勢若長峯，而河勢雄闊，確爲黃河故道無疑。由梅令廟東行，可五六十里，至義太魁；河床多被沙淤，淤平如掌。自義太魁以下，始見水流。」據上言之，由準噶爾教堂經那只亥，梅令廟，至義太魁一帶，確爲黃河故道；但據今臨河縣志所繪縣圖，烏拉河渠屈曲北流，尚在其西，則今縣圖西界之烏拉河渠道一段，當非黃河故道；黃河故道，尚偏於東。

又五加河自義太魁至察汗淖一段，年中水涸時多，蓋因渠水不到之故。自察汗淖至六份子橋一段，河身寬自二三十丈至百數十丈，平均約六十丈，分段設壩。水深自數尺至丈餘不等；而山水下瀉，渠水積滯，屢有淤塞，甚且沙壓數里焉。自六份子橋以南，河身較窄，自二三十丈至七八十丈不等，節節有壩，河岸亦較爲整齊，水流通暢。

八　地勢

縣境，北境寬而南境狹，狀似蘑菇，境內少山，地多平坦。河流交錯，流沙積壓成丘。

九　要隘

五原縣要隘，於山則西接臨河，自狼山口迤東，爲什蘭紀口，（一作石藍吉）又東爲葫蘆斯兔口（一作胡督斯圖，）又東爲馬池口（一作馬遲）又東爲廒打水口，（一作廒達口），又東爲馬蘭息便口（一作烏鑑布遜），又東爲韓烏拉口（一作汗烏拉），又東爲馬櫃口、又東爲海流木沁口，又東爲烏蘭石太口，又東爲烏蘭蒙太口（一作烏吉蒙太），又東爲烏補勒口（一作烏布浪一作烏不浪），又東則入安北境。於水則西起馬迷兔渡口，（一作馬密兎），迤東爲惠德成，又東爲同興堂，（一作通興堂），並皆爲險隘之處。

十　名勝

（一）古獨個爾召；在縣境內協成地之南。始即協成廟。

（二）梅令廟：在縣城西北二十里，沙河幹渠東，新渠西，[illegible]頭堖旦北。

（三）塔布河召：在姚家河頭（姚家寨）之北，塔布河南岸。殆即藍札巴廟。

（四）義和渠召：在田大人地東。殆即大股廟。

（五）千里廟：在廒打口之南。

（六）拉僧廟：在十八圪兔渠南花圪卜之西。

（七）烏布浪廟：在烏補勒（一作烏布浪）口之南。

（八）托魯蓋廟；在五加河南義和渠西東城之東。一作把拉高廟。

（九）保堵代廟：或作保格代廟，在塔爾戶渠之北。

（十）老郭河召：在白家太營。（白家太營即白家地在燕安河橋之西南。）

（十一）常興堂召：在曹四喜渠北（常興堂及什拉塔拉一帶）。

布爾哈廟：在五加河南岸。

十一　古蹟

（一）李陵碑：在縣境之西北，狼山麓下。聞其碑早已斷碣傾倒，民國十四年爲外人携去，不知流落何所。

（二）西安陽故城：在宜梁故城西北，烏加河北岸。漢時所建，屬五原郡。以現在地勢攷之，宜梁故城，當在安北境內。西安陽故城，當在今五原境內。

（三）中受降城：在縣境內五加河北岸，陰山之南。唐張仁愿所築。城內有拂雲堆祠。今已遺跡無存。

（四）豐州故城：豐州故城有二，一在歸綏縣東，爲遼之豐州。一在五原縣北，爲隋唐之豐州。

（五）西受降城：當中受降城之西，在豐州故城西北八十里。有李華三城，韓公廟碑。元和八年，黃河泛溢，城毀；現更無存。

（六）新受降城：在西受降城東，中受降城西。唐開元中張說築。北有鸊鵜泉。

（七）雲內州故城：亦在縣之北境，近中受降城。

（八）敬本故城：在中受降城北，壕塹深峻，可以固守。趙五縣王欲從九原直南襲秦，即此地也。

（九）范夫人城：漢將所築，在黃河北岸。

（十）黑城：亦在河之北岸。

十二　所屬旗地

五臨縣境，原係烏拉特前中二旗，達拉特之西半，（在黃河以北），及杭錦旗在黃河北之一部，兼有今之臨河縣安北設治局等地，並固陽西境，包頭之西境。今之轄境，皆在後套，除劃歸固陽安北臨河包頭各縣外，北爲烏拉特前旗地。中爲達拉特西半之一部。南爲杭錦旗地，在河北之一部。前套之杭旗地及狼山後烏拉特中公旗地，尚未報墾。

十三　物產

（一）動物

甲　家畜：據本省建設廳二十一年建設季刊第十期五原縣物產調查表，有馬九百匹，牛二千五百頭，羊一萬一千五百隻，騾二百八十八，馿一千六百頭，猪六千四百三十口，駝三百七十四頭，鷄三千四百隻，又年產羊皮二萬張，牛皮四千張，馬皮一千五百張，羔皮五千張，羊腸一萬條，

乙 水產：據建設季刊五原縣物產調查表，年產鯉魚十二萬五千斤。

（二）物植

甲 農產品：農產物以糜麥豆類為大宗，穀子，高粮，胡蔴次之，麻又次之。據建設季刊五原縣物產調查表，為年產糜子一萬五千三百石，麥子五千石，莞豆四千二百石，蔴豆七百石，穀子一千五百石，高粱九百石，黍子七百石。胡麻五百石，共僅二萬二千八百石。又據十九年度省府年刊內綏遠省各縣局屬要縣產物品統計表，為年產糜子一萬六千二百二十石，小麥四千石，大麥七百三十石，豆類一萬六千五石，胡麻四百七十石，麻籽四百七十石，穀子五百二十五石，高粱五百石，共僅三萬二千九百八十石。又省府年刊內十九年份麻產狀況統計表，為年產胡麻一千六百五十石。年產線蔴 萬三千斤，花蔴三萬一千五百斤，苧麻一十三萬五千五百斤，

乙 紅柳織筐：據省府年刊十九年份綏遠省各縣紅柳織筐生產統計表，五原縣年產紅柳六百八十萬斤，織筐二千六百五十五萬斤。案紅柳用途，除編製房笆筐籃外，並可作燃料。房笆長一丈，寬五尺，每塊價值七角。筐籃每件價值七角以上。織筐或作枳棘，或作枳芃，俗音呼為棘棘。其用途編製遮筐笆，栽掃帚，打車圍，每百斤價值三角上下。房笆每塊長一丈，寬五尺，價值一元。

丙 藥材：據十九年度省政府綏遠省各縣出產藥材統計表，年產甘草四十萬斤，黃芩四十萬斤，鎖陽五十萬斤，大黃五千斤，車前子五千斤，銀柴胡三千斤，皆運銷于河北安國縣。又據建設廳二十一年建設季刊第十期，五原縣物產調查表，為年產甘草一萬斤，防風六千八百斤，黃芪四千七百斤，大黃六千三百斤。按省府年刊所記年產數量甚多，殆兼自外運來者言。

丁 林產：五原縣樹木極少，據建設季刊所載五原縣物產調查表，全縣僅有榆樹一千二百二十七株，柳樹五千一百五十株，楊樹四千八百四十株。

（三） 礦產：城北第二區狼山山脉萬和長以北產煤。民國十八年春，由地方人張映奎，田全貴等，積資八千元，著手開採，至二十年春，始採出煤礦：岩層為水成岩層，用土法採掘，窰工四十二人，每日出煤三十七噸，每年出煤一萬三千三百二十噸。又烏蘭腦包鎮北烏補勒山溝產煤，包頭段經濟調查報告

書，謂「據建設廳所填之表，年產約二百八十八萬斤。」均以牛馬小車拉載。

（四）工藝品：縣內工藝製造品，栽絨毯一項，除烏兩鎮，計有四家，年產三千方尺，其價格每方尺一元至一元八角。做絨毛毯者八家，年產七千五百方尺；做毛單者二十家，年產一千五百條；年產毛口袋三千條，毡帽三千頂，毛鞋六千雙，均係手工製造品。又製皮貨者十家，年產皮衣三千件，皮褥一千二百張，皮革六千斤，大都銷售於本省。

七四 區鄉鎮

全縣劃分三區，各區境域東西排列在中部者爲第一區，東部爲第二區，西部爲第三區各區兼有烏盟烏拉特西公旗、伊盟達拉特旗及杭錦旗地，盟旗疆域南北排列；北部屬烏拉特西公旗，中部屬達拉特旗，而南部則屬杭錦旗。至各區所屬鄉村數，除縣城外，計有三鎮二十四鄉二百八十九村。

【備考】第一區一鎮十一鄉，鎮曰隆興長，爲第一區之重鎮。其鄉名如下：第一鄉，當黃河北鄔家地渠之左右，由鄔家地，烏闌木頭，牛羊子，袁順和，五頃地，五村合而組成。第二鄉，在第十一鄉之東，當惠德成渡口之北，沙河渠之東；由張大櫃，西塔，黃合源，財神地，水桶樹，盧櫃，張銀，前後十大股，錦秀堂，倪士秀，四超子，惠德成，十三村合組而成。第三鄉在第二鄉之北，亦當沙河渠之東；由張思如，劉二拉，郝鐵橋，倉瓦頭圪堵，西河畔，東沙灣，西牛犋，譚櫃八村合組而成。第四鄉，在縣城之西，沙河渠之東；由仁和永圪旦，劉四圪旦，瓦窑，史家圪旦，油房村、前補紅，永合陽，王全圪旦，公油房，三概圪堵，和尚圪堵，黑豆圪塄，活旦圪旦，十三村合組而成。第五鄉在縣城之北，第六及第四鄉之東；由池維娃，杜二達，繼榮堂，同義德，賈粉房，郭碾房，拴馬頭，西城，張保，後補紅，廣生西，蘇家，同興西，李五十三，劉德奎，十五村合組而成。第六鄉在五加河南枝之南，第五鄉之西，沙河渠之左右：由梅令廟，（第一區區公所所在地），許五十三，郭喇嘛，張二拴圪旦，馬面換圪旦，辛概，留家保，七村合組而成。第七鄉在五加河南枝之北，五加河北枝（即哈拉壕，一曰烏拉那林河，）橫貫於其中；由西圪卜，（當即西韓烏拉）南和間，劉頭圪旦，新梅令廟，東牛犋，（當即永濟堂，亦即東韓烏拉，）楊三，河曲圪旦，老楊鍋旦，萬和長，李二拉（或云李三拉）銀定補隆、（疑即富存子圪堵）．張海王三，（當即王虎成），馬櫃，十四村合組而成。第八鄉在五加河南枝之南，第九鄉之北，當銀定兔渠之南北；由王虎臣圪旦，胡家鉢，十八圪兔，辛櫃，史元撓，喬五，協力文，陳五碾房，三和公、楊家圪卜，十村合組而成。第九鄉在第四鄉及沙河渠之西、第十鄉之北，當灶火渠之末稍；由大樹圪卜，新公中，東高，北營子，四村合組而成。第十鄉，在第三鄉西，當沙河渠之西；．由劉櫃，徐家圪旦，十八頃地，滿圪素，（一作巒可素，）廣和成，韓吳氏圪堵，王三栓，曹櫃，靳福玉，仝家圪堵，王來旺，任留住，苑林璽圪卜，李四巴，五大巴，十五村合組而成。第十一鄉在第一鄉之東，當哈拉烏素渠之東，阿蓋渠及十大股之左右；由前圪鉢，上下後圪鉢，老王圪堵，河家圪堵，西圪堵，北圪堵，韓家渠，西生地，東牛地，阿蓋、生道圖，郝新發．楊長撓，官印保，公合成，東坊地，東十大股，南十大股，十九村合組而成。台計一鎮十一鄉一百二十四村。

第二區一鎮七鄉，均在縣境東部。其鄉名如下：第十二鄉，（接續第一區第十一鄉而言）在烏鎮之偏東南，跨於五加河南北枝下游之南北；由李興廟李五圪堵，福合（當是福和西）、府治、池海成，李五郷頭，老財主公中，七村合組而成。第十三鄉，由烏蘭腦包，（即烏蘭鄂博，為五原之重鎮，公安分局在焉）烏不浪廟，（一作烏布浪）．（在即烏不浪口之南）。曰大周布龍、劉莊後，西海勝，牧羊公司，魏家，王馬栓，（一曰王家）錦花台，帳房圪堵，文家圪堵，贇四號，佟克圖，一鎮十二村合組而成。第十四鄉，當五加河南枝之南，第五鄉之西；由西墳頭，東城上，四寡婦，牛犋，劉蛇圪堵，光頭圪堵，劉四拉 同永順，同興全，王某云，王明五，老趙圪堵，東公中，七樊五子，什拉庫倫，卜垣圪堵，東瓦窰，圪五，東牛犋，十九村合組而成。第十五鄉，亦在五加河南枝之南，當第十四鄉之東；由義和隆，苑碾房，德興隆，任營生，卜兒濞廟，燕五子，喬把總，董國隆，候二圪堵，義貞集，六十六，六分子，李明月、董郭路，十四村合組而成。第十六鄉，跨通濟渠之南北；由燕安河橋，（第二區公所所在地）黃腦樑，東富拉興，西富拉興，晉隆堂，三成全，無中圪堵，趙六圪堵，（或作趙太圪堵）高八兒，蔡家地，趙田榮圪堵，（一作田永圪堵，）董[illegible]

家，辛有根圪墶，李德保，劉保公中，白家地，南牛惧，呂三人，三尖子，天益成，燕雙人，大盛成，二十二村合組而成。第十七鄉，在通濟渠門之北 山鄉常娃，四大人地，（當即四大股）段柱，保得樹，廟台，大圪墶，大股，田云圪墶，八碾房，黃二圪墶，頭分子，王圪墶，十二村合組而成。第十八鄉，南瀕黃河，在長濟渠塔布渠渠口之東，二渠橫貫其中：山史老虎，牛惧，（當即福泰長），辛二圪墶，西朱信，大杜橋，公布地，盤柳子，汪框，李德信，老虎圪墶，趙大人牛惧，東簡台，十頃帳房，西北南太，東上城，姚音蓋，劉家圪堵，姚家梁，福興堂，藍家門廟，（一曰藍札巴廟，五當樹在其北）老爺廟，二十一村合組而成。合計一鎮七鄉，一百零八村。

第三區，共六鄉。所屬村非如下：曰小廟子（區公所所在地）同義隆，協成廟，三郎圪墶，乃莫劉甲浪水道，張萬庫，皆村公所所在地。曰義和久，蹋泉子，（或作百里許海）在烏加河之北，召，斯圖口之南。曰同義隆，（見前）世興成，在千里廟之南。腦力蓋兔，柳樹泉子，存德堂，雙胡魯，並在五加河北枝之北。曰款拉蓋圖，在韓烏拉口（一作汗烏拉）之南。曰馬排長地，高喜撓和義，二鐵匠圪旦，均在五加北枝之南，南枝之北。曰賈格氣，四櫃，三和元（一作三合源），前圪旦宗兔（一作銀定圖），均在五加河南枝之南，銀定兔渠之北，曰協成廟，（見前）在銀定兔渠後銀，十八圪兔渠之北。曰鐵帽特拉，惠圪卜（一作花圪卜）二郎圪墶，合介圖，賈方里，均在十之南兔渠之前，塔兒戶渠之北。曰元寶頭圪墶（當即撤誓圪墶）水道他拉，胡老斯兔，（二村名疑八圪在梁公中，永盛喜二村）塔爾戶，乃莫召，（見前）同房梅令，花木石，西商，楷包，什拉特郎玉福盛隆，劉糖房，趙五圪墶，馬蓋兔，察汗惱，老劉渡口，小白鵝，大白鵝，哈不哈，哈爾溝拉，敞地，馬迷兔，均在塔兒戶渠之南，舊灶火渠之北。其在新舊灶火渠之中間者，曰長興堂，殿，馬旦，滾板頭。在新灶火渠龍興社渠二渠之間，曰大塘子。在龍興社渠之南曰張萬庫，（見前）二圪上白賈格氣以下，並在協成渠之東。其在協成渠之西者，曰察空溝，巴布倫，顧會村，西牛惧。以開元圪旦，五分子，白來圪卜，馬廠地，甲浪水道（見前）。合計六鄉，五十九村。

十五 戶口

全縣三區共五千二百五十九戶，二萬五千五百一十五人。又第三區千里廟，拉僧廟、保塔代廟，共有喇嘛一千一百餘名。

【備考】 據二十年戶口調查表，則爲五千二百五十九戶，二萬五千五百一十五人。

十五 交通

（一） 道路

甲 汽車道： 有包寧汽車道，自包頭行經安北至趙大圪堵（一作趙六圪堵）以西入縣境，經白家地，過燕安河橋，經縣城，又西南行，經十八頃地，郞家地，楊家店等處，乃入臨河縣境。自縣城至臨河，長約一百八十五里。

乙、 陸運大道：自五原起程，東去有五安大道以達安北設治局，即包安大道之接聯線，又由安北往東，可達固陽東；西去有達狼山口子轉赴外蒙之大道；東北去有經烏蘭腦包至烏補勒口子，轉赴外蒙之大道；正北去有達烏吉蒙太口子，轉赴外蒙之大道，茲分述於左：

1 五安大道： 詳見包頭縣包五大道項下。

2 五原至狼山口子大道： 自五原西北行，經西牛犋，袄拉蓋兔，張四圪堵，而狼山口子，長約一百六十里。由狼山口子北至外蒙邊界，計程約三百餘里。

3 五原至烏補勒口子大道： 自五原縣東北行，五十里至烏蘭腦包，又十七八里至烏補勒口子，沿途均甚平坦。五原至烏蘭腦包一段，前曾修爲汽車道，亦可行駛汽車。自烏補勒口子至外蒙邊界，計程約三百餘里。

4 五原至烏吉蒙太口子大道： 自五原正北行，經東城上，以至萬和長，入烏吉蒙太口子，長約六十里。自烏吉蒙太口子北通外蒙，至外蒙邊界，計程約三百餘里。

丙 水道： 水路有馬迷兔，惠德成，同興堂諸渡口可通南北，至包寧間民船往來，行經境內，無起卸貨物碼頭，故亦不甚停泊。

（二） 郵政：

縣內有三等甲級郵局，設於興隆長，兼轄三盛公，扒子補隆，五原舊城，烏蘭腦包等四處郵寄代辦所。郵路凡三條：一曰隆磴路，由隆興長經臨河，以至西磴口，長五百里，爲間日晝夜班。二曰隆烏路，自隆興長至烏蘭腦包，長五十里，每間日一班。三曰隆扒路，自隆興長至扒子補隆，長一百二十里，每三日開一班。

（三） 電報：縣內有四等電報局，創辦于民國二年，東通包頭，安北，西通臨河，磴口，石嘴子，以至寧夏。

（四） 電話：長途電話附設于電報局之內，包頭，安北，臨河，皆可通接。由五原通臨河一元一角，通安北七角，通包頭一元二角，通歸化一元九角。每次各另預收通知費一角。

十六 教育

（一） 學齡兒童：全縣學齡兒童六千九百八十五人，男四三〇三人，女二六八二人；除就學兒童外，尚有失學兒童六千二百五十九人，男三六五一人，女二六〇八人，（附五原縣學校調查表，五原縣社會教育狀況調查表）

（二） 學校教育：全縣初等教育；據省府縣治調查表暨二十一年五原縣學校調查表，有縣立高級小學校二處，縣立女子小學校一處，縣立模範小學一處，縣立鄉村初級小學校二十四處，各學校教職員數，共四十五人，學生數共八百二十一人，內男生七百五十三人，女生六十八人，各學校經費數，合共一萬五千六百八十八元，均由財務局地方公款項下撥發。教員月薪最高每月二十六元，最低每月十二元。

（三） 社會教育：社會教育機關，現有社會教育所一處，原係通俗講演所，成立於民國十七年，因經費無着，附設教育局內，二十年乃成立社會教育所，全年經費一千八百元。

（四） 教育經費：全縣教育經費總額，二萬零三百六十八元，內教育行政費（即教育局經費）二千八百八十八元，各學校暨社會教育所經費，並如前述。但據省府教育調查表，各學校經費每年一萬三千四百七十七元，社會教育費每年八百四十元，教育經費總額，一萬七千一百九十七元，又二十年五原縣地方財政調查表，教育費實支一萬九千八百五十八元，蓋係十九年度之數，其經費來源，則有地畝學捐，隨同地方攤款附徵，年收一萬六千四百五十三元，駝戶捐由徵收局隨同駝捐代爲征收，每年四百二十八元。鼓樂學捐，由包商向民戶捐收，每年一百九十六元。戲園票座學捐，由包商向戲園觀客捐收，每年一百二十元。

五原縣學校調查表

校名	地址	級數	學生數	教員數	經費來源及數目	教員月薪	成立年月
縣立第一小學校	五原縣城內	六	一〇二	六	全年由本縣財務局支領三千二百五十二元	共一百六十元	民國七年十月
縣立第二小學校	隆興長橋東	六	一七一	六	同上	同上	民國廿一年十一月
縣立第一女子小學校	同上	五	〇五	六	全年由本財務局支領二千四百九十九元	共一百六十元	民國十四年四月
縣立第一模範小學校	隆興長橋西	四	五三	三	全年由本縣財務局支領一千二百八十五元	共七十八元	民國十二年二月
縣立第一村初級小學校	鄔家地村	四	一八	一	全年由本縣財務局支領二百二十五元	二十二元	同上
縣立第二村初級小學校	和合源地	四	一一	一	同上	同上	同上
縣立第三村初級小學校	張大櫃村	四	一一	一	同上	同上	同上
縣立第四村初級小學校	前補紅村	四	八	一	同上	同上	十九年二月
縣立第五村初級小學校	後補紅村	四	一二	一	同上	同上	同上
縣立第六村初級小學校	梅令廟村	四	一二	一	同上	同上	同上

縣立第七村初級小學校	韓烏拉	四	九	一	同上	同上	同上
縣立第八村初級小學校	十八圪兔	四	八	一	同上	同上	同上
縣立第九村初級小學校	新公中	四	一七	一	同上	同上	同上
縣立第十村初級小學校	蠻圪素	四	一六	一	同上	同上	十二年二月
縣立第十一村初級小學校	阿善村	四	二五	一	同上	同上	同上
縣立第十二村初級小學校	烏 鎮	四	四八	一	同上	同上	同上
縣立第十三村初級小學校	劉佘圪堵	四	一五	一	同上	同上	同上
縣立第十四村初級小學校	同興全	四	一八	一	同上	同上	同上
縣立第十五村初級小學校	燕務子村	四	一六	一	同上	同上	十九年二月
縣立第十六村初級小學校	三盛泉	四	一〇	一	同上	同上	十二年二月
縣立第十七村初級小學校	南牛犋	四	一六	一	同上	同上	十九年二月
縣立第十八村初級小學校	公益社	四	一二	一	同上	同上	同上
縣立第十九村初級小學校	烏包	四	一五	一	同上	同上	十二年二月

縣立第二十村初級小學校	同義隆村	四	二五	一	同上	同上	十七年八月
縣立第廿一村初級小學校	協成	四	一八	一	同上	同上	十二年二月
縣立第廿二村初級小學校	二郎圪堵	四	一六	一	同上	同上	十八年二月
縣立第廿三村初級小學校	甲浪水道	四	一五	一	同上	同上	十九年二月
縣立第廿四村初級小學校	熊萬庫	四	二〇	一	同上	同上	同上
總計		一一七	八二二	四五	一五六八八		

五原縣社會教育狀況調查表

機關名稱	內部組織	出刊物	職員數	經費來源及數目	社會教育經費佔教育經費%之几	成立年月
五原縣社會教育處	圖書館閱報室，演講所平民學校等	無	三人	全年由本省財務局支領一千八百元	百分之九弱	民國二十年十一月

十七　財政

（一）稅捐種類及征收情形：縣內財政，就田賦一項言，其升科地畝數，為一千四百二十五頃四十七畝，每頃征洋三元七角八分；田賦總額，在十九年度為三千五百五十四元二角四分八厘，二十年度五千三百五十元五角八分五厘，十九年度征收額二千二百九十元一角二分九厘，二十年度，二十一年度，未詳。至地方財政，歲入以地畝攤款，牲畜捐，雜捐為大宗，田賦附加次之；地畝攤款每頃二十五元，每年約計五萬餘元，充作教育費及行政費，由財務局派員催收。牲畜捐每頭三角，每年約計一萬四千餘元，充作建設費，由縣府派員征收。雜捐由財務局徵收，每年約計九千九百餘元，其中房舖捐一項，每房一所，征洋五分，舖一間三分。田賦附加充作黨務費，每畝附加洋二分，每年約計一千一二百元，由縣府代征。歲出以政務費教育費爲大宗，統歸財務局撥抵收支。

（二）收支狀況：　全年收入，據二十年度五原縣地方財政調查表（政治實察所調查）各項實收額數，計有地畝攤款五萬元，牲畜捐一萬四千元，雜捐九千九百二十五元三角，田賦附加一千一百九十三元五角四分，合計七萬五千一百一十八元八角　分。全年支出，據二十年度五原縣地方財政調查表，各項政務費實支一萬九千四百一十六元，教育費實支一萬九千八百五十八元，黨務費三千三百六十元，財務費二千六百八十三元二角九分，建設費二千七百元，公安費九千五百八十八元，救卹費九百五十元，合計五萬八千五百五十五元二角九分。但據二十年五原縣財政收支狀況調查表歲收各項，合計七萬四十四元，其支出數較前表甚多，惟項目較前所述詳備，並附于後，以資印証。附二十年五原縣財政收支狀況調查表。

民國二十年五原縣財政收支狀況調查表

徵收機關	收入項別	收入數目	合計	支出類別	支出項目	支出數目	合計
縣政	田賦附加學捐	五〇			公安局費	八四四一	
					公安分局費	一五三六	

科目	金額
府	
田房附加學捐	二〇〇
教育局	
戲園學捐	四〇
菜園學捐	二五〇
駝捐附加學捐	三〇〇
財	
牲畜捐	一〇〇〇〇
地畝捐	五二五一四
警捐雜捐	五五五〇

七　萬　零　零

科目	金額
政務費	
一二三區公所費	六二六四
一二三區保衛團費	五八九二
差務局費	二二三二
醫療所費	四八〇
莠民所費	七三二
解上苗圃代繕費	四四〇
教育費	
教育局費	二六六四
高小學校費	三一二八
模範學校費	一〇〇八
初小學校費	四二五
鄉村各學校費	五四〇〇
女子學校費	一三六八

七　萬　零　零

務局					
林業基金生息	田房捐基金生息	醫療所生息	婚帖捐	商會補助費	公益捐
一八〇	一四〇	一二〇	二〇	一八〇	五〇〇

財務費		實業費			黨費	其他			
財務局費	抵產局費	建設局費	農林場費	農會費	區黨部	團警服裝費	差徭費	學生獎金津貼旅資費	各項臨時費
二二一六	一二九六	一七六四	五二八	四〇〇〇	三三六〇	一二〇〇	九六〇〇	一六八〇	二四九〇

十八　警衛

（一）公安：據省府年刊內十九年份綏遠省各縣公安局警察概況統計表，五原有警察五十名，警官四八，槍枝四十一，馬匹二十，每月經費六百二十八元，全年經費七千五百三十六元，與五原縣公安局所填二十年份團警調查表所記全年經費數相同。又二十年度綏遠省各縣公安局警察概況統計表，警士警官名額，其數均同前述；惟槍械數爲二十六，馬匹一十四，每月經費爲七百零三元，與前所述互有出入。又二十一年綏遠全省公安局調查表，所記警察警官槍械馬匹額數，與二十年度警察概況統計表相同：每月經費額支數爲七百八十六元。又綏遠市縣各公安局薪餉一覽表，爲警官五人，月支薪餉一百三十五元，長警五十四名，月支薪餉四百五十六元，夫役七名，月支餉四十九元，合計六百四十元。辦公費服裝費未計入。又據五原縣公安調查表（係政治實察所實察員所填）所記五原縣公安局及烏蘭腦包公安分局情況，警官有局長一人，巡官三人，又有文牘書記各一人，一等巡長三人，二等巡長三人；警士有一等警二十二人·二等警二十八人，三等警士三十四人，合計八十四人，內有馬警十一八：又有馬夫二八，伙夫四人，清道夫二人；所有警士，縣政府服務十七人，烏蘭腦包鎮駐十四人，餘均在公安局服務。警官每月薪餉最高額四十元，最低額十二元；長警每名月餉最高額八元，最低額六元四角；警官薪俸每月二百二十元，警餉每月五百二十一元，辦公費每月四十五元；據該表所調查，其警士人數，與前各表所記大不相同，惟每月額支經費，當係七百八十六元，茲以七百八十六元計，則全年公安費，應爲九千四百三十二元；但據五原縣財政狀況調查表，全年公安費支出數，爲九千九百七十七元。至辦理公安情形，據前公安調查表所記調查者意見，謂「該縣警款充足，但警士毫無訓練，故一般輿論，對公安局多不滿意、且槍枝太少（該表謂僅有破槍八枝）一旦遇有匪警，頗不足以自衛」云。但此當係前二三年情況，現今實況，尚無調查可紀。

（二） 保衛團：據省府年刊十九年分綏遠省各縣局保衛團概況統計表、共有三團，團警人數七十二，槍枝六十六、馬匹七十二、每月經費九百二十二元、又二十年度，綏遠省各縣局保衛團概況統計表，三團共有人數九十六、槍械五十五，馬匹八十一，每月經費一千一百二十五元，全年經費應爲一萬三千五百元，但據二十年五原縣財政收支狀況調查表一二三區保衛團費，全年實支五千八百九十二元，團警服裝費，全年實支洋一千二百元。

十九　自治

（一）區治：全縣二鎮二十四鄉，劃分三自治區，區長均由民政廳委任，各區均設有保衛團，以防匪患。第一區住梅令廟，第二區住燕安河橋，第三區住小廟子，各區區公所經費，均於地畝攤款項下財務局支發，每月經費各一百五十二元，合計四百五十六元。

（二）鄉治：區以下有鄉公所，鄉有鄉長副鄉長，均由人民選舉，區有全區村長會議，鄉有鄉民會議，鄉亦有鄉公所，各鄉並設有監察委員會，暨調解委員會，鄉公所經費，亦於地畝攤派，由各鄉長直接起收。據省府村治調查者意見，謂以地方窮困，萑苻時起，人民智識簡陋諸原因，施行村治，諸多困難，勉強爲之，毫無効果，今後欲使村治進步，當以安靖地方爲先決問題。

二十　農業

（一）土壤：縣內渠道縱橫，土地平衍，南部沿黃河一帶，多黃沙土；中部窪下之地，土質多鹹；北部多黃黑砂土。全縣土質，皆帶黃色，土質堅硬，生長性甚富，宜種糜子小麥及豆類等。

（二）耕地面積：後套可耕未耕地，以五原臨河爲較多。在縣境內已墾之地，約計四千八百餘頃；而最近實際耕種之地，（指每年下種者言）依包臨段經濟調查報告書，謂「據調查隊調查所得，僅有二千七百頃」。以全縣面積二萬二千一百方里計，其面積爲一十一萬九千三百四十頃，是已墾地不及全縣面積二十分之一，實際耕種地，尚不及全縣面積四十分之一也。

（三）農民數及其種類：全縣農民約計二萬四千六百餘人，自耕農與佃農，各佔百分之五十。本縣大地主甚多，據包臨段經濟調查報告書，謂「四五百頃者約有百家，其餘自一百頃至七八十頃者，更僕難數。」

（四）播種及收穫：本縣農民與耕耘方法，播種時期，收穫時期，均與包頭安北臨河大致相同，已詳包頭縣農業項下。每畝收穫量，就中等地言，小麥，糜子，蕎麥，均以七斗計，小米六斗，大麥，高粱，蠶豆，莜麥，均五斗，黃豆，大麻，亞麻，均四斗，所用之斗，爲五原官斗，須由隆興長商會蓋印後，方准行使。每斗重量，詳後度量衡項下。

（五）　肥料及人工：　農作物所用肥料，不外大糞與牛馬羊糞之類。大糞用於菜地，牛馬糞用於糧地；亦有終年不用肥料，任其自生長者，多係新墾之地，或上好水田，人工情況，與包頭安北大致相同，備詳包頭及安北農業二項。

（六）　租田制度：　與包頭安北情形略同。

（七）　農民生活：　與包頭安北情形略同，並詳包頭縣農業內。

（八）　地價：　水田最高價格，每畝二十五元；最低價格，每畝六元，普通價格，每畝一十三元。旱地最高價格，每頃二百元；最低價格，每頃一百元；普通價格，每頃一百五十元。

（九）　畜牧事業：　後套一帶，如包五臨安，均為佳良之畜牧區域，而畜牧中之最重要者，為牛馬羊駝：諺云「旱羊水馬冷駱駝」各縣地勢高旱，水草豐富，天氣又極寒冷，故畜牧一項，即以蒙人絲毫不合料學之方法經營之，其成績亦蔚然可觀；其牧畜方法，已於包頭縣農業內詳言之，在縣內情況，亦大致相同。數年前曾有經營肉類出口某洋行，在後套一帶，自行養羊，數年中獲利甚巨，將來如能寬籌資本，延聘畜牧人材，以最新之畜牧方法經營之，其必收優良効果，殆可預卜，是有待於實業家之提倡也。

二十一　工商業

（一）　工業狀況：　工業無甚可述，如縫紉，打鉄，木作，磨房馬鞍店，銅器店等，出品不外農具與日常用具，多係小手工業，規模極小。製栽絨毯者，僅有四家，據政治實察所工業調查表所填，各家毯房共有資本五千二百元，係私人合夥組織，共有工匠十七人，每日工作十二小時，每日每人工資六角，出品係三藍五彩二種，日可出一百二十方尺，價昂銷路少，故營業極不發達。又隆興長鎮有毯房八家，資本總共二萬五百元，共有工匠六十二人，每日工作十小時，每人每日工資綏鈔五角云。

（二）　商業狀況：　五原為綏西要隘，有氣車路直通包頭，商業尚稱發達，縣城因住戶無多，僅有小舖三五家，大部分商業，均集中於隆興長鎮，及烏闌腦包鎮。隆興長鎮，俗稱新城，距縣城約有五里，商店林立，日臻興盛。烏藍腦包鎮，在縣城東北六十里，現因蒙路不通，商業日見蕭條，各商戶僅分米糧，雜貨，葯材，皮毛等業。

就隆興長鎮言，以米糧行雜貨行爲著，皮行粉行次之。

甲 糧行： 糧行共八家，又有小磨坊二十家，資本額最多二萬五千元，最少二千元，普通五千元，以山西籍及本地籍爲最多。其著名商號，如廣和成，廣泉永，資本額皆二萬五千元，開設年限，皆十年以上，全年營業數，在十八年，皆爲四萬五千元，天恒永，資本二萬四千元，佔地二十九畝，店夥二十五人，全年營業數，在十八年爲三萬五千元，崇慶永，資本一萬一千元，全年營業數，在十八年爲四萬五千元；開設皆四五年。日盛店，資本二萬元，全年營業數，在十八年爲五萬五千元，開設已十三年之久。本業全體店夥，共有二百人，每年交易最旺時期，爲三月至五月。其銷售貨品、外來品僅大米一種，由寧夏或包頭採購，年銷約五百石，每石二百八十斤，普通價格三十六元，總值計一萬八千元。其他貨品，如穀米，糜米，炒米（熟糜米）麵粉，蕎麥麵，莜麥麵，豆粉，蓖麻油，燒酒，皆採購自本地，並銷售於本地；其銷售數量，就十八年調查所得，穀米年約三千石，每石二百八十斤，普通價格十四元，糜米年約一萬石，每石三百斤，普通價格十六元，炒米年約一千石，每石二百三十斤，普通價格十元；麵粉年約二百四十萬斤，普通價格，每百斤八元半；蕎麥粉年約二萬斤，普通價格，每百斤七元半；莜麥粉年約二萬斤，普通價格每百斤八元半；豆粉八萬斤，每百斤六元半；蓖麻油十萬斤，每元六斤半；燒酒六十萬斤，每元四斤；其銷售總值，合計六十萬元；綜計全年營業數應爲六十一萬八千元。」

乙 雜貨行： 雜貨行共計三十二家，資本額最多三萬二千元，最少五千元，普通一萬元。本業商人，山西籍約佔十之六，直魯籍十之四。其著名商號，如鴻業號，資本三萬二千元，福興西資本一萬七千元，福順西資本八千元，復義隆資本一萬五千元，協記（係包頭聯號）資本二萬元，信義恒，十八年三月始開設，資本七千八百元。鴻業號佔地五畝，店夥二十一人，銷售貨品，如布疋五金化裝品，多購至天津，每月營業數，最旺時一萬一千餘元，全年營業數在八萬元上下；年可獲純收益七千六百餘元。信義恒佔地三畝，店夥十一人，每月營業數最高額，六千七百元，全年四萬元上下；年可獲純收益三千四五百元。福順西全年營業數，在十八年爲五萬元，復義隆四萬元，協記三萬元。本業每年交易最旺時期，在八月至次年一月；最淡時期，在四月至七月。各貨自包頭來，均須繳蒙邊稅，塞北關值百抽五，附加一成；統捐爲値百抽三五，附加一成；生烟，水菸，有菸酒公賣稅，値百抽二十五，紙菸有吸戶捐，値百抽二十。銷售貨品，全自外來，如磚茶，海味，雪花膏，紙菸，紅白冰糖，土布洋布，麻布，毛巾，線襪，洋燭，洋火柴，煤油，毛邊紙，綢緞，均運自包頭，係由平津採運者，水菸購自河南清豐，生菸購自山西曲沃。每年銷售數量，磚茶約計二千五百箱，每箱三十九塊；水菸一千二百箱，每箱三十四塊；生菸三百簍，每簍二百八十包；紅白冰糖合計七百包；土布二千捆，每捆四十疋：洋布二千疋，每疋十一丈；麻布四百疋，每疋十丈；毛巾雙線洋襪若干打，價闊洋燭若干箱，每箱二十六包，洋火柴若干箱，每箱二百四十包；煤油二千四百箱，每箱二聽。普通批發價格，磚茶每箱四十元，水菸每箱八十元，生菸，每簍七十元，紅糖每百斤三十五元，白糖每百斤四十二元，冰糖每百斤五十七元，土布每捆五十五元，洋布每疋三十二元，麻布每疋三十六元，毛巾每打四元，洋襪每打五元，洋燭每箱十三元，洋火柴每箱二十一元，煤油每箱十二元、毛邊紙，每刀四元，綢緞每尺八角，雙妹牌大瓶雪花膏，每打十五元。銷售總値，年約一百四十萬元，銷本地者百萬元左右，轉銷臨河者年約四十萬元。大宗貨品，如磚茶年約十萬元，水菸九萬六千元，生菸二萬一千三百元，紙菸四萬元，紅白冰糖合計三萬元，土布一十一萬元，洋布六萬元，海味五千元，化裝品二萬元，麻布一萬二千元，毛巾洋襪，洋燭，洋火，合計一十六萬元，煤油一萬六千八百元，紙張筆墨七千五百元，綢緞八千元；各色大宗貨品，全年銷售總値，合計六十八萬六千六百元。本業店夥全體共有二百五十八人，薪金最大者，每年二百元，最少每年三十六元，普通每年八十元，三年分紅一次，多少不等。學徒年限三年，薪金每年二十五元。」

丙　約行：　約行九家，資本額最多二千元，最少五百元，普通一千元；銷售貨品，以甘草，鎖陽，內蓯蓉，黃芩，陳皮，山查等爲大宗，營業總値，年約五萬元上下。」

丁　皮行：　皮行大小四十八家，資本額最多二萬元，最少一千元，普通五千元銷售貨品，以本地羊皮爲大宗，年銷約三十六萬元。

此外澡堂，醬園，飯館，銅舖，鐵舖，鞋舖，靴舖，麪舖，油房，乾貨舖，豆腐房等，共三四百家，加入商會者，計二百六十家。

烏蘭腦包，為通蒙要鎮，民元以前，商業頗盛，民二遭蒙匪之殃，民三復興，而民六又遭盧匪之殃，民十五國民軍退出，復受打擊，至十八年因蒙路不通，商業更一落千丈。該鎮原有大商號十八家，如天瑞德，廣生西，通興功，興盛和，德豐號，萬和長，同義成，大盛興，永義恒，福和長，乾豐號，德成太，德和堂，廣生恒，天聚和，謙德源，萬興億等，其營業情況，由烏運蒙，為米麵，綢緞布疋，及其他日常用品；由蒙運烏，為皮毛，牲畜等。往年十八家大字號營業值，多者可至三十萬元，少者亦有五六萬元，現因蒙路不通，營業大衰，留烏商號，僅從事收賬結束，每家營業值，平均不過一二萬而已。

在昔蒙古商人，運貨至烏，即住烏鎮各商號內，各商號殷勤招待，第一天請蒙商吃餾餅，第二天請吃全羊，蒙商易雜貨而歸。烏商運貨至蒙，大部分集中於把格納，然後易蒙貨而歸。

該鎮住戶約五百餘家，除十八家大商號外，尚有小商戶四五十家，經營油酒米麵等雜貨買賣。

（三） 金融： 五原通行貨幣，與包頭大致相同。金融機關，則平市官錢局與豐業銀行，在五原均設有分行，平市於民國十八年始設分行於五原，主要業務為匯兌，兼代辦地方各機關解款，每年放款約計四五萬元，匯劃約計六七萬元；總行所發平市票，在五原流通數目未詳。豐業亦始於民國十八年設分行於五原，經營業務與平市官錢局同，每年匯劃數目約計三四萬元，存款與放款均無，本行在歸綏於二十一年因發鈔過多，整理內部，分期兌現，二十二年九月間，集資改組，亦已復業，在五分行，當亦復業。本地金融組織，至為簡單，上述平市豐業二分行，其所營業務，至為狹窄，實不足盡一普通銀行之功用，舊式票莊，亦無存在。各銀行間，款項抵消方法，有時以匯兌抵消，有時以現款抵消，最近由五原匯往綏遠，匯水每千元，約十元左右，係直匯。

（四） 度量衡； 五原通用尺，計有三種，一為津尺，每尺長合三四·一生的米突，成衣業使用之；一為京尺，（北平尺）每尺合三二·八生的米突，布業使用之；一為木匠尺，每尺合三一·〇生的米突，雜物業泥木匠及普通住戶使用之。現縣政府已根據實業部頒布度量衡推廣公尺使用範圍，以求劃一。量器亦僅有五原官斗一種，須由隆興長商會蓋印後，方准行使，每斗（除斗重）大豆重二十七斤八兩，麵粉重二十斤，糜米重三十斤，小米重三十斤。衡器極為整齊，全縣僅有五原公秤一種，各業及民間均以公秤爲標準，公秤以十六兩爲一斤，每斤合五六六格蘭姆，所有大小秤，均須由隆興長商會盖火印後，方准行使，如有不符規定重量者，查出議罰。

二十三　墾殖

縣境內已墾之地，有西公旗報墾之什拉葫蘆素紅門圖二地，古爾板朝號地；達拉特旗之永租地；又達旗報効之五原城基地，隆興長街基耕作地；四成補地並杭旗少數之糧地。

什拉葫蘆素及紅門圖二地，一千七百三十餘頃，在五加河迤南，並於清光緒三十二年報墾，由西路公司承領轉放，押荒一律定爲八十兩。至其轉放地價，計分四等：上上地，每頃押荒錢一百二十兩：上地，每頃一百一十兩；中地，每頃一百兩；下地，每頃九十兩。前後丈放二次，第一次丈放一千六百五十四頃五十九畝二分，第二次丈放七十四頃三十畝六分，兩次共放地一千七百二十八頃八十九畝八分，已全墾放。內中有渠地，有旱地。渠地歲租分三等；上地每畝年征二分，中地一分六厘，下地一分二厘。旱地亦分三等；上地一分六厘，中地一分二厘，下地一分。

【備考】西北墾殖計劃云：「西公旗所報後套渠地凡二段：一段什拉胡魯素，一爲紅們圖。兩地接壤，俱在五加河東流折之東岸。用義和渠水灌溉。故舊制義和渠爲西公旗之專渠，上游不得作壩截水。自光緒三十四年，陸續丈放，計放出渠地一千六百七十八頃七十四畝，因地質肥瘠不同，所征地價，每頃自一百二十兩至九十兩，歲租每畝自二分至一分二厘不等。原例每頃歲收渠租銀四兩五錢。民國元年，一律改令每年每畝攤水利經費銀一兩二錢。嗣於民國元年，續收旱地五十二頃一十三畝，每頃荒價自五十兩至二十兩，歲租每畝自一分六厘至一分。計前後共放渠旱地一千七百三十一頃。應征歲租三千零九十五兩有奇。」據此則兩次所放渠旱地，其數不同。但所差無幾。

古爾板朝號地六百餘頃，在烏闌腦包鎮左右，土質較優，係十五年報墾，由增設之勘放西公旗報墾後套地畝局丈放；其地亦全墾放。荒價每頃自二十元至三百元不等。官租歲租，均不分等級；每頃地官租年征洋一元八角，歲租年征洋一元二角。」

永租地二千頃，在縣境內係豐濟沙河義和地等渠，於光緒三十一二年間，即歸公永租，全已墾種。

在五原境內者，六百六十七頃。

【備考】據綏墾奏議「達拉特則請允開渠，並該區所有之地，任便擇修，凡渠到何處，地即開至何
處，願儘劉金長勝兩處，總候先行試辦」。劉金即永濟，在今臨河境。長勝即長濟，在今安北境。
考永租地分隸八道官渠，原無定數；民國元年，定爲包租之制，乃以二千頃爲額。除隸臨河境內之
永濟渠永租地七百七十一頃，剛濟渠永租地二百五十五頃外，隸五原安北兩縣局境內豐濟沙河義和
通濟長濟塔布等渠之永租地，共九百七十四頃。在五原境內之豐濟渠，溉永租地三百一十五頃，沙
河渠溉永租地二百七十頃，義和渠溉永租地八十二頃，共六百六十七頃。

在昔永租地，每年租地之多寡，全視河水之大小爲定。河水暢旺之年，澆地多，則租地自多；河水
淺少之年，澆地少，則租地亦少。計自永租以來，惟光緒三十三年，河水至大，租地三千一百二十
二頃五十一畝，應征租銀九萬五千九百八十九兩。其餘不過千餘頃及兩千頃左右。至民國元年，始
定永租章程，永租地以二千頃爲額。

永租云者，永租不放之謂也。其地由墾務局開渠招種，年年征收租銀，公家與達旗按成分之；地仍
歸蒙有，公家所得者，祇渠費與經理之費而已。蓋達旗報墾時，不肯讓出所有權，祇得由墾務局任
便開渠，招戶承種，故與達旗約，渠至何處，地即墾至何處，不征荒價，惟課歲租，所收租銀，以
二成爲渠工費，其餘分爲十成，公家得二成，蒙旗得七成。租銀計分四等：上上地每頃歲租銀四十兩
，上次地每頃歲租銀三十兩，中次地每頃歲租銀二十五兩，下地每頃歲租銀二十兩。然達旗之地，
早爲地商私墾，地爲達旗所有，而渠係地商所開，故自光緒三十年起，將後套各區，勸導地商報効
、始由官方收回，積極整頓。每年約可丈青苗兩千頃以上。清末政局變更，渠地全行廢弛。民國元
年，官方因無力興修渠道，又以租地無定額，當事者任意出入，不免上下其手，乃定民戶包租之制
，由地商分包；官渠八道之永租地，每年以兩千頃爲額。每頃以十五兩交租，渠歸租戶修挖。每頃
又年收水利經費銀四兩五錢，以一兩三錢歸包戶作修渠費，以三兩二錢歸公家作水租，此爲地商分
包時期。辦理數年，以民力未逮，各包商拖欠租金甚鉅；復有不肖武人，假包租之名，貪圖私利，

不顧全局，截至十一年，積欠租欵十萬餘元，（民國九年，一師旅長楊以來，組織灌田水利社，將官渠渠道全行認包，經理數年，虧租至十餘萬之鉅）而渠道亦廢壞無遺。是年，五原紳董，王同春等，組織臨源水利公司，承包豐濟，永濟，剛目，沙河，義和諸渠之地；其長濟，塔布，通濟三渠之地，仍歸灌田社以農社名義承包。至各渠餘地，仍由原地戶承租。此爲地商總包時期。辦理數年，仍無起色。十四年國民軍第八旅旅長石友三，兼充包西水利總辦，盡收各官渠歸官經理，永租地租額照舊征收；而水利經費加增，每頃收銀八兩，後收爲十元。是爲各官渠地收回官辦時期。嗣以工大費鉅，入不敷出，當局思有以改良之：十七年復將章程另行改訂，并歸綏遠墾務第五分局管理；是年春，墾務局總辦孟斌儀召集各地紳董於總局，開會討論，議定每渠各立水利社，並附水利董事會，以監督進行。水利社長及董事會董事長，由全渠大戶公推品行端正，熟習水利者充之；永租地做墾地，官租例丈青收租，租價每頃三十元。或云地租改爲三等：上地每頃五十元，中地每頃四十元，下地每頃三十元。其租半歸墾，半歸公。至永租則每頃收洋十元，以七成作渠費，又以一元五角歸公，以一元五角歸水利社，充作常年薪工辦公等費。設有臨時要工，由該社估算經費，呈准由該渠地戶征欵修理。十八年夏，又設包西水利管理局以統之；是年三月，建設當局，召集各社社長及董事長，在包頭開會。因水利局需各社經費不足，復議定每頃加征水利經費二元。合原征十元爲十二元；以七元作渠費，又以二元五角歸公，以二元五角作爲水利社經費，案經全體通過；此爲官督民辦時期。永租地之辦理經過，大略如此。

五原城基地，五百四十頃，在沙河義和二渠之間，係達拉特旗於光緒年間報効之地；長寬各十里，民國五年，始由五原縣丈放；截至十八年三月止，共放出四百四十頃。餘二十餘號，尚無領主。每頃地價，自二百兩至六百兩不等。用沙河渠水灌地。

隆興長街基耕作地，係民國十七年報墾，由第五分局丈放：原報墾三百餘頃，迄今已墾放者，一百六十餘頃，未放者尚有一百四十頃。

四成補地，乃補四成正地不足之數，自光緒三十一年派員勘丈，計放地一千四百二十頃，價分四等

：上地每頃百兩，上次地九十五兩，中地九十兩，中次地八十五兩。租分三等：上地每畝歲征二分二厘，中地一分八厘，下地一分四厘，計征歲租二千八百一十二兩有奇，此項歲租，全係正供，並不分給蒙旗。其地在長濟渠渠口，分隸於五原安北兩縣局；在五原境內者，無確數可考，約以六百餘頃計。（詳安北墾殖項下）其地用長濟通濟塔布三渠水灌溉。

杭旗粮地，即杭旗舊墾地，亦即東中兩巴噶地。先後墾放四千一十八頃三畝；地屬五原臨河安北三縣局。臨河最多，五原安北次之，在五原境內，無確數可考。大抵五安二縣局境內，約一千五百頃；在五原者，約八百頃。（詳臨河墾殖項下。）

綜計以上各地，（如什拉葫蘆素紅門圖地，古爾板胡號地，五原城基地，除與長街基耕作地，）原報墾三千七十餘頃，已放者二千九百三十頃，未放者一百四十頃。合之境內永租地約五百頃，四成補地約六百餘頃，杭旗粮地約八百頃，則境內之已墾地，約四千八百餘頃。惟據最近調查，就熟悉墾務情形者審愼推算，則縣內近數年實際耕種之地，約祗二千七百頃；蓋因渠道荒廢澆地不多之故。至其升科地畝數，據十九年度綏遠省各縣局升科地畝暨田賦統計表，爲一千四百一十五頃四十七畝；又據二十一年財政周刊，爲一千五百七十四頃有奇。

此外關於屯墾一事，有堪紀述者，即軍官屯墾隊第三隊，於二十一年八月間，在縣境東北董國隊村，（即舊把總地）附近，選就墾地一段，計丈官荒地一百七十五頃，北有五加河之瓦窰渠，南有義和支渠，土質既好，灌溉亦易；並建築新村，命名威遠鄉，爲五原安北之孔道。且與五原郵局交涉擬於該處設立郵櫃，以資通信云。

二十四　水利及渠道

西北水利，莫大於黃河。黃河以北，名曰後套。後套八大幹渠，分隸五原臨河安北三縣，曰永濟，曰剛目，曰豐濟，曰沙河，曰義和，曰通濟，曰長勝，曰塔布，東西廣衍殆五六百里，灌域以萬頃計。溯渠務之史略，則導源於清道光年間之河決，創始於甄玉侯應奎王同春等之經營，發展於貽督辦之疏濬。廢壞於灌田公社之包租，而復興於包西各區水利管理局暨水利公社之浚渫。論灌域之所及，則各渠口與黃河斜交，自西南而東北，灌杭錦達拉特兩旗地，杭受其源，達承其委；而義和一渠，且沿五加河輸注於烏拉特前旗，（西公旗）灌什拉胡魯素紅們圖等地之一部：萬頃良田，惟黃河是賴，故俗云：「天下黃河惟富一套」。然有水皆爲沃土，無水即成石田，故後套渠道之修濬，實無一日可視爲緩圖；而八大幹渠，遂爲綏省西北之命脈。凡渠皆有幹渠，有支渠，有子渠，以幹統支，以支統子，星羅棋布，勢成一局，若網在綱，軼鄰超白，此殆由前將軍貽穀擘畫之詳，抑亦各地商數十年積累經營之所致；而繼起興修者，因勢利導，擴充改進，以厚民生，實亦多費苦心也。至各大幹渠之概況，則分詳於各縣。

【備考】 河套一辭，多指五原縣而言，土人赴五原，謂之「上套」。然河套斷不能僅指五原。其幅員遼闊，延袤縱橫，西起寧夏，南括鄂爾多斯，東訖包頭，皆其所屬，故在寧夏省屬一帶，謂之西套。大河南岸鄂爾多斯，並包頭西山嘴迤東，謂之前套。而五原臨河安北三縣局境域，則謂之後套，即古北假戍唐中西兩受降城地。

又；言河套水利，當以西套爲最著，北渠工亦最古，今寧夏產米，在我國北部稱最多，蓋自秦漢以來，其渠工已屢興屢修也。後套水利歷史，爲期較晚。唐貞元七年，始開延化渠，引水入庫狄澤。自永徽四年，置陵陽渠。旋又置咸應，永清二渠。嗣以歷代戰禍繼起，人類漠焉視之，遺跡無存。自元人入據以來，其地僅爲遊牧之場，更不知渠務之利。清乾隆間，漢族之捕魚者，足跡至此，得地於近河處，用桔槔取水，試行種植，大獲其利。自土默特部歸化後，山陝人民，來者日衆，初亦不過擇不甚畏暵之地播種，以爲糊口之計，尚不知開渠溉田之利也。道光三十年，河淤北岸，決成一河，名曰塔布河，其水自行地中，水過之處，皆成膏腴，漁人逐漸墾殖，歲收數倍，於是利之所在，人皆趨之：來套墾殖者日多。往往甫經得地，先謀開渠。支別派分，各私所有，一渠之成，或需時至數十年，糜款至十餘萬。如甄玉侯應奎，郭敏修、王同春等，父子相代，親友共營，均能持以毅力，不避艱苦，遂開大幹渠九道，（後淤一道）小幹渠二十餘道。而已成之渠，又必每歲深浚其身，厚培其岸，始得溉田千百頃，經營匪易，厥功甚偉。各大幹渠，除塔布河渠因河水冲決而成外，則以長勝（即長濟）渠開鑿爲最早，成於咸豐七年。老郭渠開於同治八年。光緒六年，王同春建築牛犋一區，曰隆興長。光緒十五年開義和渠。其後沙河恒和二渠，以次興辦，最後開者，爲中和渠，時在光緒二十六年。計王同春之義和中和（即豐濟）恒和沙河四大渠以外，尚有小渠四道，牛犋十八區。墾田凡千餘頃。風氣一開，所有綱金（即永濟）諸渠，皆以次成立，是時統後套之渠道，灌田畝幾及萬頃。光緒二十九年，貽穀奉命督辦墾務，因渠道與墾務休戚相關，除將所有私墾蒙地，統歸官放外，兼籌渠務之發展。各地戶知地既歸公，渠亦難據爲已有，先後將租遺自挖各渠，呈請報効。貽穀派員勘收，並估計工程，集夫疏浚；酌加寬深，以暢水流；添鑿支渠，以分水勢；於是墾務大興，河渠之利，得與西套相平衡。此民國紀元前後套渠務之概況也。至於前套，則地勢高亢，沙山迤亘，能得黃河水利之地，蓋屬寥寥。惟包頭縣屬第三區，即西山嘴一帶，黃河歧出一支，名曰三呼河，東行二百三十里，復注於河，主支二流之間，夾成低灘，土質腴肥，名曰三呼灣，面積一千八百方里，地勢西高東下　宜於引水種植。惟墾闢較晚，前清山西巡撫張之洞，曾擬於此經營水利，及至胡聘之繼任，又重行議及，均未果行。民國紀元以還，綏遠爲特別區域，後套及三呼灣二區水利與墾務，概歸綏遠將軍或墾務督辦統轄。元年，公家無力興修渠道，後套八大幹渠所屬地，改歸民戶包租，渠道亦歸民戶修挖。七年，三呼灣始正式開墾，由公家籌欵興修大幹渠一道，並收回私開各渠，歸公家經營，是爲公家經營三呼灣水利之始。嗣後墾地日闢，公私渠道日多，水利漸興。九年，後套渠道經營失宜，議者謂係散戶承包，責無專屬之咎；乃有綏遠都統蔡成勳部第一師旅長楊以來，乘此機緣，假借灌田公社名義，統包八渠永租地，惟原旨即含圖私利，不顧全局；截至十一年，租欵拖欠至十萬餘元，渠道廢壞無遺；經五原縣紳董等呈請整頓，又經綏遠墾務總辦等一再與灌田公社交涉，始行收回原租地，改歸五原地方人士所組織之匯源水利公司及興農社等承租。十二年，始有水利總局之設，但因係在包頭遙轄，雖虛耗經費，而渠務仍無改進也。十七年，始裁撤水利總局；將水利及由實業廳劃出之墾務一切事宜，劃歸新設之綏遠全區墾務總局辦理。二月，墾務總局招開水利會議，決定所有渠道，各歸地方人民合組水利公社，自行經理，並由墾務局暨所在地方官督飭辦理。又以墾務總局遠在歸綏，特將渠利科常川移住五原，就近視察一切。十八年，水利事宜另由經務總局劃分，即將渠利科改設包西各渠水利管理局，與經務總局同隸省建設廳，同年四月，由建設廳向山西省銀行貸借省鈔十四萬元，專資興修渠務之需，各渠的量支配，積極進行，於是歷經廢弛之渠利，略見起色。此民國以來渠務興革之大概也。

又：自民國十八年，凡包西各渠，無分私人自修，地方公修，抑係任何山水渠道，均為建設廳包西各渠水利管理局監督。管理局局址，在隆興長。（五原新城）所置職員，計局長一，渠務總查一，文牘員一，會計員一。管理渠道委員六，辦事員二，書計，馬巡，夫役各若干。公私各渠，均依法各組水利公社，於水利管理局監督指導之下，辦理各該渠渠務。其事權之地域範圍，依該渠渠水澆灌所及之地畝定之。設置職員，計有經理，副經理：文書，會計，司賬，渠頭，副渠頭等各一人，渠夫，僱員，夫役等各若干人。經理，副經理均由民戶公選，呈由管理局轉報建設廳加委。其他各員，均由經理遴用。副經理人數，依章可選二人。副渠頭人數，亦得增至五人。此外每公社又由民戶票選董事五人至九人。設董事會，為諮詢建議及監察之機關。各渠工程，無分經常，歲修，特別，統由各該渠水利公社負責經理，並由管理局監督。而特別重大者，更須事先估計，備具計劃，預算，繕書，呈請管理局轉呈建設廳核辦。各項渠款，亦由公社經征，由管理局協催。凡各渠所屬粮地，召廟地，戶口地，未糧地，移民地，學田，實業基金地，永租地等民戶，均照每年夏秋開勘丈青苗地畝數目攤任。若雖經澆溉，而無青苗之地，亦可免繳。渠款計分三項，收支亦有規定：一為經常修渠費，每年每頃納銀七元，專充歲修工程之用，開支有餘，由公社保管之；不敷則由公社召集全渠民戶議定籌補方法，呈管理局轉呈建設廳核行。二為特別修渠費：凡各區遇有特別重大工程，先儘經常修渠費結存項下撥支；再有不敷，由公社商由本渠民戶中籌墊之，在三年內，由本渠民戶照青苗攤。三為水利經費，每年每頃納銀五元；以半數充管理局經費，有餘報解建設廳，另款存儲；不敷呈請建設廳籌之；其餘半數，充該渠公社經費，若有不敷，亦得先事呈准，另行籌支。關於渠款之保管，公社經理須負完全責任，不得私自挪用及侵蝕，若存放於銀行或商號，亦得由董事會之決議定之，並呈報管理局備案，隨時派員檢查，以杜流弊。渠道管理之情形：水利機關之組織，與夫渠務經費之籌支，略如上述。惟渠務之弊，積重難返，所選經理及辦事人員，未必盡屬賢良；彼輩又均屬大地戶，對於用水，攤費等，仍不無偏私舞弊情事。雖澆水有章程，攤納渠費，及指派渠工，亦有定則；而小地戶及一般農民，大多智識淺薄，不明實情，於是在指派渠工時，有納賄者可路近而工輕，積弊一也。採購材料多隱折以分肥，積弊二也。稍口水未到稍，不肯放水；惟納賄者得水爲先，因有「有錢有水，無錢無水」之諺。積弊三也。凡此種種，更僕難數，均水利之大礙，應急爲革除者也。

自民國十八年，包五臨安各縣局所有公私大小各幹渠，並歸建設廳包西各渠水利管理局監督以來，水利管理局所轄公有私有大幹渠，共十三道私有小幹渠，亦三十餘道，其隸五原境內之公有大幹渠，爲豐濟，沙河，義和，通濟，長濟，塔布等渠。私有小幹渠，爲舊灶火渠，新灶火渠，順萬庫渠，黃渠，存厚堂渠，哈拉烏素渠，阿蓋渠，十大股渠，惠德成河頭，廠汗波羅渠、錦繡堂渠，義成公大渠，同興堂渠，李樹林渠等。茲分述如左：

【備考】永，剛，豐，沙，義，通，長、塔，等渠，昔稱八大渠，益以楊家河渠，黃土拉亥渠，及民復渠，共計十一道，皆在後套，（即五臨安三縣局境內）至如民福渠，則在包頭縣第四區；三湖灣各渠，則在包頭第三區。以上十三道大渠中、楊家河渠，原係楊姓自修、其工程亦歸楊姓自行經營，尙屬私渠性質。其他各渠工程及丈青等事，均由各渠水利公社辦理。惟剛濟渠並不設水利公社，一切渠務，均歸永濟渠水利公社兼管。又三湖灣各渠、原不僅一渠，以地理關係，並在一水利公社管理。

（一）豐濟渠：上游爲五原之西界，臨河之東界，此渠原名中和渠，又曰天吉太渠，今一名協成渠。原係地商王同春，韓紙等所開，清光緒年間，貽榖任內，報効歸公，發帑重修。渠口接黃河，在剛目渠口下五里麻迷兔渡口之西，自渠口起，經劉三地、天吉太橋，甲浪水道，（一作夾拉水道，）馬廠地，白來圪鉢，五分子橋，協成橋等處，以入於五加河，長一萬六千二百丈，計合九十里。口寬六丈，深八尺，梢寬二丈五六，深四尺，澆達旗永租地三百一十五頃。其支渠之可名者，大小十二：曰察汗包渠，開於天吉太橋南幹渠之西。曰察汗淖渠，開於天吉太橋北幹渠之東。曰交界渠，亦在幹渠之東。迤而北，曰白來渠，曰彭光渠，曰李增祥渠，並開于幹渠之西。曰淖拉召渠，曰五分子渠，曰鐵馬什拉渠，曰十八拗兔渠，曰銀定兔渠，並開於幹渠之東。其中以十八圪兔渠爲最長，向東行與沙河渠交義。銀定兔渠，在十八圪兔渠橋之北，渠身亦長。（各支渠並詳豐濟所屬支渠一覽表，）幹渠渠身完好，自民十八九年由本省建設廳撥款修濬後，水勢尚旺；十九年澆過地一千餘頃，又淤漫烏火渠之空地不少。惟中段自甲浪水道至五分子橋，略有腰軟之病，近已將渠背加高，（即馬廠地渠背）殆無淹沒之虞矣。

【備考】據渠工案云：「中和渠自烈三地起，至五加河出梢止，共長九十三里五分。地商王同春由渠口開至天吉泰，長四千一百三十七丈，計二十二里九分八厘。王同春又與韓鉞，王在林，由天吉泰至忙蓋兔，（即馬蓋圖，）長二千五百三十丈五尺，計十四里五厘，官工由忙蓋兔，開至五分子，長二千三百四十丈一尺，計十三里有奇」。五分子以北，殆後之續開者。全渠長一萬六千二百丈，乃據西北殖計劃所云。鉄道部包臨段經濟調查報告書之包西各渠水利管理局所轄公有大幹渠情況一覽表，作七十三里，七字當係九字之誤。

豐濟渠所屬支渠一覽表

支渠總名	分名	別名	起止	長度	所在地	灌溉面積	存廢情形	備考
王在林一渠		淖拉召渠 塔爾戶渠	起于豐濟幹渠至塔爾戶渠梢止	四百丈	水道他拉北幹渠之東	二三百頃	存	據渠工案云王在林開水道他拉北支渠一道長百丈嚮用皂火河之水現開豐濟渠之支渠一道藉用豐濟渠之水年約澆地三二百頃今以五原縣區圖考之當即塔爾戶渠亦即淖拉召渠

渠名			起讫	长度	位置	灌溉	存废	备考
韓鋮四渠	正支一渠		自幹渠起至本支渠梢止	一千五百八十丈		四渠約可溉地八九十頃		此四支渠據渠工案均爲韓鋮所報於今所稱爲察汗包渠察汗淖渠爲交界渠鐵蓋馬河諸渠名究爲誰屬無從考信並舉其名以資印証
	東支一渠		同	九百丈	幹渠東			
	西支一渠		同	九百三十丈	幹渠西			
	中支一渠		同	八百二十丈				
察汗包渠			自幹渠起至本支渠出梢止	未詳	天吉太橋之南幹渠西	未詳	存	據十九年建設廳擬修豐濟渠渠道圖
察汗淖渠		北渠	自幹渠東天吉太橋左近開口經楊禍來至渠梢止	同	在交界渠北中圪堵楊禍來村之南	同	同	據建設廳擬修豐濟渠渠道圖綏區屯墾第一年工作報告書豐濟渠楊禍來段附圖
交界渠			自幹渠東天吉太橋南開口經中圪堵天庄郝頭圪卜至渠梢止	同	在北渠之南	此渠與北旗渠灌溉旗地約計百頃	同	同右
白來渠			自幹渠起至支渠梢止	同	羅圈北幹渠西	未詳	同	據建設廳擬修豐濟渠渠道圖
彭光渠			同	同	白來渠北幹渠西	同	同	同右
李墳群渠			同	同	協成橋北幹渠西	同	同	同右

五分子渠			同	同	淖拉召渠北幹渠東	同	同	同右
鐵蓋馬河			自蘇京圖東開口	同	在幹渠東馬蓋圖趙冠圪堵一帶	同	同	據綏區屯墾第一年工作報告書豐濟渠東岸中段圖
鍋什馬拉渠			自幹渠起至本支渠出梢止	同	在幹渠東十八圪兔南之泰肖堂	同	同	同右
十八圪兔渠			自豐濟韓渠起至與沙河渠梢相交止	同	五分子舊橋北協成橋南幹渠東	同	同	詳附記一
銀定兔渠			自幹渠起經劉有祥善政圪旦三合源四鐵匠羅家圪旦銀定兔劉元賓圪旦東北入於五加河	同	十八圪兔渠北幹渠東五加河南	同	同	據五原縣第三區圖及綏區屯墾第一年工作報告書豐濟渠東岸北段圖
合計支渠十二								韓鉞四渠除外以察汗包察汗淖交界等渠當即韓鉞四渠之別名耳

附記

一，按十八圪兔渠渠身最長，原自豐濟渠開口起，東與沙河渠梢相交止。二十年五月間，包西各渠水利管理局第一次召集包西各渠水利社經董事會議時，公民王喆，辛崇業，白怡義等，曾提議分期接修豐濟東梢什八圪兔渠，藉交沙河義和通濟長濟塔布各渠梢乾廢地畝，以廣水利，擬於第一年修至義和渠梢，第二年接修至通濟渠梢，第三年接修至塔布渠梢，俾豐濟渠梢之水，完全澆灌各該渠梢地畝，而以各該渠之水，長澆各該渠上游中游地畝，則各該渠下游，可以無乾地。當經豐濟沙河義和通濟長濟塔布六社，合同估計接修工程，議定豐濟渠身，應劈寬挖深，豐濟渠正幹渠，自五分子橋至十八圪兔渠口，劈勝下底，約渠費洋一萬元，歸豐濟担任。自十八圪兔渠口，至公五店，劈勝下底，約渠費洋一萬元，歸豐濟担任。自公五店至義和成渠，修洗天生壕，約渠費洋二萬元，能多澆沙河梢地及城地七百頃，歸沙河渠担任。自義和城渠修洗天生壕，至通濟渠內，約渠費洋一萬五千元，能多澆義和梢地三百頃，歸義和担任。自通濟幹渠接修至長濟渠，洗舊河及生工，約渠費洋一萬元。能多澆通濟義和兩梢地並四成補地六百頃，歸通濟担任。自通濟工竣處接修，至塔布渠，約渠費洋一萬元，能多澆通濟長濟塔布各梢地，並四成補地一千頃，歸長濟担任。塔布渠以下，自長濟渠工竣處接修，至南牛犋及烏梁素海子，約渠費洋一萬元，能多澆地一千頃，歸塔布担任。連環六渠，共約渠工費洋八萬五千元，共能多澆地三千六百頃，此議如果實行，則沙義通長塔諸渠梢地不成荒廢矣。

二、案豐濟渠所有支渠，其數不止十二。據包西各渠水利管理局民國二十年第一次召集包西各渠水利社經董事會議紀錄，豐濟渠工，已於四碼頭做好二十道支渠，統派花戶挖修，由花戶出資辦理，是豐濟現有支渠甚多。又據會議紀錄，各幹支渠名稱數目，曾由建廳頒發表式，令各社塡造，訖未報齊，已提案決議，從速造報，尚未見諸刊載，無從依據，茲表所舉各幹渠支渠數，僅就故籍綴述，參以現有各圖，暨出刊品，搜集羅列，以餉閱者，其數之確與否未暇計也。

三、本表存廢一欄，凡確知其現今存在者，則塡曰存，其有不能確知者，則闕之。沙河義和通濟長濟塔布諸渠所屬支渠一覽表，均同此例

（二）　沙河渠：　原名永和渠，亦係王同春所開。貽穀任內，報効歸公，發帑重修。渠口在中和渠口下七十五里。自黃河岸惠德成起，東北行經五原縣境中部，歷縣城之西偏，過梅令廟而入五加河，計長

一萬五千二百四十四丈，合八十五里半。口寬四丈四尺餘，深自四尺至七尺。梢寬三丈餘，深三四尺。灌溉達旗永租地二百七十頃，五原城基地五百餘頃，亦藉此澆灌。其渠口與私有之十大股渠相交，（十大股渠在幹渠西）形成套狀，蜿蜒北行，每於屈曲處分出支渠。其大者有四：曰豐圪素渠，開於幹渠之西。曰呂三渠。曰長工渠，曰新渠。並開于幹渠之東。其在幹渠西，當張大海村北，可居村南，有小支渠一。迤而北，在郭喇嘛圪卜南，復有小支渠二：一曰人字渠，一無名。當幹渠之東，復有小支渠三：曰南中興渠，在補鏡橋北。曰五大股渠，在補紅渠南，南中興渠；即興盛成自修渠。迤而北在滿介廟一帶，亦有一小支渠。幹渠正梢暨新渠梢，均與豐濟渠之十八圪兔渠相交後，北入五加河。此渠渠工修理，原稱合法，襄曾引水入義和渠，曾溉他處之地；惟十九年因河水漲落不均，渠道淤塞，八月間曾經淤廢一次。本省建設廳為免除全渠沙淤計，曾擬自二十年繼續深加挖洗。據云將來可溉糧地千頃，永租地五百餘頃。

【備考】 據官方另一調查云：「興盛成自修渠，長三十餘里，溉地百餘頃」。茲據綏區屯墾第一年工作報告書所繪沙河北段圖，有五大股渠，在補紅渠（即長工渠）南，南中興渠北，渠口開於幹渠東張三如圪旦之南，東北行經劉三拉，暨興盛成等村之南，是五大股渠，即興盛成自修渠。

沙河渠所屬支渠一覽表

支渠總名	分名	別名	起	止	長度	所在地	灌溉面積	存廢	備考

和合源主渠	西大渠	鄧圪素渠	自沙河起至孟興德房西南止	一千九百八十三丈	在鄧圪素及東圪堵一帶	共可澆地二百餘頃	存	據渠工案，及建設綏十九年擬修沙河渠渠道圖，及五原縣第一區圖。案中渠，當即十大股渠，以十大股渠自河套開口起，至沙河渠正身止，亦稱沙河之支渠。哈拉嘀爾壕，當即河套十大股渠，渠道形勢圖未給入附註(二)
	中渠	十大股渠	自沙河起至哈拉嘀爾壕止	二千二百四十丈	在幹渠正身西		仝	
	東渠	呂二渠	自沙河起至沙梁止	四百三十丈	在幹渠東惠德成北鄧圪素之東南		仝	
長工渠		補紅渠	自火燒橋南開口起	未詳	在幹渠東王全福圪旦永和瑞一帶，郝鏡橋偏東北，	未詳	仝	按此渠，在楊四禿圪堵之北，即補紅渠．是也。
新渠			自新渠口起至興十八圪兔渠相交止	未詳	自幹渠東劉官圪旦開口起東北行徑涂毛匠圪旦郝頭圪堵同義德入于五加河	未詳	存	按在補紅渠北之公油房亦有一支渠乃新渠之子渠
可居村支渠			自幹渠西開口渠口開於火燒橋南可居村之南	仝	在郝鏡橋北張大海村之北可居村一帶	仝	仝	
南中[illegible]渠			自幹渠東開口	仝	在郝鏡橋及三倉圪旦之北	仝	仝	

五大股渠		興盛成自修渠	自幹渠東張三如圪旦南開口	仝	在補紅渠南南中𣁽渠北	仝	仝	按此渠自張三如圪旦南開口起，東北行經劉二拉圪旦等村之南，王百姓圪旦暨興盛成，當即興盛成自修渠
正梢三小支渠	梅令廟渠		自正梢東開口，渠口開於馬貴圪旦之東。	未詳	在梅令廟一帶	未詳	存	
	人字渠		自正梢西開口	同	在張二栓圪旦北，郭喇嘛圪卜南，	同	同	
	無名		同右	同	在人字渠南	同	同	
合計支渠十一								

附記

據渠工案：「達拉特旗地商王同春稟稱自開大渠三道，計義和渠一道，永和渠（即沙河渠）一道，恒和渠一道，（恒和渠亦曰爛大渠，自黃河起，北行自王同春南牛犋，入永和渠，東支計長八十餘里，亦名和合源大渠。今所稱八大幹渠中無此渠，）支渠共百餘道，不能詳述」。據此，則沙河渠原有或現有支渠，為數均不止十一，今僅就所已知者列入。

二，據渠工案云：「墾務局勘得張壽彭所報和合源渠三道：一曰西大渠，自沙河起，至孟興德房西南止：統長一千九百八十丈。除天生壕淤塞不計外，淨收一千三百二十三丈。一曰中渠，自沙河起，至哈拉喈爾壕止。統長二千二百四十丈。除天生壕淤塞不計外，淨收一千六百一十丈。一曰東渠，自沙河起，至沙梁止，統長一千四十丈。除天生壕不計外，淨收四百三十丈。三渠可澆地二百餘頃。案此三渠皆在郝鏡橋以南，西大渠即今之所稱爲楞圪素渠，呂二渠當即東渠，中渠當即十大股渠。

〔三〕、義和渠：原係王同春所開，此渠開於清光緒十五年。至光緒二十年，舊口淤塞，另改新口，貽穀任內，發帑重修。渠口在沙河口下二十里土城子。自渠口東北行，過五原縣城東偏，穿隆興長，至五加河，計長一萬四千九百六十丈，合八十三里。渠口寬四丈餘，深五尺，中段寬三丈餘，深三尺。梢寬四丈，深四尺，溉達旗永租地八十二頃。此渠入五加河後，復循五加河東行，約八里，至烏拉特前旗灌什拉胡稔素紅門圖地一千七百三十一頃。渠之水勢頗旺，因原定爲烏拉特前旗之專渠，上游不得截水（但實際以上游之地，係平口澆水，如水小，亦得在舊把總地築壩數月，以資灌溉）溉達旗永租地額數較少；而渠水自渠口至烏旗地，經行幾二百里，水勢已微，不敷灌溉，故烏旗地原墾一千七百餘頃，而歷年荒廢者，已十之八九；前西盟墾務局長王濟若，欲爲烏旗地另開專渠，令義和渠澆杭達兩旗就近之地，詢一舉兩得之計，亦未果行。至其枝渠，均不甚長。曰復秦長渠，東牛犋渠，瓦窰渠，天瑞德渠，義和遠渠，均開於幹渠之東。曰北牛犋渠，老趙圪堵渠，同心泉渠，喇嘛渠，均開於幹渠之西。自近年黃河南遷，幹渠渠口須新開耗費後仍不通暢。十三年，乃借用沙河渠水。十六年後，河水又北返，水流始暢。迄十八年，經建設廳撥款修濬，復擬於十九年再修新口，並將正梢修通，直達五加河，灌二分子烏拉粮地，據云工竣後將來可澆地二千三百餘頃。

【備考】據綏乘云：「義和渠自黃河起，北行至錦繡堂北，歧爲三枝；一東行通大盛成渠，一東北行通老郭渠（即通濟渠）一北行爲本渠之正身。至舊把總（在銀瑞橋南）又歧爲二支：一東行通老郭渠，一北行通五加河」。並錄之以與渠道圖相印証。

義和渠所屬支渠一覽表

支渠總名	分名	別名	起	止	長度	所在地	灌漑面積	存廢	備考
復泰昌渠		東西渠	自義和渠起至王三房東北止		五百三十五丈	幹渠南三元子村附近	百頃	存	據渠工案暨十九年建設廳擬修義和渠渠道圖
東牛犋渠			自義和渠起		未詳	隆興長	未詳	存	以下均錄十九年建設廳擬修義和渠渠道圖
北牛犋渠			同	前	未詳	縣城東北幹渠北	未詳	存	
老趙圪堵渠			同	前	未詳	同前	未詳	存	
同心泉渠			同	前	未詳	同前	未詳	存	
喇嘛渠			同	前	未詳	同心泉渠之北	未詳	存	
瓦窯渠			同	前	未詳	銀瑚橋南幹渠東	未詳	存	按此渠或云係五加河疏出之支渠
天瑞德渠			仝	前	未詳	瓦窯渠北	未詳	存	
義和遶渠	•		同	前	未詳	天瑞德渠北	未詳	存	
無名			同	前	未詳	幹渠脩喇嘛渠之下游	未詳	存	據建設廳十九年擬修義和渠渠道圖
無名			同	前	未詳	瓦窯渠南鄧全垻北	未詳	存	據建設廳十九年擬修義和渠渠道圖此一支渠與管三壕相銜接入于五加河、

合計支渠十一

附記

一，據渠工案云：「查地戶賀瑞雄所報復太長渠二道：一曰南北渠，（係老郭渠之支渠）一曰東西渠，自義和渠起，至王三房東北止，統長一千六百九丈，除淤塞不計外，尚收五百三十五丈，二支渠共可澆地二百餘頃。」

二，據渠工案云：「義和渠永和渠恆和渠三大渠，支渠共百餘道。」是義和渠現有支渠，亦不僅十一。今僅就所已知者，列入表內。

三，據渠工案云：「經務局勘得王同春所報義和渠，自黃河渠口起，至五加河口梢止，計長一百餘里，內有沙壺廟等支渠五道。」本表所列各渠名，必有數渠係沙壺廟等支渠，惟不知究係何渠。

（四）　通濟渠：　原名老郭渠，開於清同治八年，其上游在五原境，下游則入安北境。渠口在義和渠口下五里。自黃河起，東北行經德厚成，白家地，燕安河橋一段，長約三四十里，原係郭敏修，史老虎，萬太公，李達元四家合開，故其口亦名四大股渠；又東北行經黃腦樑，至鬧士擔圪堵，入安北境，又東行經河神廟，張進財圪旦，板旦村，朝侶廟，而東入長濟渠，長約八九十里，原係郭敏修獨開，故其尾亦名五大股渠；全渠共長一萬八千四百五十丈，合計一百二里半。（或云一百一十四里）溉達旗永租地四十五頃。初開時寬僅一丈八尺。同治十二年重修，加寬加深。貽穀任內、報効歸公，又發帑重修，改名通濟，口寬改爲三丈，深四尺，中段寬二丈七尺，深三尺五寸。梢寬二丈，深二尺五寸。渠口在義和渠口下五里。枝渠甚多，稱義成公渠者，共四道，稱復太長渠者一道。稱吉爾曼泰（一作鷄爾蠻太）渠者三道。稱劉保小子渠者三道。稱萬太公渠者二道。稱史老虎渠者八道。稱郭敏修渠者三道。稱蔡家渠及李達元渠者各一道。各以其所有人爲名也。尚有三盛泉支渠，賓爾汗渠，六分子渠，三和長渠。合不太爾諸名稱，凡二十餘道，惟通濟渠前以黃河南遷，水勢不旺，另闢新口，未見大效。民國九年，由灌田公社包租後，廢壞更甚。迨十八年，由建設廳估工修濬，自黃腦樓以下，至五道口之北梢一段。十九年，復擬修挖新口，以資通暢。據云將來可溉達旗粮地千頃，永租地二百餘頃。

通濟渠所屬支渠一覽表

支渠總名	分名	別名	起止	長度	所在地	灌溉面積	存廢	備考
義成公渠四枝			均自幹渠開口起	未詳	一枝在義成公村南，三枝在義成公村北	未詳		據渠工案，義成公渠凡四枝，商人陳四、史老虎、積厚堂三家合開。
復泰長渠	南北渠		自老郭渠起至奔巴兔壕止	統長一千一十三丈，除淤塞不計外，淨收四百五十丈		可澆地百頃		據渠工案，地戶賀瑞璵所報，復泰長渠二道：一曰南北渠，如上所云；一曰東西渠，係義和渠支渠。
雞爾蠻太三渠	東雞爾蠻太渠	和勝渠	自短辦河起	未詳	東雞爾蠻太村北	未詳		據渠工案，雞爾蠻太凡三渠：二在東雞爾蠻太村北，一在西雞爾蠻太村西，在村北者，引短辦河之水；在村西者，一口兩梢，引四大股河之水；案此三渠，皆在今安北境、東雞爾蠻太渠，常郎今安北區圖之和勝渠。
	中雞爾蠻太渠		同	同	同			
	西雞爾蠻太渠		自四大股渠（即通濟上游）起	同	西雞爾蠻太村西			

渠名	別名	亦名	起止	長度	所在	澆地	存廢	考據
劉保小子三渠	一名頭道大渠	亦名白家渠	自通濟渠起至本支渠梢止	長一千六百五十丈	在今五原縣境第二區第十六編村內劉保公中及白家地，當幹渠之南。	約可澆地一百三四十頃		據渠工案，劉保小子三渠，皆由老郭河開濬，約可澆地一百三四十頃，如上所云。
	一名三道正渠		自頭道大渠起至三道正渠梢止	長二千五十丈				
	一名四道渠		自老郭渠起至四道渠梢止	長一千五百丈				
鄉陝斗二渠	一名西大渠	萬太公渠	皆由老郭渠開濬	長一千八百丈		約可澆地二三十頃		據渠工案
	一名八字渠			長七百八十丈				
史老虎渠八道	一名西南東十字渠		自老郭渠起至本支渠梢止入蔡家渠	長一千四百二十丈		約可澆地三百餘	存	據渠工案：「史老虎十一渠除淤塞三道不計外，其餘八渠，皆由老郭河開濬。」如上所云。案此八支渠，或存或廢，並在今五原二區境內。
	一名南北十字渠		自老郭渠起至本支渠梢復入老郭渠	長八百八十五丈				
	一名東西渠		自老郭渠起至本渠梢止	長一千三百七十丈				
	一名尸口渠		同右	長一百二十丈				
	一名丈八渠			長二千六百八十丈				
	一名丈二渠			長二千二百五十丈				

郭敏修三渠		高金科渠	李達元渠	三盛泉支渠	寶爾漢渠	短辦河
一名西北渠	一名北渠	一名蔡家渠				通濟渠之南梢
		一名高蔡兩家河	大渠		三和長渠	合不太河
未詳		自老郭渠起至蔡家渠梢止	自老郭渠起至大渠梢止	自通濟幹渠起		
未詳		長五千五百二十丈	長二千九百二十丈	未詳	未詳	
長三百六十二丈	長一百七十一丈					
		未詳		蔡家支渠偏東北在今五原境	在今安北境	
未詳	頃		可溉地廿餘頃	未詳	未詳	
		存		存	存	存
據渠工案、郭敏修三支渠・一在短辦河北，二在燕和坨獨村北○又天生壕一在鄔四坨獨村南○案燕和坨獨，當即燕安和橋，在今五原境內○北在短辦河北者，在今安北三區境內○		據渠工案，高金科四渠，（其三閤於長濟渠）一名蔡家渠○	據渠工案、李達元渠家延十六里有奇，可溉地二十餘頃，名曰大渠○	據建設廳十九年擬修通濟渠渠道圖○案以上諸渠，殆皆上述各渠中之一，惟不知究係何渠，故併列之○	考安北第三區圖，保漢爾廟南，有三和長渠，蓋即保爾漢渠○	據安北第三區圖○

六分子渠	通濟渠之北梢	公產渠				作	據廿九年建設廳擬修通濟渠渠道圖
合計支渠三十				包寶爾漢諸渠名言			

附記

案通濟渠幹渠東北行入安北境，過板頭爾圪旦、歧爲二枝：一支北向，至五加河，卽所謂六分子渠，一名公產渠。一枝東行，過張進財圪旦以東，復歧爲二枝：北枝東行，經板旦村，朝佾廟，至三岔口，是爲通濟渠之中梢；南枝東行，經粉房圪堵，楊碾房，至三岔口，並入於長濟渠梢，以入五加河，（據安北第三區圖）南枝卽區道爾之南梢，殆卽所謂短辮何者。又案短辮何亦分數枝；一枝自河神廟起，接通濟渠向東行；一枝自張進才圪旦以東起，向東行：二枝至楊碾房以東復合流，至三岔口，入長濟渠。是短辮河，又卽安北第三區圖所謂合不太河者。

（五） 長濟渠： 原名長勝渠，係地商侯應奎所開，成於咸豐七年，光緒二十九年渠口淤塞，另開渠口，直衝河流，水勢仍暢。貽穀任內，報効歸公，發帑重修，故名長濟。渠口在通濟渠口下二里。此渠上游，在五原境，下游在安北境，自渠口東行，經東土城，徐海灘，至吉爾曼太，入安北境，又經萬太公，東槐木，大有公，在德恒永渠橋之西，歧爲二枝，一支折向東北，經塔拉補隆，小廠汗淖，至依肯補龍之東南，，小廠汗淖之東北，與通濟渠之中梢及南梢（卽短辮河）會于三岔口，並入五加河，是名北梢；一支向東行，經二小圪旦，一道堰子，至戊亥淖北，亦入五加河，是爲南梢，（卽德恒永退水渠）渠長一萬九千六百二十八丈，計合一百九里：（或云一百三十里）溉達旗永租地二百一十二頃，又與通濟塔布三渠，共溉四成補地一千四百二十頃。渠口寬三丈四尺，深七尺：中段有寬至五丈者，深四尺至六尺不等；渠梢寬三丈，深二三尺。渠口築壩，長約五丈，寬五尺，以紅柳黄土砌成。上游二十里無灣曲，兩岸多築丁壩，以防水之衝刷。自西槐木以下，渠身因地勢之高下而曲折。枝渠郎借弓背開口；而曲折太甚、决口堪虞。後以北梢完全淤平，南梢亦不見通暢，於民國十八年，由建設廳撥欵修濬，並將北梢修通；十九年後，擬疏通南梢；據云將來可澆粮地千頃，永租地五六百頃。至其支渠亦二十餘道：稱樊三喜渠者五道。稱楊賜忠渠者三道。稱夏明堂渠者三道。稱喬桐華渠者四道。稱高金科渠者三道。稱王存渠者二道。稱樊根來渠者一道。各枝渠或存或廢，要亦視幹渠之通暢與否爲轉移耳。

長濟渠所屬支渠一覽表

支渠總名	分名	別名	起止	長度	所在地	灌溉面積	存廢	備考
樊三喜五渠	南大渠		皆自長濟渠開濬	九百四十丈		約可澆地六七十頃		據渠工案
	東大渠			四百七十丈				
	東小渠			二百八十丈				
	北大渠			一千九百五十丈				
	退水渠			除天生壕不計外長七百三丈				
楊賜忠三渠	大渠		由長濟渠開濬	二千七百四十八丈		約可澆地一百餘頃		渠工案：「楊賜忠所報六渠，淤塞三渠，」餘三渠如上所云。
	人字渠		由大渠開濬	二百三十七丈				
	十字渠		同右	三百四十八丈				

夏明堂三渠	西大渠		皆由濟渠開濬	長十三里		約可澆地六十七頃		據渠工案
	喬二渠			長五百四十丈				
	西北渠			長四百五十丈				
喬桐華四渠	大渠		皆由長濟渠開濬	長一千八百丈		約可澆地二十餘頃		據渠工案
	西大渠			長九百九十丈				
	十字渠			長三百六十丈				
	東渠			長三百三十丈				
高金科三渠	西大渠			長二千二百三十丈				據渠工案：「高金科四渠：一係通濟渠之支渠」餘三渠，如上所云。
	東大渠			長一千二百六十丈				
	半截渠			長七百丈				
王存二渠	東渠		自長濟渠起至本支渠梢止	長一百八十丈		約可澆地十頃		據渠工案
	西渠		同右	長九百丈				
樊根來一渠		西大渠	自長濟渠起至本支渠梢止	長一千五百丈				據渠工案

合計支渠二十有一

（六）塔布渠；原名塔布河，塔布者，蒙語五之意。係地商樊三喜、吉爾古慶，夏明堂，成順長，高和娃，合股開挖，故又名五大股。原係道光三十年河水冲决而成，略加修挖，爲後套諸渠之祖範。渠口有新舊二口，現在長濟渠口下四里。此渠上游隸五原境，下游隸安北境。自渠口起，東行經馬廠地，同興堂，至十頃帳房，出五原境，入安北境，又東行經蘇達坎旦，三亥淖，過塔布卯獨，葛蛇橋，歧爲二枝，並東行，經上下打拉兔，（一作達拉圖）至柴喇嘛，翟邦樹、及君兎等村之東南，並入於五加河，以注於烏梁素海子，計長一萬七千五百九十二丈，合九十七里半。（或云長一百二十里）溉達旅永租地五十頃。渠口寬三丈，深二三尺。梢寬二丈，深一尺。枝渠凡二十餘道，稱樊根來渠者共五道。稱陳駝羔渠者共四道。稱張照渠者共七道。稱李安邦渠者共三道。稱佘長春渠，姚章蓋渠者各一。各以其所有人爲名。並與幹渠報効歸公。（今建設廳修濬塔布渠渠道形勢圖。有張玉柱支渠、王有治支渠，不知原係何渠。）幹渠渠身良好，旱台整齊，惟因不知修浚，前曾淤塞多年，至民國十七年重修後，略復舊觀。十九年復擬疏濬，據云將來通暢後，可澆糧地八百餘頃，永租地五百餘頃。

塔布渠所屬支渠一覽表

支渠總名	分名	起止	長度	所在地	灌溉面積	存廢	備考
樊根來五渠	一名小東淖渠		四百三十丈				據渠工案
	一名大東淖渠		二百二十丈				

渠名	別名	起止	長度		可澆地		備考
樊根來五渠	一名董魁應渠		一百五十丈				
	一名北淖渠		三百一十丈				
	一名大西淖渠		五百二十丈				
陳駝羔四渠	一名頭道西南大渠	自塔布渠起至西南大渠梢歸入達拉渠止	七百三十丈		均可澆地四五十頃		據渠工案，陳駝羔四渠，皆由塔布河開濬，如上所云。又三家渠，乃新濬塔布河一段，成順長，吉爾古慶，馬明旺三家合濬，長六百五十丈。
	一名二道西南大渠		一千三百三十丈				
	一名支渠	自二道西南大渠起至本支渠梢歸入達拉渠止	二百三十丈				
	一名三家渠		六百五十丈				
張照七渠	一名塔布河渠	自塔布河渠起至天生壕止	一千七百丈		常年可澆地一百七八十頃		據渠工案，張照所報十四渠，除淤塞七渠及天生壕不計外，北餘七渠，如上所云。又據十九年建設廳擬修塔布渠渠道圖，有張玉柱支渠，殆即是歟。
	一名交界支渠	自塔布渠起至交界支渠梢止	五百七十丈				
	一名西大渠	自塔布渠起至本支渠梢止	五百二十丈				
	一名成順渠	自幹渠起至本支渠梢止	二百三十丈				
	一名壕北渠	自天生壕起至壕北渠梢止	二百五十丈				
	一名壕東大渠	自天生壕起至壕東大渠梢止	六百二十丈				

	一名壕東二渠	自天生壕起至壕東二渠梢止	三百二十丈				
李安邦三渠	一名小召東渠	自塔布渠起至地內出梢止	淨收長五丈		未詳		
	一名店東渠	自塔布渠起至大渠止	淨收長一百九十四丈				
	一名龍家河畔渠	自塔布渠起至地內出梢止	淨收長二百五十丈				
金長春一渠	一名辛大渠	自塔布渠起至公中西南止	統長五百四十丈		未詳		據渠工案，勘收金長存二渠：一係老郭渠之支渠；一名辛大渠，卽如上所云。
姚章蓄一渠		自塔布渠起	七百二十丈		可溉地八十七頃		據渠工案，姚德明所報，姚章蓄渠，一口兩梢，借塔布河，開淤，除淤塞不計外，淨長七百二十丈，歷年可溉地七八十頃。
王有治支渠							據建設廳衙修塔布渠渠道圖，有此渠，殆亦上述諸渠中之一；惟不知原係何渠，故並列之。
合計	支渠二十一						王有治支渠除外

，各大幹渠之在境內者，備如上述；其灌溉面積，常因旱潦而異。潦年所澆頃數，約合普通年份之二倍；而旱年則僅及其半。然亦因各渠之個別情況而有不同，具如公有幹渠情況一覽表所列，不能視爲一定

也。

【備考】　據後表所列，以各渠長度與灌溉面積比對，各渠所澆地畝，按每里計算，潦年有高至四十頃者，有低至不及四頃者；普通年份，有高至二十頃者，有低至不及三頃者；旱年則有高至六頃又八十餘畝者，亦有低至不及一頃者。合包西十三渠言之，渠長一千六百二十里，潦年可澆地三萬頃，平均每里澆地十八頃又二十五畝；普通年份可澆地二萬一千頃，平均每里澆地十二頃又九十六畝；旱年可澆地五千六百餘頃，平均每里澆地三頃又四十九畝。惟灌溉面積數，原係估算，未可視爲確數；如渠務之興廢，渠地之性質等，均得以影響之，而改變之也。且渠務之實利，亦不能以灌溉面積完全代表；蓋渠之所以爲利，原以其能滋長農作物；而灌溉所及，或爲沙磧不毛之地，則無利可言也；或尚未經開，或良田廢棄，則渠之利未顯也。故言渠之實利，當於每年青苗之面積求之。據民國十八年勘丈結果，諸渠合共澆青苗地六千二百三十餘頃，各渠每長一里所澆面積，有多至七頃又五十九畝者，有少至六十七畝者，平均每里澆地三頃又八十五畝。十九年勘丈結果，諸渠合共澆青苗地六千八百七十餘頃，各渠每長一里所澆面積，有多至七頃又四畝者，有少至一頃又二十畝者，平均每里澆地四頃又二十四畝，較諸十八年略有增加。十八年係旱年，十九年，二十年，二十一年，均係普通年份，二十二年則係潦年，其勘丈青苗面積，當必增多，尚未得有報告。惟包西各地農業習慣，有將良田棄置一二年以養地力者，蓋因地曠人稀之故。積習相沿，而地與渠均不能盡其利，是青苗面積，亦斷難完全表現渠利之大小也。

（七）各大幹渠引水之方法；　各幹渠引水，有用「倒漾水」者，有用「套水」者。「倒漾水」者，即渠口並不直接河身，而係背流東向，俟河水經過迴流一次，然後入渠是也。有用「套水」者，即就水流屈曲成套之處開口，則河水不至太大，便於引導是也。亦有用迎水壩迎阻水流，使攔擋入渠者。大都因渠而異，各有利弊。用「倒漾水」者，可免淤塡之弊。若河水暴漲，則不免仍有閉塞。用「套水」者，原係恐河水太大，不克引導。然黃河水流，常時遷徙，渠口難常適用。且河水低落，則引水亦殊困難。用壩阻水者，較合科學原理，然築壩於河，殊屬困難。壩後流緩沙沉，易成淤灘。現在各大幹渠中，永濟渠用「倒漾水」長濟渠設迎水壩，蓋永濟渠口，位在上游，水勢較旺。愈東則水位愈低，如義和通濟諸渠，來源既下，不能挽之使上。再東至於長濟，水位更低，非設迎水壩不能引水矣。

（八）各渠退水問題：各渠自有退水道者甚少。三呼灣各渠，即以三呼河爲主幹，其退水沿三呼河返注黃河，尚稱通暢。後套各大渠，多泉黃河故道之烏加河爲尾閭，故烏加河不啻諸渠之總幹，但烏加河多半淤塞，下游並已淤斷，不復與大河通，近年改革包西水利之議，多提及修浚烏加河，其目的或係以五加河爲總進水渠，而以現在各渠爲其支流，使渠水沿今日各渠注於大河；或則仍以烏加河爲退水路，而特注重於退水之迅捷，期可以補救今日渠道淤塞之弊。

（九）各渠用水辦法：若論用水，則灌溉之時期不可不知。澆水之章則，不可不有。蓋黃河水之漲落，在前後套一帶，均有一定季節。河水高漲，方可入渠澆地，是以水依季節而分類，地亦以能否常年灌溉，或僅某季節可引水，而異其價值焉。河水高漲季節，普通分爲六期：曰春水，桃花水，熱水，伏水，秋水，冬水。其高漲時期之長短，約如下表所列：

附河水高漲季節表

河水類別	高漲季節	高漲天數		
		最長	中常	最短
春水	清明前	十天	七天	三天
桃花水	穀雨前後	十五天	十天	七天
熱水	立夏前後	三十天	十五天	十天

伏水	夏至——立秋	四十五天	三十天	二十天
秋水	立秋——霜降	六十天	四十天	三十天
冬水	立冬前後	十天	六天	四天

水以伏水爲最佳，本年伏汎用水澆地，至秋將餘水放出收凍，次年地氣一開，酥如雞糞，不用犂耕，僅耙一次，即可插樓撒籽。此類地可播種麥籽，莜麥，莞豆等，工力省而獲利多，農民爭租之，其租價最昂。秋水亦可澆地收凍，惟水質較伏水爲次。可播種穈穀，高粱，葫蔴，黍子，菜蔬，莞豆，扁豆等。桃花水可種穈穀。熱水可種小麥，穈穀，山藥（即馬鈴薯），菜蔬等。至於春水，多無人肯用，因水質帶鹼性之故。冬水亦然。惟多水上結厚冰，用以拉渠，則勝於修挖。

農事均有定時，青苗缺水則死，故澆水先後，關係於收穫甚鉅。狡猾之徒，或則私自放水，或則築壩閘以激水，往往破壞渠工，防碍他人利益；故必有澆水章程，然後免去爭執，防止弊病。包西各渠，以當地情形，各有差異，地方習慣，亦不盡同；故澆水章程，僅可由包西水利管理局會同各渠水利公社，斟酌各該渠實情與習慣從詳規定，不能劃一。但於各異之中，均有一定通例，略如綏遠建設廳所頒布之管理包西各渠水利暫行章程第十條所開者是也。該條條文如下：

各渠澆水章程，由管理局會同各公社分別各渠實地情形及習慣，斟酌擬定，呈核實行。其大綱如左：

一，各渠澆水辦法，以使各本渠民戶得享平均的水利爲原則。

一，各渠向係平口，各民戶不得築閘，築壩。倘非有閘壩不能激水澆地者，必須事先察看水勢，商允請准；且以不防他人水利爲限度。

一，各渠澆使春，熱，伏，秋，冬，等水，應分別按照向章習慣，口輪梢，梢輪口。依次輪流引灌，不得紊亂。

一，各渠渠水，須先儘青苗地澆灌。俟澆畢，方准依次輪澆其他未種地畝。

一，各渠渠水有餘，照舊例彼此代澆　以收互助之益。但絕對的禁止私擅賣放。

一，各戶使水，須照以一定之次序及日期，不得逾越，或私自開放渠口。

【備考】：民國二十年五月三十日包西各渠水利管理局召集包西各渠水利社經董事會議時，所提各渠規定澆水辦法一案。分社討論決議：如通濟之上游不准坐壩，下游按舊習慣；義和渠之上永租，下糧地，照舊案請核示；豐濟渠之大小各支渠，夏禾口輪梢，秋禾梢輪口，青苗澆完，再澆乾地；黃土拉亥渠之平口流水，口輪梢，梢輪口，輪流澆灌；楊家渠渠口至梢，平口流水，若遇水小，分為四段澆水；並由各社召集會議妥擬呈報。又如各渠渠頭把持用水。曾經提議以各渠用水，雖有輪水辦法，表面至為公允；其實渠頭操縱壟斷，無社不有此弊。若地戶能與渠頭聯絡，則石田變為沃壤。若結惡感，則幾畝青膝，頓可成為澤國。渠頭喜怒，而地戶全性命繫之。應公同討論制止辦法一案。決議由各社經理及董事會共同負責；查有弊端，呈局送縣嚴辦。又如以五加河關係疏通各幹渠之退水，除規定之十六壩以外，一概不准坐壩阻水，以免淤澄，如有此弊，應即檢舉一案；決議現在十六壩之外，並無再作之壩，如有違背，由永濟渠負責調查，呈請究辦。又如各渠須相互用水，不准嚴分畛域一案；決議本渠有餘，即澆他渠，不能以有餘為不足，亦不得以不足求有餘，如有餘水，把持不准鄰渠用者，查出從重議罰。凡此澆水，用水，除弊諸端，既經各社討論，以期農民得享水利均沾之益，當必日有進步也。至境內私有各小幹渠之情況，具詳後表無待贅詞。

又：包西各渠水利管理局所轄公有各大幹渠，並私有各小幹渠，幾成一整個的系統。相互比較，均有連帶關係，未便分縣列表；故各縣局各大幹渠情況，列於前表；各縣局各小幹渠情況，列於後表。

包西各渠水利管理局所轄五臨安三縣局私有各小幹渠情况一覽表

項目／渠名	別名	所在地	長度（里）	平均寬度（丈）	平均深度（尺）	灌溉面積（單位頃）總數	灌溉面積（單位頃）每里灌域	勘丈青苗面積（頃爲單位）民國十八年 總數	民國十八年 每里灌域	民國十九年 總數	民國十九年 每里灌域	備考
舊灶火渠		五原常興堂十拉搭拉一帶	四〇	二	三	一〇〇	二，五〇			三五	〇，八八	附註（一）
新灶火渠		同右	五〇	二	三	二〇〇	四，〇〇	七三	一，四六	七二	一，四四	
熊萬庫渠	龍興社渠大堂子渠常興堂渠	沙河皂火之間大堂子一帶大興隆東	二〇	一	二	三〇	一，五〇			四	〇，二〇	附註（二）（三）
黃渠	南黃渠黃家渠曹四喜渠	大興隆東鄔家地一帶	三〇	二	三	一〇〇	三，三三	八	〇，二七	三二	一，〇七	附註（四）
鄔家地渠	存厚堂渠	鄔家地	一〇	一	二	二〇	二〇，〇〇	六六	六，六〇	三七	三，七〇	
哈拉烏素渠		在哈拉烏素富鄔家地渠之西	一〇	一	二	一〇〇	〇，一〇	三二	三，二〇	三五	三，五〇	

阿蒸渠	哈蓋渠杭蓋渠阿善渠	在杭蓋地當哈拉烏素渠之西，	二〇	二	二	二〇〇	五，〇〇	五二二，六〇	六三三，一五	杭蓋地或作阿善地附註(五一)
十大股渠		在阿蒸渠之東	一〇	一	二	三〇〇	三，〇〇	一〇一，〇〇	九〇，九〇	
惠德成河			一〇			三				附註(六)
廠汗波羅渠		義和渠西								附註(七)
錦秀堂渠	陳四渠	義和渠西	一〇							附註(七)
義成公大渠		通濟渠東								附註(八)
同興堂渠		五原同興堂地	一〇	一	二	五〇	五，〇〇	一三一，三〇	三五三，五〇	附註(九)
李樹林渠		在梅林圪卜	一〇	一	二	五〇	五，〇〇	一一一，一〇	三一三，一〇	
興盛成自修渠			三〇			一〇〇				附註(十)

致遠堂自修渠			一〇			四						以上皆在五原境內合計渠數十有六附註（十）
同興德渠		臨河麻迷兔東剛目永濟之間	二〇	一	二	五〇	二,五〇	二	〇,一〇	五	〇,三五	附註（十一）
長青牛渠		臨河麻迷兔東	一〇	一	二	一〇	一,〇〇	二	〇,二〇	六	〇,六〇	附註（十一）
廠汗淖渠		臨河廠汗淖地	一〇	一	二	一〇	一,〇〇	一	〇,一〇	一	〇,一〇	附註（十二）
劉三地渠	春厚生渠	臨河劉三地	二〇	二	三	一〇〇	五	二二	一,〇五	五〇	二,五〇	附註（十三）
戶口地渠		臨河土眛地東	八	一	二	三〇	三,七五	一七	二,一三	一五	一,八八	附註（十四）
馬廠地渠		臨河土眛地東	八	一	二	三	三,七五	一五	一,八八	二四	三,〇〇	附註（十五）
土默地渠		臨河土眛地	三〇	二	三	五〇〇	一六,六七	二六	〇,八七	三二	一,〇七	附註（十六）
德成渠		臨河張家廟灘	二〇	一	二	一〇〇	五,〇〇	三二	一,一〇	三七	一,八五	附註（十七）

天德源渠	天德絨	臨河張家廟灘	三〇	一	二	一〇〇	三，三三	一七	〇，五七	一四	〇，四七	附註（十八）
強家渠		臨河強油房	二〇	二	三	一〇〇	五，〇〇			一五	〇，七五	附註（十九）
魏羊渠	魏鳳山渠	臨河魏羊地	一〇	一	二	一〇〇	一，〇〇〇	六七	六，七〇	二四	二，四〇	附註（二十）
秀華堂渠	五大股渠道生源渠	臨河永濟渠口東魏羊渠西	一〇	一	二	五〇	五，〇〇	二八	二，八〇	一六	一，六〇	附註（二十一）
關鎮渠	鎖爾渠	臨河關鎮地	五〇	二	三	一，〇〇〇	二〇，〇〇	二四五	四，八一	三四三	四，八一	附註（廿二）
復義西自條渠		臨河境內在黃羊木頭南	二〇			一〇						附註（廿三）
沙爾宿亥渠	色爾宿亥渠鎖爾齊亥渠玉貴英渠王文神渠	臨河永濟渠及[illegible]鎖渠之西沙爾宿亥地	二〇	一	二	一〇〇	五，〇〇	三四	一，七〇	二四	一，二〇	附註（廿四）
三大股渠		臨河廿占廟灘	二〇	二	三	二〇〇	一，〇〇	九一	四，五五	九六	四，八〇	據官方另一調查謂渠長三十餘里灌地一百頃

烏拉河自修渠		臨河西南隅緣甘分界處	五〇			一〇〇						附註（廿五）
陝達公廟山水地		臨河烏加河北烏蓋口南	二〇			一〇						附註（廿六）
永濟渠山永地			三〇			三〇						以上皆在臨河境內計有渠數十九引用黃河水者十七引用山水者有二
達拉渠	合少公中渠	安北合少公中達旗地	四〇	二	二	一〇〇	三•五〇〇	二六〇,六五		六〇,一五		以下皆在安北境內引用黃河水者有三引用山水者有三
杭蓋渠	杭錦貝子渠	安北鹽淖一帶杭蓋地	二〇	一	二	五〇	二,五〇			一五〇,七五		
巽祥渠		安北七蓋王幼女子地一帶	三〇	一	二	五〇	二,五〇					附註（廿七）
王留子壕		安北西山嘴一帶	二〇	六	五	一•〇〇〇	五〇,〇〇					

東西水道渠		安北城北佘太昭七份子八份西水道一帶	三〇			二〇〇					此係引用山洪及泉水以灌溉之渠
南水泉				一〇			一〇				同右
烏加河各幹渠退水		沿狼山入烏良素海子	一〇	二	四	一〇〇	一〇，〇〇				自五加河疏出之各渠洋臨河永濟渠一項內附註（廿八）
總計或平均			六〇六			四，七四〇	七，八二	八七九	一，四五	九八六	一，六三　附註（三十）（三十二）

附註

（一）纏火渠原係地商吳印貴張銘新合開。自黃河起，有新舊二口，據渠工案，「後套商民吳印貴張銘新稟稱，達拉特旗纏火河上淖地，商人數十家，無力開渠，印貴等在下淖設立源湧社，爲之代開；此河由折灣轉四百餘里，今將未能待水之下半，作爲廢渠，置之勿論；其自口至腰之上半，每年灌地數百頃，約長一百餘里，報効歸公。」是纏火渠原亦爲公有大幹渠之一。案後套八大幹渠之名，在昔爲永濟，豐濟，皂火，沙河，義和，恒和，老郭，長濟等渠，塔布，剛目，均不列于大幹渠。後人增入塔布，剛目，黃土拉亥河，鹽鎖，稱爲十二大幹渠。惟今包西各渠水利管理局所轄公有大幹渠，則爲永濟，剛濟，豐濟，沙河，義和，通濟，長濟，塔布，黃土拉亥渠，楊家河渠。益以安北之民復渠，包頭之民福渠，及三呼灣各渠。並稱爲包西十三大幹渠。而皂火渠，鹽鎖渠，均爲私有小幹渠（亦稱自修渠）之列。恒和一渠，且不與焉。又皂火渠原有枝渠亦不少，計有王在林十一渠，王守業一渠，孟先生二渠，復盛隆一渠。據渠工案：「王在林呈報大支渠一道；長六千四百丈。白茶地支渠一道，長七百二十丈。忙蓋兔西支渠一道，長六百丈。忙蓋兔北渠一道，長四百丈。補黃地支渠一道，長一千九百丈。土默地支渠一道，長八百丈。海生地支渠二道，長九百丈。搗拉召支渠一道，長一千二百丈。胡魯素兔支渠一道，長一千五百丈。水道他拉南支渠一道，長五百丈。包爾布籠支渠一道。長八百丈。」今存廢皆無可考。又據西北墾殖計劃，「舊皂火渠，長三十里；新皂火渠，長八十里；」茲表所列長度，一依包西各渠水利管理局所轄私有各幹渠情況一覽表填列。

二，據綏乘水利略謂「沙河，皂火之間，小幹渠六：一爲十大股渠，一爲哈蓋渠，一爲鄔家地渠，一爲曹四喜渠，一爲常興堂渠。哈蓋渠二道，一爲哈拉烏素渠，一爲阿蓋渠。」今以各圖籍參互相證，則十大股渠，哈拉烏素渠，鄔家地渠，諸籍皆同名；曹四喜渠，即黃渠。阿蓋即阿善。是常興堂渠，當即今之熊萬庫渠。

三，渠工案云：常秀春所報常興堂渠，一口兩梢，能灌地三百餘頃。自西南黃河開口起，至分股處，長一千六百二十丈。西股自馬木匠房至鄂博，除淤塞不計外，長五百四十丈。按此乃墾務局勘驗時所有長度。

四，考黃渠常名爲杭渠，亦即曹四喜渠。據渠工案云：曹璺璵稟稱辦到杭錦地一段，開大渠二道；一長七十餘里，一長六十餘里，均通黃河。蓋塞北讀杭黃同音，又讀錦如根。杭錦轉爲杭蓋，而杭又轉書爲黃；故今之所稱爲黃渠或南黃渠者，當是杭渠。或有書爲黃家渠者，誤也。

五，據綏乘水利略云：蕭世榮所報哈蓋渠二道；一爲哈拉烏素渠，自黃河起，至小召台南止，長三千四百二十九丈。一阿蓋渠，自天生壕開口起至東圪梁北止，長四千五百丈。二渠約共澆地二百頃。案哈蓋，阿蓋，皆杭蓋，杭錦（錦讀如根）之轉音。是今（情況一覽表）之所書爲阿善渠者，必即阿蓋渠。因此處殊無可謂阿善地者。

六，據官方調查，人民自修之渠道，尚有惠德成河頭。渠長十餘里，灌地三頃餘。其他無可考，今並列入。

七，據綏乘水利略云；義和恆和之間，有小幹渠二：一曰廠漢波羅渠，蒙八廠漢波羅所開。一曰綿繡堂渠，商人陳占奎，陳金生所開，亦名陳四渠。又據西北墾殖計劃云：「綿繡堂渠，長十里」。至廠漢波羅，今各圖表均無，存廢無可考。又恆和渠，在義和渠之西，亦曰爛大渠，亦名和合源大渠，原為八大幹渠之列。今各大幹渠中無此渠，殆已湮廢。和合源，今縣圖書為黃合源。

八，據綏乘水利略，長濟老郭（即通濟）之間，小幹渠一，曰義成公大渠，地商史老虎所開。今各圖表不列，存廢無可考。

九，案同興堂渠，與姚家蕖相離極近，殆即綏乘所云姚家河頭渠。

十，據官方調查，尚有興盛成自修渠，長三十餘里，灌地百餘頃。致遠堂自修渠，長十餘里，灌地四頃餘。案興盛成，自修渠，當即沙河渠之支渠。一名五大股渠，係自沙河渠開口，並非自黃河決口引水者。致遠堂自修渠無可考，以均係人民自修性質，故並以列入。

十一，據包臨段經濟調查報告書，謂同興德渠，長青牛渠，皆在臨河麻迷兔東。或有謂在五原境者。考今各圖所繪，在豐濟渠口東，五原第三區境內，有麻迷兔渡口。臨河境內土獸渠口東，亦有麻迷兔渡口。今從包臨段經濟調查報告書，仍列入臨河境內。

十二，案廠漢淖地，在臨河縣境之東北隅；其西為塔布拉地，慶安村及永濟渠之舊東支渠在焉。其東為豐濟渠梢。其北為五加河之前河，曰那令河。則廠汗淖渠，當是由五加河疏出之渠。或有謂在五原境者。今仍從包臨段經濟調查報告書，列入臨河境內。

十三，據綏乘水利略謂豐濟之西，小幹渠二：曰劉三地渠，曰楊成祥渠。渠工案云：「劉三地東大渠，自口至梢，長一千八百丈。楊成祥渠，自口至梢，長一千八百丈。」楊成祥渠在今為何渠？無可考証。或亦劉三地渠之別枝歟。

十四，綏乘水利略，謂「剛目永濟之間，小幹渠六：一為戶口地渠，一為吳祥渠，一為土默爾李振海渠，一為天德毓德成渠，二為魏鳳山渠。」今以天德毓渠，德成渠，分列為二，益以同興德渠，長青牛渠，張家渠，五大股，秀華堂渠，則剛目永濟之間，合計小幹渠十一。馬廠地渠，當卽渠工案之吳祥渠。

十五，據渠工案；「吳祥地新舊兩渠，袤延各二十里，常年可澆地百頃有奇。舊渠自黃河渠口，至水桐樹，長三百五十丈。水桐樹至剛目舊河，長一千七百丈。自剛目舊河至渠梢，長一千五百五十丈。新渠自渠口至李三老虎，長一千七百五十丈。自李三老虎至渠梢，長一千九百八十丈。又接戶口渠，開枝渠一道，長一千一百四十丈。又枝渠一道，長三百一十丈。」案水桐樹，在剛濟幹渠東，慶樂村南。

十六，據渠工案云：「十默爾李振海渠，袤延五十餘里，一幹三枝，可澆地一百餘頃。勘得東渠長五百丈，西渠長一千六十丈．自南渠口至東渠口．長三千五十丈；自東渠口至渠梢，長二千四百五十丈；又枝渠三道，共長四千三百六十丈。」案各渠附註，凡引述渠工案所云長度丈數，及灌溉畝數，均係曩昔情況；在清光緒三十二三年間勘查之數。本表所列里數及畝數，乃係近數年間調查之情況。今昔異時，故本表長度各數，與渠工案所云多不符。

十七、據渠工案云：「查德成渠與天德毓渠，夥用一口。自黃河渠口至梢，袤延五十餘里，常年可澆地二百頃。除天生壕不計外，丈得黃河渠口至分渠口，長一千一百七十丈。由分渠口經天生壕，劉開時，小昭灘，同興長．天生壕，韓毛毛，趙二，至渠梢止，又八千四百一十丈。共長九千五百八十丈。

十八，據渠工案：「天德毓渠，至黃河渠口至梢，袤延六十餘里，常年可澆一百七八十頃。自黃河渠口至分渠口，與德成渠同。自分渠口，經張雲還，獨木橋，老王，薛滿紅，東渠口，至梢，共長一萬五百二十丈。又枝渠三道，共長三千六百二十丈。」

十九，案魏鳳山有東西兩渠，今强家渠，當卽魏鳳山東渠。

二十，據渠工案；「魏鳳山東西兩渠，袤延各六十餘里，皆借天生壕開濬；兩渠常年可澆地三百餘頃。西渠除天生壕不計外，自渠口起，經察爾都瓜昭，魏陽公中廟，西獨木橋，鐵鎖子圪卜，福源長牛犋，趙海地，至渠梢止，共長一萬一千一百四十丈。東渠自黃河渠口起，經張克定舊房，全卜子，唐邦棟地，合義成橋，西枝渠，至渠梢止，長一萬九百六十丈。又東西兩渠，共有枝渠四道。」

二十一，據渠工案；「道生源渠，袤延二十五里，約可澆地七八十頃。自黃河渠口起，經恒盛成，王三地，梁來喜地，至渠梢止，共長五千五百二十丈」。綏乘水利略，謂「永濟之西，小幹渠一，曰道生源，亦名五大股渠。」今考臨河第一區圖，五大股渠，在魏羊渠之西，永濟渠口之東。而永濟渠口東，即秀華堂渡口：又據官方另一調查，謂「秀華堂自修渠，長三十餘里」，西北墾殖計劃亦云「五大股渠，長二十五里：」是五大股渠，當即秀華堂渠。渠長當爲二十五里。

二十二，藍鎖渠，係地商王科祥所開。據渠工案，謂「開渠百餘里。一曰幹渠，一曰南大渠。」所云百餘里，大抵幹支合計之辭。

二十三，據官方調查，臨河境內人民自修之渠，（即私有各小幹渠）尚有復茂西自修渠，渠長二十餘里，灌地十餘頃。考今第三區黃土拉亥渠圖，復茂西在黃羊木頭南，其渠當即在此處。茲並列入表內。

二十四，沙爾宿亥，一作色爾宿亥。其渠即王文祥渠，一名王增祥。今區圖內名王貴英渠。據渠工案：「王增祥在沙爾宿亥開渠二道，一長十三里，一長十二里，専澆沙爾宿亥卄占廟灘等處地，爲數約有一千餘頃。地爲沃壤，而於杭旗地畝轄可擴充。」案此所云一千餘頃，殆包三大股渠灌域在內。

二十五，爲拉河自修渠，據縣區各圖，並官方調查列入。

二十六，陝達公，或作薔丹古，皆譯音耳。陝達公廟山水地，與永濟渠山水地，並據官方調查列入，其他情況，均無考証。

二十七，據包臨段經濟調查報告書，吳祥渠在安北七薔王幼女子地一帶，亦係就黃河決口引水之一渠。今考王幼女子地，在佘太昭地偏東南，距黃河極遠，即五加河之水，亦難引用；當是引用山泉之水。

二十八，五加河各幹渠退水，在臨河境內，有什隔計渠；臨河五原兩縣之間，有學田局渠；安北境內，爲公中渠，長五塽渠，挖駒子，五分子，以及紅門兔村等渠；各渠長度，合計恐不止十里。本表所列長度，一依包臨段經濟調查報告書塡列，未有變更。

二十九，表內各小幹渠情況，除惠德成河頭，廠漢波羅渠，錦繡堂渠，義成公大渠，興盛成自修渠，致遠堂自修渠，復茂西自修渠，爲拉河自修渠，陝達公廟山水地，永濟渠山水地，東西水道渠，南水泉各擱，並別名，備考，二項外；餘均據鐵道部經濟叢書包寧綫包臨段經濟調查報告書水利篇，包西各渠水利管理局所轄私有各幹渠情況一覽表填列。

三十，表內前述惠德成河頭，廠汗波羅等渠各欄，係據各種圖籍及調查填列。故在總計平均諸數內，均除外不計。所有新舊皂火熊萬庫等渠各欄，除每里灌域，以及總計平均諸數，係計算得來外，其餘均根據管理局報告。

三十一，勘丈青苗面積一項內，除惠德成河頭，廠汗波羅等渠，無有調查外，舊皂火渠，熊萬庫渠，強家渠，杭蓋渠，於民國十八年，均未澆地畝。奐祥渠，王留子壕　及烏加河退水，於十八十九兩年，均未澆地畝。至各渠勘丈青苗面積，因潦旱不一，澆地多寡，年各不同，而十九年後亦無調查可據，故僅依包臨段經濟調查報告書原表，仍列十八十九二年所得數，藉作比較，以見一班。

三十二，五臨安各縣局私有各幹渠，亦稱人民自修渠，合計四十有二，其概況略如表內所載。除惠德成河頭廠汗波羅等渠不計外，依包臨段經濟調查報告書原表核算，其灌溉總面積，合共四千七百四十頃；按其總長度六百零六里計算，平均每里灌域爲七頃又八十二畝。民國十八年勘丈青苗面積，合計八百七十九頃，平均每里灌域爲一頃又四十五畝。民國十九年勘丈青苗面積，爲九百八十六頃，平均每里灌域爲一頃又六十三畝。其總數及平均數，均較公有大幹渠爲次。然就各私有渠個別情形言，其中亦不無成績優異者，如藺鎖渠及三大股渠是也。

（十）　附論：　論渠務之進行，與改革計劃則困難之點甚多，茲(錄包臨段經濟調查報告書)如下：

後套各渠渠務困難之點甚多，綜合言之，其癥結所在，均因河低，渠高，地更高也。據云光緒三十年時，黃河水面頗高，彼時因防河水氾濫，土城子附近（義和渠渠口）曾修沿河壩一座，高約三尺，水面高度，較現時水面高出凡一丈五尺餘，普通河水在後套一帶，尚稱平穩，漲落相差不過一丈，是以當時各渠水利，尚屬易辦。今河水降落，竟至一丈五尺餘，則河水進渠，頗不容易，此渠務上之困難一也。各渠渠身，多就高處，以便水流下注，灌溉田地。往昔河水入渠既易，水流較爲迅捷，渠水自口達梢，尚稱通暢，沈澱之弊不顯。但今則較爲迅捷，河水降落，水流不若昔日之迅捷，各渠乃多淤塞，非年年挑挖不可，此渠務上之困難二也。且昔人開渠，原係就水源以引水，河身在南，故渠之流向，亦由南向北，或由西南向東北。惟地勢則北高南低，渠水自南趨北，係賴水流排擠之力，逆勢而上：是以流速較緩，所夾泥沙，隨處沉積，渠道乃易於淤塞，此渠務上之困難三也。河水帶淤土甚多，南岸田地，一經灌溉，地面年年增高，據云平均在渠口一帶，田地每年約淤高五寸；渠之中腰，每年約淤高三寸；渠梢每年淤高寸餘。沿渠田地，繼長增高，則渠低地高，水不能上地，此渠務上之困難四也。渠道逆地勢以行，渠身全藉挖墊以成，水面低於地面，灌溉時須修築低壩，昇高水面，方可溉地，水流被壩所阻，所夾泥沙，因而下澱，渠道乃淤，此渠務上之困難五也。後套各渠，多藉五加河為退水路，然五加河地位既高，又復河身淤塞，其下游更陜烏拉山坡所阻，匯為烏良素海子，不復通大河；退水路既通不暢，渠水由南排擠以來，除灌溉所用水外，餘水無有退出之道，則水流忽定，而泥沙沉積，今日各渠渠水鮮有達梢者，大都由是。此又渠務上之困難六也。此外黄河河床，變遷無常，南移北徙，年有差異，渠口之地位亦必須隨之而易，年年興修渠口，因已費工費款，而入渠水量，尚無把握，灌溉地畝，多寡不等，則主持渠務者，殊難確定預算，辦理渠務，跡近投機，則亦困難之一也。此其七。

今日渠務上之困難，有如上述。欲求解决之道，其將因循舊習，年加修濬，以苟安一時乎？抑將通盤籌劃，根本改善，以收一勞永逸之效乎？此首當考慮者一也。今日新舊渠口，排列黄河北岸，其數如鯽，蓋因河身行經沙泥之地，沙灘起沒無定，河床變遷無常，故引水渠口，須年年開挖，似此費工費款，殊非經濟之道，豈無統籌並顧之方，將今日各自為政之諸渠，合闢一新進水路乎？此當考慮者二也。且河床改變，雖能修挖渠口以進水，而水量入渠之多寡，仍無定則，即各渠灌溉地畝之多寡，亦在不可知之數；豈無徹底改革之方乎？此應考慮者三也。或謂挑挖現有各渠，整理各渠渠口，即易恢復各渠舊觀，並可增加一部分之肥沃田地；然後套一區，可墾地在五萬頃以上，據昔渠務最完善時代，所溉田地，僅在萬頃左右，今假定能恢復舊觀，但吾人將任其他沃壤，棄為不毛乎？抑多開新渠，以灌溉之乎？從後之說，則需工不小，而新開諸渠，仍難逃現有各渠不可免之弊，此應考慮者四也。

渠務上之困難如彼，解决困難所應考慮者又如此，故從來研究河套水利者，莫不以為非通盤籌算，根本改革不為功。前督辦運河工程事宜處，於民國八年派專家組織河套調查團，調查河套水利墾務，其所本整理計劃，早已有此趨勢。最近綏遠省政府建議修挖黃河故道（卽五加河）提案建設委員會，亦係根本籌劃後套水利之意也。玆分別節錄兩計劃大意如下：

甲 河套調查團報告書所擬整理計劃節略

『後套地勢，西高東下。……今擬將各渠酌加去留，改渠口於地勢河流適宜之處，使渠之傾斜，較河略緩，則自渠口數十里以下之水面，皆超過地平。……此項渠口納水之量，每秒須有一三・八九〇立方尺。……玆就試驗流速結果，每秒平均約二尺二寸……則所開渠口過水截面積，須有六・三一三平方尺。……渠道……不宜過深……玆以平均五尺計之，則渠寬約需一・二六三尺……今擬分為三大幹渠：第一渠自烏拉河口起，入中格爾渠經善垻，由黃土拉亥河至福興元入五加河，計長一百八十里。第二渠由纏金渠口起，入纏金渠，至永盛和東折，截剛目，協成各渠，入灶火渠，過同興德，由義和渠，經隆興長，至東蹬頭入五加河，計長二百三十里。第三渠自黃渠口起，與黃河並行，經古城入長勝渠，至依肯補隆入五加河，計長一百七十里。三渠共長五百八十里，……各須平均寬二一尺，平均深五尺。各渠橫截面須有二・一〇五平方尺。幹渠之橫截面，大小與支渠多寡成正比例，故渠身自渠口以下，逐漸減小，……渠梢之寬深宜極小。……今擬以渠梢之橫截面為渠口三分之一，以是各渠平均橫截面須為一・四〇三平方尺。……各渠餘水，既退入五加河，……須將五加河尾湮斷處，開一退水渠，此渠沿烏梁素海子西至西山嘴入黃河，計長約四十里。……其橫截面須與三幹渠梢等。……三幹渠兩岸，每十里開支渠一道，計一百十六道，……長各約三十里……各幹渠渠口與黃河斜交，須建迎水壩。……各渠口以上十數里，跨渠建設正閘。……正閘上游渠口之一岸，建設旁閘。……旁閘下各開退水一道。……旁閘上游迎水壩之下，建設滾水壩，使河水在異常盛漲時，得由滾垻溢出，不須過量高水入渠。……滾水壩下各開退水河一道。……各支渠……與幹渠相接處，須建陡口，以便封俵。……渠口地面，每高於附近黃河水面，故各渠上游之地，須支引上一渠之水，而於本渠架飛槽渡之。……渠道既高於地平面，則區內低下之處，水流方向，必為渠道所阻，……須於所阻之渠底建暗洞以洩之。……道路被渠所阻者，須建橋樑。……　……各幹渠之渠尾，須建尾閘一座。……　……閉之則水面抬高，由各支渠暢行漑地，啟之則以洩渠內之水。…………綜計後套渠工整理之計劃，需一千萬元。『三呼灣……即以三呼河爲該渠之總渠。…………三呼河納水之量，每秒須有一·九四四立方尺。…………流速每秒二尺四寸。…………過水截面積須八一〇平方尺。…………各支渠渠口改移與三呼河斜交。今假定爲六大支渠，長各五十里，寬各二十七尺，平均深五尺。…………河口須建迎水壩一道，正閘一座，旁閘二座。旁閘下退水河一道，滚水壩一道，滚水壩下退水河一道，陡口六座，尾閘一座，……綜計三呼灣渠工整理之計劃，需銀一百萬元』。

乙　綏遠省政府建議修挖綏遠河套黃河故道案節略

『（上略）然以河套水利言之，欲圖根本之計，非疏濬黃河故道不爲功。嘗謂大河如無爪之龍，無由飛騰致雨。……　……公家在河套歷年之開闢，可謂始露一爪。如能疏其黃河故道，先伸一長爪於寧夏之東，逐漸施設於華陰，再於下流恢復灉渠分枝之舊觀，則可使大河爲千爪活龍，朔方潤澤，可立期而待也。（中段述黃河故道之現狀及應修濬之各處，從略）。綜行此項工程，計需土方四百萬方。每方以最底工資計算，計洋六角，共合洋二百四十萬元；連同築壩，修橋，建堤各費洋三十萬元，計需洋二百七十萬元。此項工程，如能告成，其利有十：（一）河套水利永無淤塞泛濫之虞。（二）減少下游無窮水患。（三）可漑良田五萬頃，增加農產。（四）每年農產輸出，可供華北各省之需。（五）民食由此可以充裕。（六）華北各省有此巨量農產接濟，可免災荒。（七）移民實邊，可以補助內地民生困難。（八）一切實業，藉此可以發展。（九）平綏鐵路可以增加收入。（十）商務藉此可繁榮。（下略）』

按此種計劃，工程上及經濟上是否可行，尚有待評估。上之所錄，僅示水利改革計劃之一般耳。惟河套水利，關係於地勢之高低最甚。其水之爲利爲害，有時全在地勢上咫尺間之差耳。乃該地不獨對於地勢，無相當之測量，即對後套及三呼灣等水利區域，至今尚無一精確之平面圖。而水準測量，則概未之聞也。其他關於雨量水尺，及流速等，足爲水利問題解決之根據者，更未論及。徒憑視察之所得，與私人之經驗估計，則水利之不失條者，蓋亦難矣。

查河套水利之區，尚有一鹽鹼性過重問題。白鹼黑鹼對於農墾工作，皆大生障碍。考鹽鹼質多來自火成岩分化成之土壤，因雨水缺乏不足使其質溶解排洩，或因地勢平坦，排洩力不佳，每當灌溉過量之時，遂將土壤下層之鹽鹼引於地面，俟水分蒸發，則顯白色或黑色硬皮層。普通防除之法，即或用大水由地面漂去，或設法使鹽鹼水滲入地中，而排洩之。惟此中問題，頗爲複雜，解決匪易，是以此等土地，每每棄爲荒蕪焉。此外尚有河水之中，即帶有鹽鹼性者，（如春水，）則亦爲待研究之問題也。

【備考】　以上自公有大幹渠情況一覽表、至論渠務之困難與改革計劃，均係包西各渠整個的關係，特於本篇備述之。

二十五　社會概況

縣內居民，其種族以漢蒙兩族爲最多，漢民多自山陝移來，以山西之河曲忻代等縣人爲最多，河曲約佔人口總數百分之七十，忻代縣人約佔人口總數百分之五，河北省人亦不少，約佔人口總數百分之十，魯豫兩省移來民戶，約佔人口總數百分之十，其他各省移來人民，約佔百分之五。其宗教蒙人皆奉佛教（即喇嘛教）漢人多有奉天主耶穌教者。其方言除蒙人用蒙語外，漢人以山陝口語爲普遍。其農村組織情況，亦日趨穩固。其生活充裕而智識簡陋。就民情方面言，則民性多強悍，習慣奢侈而好逸，又多嗜、慾如賭博吸鴉片等事，惟崇尚財利，不重道德，且好訟。就風俗方面言，則早婚之風甚盛。小兒出生後，亦多過滿月過百歲。老年人過壽，來賓均以壽桃壽麵爲禮。喪祭頗隆重，富者於喪事每有耗費數千元者。飲食以糜米飯爲大宗。衣服冬着老羊皮袄，夏多着白粗布短衣，女子衣尚紅色。住房極簡陋，茅菴土屋以爲常。節令如夏歷正月十五，二月二，五月端午，七月七，八月十五，均爲居民節日。會場每年夏歷四月八有奶奶廟會，四月十五呂祖廟會，六月六日王同春祠堂集會。迷信之風甚熾，居民多有神權時代思想。婦女纏足穿耳之惡習仍未除。惟鄉間婦女，均事農作，較男子尤辛苦；而城市婦女，習於安逸，風俗淫邪。至蒙民生活狀況，已於包頭縣社會概況項內詳言之，茲不贅。（五原縣完）

译者后记

时间如白驹过隙,从事满铁农村调查资料翻译转眼十多年过去了。参加中国农村研究院(原)院长、长江学者徐勇教授,现任院长邓大才教授和社科处原处长、原高等研究院石挺常务副院长共同发起和促成的满铁农村调查翻译出版工作,是我和我的13人的日语教师核心翻译团队组建以来开展的最大的项目,也是我们遇到的最大的挑战,但同时也是我们从事的最有跨学科学术意义和未来指向的世纪工程。

在此,我想用几个关键词说明一下保证我们完成翻译工作的人员组织基础:石挺常务副院长是中国农村研究院与外语学院日语系、徐勇教授和我之间的“媒人”,而邓大才教授则是在我们中间做具体工作和多方协调的“调度”;另外还有学校领导和科研处等相关部门的指导和资金支持等方面的“促成”,特别是后来得到2016年教育部人文社科基地重大项目的强有力“支持”;当然更有我的教师团队和我的研究生全体,以及我的高年级本科生优秀骨干的积极“参与”与“投入”;不能不提的还有日籍教授石桥一纪——这位以日语为母语的“顾问”的语言“保障”;等等。这一切都缺一不可地保证了翻译工作的阶段性顺利进行。

翻译工作的难度超过了我们的想象,不仅是与现代日语有着很大语法和词语环境不同的明治与昭和前期的日语问题,更有俚语方言、外来语、少数民族发音的模拟词汇等非当时当地人无法理解和明白的词汇与用法的大量出现,特别是影印版调查资料年代久远,字迹模糊无法辨认,度量衡标准不统一、随意性强等不一而足。因一个单词、一个地名或人名多方查找、开会研究、多语种同时辨认,一个星期无法取得进展的尴尬困苦经常出现。

团队的女同事偏多,她们为了每个人每期几十万字的翻译,废寝忘食、子女难顾,家庭出现矛盾的情况也此起彼伏。不言自明,这与她们繁重的教学科研工作是同时进行的。研究生和部分本科生们不但有繁多的科目学习以及大量的作业和研究报告等,还要在频繁的课外活动、集体行动的同时担任初步的翻译和资料核实工作。当然,虽然今天看来我们专业超前地实现了现在教育部主张的“不但要教书育人,更要科研育人、实践育人”的教育理念,但团队成员的的确确是“苦不堪言”。尤其要指出的是,个别教师和同学住进医院还在病床上校对译稿,令人动容。

凡此种种,困难重重,但我们团队教师和学生共70多人,严肃认真、不分昼夜、同心协力、共同奋斗。各小组的教师和同学积极参加每次日译汉翻译培训活动,互通信息,举一反三,交流心得体会。教师翻译、指导、校对,严肃认真,一丝不苟,学生忠实践行教师的翻译理念和翻译方针,学习教师的翻译方法和技巧,协助教师的校译工作。十多年来,我们已经从最初的项目型、任务型变成了我们自己的一种事业追求。很多同事把这个事业当作我们学习外语为国为民做贡献的一个途径和方法——我们的微信群和QQ群名为"为满铁翻译而生的人",可见我们的决心和信心。某种意义上我们的工作已经超越了学术本身,形成了一种价值观和人生观。人生短暂,能够展示自己人生精华和光彩的时间并不富裕,但是我们拥有了这个满铁翻译研究的平台,我们就有了展示我们学术人生光彩的舞台!

作为整个项目的主译我感到责任綦重,同时又感到无比的欣慰和自豪,向团队的每一位教师和同学表示衷心的谢意!

具体各翻译小组第一期和第二期成员构成情况如下表:

分组	第一期	第二期
第一小组	李俄宪 熊芳 李慧 王博 陈冲 孙晶 秦红艳 周子菲 冯双影 杜宇	李俄宪 丁世理 侯娜娜 陈伊兰
第二小组	娜仁图雅 王鑫 苏晗程 朱婷 陈晨翔 徐展屏 傅悦梅 路星	李俄宪 唐琴 吴惠升 李芬
第三小组	汉娜 邓阳杰 郑倩 黄容 田云怡 孙学嵩 丁世理 宁美荣	娜仁图雅 苏晗程 朱婷 夏雨
第四小组	金英丹 程培裴 韩婷 张华 徐力 李新颖 刘艳峰 张雯	汉娜 薛慧娟 李荔 程蔚
第五小组	李莹 付青 彭振容 杨柳月 夏煦露 王萌 王阿乔 韩利静	金英丹 韩婷 张华 王茶花
第六小组	李雪芬 刘晓 罗雯 傅鹏宇 朱晓晖 郭梦月 袁梦遥 关健	李莹 彭振容 杨柳月 杨龑
第七小组	王霞 姜淳淳 赵业卫 周承智 江蓓 宋会会 陈启 谢玉笛	李雪芬 罗雯 傅鹏宇 王珂
第八小组	张成 孙杰 廖睿莎 江小娟 范进朝 郝彬 王志 余子庆	王霞 赵业卫 周承志 何丽钦
第九小组	吕卫清 郑航 薛慧娟 占柳 张凌子 梁丽梅 冯小明 张思喆	石桥一纪 葛梅 归翔 刘小路
第十小组	李宏 薛政 李荔 陶秋玲 陈小冰 梁金华 李颖霏 蒙彦佳 谢王秋子	吕卫清 苏芸 谢芳 赵晓丹
第十一小组	石桥一纪 蒋李莉 陈思 葛梅 杨崇 周秋实 张晶鑫 吴昊	尹仙花 石可婧 陈思 吴晨
第十二小组	尹仙花 陈知清 李慧婷 朱洪燕 马思明 张健 李新玥 彭丽娟	尹仙花 孙月红 周佳 古文英

注:每组居首者为翻译小组负责人。

最后,谨在此向广西师范大学出版社以汤文辉总编辑为代表的出版社领导们表示感谢!向严谨专业的责任编辑赵艳女士和李信先生谨致谢意!向中国农村研究院满铁农村调查编辑团队的教师和同学们表示感谢!

李俄宪

2019 年 5 月 20 日

编者后记

满铁农村调查的翻译和出版是徐勇教授、石挺处长多年来关心、关注、领导并尽力促成的重大工程。十多年前,石挺处长在担任华中师范大学社科处长时,就安排专门的经费资助满铁调查的翻译和资料收集,并亲自协调中国农村研究院和外国语学院日语系,共同编辑、翻译与出版。满铁调查资料的编译工作最初由中国农村研究院的刘义强老师负责。在刘老师前往国外进修后,邓大才老师开始组织日本满铁翻译和出版工作。由张晶晶老师编辑的第一卷译文,于中国社会科学出版社出版后,在学界引起了重大反响。在满铁研究专家曹幸穗老师的建议下,编译团队迅速着手查找、翻译满铁资料的最精华部分。经过 2015 年以来的一系列规划与调整,《满铁农村调查・地方类》译稿陆续问世。

在翻译和出版满铁资料的过程中,我们形成了一个流程:由中国农村研究院负责总体设计规划、编辑,并寻找翻译文本;由外国语学院李俄宪副院长带领团队翻译;最后由中国农村研究院负责统稿、校订、制作图表与目录等工作。

本卷译稿完成后,由张晶晶老师对译稿进行初步校订和编辑。随后,根据出版社的意见,并对照日语原文进行了第二次校订。之后,外国语学院日语系张成老师对译文细节进行了第三次校订,并由张晶晶老师最终定稿。这三次校订的内容包括查核数据、订正错误、规范统一用词、润色语句、统一格式等。中国农村研究院基地班的焦方杨、张惠娟两位同学参与了本卷的文字编辑工作,吴祥、袁纯清、张烨三位同学核对了本卷表格中的所有数据内容,石健同学制作、修改了本卷的插图。本卷的内容以数据资料为主,并收录了当时的调查日记、文献资料等。为了方便读者阅读并理解调查者的意图,张晶晶老师撰写了本卷导读。

《满铁农村调查・地方类(第 3 卷)》能够顺利出版,还要感谢广西师范大学出版社以汤文辉总编辑为代表的编辑团队给予的大力支持!特别要感谢出版社的赵艳女士和李信先生为本书付梓所做出的不懈努力。赵老师的悉心安排促成了本书的顺利出版;李老师的细致推敲、考证与文字润色极大提升了本卷文稿的学术价值。在此,我们代表编辑翻译委员会向为本书翻译和出版做出贡献的各位领导、专家、同学表示感谢!

邓大才

2019 年 12 月 31 日